再版前言

本书第一版自出版以来，经过两年多的使用，得到了同行和有关专家的一致肯定，普遍认为结构合理、体系新颖、层次分明，并且认为理论和深度都适合于现代高等数学的教学要求，同时也提出了许多修改意见. 本次再版，充分吸纳了这些建议，对部分例题的顺序进行了调整，删减了一些冗余内容，增加了个别典型例题和习题，修正了第一版中出现的错误。在此，对同行及有关专家的支持和批评表示衷心的感谢，特别对同仁严定琪、陆凡、庞忠、牛明飞、苏志勇等给予的具体帮助表示衷心感谢. 恳请各位专家、同行和使用者进一步批评指正，以使本教材日臻完美.

编　者

2008年 6月于兰州大学

总　序

《高等数学》系列教材为教育部“普通高等教育‘十一五’国家级规划教材”，共四册：《一元微积分》、《多元微积分》、《线性代数》、《概率论与数理统计》。主要供非数学专业对数学要求更高一些的专业（需要一类数学的专业）与基地班的本科大学生使用，其他专业与班级在使用本套教材时可对教材内容进行适当选择。

关于数学在其他科学中的重要作用，有一些人常用“数学是科学的工具”这样的术语来描述，其实这样的描述并不确切，有的人甚至把这句话理解为数学只不过是科学发展的一个居于次要的、仆从地位的、可用可不用的工具而已，这就更大错特错了。现代科学（尤其是物理学）发展中的许多事例已经确凿地表明，如果一定要说“数学是科学的工具”，那么数学也是科学发展中特别重要的、不可或缺与不可替代的，而且在很多时候占据主导地位与起着决定性作用的工具。其实这里我们想说的是，数学不是科学的一个一般的、普通的工具，数学对于科学的重要性，无论给予多么高的评价都不会过分。现代科学的发展史同样也表明，对于科学的发展来说，不光数学理论是重要的，而且数学特有的思维方法也特别重要。在一定意义上可以说，每门学科的发展史都是该学科的数学化程度逐渐提高的历史。我们看到，当今数学化程度最高的一些学科已经和数学密不可分，并逐渐和数学融为一体。在这些学科中的伟大的科学家无一例外地同时也是数学家，数学和科学的统一必将是个大趋势。对于非数学专业的大学生而言，数学素养是专业素养中的重要组成部分。另外，数学还是一种文化，学习数学对于促进人的全面发展与人格的完善具有积极的意义。总之，数学不仅是一种工具，而且是一种思维模式；不仅是一种知识，而且是一种素养；不仅是一种科学，而且是一种文化。作为非数学专业的大学生一定要下决心努力学好高等数学这门课程。因为数学对于同学们在校期间的专业课程的学习和本科毕业后的继续学习、工作以及生活都是非常重要的。

我们编写这套教材的目的和任务就是，要使同学们能较好地掌握各相关专业所必需的高等数学领域中的最基本、最重要的理论知识，并且能较好地掌握其中所体现的一些重要的数学思想和方法，使同学们在获取数学知识的同时切实提高数学素养，特别是增强数学思维能力与创新意识，从而为后续专业课程的学习与深造以及今后的工作打下坚实的数学知识与思维方法方面的基础。

一部好的教材无疑会对教学效果起到十分重要的作用。本套教材是在吸收和借鉴国内外同类教材,特别是近几年出版的一批“面向二十一世纪课程”教材和国家“十五”规划教材以及我校出版的四套高等数学教材优点的基础上,结合教学实际情况,按照新的教学要求和教学任务,组织具有较高学术水平且有丰富教学经验的教师认真编写而成的。在编写中我们特别注意了以下几个方面。

第一,与时俱进,与数学和其他学科的发展现状相适应。例如,由于很多学科对数学知识内容需求的扩大,以前仅限于微积分内容的传统的高等数学教材显然不能满足现在的需要,因此本套教材中增加了线性代数和概率论与数理统计的内容;再如,微积分学是牛顿和莱布尼兹等人于 17 世纪末创立的,属于经典数学的范畴,对于这些内容,本教材力求用现代数学的思想观点去统帅与处理,这样可以使同学们能够站在更高的层次上对这些内容的本质与作用有更深入一些的理解,也便于与现代数学的衔接;还有,计算机的诞生和迅速发展对各门学科均有很大影响,数学更是首当其冲,高等数学应当作出相应的响应。

第二,重点突出,各学科所需要的数学知识实在是太多了,把它们全写入教材,既不可能也无必要。一方面,在知识内容上重点突出,我们力求选择那些最基本、最重要、最有用的内容编入教材,并把这些重点内容下大力气写好;另一方面,使学生能较好地掌握一些重要的数学思想和方法。因此在教材的编写中结合有关的具体内容突出重点并力求写好,这方面在帮助学生理解诸如“数学家是怎样抽象出这些重要的数学概念的?”、“数学家是怎样猜想出这些定理的?”、“这些定义和定理究其实质是怎么回事?”等问题方面能起到画龙点睛的作用。

第三,深入浅出,通俗易懂,便于自学。对于重要的数学概念与定理,除了解释清楚它们的物理意义与几何意义外,还从多种角度出发并用通俗易懂形象直观的语言揭示出它们的本质。此外,教材中的例题和习题的选取与配备适应了教学目的的需要。例题有典型性与启发性,习题难易得当、类型多样,能适应不同的需要,特别是增加了一些有助于较高水平的学生提高分析与解决问题能力和创新能力的思考题。

在这里我们还要特别强调一下的是,虽然在兰州大学相关专业试用本套教材的本科生考研过关率有较大的提高,但是我们认为,在本科生教材的编写与使用上一定不要按照应试教育那一套去片面追求考研率。否则就会舍本求末，高分低能，后患无穷。本套教材重在培养厚基础与高素质的人才，至于考研率的提高，只不过是一种水到渠成的副产品而已。我们希望并相信绝大多数使用本教材的本科生在毕业后能够实现考取研究生的愿望，而且是高分高能、后劲十足，将来能成为有较大作为的栋梁之材。

虽然本套教材的编写人员尽了最大的努力，但难免还会存在不足之处，敬请各位专家、同行和读者批评指正。

兰州大学《高等数学》系列教材编审委员会

2009 年 7 月于兰州大学

前　言

《高等数学》系列教材的微积分部分是在吸收和借鉴国内外同类教材优点的基础上，结合教学实际情况，按照新的教学要求和教学任务编写的．在教材的编写过程中，特别注意了下面几点：

1. 以数学修养和素质教育为中心　本教材突出数学思想和方法教育，突出思维、推理、建模和创新能力教育，突出对实际问题的分析、解决和组织能力教育，积极渗透现代数学思想方法和数学成就，以更合理更科学的章节和时间安排来组织教材，力求内容更新，重点突出，难点通俗．对于有些问题，采用了多观点和多方法处理．加大了数学应用问题和综合分析问题的介绍力度．

本教材按照了解、掌握、精通和强化四个层次安排和设计，对于涉及数学主流和数学发展的一些深层次理论做了必要的介绍，希望学生有机会了解更多的数学思想和方法．强化部分按照基地班和考研需要编写，一方面加强了例题数量和难度，另一方面扩大了综合程度和应用广度，对于计算方法和计算技巧，应用方法和应用技巧等都有适当强化．

2. 以全面提高数学教学质量为目标　为了更有效地提高教学质量，一方面对于代表数学主流的东西尽可能地讲深、讲透；另一方面切实贴近考研，对于有利于考研的内容尽可能地拓展、强化．

例题以提供课堂讲授、习题指导和学生自学内容三个层次编写，按照简单、综合和应用三个次序排列．有些内容，任课教师可根据自己的教学情况和时间，合理选择，灵活掌握．

在习题选择和设计方面，尽量优化结构，分层分类，学用配套，兼顾考研． A 类习题按基本教学要求编写，习题数量、难度、题型和综合性都有严格控制． B 类习题按考研要求编写，习题的难度、深度、广度和题型以及综合性、多样性、层次性和灵活性等都做了系统考虑和精心安排，为优秀学生提供了更深入学习高等数学的良好机会和优越环境．

尽可能排除次要因素对主要内容的干扰，在保证严格数学语言的前提下，更多地采用了形象用语，对于许多难点和抽象问题给出了独特的通俗解释．

3. 按照教学计划整体优化教材结构 一元微积分按照 108 学时设计，多元微积分按照 90 学时设计．多元微积分的基本授课时间设计为 81 学时，机动时间为 9 学时．具体安排如下：

第八章	空间解析几何	10 学时
	§8.1 向量代数 (4)	§8.2 平面与直线 (3)
	§8.3 曲线与曲面 (3)	
第九章	多元函数的微分	18 学时
	§9.1 多元函数的极限 (3)	§9.2 多元函数的偏导数 (3)
	§9.3 多元函数的全微分 (3)	§9.4 多元函数的微分法 (3)
	§9.5 偏导数的应用 (6)	
第十章	无向域上的积分	18 学时
	§10.1 黎曼积分与微元法 (2)	§10.2 重积分的计算 (4)
	§10.3 常用坐标变换 (3)	§10.4 线面积分的计算 (4)
	§10.5 黎曼积分的应用 (2)	
第十一章	有向域上的积分	16 学时
	§11.1 有向曲线上的积分 (3)	§11.2 有向曲面上的积分 (4)
	§11.3 定向类积分关系 (3)	§11.4 积分公式的应用 (6)
第十二章	场的微分与积分	13 学时
	§12.1 数量场与梯度场 (5)	§12.2 场的通量与散度 (4)
	§12.3 场的环量与散度 (4)	
第十三章	常微分方程 II	6 学时
	§13.1 一阶微分方程 (3)	§13.2 常微分方程组 (3)

本书为教育部“普通高等教育‘十一五’国家级规划教材”，业已经过试用修改，同时根据试用意见，增加了配套习题解答《高等数学强化与考研教程》，书中不妥之处，恳请各位专家、同行和读者继续批评指正．

编　者

2006年 8月于兰州大学

目 录

第八章 空间解析几何 1

§8.1 向量代数 1

§8.1.1 向量运算 1

§8.1.2 线性运算 4

§8.1.3 内积运算 9

§8.1.4 外积运算 12

习题 8.1 A 18

习题 8.1 B 20

§8.2 平面与直线 21

§8.2.1 平面方程 21

§8.2.2 直线方程 25

§8.2.3 点线面关系 29

习题 8.2 A 37

习题 8.2 B 38

§8.3 曲线与曲面 41

§8.3.1 空间曲面 41

§8.3.2 空间曲线 49

§8.3.3 二次曲面 56

习题 8.3 A 58

习题 8.3 B 59

总习题八 61

第九章 多元函数的微分 64

§9.1 多元函数的极限 64

§9.1.1 多元函数的概念 64

§9.1.2 多元函数的极限 67

§9.1.3 多元函数的连续性 73

习题 9.1 A 77

习题 9.1 B 78

§9.2 多元函数的偏导数 80

§9.2.1 一阶偏导数 80

§9.2.2 高阶偏导数 88

习题 9.2 A 91

习题 9.2 B 93

§9.3 多元函数的全微分 94

§9.3.1 一阶全微分 94

§9.3.2 高阶全微分 105

习题 9.3 A 107

习题 9.3 B 108

§9.4 多元函数的微分法 110

§9.4.1 复合函数微分法 110

§9.4.2 隐函数微分法 120

习题 9.4 A 130

习题 9.4 B 131

§9.5 偏导数的应用 135

§9.5.1 方向导数与梯度 135

§9.5.2 泰勒公式 145

§9.5.3 自由极值 146

§9.5.4 条件极值 151

习题 9.5 A 160

习题 9.5 B 161

总习题九 163

第十章 无向域上的积分 166

§10.1 黎曼积分与微元法 166

§10.1.1 积分域与微元法 166

§10.1.2 黎曼积分与可积性 169

§10.1.3 黎曼积分的性质 172

习题 10.1 A 173

习题 10.1 B 174

§10.2 重积分的计算 175

§10.2.1 累次积分法 175
§10.2.2 换元积分法 184
习题 10.2 A 192
习题 10.2 B 194
§10.3 常用坐标变换 196
§10.3.1 极坐标变换 196
§10.3.2 柱坐标变换 201
§10.3.3 球坐标变换 204
习题 10.3 A 208
习题 10.3 B 210
§10.4 线面积分的计算 212
§10.4.1 线积分的参数化方法 212
§10.4.2 面积分的参数化方法 217
§10.4.3 曲面积分的投影方法 222
习题 10.4 A 228
习题 10.4 B 229
§10.5 黎曼积分的应用 230
习题 10.5 A 239
习题 10.5 B 240
总习题十 241

第十一章 有向域上的积分 **243**
§11.1 有向曲线上的积分 243
§11.1.1 变力作功问题 243
§11.1.2 定向类曲线积分 244
§11.1.3 曲线积分的计算 246
习题 11.1 A 251
习题 11.1 B 252
§11.2 有向曲面上的积分 253
§11.2.1 流体的流量问题 253
§11.2.2 定向类曲面积分 256
§11.2.3 曲面积分的计算 258
习题 11.2 A 270

习题 11.2 B 272
§11.3　定向类积分关系 274
§11.3.1　微积分基本定理 * 274
§11.3.2　定向类积分公式 279
习题 11.3 A 284
习题 11.3 B 285
§11.4　积分公式的应用 286
§11.4.1　Green 公式的应用 287
§11.4.2　Gauss 公式的应用 295
§11.4.3　Stokes 公式的应用 304
习题 11.4 A 308
习题 11.4 B 309
总习题十一 311

第十二章　场的微分与积分　313
§12.1　数量场与梯度场 314
§12.1.1　数量场的梯度场 314
§12.1.2　梯度场的线积分 320
习题 12.1 A 333
习题 12.1 B 335
§12.2　场的通量与散度 337
§12.2.1　向量场的通量 337
§12.2.2　向量场的散度 340
§12.2.3　散度的坐标变换 * 346
习题 12.2 A 352
习题 12.2 B 352
§12.3　场的环量与旋度 353
§12.3.1　旋度的环量表示 354
§12.3.2　旋度运算与特殊场 357
§12.3.3　旋度的坐标变换 * 361
习题 12.3 A 363
习题 12.3 B 364
总习题十二 367

第十三章 常微分方程 II 369
§13.1 一阶微分方程 369
§13.1.1 全微分类方程 369
§13.1.2 一阶隐式方程 375
习题 13.1 A 384
习题 13.1 B 385
§13.2 常微分方程组 387
§13.2.1 初等积分法 387
§13.2.2 线性方程组 * 391
习题 13.2 A 400
习题 13.2 B 400

附录四 含参变量积分 402

附录五 解的存在定理 404

附录六 场与微分方程 408

第八章　空间解析几何

空间解析几何是用代数方法研究几何问题的数学分支，常用的代数方法有向量运算、代数方程和坐标变换等. 直观上向量是指既有大小又有方向的量，本质上向量是指线性运算系统中的元素.

§8.1　向量代数

空间解析几何中的向量是指一个三元数组 (a_1, a_2, a_3)，习惯上表示为 $\boldsymbol{a} = (a_1, a_2, a_3)$ 或 $\overrightarrow{a} = (a_1, a_2, a_3)$. 实数 a_1, a_2, a_3 称为向量的分量. 物理学中常用 $\boldsymbol{a} = \{a_1, a_2, a_3\}$ 表示向量.

向量可表示空间中的点和有向线段，向量运算可通过分量运算定义.

§8.1.1　向量运算

通过建立空间坐标系，向量便和空间中的点建立了一一对应关系，也和空间中的有向线段的大小及方向建立了一一对应关系. 有了这两个一一对应关系，几何问题便可以通过向量运算来解决. 最简单的坐标系是空间直角坐标系，最基本的向量运算是线性运算、内积运算和外积运算.

1. **空间直角坐标系**

两两垂直且具有共同原点的三条数轴称为空间直角坐标系. 构成空间直

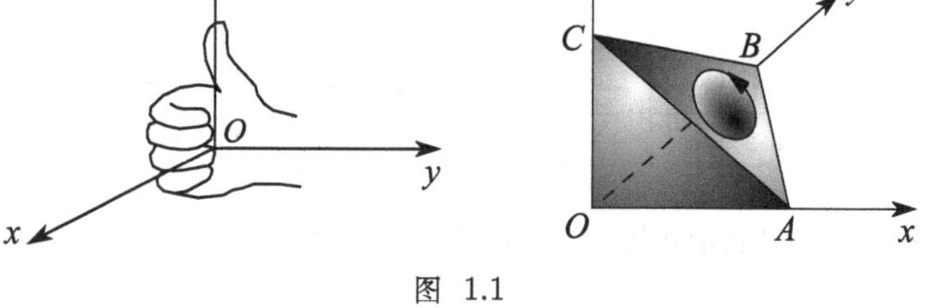

图 1.1

角坐标系的数轴分别称为 x 轴、y 轴和 z 轴，数轴的原点 O 称为坐标原点. 如果坐标系 $Oxyz$ 符合右手法则，则称 $Oxyz$ 为右手系或默认坐标系，否则称为左手系.

右手系是指，用右手握住 z 轴，四指从 x 轴正向经 $\frac{\pi}{2}$ 转向 y 轴正向时，拇指指向 z 轴正向；或者在 x、y、z 正半轴上各取一点 A、B、C，从外部看四面体 $OABC$ 时，三角形 ABC 按逆时针排序.

过两个坐标轴的平面称为坐标面，三个坐标面将空间划分成八个部分，每个部分称为一个卦限. 由 x、y、z 正半轴确定的卦限称为第一卦限，第二、第三、第四卦限在 xOy 坐标面的上方按逆时针确定. 第五、第六、第七、第八卦限分别在第一、第二、第三、第四卦限的正下方.

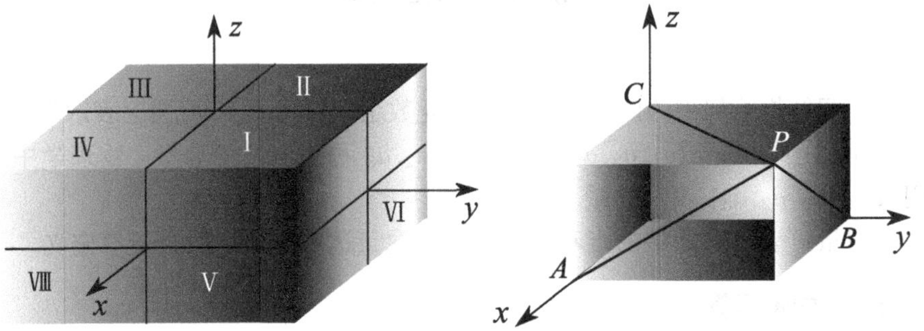

图 1.2

有了坐标系，空间中的一个点 P 就和一个向量 (x, y, z) 建立了一一对应，按照这种对应，向量 (x, y, z) 也称为点.

定义 1.1　*称向量 (x,y,z) 是空间点 P 的坐标，或 P 为 (x,y,z) 的点表示，记作 $P(x,y,z)$，如果 P 到三个坐标轴的垂直投影点依次对应实数 x,y,z.*

如果 (x, y, z) 是任一卦限内的点，则 x, y, z 的符号可表示如下.

	I	II	III	IV	V	VI	VII	VII
x	+	−	−	+	+	−	−	+
y	+	+	−	−	+	+	−	−
z	+	+	+	+	−	−	−	−

向量不但可以表示几何点，而且还可以表示有向线段.

定义 1.2 设 $A(a_1,a_2,a_3), B(b_1,b_2,b_3)$ 为空间两个点，称向量 $\overrightarrow{AB}$ 为有向线段 AB 的大小和方向，即代数表示，如果

$$\overrightarrow{AB}=(b_1-a_1,b_2-a_2,b_3-a_3).$$

反过来，有向线段 AB 称为向量 $\overrightarrow{AB}$ 的几何表示.

除非基本问题，向量 $\overrightarrow{AB}$ 与有向线段 AB 可视为相同.

定理 1.1 设 $\overrightarrow{AB},\overrightarrow{CD}$ 是两个向量，则 $\overrightarrow{AB}=\overrightarrow{CD} \iff AB,CD$ 同向平行且长度相等.

证 充分性 设 A,B,C,D 在 x 轴的投影为 A',B',C',D', 则由 AB,CD 同向平行和长度相等可知，有向线段 $A'B',C'D'$ 同向且长度相等，这表明向量 $\overrightarrow{AB},\overrightarrow{CD}$ 的 x 分量相等，同理 y,z 分量相等，故 $\overrightarrow{AB}=\overrightarrow{CD}$.

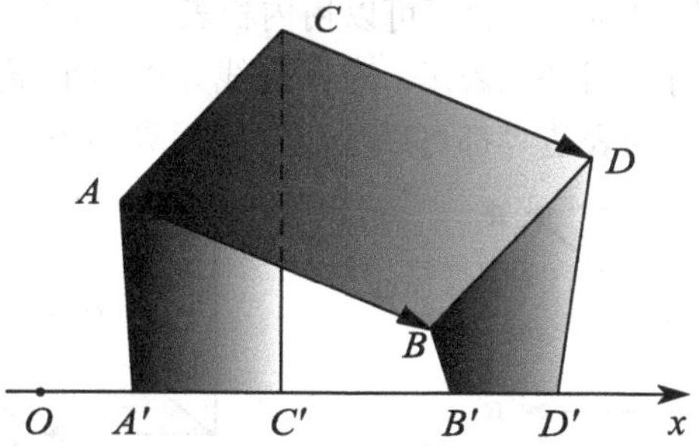

图 1.3

必要性 过 C 作有向线段 CD_1, 使得 AB,CD_1 同向平行且长度相等，则 $\overrightarrow{CD_1}=\overrightarrow{AB}=\overrightarrow{CD}$, 由此可知， D_1,D 在坐标轴的投影相同，即 D_1,D 有相同的坐标，故 $D_1=D$, 从而 AB,CD 同向平行且长度相等.

向量与点的对应是一一对应，向量与有向线段的大小和方向的对应也是一一对应，但向量与有向线段的对应不是一一对应，与同一个向量对应的有向线段相差一个平移. 向量的两个一一对应是用代数方法研究几何问题的出发点.

2. **向量运算**

向量的基本运算有线性运算、内积运算和外积运算. 线性运算可分解为加法运算、减法运算和数乘运算.

定义 1.3 设 $\boldsymbol{a}=(a_1,a_2,a_3),\boldsymbol{b}=(b_1,b_2,b_3)$ 是向量， λ 是实数，则向量的加法 $\boldsymbol{a}+\boldsymbol{b}$、减法 $\boldsymbol{a}-\boldsymbol{b}$、数乘 $\lambda\boldsymbol{a}$、内积 $\boldsymbol{a}\cdot\boldsymbol{b}$ 和外积 $\boldsymbol{a}\times\boldsymbol{b}$ 可依次定义为：

(1) $\boldsymbol{a}+\boldsymbol{b}=(a_1+b_1,a_2+b_2,a_3+b_3)$;

(2) $\boldsymbol{a}-\boldsymbol{b}=(a_1-b_1,a_2-b_2,a_3-b_3)$;

(3) $\lambda\boldsymbol{a}=(\lambda a_1,\lambda a_2,\lambda a_3)$;

(4) $\boldsymbol{a}\cdot\boldsymbol{b}=a_1b_1+a_2b_2+a_3b_3$;

(5) $\boldsymbol{a}\times\boldsymbol{b}=(a_2b_3-a_3b_2,a_3b_1-a_1b_3,a_1b_2-a_2b_1)$.

另外约定 $\mathbf{0}=(0,0,0),-(a_1,a_2,a_3)=(-a_1,-a_2,-a_3)$. 向量的加、减和数乘运算统称为线性运算.

有了向量运算，共线、共面、平行、放大、缩小、图形变换、力的合成与分解等几何物理概念便可以用线性运算表示，长度、距离、垂直、夹角、投影、作功及流量等几何物理概念便可以用内积表示，面积、体积、转动、力矩等几何物理概念便可以用外积表示. 空间直线方程和平面方程，空间曲线方程和曲面方程的建立与表达等都可以通过向量运算实现.

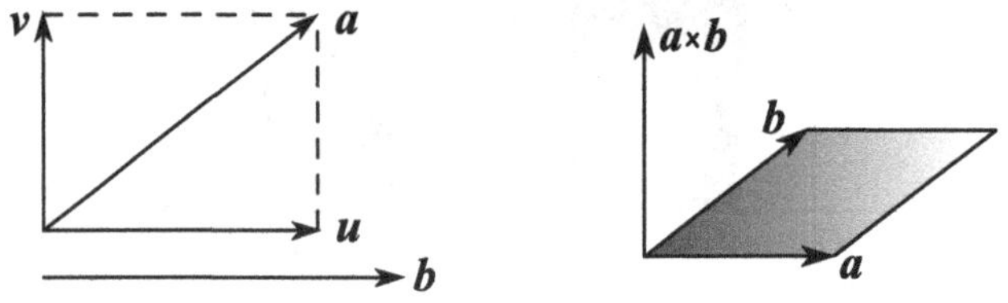

图 1.4

如果向量 $\boldsymbol{a}$ 在向量 $\boldsymbol{b}$ 上的投影向量为 $\boldsymbol{u}$, 则当 $\boldsymbol{a}$ 与 $\boldsymbol{u}$ 同向时， $\boldsymbol{a}$ 与 $\boldsymbol{b}$ 的内积等于 $\boldsymbol{a}$ 与 $\boldsymbol{u}$ 的长度积；当 $\boldsymbol{a}$ 与 $\boldsymbol{u}$ 反向时， $\boldsymbol{a}$ 与 $\boldsymbol{b}$ 的内积等于 $\boldsymbol{a}$ 与 $\boldsymbol{u}$ 的长度积的负值. 外积 $\boldsymbol{a}\times\boldsymbol{b}$ 表示 $\boldsymbol{a}$ 与 $\boldsymbol{b}$ 张成的平行四边形的面积向量，方向为右旋法向.

§8.1.2 线性运算

定理 1.2 (三角形法则) 设 $\boldsymbol{a},\boldsymbol{b},\boldsymbol{c}$ 为向量，则 $\boldsymbol{a}+\boldsymbol{b}+\boldsymbol{c}=\mathbf{0}\iff$ 存在三点 A,B,C, 使得 $\overrightarrow{AB}=\boldsymbol{c}$, $\overrightarrow{BC}=\boldsymbol{a}$, $\overrightarrow{CA}=\boldsymbol{b}$.

证 充分性 设 A,B,C 的坐标分别为 $(x_1,y_1,z_1),(x_2,y_2,z_2),(x_3,y_3,z_3)$, 则

$$\begin{aligned}\overrightarrow{AB}+\overrightarrow{BC} &= (x_2-x_1,y_2-y_1,z_2-z_1)+(x_3-x_2,y_3-y_2,z_3-z_2)\\ &= (x_3-x_1,y_3-y_1,z_3-z_1)=\overrightarrow{AC}.\end{aligned}$$

必要性 设 A,B,C 是空间三点且 $\overrightarrow{AB}=\boldsymbol{c}$, $\overrightarrow{BC}=\boldsymbol{a}$, 则

$$\overrightarrow{AC}=\overrightarrow{AB}+\overrightarrow{BC}=\boldsymbol{c}+\boldsymbol{a}=-\boldsymbol{b}.$$

故 $\overrightarrow{CA}=b$.

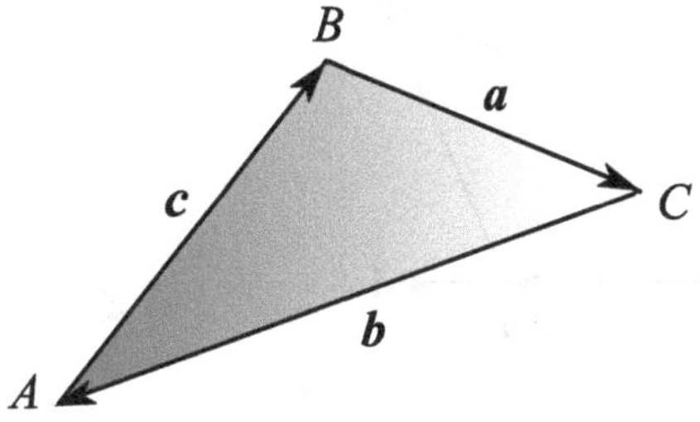

图 1.5

如果记 $\boldsymbol{i}=(1,0,0),\boldsymbol{j}=(0,1,0),\boldsymbol{k}=(0,0,1)$, 则向量 $\boldsymbol{a}=(a_1,a_2,a_3)$ 可用线性运算表示为 $\boldsymbol{a}=a_1\boldsymbol{i}+a_2\boldsymbol{j}+a_3\boldsymbol{k}$. 建立一个空间直角坐标系等价于建立向量 $\boldsymbol{0},\boldsymbol{i},\boldsymbol{j},\boldsymbol{k}$ 到空间四个特殊点的一一对应.

定义 1.4 称向量 $\boldsymbol{a}_1,\boldsymbol{a}_2,\cdots,\boldsymbol{a}_n$ 线性相关，如果存在不全为零的实数 $\lambda_1,\lambda_2,\cdots,\lambda_n$, 使得

$$\lambda_1\boldsymbol{a}_1+\lambda_2\boldsymbol{a}_2+\cdots+\lambda_n\boldsymbol{a}_n=\boldsymbol{0}.$$

换句话说，向量 $\boldsymbol{a}_1,\boldsymbol{a}_2,\cdots,\boldsymbol{a}_n$ 线性无关 $\Longleftrightarrow$ 线性方程

$$\lambda_1\boldsymbol{a}_1+\lambda_2\boldsymbol{a}_2+\cdots+\lambda_n\boldsymbol{a}_n=\boldsymbol{0}$$

只有 0 解，即 $\lambda_1=\lambda_2=\cdots=\lambda_n=0$.

线性运算 $\lambda_1\boldsymbol{a}_1+\lambda_2\boldsymbol{a}_2+\cdots+\lambda_n\boldsymbol{a}_n$ 也称为向量 $\boldsymbol{a}_1,\boldsymbol{a}_2,\cdots,\boldsymbol{a}_n$ 的线性组合，$\lambda_1,\lambda_2,\cdots,\lambda_n$ 称为组合系数. 线性相关是共线、共面概念的推广.

定理 1.3 设 $\boldsymbol{a},\boldsymbol{b}$ 为向量，则 $\boldsymbol{a},\boldsymbol{b}$ 线性相关 $\Longleftrightarrow$ $\boldsymbol{a},\boldsymbol{b}$ 共线，即 $\boldsymbol{a}=\overrightarrow{OA},\boldsymbol{b}=\overrightarrow{OB}$ 时，O,A,B 共线.

证 设 λ, μ 不全为零且 $\boldsymbol{a} \neq \boldsymbol{0}, \boldsymbol{b} \neq \boldsymbol{0}$, 则 $\lambda\boldsymbol{a} + \mu\boldsymbol{b} = \boldsymbol{0} \iff \lambda\boldsymbol{a}, \mu\boldsymbol{b}$ 共线且 $\lambda\mu \neq 0 \iff \boldsymbol{a}, \boldsymbol{b}$ 共线.

定理 1.4 设 $\boldsymbol{a}, \boldsymbol{b}, \boldsymbol{c}$ 为向量, 则 $\boldsymbol{a}, \boldsymbol{b}, \boldsymbol{c}$ 线性相关 $\iff \boldsymbol{a}, \boldsymbol{b}, \boldsymbol{c}$ 共面, 即 $\boldsymbol{a} = \overrightarrow{OA}, \boldsymbol{b} = \overrightarrow{OB}, \boldsymbol{c} = \overrightarrow{OC}$ 时, O, A, B, C 共面.

证 设 λ, μ, ν 不全为零且 $\boldsymbol{a}, \boldsymbol{b}, \boldsymbol{c}$ 两两不共线, 则 $\lambda\boldsymbol{a} + \mu\boldsymbol{b} + \nu\boldsymbol{c} = \boldsymbol{0} \iff \lambda\boldsymbol{a}, \mu\boldsymbol{b}, \nu\boldsymbol{c}$ 共面且 $\lambda\mu\nu \neq 0 \iff \boldsymbol{a}, \boldsymbol{b}, \boldsymbol{c}$ 共面.

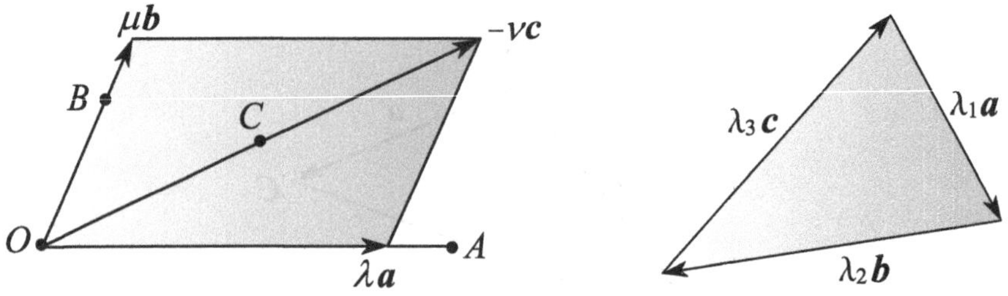

图 1.6

定理 1.5 设向量 $\boldsymbol{a}, \boldsymbol{b}, \boldsymbol{c}$ 线性无关, 则对任意的向量 $\boldsymbol{r}$, 都惟一存在 λ, μ, ν, 使得

$$\boldsymbol{r} = \lambda\boldsymbol{a} + \mu\boldsymbol{b} + \nu\boldsymbol{c}.$$

证 由于 $\boldsymbol{a}, \boldsymbol{b}, \boldsymbol{c}$ 线性无关, 所以存在以 $\lambda\boldsymbol{a}, \mu\boldsymbol{b}, \nu\boldsymbol{c}$ 为棱的平行六面体, 使得 $\boldsymbol{r}$ 为对角线. 由此可知, $\boldsymbol{r} = \lambda\boldsymbol{a} + \mu\boldsymbol{b} + \nu\boldsymbol{c}$.

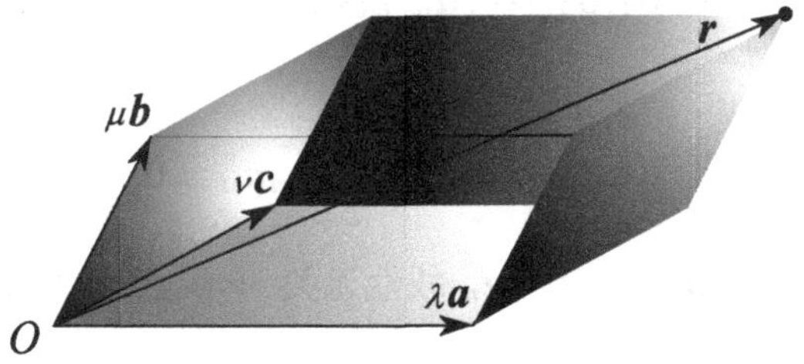

图 1.7

定理 1.5 换为代数说法, 即

推论 1.1 线性方程组

$$\begin{cases} a_{11}x_1 + a_{12}x_2 + a_{13}x_3 = b_1 \\ a_{21}x_1 + a_{22}x_2 + a_{23}x_3 = b_2 \\ a_{31}x_1 + a_{32}x_2 + a_{33}x_3 = b_3 \end{cases}$$

存在惟一解 $\Longleftrightarrow$ 系数向量线性无关 $\Longleftrightarrow$ 法向量线性无关.

推论 1.2 三维空间的任意四个向量都线性相关，即空间任意一个向量都可以用三个线性无关向量线性表示.

例 1.1 在平行四边形 $ABCD$ 中，设 $\overrightarrow{AB}=\boldsymbol{a}, \overrightarrow{AD}=\boldsymbol{b}$, 试用 $\boldsymbol{a}$ 和 $\boldsymbol{b}$ 表示向量 $\overrightarrow{MA}, \overrightarrow{MB}, \overrightarrow{MC}, \overrightarrow{MD}$, 这里 M 是平行四边形对角线的交点.

解 由于平行四边形的对角线互相平分，所以

$$\boldsymbol{a}+\boldsymbol{b}=\overrightarrow{AC}=-2\overrightarrow{MA}=2\overrightarrow{MC}.$$

故 $\overrightarrow{MA}=-\dfrac{1}{2}(\boldsymbol{a}+\boldsymbol{b}), \overrightarrow{MC}=\dfrac{1}{2}(\boldsymbol{a}+\boldsymbol{b})$.

由于

$$\boldsymbol{b}-\boldsymbol{a}=\overrightarrow{BD}=-2\overrightarrow{MB}=2\overrightarrow{MD}.$$

所以 $\overrightarrow{MB}=-\dfrac{1}{2}(\boldsymbol{b}-\boldsymbol{a}), \overrightarrow{MC}=\dfrac{1}{2}(\boldsymbol{b}-\boldsymbol{a})$.

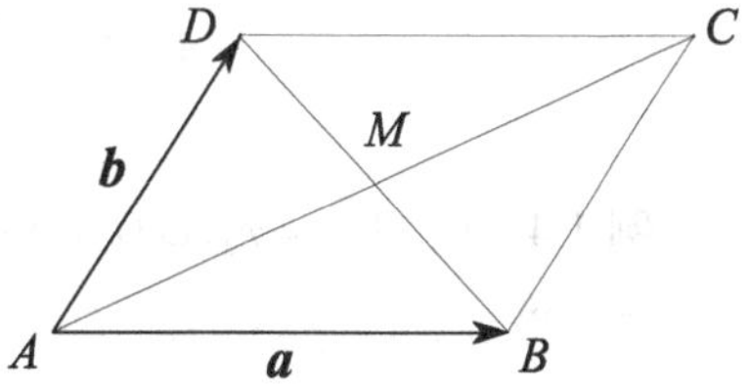

图 1.8

例 1.2 设 $A(x_1,y_1,z_1)$ 和 $B(x_2,y_2,z_2)$ 为两个点， M 是 A、B 所在直线上的一个点. 若

$$\frac{AM}{MB}=\lambda,\ (\lambda\neq -1),$$

证明 M 点的坐标为

$$x=\frac{x_1+\lambda x_2}{1+\lambda},\ y=\frac{y_1+\lambda y_2}{1+\lambda},\ z=\frac{z_1+\lambda z_2}{1+\lambda}.$$

证 由于 $\dfrac{AM}{MB}=\lambda$, 所以 $\overrightarrow{AM}=\lambda\overrightarrow{MB}$, 即

$$(x-x_1,y-y_1,z-z_1)=\lambda(x_2-x,y_2-y,z_2-z).$$

由此可知，

$$x=\frac{x_1+\lambda x_2}{1+\lambda},\ y=\frac{y_1+\lambda y_2}{1+\lambda},\ z=\frac{z_1+\lambda z_2}{1+\lambda}.$$

如果 $\overrightarrow{OA}=\boldsymbol{r}_A, \overrightarrow{OB}=\boldsymbol{r}_B, \overrightarrow{OM}=\boldsymbol{r}_M$, 则定比分点公式的向量形式为

$$\boldsymbol{r}_M=\frac{1}{1+\lambda}\boldsymbol{r}_A+\frac{\lambda}{1+\lambda}\boldsymbol{r}_B.$$

例 1.3 设 $\overrightarrow{OA}=\boldsymbol{r}_1, \overrightarrow{OB}=\boldsymbol{r}_2, \overrightarrow{OC}=\boldsymbol{r}_3$, 求 $\triangle ABC$ 的重心坐标.

证 设 D 为 AB 的中点，M 为 $\triangle ABC$ 的重心，则 D 、M 点的坐标为

$$\boldsymbol{r}_D = \frac{1}{2}\boldsymbol{r}_1 + \frac{1}{2}\boldsymbol{r}_2, \qquad \boldsymbol{r}_M = \frac{2}{3}\boldsymbol{r}_D + \frac{1}{3}\boldsymbol{r}_3 = \frac{1}{3}(\boldsymbol{r}_1 + \boldsymbol{r}_2 + \boldsymbol{r}_3).$$

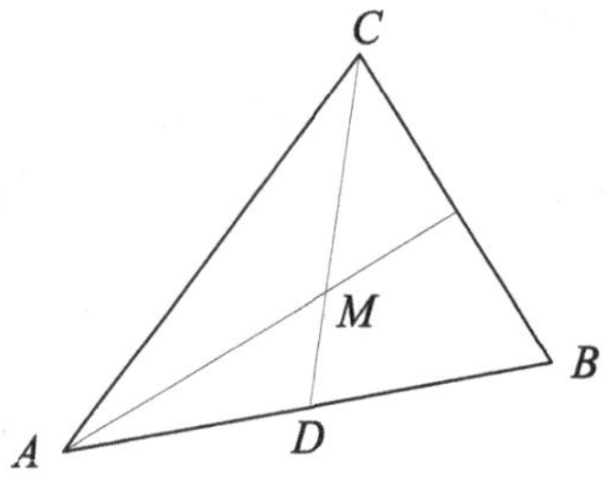

图 1.9

例 1.4 设 $\overrightarrow{OA} = \boldsymbol{r}_1, \overrightarrow{OB} = \boldsymbol{r}_2, \overrightarrow{OC} = \boldsymbol{r}_3$, 求 $\triangle ABC$ 的内心坐标.

证 设 a, b, c 为 $\triangle ABC$ 的三边长，又设 D 为 $\angle C$ 的平分线与 AB 的交点，M 为 $\triangle ABC$ 的内心，则 D, M 点的坐标为

$$\boldsymbol{r}_D = \frac{a}{a+b}\boldsymbol{r}_1 + \frac{b}{a+b}\boldsymbol{r}_2,$$

$$\boldsymbol{r}_M = \frac{b}{d+b}\boldsymbol{r}_D + \frac{d}{d+b}\boldsymbol{r}_3 = \frac{a\boldsymbol{r}_1 + b\boldsymbol{r}_2 + c\boldsymbol{r}_3}{a+b+c}.$$

其中 $d = |\boldsymbol{r}_D - \boldsymbol{r}_1| = \dfrac{bc}{a+b}$.

例 1.5 设 $\boldsymbol{a} = (1,1,1), \boldsymbol{b} = (0,2,5), \boldsymbol{c} = (2,4,7)$, 试证明 $\boldsymbol{a}, \boldsymbol{b}$ 线性无关，$\boldsymbol{a}, \boldsymbol{b}, \boldsymbol{c}$ 线性相关，并用 $\boldsymbol{a}, \boldsymbol{b}$ 表示 $\boldsymbol{c}$.

证 设 $x_1\boldsymbol{a} + x_2\boldsymbol{b} = \boldsymbol{0}$, 即 $x_1(1,1,1) + x_2(0,2,5) = (0,0,0)$, 亦即

$$\begin{cases} x_1 = 0 \\ x_1 + 2x_2 = 0 \\ x_1 + 5x_2 = 0 \end{cases},$$

解之可得惟一解 $x_1 = x_2 = 0$, 所以 $\boldsymbol{a}, \boldsymbol{b}$ 线性无关.

设 $x_1\boldsymbol{a} + x_2\boldsymbol{b} = \boldsymbol{c}$, 即 $x_1(1,1,1) + x_2(0,2,5) = (2,4,7)$, 亦即

$$\begin{cases} x_1 + 0 = 2 \\ x_1 + 2x_2 = 4 \\ x_1 + 5x_2 = 7 \end{cases},$$

解得 $x_1=2, x_2=1$, 所以 $\boldsymbol{c}=2\boldsymbol{a}+\boldsymbol{b}$ 且 $\boldsymbol{a},\boldsymbol{b},\boldsymbol{c}$ 线性相关.

例 1.6 设向量 $\boldsymbol{a},\boldsymbol{b},\boldsymbol{c}$ 线性无关，证明 $\boldsymbol{a}+\boldsymbol{b},\boldsymbol{b}+\boldsymbol{c},\boldsymbol{c}+\boldsymbol{a}$ 线性无关.

证 设 $x_1(\boldsymbol{a}+\boldsymbol{b})+x_2(\boldsymbol{b}+\boldsymbol{c})+x_3(\boldsymbol{c}+\boldsymbol{a})=(0,0,0)$, 则有

$$(x_1+x_3)\boldsymbol{a}+(x_1+x_2)\boldsymbol{b}+(x_2+x_3)\boldsymbol{c}=\boldsymbol{0}.$$

由 $\boldsymbol{a},\boldsymbol{b},\boldsymbol{c}$ 线性无关可知,

$$\begin{cases} x_1+x_3=0 \\ x_1+x_2=0 \\ x_2+x_3=0 \end{cases}.$$

解之可得惟一解 $x_1=x_2=x_3=0$, 所以 $\boldsymbol{a}+\boldsymbol{b},\boldsymbol{b}+\boldsymbol{c},\boldsymbol{c}+\boldsymbol{a}$ 线性无关.

§8.1.3 内积运算

内积具有三条基本性质：

(1) 非负性 $\boldsymbol{a}\cdot\boldsymbol{a}\geq 0$ 且 $\boldsymbol{a}\cdot\boldsymbol{a}=0 \iff \boldsymbol{a}=0$;

(2) 对称性 $\boldsymbol{a}\cdot\boldsymbol{b}=\boldsymbol{b}\cdot\boldsymbol{a}$;

(3) 偏线性性 $(\lambda\boldsymbol{a}+\mu\boldsymbol{b})\cdot\boldsymbol{c}=\lambda\boldsymbol{a}\cdot\boldsymbol{c}+\mu\boldsymbol{b}\cdot\boldsymbol{c}$.

其中 $\boldsymbol{a},\boldsymbol{b},\boldsymbol{c}$ 为向量， λ,μ 为实数.

基于非负性，向量 $\boldsymbol{a}$ 的长度可定义为 $|\boldsymbol{a}|=\sqrt{\boldsymbol{a}\cdot\boldsymbol{a}}$.

如果 $\boldsymbol{a}=(a_1,a_2,a_3)$, 则有 $|\boldsymbol{a}|=\sqrt{a_1^2+a_2^2+a_3^2}$. 如果 $\boldsymbol{a}=\overrightarrow{OA}$, 则有 $|OA|=\sqrt{a_1^2+a_2^2+a_3^2}$. 因此，向量 $\boldsymbol{a}=(a_1,a_2,a_3)$ 的长度与 $\boldsymbol{a}$ 的线段表示的长度一致.

空间两个点 $A(a_1,a_2,a_3),B(b_1,b_2,b_3)$ 之间的距离可用向量长度计算，即有距离公式

$$|AB|=|\overrightarrow{AB}|=\sqrt{(b_1-a_1)^2+(b_2-a_2)^2+(b_3-a_3)^2}.$$

如果向量 $\boldsymbol{a}$ 的长度为 1, 即 $|\boldsymbol{a}|=1$, 则称 $\boldsymbol{a}$ 为单位向量. 如果 $\boldsymbol{a}=(a_1,a_2,a_3)$ 是一个非 0 向量，则

$$\boldsymbol{a}_0=\frac{\boldsymbol{a}}{|\boldsymbol{a}|}=\left(\frac{a_1}{\sqrt{a_1^2+a_2^2+a_3^2}},\frac{a_2}{\sqrt{a_1^2+a_2^2+a_3^2}},\frac{a_3}{\sqrt{a_1^2+a_2^2+a_3^2}}\right)$$

是单位向量，称为 $\boldsymbol{a}$ 的单位化．反过来，向量 $\boldsymbol{a}$ 可以用其单位化表示为 $\boldsymbol{a}=|\boldsymbol{a}|\boldsymbol{a}_0$. 其中 $|\boldsymbol{a}|$ 表示 $\boldsymbol{a}$ 的大小， $\boldsymbol{a}_0$ 表示 $\boldsymbol{a}$ 的方向.

两个非 0 向量 $\boldsymbol{a},\boldsymbol{b}$ 的夹角可定义为

$$\langle\boldsymbol{a},\boldsymbol{b}\rangle=\arccos\frac{\boldsymbol{a}\cdot\boldsymbol{b}}{|\boldsymbol{a}||\boldsymbol{b}|}.$$

反过来，内积可用夹角表示，即 $\boldsymbol{a}\cdot\boldsymbol{b}=|\boldsymbol{a}||\boldsymbol{b}|\cos\langle\boldsymbol{a},\boldsymbol{b}\rangle$.

设 $\boldsymbol{a},\boldsymbol{b}$ 的线段表示的夹角为 θ, 则由余弦定理，有

$$|\boldsymbol{a}-\boldsymbol{b}|^2=|\boldsymbol{a}|^2+|\boldsymbol{b}|^2-2|\boldsymbol{a}||\boldsymbol{b}|\cos\theta.$$

按照内积，则有

$$\begin{aligned}|\boldsymbol{a}-\boldsymbol{b}|^2&=|\boldsymbol{a}|^2+|\boldsymbol{b}|^2-2\boldsymbol{a}\cdot\boldsymbol{b}\\&=|\boldsymbol{a}|^2+|\boldsymbol{b}|^2-2|\boldsymbol{a}||\boldsymbol{b}|\cos\langle\boldsymbol{a},\boldsymbol{b}\rangle.\end{aligned}$$

因此， $\theta=\langle\boldsymbol{a},\boldsymbol{b}\rangle$. 这表明向量的夹角与其线段表示的夹角一致.

线段的垂直可以用向量运算表示．两个向量垂直当且仅当其内积为 0, 即

$$\boldsymbol{a}\perp\boldsymbol{b}\iff\boldsymbol{a}\cdot\boldsymbol{b}=0.$$

如果 $\boldsymbol{a}\perp\boldsymbol{b}$ ，那么勾股定理可用向量运算表示为 $|\boldsymbol{a}+\boldsymbol{b}|^2=|\boldsymbol{a}|^2+|\boldsymbol{b}|^2$. 向量 $\boldsymbol{a}$ 在非 0 向量 $\boldsymbol{b}$ 上的投影 $|\boldsymbol{a}|\cos\langle\boldsymbol{a},\boldsymbol{b}\rangle$ 可用内积表示为

$$|\boldsymbol{a}|\cos\langle\boldsymbol{a},\boldsymbol{b}\rangle=\boldsymbol{a}\cdot\boldsymbol{b}_0=\frac{\boldsymbol{a}\cdot\boldsymbol{b}}{|\boldsymbol{b}|}.$$

其中 $\boldsymbol{b}_0$ 是 $\boldsymbol{b}$ 的单位化.

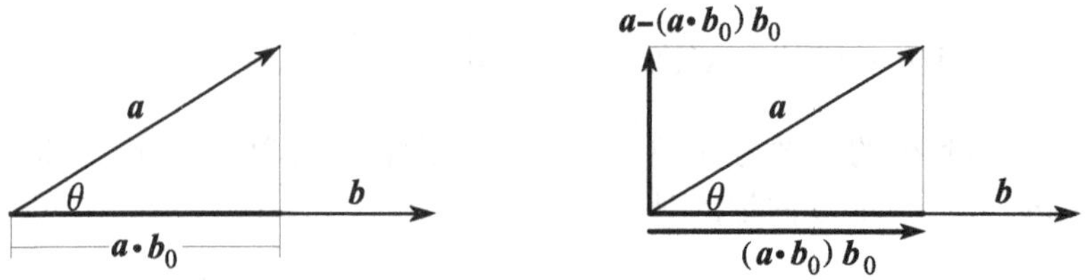

图 1.10

由此可知, $\boldsymbol{a}$ 在 $\boldsymbol{b}$ 上的投影向量可用内积表示为 $(\boldsymbol{a}\cdot\boldsymbol{b}_0)\,\boldsymbol{b}_0=\dfrac{\boldsymbol{a}\cdot\boldsymbol{b}}{\boldsymbol{b}^2}\boldsymbol{b}$. 于是, $\boldsymbol{a}$ 关于 $\boldsymbol{b}$ 的正交化向量为

$$\boldsymbol{a}-(\boldsymbol{a}\cdot\boldsymbol{b}_0)\boldsymbol{b}_0=\boldsymbol{a}-\frac{\boldsymbol{a}\cdot\boldsymbol{b}}{\boldsymbol{b}^2}\boldsymbol{b}.$$

如果 $\boldsymbol{a}_0,\boldsymbol{b}_0$ 是两个单位向量, 则有 $\cos\langle\boldsymbol{a}_0,\boldsymbol{b}_0\rangle=\boldsymbol{a}_0\cdot\boldsymbol{b}_0$. 简言之, **两个单位向量的内积表夹角, 到单位向量的内积表投影**.

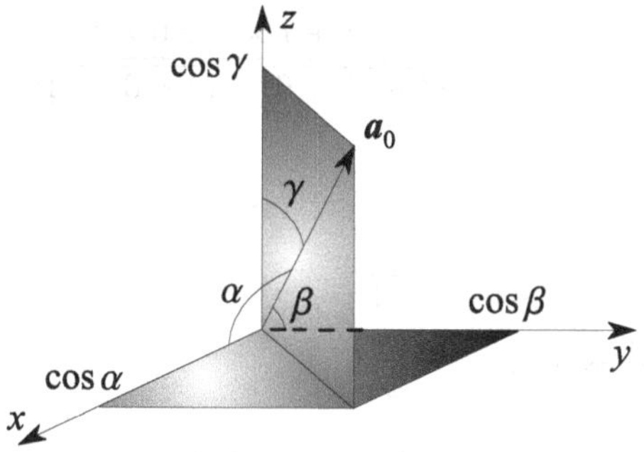

图 1.11

向量 $\boldsymbol{a}$ 与坐标轴的夹角 α,β,γ 称为方向角. **方向角的计算可通过向量的单位化实现**, 即有

$$\frac{\boldsymbol{a}}{|\boldsymbol{a}|}=(\cos\alpha,\cos\beta,\cos\gamma).$$

反过来, 单位向量通常用方向余弦来表示.

例 1.7 已知两点 $A(2,2,\sqrt{2}),B(1,3,0)$, 计算向量 $\overrightarrow{AB}$ 的长度、方向余弦和方向角.

解 由于

$$\overrightarrow{AB}=(1-2,3-2,0-\sqrt{2})=(-1,1,-\sqrt{2}),$$

$$|AB|=\sqrt{(-1)^2+1^2+(-\sqrt{2})^2}=2,$$

所以

$$\cos\alpha=\frac{-1}{2},\cos\beta=\frac{1}{2},\cos\gamma=\frac{-\sqrt{2}}{2}.$$

解得

$$\alpha=\frac{2}{3}\pi,\ \beta=\frac{1}{3}\pi,\ \gamma=\frac{3}{4}\pi.$$

例 1.8 设 $A(1,1,1),B(2,2,1),C(2,1,2)$, 计算 $\angle BAC$.

解 由于

$$AB=(2-1,2-1,1-1)=(1,1,0),$$

$$AC=(2-1,1-1,2-1)=(1,0,1),$$

所以

$$\begin{aligned}\cos\angle BAC &= \frac{\overrightarrow{AB}}{|\overrightarrow{AB}|}\cdot\frac{\overrightarrow{AC}}{|\overrightarrow{AC}|}\\ &= \frac{1\times1+1\times0+0\times1}{\sqrt{1^2+1^2+0^2}\sqrt{1^2+0^2+1^2}}=\frac{1}{2}.\end{aligned}$$

故 $\angle BAC=\frac{\pi}{3}$.

§8.1.4 外积运算

外积可用行列式表示为

$$\boldsymbol{a}\times\boldsymbol{b}=\begin{vmatrix}\boldsymbol{i} & \boldsymbol{j} & \boldsymbol{k}\\ a_1 & a_2 & a_3\\ b_1 & b_2 & b_3\end{vmatrix}=\left(\begin{vmatrix}a_2 & a_3\\ b_2 & b_3\end{vmatrix},\begin{vmatrix}a_3 & a_1\\ b_3 & b_1\end{vmatrix},\begin{vmatrix}a_1 & a_2\\ b_1 & b_2\end{vmatrix}\right).$$

直接验证可知，外积具有下列运算性质：

$$\boldsymbol{a}\times\boldsymbol{b}=-\boldsymbol{b}\times\boldsymbol{a},$$

$$(\boldsymbol{a}+\boldsymbol{b})\times\boldsymbol{c}=\boldsymbol{a}\times\boldsymbol{c}+\boldsymbol{b}\times\boldsymbol{c},$$

$$(\lambda\boldsymbol{a})\times(\mu\boldsymbol{b})=\lambda\mu(\boldsymbol{a}\times\boldsymbol{b}).$$

$$(\boldsymbol{a}\times\boldsymbol{b})\cdot\boldsymbol{c}=\begin{vmatrix}a_1 & a_2 & a_3\\ b_1 & b_2 & b_3\\ c_1 & c_2 & c_3\end{vmatrix}.$$

需要注意的是，外积满足反交换率，但不满足交换率和结合律. 外积具有下列几何性质：

性质 1 $\boldsymbol{a}\times\boldsymbol{b}=\boldsymbol{0}\iff\boldsymbol{a},\boldsymbol{b}$ 线性相关.

证 $\boldsymbol{a}\times\boldsymbol{b}=\boldsymbol{0}\iff\frac{a_1}{b_1}=\frac{a_2}{b_2}=\frac{a_3}{b_3}\iff\boldsymbol{a},\boldsymbol{b}$ 线性相关.

性质 2 $\boldsymbol{a}\times\boldsymbol{b}$ 垂直于 $\boldsymbol{a},\boldsymbol{b}$.

证
$$\boldsymbol{a}\cdot(\boldsymbol{a}\times\boldsymbol{b})=a_1(a_2b_3-a_3b_2)+a_2(a_3b_1-a_1b_3)+a_3(a_1b_2-a_2b_1)=\boldsymbol{0}.$$

性质 3 $\boldsymbol{a}\times\boldsymbol{b}$ 的长度等于以 $\boldsymbol{a},\boldsymbol{b}$ 为边的平行四边形的面积，即

$$|\boldsymbol{a}\times\boldsymbol{b}|=|\boldsymbol{a}||\boldsymbol{b}|\sin\langle\boldsymbol{a},\boldsymbol{b}\rangle.$$

证 由于

$$\begin{aligned}|\boldsymbol{a}\times\boldsymbol{b}|^2&=(a_2b_3-a_3b_2)^2+(a_3b_1-a_1b_3)^2+(a_1b_2-a_2b_1)^2\\&=(a_1^2+a_2^2+a_3^2)(b_1^2+b_2^2+b_3^2)-(a_1b_1+a_2b_2+a_3b_3)^2\\&=|\boldsymbol{a}|^2|\boldsymbol{b}|^2-(\boldsymbol{a}\cdot\boldsymbol{b})^2=|\boldsymbol{a}|^2|\boldsymbol{b}|^2\sin^2\langle\boldsymbol{a},\boldsymbol{b}\rangle,\end{aligned}$$

所以原命题成立.

复合运算 $(\boldsymbol{a}\times\boldsymbol{b})\cdot\boldsymbol{c}$ 称为向量 $\boldsymbol{a},\boldsymbol{b},\boldsymbol{c}$ 的混合积，记为

$$(\boldsymbol{a},\boldsymbol{b},\boldsymbol{c})=(\boldsymbol{a}\times\boldsymbol{b})\cdot\boldsymbol{c}.$$

性质 4 向量 $\boldsymbol{a},\boldsymbol{b},\boldsymbol{c}$ 构成右手系 $\Longleftrightarrow$ $(\boldsymbol{a},\boldsymbol{b},\boldsymbol{c})>0$.

证* 设 $\{\boldsymbol{e}_1,\boldsymbol{e}_2,\boldsymbol{e}_3\}=\{\boldsymbol{i},\boldsymbol{j},\boldsymbol{k}\}$ 且

$$(\boldsymbol{a},\boldsymbol{b},\boldsymbol{c})=(x_1\boldsymbol{e}_1,\boldsymbol{b},\boldsymbol{c})=(x_1\boldsymbol{e}_1,x_2\boldsymbol{e}_2,\boldsymbol{c})=(x_1\boldsymbol{e}_1,x_2\boldsymbol{e}_2,x_3\boldsymbol{e}_3).$$

则 $\boldsymbol{a},\boldsymbol{b},\boldsymbol{c}$ 构成右手系 $\Longleftrightarrow$ $x_1\boldsymbol{e}_1,\boldsymbol{b},\boldsymbol{c}$ 构成右手系 $\Longleftrightarrow$ $x_1\boldsymbol{e}_1,x_2\boldsymbol{e}_2,\boldsymbol{c}$ 构成右手系 $\Longleftrightarrow$ $x_1\boldsymbol{e}_1,x_2\boldsymbol{e}_2,x_3\boldsymbol{e}_3$ 构成右手系 $\Longleftrightarrow$ $(x_1\boldsymbol{e}_1,x_2\boldsymbol{e}_2,x_3\boldsymbol{e}_3)>0$.

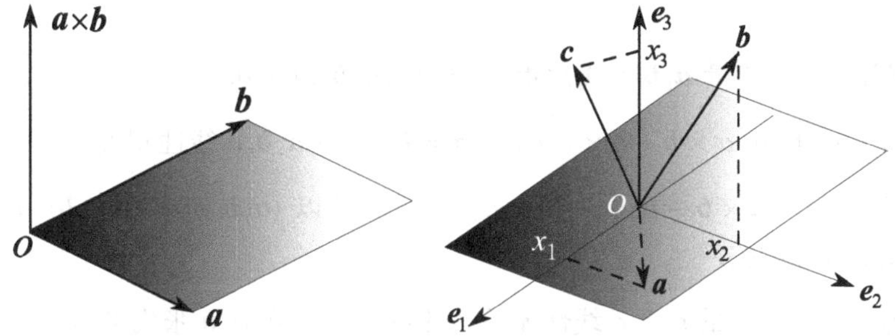

图 1.12

由关系式

$$(\boldsymbol{a},\boldsymbol{b},\boldsymbol{c})=\begin{vmatrix} a_1 & a_2 & a_3 \\ b_1 & b_2 & b_3 \\ c_1 & c_2 & c_3 \end{vmatrix}$$

可知，混合积具有对换反号性和轮换不变性，即

$$(\boldsymbol{a},\boldsymbol{b},\boldsymbol{c})=(\boldsymbol{b},\boldsymbol{c},\boldsymbol{a})=(\boldsymbol{c},\boldsymbol{a},\boldsymbol{b})=-(\boldsymbol{b},\boldsymbol{a},\boldsymbol{c})=-(\boldsymbol{a},\boldsymbol{c},\boldsymbol{b})=-(\boldsymbol{c},\boldsymbol{b},\boldsymbol{a}).$$

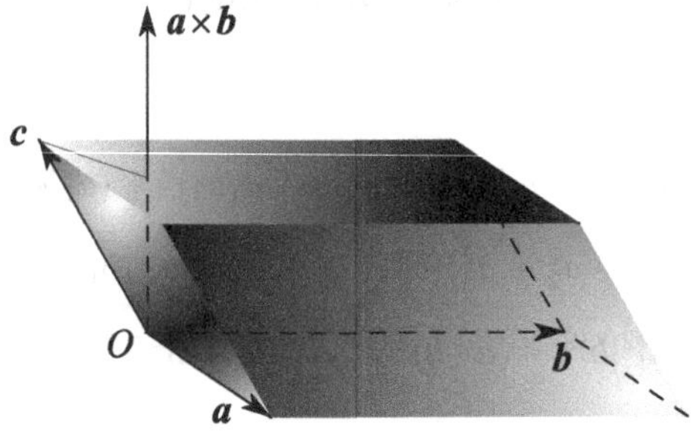

图 1.13

定理 1.6 向量 $\boldsymbol{a},\boldsymbol{b},\boldsymbol{c}$ 构成右手系时，混合积 $(\boldsymbol{a},\boldsymbol{b},\boldsymbol{c})$ 为 $\boldsymbol{a},\boldsymbol{b},\boldsymbol{c}$ 张成平行六面体的体积； $\boldsymbol{a},\boldsymbol{b},\boldsymbol{c}$ 构成左手系时， $(\boldsymbol{a},\boldsymbol{b},\boldsymbol{c})$ 为 $\boldsymbol{a},\boldsymbol{b},\boldsymbol{c}$ 张成平行六面体的体积负值； $\boldsymbol{a},\boldsymbol{b},\boldsymbol{c}$ 线性相关时， $(\boldsymbol{a},\boldsymbol{b},\boldsymbol{c})=0$.

证 不妨设 $\boldsymbol{a},\boldsymbol{b},\boldsymbol{c}$ 构成右手系，并令 $\boldsymbol{e}=\dfrac{\boldsymbol{a}\times\boldsymbol{b}}{|\boldsymbol{a}\times\boldsymbol{b}|}$. 由于平行六面体的底面面积为 $|\boldsymbol{a}\times\boldsymbol{b}|$, 高为 $\boldsymbol{c}\cdot\boldsymbol{e}$, 所以平行六面体的体积为

$$V=|\boldsymbol{a}\times\boldsymbol{b}|\,(\boldsymbol{c}\cdot\boldsymbol{e})=\boldsymbol{c}\cdot(\boldsymbol{a}\times\boldsymbol{b})=(\boldsymbol{a},\boldsymbol{b},\boldsymbol{c}).$$

根据上述定理，三个向量要么构成右手系，要么构成左手系，要么线性相关.

推论 1.3 向量 $\boldsymbol{a},\boldsymbol{b},\boldsymbol{c}$ 线性相关 $\iff(\boldsymbol{a},\boldsymbol{b},\boldsymbol{c})=0$.

例 1.9 已知 $\boldsymbol{a}\times\boldsymbol{b}+\boldsymbol{b}\times\boldsymbol{c}+\boldsymbol{c}\times\boldsymbol{a}=\boldsymbol{0}$, 证明 $\boldsymbol{a},\boldsymbol{b},\boldsymbol{c}$ 线性相关.

证 由于 $(\boldsymbol{a}\times\boldsymbol{b}+\boldsymbol{b}\times\boldsymbol{c}+\boldsymbol{c}\times\boldsymbol{a})\cdot\boldsymbol{c}=0$, 所以 $(\boldsymbol{a},\boldsymbol{b},\boldsymbol{c})=(\boldsymbol{a}\times\boldsymbol{b})\cdot\boldsymbol{c}=0$. 故 $\boldsymbol{a},\boldsymbol{b},\boldsymbol{c}$ 线性相关.

例 1.10 设向量 $\boldsymbol{a},\boldsymbol{b},\boldsymbol{c}$ 线性无关，计算向量 $\boldsymbol{c}$ 在 $\boldsymbol{a},\boldsymbol{b}$ 张成平面上的投影向量 $\boldsymbol{r}$.

解 $\boldsymbol{a},\boldsymbol{b}$ 张成平面的法向量为

$$\boldsymbol{n}_0=\frac{\boldsymbol{a}\times\boldsymbol{b}}{|\boldsymbol{a}\times\boldsymbol{b}|}.$$

$\boldsymbol{c}$ 在 $\boldsymbol{a},\boldsymbol{b}$ 张成平面的投影向量为

$$\boldsymbol{r}=\boldsymbol{c}-(\boldsymbol{c}\cdot\boldsymbol{n}_0)\boldsymbol{n}_0$$

$$=\boldsymbol{c}-\frac{(\boldsymbol{a},\boldsymbol{b},\boldsymbol{c})}{|\boldsymbol{a}\times\boldsymbol{b}|^2}\,\boldsymbol{a}\times\boldsymbol{b}.$$

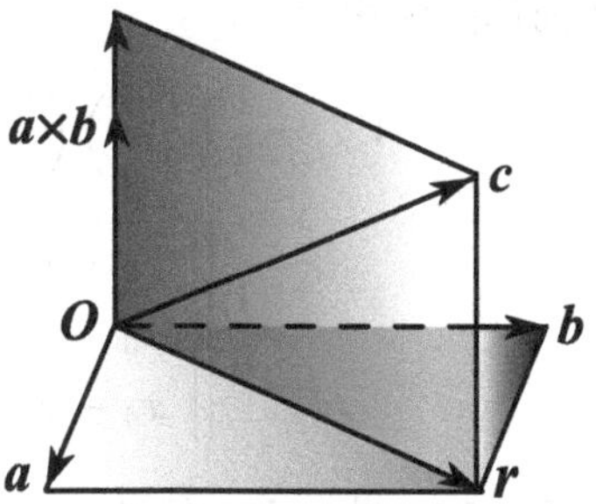

图 1.14

例 1.11 设 l 是空间过点 $A(a_1,a_2,a_3),B(b_1,b_2,b_3)$ 的直线， $C(c_1,c_2,c_3)$ 是空间一点，试求点 C 到直线 l 的距离.

解 设 C 到直线 l 的距离为 d, 计算 $\overrightarrow{AB},\overrightarrow{AC}$ 张成平行四边形的面积，有

$$d\left|\overrightarrow{AB}\right|=\left|\overrightarrow{AB}\times\overrightarrow{AC}\right|.$$

因此，

$$d=\frac{\left|\overrightarrow{AB}\times\overrightarrow{AC}\right|}{\left|\overrightarrow{AB}\right|}=\frac{\sqrt{X^2+Y^2+Z^2}}{\sqrt{(b_1-a_1)^2+(b_2-a_2)^2+(b_3-a_3)^2}}.$$

其中

$$X=\begin{vmatrix} b_2-a_2 & b_3-a_3\\ c_2-a_2 & c_3-a_3\end{vmatrix},Y=\begin{vmatrix} b_3-a_3 & b_1-a_1\\ c_3-a_3 & c_1-a_1\end{vmatrix},Z=\begin{vmatrix} b_1-a_1 & b_2-a_2\\ c_1-a_1 & c_2-a_2\end{vmatrix}.$$

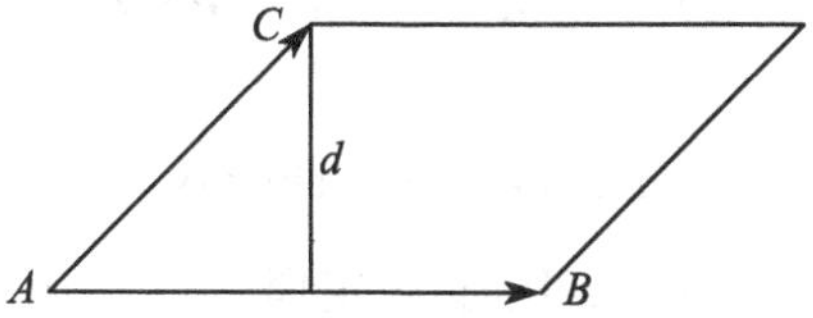

图 1.15

例 1.12 设点 $A(x_1,y_1,z_1),B(x_2,y_2,z_2),C(x_3,y_3,z_3),D(x_4,y_4,z_4)$ 不共面. 求四面体 $ABCD$ 的体积.

解 设 $\boldsymbol{r}=\overrightarrow{AB}\times\overrightarrow{AC}$, 则四面体的底面面积和高分别为 $\frac{1}{2}|\boldsymbol{r}|$, $\left|\overrightarrow{AD}\cdot\frac{\boldsymbol{r}}{|\boldsymbol{r}|}\right|$.

故四面体的体积为

$$\begin{aligned} V &= \frac{1}{3}\left(\frac{1}{2}|\boldsymbol{r}|\right)\left(\left|\overrightarrow{AD}\cdot\frac{\boldsymbol{r}}{|\boldsymbol{r}|}\right|\right) = \frac{1}{6}\left|(\overrightarrow{AB},\overrightarrow{AC},\overrightarrow{AD})\right| \\ &= \frac{1}{6}\left\|\begin{matrix} x_2-x_1 & y_2-y_1 & z_2-z_1 \\ x_3-x_1 & y_3-y_1 & z_3-z_1 \\ x_4-x_1 & y_4-y_1 & z_4-z_1 \end{matrix}\right\|. \end{aligned}$$

例 1.13 设 $\boldsymbol{a},\boldsymbol{b},\boldsymbol{c}$ 线性无关，若 $\boldsymbol{r}=x_1\boldsymbol{a}+x_2\boldsymbol{b}+x_3\boldsymbol{c}$, 则有

$$x_1=\frac{(\boldsymbol{r},\boldsymbol{b},\boldsymbol{c})}{(\boldsymbol{a},\boldsymbol{b},\boldsymbol{c})},\ x_2=\frac{(\boldsymbol{a},\boldsymbol{r},\boldsymbol{c})}{(\boldsymbol{a},\boldsymbol{b},\boldsymbol{c})},\ x_3=\frac{(\boldsymbol{a},\boldsymbol{b},\boldsymbol{r})}{(\boldsymbol{a},\boldsymbol{b},\boldsymbol{c})}.$$

证 由于 $\boldsymbol{r}\cdot(\boldsymbol{b}\times\boldsymbol{c})=(x_1\boldsymbol{a}+x_2\boldsymbol{b}+x_3\boldsymbol{c})\cdot(\boldsymbol{b}\times\boldsymbol{c})$, 所以 $\boldsymbol{r}\cdot(\boldsymbol{b}\times\boldsymbol{c})=x_1\boldsymbol{a}\cdot(\boldsymbol{b}\times\boldsymbol{c})$, 故 $x_1=\dfrac{(\boldsymbol{r},\boldsymbol{b},\boldsymbol{c})}{(\boldsymbol{a},\boldsymbol{b},\boldsymbol{c})}$. 同理 $x_2=\dfrac{(\boldsymbol{a},\boldsymbol{r},\boldsymbol{c})}{(\boldsymbol{a},\boldsymbol{b},\boldsymbol{c})}$, $x_3=\dfrac{(\boldsymbol{a},\boldsymbol{b},\boldsymbol{r})}{(\boldsymbol{a},\boldsymbol{b},\boldsymbol{c})}$.

例 1.13 表明，线性方程组

$$\begin{cases} a_{11}x_1+a_{12}x_2+a_{13}x_3=b_1 \\ a_{21}x_1+a_{22}x_2+a_{23}x_3=b_2 \\ a_{31}x_1+a_{32}x_2+a_{33}x_3=b_3 \end{cases}$$

存在唯一解 $\Longleftrightarrow$ 系数向量线性无关 $\Longleftrightarrow$ 系数行列式非零.

例 1.14 利用向量运算证明正弦定理.

证 在 $\triangle ABC$ 中，设 $\overrightarrow{BC}=\boldsymbol{a},\overrightarrow{CA}=\boldsymbol{b},\overrightarrow{AB}=\boldsymbol{c}$, 则有

$$\boldsymbol{a}\times\boldsymbol{b}=(\boldsymbol{a}+\boldsymbol{c})\times\boldsymbol{a}=\boldsymbol{c}\times\boldsymbol{a}.$$

两端取长度，则有

$$ab\sin\angle C=ca\sin\angle B.$$

因此，$\dfrac{b}{\sin\angle B}=\dfrac{c}{\sin\angle C}$. 由此可证正弦定理.

例 1.15 设 $\boldsymbol{a},\boldsymbol{b},\boldsymbol{c}$ 为向量，若有线性变换

$$\begin{cases} \boldsymbol{r}_1=\lambda_{11}\boldsymbol{a}+\lambda_{12}\boldsymbol{b}+\lambda_{13}\boldsymbol{c} \\ \boldsymbol{r}_2=\lambda_{21}\boldsymbol{a}+\lambda_{22}\boldsymbol{b}+\lambda_{23}\boldsymbol{c}\ , \\ \boldsymbol{r}_3=\lambda_{31}\boldsymbol{a}+\lambda_{32}\boldsymbol{b}+\lambda_{33}\boldsymbol{c} \end{cases}$$

则有体积变换公式：

$$(\boldsymbol{r}_1,\boldsymbol{r}_2,\boldsymbol{r}_3)=\begin{vmatrix}\lambda_{11}&\lambda_{12}&\lambda_{13}\\\lambda_{21}&\lambda_{22}&\lambda_{23}\\\lambda_{31}&\lambda_{32}&\lambda_{33}\end{vmatrix}(\boldsymbol{a},\boldsymbol{b},\boldsymbol{c}).$$

证 $(\boldsymbol{r}_1,\boldsymbol{r}_2,\boldsymbol{r}_3)=\lambda_{11}(\boldsymbol{a},\boldsymbol{r}_2,\boldsymbol{r}_3)+\lambda_{12}(\boldsymbol{b},\boldsymbol{r}_2,\boldsymbol{r}_3)+\lambda_{13}(\boldsymbol{c},\boldsymbol{r}_2,\boldsymbol{r}_3)$

$$=\left(\lambda_{11}\begin{vmatrix}\lambda_{22}&\lambda_{23}\\\lambda_{32}&\lambda_{33}\end{vmatrix}-\lambda_{12}\begin{vmatrix}\lambda_{21}&\lambda_{23}\\\lambda_{31}&\lambda_{33}\end{vmatrix}+\lambda_{13}\begin{vmatrix}\lambda_{21}&\lambda_{22}\\\lambda_{31}&\lambda_{32}\end{vmatrix}\right)(\boldsymbol{a},\boldsymbol{b},\boldsymbol{c})$$

$$=\begin{vmatrix}\lambda_{11}&\lambda_{12}&\lambda_{13}\\\lambda_{21}&\lambda_{22}&\lambda_{23}\\\lambda_{31}&\lambda_{32}&\lambda_{33}\end{vmatrix}(\boldsymbol{a},\boldsymbol{b},\boldsymbol{c}).$$

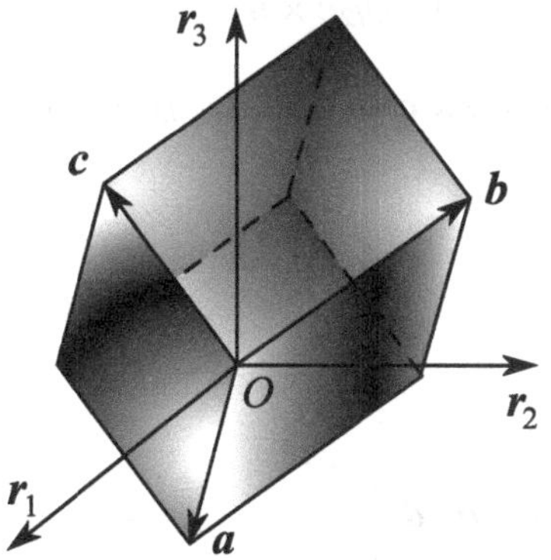

图 1.16

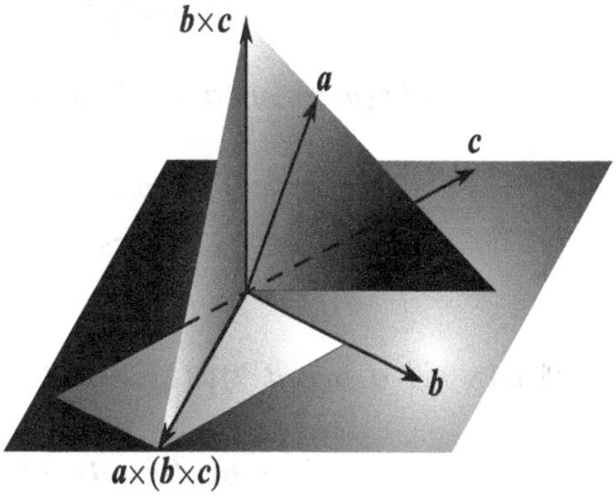

图 1.17

例 1.16 设 $\boldsymbol{a},\boldsymbol{b},\boldsymbol{c}$ 为向量，则有二叉积公式：

$$\boldsymbol{a}\times(\boldsymbol{b}\times\boldsymbol{c})=(\boldsymbol{a}\cdot\boldsymbol{c})\boldsymbol{b}-(\boldsymbol{a}\cdot\boldsymbol{b})\boldsymbol{c}.$$

证 设 $\boldsymbol{a}=(a_1,a_2,a_3),\boldsymbol{b}=(b_1,b_2,b_3),\boldsymbol{c}=(c_1,c_2,c_3),\boldsymbol{a}\times(\boldsymbol{b}\times\boldsymbol{c})=(x,y,z)$. 由于 $(\boldsymbol{b}\times\boldsymbol{c})=(b_2c_3-b_3c_2,b_3c_1-b_1c_3,b_1c_2-b_2c_1)$, 所以

$$x=\begin{vmatrix}a_2&a_3\\b_3c_1-b_1c_3&b_1c_2-b_2c_1\end{vmatrix}=(\boldsymbol{a}\cdot\boldsymbol{c})b_1-(\boldsymbol{a}\cdot\boldsymbol{b})c_1.$$

同理 $y=(\boldsymbol{a}\cdot\boldsymbol{c})b_2-(\boldsymbol{a}\cdot\boldsymbol{b})c_2,z=(\boldsymbol{a}\cdot\boldsymbol{c})b_3-(\boldsymbol{a}\cdot\boldsymbol{b})c_3$. 故原命题成立.

例 1.17　设 $\boldsymbol{a},\boldsymbol{b},\boldsymbol{c}$ 为向量，若有线性表示

$$\boldsymbol{x}=x_1\boldsymbol{a}+x_2\boldsymbol{b}+x_3\boldsymbol{c},\ \ \boldsymbol{y}=y_1\boldsymbol{a}+y_2\boldsymbol{b}+y_3\boldsymbol{c},$$

则有仿射叉积公式：

$$\boldsymbol{x}\times\boldsymbol{y}=\begin{vmatrix}\boldsymbol{b}\times\boldsymbol{c} & \boldsymbol{c}\times\boldsymbol{a} & \boldsymbol{a}\times\boldsymbol{b}\\ x_1 & x_2 & x_3\\ y_1 & y_2 & y_3\end{vmatrix}$$

证　根据外积运算的性质，有

$$\begin{aligned}\boldsymbol{x}\times\boldsymbol{y}&=(x_1\boldsymbol{a}+x_2\boldsymbol{b}+x_3\boldsymbol{c})\times(y_1\boldsymbol{a}+y_2\boldsymbol{b}+y_3\boldsymbol{c})\\&=x_1y_2\boldsymbol{a}\times\boldsymbol{b}+x_1y_3\boldsymbol{a}\times\boldsymbol{c}+x_2y_1\boldsymbol{b}\times\boldsymbol{a}\\&\qquad+x_2y_3\boldsymbol{b}\times\boldsymbol{c}+x_3y_1\boldsymbol{c}\times\boldsymbol{a}+x_3y_2\boldsymbol{c}\times\boldsymbol{b}\\&=(x_1y_2-x_2y_1)\boldsymbol{a}\times\boldsymbol{b}+(x_2y_3-x_3y_2)\boldsymbol{b}\times\boldsymbol{c}+(x_3y_1-x_1y_3)\boldsymbol{c}\times\boldsymbol{a}\\&=\begin{vmatrix}\boldsymbol{b}\times\boldsymbol{c} & \boldsymbol{c}\times\boldsymbol{a} & \boldsymbol{a}\times\boldsymbol{b}\\ x_1 & x_2 & x_3\\ y_1 & y_2 & y_3\end{vmatrix}.\end{aligned}$$

例 1.18　设 $\boldsymbol{a},\boldsymbol{b},\boldsymbol{c},\boldsymbol{d}$ 为向量，则有

$$(\boldsymbol{a}\times\boldsymbol{b})\cdot(\boldsymbol{c}\times\boldsymbol{d})=\begin{vmatrix}\boldsymbol{a}\cdot\boldsymbol{c} & \boldsymbol{a}\cdot\boldsymbol{d}\\ \boldsymbol{b}\cdot\boldsymbol{c} & \boldsymbol{b}\cdot\boldsymbol{d}\end{vmatrix}.$$

证　$(\boldsymbol{a}\times\boldsymbol{b})\cdot(\boldsymbol{c}\times\boldsymbol{d})=\boldsymbol{a}\cdot(\boldsymbol{b}\times(\boldsymbol{c}\times\boldsymbol{d}))$

$$=\boldsymbol{a}\cdot[(\boldsymbol{b}\cdot\boldsymbol{d})\boldsymbol{c}-(\boldsymbol{b}\cdot\boldsymbol{c})\boldsymbol{d}]=\begin{vmatrix}\boldsymbol{a}\cdot\boldsymbol{c} & \boldsymbol{a}\cdot\boldsymbol{d}\\ \boldsymbol{b}\cdot\boldsymbol{c} & \boldsymbol{b}\cdot\boldsymbol{d}\end{vmatrix}.$$

习　题 8.1 A

1. 填空：

(1) 设 $\boldsymbol{a}=(3,2,1)$, $\boldsymbol{b}=(2,\dfrac{4}{3},k)$, 若 $\boldsymbol{a}\perp\boldsymbol{b}$, 则 $k=$ ＿＿＿＿＿＿; 若 $\boldsymbol{a}//\boldsymbol{b}$, 则 $k=$ ＿＿＿＿＿＿.

(2) 设 $|\boldsymbol{a}|=3, |\boldsymbol{b}|=4$, 且 $\boldsymbol{a}\perp\boldsymbol{b}$, 则 $|(\boldsymbol{a}+\boldsymbol{b})\times(\boldsymbol{a}-\boldsymbol{b})|=$ ________.

(3) 设 $\boldsymbol{a}=(2,-3,1)$, $\boldsymbol{b}=(1,-2,5)$, 若 $\boldsymbol{c}\perp\boldsymbol{a}, \boldsymbol{c}\perp\boldsymbol{b}$ 且 $\boldsymbol{c}\cdot(\boldsymbol{i}+2\boldsymbol{j}-7\boldsymbol{k})=10$, 则 $\boldsymbol{c}=$ ________.

(4) 设 $(\boldsymbol{a}\times\boldsymbol{b})\cdot\boldsymbol{c}=2$, 则 $[(\boldsymbol{a}+\boldsymbol{b})\times(\boldsymbol{b}+\boldsymbol{c})]\cdot(\boldsymbol{c}+\boldsymbol{a})=$ ________.

(5) 设 $|\boldsymbol{a}|=2$, $|\boldsymbol{b}|=5$, $\langle\boldsymbol{a},\boldsymbol{b}\rangle=\dfrac{2}{3}\pi$, 则 $\lambda=$ ________ 时，向量 $\boldsymbol{m}=\lambda\boldsymbol{a}+17\boldsymbol{b}$ 与 $\boldsymbol{n}=3\boldsymbol{a}-\boldsymbol{b}$ 互相垂直.

(6) 设 $\boldsymbol{m}=2\boldsymbol{a}+3\boldsymbol{b}$, $\boldsymbol{n}=3\boldsymbol{a}-\boldsymbol{b}$, $|\boldsymbol{a}|=2$, $|\boldsymbol{b}|=1$, $\langle\boldsymbol{a},\boldsymbol{b}\rangle=\dfrac{\pi}{3}$, 则 $|\boldsymbol{m}\times\boldsymbol{n}|=$ ________.

(7) 设 $\boldsymbol{a},\boldsymbol{b},\boldsymbol{c}$ 均为单位向量，且有 $\boldsymbol{a}+\boldsymbol{b}+\boldsymbol{c}=\boldsymbol{0}$, 则 $\boldsymbol{a}\cdot\boldsymbol{b}+\boldsymbol{b}\cdot\boldsymbol{c}+\boldsymbol{c}\cdot\boldsymbol{a}=$ ________.

(8) 设向量 $\boldsymbol{x}$ 垂直于向量 $\boldsymbol{a}=(2,3,1)$ 和 $\boldsymbol{b}=(1,-1,3)$, 与 $\boldsymbol{c}=(2,0,2)$ 的内积为 -10, 则 $\boldsymbol{x}=$ ________.

(9) 设 $\boldsymbol{a},\boldsymbol{b}$ 是两个非零向量， $|\boldsymbol{b}|=1$, $\langle\boldsymbol{a},\boldsymbol{b}\rangle=\dfrac{\pi}{3}$, 则 $\lim\limits_{x\to 0}\dfrac{|\boldsymbol{a}+x\boldsymbol{b}|-|\boldsymbol{a}|}{x}=$ ________.

2. 设 $\boldsymbol{a}=(1,1,1)$, $\boldsymbol{b}=(-1,2,1)$, $\boldsymbol{c}=(1,0,-1)$, $\boldsymbol{m}=(2\boldsymbol{a}+\boldsymbol{b})\times(\boldsymbol{c}-\boldsymbol{a})+(\boldsymbol{b}+\boldsymbol{c})\times(\boldsymbol{a}+\boldsymbol{b})$, 求 $|\boldsymbol{m}|$.

3. 已知向量 $\boldsymbol{a}=(11,10,12), \boldsymbol{b}=(4,0,3)$, 求 $\boldsymbol{a},\boldsymbol{b}$ 的长度、方向余弦、 $\boldsymbol{a}$ 与 $\boldsymbol{b}$ 之间的夹角以及 $\boldsymbol{a}$ 在 $\boldsymbol{b}$ 上的投影与投影向量.

4. 已知 $\triangle ABC$ 的三个顶点的坐标为 $A(1,2,0), B(3,0,-3), C(5,2,6)$, 求此三角形的面积， AB 边上的高以及 $\sin\angle A$.

5. 试证 $\boldsymbol{a}=-\boldsymbol{i}+3\boldsymbol{j}+2\boldsymbol{k}$, $\boldsymbol{b}=2\boldsymbol{i}-3\boldsymbol{j}-4\boldsymbol{k}$, $\boldsymbol{c}=\boldsymbol{i}+3\boldsymbol{j}-2\boldsymbol{k}$ 共面，并将 $\boldsymbol{c}$ 用 $\boldsymbol{a},\boldsymbol{b}$ 表示出来.

6. 若向量 $\boldsymbol{a}+3\boldsymbol{b}$ 垂直于 $7\boldsymbol{a}-5\boldsymbol{b}$, 并且向量 $\boldsymbol{a}-4\boldsymbol{b}$ 垂直于 $7\boldsymbol{a}-2\boldsymbol{b}$, 求 $\boldsymbol{a}$ 与 $\boldsymbol{b}$ 的夹角.

7. 求与向量 $\boldsymbol{a}=2\boldsymbol{i}-\boldsymbol{j}+2\boldsymbol{k}$ 共线且满足 $\boldsymbol{a}\cdot\boldsymbol{x}=-18$ 的向量 $\boldsymbol{x}$.

8. 化简下列各式：

(1) $(\boldsymbol{a}+\boldsymbol{b})\cdot[(\boldsymbol{b}+\boldsymbol{c})\times\boldsymbol{c}+\boldsymbol{a})]$;　　(2) $(\boldsymbol{a}\times\boldsymbol{b})\cdot(\boldsymbol{a}\times\boldsymbol{b})+(\boldsymbol{a}\cdot\boldsymbol{b})(\boldsymbol{a}\cdot\boldsymbol{b})$;

(3) $(2\boldsymbol{a}+\boldsymbol{b})\times(\boldsymbol{c}-\boldsymbol{a})+(\boldsymbol{b}+\boldsymbol{c})\times(\boldsymbol{a}+\boldsymbol{b})$.

9. 一向量与 x 轴、 y 轴成等角，与 z 轴所构成的角是它们的 2 倍，试确定该向量的方向.

10. 设向量 $\boldsymbol{a}\neq\boldsymbol{0}$, 证明向量 $\boldsymbol{b}$ 与 $\boldsymbol{a}$ 共线的充要条件是惟一存在实数 m, 使得 $\boldsymbol{b}=m\boldsymbol{a}$.

11. 设 l_1,l_2 是异面直线，已知 A,C 是 l_1 上两个点， B,D 是 l_2 上两个点，若 $\overrightarrow{AC}=\boldsymbol{a},\overrightarrow{BD}=\boldsymbol{b},\overrightarrow{CD}=\boldsymbol{c}$, 试计算 l_1 与 l_2 的公垂线长度.

习 题 8.1 B

1. 填空：

(1) 设 $\boldsymbol{x}=(1,k,k^2)$ 能由 $\boldsymbol{a}=(1-k,1,1)$, $\boldsymbol{b}=(1,1+k,1)$, $\boldsymbol{c}=(1,1,k)$ 惟一地线性表示，则 $k\neq$ __________.

(2) 设 $\boldsymbol{a}=(1,1,1)$, $\boldsymbol{b}=(t,2,t)$, $\boldsymbol{c}=(2,3,t)$, 当 $t=$ __________ 时，$\boldsymbol{a},\boldsymbol{b},\boldsymbol{c}$ 线性相关.

(3) 设 $\boldsymbol{a},\boldsymbol{b},\boldsymbol{c}$ 线性无关，若 $l\boldsymbol{a}+\boldsymbol{b}$, $\boldsymbol{b}+\boldsymbol{c}$, $m\boldsymbol{c}+\boldsymbol{a}$ 也线性无关，则 l,m 的关系是 __________.

(4) 若 $(\boldsymbol{a}+\boldsymbol{b})\times(\boldsymbol{a}-\boldsymbol{b})=m\boldsymbol{a}\times\boldsymbol{b}$, 则 $m=$ __________.

2. 设 $\boldsymbol{a},\boldsymbol{b},\boldsymbol{c}$ 不共线，且 $\boldsymbol{a}\times\boldsymbol{b}=\boldsymbol{b}\times\boldsymbol{c}=\boldsymbol{c}\times\boldsymbol{a}$, 证明 $\boldsymbol{a}+\boldsymbol{b}+\boldsymbol{c}=\boldsymbol{0}$.

3. 证明向量 $\boldsymbol{c}=\dfrac{|\boldsymbol{a}|\boldsymbol{b}+|\boldsymbol{b}|\boldsymbol{a}}{|\boldsymbol{a}|+|\boldsymbol{b}|}$ 表示向量 $\boldsymbol{a}$ 与 $\boldsymbol{b}$ 夹角平分线的方向.

4. 若 $\boldsymbol{a}\times\boldsymbol{b}=\boldsymbol{c}\times\boldsymbol{a}$, $\boldsymbol{a}\times\boldsymbol{c}=\boldsymbol{c}\times\boldsymbol{d}$, 证明向量 $\boldsymbol{a}-\boldsymbol{d}$ 与 $\boldsymbol{b}-\boldsymbol{c}$ 共线.

5. 设向量 $\boldsymbol{a},\boldsymbol{b}$ 不共线，证明向量 $\boldsymbol{r}$ 与 $\boldsymbol{a},\boldsymbol{b}$ 共面的充要条件是惟一存在实数 m,n, 使得 $\boldsymbol{r}=m\boldsymbol{a}+n\boldsymbol{b}$.

6. 设向量 $\boldsymbol{a}$ 的方向角为 α,β,γ, 证明 $\cos 2\alpha+\cos 2\beta+\cos 2\gamma=-1$.

7. 设向量 $\boldsymbol{a},\boldsymbol{b}$ 不共线，问在什么条件下，向量 $\boldsymbol{u}=\lambda_1\boldsymbol{a}+\lambda_2\boldsymbol{b},\boldsymbol{v}=\mu_1\boldsymbol{a}+\mu_2\boldsymbol{b}$ 共线.

8. 求同时满足 $\boldsymbol{a}\cdot\boldsymbol{r}=m, \boldsymbol{b}\times\boldsymbol{r}=\boldsymbol{c}$ 的向量 $\boldsymbol{r}$.

9. 解释下列等式的几何意义:

(1) $(\lambda\boldsymbol{a},\boldsymbol{b},\boldsymbol{c})=\lambda(\boldsymbol{a},\boldsymbol{b},\boldsymbol{c})$; (2) $(\boldsymbol{a}+\boldsymbol{x},\boldsymbol{b},\boldsymbol{c})=(\boldsymbol{a},\boldsymbol{b},\boldsymbol{c})+(\boldsymbol{x},\boldsymbol{b},\boldsymbol{c})$;
(3) $(\boldsymbol{a}+\lambda\boldsymbol{b},\boldsymbol{b},\boldsymbol{c})=(\boldsymbol{a},\boldsymbol{b},\boldsymbol{c})$.

10. 证明下列恒等式:

(1) $\boldsymbol{a}\times(\boldsymbol{b}\times(\boldsymbol{c}\times\boldsymbol{d}))=(\boldsymbol{b}\cdot\boldsymbol{d})(\boldsymbol{a}\times\boldsymbol{c})-(\boldsymbol{b}\cdot\boldsymbol{c})(\boldsymbol{a}\times\boldsymbol{d})$;
(2) $(\boldsymbol{a}\times\boldsymbol{b},\boldsymbol{b}\times\boldsymbol{c},\boldsymbol{c}\times\boldsymbol{a})=(\boldsymbol{a},\boldsymbol{b},\boldsymbol{c})^2$;
(3) $(\boldsymbol{a}\times\boldsymbol{p},\boldsymbol{b}\times\boldsymbol{q},\boldsymbol{c}\times\boldsymbol{r})+(\boldsymbol{a}\times\boldsymbol{q},\boldsymbol{b}\times\boldsymbol{r},\boldsymbol{c}\times\boldsymbol{p})+(\boldsymbol{a}\times\boldsymbol{r},\boldsymbol{b}\times\boldsymbol{p},\boldsymbol{c}\times\boldsymbol{q})=0$.

11. 设点 $A(x_1,y_1,z_1),B(x_2,y_2,z_2),C(x_3,y_3,z_3),D(x_4,y_4,z_4)$ 不共面. 试求四面体 $ABCD$ 的重心坐标.

§8.2 平面与直线

平面和直线是空间中结构最简单的图形, 也是进一步研究复杂图形的基础, 空间曲线和曲面的许多性质需要用切线和切平面来刻划. 本节的主要内容是建立直线和平面方程.

§8.2.1 平面方程

确定一个平面, 常用的方法有:

(1) 不共线三个点惟一确定一个平面;

(2) 一直线和直线外一点惟一确定一个平面;

(3) 两平行但不重合直线惟一确定一个平面;

(4) 两相交但不重合直线惟一确定一个平面;

(5) 给定一个点和一个法向量可以惟一确定一个平面;

(6) 给定一个点和两个不共线向量可以惟一确定一个平面, 使该平面过给定点并与两个给定向量平行.

利用向量运算可以按照上述方法建立各种平面方程.

1. **点法式方程**

设 $\boldsymbol{r}_0=(x_0,y_0,z_0),\boldsymbol{n}=(A,B,C)$，则过 $P(x_0,y_0,z_0)$ 点且与非 0 向量 $\boldsymbol{n}$ 垂直的平面方程为

$$(\boldsymbol{r}-\boldsymbol{r}_0)\cdot\boldsymbol{n}=0. \tag{2.1}$$

其中 $\boldsymbol{r}$ 为平面上任意点的坐标. 如果令 $\boldsymbol{r}=(x,y,z)$, 则上式可以写为

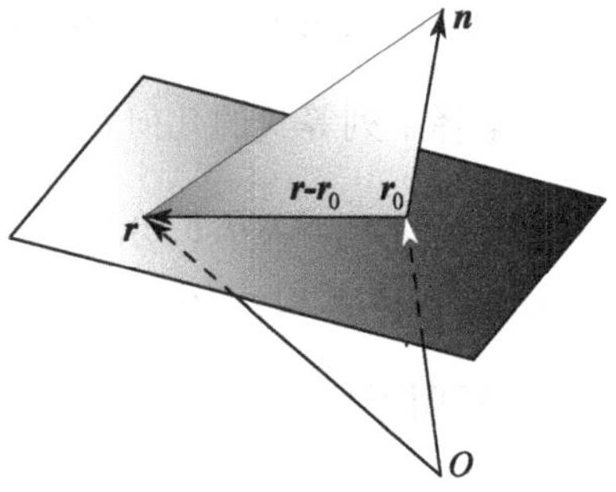

图 2.1

$$A(x-x_0)+B(y-y_0)+C(z-z_0)=0, \tag{2.2}$$

平面方程 (2.1) 称为向量型点法式方程， (2.2) 称为分量型或坐标型点法式方程， $\boldsymbol{n}=(A,B,C)$ 为平面的法向量.

例 2.1 求过点 (1,1,1) 且与平面 $\pi_1: x-2y+3z=1$ 和平面 $\pi_2: x+y-z=2$ 均垂直的平面.

解 所求平面垂直于 π_1,π_2, 所以所求平面的法向量垂直于 π_1,π_2 的法向量. 故所求平面的法向量为

$$\boldsymbol{n}=\begin{vmatrix}\boldsymbol{i} & \boldsymbol{j} & \boldsymbol{k}\\ 1 & -2 & 3\\ 1 & 1 & -1\end{vmatrix}=(-1,4,3).$$

于是，所求平面方程为 $-(x-1)+4(y-1)+3(z-1)=0$.

2. **一般方程**

在方程 (2.2) 中，令 $D=-Ax_0-Bx_0-Cz_0$, 则可以得到平面的一般方程：

$$Ax+By+Cz+D=0, \tag{2.3}$$

3. **一点两向式**

如果 $\boldsymbol{r}_1=(A_1,B_1,C_1),\boldsymbol{r}_2=(A_2,B_2,C_2)$ 是不共线向量， $\boldsymbol{r}_0=(x_0,y_0,z_0)$,

则过 $P(x_0,y_0,z_0)$ 点且与 $\boldsymbol{r}_1,\boldsymbol{r}_2$ 平行的平面方程为

$$(\boldsymbol{r}-\boldsymbol{r}_0,\boldsymbol{r}_1,\boldsymbol{r}_2)=0. \tag{2.4}$$

或

$$\begin{vmatrix} x-x_0 & y-y_0 & z-z_0 \\ A_1 & B_1 & C_1 \\ A_2 & B_2 & C_2 \end{vmatrix}=0. \tag{2.5}$$

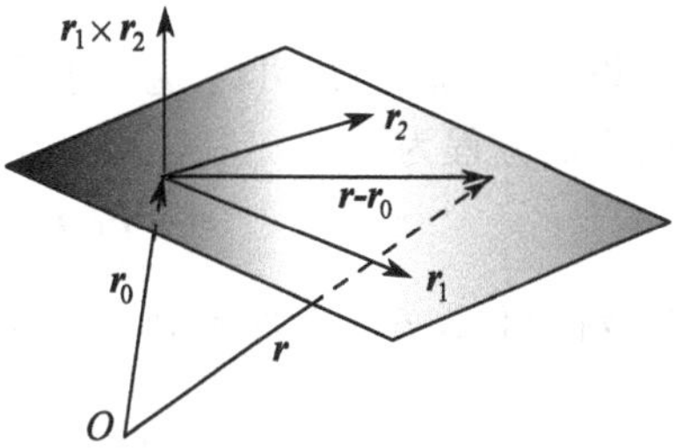

图 2.2

平面方程 (2.4) 称为向量型一点两向式， (2.5) 称为坐标型一点两向式.

例 2.2 求通过点 $(1,2,-1)$ 且与直线 $\begin{cases}2x-3y+z-5=0\\3x+y-2z-4=0\end{cases}$ 垂直的平面方程.

解 由于平面的法向量为 $\boldsymbol{n}=\begin{vmatrix}\boldsymbol{i} & \boldsymbol{j} & \boldsymbol{k}\\ 2 & -3 & 1\\ 3 & 1 & -2\end{vmatrix}=(5,7,11)$, 故所求平面方程为 $5(x-1)+7(y-2)+11(z+1)=0$.

4. **参数方程**

根据平面方程 (2.4), 有

$$\boldsymbol{r}=\boldsymbol{r}_0+t_1\boldsymbol{r}_1+t_2\boldsymbol{r}_2, \tag{2.6}$$

或

$$\begin{cases}x=x_0+t_1A_1+t_2A_2,\\ y=y_0+t_1B_1+t_2B_2,\\ z=z_0+t_1C_1+t_2C_2.\end{cases} \tag{2.7}$$

平面方程 (2.6) 称为向量型参数方程， (2.7) 称为坐标型参数方程.

5. **三点式方程**

设 $A(x_1,y_1,z_1),B(x_2,y_2,z_2),C(x_3,y_3,z_3)$ 为不共线三点，则过 A,B,C 三点的平面方程为

$$(\boldsymbol{r}-\boldsymbol{r}_1,\boldsymbol{r}_2-\boldsymbol{r}_1,\boldsymbol{r}_3-\boldsymbol{r}_1)=0. \tag{2.8}$$

其中 $\boldsymbol{r}_1=(x_1,y_1,z_1),\boldsymbol{r}_2=(x_2,y_2,z_2),\boldsymbol{r}_3=(x_3,y_3,z_3)$. 写成分量形式，有

$$\begin{vmatrix} x-x_1 & y-y_1 & z-z_1 \\ x_2-x_1 & y_2-y_1 & z_2-z_1 \\ x_3-x_1 & y_3-y_1 & z_3-z_1 \end{vmatrix}=0. \tag{2.9}$$

平面方程 (2.8) 称为向量型三点式方程， (2.9) 称为坐标型三点式方程.

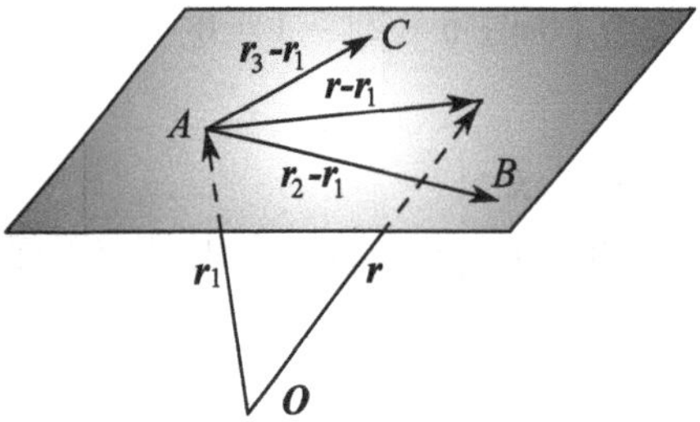

图 2.3

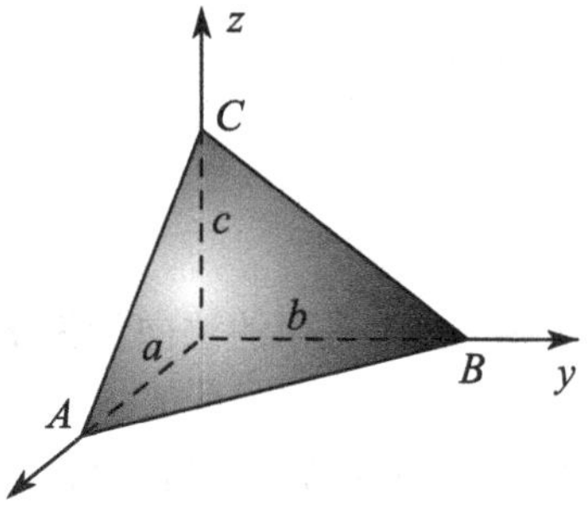

图 2.4

6. **截距式方程**

如果平面交 x 轴， y 轴， z 轴于 $A(a,0,0),B(0,b,0),C(0,0,c)$, 则该平面方程为

$$\begin{vmatrix} x-a & y & z \\ -a & b & 0 \\ -a & 0 & c \end{vmatrix}=0,$$

且当 $abc\neq 0$ 时为

$$\frac{x}{a}+\frac{y}{b}+\frac{z}{c}=1. \tag{2.10}$$

平面方程 (2.10) 称为截距式方程.

7. **两点一向式**

设 $A(x_1,y_1,z_1),B(x_2,y_2,z_2)$ 是空间两个点，$\boldsymbol{v}$ 是不平行于 $\overrightarrow{AB}$ 的一个向量，则过 A,B 且平行于 $\boldsymbol{v}=(v_1,v_2,v_3)$ 的平面方程为

$$(\boldsymbol{r}-\boldsymbol{r}_1,\boldsymbol{r}_2-\boldsymbol{r}_1,\boldsymbol{v})=0, \tag{2.11}$$

或

$$\begin{vmatrix} x-x_1 & y-y_1 & z-z_1 \\ x_2-x_1 & y_2-y_1 & z_2-z_1 \\ v_1 & v_2 & v_3 \end{vmatrix}=0. \tag{2.12}$$

其中 $\boldsymbol{r}_1=(x_1,y_1,z_1),\boldsymbol{r}_2=(x_2,y_2,z_2)$. 平面方程 (2.11) 称为向量型两点一向式，(2.9) 称为坐标型两点一向式.

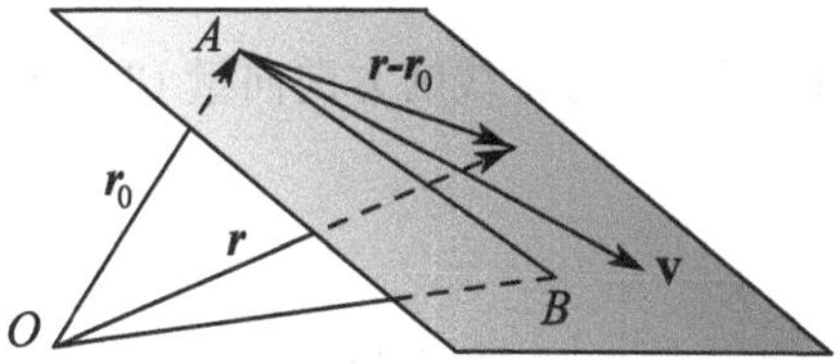

图 2.5

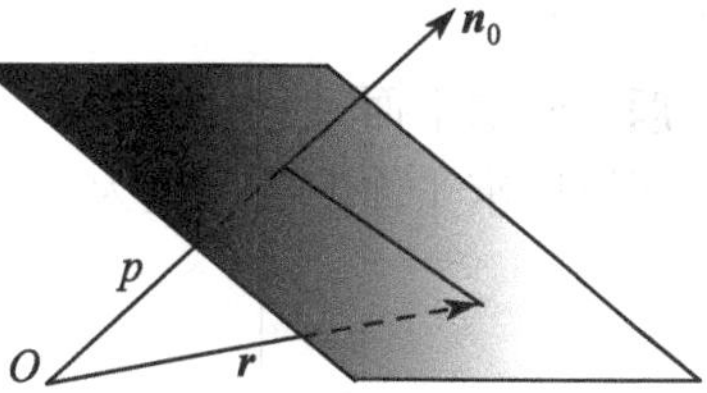

图 2.6

8. **法式方程**

如果平面与原点的距离为 p 且法向量为 $\boldsymbol{n}_0=(\cos\alpha,\cos\beta,\cos\gamma)$, 则该平面方程为

$$\boldsymbol{r}\cdot\boldsymbol{n}_0=p. \tag{2.13}$$

或

$$x\cos\alpha+y\cos\beta+z\cos\gamma=p. \tag{2.14}$$

平面方程 (2.13) 称为向量型法式方程，(2.14) 称为坐标型法式方程.

§8.2.2 直线方程

建立直线方程，常用的方法有：

(1) 两个不同点惟一确定一条直线;

(2) 过一个点且与已知直线平行的直线惟一确定一条直线;

(3) 两个相交但不重合平面惟一确定一条直线.

1. **参数方程**

设 $\boldsymbol{r}_0=(x_0,y_0,z_0),\boldsymbol{v}=(v_1,v_2,v_3)$, 则过 $P(x_0,y_0,z_0)$ 且与向量 $\boldsymbol{v}$ 平行的直线方程为

$$\boldsymbol{r}-\boldsymbol{r}_0=t\boldsymbol{v} \text{ 或 } \boldsymbol{r}=\boldsymbol{r}_0+t\boldsymbol{v}, \tag{2.15}$$

其分量形式为

$$\begin{cases} x=x_0+tv_1, \\ y=y_0+tv_2, \\ z=z_0+tv_3. \end{cases} \tag{2.16}$$

直线方程 (2.15) 称为向量型参数方程, (2.16) 称为坐标型参数方程. 其中 $\boldsymbol{v}$ 称为直线的方向向量.

例 2.3 求通过点 $(1,2,-1)$ 且通过直线 $x=2+3t,\ y=2+t,\ z=1+2t$ 的平面方程.

解 所求平面过 $(1,2,-1)$, $(2,2,1)$ 两点且与直线的方向向量 $(3,1,2)$ 平行, 所以所求平面的法向量为

$$\boldsymbol{n}=\begin{vmatrix} \boldsymbol{i} & \boldsymbol{j} & \boldsymbol{k} \\ 3 & 1 & 2 \\ 1-2 & 2-2 & -1-1 \end{vmatrix}=(-2,4,1),$$

故所求平面方程为 $-2(x-1)+4(y-2)+(z+1)=0$.

2. **点向式方程**

在直线方程 (2.16) 中消去参数 t 可得直线的点向式方程

$$\frac{x-x_0}{v_1}=\frac{y-y_0}{v_2}=\frac{z-z_0}{v_3}. \tag{2.17}$$

点向式方程也称为标准方程或对称方程.

在方程 (2.17) 中, 允许 v_1,v_2,v_3 有一个或两个为 0, 当 $v_3=0$ 时, 原方程应理解为

$$\begin{cases} \dfrac{x-x_0}{v_1}=\dfrac{y-y_0}{v_2}, \\ z=z_0, \end{cases}$$

当 $v_2=v_3=0$ 时, 原方程应理解为 $y=y_0$, $z=z_0$. 其它情况类似.

3. 交面式方程

直线可以看成是两平面的交线，交线的方向用法向量的叉积确定，可简记为“**交线方向用叉积**”.

设 $\pi_1: A_1x+B_1y+C_1z+D_1=0$, $\pi_2: A_2x+B_2y+C_2z+D_2=0$ 是两个相交于一条直线的平面方程，则交线方程为

$$L:\begin{cases}A_1x+B_1y+C_1z+D_1=0,\\ A_2x+B_2y+C_2z+D_2=0.\end{cases}\tag{2.18}$$

由于 π_1,π_2 的法向量为 $\boldsymbol{n}_1=(A_1,B_1,C_1),\boldsymbol{n}_2=(A_2,B_2,C_2)$, 所以交线的方向为

$$\boldsymbol{v}=\boldsymbol{n}_1\times\boldsymbol{n}_2=\left(\begin{vmatrix}B_1 & C_1\\ B_2 & C_2\end{vmatrix},\begin{vmatrix}C_1 & A_1\\ C_2 & A_2\end{vmatrix},\begin{vmatrix}A_1 & B_1\\ A_2 & B_2\end{vmatrix}\right).$$

直线方程 (2.18) 称为交面式方程，也称为一般方程. 交面式方程可用点向式表示为

$$\frac{x-x_0}{\begin{vmatrix}B_1 & C_1\\ B_2 & C_2\end{vmatrix}}=\frac{y-y_0}{\begin{vmatrix}C_1 & A_1\\ C_2 & A_2\end{vmatrix}}=\frac{z-z_0}{\begin{vmatrix}A_1 & B_1\\ A_2 & B_2\end{vmatrix}}.$$

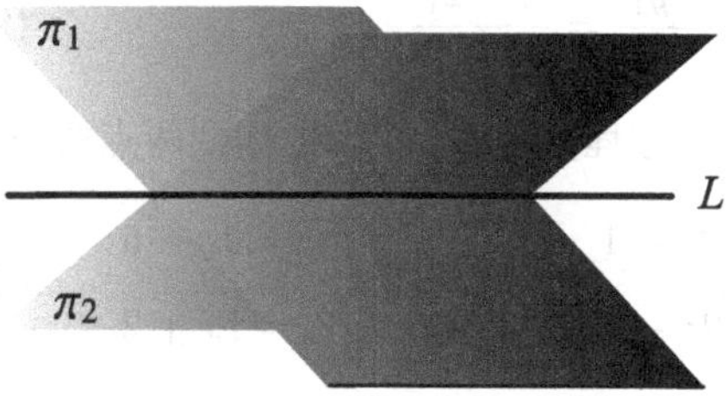

图 2.7

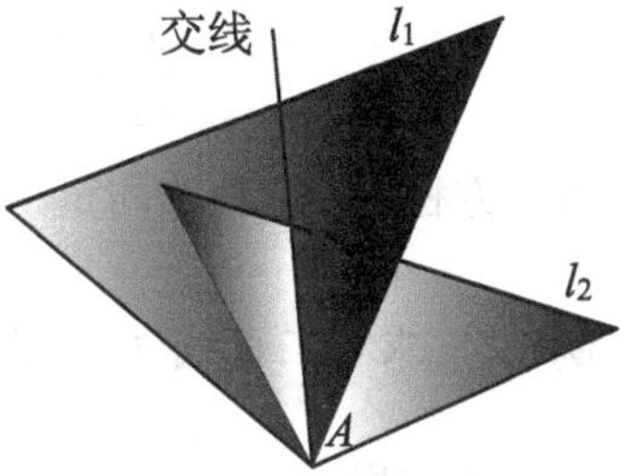

图 2.8

例 2.4　求过点 $A(0,-1,8)$ 且与两直线

$$l_1:\ \frac{x-2}{5}=\frac{y}{0}=\frac{z-9}{-1},\qquad l_2:\ \frac{x+3}{3}=\frac{y-3}{10}=\frac{z-9}{-1}$$

相交的直线方程.

解 过点 A 和直线 l_1 的平面方程为

$$\begin{vmatrix} x-2 & y & z-9 \\ 5 & 0 & -1 \\ 2-0 & 0+1 & 9-8 \end{vmatrix} = 0$$

过点 A 和直线 l_2 的平面方程为

$$\begin{vmatrix} x+3 & y-3 & z-9 \\ 3 & 10 & -1 \\ -3-0 & 3+1 & 9-8 \end{vmatrix} = 0$$

于是所求直线方程为

$$\begin{cases} x-7y+5z-47=0, \\ 14x-6y+42z-318=0. \end{cases}$$

4. **两点式方程**

设 $\boldsymbol{r}_1=(x_1,y_1,z_1), \boldsymbol{r}_2=(x_2,y_2,z_2)$, 则过 $A(x_1,y_1,z_1), B(x_2,y_2,z_2)$ 两点的直线方程为

$$\boldsymbol{r}-\boldsymbol{r}_1=t(\boldsymbol{r}_2-\boldsymbol{r}_1), \tag{2.19}$$

或

$$\frac{x-x_1}{x_2-x_1}=\frac{y-y_1}{y_2-y_1}=\frac{z-z_1}{z_2-z_1}. \tag{2.20}$$

直线方程 (2.19) 称为向量型两点式方程, (2.20) 称为坐标型两点式方程.

例 2.5 求与二直线 $L_1:\begin{cases} x=3z-1 \\ y=2z-3 \end{cases}$ 和 $L_2:\begin{cases} y=2x-5 \\ z=7x+2 \end{cases}$ 垂直且相交的直线方程.

解 所求直线为公垂线. L_1 与 L_2 的方向分别为 $\boldsymbol{v}_1=(3,2,1), \boldsymbol{v}_2=(1,2,7)$, L_1 与 L_2 的公垂线方向为

$$\boldsymbol{v}=\boldsymbol{v}_1\times\boldsymbol{v}_2=\begin{vmatrix} \boldsymbol{i} & \boldsymbol{j} & \boldsymbol{k} \\ 3 & 2 & 1 \\ 1 & 2 & 7 \end{vmatrix}=(12,-20,4)=4(3,-5,1).$$

设过 L_1 和公垂线的平面为 π_1, 过 L_2 和公垂线的平面为 π_2, 则

$$\pi_1: \begin{vmatrix} x+1 & y+3 & z \\ 3 & 2 & 1 \\ 3 & -5 & 1 \end{vmatrix} = 0, \qquad \pi_2: \begin{vmatrix} x & y+5 & z-2 \\ 1 & 2 & 7 \\ 3 & -5 & 1 \end{vmatrix} = 0.$$

于是，所求直线方程为

$$\begin{cases} \pi_1: \ (x+1) - 3(z-0) = 0, \\ \pi_2: \ 37x + 20(y+5) - 11(z-2) = 0. \end{cases}$$

例 2.6 求过直线 $\dfrac{x-2}{1} = \dfrac{y+2}{-1} = \dfrac{z-3}{2}$ 和 $\dfrac{x-1}{-1} = \dfrac{y+1}{2} = \dfrac{z-1}{1}$ 的平面方程.

解 由于所求平面的法向量为

$$\boldsymbol{n} = \begin{vmatrix} \boldsymbol{i} & \boldsymbol{j} & \boldsymbol{k} \\ 1 & -1 & 2 \\ -1 & 2 & 1 \end{vmatrix} = (-5, -3, 1),$$

故所求平面方程为 $-5(x-2) - 3(y+2) + (z-3) = 0$.

§8.2.3 点线面关系

空间的点、线、面之间的位置关系主要有距离关系和方向关系. 例如，点点关系有两点间的距离公式和定比分点公式，点线关系和点面关系有点到直线或平面的距离公式和投影公式等.

1. **线线关系**

设

$$L_1: \ \frac{x-x_1}{u_1} = \frac{y-y_1}{u_2} = \frac{z-z_1}{u_3},$$

$$L_2: \ \frac{x-x_2}{v_1} = \frac{y-y_2}{v_2} = \frac{z-z_2}{v_3}$$

为两直线 L_1, L_2 方程，则 L_1, L_2 的方向向量分别为

$$\boldsymbol{u} = (u_1, u_2, u_3), \quad \boldsymbol{v} = (v_1, v_2, v_3).$$

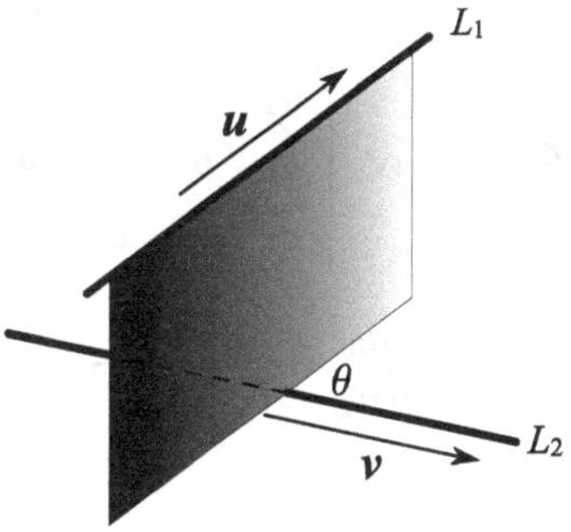

图 2.9

向量 $\boldsymbol{u},\boldsymbol{v}$ 的夹角就是直线 L_1,L_2 的夹角 θ, 即

$$\cos\theta=\frac{u_1v_1+u_2v_2+u_3v_3}{\sqrt{u_1^2+u_2^2+u_3^2}\sqrt{v_1^2+v_2^2+v_3^2}}.$$

特别有，两直线的垂直条件：

$$L_1\perp L_2 \iff u_1v_1+u_2v_2+u_3v_3=0,$$

两直线的平行条件：

$$L_1//L_2 \iff \frac{u_1}{v_1}=\frac{u_2}{v_2}=\frac{u_3}{v_3}.$$

例 2.7 求直线

$$L_1:\begin{cases}x+2y+z-1=0\\ x-2y+z+1=0\end{cases},\qquad L_2:\begin{cases}x-y-z-1=0\\ x-y+2z+1=0\end{cases}$$

间的夹角.

解 两直线的方向向量分别为

$$\boldsymbol{v}_1=\begin{vmatrix}\boldsymbol{i}&\boldsymbol{j}&\boldsymbol{k}\\1&2&1\\1&-2&1\end{vmatrix}=(4,0,-4),\qquad \boldsymbol{v}_2=\begin{vmatrix}\boldsymbol{i}&\boldsymbol{j}&\boldsymbol{k}\\1&-1&-1\\1&-1&2\end{vmatrix}=(-3,-3,0).$$

于是,

$$\cos\langle v_1,v_2\rangle=\frac{\boldsymbol{v}_1\cdot\boldsymbol{v}_2}{|\boldsymbol{v}_1||\boldsymbol{v}_2|}=-\frac{1}{2},\ \langle v_1,v_2\rangle=\frac{2\pi}{3}.$$

例 2.8 设 $\begin{vmatrix}a_1&a_2&a_3\\b_1&b_2&b_3\\c_1&c_2&c_3\end{vmatrix}\neq 0$, 则两直线

$$L_1:\frac{x-a_3}{a_1-a_2}=\frac{y-b_3}{b_1-b_2}=\frac{z-c_3}{c_1-c_2},\quad L_2:\frac{x-a_1}{a_2-a_3}=\frac{y-b_1}{b_2-b_3}=\frac{z-c_1}{c_2-c_3}$$

是 ______.

(A) 交于一点； (B) 重合； (C) 平行但不重合； (D) 异面.

解 L_1 的方向向量为 $\boldsymbol{v}_1=(a_1-a_2,b_1-b_2,c_1-c_2)$, L_2 的方向向量为 $\boldsymbol{v}_2=(a_2-a_3,b_2-b_3,c_2-c_3)$. 若记 $\boldsymbol{u}=(a_3,b_3,c_3)$, $\boldsymbol{v}=(a_3-a_1,b_3-b_1,c_3-c_1)$, 则有

$$(\boldsymbol{v}_1,\boldsymbol{v}_2,\boldsymbol{u})=\begin{vmatrix} a_1 & a_2 & a_3 \\ b_1 & b_2 & b_3 \\ c_1 & c_2 & c_3 \end{vmatrix}\neq 0,\quad (\boldsymbol{v}_1,\boldsymbol{v}_2,\boldsymbol{v})=0,$$

于是 L_1, L_2 不平行，且共面，故交于一点.

2. **线面关系**

设直线 L 的方程为 $L:\ \dfrac{x-x_0}{v_1}=\dfrac{y-y_0}{v_2}=\dfrac{z-z_0}{v_3}$，平面 π 的方程为 $Ax+By+Cz+D=0$, 则直线 L 的方向向量为 $\boldsymbol{v}=(v_1,v_2,v_3)$, 平面 π 的法向向量为 $\boldsymbol{n}=(A,B,C)$, 直线 L 与平面 π 的平行条件为 $\boldsymbol{v}\perp\boldsymbol{n}$ 或 $\boldsymbol{v}\cdot\boldsymbol{n}=0$, 即

$$Av_1+Bv_2+Cv_3=0.$$

直线 L 与平面 π 的相交条件为 $Av_1+Bv_2+Cv_3\neq 0$. 直线 L 与平面 π 的交点可按下列方法计算.

将直线 L 的方程写成参数形式 $x=x_0+v_1t$, $y=y_0+v_2t$, $z=z_0+v_3t$, 代入平面方程可得

$$A(x_0+v_1t)+B(y_0+v_2t)+C(z_0+v_3t)+D=0,$$

解得

$$t=-\frac{Ax_0+By_0+Cz_0+D}{Av_1+Bv_2+Cv_3}.$$

将此值代入参数方程可得交点坐标.

直线 L 平面 π 的夹角为 $\theta=\dfrac{\pi}{2}-\langle\boldsymbol{v},\boldsymbol{n}\rangle$. 因此，有

$$\begin{aligned}\sin\theta &=\cos(\frac{\pi}{2}-\theta)=\frac{|\boldsymbol{v}\cdot\boldsymbol{n}|}{|\boldsymbol{v}||\boldsymbol{n}|}\\ &=\frac{|Av_1+Bv_2+Cv_3|}{\sqrt{A^2+B^2+C^2}\sqrt{v_1^2+v_2^2+v_3^2}}.\end{aligned}$$

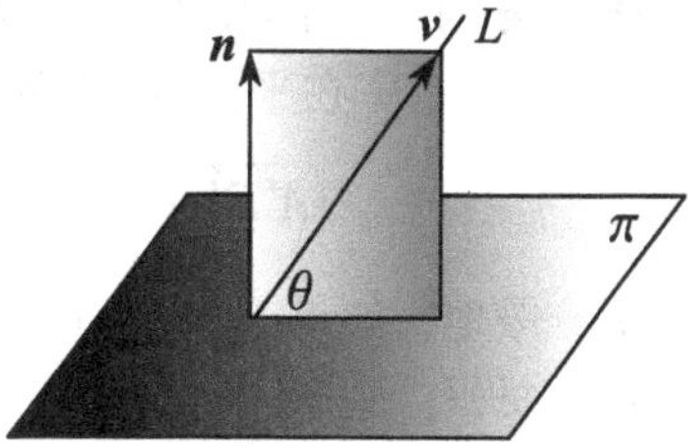

图 2.10

例 2.9 求直线 $\begin{cases} x+y-z+1=0 \\ x-y+2z-2=0 \end{cases}$ 与平面 $x-2y+3z-3=0$ 间的夹角正弦.

解 直线的方向为

$$\boldsymbol{v}=\begin{vmatrix} \boldsymbol{i} & \boldsymbol{j} & \boldsymbol{k} \\ 1 & 1 & -1 \\ 1 & -1 & 2 \end{vmatrix}=(1,-3,-2).$$

平面的法向为 $\boldsymbol{n}=(1,-2,3)$. 设所求角为 θ, 则有

$$\sin\theta=\cos\langle\boldsymbol{v},\boldsymbol{n}\rangle=\frac{\boldsymbol{v}\cdot\boldsymbol{n}}{|\boldsymbol{v}||\boldsymbol{n}|}=\frac{1}{14}.$$

3. **两平面关系**

两平面之间要么重合，要么不等平行，要么交于一直线. 设

$$\pi_1: A_1x+B_1y+C_1z+D_1=0$$
$$\pi_2: A_2x+B_2y+C_2z+D_2=0$$

是两个平面方程，则有

$$\pi_1=\pi_2 \iff \frac{A_1}{B_1}=\frac{A_2}{B_2}=\frac{A_3}{B_3}=\frac{D_1}{D_2},$$
$$\pi_1//\pi_2, \pi_1\neq\pi_2 \iff \frac{A_1}{B_1}=\frac{A_2}{B_2}=\frac{A_3}{B_3}\neq\frac{D_1}{D_2},$$
$$\pi_1//\pi_2 \iff \boldsymbol{n}_1//\boldsymbol{n}_2,$$
$$\pi_1\perp\pi_2 \iff \boldsymbol{n}_1\perp\boldsymbol{n}_2,$$
$$\langle\pi_1,\pi_2\rangle=\langle\boldsymbol{n}_1,\boldsymbol{n}_2\rangle.$$

其中 $\boldsymbol{n}_1=(A_1,B_1,C_1), \boldsymbol{n}_2=(A_2,B_2,C_2)$. 特别需要记住，**两平面夹角就是两法线夹角**. 由此可知，如果 $ABCD$ 是平面 π_1 上的平行四边形，$A'B'C'D'$ 是四边形 $ABCD$ 在平面 π_2 上的投影，则有**面积投影公式**

$$|\overrightarrow{A'B'}\times\overrightarrow{A'D'}|=|\overrightarrow{AB}\times\overrightarrow{AD}|\cos\langle\boldsymbol{n}_1,\boldsymbol{n}_2\rangle.$$

更一般地，如果 $S_{原}$ 是平面 π_1 上的某图形面积，$S_{投}$ 是该图形在平面 π_2 上的投影面积，则有

$$S_{投}=S_{原}\cos\langle\boldsymbol{n}_1,\boldsymbol{n}_2\rangle.$$

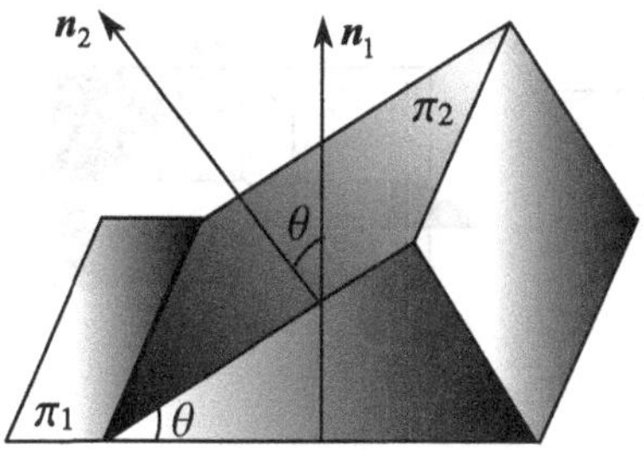

图 2.11

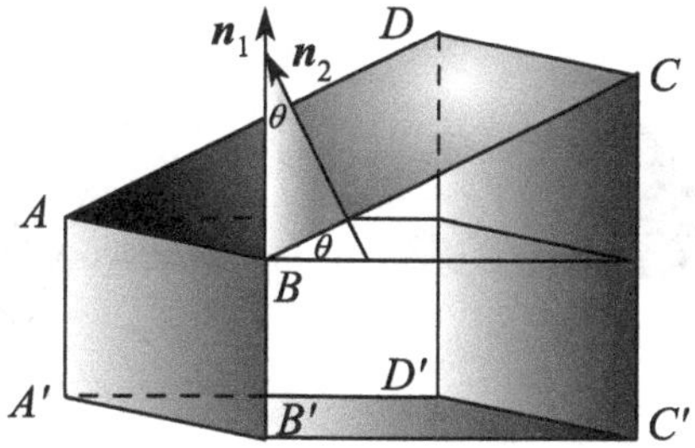

图 2.12

例 2.10　求平面 $Ax+By+Cz=0$ 截椭圆柱面 $\dfrac{x^2}{a^2}+\dfrac{y^2}{b^2}=1$ 所得椭圆的面积.

解　由于所截椭圆的投影面积为 πab, 平面 $Ax+By+Cz=0$ 与坐标面 xOy 的夹角余弦为

$$\cos\gamma=\frac{|C|}{\sqrt{A^2+B^2+C^2}},$$

所以所求椭圆的面积为

$$S=\frac{\pi ab}{\cos\gamma}=\frac{\pi ab\sqrt{A^2+B^2+C^2}}{|C|}.$$

4. **三平面关系**

无重合三平面的位置关系可分为三面平行，两平一斜，惟一交点，惟一交线，不平不交等五种情况. 设

$$\pi_1: A_1x+B_1y+C_1z+D_1=0,$$
$$\pi_2: A_2x+B_2y+C_2z+D_2=0,$$
$$\pi_3: A_3x+B_3y+C_3z+D_3=0,$$

是无重合三平面方程，$\boldsymbol{n}_1=(A_1,B_1,C_1),\boldsymbol{n}_2=(A_2,B_2,C_2),\boldsymbol{n}_3=(A_3,B_3,C_3)$ 是其法线向量，则确定三平面位置的条件是:

三面平行 $\Longleftrightarrow$ $\boldsymbol{n}_1//\boldsymbol{n}_2//\boldsymbol{n}_3$;

两平一斜 $\Longleftrightarrow$ $\boldsymbol{n}_i//\boldsymbol{n}_j\not\parallel\boldsymbol{n}_k$, $\{i,j,k\}=\{1,2,3\}$;

惟一交点 $\Longleftrightarrow$ $(\boldsymbol{n}_1,\boldsymbol{n}_2,\boldsymbol{n}_3)\neq 0$;

惟一交线 $\Longleftrightarrow$ $(\boldsymbol{n}_1,\boldsymbol{n}_2,\boldsymbol{n}_3)=0$ 且三面有交;

不平不交 $\Longleftrightarrow$ 三面无交且 $\boldsymbol{n}_1,\boldsymbol{n}_2,\boldsymbol{n}_3$ 两两线性无关.

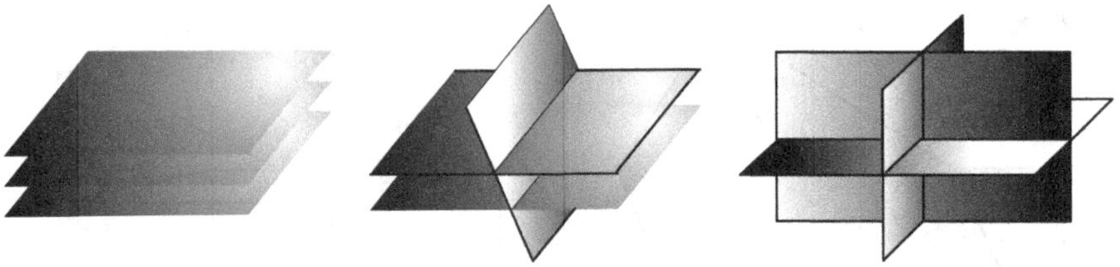

图 2.13

图 2.14

例 2.11 设 $\boldsymbol{a}=(a_1,a_2,a_3),\boldsymbol{b}=(b_1,b_2,b_3),\boldsymbol{c}=(c_1,c_2,c_3),\boldsymbol{d}=(d_1,d_2,d_3)$，则三平面

$$\pi_1: a_1x+b_1y+c_1z+d_1=0$$

$$\pi_2: a_2x+b_2y+c_2z+d_2=0$$

$$\pi_3: a_3x+b_3y+c_3z+d_3=0$$

两两相交成三条平行直线的充要条件是 ______.

(A) $\boldsymbol{a},\boldsymbol{b},\boldsymbol{c}$ 共线， $\boldsymbol{a},\boldsymbol{b},\boldsymbol{c},\boldsymbol{d}$ 共面；

(B) $\boldsymbol{d}$ 可以用 $\boldsymbol{a},\boldsymbol{b},\boldsymbol{c}$ 线性表示；

(C) $\boldsymbol{a},\boldsymbol{b},\boldsymbol{c}$ 两两线性无关，且 $\boldsymbol{d}$ 不能用 $\boldsymbol{a},\boldsymbol{b},\boldsymbol{c}$ 线性表示；

(D) $\boldsymbol{a},\boldsymbol{b},\boldsymbol{c}$ 共面，且 $\boldsymbol{d}$ 不能用 $\boldsymbol{a},\boldsymbol{b},\boldsymbol{c}$ 线性表示.

解 (A) 系数向量 $\boldsymbol{a},\boldsymbol{b},\boldsymbol{c}$ 共线 $\Longleftrightarrow$ 法向量共线 $\Longleftrightarrow$ 三面平行.

(B) $\boldsymbol{d}$ 可以用 $\boldsymbol{a},\boldsymbol{b},\boldsymbol{c}$ 线性表示 $\Longleftrightarrow$ 三面有交.

(C) $\boldsymbol{d}$ 不能用 $\boldsymbol{a},\boldsymbol{b},\boldsymbol{c}$ 线性表示 $\Longleftrightarrow$ 三面无交，$\boldsymbol{a},\boldsymbol{b},\boldsymbol{c}$ 两两线性无关 $\Longleftrightarrow$ 法向量两两线性无关. 因此应选 (C).

(D) $\boldsymbol{a},\boldsymbol{b},\boldsymbol{c}$ 共面，且 $\boldsymbol{d}$ 不能用 $\boldsymbol{a},\boldsymbol{b},\boldsymbol{c}$ 线性表示 $\Longleftrightarrow$ 法向量共面，且三面无交.

5. **点到平面的距离**

设 $Ax+By+Cz+D=0$ 是一个平面， $\boldsymbol{n}=(A,B,C)$, 又 $P(x_0,y_0,z_0)$ 是平面外一点. 任取平面上一点 $M(x,y,z)$, 则 $\overrightarrow{PM}$ 在 $\boldsymbol{n}$ 上的投影绝对值为所求距离 d, 即

$$d=\left|\overrightarrow{PM}\cdot\frac{\boldsymbol{n}}{|\boldsymbol{n}|}\right|=\frac{|A(x-x_0)+B(y-y_0)+C(z-z_0)|}{\sqrt{A^2+B^2+C^2}}$$
$$=\frac{|Ax_0+By_0+Cz_0+D|}{\sqrt{A^2+B^2+C^2}}.$$

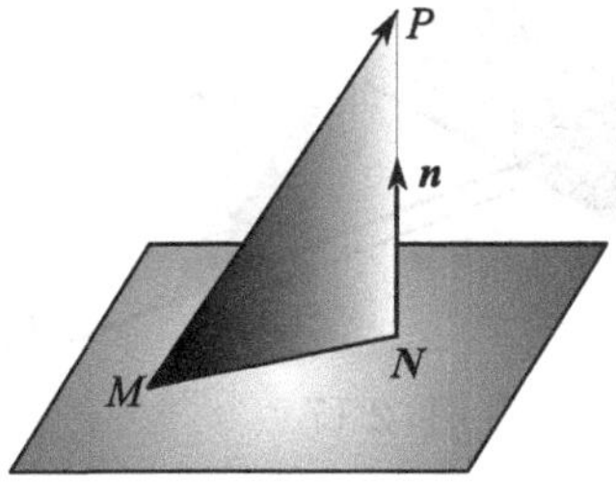

图 2.15

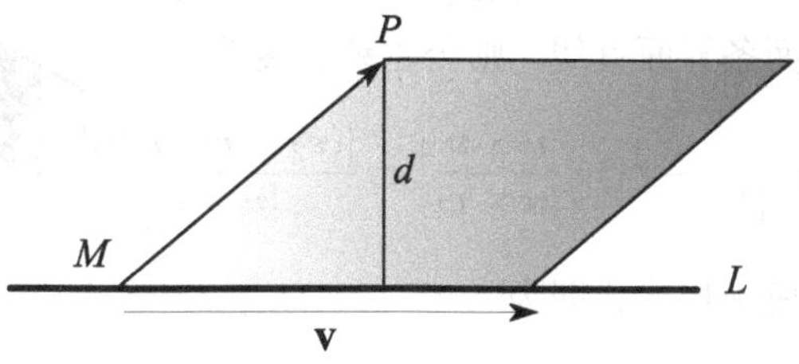

图 2.16

6. **点到直线的距离**

设 $\dfrac{x-x_0}{v_1}=\dfrac{y-y_0}{v_2}=\dfrac{z-z_0}{v_3}$ 是一条直线, $\boldsymbol{v}=(v_1,v_2,v_3)$, 又 $P(x_1,y_1,z_1)$ 是直线外一点， M 点的坐标为 (x_0,y_0,z_0), 则所求距离 d 为

$$d=\frac{|\overrightarrow{PM}\times\boldsymbol{v}|}{|\boldsymbol{v}|}=\sqrt{\frac{X^2+Y^2+Z^2}{v_1^2+v_2^2+v_3^2}}.$$

其中

$$X=\begin{vmatrix} y_1-y_0 & z_1-z_0 \\ v_2 & v_3 \end{vmatrix},Y=\begin{vmatrix} z_1-z_0 & x_1-x_0 \\ v_3 & v_1 \end{vmatrix},Z=\begin{vmatrix} x_1-x_0 & y_1-y_0 \\ v_1 & v_2 \end{vmatrix}.$$

例 2.12 求点 P(1,2,3) 到直线 $\begin{cases} x+y-z=1 \\ 2x+z=3 \end{cases}$ 之间的距离.

解 直线的方向为 $\boldsymbol{v}=\begin{vmatrix} \boldsymbol{i} & \boldsymbol{j} & \boldsymbol{k} \\ 1 & 1 & -1 \\ 2 & 0 & 1 \end{vmatrix}=(1,-3,-2)$.

令 $x=0$, 则由直线方程可得 $z=3, y=4$, 于是 $M(0,4,3)$ 是直线上一点，所求距离为

$$d = \left|\overrightarrow{PM}\times\frac{\boldsymbol{v}}{|\boldsymbol{v}|}\right| = \frac{1}{\sqrt{1^2+(-3)^2+(-2)^2}}\left\|\begin{matrix}\boldsymbol{i} & \boldsymbol{j} & \boldsymbol{k}\\ 0-1 & 4-2 & 3-3\\ 1 & -3 & -2\end{matrix}\right\|$$
$$= \frac{|(-4,-2,1)|}{\sqrt{14}} = \sqrt{\frac{3}{2}}.$$

7. **异面直线间的距离**

设 $L_1:\ \boldsymbol{r}=\boldsymbol{r}_1+t\boldsymbol{u}$, $L_2:\ \boldsymbol{r}=\boldsymbol{r}_2+t\boldsymbol{v}$ 是两条异面直线，则公垂线长度为

$$d=\left|(\boldsymbol{r}_2-\boldsymbol{r}_1)\cdot\frac{\boldsymbol{u}\times\boldsymbol{v}}{|\boldsymbol{u}\times\boldsymbol{v}|}\right| = \frac{|(\boldsymbol{r}_2-\boldsymbol{r}_1,\boldsymbol{u},\boldsymbol{v})|}{|\boldsymbol{u}\times\boldsymbol{v}|}.$$

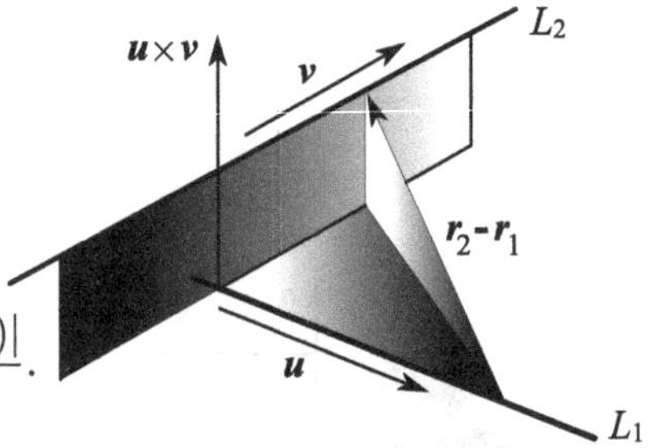

图 2.17

写成坐标形式即为

$$d=\frac{\left\|\begin{matrix}x_2-x_1 & y_2-y_1 & z_2-z_1\\ u_1 & u_2 & u_3\\ v_1 & v_2 & v_3\end{matrix}\right\|}{\sqrt{\begin{vmatrix}u_2 & u_3\\ v_2 & v_3\end{vmatrix}^2+\begin{vmatrix}u_3 & u_1\\ v_3 & v_1\end{vmatrix}^2+\begin{vmatrix}u_1 & u_2\\ v_1 & v_2\end{vmatrix}^2}}$$

例 2.13 求直线 $L_1:\ \dfrac{x-1}{1}=\dfrac{y+1}{2}=\dfrac{z}{2}$ 与直线 $L_2:\ \begin{cases}x=z+1\\ y=2z-3\end{cases}$ 之间的距离.

解 在直线 L_1 和 L_2 上分别取一点 $P(1,-1,0), M(1,-3,0)$, 公垂线方向为

$$\boldsymbol{n}=\begin{vmatrix}\boldsymbol{i} & \boldsymbol{j} & \boldsymbol{k}\\ 1 & 2 & 2\\ 1 & 2 & 1\end{vmatrix}=(-2,-1,0).$$

公垂线长度为 $d=\left|\overrightarrow{PM}\cdot\dfrac{\boldsymbol{n}}{|\boldsymbol{n}|}\right|=\left|(0,-2,0)\cdot\dfrac{(-2,-1,0)}{\sqrt{5}}\right|=\dfrac{2}{\sqrt{5}}.$

习 题 8.2 A

1. 填空：

(1) 与两条直线 $\begin{cases} x = 1 \\ y = -1 + t, \\ z = 2 + t \end{cases}$ 及 $\dfrac{x+1}{1} = \dfrac{y+2}{2} = \dfrac{z-1}{1}$ 都平行，且过原点的平面方程是 __________.

(2) 过点 $M(1, 2, -1)$ 且与直线 $\begin{cases} x = -t + 2 \\ y = 3t - 4 \\ z = t - 1 \end{cases}$ 垂直的平面方程是 ______.

(3) 已知两直线方程是 $\dfrac{x-1}{1} = \dfrac{y-2}{0} = \dfrac{z-3}{-1}$ 和 $\dfrac{x+2}{2} = \dfrac{y-1}{1} = \dfrac{z}{1}$, 则过 L_1 且平行 L_2 的平面方程是 __________.

2. 化直线方程 $L: \begin{cases} 2x + y + 3z = 0 \\ 3x + 2y + z - 4 = 0 \end{cases}$ 为点向式方程和参数式方程.

3. 求过直线 $\dfrac{x-1}{2} = \dfrac{y+2}{-3} = \dfrac{z-2}{2}$ 且垂直于平面 $3x + 2y - z - 5 = 0$ 的平面方程.

4. 求直线 $\begin{cases} 3x + y - z + 1 = 0 \\ 2x - y + 4z - 2 = 0 \end{cases}$ 与平面 $x - 8y + 3z - 4 = 0$ 的夹角正弦.

5. 求平行于平面 $6x + y + 6z + 5 = 0$, 而与三坐标面所构成的四面体体积为一个单位的平面.

6. 求点 $P(3, -1, 3)$ 到直线 $L: \begin{cases} 2x - y + z + 5 = 0 \\ x + y - z + 1 = 0 \end{cases}$ 的距离.

7. 求点 $P(1,2,3)$ 到直线 $L: \dfrac{x-1}{2}=\dfrac{y-2}{-3}=\dfrac{z+2}{1}$ 的距离.

8. 求通过下列两平面 $\pi_1: 2x+y-z-2=0$ 和 $\pi_2: 3x-2y-2z+1=0$ 的交线, 且与平面 $\pi_3: 3x+2y+3z-6=0$ 垂直的平面方程.

9. 求过点 $(-1,-4,3)$ 并与下列两直线

$$L_1: \begin{cases} 2x-4y+z=1 \\ x+3y=-5 \end{cases} \quad \text{和} \ L_2: \begin{cases} x=2+4t, \\ y=-1-t, \\ z=-3+2t \end{cases}$$

都垂直的直线方程.

10. 求直线 $L_1: \dfrac{x+1}{2}=\dfrac{y-4}{9}=\dfrac{z-1}{6}$ 与 $L_2: \dfrac{x-1}{3}=\dfrac{y+2}{6}=\dfrac{z-5}{2}$ 所成的角.

11. 求直线 $\begin{cases} x+2y-z-6=0 \\ 2x-y+z+1=0 \end{cases}$ 与平面 $x+y+z=9$ 的交点与夹角.

12. 求点 $P(4,3,10)$ 关于直线 $\dfrac{x-1}{2}=\dfrac{y-2}{4}=\dfrac{z-3}{5}$ 的对称点.

习 题 8.2 B

1. 求过 $A(1,2,1)$ 点且与直线

$$L_1: \begin{cases} x+2y-3z+2=0 \\ x-y+z-1=0 \end{cases} \quad \text{和} \ L_2: \begin{cases} 2x-y+z=0 \\ x-y+2z+1=0 \end{cases}$$

平行的平面方程.

2. 直线过点 $(-3,5,-9)$, 且与两直线

$$L_1: \begin{cases} y=3x+5 \\ z=2x-3 \end{cases} \quad \text{和} \ L_2: \begin{cases} y=4x-7 \\ z=5x+10 \end{cases}$$

相交，求此直线方程.

3. 求过点 $(-1,0,4)$, 平行于平面 $3x-4y+z=10$, 且与直线 $x+1=y-3=\frac{z}{2}$ 相交的直线方程.

4. 设直线 L_1 过点 $(7,3,5)$ 且方向余弦等于 $\frac{1}{3},\frac{2}{3},\frac{2}{3}$, 另有一直线 L_2 与 L_1 相交， L_2 过点 $(2,-3,-1)$ 且与 x 轴成 $60°$ 角，求直线 L_2 的方程.

5. 试确定 λ 值，使得直线 $L_1:\frac{x-1}{1}=\frac{y+1}{2}=\frac{z-1}{\lambda}$ 与 $L_2:\frac{x+1}{1}=\frac{y-1}{1}=\frac{z}{1}$ 相交.

6. 试确定 λ 值，使得直线 $L_1:\frac{x-1}{\lambda}=\frac{y+4}{5}=\frac{z-3}{-3}$ 与 $L_2:\frac{x+3}{3}=\frac{y-9}{-4}=\frac{z+14}{7}$ 相交，并求出交点和由这两个相交直线所确定的平面方程.

7. 求直线 $L_1:\begin{cases}x+y-z-1=0\\2x+y-z-2=0\end{cases}$ 与 $L_2:\begin{cases}x+2y-z-2=0\\x+2y+2z+4=0\end{cases}$ 之间的距离.

8. 判断直线 $L_1:\frac{x+1}{1}=\frac{y}{1}=\frac{z-1}{2}$ 与 $L_2:\frac{x}{1}=\frac{y+1}{3}=\frac{z-2}{4}$ 是否共面？如果共面求其交点，否则求其公垂线的长度.

9. 判断直线 $L_1:\frac{x}{2}=\frac{y+3}{3}=\frac{z}{4}$ 与 $L_2:\frac{x-1}{1}=\frac{y+2}{1}=\frac{z-2}{2}$ 是否共面？如果共面求其交点，否则求其公垂线的长度.

10. 过直线 $\begin{cases}x+2y-2z+5=0\\2x+y-z+1=0\end{cases}$ 作与单位球面 $x^2+y^2+z^2=1$ 相切的平面.

11. 试证直线 $L_1:\frac{x+3}{5}=\frac{y+1}{2}=\frac{z-2}{4}$ 和直线 $L_2:\frac{x-3}{3}=\frac{y-1}{1}=\frac{z-6}{2}$ 相交，并求出交点和由这两个相交直线所确定的平面方程.

12. 通过平面 $\pi:x+y+z=1$ 与直线 $L_1:\begin{cases}y=1\\z=-1\end{cases}$ 的交点，在平面 π 内作直线 L, 使得 L 垂直于 L_1, 求 L 的方程.

13. 选择题

设 $\boldsymbol{a}=(a_1,a_2,a_3),\boldsymbol{b}=(b_1,b_2,b_3),\boldsymbol{c}=(c_1,c_2,c_3)$, 则三条直线 L_1,L_2,L_3 相交于一点的充要条件是 ______.

(A) $\boldsymbol{a},\boldsymbol{b},\boldsymbol{c}$线性相关;　　(B) $\boldsymbol{a},\boldsymbol{b},\boldsymbol{c}$线性无关;

(C) $\boldsymbol{a},\boldsymbol{b},\boldsymbol{c}$可用 $\boldsymbol{a},\boldsymbol{b}$ 线性表示;　　(D) $\boldsymbol{a},\boldsymbol{b},\boldsymbol{c}$线性相关, $\boldsymbol{a},\boldsymbol{b}$线性无关.

其中

$$L_1: a_1x+b_1y+c_1=0$$
$$L_2: a_2x+b_2y+c_2=0$$
$$L_3: a_3x+b_3y+c_3=0$$

且 $a_i^2+b_i^2\neq 0, i=1,2,3$.

14. 分别确定 a,b 的值，使得三个平面

$$2x-y+3z-1=0,\ x+2y-z+b=0,\ x+ay-6z+10=0$$

(1) 有惟一公共点； (2) 通过同一直线； (3) 有三条互相平行的交线.

15. 试用向量运算证明三角形面积的海伦 (Heron) 公式：

$$S^2=p(p-a)(p-b)(p-c).$$

其中 S 为三角形面积， a,b,c 为三角形边长， $2p=a+b+c$.

16. 问 λ,μ 取何值时，三平面

$$\lambda x+y+z=1,\ x+\mu y+z=2,\ x+2\mu y+z=3$$

相交.

17. 问 λ 取何值时，三平面

$$(1-\lambda)x-2y+4z=0,\ 2x+(3-\lambda)y+z=0,\ x+y+(1-\lambda)z=0$$

有唯一交点.

18. 问 λ 取何值时，三平面

$$\lambda x+y+z=1,\ x+\lambda y+z=\lambda,\ x+y+\lambda z=\lambda^2$$

(1) 有惟一交点； (2) 无交点； (3) 通过同一直线.

19. 问 λ 取何值时，三平面 $(2-\lambda)x+2y-2z=1$,

$$2x+(5-\lambda)y-4z=2,\ -2x-4y+(5-\lambda)z=-\lambda-1$$

(1) 有惟一交点； (2) 无交点； (3) 通过同一直线.

20. 设 $\boldsymbol{a}=(\lambda,2,10)$, $\boldsymbol{b}=(-2,1,5)$, $\boldsymbol{c}=(-1,1,4)$, $\boldsymbol{r}=(1,\mu,-1)$, 问 λ,μ 为何值时

(1) $\boldsymbol{r}$ 不能被 $\boldsymbol{a},\boldsymbol{b},\boldsymbol{c}$ 线性表示；

(2) $\boldsymbol{r}$ 可被 $\boldsymbol{a},\boldsymbol{b},\boldsymbol{c}$ 惟一线性表示；

(3) $\boldsymbol{r}$ 可被 $\boldsymbol{a},\boldsymbol{b},\boldsymbol{c}$ 线性表示并写出表示关系式.

21. 设 $\boldsymbol{a},\boldsymbol{b},\boldsymbol{c}$ 线性无关，若

$$\begin{cases}\boldsymbol{r}_1=\lambda_{11}\boldsymbol{a}+\lambda_{12}\boldsymbol{b}+\lambda_{13}\boldsymbol{c}\\ \boldsymbol{r}_2=\lambda_{21}\boldsymbol{a}+\lambda_{22}\boldsymbol{b}+\lambda_{23}\boldsymbol{c},\\ \boldsymbol{r}_3=\lambda_{31}\boldsymbol{a}+\lambda_{32}\boldsymbol{b}+\lambda_{33}\boldsymbol{c}\end{cases}$$

问在什么条件下， $\boldsymbol{r}_1,\boldsymbol{r}_2,\boldsymbol{r}_3$ 线性相关？

§8.3 曲线与曲面

空间曲线和空间曲面是空间解析几何和多元微积分需要研究和讨论的基本图形，建立方程、建立对应、分析结构、绘制草图等构成了空间曲线和空间曲面的主要内容. 一般来说，两个变量的向量函数或分量方程表示曲面；一个变量的向量函数或分量方程表示曲线.

§8.3.1 空间曲面

了解一点曲面方程的结构和建立方法，对于多元微积分来说是必要的. 柱面、锥面和旋转面等都是微积分中常用的曲面.

1. **曲面方程**

在高等数学中，空间曲面常用显式方程 $z=f(x,y)$，隐式方程 $F(x,y,z)=0$，向量方程 $\boldsymbol{r}=\boldsymbol{r}(u,v)$ 和参数方程 $x=x(u,v)$，$y=y(u,v)$，$z=z(u,v)$ 等表示.

例如，单位球面的隐式方程为

$$x^2+y^2+z^2=1,$$

显式方程为

$$z=\sqrt{1-x^2+y^2},$$
$$z=-\sqrt{1-x^2+y^2},$$

前者表示上半球面，后者表示下半球面. 单位球面的向量方程为

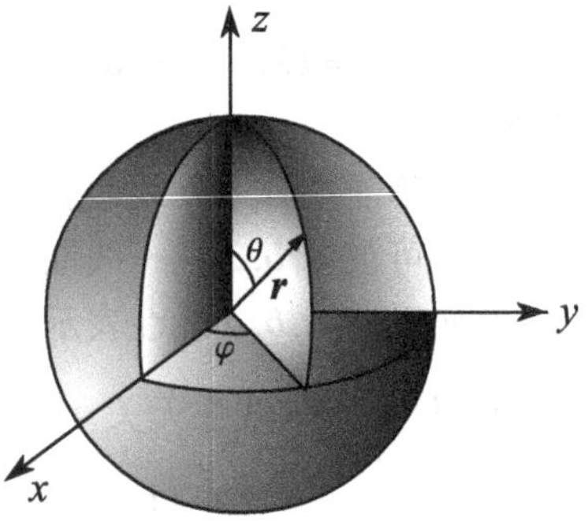

图 3.1

$$\boldsymbol{r}=(\cos\varphi\sin\theta,\sin\varphi\sin\theta,\cos\theta),$$

参数方程为

$$x=\cos\varphi\sin\theta,\ y=\sin\varphi\sin\theta,\ z=\cos\theta.$$

曲面的显式方程 $z=f(x,y)$ 是按照投影方式建立的空间曲面到平面区域的一一对应，可以转化为隐式方程 $z-f(x,y)=0$，也可以转化为参数方程

$$\begin{cases}x=u,\\ y=v,\\ z=f(u,v),\end{cases}\quad \text{或} \quad \begin{cases}x=x,\\ y=y,\\ z=f(x,y).\end{cases}$$

曲面的向量方程 $\boldsymbol{r}=\boldsymbol{r}(u,v)$ 或参数方程 $x=x(u,v),y=y(u,v),z=z(u,v)$ 是按照变换方式建立的空间曲面到平面区域的一一对应.

隐式方程 $F(x,y,z)=0$ 是三元函数的零截面，常常需要化为参数方程或分片化为参数方程或局部地向切平面作投影进行处理.

空间曲面的切平面，面积，分布量求和等是研究空间曲面的主要目标，实现这些目标的最有效工具是切向量和法向量.

2. 柱面

给定一条空间曲线 C 和直线 L, 如果过 C 上一个点和 L 平行的直线的全体是一个空间曲面 Σ, 则称这个曲面为柱面, 曲线 C 称为柱面的准线, 过 C 上任意点和 L 平行的直线称为柱面的母线.

如果曲线 C 的向量方程为 $\boldsymbol{r}=\boldsymbol{r}(t)$, 母线的方向为 $\boldsymbol{v}$, 那么柱面的方程为

$$\Sigma:\ \boldsymbol{r}=\boldsymbol{r}(t,s)=\boldsymbol{r}(t)+s\boldsymbol{v}.$$

其中 t,s 为参数. 如果 $\boldsymbol{r}(t)=(x(t),y(t),z(t)), \boldsymbol{v}=(v_1,v_2,v_3)$, 则柱面的参数方程为

$$\Sigma:\ x=x(t)+sv_1,\ y=y(t)+sv_2,\ z=z(t)+sv_3.$$

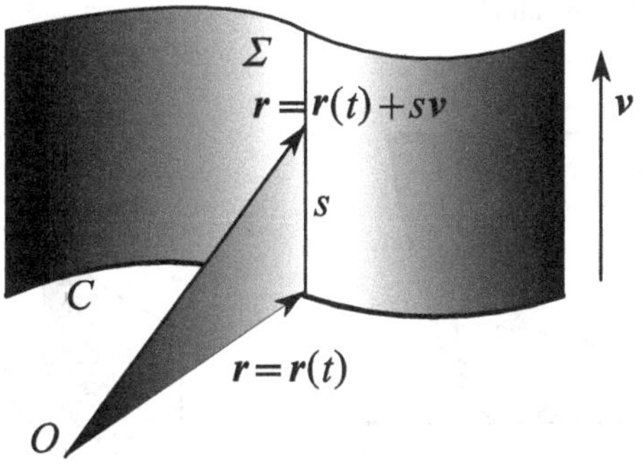

图 3.2

准线为 $C:\begin{cases}f(x,y,z)=0\\ g(x,y,z)=0\end{cases}$, 母线方向为 $\boldsymbol{v}=(v_1,v_2,v_3)$ 的柱面方程为

$$f(x,y,z)=0,\ g(x,y,z)=0,\ \frac{X-x}{v_1}=\frac{Y-y}{v_2}=\frac{Z-z}{v_3}.$$

其中 (x,y,z) 是准线上的流动点, (X,Y,Z) 是柱面上的流动点, 方程

$$\frac{X-x}{v_1}=\frac{Y-y}{v_2}=\frac{Z-z}{v_3}$$

为过 (x,y,z) 点的母线.

如果 $f(x,y)=0$ 是一条平面曲线，那么曲面

$$\begin{cases} f(x,y)=0 \\ z=z \end{cases}$$

是准线为

$$\begin{cases} f(x,y)=0 \\ z=0 \end{cases},$$

图 3.3

母线平行于 z 轴的柱面. 从平面看，方程 $x^2+y^2=R^2$ 是一个圆，从空间看，方程 $x^2+y^2=R^2$ 则是一个圆柱面. 同样，方程 $x^2=2z$ 表示抛物柱面，方程 $-\dfrac{x^2}{a^2}+\dfrac{y^2}{b^2}=1$ 表示双曲柱面.

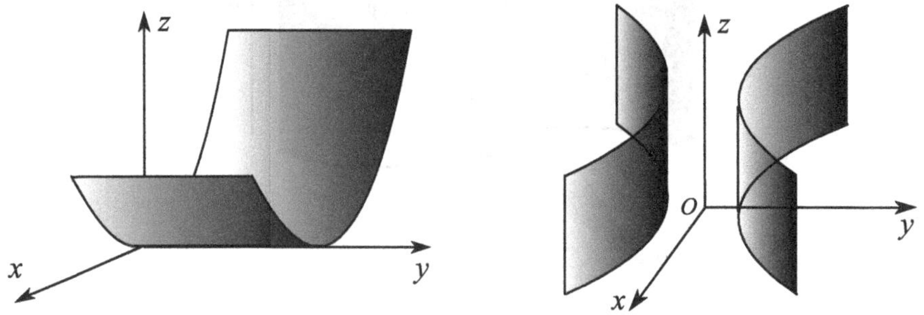

图 3.4

一般地，空间中的缺变量曲面方程都表示柱面，因此，通过消去变量的方法可以构造各种各样的柱面方程.

例 3.1 设柱面的准线方程为 $\begin{cases} x^2+y^2+z^2=1 \\ 2x^2+2y^2+z^2=2 \end{cases}$，母线的方向数为 $-1,0,1$，求该柱面方程.

解 柱面的母线方程为

$$\frac{X-x}{-1}=\frac{Y-y}{0}=\frac{Z-z}{1}.$$

引入参数，有 $x=X+t, y=Y, z=Z-t$. 将其代入准线方程可得

$$\begin{cases}(X+t)^2+Y^2+(Z-t)^2=1,\\ 2(X+t)^2+2Y^2+(Z-t)^2=2.\end{cases}$$

消去参数，可得所求柱面方程为 $(X+Z)^2+Y^2=1$.

例 3.2 设柱面的准线方程为 $\begin{cases}x+y-z-1=0\\ x-y+z=0\end{cases}$，母线平行于直线 $x=y=z$, 求该柱面方程.

解 柱面的母线方程为

$$\frac{X-x}{1}=\frac{Y-y}{1}=\frac{Z-z}{1}.$$

引入参数，有 $x=X+t, y=Y+t, z=Z+t$. 将其代入准线方程可得所求柱面方程为 $2Y-2Z-1=0$.

3. **锥面**

给定一条空间曲线 C 和一个固定点 P, 如果过 C 上一个点和 P 点的直线的全体是一个空间曲面 Σ, 则称这个曲面为锥面，曲线 C 称为锥面的准线，过 C 上任意点和 P 点的直线称为锥面的母线.

如果曲线 C 的向量方程为 $\boldsymbol{r}=\boldsymbol{r}(t), \overrightarrow{OP}=\boldsymbol{r}_0$, 那么锥面的方程为

$$\Sigma:\ \boldsymbol{r}=\boldsymbol{r}(t,s)=(1-s)\boldsymbol{r}(t)+s\boldsymbol{r}_0.$$

其中 t,s 为参数. 如果

$$\begin{aligned}\boldsymbol{r}(t)&=(x(t),y(t),z(t)),\\ \boldsymbol{r}_0&=(x_0,y_0,z_0),\end{aligned}$$

则锥面的参数方程为

$$\Sigma:\begin{cases}x=(1-s)x(t)+sx_0,\\ y=(1-s)y(t)+sy_0,\\ z=(1-s)z(t)+sz_0.\end{cases}$$

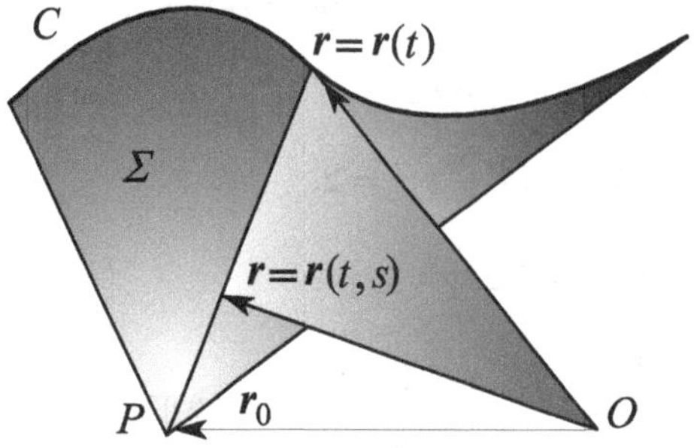

图 3.5

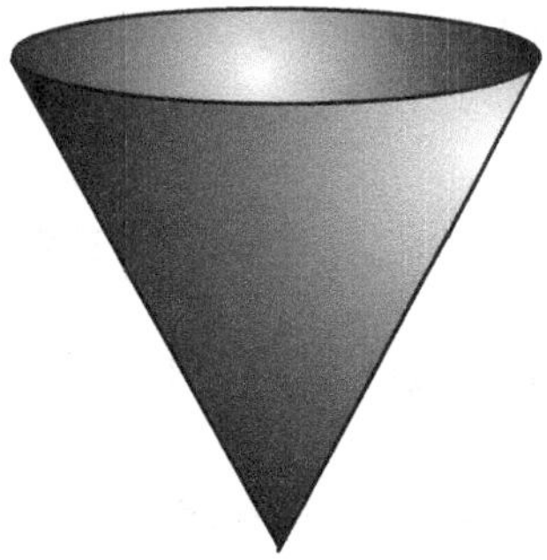

图 3.6

准线为 $C:\begin{cases}f(x,y,z)=0,\\ g(x,y,z)=0,\end{cases}$ 顶点为 $P(x_0,y_0,z_0)$ 的锥面方程为

$$\begin{cases}f(x,y,z)=0,\\ g(x,y,z)=0,\\ \dfrac{X-x_0}{x-x_0}=\dfrac{Y-y_0}{y-y_0}=\dfrac{Z-z_0}{z-z_0}.\end{cases}$$

其中 (x,y,z) 是准线上的流动点，(X,Y,Z) 是锥面上的流动点，方程

$$\frac{X-x_0}{x-x_0}=\frac{Y-y_0}{y-y_0}=\frac{Z-z_0}{z-z_0}$$

为过 (x,y,z) 点的母线.

圆锥面的隐式方程为 $z^2=a^2(x^2+y^2)$, 参数方程为

$$x=r\cos\theta,\ y=r\sin\theta,\ z=ar.$$

例 3.3 求经过原点和 $A(1,0,0),B(0,1,0),C(0,0,1)$ 三点的正圆锥方程.

解 圆锥的准线方程为 $\begin{cases}x^2+y^2+z^2=1\\ x+y+z=1\end{cases}$ ，圆锥的母线方程为

$$\frac{X}{x}=\frac{Y}{y}=\frac{Z}{z}.$$

从准线方程和母线方程中消去 x, y, z 可得所求锥面方程为

$$XY + YZ + ZX = 0.$$

4. **旋转面**

如果一条曲线 C 绕一固定直线 L 的旋转图形为一曲面，则称该曲面为旋转面. L 称为旋转面的轴或转轴， C 称为旋转面的母线.

例 3.4 设 $A(1,0,0), B(0,1,1)$ 为空间两点，求过 A, B 两点的直线绕 z 轴的旋转面方程.

解 过 A, B 两点的直线方程为 $\dfrac{x-1}{-1} = \dfrac{y}{1} = \dfrac{z}{1}$, 即 $\begin{cases} x = 1 - z \\ y = z \end{cases}$. 于是，当 (x, y, z) 是 AB 上的一点时，有 $x^2 + y^2 = (1-z)^2 + z^2$. 由此可知，当 (x, y, z) 是旋转面上的一点时，亦有

$$x^2 + y^2 = (1-z)^2 + z^2.$$

因此，这也是所求旋转面方程.

平面曲线 L： $f(y, z) = 0$ 绕 z 轴的旋转面方程为

$$f(\pm\sqrt{x^2 + y^2}, z) = 0,$$

绕 y 轴的旋转面方程为

$$f(y, \pm\sqrt{x^2 + z^2}) = 0.$$

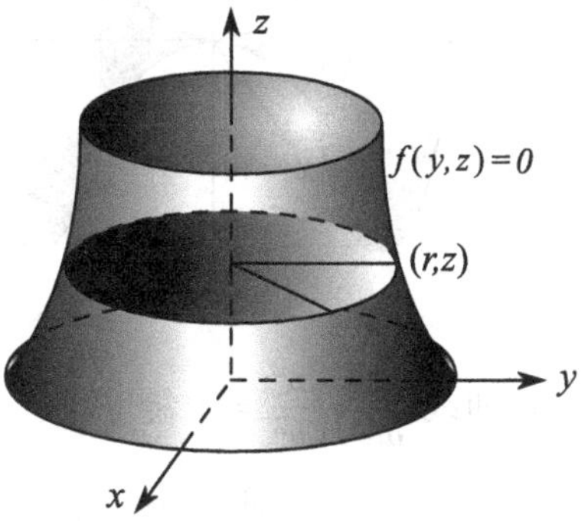

图 3.7

这种曲线变曲面的特征是 **非轴变量变开方**. 当曲线 L： $f(y, z) = 0$ 绕 z 轴旋转时，如果 $f(r, z) = 0$, 那么旋转面在 (r, z) 处的截面是一个半径为 r 的圆，即 $x^2 + y^2 = r^2$. 所以，有 $f(\pm\sqrt{x^2 + y^2}, z) = 0$. 这等价于把 $f(y, z) = 0$ 中的非轴变量 y 变成两个非轴变量 x, y 的开方形式.

椭圆 $\dfrac{y^2}{a^2} + \dfrac{z^2}{b^2} = 1$ 绕 y 轴、z 轴的旋转面方程分别为

$$\frac{y^2}{a^2} + \frac{x^2 + z^2}{b^2} = 1, \quad \frac{x^2 + y^2}{a^2} + \frac{z^2}{b^2} = 1.$$

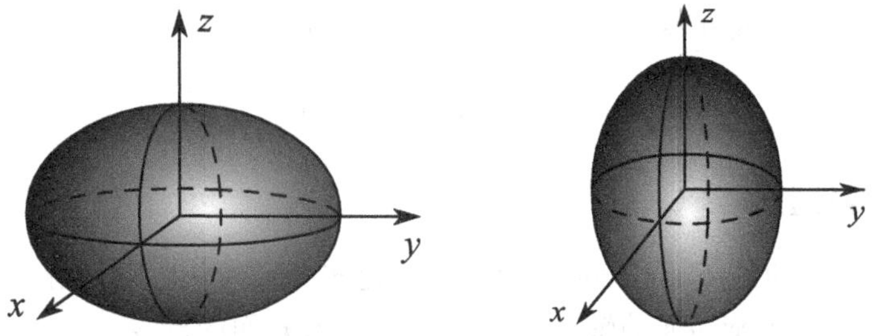

图 3.8

抛物线 $z=ay^2$, $(a>0)$ 绕 y 轴、z 轴的旋转面方程分别为

$$\sqrt{x^2+z^2}=ay^2,\quad z=a(x^2+y^2).$$

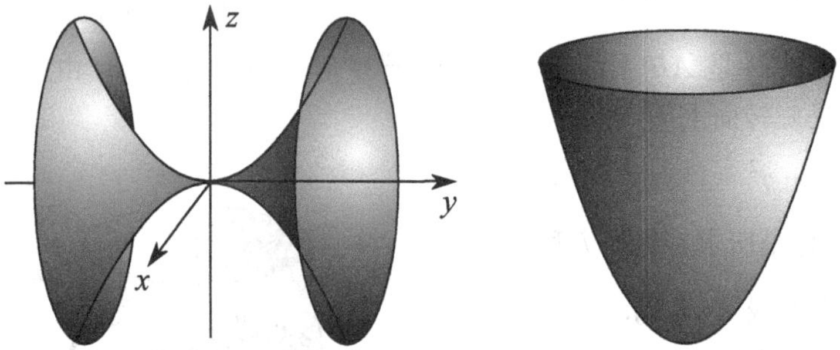

图 3.9

双曲线 $\dfrac{y^2}{a^2}-\dfrac{z^2}{b^2}=1$ 绕 y 轴、z 轴的旋转面方程分别为

$$\frac{y^2}{a^2}-\frac{x^2+z^2}{b^2}=1,\quad \frac{x^2+y^2}{a^2}-\frac{z^2}{b^2}=1.$$

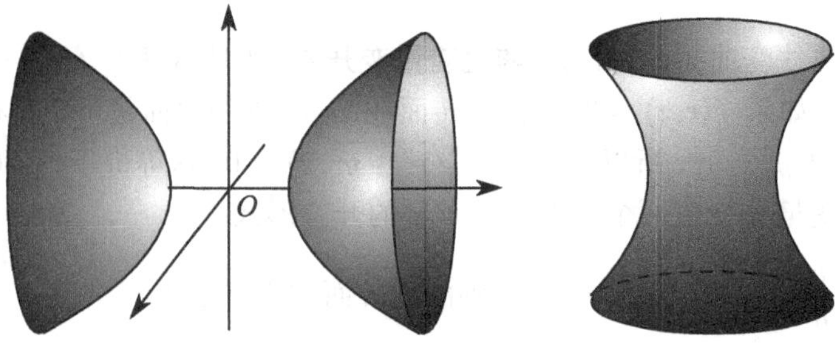

图 3.10

§8.3.2 空间曲线

空间曲线有交面方程和参数方程等，切向量是研究空间曲线的重要工具和方法.

1. 曲线方程

空间曲线常用交面式方程 $\begin{cases} f(x,y,z)=0 \\ g(x,y,z)=0 \end{cases}$，向量方程 $\boldsymbol{r}=\boldsymbol{r}(t)$ 和参数方程 $x=x(t)$, $y=y(t)$, $z=z(t)$ 等表示.

例 3.5 设圆柱面 $x^2+y^2=a^2$ 上有一动点 M 以线速度 v 沿 Oz 轴正向匀速上升，又以角速度 ω 绕 Oz 轴匀速旋转，则动点 M 的轨迹称为螺旋曲线. 试求螺旋曲线的参数方程.

解 设时间 t 为参数且 $t=0$ 时，动点位于 $M(a,0,0)$ 点，经过时间 t, 动点位于 $M(x,y,z)$ 点，则有 $x=a\cos\omega t$, $y=a\sin\omega t$, $z=vt$. 此即螺旋曲线的参数方程.

例 3.6 求曲线 $\begin{cases} z=\sqrt{a^2-x^2-y^2} \\ x^2+y^2-ax=0 \end{cases}$ 的参数方程.

解 令 $x=r\cos\theta$, $y=r\sin\theta$. 将上式代入曲线方程，可得曲线的参数方程为 $x=a\cos^2\theta$, $y=a\sin\theta\cos\theta$, $z=a|\sin\theta|$ ($|\theta|<\dfrac{\pi}{2}$).

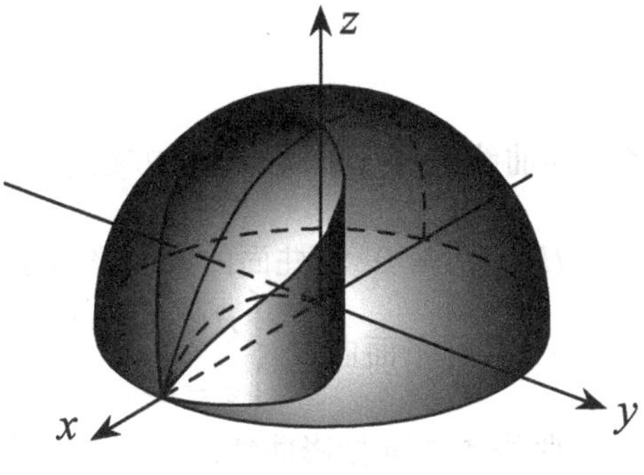

图 3.11

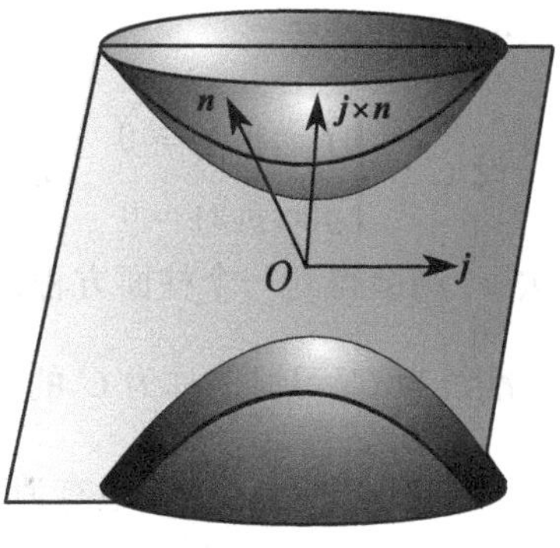

图 3.12

例 3.7 试确定 m 值，使得平面 $x+mz-1=0$ 与曲面 $x^2+y^2-z^2=-1$ 的交线为双曲线.

解 1 平面 $x+mz-1=0$ 的法向量为 $\boldsymbol{n}=(1,0,m)$. 要确定交线是双曲线的条件, 可计算交线在新直角坐标系 $\boldsymbol{j}\times\boldsymbol{n},\boldsymbol{j},\boldsymbol{n}$ 下的平面方程 $F(X,Y)=0$, 因此设

$$(x,y,z)=X\boldsymbol{j}\times\boldsymbol{n}+Y\boldsymbol{j}+Z\boldsymbol{n}.$$

解之得 $x=mX+Z$, $y=Y$, $z=-X+mZ$, 代入原曲线方程, 有

$$\begin{cases}(mX+Z)^2+Y^2-(-X+mZ)^2=-1,\\ mX+Z+m(-X+mZ)-1=0.\end{cases}$$

消去 Z 可得交线的平面表示方程 $F(X,Y)=0$ 为

$$(mX+\frac{1}{m^2+1})^2+Y^2-(-X+\frac{m}{m^2+1})^2=-1.$$

上述方程成为双曲线当且仅当 X^2 的系数 <0, 即 $m^2-1<0$ 或 $-1<m<1$.

解 2 交线为双曲线 $\Longleftrightarrow$ 它的投影曲线存在时为双曲线, 据此, 从交线方程中消去 x, 可得投影曲线方程

$$(1-mz)^2+y^2-z^2=-1.$$

由于该曲线为双曲线的充要条件是 $m^2-1<0$, 所以 $-1<m<1$ 时, 原交线方程为双曲线方程.

2. **曲线的投影**

设 $C:\begin{cases}f(x,y,z)=0\\ g(x,y,z)=0\end{cases}$ 是一条空间曲线方程, 如果从上述方程中可以消去 z, 则会得到一个柱面方程, 记为 $H(x,y)=0$. 该柱面的母线平行于 z 轴, 准线为 C, 习惯上称为 C 的投影柱面, 并称平面曲线 $\begin{cases}H(x,y)=0\\ z=0\end{cases}$ 为 C 的消 z 投影曲线. 类似地有消 x 投影曲线和消 y 投影曲线.

例 3.8 求曲线 $\begin{cases}z=\sqrt{a^2-x^2-y^2}\\ x^2+y^2-ax=0\end{cases}$ 的消 z 、消 y 投影柱面和投影曲线方程.

解 原方程分别消去 z, y 可得所求柱面方程

$$x^2+y^2=ax, \quad z^2+ax-a^2=0(0\le x\le a)$$

和投影曲线方程

$$\begin{cases}x^2+y^2=ax,\\ z=0,\end{cases} \qquad \begin{cases}z^2+ax-a^2=0(0\le x\le a),\\ y=0.\end{cases}$$

消去变量定投影 的方法在多元函数的积分计算中非常有用，是多重积分和线面积分转化为定积分的重要工具.

例 3.9 求曲线 $\begin{cases}y^2=2z\\ x=0\end{cases}$ $(2\le z\le 8)$ 绕 z 轴旋转面 Σ 的方程及消 z 投影域 D 的表达式.

解 旋转面方程为 Σ: $x^2+y^2=2z \quad (2\le z\le 8)$. 旋转面的上下边界为

$$\begin{cases}x^2+y^2=2z,\\ z=2,\end{cases} \qquad \begin{cases}x^2+y^2=2z,\\ z=8.\end{cases}$$

消 z 投影曲线为

$$\begin{cases}x^2+y^2=4,\\ z=0,\end{cases} \qquad \begin{cases}x^2+y^2=16,\\ z=0.\end{cases}$$

于是，所求区域 D 为 $4\le x^2+y^2\le 16$, $z=0$.

3. **切向量计算**

设 $\boldsymbol{r}=(x(t),y(t),z(t))$ 是一条空间曲线，如果 $x(t),y(t),z(t)$ 都是连续函数，则称该曲线为连续曲线；如果 $x(t),y(t),z(t)$ 的导函数都连续，则称该曲线为光滑曲线；如果把 t 看成时间，那么该曲线就是一个质点的运动方程.

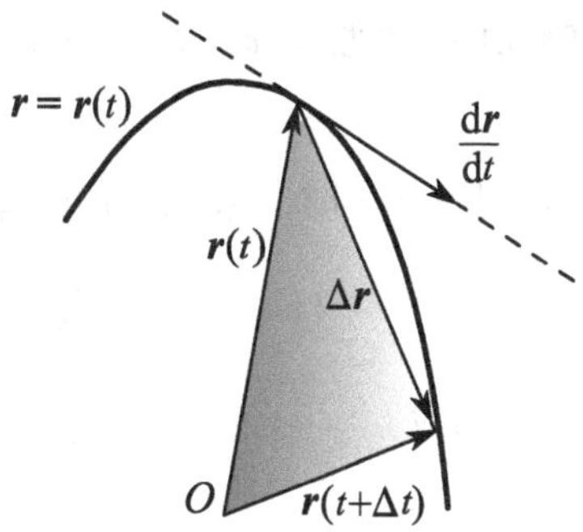

图 3.13

由于连接 $\boldsymbol{r}(t),\boldsymbol{r}(t+\Delta t)$ 两点的割线向量，即质点的位移为

$$\Delta \boldsymbol{r} = \boldsymbol{r}(t+\Delta t) - \boldsymbol{r}(t) = (\Delta x, \Delta y, \Delta z),$$

所以，曲线的切向量，即质点的速度为

$$\frac{\mathrm{d}\boldsymbol{r}}{\mathrm{d}t} = \lim_{\Delta t \to 0} \frac{\Delta \boldsymbol{r}}{\Delta t} = \lim_{\Delta t \to 0} \frac{\boldsymbol{r}(t+\Delta t) - \boldsymbol{r}(t)}{\Delta t} = (x'(t), y'(t), z'(t)).$$

换句话说，**曲线的切向量 = 参数化一求导**.

如果曲线的切向量存在，则曲线的增量与切线的增量相差一个高阶无穷小，即

$$\Delta \boldsymbol{r} = \boldsymbol{r}'(t)\Delta t + \mathbf{o}(\Delta t) \quad (\Delta t \to 0).$$

这表明，在微观意义下，曲线的增量一般可用切线的增量来代替.

切线的增量也称为曲线的微分，即

$$\mathrm{d}\boldsymbol{r} = \boldsymbol{r}'(t)\Delta t = \boldsymbol{r}'(t)\mathrm{d}t = (\mathrm{d}x, \mathrm{d}y, \mathrm{d}z).$$

特别有， $|\mathrm{d}\boldsymbol{r}| = \sqrt{\mathrm{d}x^2 + \mathrm{d}y^2 + \mathrm{d}z^2}$.

对于光滑曲线，仿照平面情况，可证微弧长公式，即微观勾股定理

$$\mathrm{d}s = \sqrt{\mathrm{d}x^2 + \mathrm{d}y^2 + \mathrm{d}z^2}.$$

由此可知， $|\mathrm{d}\boldsymbol{r}| = \mathrm{d}s$. 这表明，在微观意义下，弧长的增量与位移的增量大小相等，即弧弦相等.

由于平面曲线 $y = f(x)$ 的向量形式为 $\boldsymbol{r} = (x, f(x))$, 所以 $\boldsymbol{r}' = (1, f'(x))$ 为平面曲线的切向量.

例 3.10 求曲线 $x = t, y = t^2, z = t^3$ 在 (1,1,1) 点的切线方程和法平面方程.

解 当 $t = 1$ 时， $(x, y, z) = (1, 1, 1)$,

$$(x'(t), y'(t), z'(t)) = (1, 2t, 3t^2) = (1, 2, 3),$$

故切线方程为

$$\frac{x-1}{1} = \frac{y-1}{2} = \frac{z-1}{3},$$

法平面方程为 $x + 2y + 3z - 6 = 0$.

例 3.11 求螺旋线 $x=2\cos t, y=2\sin t, z=3t$ 在 $(1,\sqrt{3},\pi)$ 点切线方程和法平面方程.

解 因为 $x'=-2\sin t, y'=2\cos t, z'=3$, 所以曲线在 $t=\frac{\pi}{3}$ 点的切向量为

$$(x',y',z')\Big|_{(1,\sqrt{3},\pi)}=(-\sqrt{3},1,3).$$

于是所求切线方程为

$$\frac{x-1}{-\sqrt{3}}=\frac{y-\sqrt{3}}{1}=\frac{z-\pi}{3},$$

所求法平面方程为 $-\sqrt{3}(x-1)+(y-\sqrt{3})+3(z-\pi)=0$.

例 3.12 求曲线 $L:\begin{cases}x=\int_0^t \mathrm{e}^u\cos u\mathrm{d}u,\\ y=2\sin t+\cos t,\\ z=1+\mathrm{e}^{3t}\end{cases}$ 在 $t=0$ 点切线和法平面方程.

解 当 $t=0$ 时, $(x,y,z)=(0,1,2)$,

$$(x'(t),y'(t),z'(t))=(\mathrm{e}^t\cos t, 2\cos t-\sin t, 3\mathrm{e}^{3t})=(1,2,3),$$

故切线方程为

$$\frac{x-0}{1}=\frac{y-1}{2}=\frac{z-2}{3},$$

法平面方程为 $x+2y+3z-8=0$.

例 3.13 设河边点 O 的正对岸为点 A, 河宽 $|OA|=h$, 两岸为平行直线, 水流速度为 a. 有一鸭子从点 A 游向点 O, 设鸭子在静水中的游速为 $b(b>a)$, 且鸭子的游动方向始终朝着点 O. 试建立鸭子的运动方程.

解 设水流速度为 $\boldsymbol{a}(|\boldsymbol{a}|=a)$, 鸭子的游速为 $\boldsymbol{b}(|\boldsymbol{b}|=b)$, 则鸭子的实际速度为 $\boldsymbol{v}=\boldsymbol{a}+\boldsymbol{b}$.

取 O 为坐标原点, 河岸朝顺水方向为 x 轴. 设 $\boldsymbol{r}=\boldsymbol{r}(t)=(x,y)$ 为鸭子的运动曲线, 则鸭子的运动速度为 $\boldsymbol{v}=\left(\frac{\mathrm{d}x}{\mathrm{d}t},\frac{\mathrm{d}y}{\mathrm{d}t}\right)$.

由于 $\boldsymbol{a}=(a,0)$, $\boldsymbol{b}=b\dfrac{\overrightarrow{PO}}{|\overrightarrow{PO}|}=-\dfrac{b}{\sqrt{x^2+y^2}}(x,y)$, 所以

$$\boldsymbol{v}=\boldsymbol{a}+\boldsymbol{b}=\left(a-\frac{bx}{\sqrt{x^2+y^2}},-\frac{by}{\sqrt{x^2+y^2}}\right)=\left(\frac{\mathrm{d}x}{\mathrm{d}t},\frac{\mathrm{d}y}{\mathrm{d}t}\right).$$

由此可知，鸭子的运动方程为

$$\frac{\mathrm{d}x}{\mathrm{d}y}=-\frac{a}{b}\sqrt{1+\left(\frac{x}{y}\right)^2}+\frac{x}{y}.$$

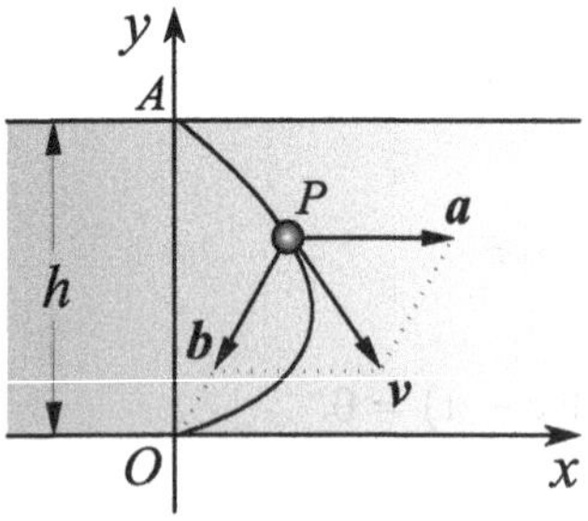

图 3.14

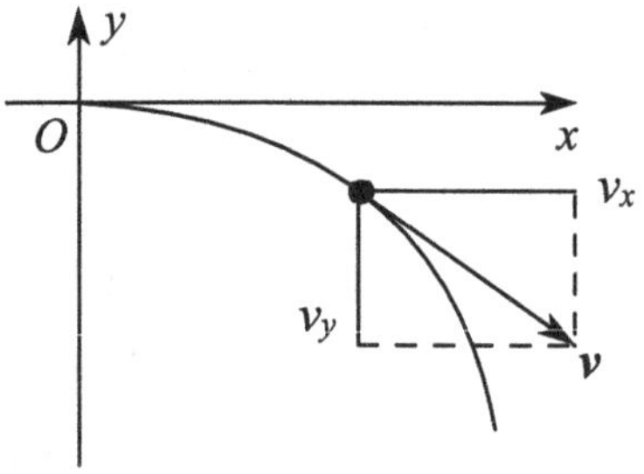

图 3.15

例 3.14 有一小球从一高塔上以初速度 v_0 水平抛出，如果不计空气阻力，试求小球下落 t 秒时的速度和加速度.

解 取抛出点为坐标原点 O, 建立坐标系如图所示. 设小球在 t 秒时的速度为 $\boldsymbol{v}(t)=(v_x(t),v_y(t))$. 由于小球在水平方向为匀速直线运动，所以 $v_x(t)=v_0$. 由于小球在竖直方向只受重力 mg 的作用，所以根据牛顿第二运动定律，有

$$mv_y'(t)=-mg.$$

解之得 $v_y(t)=-gt+C$. 由于 $v_y(0)=0$, 所以 $C=0$, 即 $v_y(t)=-gt$. 于是小球在 t 秒时的速度大小为

$$|\boldsymbol{v}(t)|=\sqrt{v_x^2(t)+v_y^2(t)}=\sqrt{v_0^2+g^2t^2}.$$

$\boldsymbol{v}(t)$ 的方向由它与 x 轴的夹角 α 来确定.

$$\tan\alpha=\frac{v_y(t)}{v_x(t)}=\frac{-gt}{v_0},\quad \alpha=-\arctan\left(\frac{gt}{v_0}\right).$$

设小球 t 秒时的加速度为 $\boldsymbol{a}(t)$, 则有

$$\boldsymbol{a}(t)=\boldsymbol{v}'(t)=(0,-g).$$

例 3.15 求曲线 $\boldsymbol{r}=t\boldsymbol{i}+t^2\boldsymbol{j}+t^3\boldsymbol{k}$ 上的点使该点的切线平行于平面

$$x+2y+z=4.$$

解 曲线的切向量为 $\boldsymbol{r}'=\boldsymbol{i}+2t\boldsymbol{j}+3t^2\boldsymbol{k}$, 平面的法向量为 $\boldsymbol{n}=\boldsymbol{i}+2\boldsymbol{j}+\boldsymbol{k}$. 按照题意, 有 $\boldsymbol{r}'\cdot\boldsymbol{n}=0$, 即 $3t^2+4t+1=0$. 解得 $t=-1$ 或 $t=-\dfrac{1}{3}$. 于是所求点对应的向量为

$$\boldsymbol{r}\big|_{t=-1}=-\boldsymbol{i}+\boldsymbol{j}-\boldsymbol{k},\qquad \boldsymbol{r}\big|_{t=-\frac{1}{3}}=-\frac{1}{3}\boldsymbol{i}+\frac{1}{9}\boldsymbol{j}-\frac{1}{27}\boldsymbol{k}.$$

故所求点的坐标为 $(-1,1,-1)$ 或 $(-\dfrac{1}{3},\dfrac{1}{9},-\dfrac{1}{27})$.

例 3.16 在平面上, 有一导弹 M 追踪一目标 T, 假设 t 时刻, 目标的速度为 v_{T}, 避开导弹的角度为 φ; 导弹的速度为 v_{M}, 迎击目标的角度为 θ; 又设导弹与目标的连线长度为 r, 目标物的运动倾角为 ψ, 试建立导弹与目标的运动方程.

解 设 $\boldsymbol{r}_{\mathrm{M}},\boldsymbol{v}_{\mathrm{M}},\boldsymbol{r}_{\mathrm{T}},\boldsymbol{v}_{\mathrm{T}}$ 分别为导弹与目标的位置与速度向量, 则 $\boldsymbol{r}=\boldsymbol{r}_{\mathrm{T}}-\boldsymbol{r}_{\mathrm{M}}$ 为导弹与目标的连接向量.

由 $\dfrac{\mathrm{d}\boldsymbol{r}}{\mathrm{d}t}=\boldsymbol{v}_{\mathrm{T}}-\boldsymbol{v}_{\mathrm{M}}$ 可得

$$\begin{aligned}r\frac{\mathrm{d}r}{\mathrm{d}t}&=\frac{1}{2}\frac{\mathrm{d}}{\mathrm{d}t}(\boldsymbol{r}\cdot\boldsymbol{r})=\boldsymbol{r}\frac{\mathrm{d}\boldsymbol{r}}{\mathrm{d}t}=\boldsymbol{r}\cdot\boldsymbol{v}_{\mathrm{T}}-\boldsymbol{r}\cdot\boldsymbol{v}_{\mathrm{M}}\\&=rv_{\mathrm{T}}\cos\varphi-rv_{\mathrm{M}}\cos\theta.\end{aligned}$$

微分 $\boldsymbol{r}\cdot\boldsymbol{v}_{\mathrm{T}}=rv_{\mathrm{T}}\cos\varphi$ 得

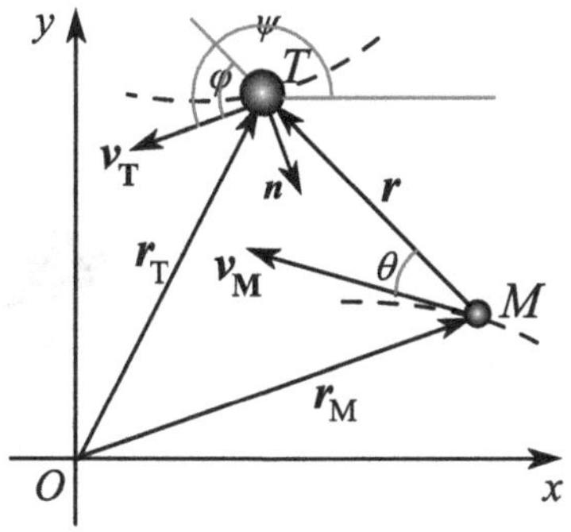

图 3.16

$$\boldsymbol{r}\cdot\frac{\mathrm{d}\boldsymbol{v}_{\mathrm{T}}}{\mathrm{d}t}+(\boldsymbol{v}_{\mathrm{T}}-\boldsymbol{v}_{\mathrm{M}})\cdot\boldsymbol{v}_{\mathrm{T}}=v_{\mathrm{T}}\frac{\mathrm{d}}{\mathrm{d}t}(r\cos\varphi)+r\cos\varphi\frac{\mathrm{d}v_{\mathrm{T}}}{\mathrm{d}t}.$$

设 $\boldsymbol{\tau}$ 为目标曲线的单位切向量, $\boldsymbol{n}$ 为目标曲线的单位外法向量, 则

$$\boldsymbol{\tau}=(\cos\psi,\sin\psi),\ \boldsymbol{n}=(-\sin\psi,\cos\psi).$$

由于 $\boldsymbol{v}_{\mathrm{T}}=v_{\mathrm{T}}\boldsymbol{\tau}$, 所以

$$\frac{\mathrm{d}\boldsymbol{v}_{\mathrm{T}}}{\mathrm{d}t}=\frac{\mathrm{d}v_{\mathrm{T}}}{\mathrm{d}t}\boldsymbol{\tau}+v_{\mathrm{T}}\frac{\mathrm{d}\boldsymbol{\tau}}{\mathrm{d}t}=\frac{\mathrm{d}v_{\mathrm{T}}}{\mathrm{d}t}\boldsymbol{\tau}+v_{\mathrm{T}}\frac{\mathrm{d}\psi}{\mathrm{d}t}\boldsymbol{n}.$$

将上式及 $\boldsymbol{r}\cdot\boldsymbol{\tau}=r\cos\varphi$ 代入前式即可得所求方程

$$-rv_{\mathrm{T}}\sin\varphi\frac{\mathrm{d}\psi}{\mathrm{d}t}+v_{\mathrm{T}}^2-v_{\mathrm{M}}v_{\mathrm{T}}\cos(\theta-\varphi)=v_{\mathrm{T}}\frac{\mathrm{d}}{\mathrm{d}t}(r\cos\varphi).$$

§8.3.3 二次曲面

由三元二次方程所确定的曲面称为二次曲面, 方程结构比较简单的二次曲面称为常用二次曲面. 常用二次曲面按照与坐标面的交线特征可以分为椭球面、单叶双曲面、双叶双曲面、椭圆抛物面、双曲抛物面和二次锥面.

1. 椭球面

由方程 $\dfrac{x^2}{a^2}+\dfrac{y^2}{b^2}+\dfrac{z^2}{c^2}=1$ 所确定的曲面称为椭球面. 它关于 $z=0,y=0,x=0$ 的交线

$$\frac{x^2}{a^2}+\frac{y^2}{b^2}=1,\quad \frac{x^2}{a^2}+\frac{z^2}{c^2}=1,\quad \frac{y^2}{b^2}+\frac{z^2}{c^2}=1$$

都是椭圆, 关于 $z=h\ (|h|<c),y=h\ (|h|<b),x=h\ (|h|<a)$ 的交线, 如

$$\frac{x^2}{a^2}+\frac{y^2}{b^2}+\frac{z^2}{c^2}=1,\ x=h,\ (|h|<a)$$

也都是椭圆.

2. 单叶双曲面

分别由方程

$$\frac{x^2}{a^2}+\frac{y^2}{b^2}-\frac{z^2}{c^2}=1,$$

$$\frac{x^2}{a^2}-\frac{y^2}{b^2}+\frac{z^2}{c^2}=1,$$

$$-\frac{x^2}{a^2}+\frac{y^2}{b^2}+\frac{z^2}{c^2}=1$$

所确定的曲面称为单叶双曲面.

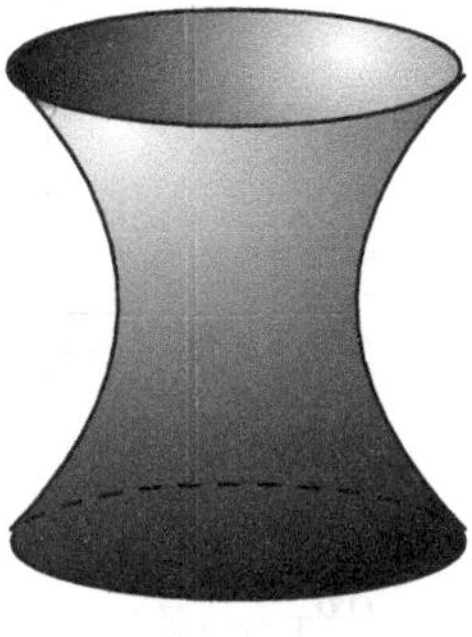

图 3.17

单叶双曲面 $\frac{x^2}{a^2}+\frac{y^2}{b^2}-\frac{z^2}{c^2}=1$ 关于 $z=0, y=0, x=0$ 的交线

$$\frac{x^2}{a^2}+\frac{y^2}{b^2}=1,\quad \frac{x^2}{a^2}-\frac{z^2}{c^2}=1,\quad \frac{y^2}{b^2}-\frac{z^2}{c^2}=1$$

分别为椭圆、双曲线和双曲线，关于 $z=h,\quad y=h\ (|h|\neq b),\quad x=h\ (|h|\neq a)$ 的交线也分别为椭圆、双曲线和双曲线.

3. **双叶双曲面**

分别由方程

$$\frac{x^2}{a^2}+\frac{y^2}{b^2}-\frac{z^2}{c^2}=-1,$$

$$\frac{x^2}{a^2}-\frac{y^2}{b^2}+\frac{z^2}{c^2}=-1,$$

$$-\frac{x^2}{a^2}+\frac{y^2}{b^2}+\frac{z^2}{c^2}=-1$$

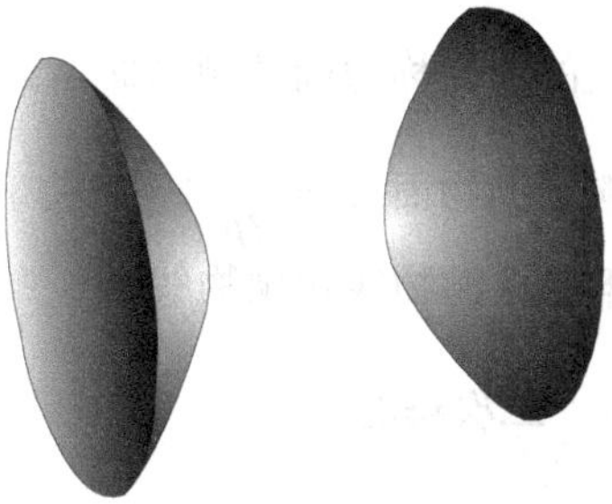

图 3.18

所确定的曲面称为双叶双曲面.

双叶双曲面 $\frac{x^2}{a^2}-\frac{y^2}{b^2}+\frac{z^2}{c^2}=-1$ 关于 $z=0, x=0$ 的交线

$$\frac{x^2}{a^2}-\frac{y^2}{b^2}=-1,\quad -\frac{y^2}{b^2}+\frac{z^2}{c^2}=-1$$

都为双曲线，关于 $z=h,\quad y=h\ (|h|>b),\quad x=h$ 的交线分别为双曲线、椭圆和双曲线.

4. **双曲抛物面**

分别由方程 $(p\,q>0)$

$$z=-\frac{x^2}{2p}+\frac{y^2}{2q},$$

$$x=-\frac{y^2}{2p}+\frac{z^2}{2q},$$

$$y=-\frac{z^2}{2p}+\frac{x^2}{2q}$$

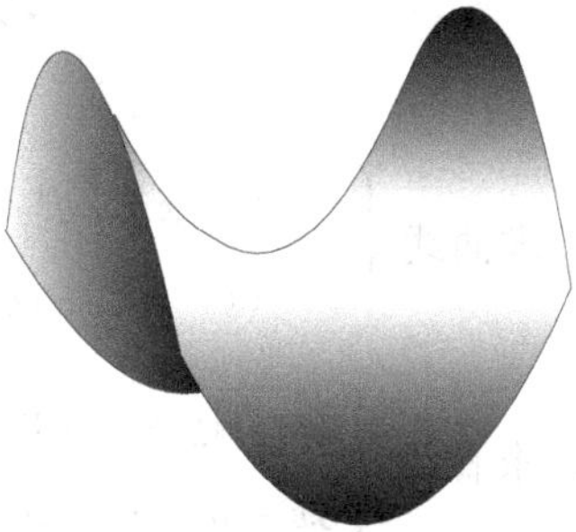

图 3.19

所确定的曲面称为双曲抛物面.

双曲抛物面 $z=-\dfrac{x^2}{2p}+\dfrac{y^2}{2q}$ 关于 $z=h,\quad x=h,\quad y=h$ 的交线分别为双曲线、抛物线和抛物线.

5. **椭圆抛物面**

分别由方程 $(pq>0)$

$$z=\frac{x^2}{2p}+\frac{y^2}{2q},\qquad x=\frac{y^2}{2p}+\frac{z^2}{2q},\qquad y=\frac{z^2}{2p}+\frac{x^2}{2q}$$

所确定的曲面称为椭圆抛物面.

椭圆抛物面 $z=\dfrac{x^2}{2p}+\dfrac{y^2}{2q}$ 关于 $z=h(h>0),\quad x=h,\quad y=h$ 的交线分别为椭圆、抛物线和抛物线.

6. **二次锥面**

分别由方程

$$\frac{x^2}{a^2}+\frac{y^2}{b^2}-\frac{z^2}{c^2}=0,\qquad \frac{x^2}{a^2}-\frac{y^2}{b^2}+\frac{z^2}{c^2}=0,\qquad -\frac{x^2}{a^2}+\frac{y^2}{b^2}+\frac{z^2}{c^2}=0$$

所确定的曲面称为二次锥面.

二次锥面 $\dfrac{x^2}{a^2}+\dfrac{y^2}{b^2}-\dfrac{z^2}{c^2}=0$ 关于 $z=h,\quad x=h,\quad y=h$ 的交线分别为椭圆、双曲线和双曲线.

习 题 8.3 A

1. 求曲线 $\begin{cases} z=2-x^2-y^2 \\ z=(x-1)^2+(y-1)^2 \end{cases}$ 在三个坐标面上的投影曲线的方程.

2. 求直线 $\begin{cases} 2x-4y+z=0 \\ 3x-y-2z-9=0 \end{cases}$ 在平面 $4x-y+z=1$ 上的投影直线的方程.

3. 求球面方程，该球面内切于由平面 $x+y+z-1=0$ 及三坐标平面所围成的四面体.

4. 求直线 $\begin{cases}3x+y-z+1=0\\2x-y+4z-2=0\end{cases}$ 在三个坐标面上的投影曲线的方程.

5. 一动点与点 $A(0,0,1)$ 的距离为与平面 $z=4$ 的距离之半，求动点轨迹的方程.

6. 求准线为 $f(x,z)=0, y=0$, 母线方向数为 l,m,n 的柱面方程.

7. 求准线为 $x^2+y^2=R^2, z=0$, 母线平行于 $(1,2,3)$ 的柱面方程.

8. 求准线为 $f(x,y)=0, z=4$, 顶点为原点的锥面方程.

9. 求抛物线 $\begin{cases}z^2=f(x)\\y=0\end{cases}$ 绕 x 轴所生成的旋转面方程和参数方程.

10. 设 Γ： $x=x(t)$, $y=y(t)$ $(a\le t\le b)$ 为一平面参数曲线，如果 $y(t)$ 为非负函数，试求 Γ 绕 x 轴得到的旋转面方程.

习 题 8.3 B

1. 求直线 $\begin{cases}2x-3y+4z-12=0\\x+4y-2z-10=0\end{cases}$ 在平面 $x+y+z-1=0$ 上的投影直线方程.

2. 若锥面的顶点在 $A(0,0,6)$, 而其母线与球面 $x^2+y^2+z^2=4$ 相切，求锥面方程.

3. 光线沿直线 $\begin{cases}x+y-3=0\\x+z-1=0\end{cases}$ 投射到平面 $x+y+z+1=0$ 上，求反射线所在的直线方程.

4. 求椭圆 $\begin{cases}9x^2+z^2=4\\y=0\end{cases}$ 分别绕 x 轴和 z 轴所得旋转曲面的方程.

5. 求双曲线 $\begin{cases} 4x^2 - 9y^2 = 36 \\ z = 0 \end{cases}$ 分别绕 x 轴和 y 轴所得旋转曲面的方程.

6. 求母线方向为 $(1,1,1)$, 准线为 $y^2 = 2z$, $x = 0$ 的柱面方程.

7. 求母线方向为 $(1,2,3)$, 准线为 $\dfrac{x^2}{4} + y^2 = 1$, $z = 0$ 的柱面方程.

8. 求顶点为 $(1,2,3)$, 准线为 $\begin{cases} 2x^2 + 3y^2 + z^2 = 1 \\ x + y + z = 0 \end{cases}$ 的锥面方程.

9. 求直线 $\dfrac{x-\alpha}{0} = \dfrac{y}{\beta} = \dfrac{z}{1}$ 绕 z 轴旋转所得旋转面方程并讨论其类型.

10. 求由曲线 $\begin{cases} y^2 = 2z - 1 \\ x = 0 \end{cases}$ 绕 z 轴旋转一周所成曲面在平面 $z = 3$ 与平面 $z = 8$ 之间的部分在 xOy 平面上的投影区域 D.

11. 求下列曲线的参数方程:

(1) $\begin{cases} x^2 + y^2 + z^2 = 4 \\ y = x \end{cases}$; (2) $\begin{cases} 2x^2 + y^2 + 2z^2 = 1 \\ x + y + z = 1 \end{cases}$;

(3) $\begin{cases} (x-1)^2 + (y+2)^2 + z^2 = 9 \\ x + 2y - z + 2 = 0 \end{cases}$; (4) $\begin{cases} x - 2y - z - 4 = 0 \\ 3x + 5y + 2z + 1 = 0 \end{cases}$.

12. 求匀速圆周运动 $\boldsymbol{r} = (R\cos\omega t, R\sin\omega t)$ 的线速度 $\boldsymbol{v}$ 和加速度 $\boldsymbol{a}$.

13. 若 $\boldsymbol{r}(t)$ 的大小恒为常数, 试证 $\boldsymbol{r}(t)$ 与 $\boldsymbol{r}'(t)$ 垂直.

14. 试证 $\dfrac{\mathrm{d}}{\mathrm{d}t}[\boldsymbol{r}(t) \times \boldsymbol{r}'(t)] = \boldsymbol{r}(t) \times \boldsymbol{r}''(t)$.

15. 设 m 为一常数, 若参数曲线 $\boldsymbol{r} = \boldsymbol{r}(t)$ 满足 $m\boldsymbol{r}''(t) = f(r)\boldsymbol{r}$, 试证 $\boldsymbol{r}(t) \times \boldsymbol{r}'(t) =$ 常向量, 其中 $r = |\boldsymbol{r}(t)|$, $f(r)$ 为可微函数.

16. 求曲线 $x = a\sin^2 t$, $y = a\sin 2t$, $z = a\cos t$ 在 $t = \dfrac{\pi}{4}$ 处的切向量与切线方程.

17. 证明圆柱螺旋线 $\boldsymbol{r} = a\cos t\,\boldsymbol{i} + a\sin t\,\boldsymbol{j} + bt\,\boldsymbol{k}$ 的切线与 z 轴的夹角为常数.

18. 设 $\boldsymbol{r}=-a\sin t\,\boldsymbol{i}+a\cos t\,\boldsymbol{j}+b\,\boldsymbol{k}$, 求 $\int_0^{2\pi}(\boldsymbol{r}(t),\boldsymbol{r}'(t),\boldsymbol{r}''(t))\,\mathrm{d}t$.

19. 狗追兔问题. 当 $t=0$ 时兔在原点，沿着 y 轴以常速率 v_{T} 向正方向跑去. 狗在 x 轴上 $(a,0)$ 处开始追兔，其速率为常数 v_{M}, 方向朝着兔子. 求狗追上兔子的时间.

20. 设坦克在半径为 a 的圆周上以等速 v 运动，导弹从圆心出发追踪. 当 $t=0$ 时，坦克在 $(r,0)$, 导弹在圆心. 若导弹的速度也是 v, 且圆心、导弹和坦克常在一条直线上，则坦克到达 $(0,r)$ 时，导弹正好追上坦克.

21. 试证包含三条坐标轴的二次锥面方程为 $axy+byz+czx=0$, 其中 a,b,c 为常数.

总 习 题 八

1. 求直线 $L_1:\dfrac{x-1}{2}=\dfrac{y+1}{1}=\dfrac{z}{3}$ 与 $L_2:\begin{cases}x=z+1\\y=2z-3\end{cases}$ 之间的距离.

2. 求直线 $L:\dfrac{x-1}{1}=\dfrac{y}{2}=\dfrac{z-1}{1}$ 绕 z 轴旋转所得旋转面的方程.

3. 证明直线 $\begin{cases}x+2y-z=7\\-2x+y+z=7\end{cases}$ 与 $\begin{cases}3x+6y-3z=8\\2x-y-z=0\end{cases}$ 平行.

4. 求过 $(3,1,-2)$ 且通过直线 $\dfrac{x-4}{5}=\dfrac{y+3}{2}=\dfrac{z}{1}$ 的平面方程.

5. 求过 $(0,2,4)$ 且与两平面 $x+2z=1$ 和 $y-3z=2$ 平行的直线方程.

6. 求过 $(1,2,1)$ 且与两直线 $\begin{cases}x+2y-z+1=0\\x-y+z-1=0\end{cases}$ 和 $\begin{cases}2x-y+z=0\\x-y+z=0\end{cases}$ 平行的平面方程.

7. 求点 $P(3,-1,2)$ 到直线 $\begin{cases}x+y-z+1=0\\2x-y-z-4=0\end{cases}$ 的距离.

8. 四面体的三条棱从点 $O(0,0,0)$ 连至点 $A(2,3,1), B(1,2,2)$ 和 $C(3,-1,4)$, 求四面体的体积.

9. 判断下列直线是否相交:

(1) $\begin{cases}5x-2y-28=0\\ y+1=0\end{cases}$ 与 $\begin{cases}x=-3+5t\\ y=2t\\ z=1+t\end{cases}$;

(2) $\dfrac{x-1}{2}=\dfrac{y+2}{1}=\dfrac{z-2}{-1}$ 与 $\dfrac{x-9}{6}=\dfrac{y-2}{3}=\dfrac{z+1}{1}$.

10. 设 $\boldsymbol{a},\boldsymbol{b}$ 为非零向量且不平行, 证明 $2|\boldsymbol{a}|^2+2|\boldsymbol{b}|^2=|\boldsymbol{a}+\boldsymbol{b}|^2+|\boldsymbol{a}-\boldsymbol{b}|^2$, 并说明几何意义.

11. 已知非零向量 $\boldsymbol{e}_1$ 与 $\boldsymbol{e}_2$ 不共线, 如果 $\overrightarrow{AB}=\boldsymbol{e}_1+\boldsymbol{e}_2$, $\overrightarrow{AC}=2\boldsymbol{e}_1+8\boldsymbol{e}_2$, $\overrightarrow{AD}=3(\boldsymbol{e}_1-\boldsymbol{e}_2)$, 证明 A,B,C,D 共面.

12. 求直线 $l:\dfrac{x-1}{1}=\dfrac{y}{1}=\dfrac{z-1}{-1}$ 在平面 $\pi: x-y+2z-1=0$ 上的投影直线 l_0 的方程, 并求 l_0 绕 y 轴旋转一周所成曲面的方程.

13. 选择题

(1) 设 $\boldsymbol{r}=\boldsymbol{a}\times\boldsymbol{b}$, 则 $\boldsymbol{r}\cdot(\boldsymbol{a}+\boldsymbol{b})=$ ______.

(A) $2(\boldsymbol{a},\boldsymbol{b},\boldsymbol{r})$; (B) $-(\boldsymbol{a},\boldsymbol{b},\boldsymbol{r})$; (C) 0; (D) $\boldsymbol{0}$.

(2) 设有直线 $L:\begin{cases}x+3y+2z+1=0\\ 2x-y-10z+3=0\end{cases}$ 及平面 $\pi: 4x-2y+z-2=0$, 则直线 L

(A) 平行于 π; (B) 在 π 上; (C) 垂直于 π; (D) 与 π 斜交.

(3) 直线 $l_1:\dfrac{x-1}{1}=\dfrac{y-5}{-2}=\dfrac{z+8}{1}$ 与 $l_2:\begin{cases}x-y=6\\ 2y+z=3\end{cases}$ 的夹角为

(A) $\dfrac{\pi}{6}$; (B) $\dfrac{\pi}{4}$; (C) $\dfrac{2}{3}\pi$; (D) $\dfrac{\pi}{2}$.

(4) 在曲线 $x=t$, $y=-t^2$, $z=t^3$ 的所有切线中, 与平面 $x+2y+z=4$ 平行的切线

(A) 只有一条； (B) 只有两条； (C) 至少三条； (D) 不存在.

14. 填空题

(1) 设一平面经过原点及点 $(6,-3,2)$, 且与平面 $4x-y+2z=8$ 垂直, 则此平面方程为 __________.

(2) 过 $(1,0,0)$ 与 $(0,1,1)$ 两点的直线绕 z 轴旋转所得旋转面的方程为 __________.

(3) 过直线 $l_1:\dfrac{x-1}{1}=\dfrac{y-2}{0}=\dfrac{z-3}{-1}$ 且平行于 $l_2:\dfrac{x+2}{2}=\dfrac{y-1}{1}=\dfrac{z}{1}$ 的平面方程是 __________.

(4) 过点 $M(1,2,-1)$ 且与直线 $x=-t+2,\ y=3t+4,\ z=t-1$ 垂直的平面方程是 __________.

(5) 与直线 $x=1,\ y=-1+t,\ z=2+t$ 及 $\dfrac{x+1}{1}=\dfrac{y+2}{2}=\dfrac{z+1}{1}$ 都平行且过原点的平面方程为 __________.

(6) 向量 $\boldsymbol{r}=(2,0,0)$ 在向量组 $\boldsymbol{a}=(1,1,0),\ \boldsymbol{b}=(1,0,1),\ \boldsymbol{c}=(0,1,1)$ 下的坐标是 __________.

15. 试写出曲线

$$\begin{cases}\dfrac{x^2}{a^2}+\dfrac{y^2}{b^2}+\dfrac{z^2}{c^2}=1\\ x+y+z=0\end{cases}$$

的参数方程.

16. 求曲面

$$\frac{x^2}{a^2}+\frac{y^2}{b^2}+\frac{(z-y)^2}{c^2}=1$$

的参数方程.

17. 试写出曲线

$$\begin{cases}x^2+y^2+z^2=3\\ z=\sqrt{x^2+(y-1)^2}\end{cases}$$

的参数方程.

第九章 多元函数的微分

在现实生活中，客观事物的变化往往受到多种因素的影响和制约，这种现象抽象为数学问题就是多元函数. 本章将在一元微分的基础上讨论多元函数的微分，重点是二元函数的微分. 从一元函数的微分到二元函数的微分，会出现一些结构和形式上的变化，但从二元函数的微分到 n 元函数的微分，除了涉及 n 维向量外，一般不会有大的差别.

§9.1 多元函数的极限

n 元函数的微分主要是在 n 维空间的一个邻域或区域上讨论和研究函数的局部结构和性质. 在学习微分之前，需要先了解一下多元函数，特别是二元函数的概念.

§9.1.1 多元函数的概念

二元函数的定义域是一个平面点集，高等数学并不讨论一般平面点集上的二元函数，而是在一个邻域或区域上讨论函数的性质，因此需要了解一下简单平面点集的结构，特别是邻域、区域等基本概念.

1. 平面点集

在坐标平面上，如果 $P_0(x_0, y_0)$ 是一个点，$\delta > 0$, 则称到 P_0 点距离小于 δ 的点 $P(x, y)$ 的全体为 P_0 的 δ 邻域，记作 $B(P_0, \delta)$, 即

$$\begin{aligned} B(P_0, \delta) &= \{P : |PP_0| < \delta\} \\ &= \{(x, y) \mid (x - x_0)^2 + (y - y_0)^2 < \delta^2\}. \end{aligned}$$

一个平面点集 E 中的点 P 称为内点，是指存在一个邻域 $B(P, \delta)$, 满足

$$B(P, \delta) \subset E.$$

每个点都是内点的平面点集称为开集. 开集是开圆片的并集，开集的余集称为闭集.

开集和闭集是开区间和闭区间的推广. 开集的基本性质是：(1) 空集和全集既是开集，又是闭集；(2) 任意个开集的并集是开集；(3) 有限个开集的交集是开集. 这三条性质也称为开集公理.

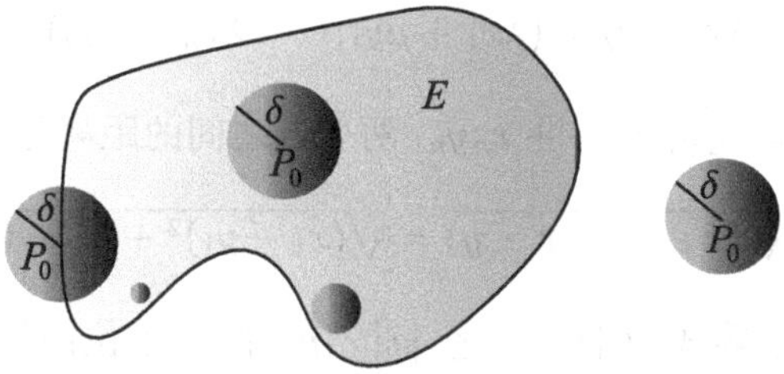

图 1.1

一个点 P 称为平面点集 E 的边界点，是指 P 不是 E 的内点但 P 的每个邻域都包含 E 中的点. E 的边界点的全体称为 E 的边界，记作 ∂E.

一个平面点集 E 是闭集当且仅当 E 包含它的每个边界点，即 $\partial E \subset E$ 或 $E = E \cup \partial E$.

如果一个平面点集中的任何两个点都可以用点集中的一条连续曲线连接，则称该点集为连通点集. 连通的开集称为开区域，常常简称为区域，强调连通性时也称为连通区域. 连通开集与其边界的并集称为闭区域. 闭区域有时候也简称为区域.

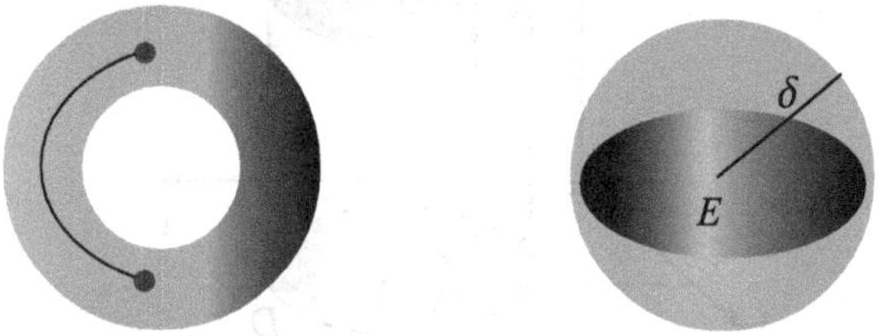

图 1.2

一个平面点集 E 称为是有界的，意指存在邻域 $B(0,\delta)$，使得 $E \subset B(0,\delta)$. 有界闭集也称为紧集或紧致集.

平面可以用二元有序数组集 $\mathbb{R}^2 = \{(x,y) \mid x,y \in \mathbb{R}\}$ 表示，一般地 n 元有序数组集

$$\mathbb{R}^n = \{(x_1,x_2,\cdots,x_n) \mid x_1,x_2,\cdots,x_n \in \mathbb{R}\}$$

称为 n 维向量空间.

n 维空间 $\mathbb{R}^n$ 中的元素 $\boldsymbol{x}=(x_1,x_2,\cdots,x_n)$ 表示位置时称为点，表示方向或线性运算时，习惯上称为向量，常用黑斜体字母来表示.

在 n 维向量空间 $\mathbb{R}^n$ 中，也可以定义线性运算

$$\lambda\boldsymbol{x}+\mu\boldsymbol{y}=(\lambda x_1+\mu y_1,\cdots,\lambda x_n+\mu y_n)$$

和内积运算 $\boldsymbol{x}\cdot\boldsymbol{y}=x_1y_1+\cdots+x_ny_n$. 两个点之间的距离为

$$|\boldsymbol{x}-\boldsymbol{y}|=\sqrt{(\boldsymbol{x}-\boldsymbol{y})\cdot(\boldsymbol{x}-\boldsymbol{y})}=\sqrt{(x_1-y_1)^2+\cdots+(x_n-y_n)^2}.$$

Cauchy-Schwarz 不等式为 $|\boldsymbol{x}\cdot\boldsymbol{y}|\leq|\boldsymbol{x}|\cdot|\boldsymbol{y}|$. 两个单位向量间的夹角余弦为 $\cos\langle\boldsymbol{x},\boldsymbol{y}\rangle=\boldsymbol{x}\cdot\boldsymbol{y}$.

有了内积或距离、邻域、开集、闭集、区域、闭区域、有界集和紧集等基本概念也可以推广到 n 维向量空间.

2. **多元函数**

从 n 维向量空间 $\mathbb{R}^n$ 的非空子集 X 到实数域 $\mathbb{R}$ 的映射 $f:X\to\mathbb{R}$ 称为 n 元函数. 特别从平面点集 D 到实数域 $\mathbb{R}$ 的映射 $f:D\to\mathbb{R}$ 称为二元函数,

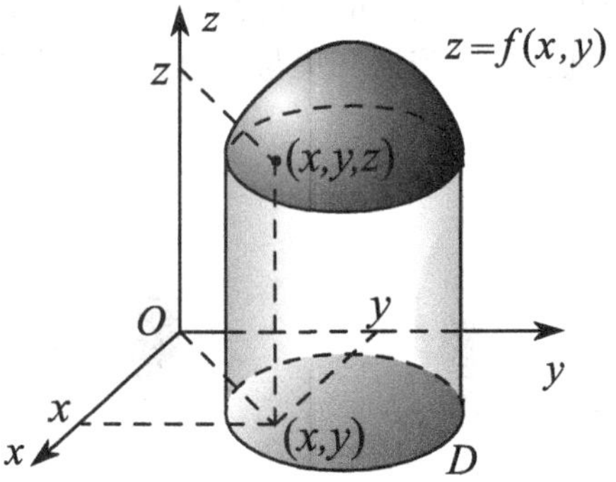

图 1.3

习惯上记为

$$z=f(x,y),\quad (x,y)\in D.$$

x,y 的变化范围 D 称为定义域， z 的变化范围称为值域，三维点集

$$\{\,(x,y,z)\mid z=f(x,y),\ (x,y)\in D\,\}$$

称为函数的图象.

当二元函数的定义域为平面区域时，其图象在连续情况下为一个曲面. 例如，函数

$$z = \frac{1}{\sqrt{x^2+y^2}} \sin\sqrt{x^2+y^2}$$

的图象是曲线 $z = \dfrac{1}{x}\sin x$ 关于 z 轴的旋转曲面. 又如函数

$$z = \frac{x^2}{2p} - \frac{y^2}{2q}, \quad (p\,q > 0)$$

的图象是双曲抛物面.

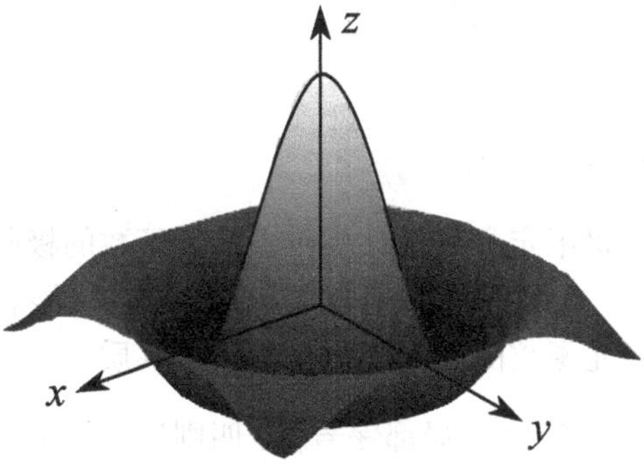

图 1.4

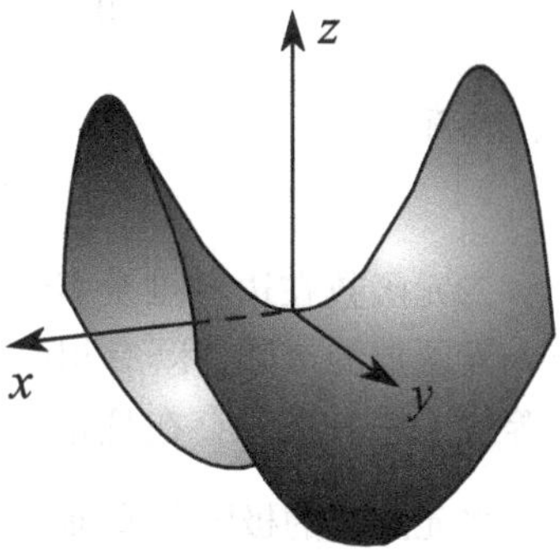

图 1.5

§9.1.2 多元函数的极限

按照向量表示法，多元函数的极限可以统一定义为

定义 1.1 设函数 $f(\boldsymbol{x})$ 在 $\boldsymbol{x}_0 \in \mathbb{R}^n$ 点的某邻域内有定义，称 $\boldsymbol{x} \to \boldsymbol{x}_0$ 时， $f(\boldsymbol{x})$ 的极限为 A, 记作

$$\lim_{\boldsymbol{x}\to\boldsymbol{x}_0} f(\boldsymbol{x}) = A,$$

如果对充分小的 $\varepsilon > 0$, 都存在 $\delta > 0$, 使当 $0 < |\boldsymbol{x} - \boldsymbol{x}_0| < \delta$ 时，恒有

$$|f(\boldsymbol{x}) - A| < \varepsilon.$$

这种定义从形式上看与一元函数没有多大区别. 考虑到传统上都是用分量方法定义二元函数的极限，因此有必要介绍相应的等价定义.

1. **二重极限**

按照分量表示法，二元函数在内点的极限可定义如下.

定义 1.2　设函数 $f(x,y)$ 在 (x_0,y_0) 点的某邻域内有定义，称 $(x,y)\to(x_0,y_0)$ 时，$f(x,y)$ 的极限为 A, 记作

$$\lim_{(x,y)\to(x_0,y_0)} f(x,y)=A,$$

如果对任意小的 $\varepsilon>0$, 都存在 $\delta>0$, 使当

$$0<|x-x_0|^2+|y-y_0|^2<\delta$$

时，恒有

$$|f(x,y)-A|<\varepsilon.$$

二元函数在边界点及多元函数的极限定义可依此类推. 多元函数的极限与一元函数的极限，既有相似的地方，又有不同的地方. 一元函数的极限存在等价于左右极限存在且相等，但多元函数的极限却没有类似的性质.

多元函数的极限具有惟一性、局部有界性、局部保号性、四则运算法则、两边夹法则、变量代换法则和海因定理等.

两边夹法则可叙述为

定理 1.1　如果对任意的 $\varepsilon>0$, 当 $(x,y)\to(x_0,y_0)$ 时，恒有

$$A-\varepsilon\leftarrow f(x,y,\varepsilon)\le h(x,y)\le g(x,y,\varepsilon)\to A+\varepsilon,$$

则 $\lim\limits_{(x,y)\to(x_0,y_0)} h(x,y)$ 存在且 $=A$.

变量代换法则可叙述为

定理 1.2　设 $\lim\limits_{(x,y)\to(x_0,y_0)} f(x,y)=A$, $\lim\limits_{t\to A} g(t)=B$, 若 $(x,y)\to(x_0,y_0)$ 时，恒有 $f(x,y)\to,\ne A$, 则

$$\lim_{(x,y)\to(x_0,y_0)} g[f(x,y)]=\lim_{t\to A} g(t)=B.$$

更一般地，有

推论 1.1 设 $\lim\limits_{(x,y)\to(x_0,y_0)} f(x,y)=A$, 若 $(u,v)\to(u_0,v_0)$ 时，恒有

$$(x(u,v),y(u,v))\to,\neq(x_0,y_0),$$

则 $\lim\limits_{(u,v)\to(u_0,v_0)} f(x(u,v),y(u,v))=\lim\limits_{(x,y)\to(x_0,y_0)} f(x,y)=A.$

海因定理可叙述为 **二重极限存在 = 数列化极限恒存在且相等**, 即

定理 1.3 $\lim\limits_{(x,y)\to(x_0,y_0)} f(x,y)=A \iff$ 当 $(x_n,y_n)\to,\neq(x_0,y_0)$ 时，恒有

$$\lim_{n\to\infty} f(x_n,y_n)=A.$$

海因定理常用来否定极限的存在性，更常用的是下列一元化方法：**二重极限存在 = 一元化极限恒存在且相等**, 即

推论 1.2 $\lim\limits_{(x,y)\to(x_0,y_0)} f(x,y)=A \iff$ 当 $x=x(t),\ y=y(t)$ 为连续曲线且 $(x(t),y(t))=(x_0,y_0)$ 只有解 $t=t_0$ 时，恒有

$$\lim_{t\to t_0} f(x(t),y(t))=A.$$

例 1.1 求 $\lim\limits_{(x,y)\to(0,0)} x\sin\dfrac{1}{y}$.

解 按照无穷小量法则或两边夹法则

$$0\leq\left|x\sin\frac{1}{y}\right|\leq|x|\to 0,$$

有 $\lim\limits_{(x,y)\to(0,0)} x\sin\dfrac{1}{y}=0.$

例 1.2 求 $\lim\limits_{(x,y)\to(0,0)} \dfrac{xy\ln(1+x+y)}{x^2+y^2}$.

解 由于

$$0\leq\left|\frac{xy\ln(1+x+y)}{x^2+y^2}\right|\leq\frac{1}{2}\cdot|\ln(1+x+y)|\to 0,$$

所以，$\lim\limits_{(x,y)\to(0,0)} \dfrac{xy\ln(1+x+y)}{x^2+y^2}=0.$

例 1.3 求 $\lim\limits_{(x,y)\to(0,0)}\dfrac{\sin\sqrt{x^2+y^2}}{\sqrt{x^2+y^2}}$.

解 令 $f(x,y)=\sqrt{x^2+y^2}$, $g(t)=\dfrac{\sin t}{t}$, 则

$$\lim_{(x,y)\to(0,0)}\frac{\sin\sqrt{x^2+y^2}}{\sqrt{x^2+y^2}}=\lim_{(x,y)\to(0,0)}g(f(x,y))=\lim_{t\to0}g(t)=1.$$

例 1.4 证明函数 $f(x,y)=\dfrac{xy}{x^2+y^2}$ 在原点 (0,0) 的极限不存在.

证 当 $f(x,y)$ 沿直线 $y=kx$ 趋于原点 (0,0) 时，有

$$\lim_{x\to0}f(x,kx)=\lim_{x\to0}\frac{kx^2}{(1+k^2)x^2}=\frac{k}{1+k^2}.$$

这表明 $f(x,y)$ 沿不同方向的一元化极限不相同，因此 $f(x,y)$ 在原点 (0,0) 的极限不存在.

例 1.5 证明函数 $f(x,y)=\dfrac{xy^2}{x^2+y^4}$ 在原点 (0,0) 的极限不存在.

证 由于一元化极限

$$\lim_{x\to0}f(x,0)=0,\quad \lim_{y\to0}f(y^2,y)=\frac{1}{2},$$

不相同，所以 $f(x,y)$ 在原点 (0,0) 的极限不存在.

例 1.6 证明函数 $f(x,y)=(1+xy)^{\frac{1}{x+y}}$ 在原点 (0,0) 的极限不存在.

证 取

$$(x_n,y_n)=\left(\frac{1}{n},\frac{1}{n}\right),$$

$$(x_n',y_n')=\left(\frac{1}{n},-\frac{1}{n}+\frac{1}{n^2}\right),$$

则由数列化极限

$$\lim_{n\to\infty}f(x_n,y_n)=\lim_{n\to\infty}\left(1+\frac{1}{n^2}\right)^{n/2}=1,$$

$$\lim_{n\to\infty}f(x_n',y_n')=\lim_{n\to\infty}\left(1-\frac{1}{n^2}+\frac{1}{n^3}\right)^{n^2}=\frac{1}{\mathrm{e}}$$

不相等可知， $f(x,y)$ 在原点 (0,0) 的极限不存在.

2. 二次极限*

为了更好地理解多重极限,有必要分析一下累次极限与多重极限的关系.形如

$$\lim_{y\to y_0}\lim_{x\to x_0} f(x,y), \quad \lim_{x\to x_0}\lim_{y\to y_0} f(x,y)$$

的极限称为二次极限.

例 1.7 举例说明,

$$\lim_{y\to 0}\lim_{x\to 0} f(x,y) \neq \lim_{x\to 0}\lim_{y\to 0} f(x,y).$$

解 令 $f(x,y)=\dfrac{x-y}{x+y}$, 则有

$$\lim_{y\to 0}\lim_{x\to 0} f(x,y) = \lim_{y\to 0}\frac{0-y}{0+y} = -1,$$

$$\lim_{x\to 0}\lim_{y\to 0} f(x,y) = \lim_{x\to 0}\frac{x-0}{x+0} = 1.$$

例 1.8 举例说明,

$$\lim_{y\to 0}\lim_{x\to 0} f(x,y) = \lim_{x\to 0}\lim_{y\to 0} f(x,y),$$

但 $\lim\limits_{(x,y)\to(0,0)} f(x,y)$ 不存在.

解 令 $f(x,y)=\dfrac{xy}{x^2+y^2}$, 则有

$$\lim_{y\to 0}\lim_{x\to 0} f(x,y) = \lim_{y\to 0}\frac{0\cdot y}{0+y^2} = 0,$$

$$\lim_{x\to 0}\lim_{y\to 0} f(x,y) = \lim_{x\to 0}\frac{x\cdot 0}{x^2+0} = 0.$$

根据例 1.4, $\lim\limits_{(x,y)\to(0,0)} f(x,y)$ 不存在.

例 1.9 举例说明, $\lim\limits_{(x,y)\to(0,0)} f(x,y)$ 存在, 但

$$\lim_{y\to 0}\lim_{x\to 0} f(x,y), \lim_{x\to 0}\lim_{y\to 0} f(x,y)$$

不存在.

解 令 $f(x,y)=x\sin\dfrac{1}{y}+y\sin\dfrac{1}{x}$, 则由

$$0\le\left|x\sin\frac{1}{y}+y\sin\frac{1}{x}\right|\le|x|+|y|\to 0$$

可知, $\lim\limits_{(x,y)\to(0,0)}f(x,y)$ 存在.

由于 $x\neq 0,y\neq 0$ 时, $\lim\limits_{x\to 0}y\sin\dfrac{1}{x}$, $\lim\limits_{y\to 0}x\sin\dfrac{1}{y}$ 不存在, 所以

$$\lim_{y\to 0}\lim_{x\to 0}f(x,y),\quad \lim_{x\to 0}\lim_{y\to 0}f(x,y)$$

不存在.

例 1.10 举例说明, 极限 $\lim\limits_{(x,y)\to(0,0)}f(x,y)$, $\lim\limits_{x\to 0}\lim\limits_{y\to 0}f(x,y)$ 存在, 但极限 $\lim\limits_{y\to 0}\lim\limits_{x\to 0}f(x,y)$ 不存在.

解 令 $f(x,y)=y\sin\dfrac{1}{x}$, 则由 $0\le\left|y\sin\dfrac{1}{x}\right|\le|y|\to 0$ 可知,

$$\lim_{(x,y)\to(0,0)}f(x,y),\lim_{x\to 0}\lim_{y\to 0}f(x,y)$$

存在. 由于 $y\neq 0$ 时, $\lim\limits_{x\to 0}y\sin\dfrac{1}{x}$ 不存在, 所以 $\lim\limits_{y\to 0}\lim\limits_{x\to 0}f(x,y)$ 不存在.

上面几个例子说明, 二重极限与二次极限没有直接关系. 另一方面二重极限与二次极限存在间接关系.

定理 1.4 *若 $\lim\limits_{(x,y)\to(x_0,y_0)}f(x,y)$ 存在且当 $x\to,\neq x_0$ 时, $\lim\limits_{y\to y_0}f(x,y)$ 存在, 则 $\lim\limits_{x\to x_0}\lim\limits_{y\to y_0}f(x,y)$ 存在且*

$$\lim_{(x,y)\to(x_0,x_0)}f(x,y)=\lim_{x\to x_0}\lim_{y\to y_0}f(x,y).$$

证 设 $\lim\limits_{(x,y)\to(x_0,y_0)}f(x,y)=A$ 且当 $x\to,\neq x_0$ 时, $\lim\limits_{y\to y_0}f(x,y)=g(x)$. 于是, 对任意的 $\varepsilon>0$, 存在 $\delta>0$, 使当

$$0<\sqrt{(x-x_0)^2+(y-y_0)^2}<\delta$$

时，恒有 $|f(x,y)-A|<\varepsilon$. 若令 $y\to y_0$, 则有 $|g(x)-A|\le\varepsilon$. 由此可知，$\lim\limits_{x\to x_0} g(x)=A$.

推论 1.3 若 $\lim\limits_{(x,y)\to(x_0,y_0)} f(x,y)$, $\lim\limits_{y\to y_0}\lim\limits_{x\to x_0} f(x,y)$, $\lim\limits_{x\to x_0}\lim\limits_{y\to y_0} f(x,y)$ 存在，则三者相等，即

$$\lim_{(x,y)\to(x_0,y_0)} f(x,y)=\lim_{y\to y_0}\lim_{x\to x_0} f(x,y)=\lim_{x\to x_0}\lim_{y\to y_0} f(x,y).$$

推论 1.4 若二次极限

$$\lim_{y\to y_0}\lim_{x\to x_0} f(x,y),\ \lim_{x\to x_0}\lim_{y\to y_0} f(x,y)$$

都存在但不相等，则二重极限 $\lim\limits_{(x,y)\to(x_0,y_0)} f(x,y)$ 不存在.

§9.1.3 多元函数的连续性

如果函数的极限值等于函数值，即

$$\lim_{(x,y)\to(x_0,y_0)} f(x,y)=f(x_0,y_0),$$

则称函数 $f(x,y)$ 在 (x_0,y_0) 点连续. 如果函数 $f(x,y)$ 在区域或闭区域 E 上的每个点都连续，则称 $f(x,y)$ 是 E 上的连续函数，记作 $f\in C(E)$.

连续函数的四则运算函数一定是连续函数，连续函数的复合函数也一定是连续函数. 特别地，二元初等函数在有定义的区域内都是连续函数. 由基本初等函数经过有限次四则运算和有限次复合运算得到的二元函数称为二元初等函数.

例 1.11 讨论下列函数的连续性：

(1) $f(x,y)=\begin{cases}\dfrac{xy}{x^2+y^2}, & (x,y)\neq(0,0)\\ 0, & (x,y)=(0,0)\end{cases}$; (2) $f(x,y)=\begin{cases}x\sin\dfrac{1}{y}, & y\neq 0\\ 0, & y=0\end{cases}$;

(3) $f(x,y)=\begin{cases}\dfrac{x}{y^2}\mathrm{e}^{-\frac{x^2}{y^2}}, & y\neq 0\\ 0, & y=0\end{cases}$; (4) $f(x,y)=\begin{cases}\dfrac{\sin xy}{x}, & x\neq 0\\ y, & x=0\end{cases}$.

解 (1) 由于 $\lim\limits_{(x,y)\to(0,0)} f(x,y)$ 不存在，所以 $f(x,y)$ 在 $(0,0)$ 点不连续. 由初等函数的连续性可知， $f(x,y)$ 在非 $(0,0)$ 点连续.

(2) 当 $x_0 \neq 0$ 时，有

$$\lim_{x\to x_0} f(x, x-x_0) = \lim_{x\to x_0} x\sin\frac{1}{x-x_0} = \text{不存在}\ .$$

根据 $|f(x,y)| \leq |x|$ 可知， $\lim\limits_{(x,y)\to(0,0)} f(x,y) = 0 = f(0,0)$.

因此， $f(x,y)$ 在 x 轴的非 $(0,0)$ 点间断，而在平面的其它点连续.

(3) 由于 $\lim\limits_{x\to 0} f(x,x) = \lim\limits_{x\to 0} \dfrac{1}{x}\mathrm{e}^{-1}$ 不存在，所以 $f(x,y)$ 在 $(0,0)$ 点不连续.

当 $x_0 \neq 0$ 时，有

$$\begin{aligned}\lim_{(x,y)\to(x_0,0)} f(x,y) &= \lim_{(x,y)\to(x_0,0)} \frac{x^2}{y^2}\,\mathrm{e}^{-\frac{x^2}{y^2}}\cdot\frac{1}{x}\\ &= \lim_{t\to+\infty} t\mathrm{e}^{-t}\cdot\lim_{x\to x_0}\frac{1}{x} = 0 = f(x_0,0),\end{aligned}$$

当 $y_0 \neq 0$ 时，有

$$\lim_{(x,y)\to(x_0,y_0)} f(x,y) = f(x_0,y_0),$$

所以 $f(x,y)$ 在非 $(0,0)$ 点连续.

(4) 当 $y_0 \neq 0$ 时，有

$$\lim_{\substack{x\to 0\\ y\to y_0}} f(x,y) = y_0 = f(0,y_0).$$

根据 $|f(x,y)| \leq |y|$ 可知， $\lim\limits_{(x,y)\to(0,0)} f(x,y) = 0 = f(x_0,0)$.

因此， $f(x,y)$ 在全平面连续.

例 1.12 举例说明，函数 $f(x,y)$ 在 $(0,0)$ 点不连续但关于 x,y 分别连续.

解 令

$$f(x,y) = \begin{cases}\dfrac{xy}{x^2+y^2}, & (x,y)\neq(0,0)\\ 0, & (x,y)=(0,0)\end{cases},$$

则由 $\lim\limits_{(x,y)\to(0,0)} f(x,y)$ 不存在可知， $f(x,y)$ 在 $(0,0)$ 点不连续.

由于

$$\lim_{x\to 0} f(x,0) = 0 = f(0,0),$$
$$\lim_{y\to 0} f(0,y) = 0 = f(0,0),$$

所以， $f(x,y)$ 在 $(0,0)$ 点关于 x, y 分别连续.

例 1.13 设 $f(x,y)$ 在 $(0,0)$ 点附近有定义，证明 $f(x,y)$ 在 $(0,0)$ 点连续 $\Longleftrightarrow$ 一元化恒连续，即对任意连续曲线 $x = x(t), y = y(t)$, 当 $x(0) = 0, y(0) = 0$ 时，都有 $g(t) = f(x(t), y(t))$ 在 $t = 0$ 点连续.

证 必要性 反证. 若存在连续曲线 $x = x(t), y = y(t)$, 使得 $x(0) = 0, y(0) = 0$, 但 $\lim\limits_{t\to 0} g(t) \neq g(0) = f(0,0)$, 则存在 $\lim\limits_{t_n\to 0} g(t) \neq g(0)$. 令 $x_n = x(t_n), y_x = y(t_n)$, 则有 $(x_n, y_n) \to 0$. 根据海因定理，有

$$\lim_{n\to\infty} g(t_n) = \lim_{n\to\infty} f(x_n, y_n) = f(0,0) = g(0).$$

这与反证假设矛盾，因此必要性成立.

充分性 反证. 若 $\lim\limits_{(x,y)\to(0,0)} f(x,y) \neq f(0,0) = g(0)$, 则存在 $(x_n, y_n) \to (0,0)$, 使得 $\lim\limits_{n\to\infty} f(x_n, y_n) \neq f(0,0)$. 依次用线段连接 $(x_1, y_1), (x_2, y_2), \cdots$, 则可得连续曲线 $x = x(t), y = y(t)$, 使得 $x(\frac{1}{n}) = x_n, y(\frac{1}{n}) = y_n$. 于是

$$\lim_{n\to\infty} g(\frac{1}{n}) = \lim_{n\to\infty} f(x(\frac{1}{n}), y(\frac{1}{n})) = \lim_{n\to\infty} f(x_n, y_n) \neq f(0,0) = g(0).$$

这与 $g(t) = f(x(t), y(t))$ 在 $t = 0$ 点连续矛盾. 因此充分性成立.

例 1.14 设 $f(x,y)$ 在区域 D 上关于 x, y 分别连续且关于 x 单调，则 $f(x,y)$ 在 D 上连续.

证 不妨设 $f(x,y)$ 关于 x 单调增， $(x_0, y_0) \in D$. 由 $f(x,y)$ 关于 x 连续可知，存在 $\delta_1 > 0$, 使当 $|x - x_0| < \delta_1$ 时，恒有

$$|f(x, y_0) - f(x_0, y_0)| < \frac{\varepsilon}{2}.$$

由 $f(x,y)$ 关于 y 连续可知，存在 $\delta_2 > 0$, 使当 $|y - y_0| < \delta_2$ 时，恒有

$$|f(x_0 \pm \delta_1, y) - f(x_0 \pm \delta_1, y_0)| < \frac{\varepsilon}{2}.$$

于是，当 $|x-x_0|<\delta_1, |y-y_0|<\delta_2$ 时，一方面可得

$$\begin{aligned} f(x,y)-f(x_0,y_0) &\le f(x_0+\delta_1,y)-f(x_0,y_0) \\ &= [f(x_0+\delta_1,y)-f(x_0+\delta_1,y_0)]+[f(x_0+\delta_1,y_0)-f(x_0,y_0)] \\ &< \frac{\varepsilon}{2}+\frac{\varepsilon}{2}=\varepsilon. \end{aligned}$$

另一方面可得

$$\begin{aligned} f(x,y)-f(x_0,y_0) &\ge f(x_0-\delta_1,y)-f(x_0,y_0) \\ &= [f(x_0-\delta_1,y)-f(x_0-\delta_1,y_0)]+[f(x_0-\delta_1,y_0)-f(x_0,y_0)] \\ &> -\frac{\varepsilon}{2}-\frac{\varepsilon}{2}=-\varepsilon. \end{aligned}$$

因此，有 $|f(x,y)-f(x_0,y_0)|<\varepsilon$. 故 $f(x,y)$ 在区域 D 上连续.

有界闭区间上的连续函数具有有界性、最值性、介值性和一致连续性，这些性质在非空的有界闭区域上也成立．即，

性质 1.1 (有界性定理) *非空有界闭区域上的连续函数一定是有界函数;*

性质 1.2 (最值定理) *非空有界闭区域上的连续函数一定存在最大值和最小值;*

性质 1.3 (介值定理) *非空有界闭区域上的夹在连续函数最值之间的每个数都存在原象;*

性质 1.4 (一致连续定理) *非空有界闭区域上的连续函数必一致连续.*

其中函数 $f(P)$ 一致连续是指，*对任意的 $\varepsilon>0$, 都存在 $\delta>0$, 使当 $f(P), f(Q)$ 有定义且 $|PQ|<\delta$ 时，恒有 $|f(P)-f(Q)|<\varepsilon$.*

例 1.15 设 $f(x,y)$ 在区域 D 上关于 x 连续，关于 y 一致连续，则 $f(x,y)$ 在 D 上连续.

证 设 $(x_0,y_0)\in D$. 由 $f(x,y)$ 关于 x 连续可知，存在 $\delta_1>0$, 使当 $|x-x_0|<\delta_1$ 时，恒有

$$|f(x,y_0)-f(x_0,y_0)|<\frac{\varepsilon}{2}.$$

由 $f(x,y)$ 关于 y 一致连续可知，存在 $\delta_2>0$，使当 $|y-y_0|<\delta_2$ 时，恒有

$$|f(x,y)-f(x,y_0)|<\frac{\varepsilon}{2}.$$

于是，当 $|x-x_0|<\delta_1, |y-y_0|<\delta_2$ 时，必有

$$\begin{aligned}|f(x,y)-f(x_0,y_0)| &= |f(x,y)-f(x,y_0)|+|f(x,y_0)-f(x_0,y_0)|\\ &< \frac{\varepsilon}{2}+\frac{\varepsilon}{2}=\varepsilon.\end{aligned}$$

故 $f(x,y)$ 在区域 D 上连续.

习 题 9.1 A

1. 设 $f(\sqrt{x^2+y^2},\arctan x)=\dfrac{xy}{(x^2+y^2)^2}$，求 $f(x,y)$.

2. 求下列函数的定义域：

(1) $z=\ln(x^2+y^2-1)+\sqrt{2-x^2-y^2}$;

(2) $z=\arcsin 2x+\dfrac{\sqrt{4x-y^2}}{\ln(1-x^2-y^2)}$;

(3) $z=\ln(y-x^2)+\dfrac{\sqrt{x}}{1-x^2-y^2}$.

3. 若函数 $z=f(x,y)$ 恒满足关系式 $f(tx,ty)=t^kf(x,y)$，则称 $f(x,y)$ 为 k 次齐次函数.

(1) 证明 k 次齐次函数 $z=f(x,y)$ 可以化成 $z=x^kF\left(\dfrac{y}{x}\right)$ 之形式;

(2) 证明 $f(x,y)=\sqrt{x^4+y^4}-2xy$ 为二次齐次函数;

(3) 证明 $f(x,y)=\sqrt{x^2+y^2}+\ln\left(\dfrac{x+y}{x-y}\right)^x$ 为一次齐次函数.

4. 设 $f(x,y)=\begin{cases}x^2, & y=x^2,\\ 0, & y\neq x^2,\end{cases}$ 证明 $\lim\limits_{(x,y)\to(0,0)}f(x,y)=0$.

5. 设 $f(x,y)=(x+y)\sin\dfrac{1}{x}\cos\dfrac{1}{y}$，证明 $\lim\limits_{(x,y)\to(0,0)}f(x,y)=0$.

6. 求下列函数的极限:

(1) $\lim\limits_{(x,y)\to(0,0)}\dfrac{x^3+y^3}{|x|+y^2}$;　　(2) $\lim\limits_{(x,y)\to(0,0)}\dfrac{1-\cos(x^2+y^2)}{(x^2+y^2)\mathrm{e}^{x^2y^2}}$;

(3) $\lim\limits_{(x,y)\to(0,0)}\dfrac{\sin(x^3+y^3)}{x^2+y^2}$;　　(4) $\lim\limits_{(x,y)\to(0,0)}\dfrac{xy}{\sqrt{xy+1}-1}$;

(5) $\lim\limits_{(x,y)\to(1,0)}\dfrac{\ln(x+\mathrm{e}^y)}{\sqrt{x^2+y^2}}$;　　(6) $\lim\limits_{(x,y)\to(+\infty,+\infty)}(x^2+y^2)\mathrm{e}^{-(x+y)}$;

(7) $\lim\limits_{(x,y)\to(0,0)}(x^2+y^2)^{x^2y^2}$;　　(8) $\lim\limits_{(x,y)\to(\infty,a)}\left(1+\dfrac{1}{x}\right)^{\frac{x^2}{x+y}}$.

7. 证明下列极限不存在:

(1) $\lim\limits_{(x,y)\to(0,0)}\dfrac{xy}{x+y}$;　　(2) $\lim\limits_{(x,y)\to(0,0)}\dfrac{\sqrt{1+xy}-1}{x+y}$;

(3) $\lim\limits_{(x,y)\to(0,0)}\dfrac{\sqrt{1+xy}-1}{x^2+y^2}$;　　(4) $\lim\limits_{(x,y)\to(0,0)}\dfrac{1-\cos(x^2+y^2)}{(x^2+y^2)x^2y^2}$.

8. 确定函数 $f(x,y)=\dfrac{1-\cos\sqrt{x^2+y^2}}{\tan(x^2+y^2)}$ 在点 $(0,0)$ 处的值 $f(0,0)$, 使函数 $f(x,y)$ 在点 $(0,0)$ 处连续.

9. 证明函数 $f(x,y)=\begin{cases}\dfrac{x^2y}{x^4+y^2}, & (x,y)\neq(0,0)\\ 0, & (x,y)=(0,0)\end{cases}$ 在原点不连续.

习 题 9.1 B

1. 求下列函数的极限:

(1) $\lim\limits_{(x,y)\to(0,0)}xy\ln(x^2+y^2)$;　　(2) $\lim\limits_{(x,y)\to(0,0)}(x+y)\ln(x^2+y^2)$;

(3) $\lim\limits_{(x,y)\to(0,0)}(x^2+y^2)^{\sin(x^2y^2)}$.

2. 设函数 $f(x,y)$ 在区域 D 内 (a,b) 点连续, 且 $f(a,b)>0$, 证明存在 (a,b) 点邻域 U, 使得 $(x,y)\in U$ 时, 恒有 $f(x,y)>0$.

3. 若函数 $f(x,y)$ 在平面 $\mathbb{R}^2$ 上连续且 $\lim\limits_{(x,y)\to(\infty,\infty)} f(x,y)$ 存在，证明 $f(x,y)$ 在 $\mathbb{R}^2$ 上有界.

4. 讨论下列函数在点 $(0,0)$ 的二重极限和二次极限：

(1) $f(x,y)=\dfrac{x^2y^2}{x^2y^2+(x-y)^2}$;　　(2) $f(x,y)=(x+y)\sin\dfrac{1}{x}\sin\dfrac{1}{y}$.

5. 设函数 $f(x,y)$ 在区域 D 内关于 x 连续，证明：

(1) 若 $f(x,y)$ 关于 y 一致连续，即对任意的 $\varepsilon>0$, 都存在 $\delta>0$, 使当 $(x,y_i)\in D$ 且 $|y_1-y_2|<\delta$ 时，恒有 $|f(x,y_1)-f(x_2)|<\varepsilon$, 则 $f(x,y)$ 在 D 内连续;

(2) 若 $f(x,y)$ 关于 y 满足 Lipschitz 条件, 即存在常数 L, 使当 $(x,y_i)\in D$ 时，恒有 $|f(x,y_1)-f(x,y_2)|\le L|y_1-y_2|$, 则 $f(x,y)$ 在 D 内连续.

6. 设 $f(x,y)$ 在 (x_0,y_0) 点附近有定义，则下列说法不等价于 $\lim\limits_{(x,y)\to(x_0,y_0)} f(x,y)=A$ 的是 ______.

(A) $\forall\varepsilon>0,\exists\delta>0$, 当 $0<\max(|x-x_0|,|y-y_0|)<\delta$ 时，$|f(x,y)-A|<\varepsilon$;

(B) $\forall\varepsilon>0,\exists\delta>0$, 当 $0<|x-x_0|+|y-y_0|<\delta$ 时， $|f(x,y)-A|<\varepsilon$;

(C) $\forall\varepsilon>0,\exists\delta>0$, 当 $0<|x-x_0|^5+|y-y_0|^5<\delta$ 时， $|f(x,y)-A|<\varepsilon$;

(D) $\forall\varepsilon>0,\exists\delta>0$, 当 $0<|x-x_0|<\delta, 0<|y-y_0|<\delta$ 时，恒有

$$|f(x,y)-A|<\varepsilon.$$

7. 下列条件中，可以推出 $\lim\limits_{(x,y)\to(0,0)} f(x,y)=A$ 的是 __________.

(A) $\forall\varepsilon>0$ 和 $\forall\theta\in[0,2\pi],\exists\delta>0$, 当 $0<r<\delta$ 时，恒有

$$|f(r\cos\theta,r\sin\theta)-A|<\varepsilon;$$

(B) $\forall\varepsilon>0,\exists\delta>0$, 当 $0<r<\delta,\theta\in[0,2\pi]$ 时，$|f(r\cos\theta,r\sin\theta)-A|<\varepsilon$;

(C) 当 $x=x(t),y=y(t)$ 为连续曲线且 $x(t)=0$, $y(t)=0$ 只有解 $t=0$ 时，恒有

$$\lim_{t\to0} f(x(t),y(t))=A;$$

(D) 对每个实数 k, 都有 $\lim\limits_{x\to0} f(x,kx)=\lim\limits_{y\to0} f(ky,y)=A$.

8. 设函数 $f(x,y)$ 在区域 D 上关于 x,y 分别连续且关于 y 单调，则 $f(x,y)$ 在 D 上连续.

§9.2 多元函数的偏导数

对于一元函数来说，因变量关于自变量的变化率称为导数. 对于多元函数来说，因变量关于单一自变量的变化率称为偏导数. 偏导数和全微分是多元函数微分学的最重要的基本概念.

§9.2.1 一阶偏导数

对于二元函数 $z=f(x,y)$, 如果固定 y, 那么 $f(x,y)$ 就是 x 的一元函数, 可记为 $x\mapsto f(x,y)$. 一元函数 $x\mapsto f(x,y)$ 的导数称为二元函数 $(x,y)\mapsto f(x,y)$ 的偏导数，可用函数符号记为 $f'_x(x,y)$ 或 $\dfrac{\partial f}{\partial x}$, 用变量符号记为 z'_x 或 $\dfrac{\partial z}{\partial x}$. **通常函数符号表示复合前偏导数；变量符号表示复合后偏导数.**

由于实际问题的多样性，偏导数的表示变得十分复杂，不同的情况下需要选择不同的表示方式. 例如在函数 $z=f(x,xy,x+y)$ 中，变量 z 关于变量 x 的偏导数便有多种含义，实际问题需要的可能是 z 关于第一个 x 的偏导数，也可能是 z 关于第二个 x 的偏导数，还可能是 z 关于三个 x 的一些组合的偏导数. 因此学习偏导数必须特别重视复合前求导与复合后求导的区别与表示，即分清 **先求导、后代入** 与 **先代入、后求导** 的次序关系.

1. **偏导数的概念**

一元函数 $x\mapsto f(x,y)$ 的导数称为二元函数 $(x,y)\mapsto f(x,y)$ 的偏导数，记为 $f'_x(x,y)$, 通常用极限语言叙述为

定义 2.1 设函数 $z=f(x,y)$ 在 (x_0,y_0) 点的某个邻域内有定义，如果

$$\lim_{\Delta x\to 0}\frac{f(x_0+\Delta x,y_0)-f(x_0,y_0)}{\Delta x}$$

存在，则称此极限为函数 $z=f(x,y)$ 在 (x_0,y_0) 点对 x 的偏导数，记作

$$f'_x(x_0,y_0),\ f'_1(x_0,y_0),\ \frac{\partial f}{\partial x}(x_0,y_0),\ \left.\frac{\partial f}{\partial x}\right|_{(x_0,y_0)},\ \left.\frac{\partial z}{\partial x}\right|_{(x_0,y_0)},\ \left.z'_x\right|_{(x_0,y_0)}.$$

类似地，有

$$f'_y(x_0,y_0)=\lim_{\Delta y\to 0}\frac{f(x_0,y_0+\Delta y)-f(x_0,y_0)}{\Delta y}.$$

等. 为了方便，有时候也将偏导符号中的一撇省掉，偏导数也简称为偏导.

如果函数 $z=f(x,y)$ 在区域 D 内每一个点对 x 的偏导数都存在，那么这个偏导数也是 x,y 的函数，称为偏导函数，也简称为偏导数. 相应地记作

$$f'_x(x,y),\ f'_1(x,y),\ \frac{\partial f}{\partial x},\ ,\ \frac{\partial z}{\partial x},\ z'_x.$$

类似地，有关于 y 的偏导函数和偏导符号.

二元函数的两个偏导数都存在时简称为可导.

三元函数的偏导数可类似定义，例如

$$f'_x(x_0,y_0,z_0)=\lim_{\Delta x\to 0}\frac{f(x_0+\Delta x,y_0,z_0)-f(x_0,y_0,z_0)}{\Delta x}.$$

例 2.1 设 $f(x,y)=\mathrm{e}^{-x}\sin(x+2y)$, 求 $f'_x(0,\frac{\pi}{4})$, $f'_y(0,\frac{\pi}{4})$.

解 视 y 为常数，则 $f(x,y)$ 为 x 的一元函数，关于 x 求导，有

$$f'_x(x,y)=-\mathrm{e}^{-x}\sin(x+2y)+\mathrm{e}^{-x}\cos(x+2y).$$

于是， $f'_x(0,\frac{\pi}{4})=-\sin\frac{\pi}{2}+\cos\frac{\pi}{2}=-1.$

视 x 为常数，则 $f(x,y)$ 为 y 的一元函数，关于 y 求导，有

$$f'_y(x,y)=2\mathrm{e}^{-x}\cos(x+2y).$$

于是， $f'_y(0,\frac{\pi}{4})=0.$

对于具体函数的求导，多元函数与一元函数没有多大的本质差别，只要把非求导变量视为常数即可. 对于抽象函数的求导，需要特别注意求导符号的细微差别和不同用法. 求一个给定点的偏导数，通常是先求偏导函数，再求函数值，对于特殊点的偏导数，大多需要用定义计算.

例 2.2 设

$$f(x,y)=\begin{cases}\dfrac{xy}{x^2+y^2}, & (x,y)\neq(0,0)\\ 0, & (x,y)=(0,0)\end{cases},$$

求 $f'_x(x,y)$, $f'_y(x,y)$.

解 当 $(x,y)\neq(0,0)$ 时，用一元函数求导法则，有

$$f'_x(x,y)=\frac{y(x^2+y^2)-2x^2y}{(x^2+y^2)^2}=\frac{y^3-x^2y}{(x^2+y^2)^2},$$

$$f'_y(x,y)=\frac{x^3-y^2x}{(x^2+y^2)^2}.$$

当 $(x,y)=(0,0)$ 时，用偏导定义或非求导变量先代入的一元化方法，有

$$f'_x(0,0)=\Big[f(x,0)\Big]'_{x=0}=0,\ f'_y(0,0)=\Big[f(0,y)\Big]'_{y=0}=0.$$

例 2.3 设 $r=\sqrt{x^2+y^2+z^2}\ (r>0)$, 证明

$$\left(\frac{\partial r}{\partial x}\right)^2+\left(\frac{\partial r}{\partial y}\right)^2+\left(\frac{\partial r}{\partial z}\right)^2=1.$$

解 用一元函数求导法则，有

$$\frac{\partial r}{\partial x}=\frac{2x}{2\sqrt{x^2+y^2+z^2}}=\frac{x}{r}.$$

同理 $\dfrac{\partial r}{\partial y}=\dfrac{y}{r}, \dfrac{\partial r}{\partial z}=\dfrac{z}{r}$. 因此

$$\left(\frac{\partial r}{\partial x}\right)^2+\left(\frac{\partial r}{\partial y}\right)^2+\left(\frac{\partial r}{\partial z}\right)^2=\frac{x^2+y^2+z^2}{r^2}=1.$$

例 2.4 求函数 $z=\mathrm{e}^{x^2+y^2}$ 的偏导数.

解 将 x,y 分别看作常数，按照一元函数的求导法则，有

$$\frac{\partial z}{\partial x}=\mathrm{e}^{x^2+y^2}\cdot 2x,$$

$$\frac{\partial z}{\partial y}=\mathrm{e}^{x^2+y^2}\cdot 2y.$$

例 2.5 求函数 $z=\sin f(x,y)$ 的偏导数.

解 将 x,y 分别看作常数，按照一元函数的求导法则，有

$$\frac{\partial z}{\partial x}=\cos f(x,y)\cdot\frac{\partial f}{\partial x},$$

$$\frac{\partial z}{\partial y} = \cos f(x,y) \cdot \frac{\partial f}{\partial y}.$$

例 2.6 求函数 $z = \mathrm{e}^{\frac{y}{x}} \sin \sqrt{x^2+y^2}$ 的偏导数.

解 将 y 看作常数，则 z 是 x 的一元函数，按照一元函数的复合求导法则，有

$$\frac{\partial z}{\partial x} = \left(-\frac{y}{x^2}\right) \mathrm{e}^{\frac{y}{x}} \sin \sqrt{x^2+y^2} + \mathrm{e}^{\frac{y}{x}} \cos \sqrt{x^2+y^2} \cdot \frac{x}{\sqrt{x^2+y^2}}.$$

将 x 看作常数，则 z 是 y 的一元函数，因此有

$$\frac{\partial z}{\partial y} = \left(\frac{1}{x}\right) \mathrm{e}^{\frac{y}{x}} \sin \sqrt{x^2+y^2} + \mathrm{e}^{\frac{y}{x}} \cos \sqrt{x^2+y^2} \cdot \frac{y}{\sqrt{x^2+y^2}}.$$

例 2.7 求函数 $z = (x^2+y^2)^{xy}$ 的偏导数.

解 将 y 看作常数，则 z 是 x 的一元函数，按照一元函数的复合求导法则，有

$$\frac{\partial z}{\partial x} = xy(x^2+y^2)^{xy-1} \cdot 2x + (x^2+y^2)^{xy} \cdot \ln(x^2+y^2) \cdot y;$$

将 x 看作常数，则 z 是 y 的一元函数，因此有

$$\frac{\partial z}{\partial y} = xy(x^2+y^2)^{xy-1} \cdot 2y + (x^2+y^2)^{xy} \cdot \ln(x^2+y^2) \cdot x.$$

例 2.8 举例说明，在 (0,0) 点可导但不连续的函数存在.

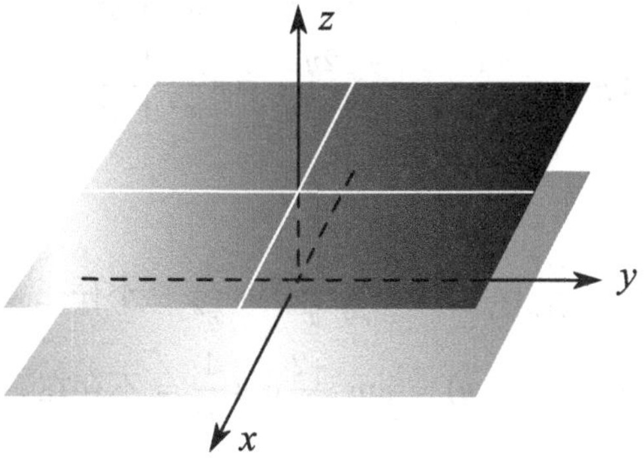

图 2.1

解 令

$$f(x,y)=\begin{cases}1, & xy\neq 0\\ 0, & xy=0\end{cases},$$

则

$$f'_x(0,0)=\Big[f(x,0)\Big]'_{x=0}=0,$$

$$f'_y(0,0)=\Big[f(0,y)\Big]'_{y=0}=0.$$

故函数 $f(x,y)$ 在 (0,0) 点可导.

由于 $f(x,y)$ 在 (0,0) 点的二重极限不存在，所以 $f(x,y)$ 在 (0,0) 点不连续.

上述例子说明，对于二元函数，“可导 $\nRightarrow$ 连续”，这与一元函数完全不同.

例 2.9 设

$$f(x,y)=\begin{cases}(x^2+y^2)\sin\dfrac{1}{x^2+y^2}, & (x,y)\neq(0,0)\\ 0, & (x,y)=(0,0)\end{cases},$$

试讨论偏导函数 $f'_x(x,y)$, $f'_y(x,y)$ 在 $(0,0)$ 点的连续性.

解 当 $(x,y)\neq(0,0)$ 时，按照一元化求导方法，有

$$\begin{aligned}\frac{\partial f}{\partial x}&=2x\sin\frac{1}{x^2+y^2}+(x^2+y^2)\cos\frac{1}{x^2+y^2}\cdot\frac{-2x}{x^2+y^2}\\&=2x\sin\frac{1}{x^2+y^2}-\frac{2x}{x^2+y^2}\cos\frac{1}{x^2+y^2},\\\frac{\partial f}{\partial y}&=2y\sin\frac{1}{x^2+y^2}-\frac{2y}{x^2+y^2}\cos\frac{1}{x^2+y^2}.\end{aligned}$$

由于

$$\lim_{x\to 0}\frac{\partial f}{\partial x}(x,0)=\lim_{x\to 0}\frac{-2}{x}\cos\frac{1}{x^2}=\text{不存在},$$

$$\lim_{y\to 0}\frac{\partial f}{\partial y}(0,y)=\lim_{y\to 0}\frac{-2}{y}\cos\frac{1}{y^2}=\text{不存在},$$

所以，偏导函数 $f'_x(x,y)$, $f'_y(x,y)$ 在 (0,0) 点不连续.

2. 偏导数的几何意义

设函数 $z=f(x,y)$ 在平面区域 D 上连续且可导，则它的图象是一个曲面，记为 Σ. 又设 (x_0,y_0,z_0) 是曲面 Σ 上一固定点，则 $z_0=f(x_0,y_0)$.

如果把曲面 Σ 上的曲线 $z=f(x,y_0)$ 和 $z=f(x_0,y)$, 即交线

$$\begin{cases} z=f(x,y) \\ y=y_0 \end{cases}, \qquad \begin{cases} z=f(x,y) \\ x=x_0 \end{cases}$$

分别称为 $x-$曲线和 $y-$曲线，那么偏导数 $f'_x(x_0,y_0), f'_y(x_0,y_0)$ 就是 $x-$曲线和 $y-$曲线的切线斜率，简言之， **偏导数是坐标曲线的斜率**.

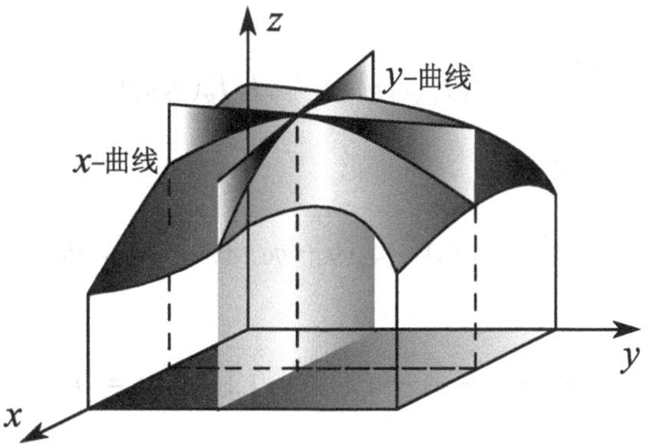

图 2.2

由于 $x-$曲线和 $y-$曲线的向量方程分别为

$$x \mapsto \boldsymbol{r}=(x,y,f(x,y)), \quad y \mapsto \boldsymbol{r}=(x,y,f(x,y)),$$

所以 $x-$曲线和 $y-$曲线的切向量分别为

$$(1,0,f'_x(x,y)), \quad (0,1,f'_y(x,y)).$$

可记为

$$\frac{\partial \boldsymbol{r}}{\partial x}=(1,0,f'_x(x,y)), \quad \frac{\partial \boldsymbol{r}}{\partial y}=(0,1,f'_y(x,y)).$$

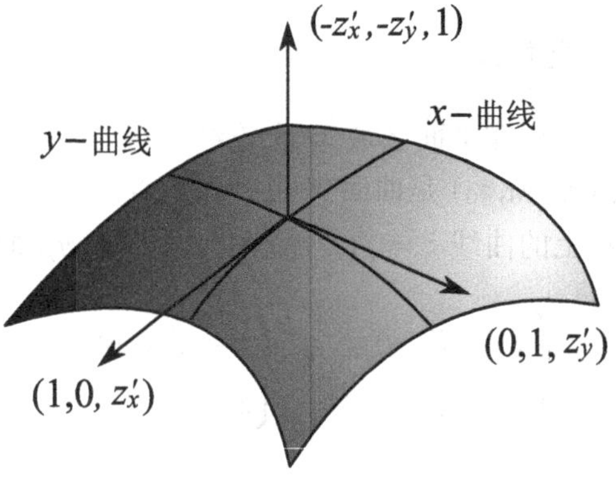

图 2.3

如果曲面 $\Sigma : z = f(x, y)$ 在 (x, y) 点的切平面存在，则切平面的法向量为

$$\boldsymbol{n} = \frac{\partial \boldsymbol{r}}{\partial x} \times \frac{\partial \boldsymbol{r}}{\partial y} = (1, 0, f'_x(x, y)) \times (0, 1, f'_y(x, y)) = (-z'_x, -z'_y, 1).$$

由此可知，切平面方程为

$$-z'_x(x - x_0) - z'_y(y - y_0) + z - z_0 = 0,$$

或

$$-z'_x(X - x) - z'_y(Y - y) + Z - z = 0,$$

法线方程为

$$\frac{x - x_0}{-z'_x} = \frac{y - y_0}{-z'_y} = \frac{z - z_0}{1},$$

或

$$\frac{X - x}{-z'_x} = \frac{Y - y}{-z'_y} = \frac{Z - z}{1}.$$

更一般地，偏导数可用来表示参数曲面的坐标线切向量和曲面法向量.

参数曲面

$$\Sigma : \ \boldsymbol{r} = (x(u, v), y(u, v), z(u, v))$$

可以看成是 u−曲线

$$u \mapsto (x(u, v), y(u, v), z(u, v))$$

和 v−曲线的编织图形.

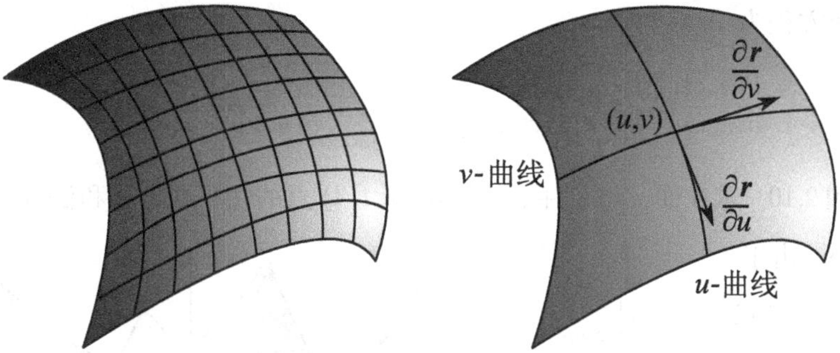

图 2.4

按照切向量的定义, u–曲线和 v–曲线的切向量分别为

$$\left(\frac{\partial x}{\partial u},\frac{\partial y}{\partial u},\frac{\partial z}{\partial u}\right),\quad \left(\frac{\partial x}{\partial v},\frac{\partial y}{\partial v},\frac{\partial z}{\partial v}\right),$$

可用 $\dfrac{\partial \boldsymbol{r}}{\partial u},\dfrac{\partial \boldsymbol{r}}{\partial v}$ 表示, 即

$$\frac{\partial \boldsymbol{r}}{\partial u}=\left(\frac{\partial x}{\partial u},\frac{\partial y}{\partial u},\frac{\partial z}{\partial u}\right),$$

$$\frac{\partial \boldsymbol{r}}{\partial v}=\left(\frac{\partial x}{\partial v},\frac{\partial y}{\partial v},\frac{\partial z}{\partial v}\right).$$

如果曲面 Σ 在 (u,v) 点的切平面存在, 则切平面的法向量为

$$\begin{aligned}\boldsymbol{n}&=\frac{\partial \boldsymbol{r}}{\partial u}\times\frac{\partial \boldsymbol{r}}{\partial v}=\begin{vmatrix}\boldsymbol{i}&\boldsymbol{j}&\boldsymbol{k}\\ x'_u&y'_u&z'_u\\ x'_v&y'_v&z'_v\end{vmatrix}\\ &=\left(\frac{\partial(y,z)}{\partial(u,v)},\ \frac{\partial(z,x)}{\partial(u,v)},\ \frac{\partial(x,y)}{\partial(u,v)}\right).\end{aligned}$$

其中

$$\frac{\partial(y,z)}{\partial(u,v)}=\begin{vmatrix}y'_u&z'_u\\ y'_v&z'_v\end{vmatrix},\ \frac{\partial(z,x)}{\partial(u,v)}=\begin{vmatrix}z'_u&x'_u\\ z'_v&x'_v\end{vmatrix},\ \frac{\partial(x,y)}{\partial(u,v)}=\begin{vmatrix}x'_u&y'_u\\ x'_v&y'_v\end{vmatrix}$$

并称为雅可比 (Jacobi) 行列式.

由此可知, 参数曲面 $x=x(u,v)$, $y=y(u,v)$, $z=z(u,v)$ 的法线方程为

$$\frac{X-x}{\dfrac{\partial(y,z)}{\partial(u,v)}}=\frac{Y-y}{\dfrac{\partial(z,x)}{\partial(u,v)}}=\frac{Z-z}{\dfrac{\partial(x,y)}{\partial(u,v)}},$$

切平面方程为

$$\frac{\partial(y,z)}{\partial(u,v)}(X-x)+\frac{\partial(z,x)}{\partial(u,v)}(Y-y)+\frac{\partial(x,y)}{\partial(u,v)}(Z-z)=0.$$

例 2.10 求曲面 $z=x^2+y^2-1$ 在 $(2,1,4)$ 点的切平面方程和法线方程.

解 由于

$$f'_x(2,1)=2x\Big|_{(2,1)}=4,$$

$$f'_y(2,1)=2y\Big|_{(2,1)}=2,$$

所以切平面的法向量为 $(-4,-2,1)$, 故切平面方程为

$$-4(x-2)-2(y-1)+(z-4)=0,$$

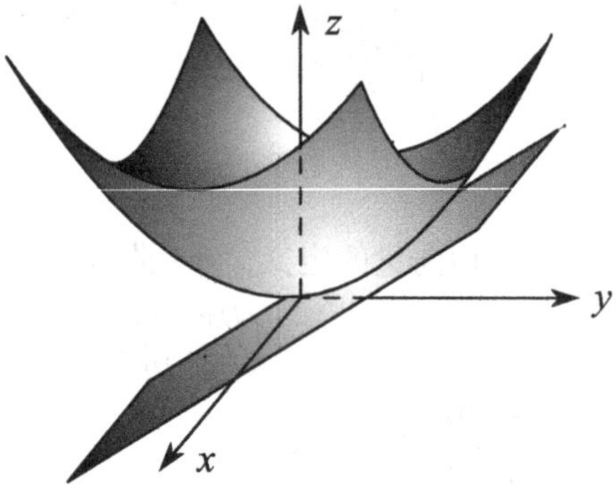

图 2.5

法线方程为

$$\frac{x-2}{-4}=\frac{y-1}{-2}=\frac{z-4}{1}.$$

§9.2.2 高阶偏导数

对于函数 $z=f(x,y)$, 如果偏导函数 $f'_x(x,y)$, $f'_y(x,y)$ 的偏导数存在, 则称其为 $z=f(x,y)$ 的二阶偏导数. 二阶偏导数可简记为

$$\frac{\partial}{\partial x}\left(\frac{\partial z}{\partial x}\right)=\frac{\partial^2 z}{\partial x^2}=\frac{\partial^2 f}{\partial x^2}=z''_{xx}=f''_{xx}(x,y);$$

$$\frac{\partial}{\partial y}\left(\frac{\partial}{\partial x}\right)=\frac{\partial^2 z}{\partial y\partial x}=\frac{\partial^2 f}{\partial y\partial x}=z''_{xy}=f''_{xy}(x,y);$$

$$\frac{\partial}{\partial x}\left(\frac{\partial}{\partial y}\right)=\frac{\partial^2 z}{\partial x\partial y}=\frac{\partial^2 f}{\partial x\partial y}=z''_{yx}=f''_{yx}(x,y);$$

$$\frac{\partial}{\partial y}\left(\frac{\partial z}{\partial y}\right)=\frac{\partial^2 z}{\partial y^2}=\frac{\partial^2 f}{\partial y^2}=z''_{yy}=f''_{yy}(x,y).$$

其中 $\dfrac{\partial^2 z}{\partial x^2}$ 称为 z 对 x 的二阶偏导数, $\dfrac{\partial^2 z}{\partial y\partial x}$ 称为 z 先对 x, 后对 y 的二阶混合偏导数.

类似地，可定义多元函数的 n 阶偏导数. 二元函数的 n 阶偏导数共有 2^n 种形式，如果考虑的问题中出现的混合偏导数不具有交换性，比如

$$\frac{\partial^3 f}{\partial x\partial y\partial x}\neq\frac{\partial^3 f}{\partial y\partial^2 x},$$

必将会给问题的表示、计算和解决都带来极大的困难，因此需要优先考虑混合偏导数具有可交换性的条件.

例 2.11　求 $z=x^y$ 的二阶偏导数.

解　将 x,y 分别看作常数，按照一元函数的求导法则，有

$$\frac{\partial z}{\partial x}=yx^{y-1},\ \frac{\partial z}{\partial y}=x^y\ln x.$$

按照同样方法可得

$$\frac{\partial^2 z}{\partial x^2}=y(y-1)x^{y-2},\quad \frac{\partial^2 z}{\partial y\partial x}=x^{y-1}+yx^{y-1}\ln x,$$
$$\frac{\partial^2 z}{\partial x\partial y}=x^{y-1}(y\ln x+1),\quad \frac{\partial^2 z}{\partial y^2}=x^y(\ln x)^2.$$

例 2.12　求 $z=x\mathrm{e}^x\sin y$ 的二阶混合偏导数.

解　将 x,y 分别看作常数，按照一元函数的求导法则，有

$$\frac{\partial z}{\partial x}=(x+1)\mathrm{e}^x\sin y,\ \frac{\partial z}{\partial y}=x\mathrm{e}^x\cos y.$$

按照同样方法可得

$$\frac{\partial^2 z}{\partial x^2}=(x+2)\mathrm{e}^x\sin y,\quad \frac{\partial^2 z}{\partial y\partial x}=(x+1)\mathrm{e}^x\cos y,$$
$$\frac{\partial^2 z}{\partial x\partial y}=(x+1)\mathrm{e}^x\cos y,\quad \frac{\partial^2 z}{\partial y^2}=-x\mathrm{e}^x\sin y.$$

在上面两个例子中，两个混合偏导数都是相等的，即

$$\frac{\partial^2 z}{\partial y\partial x}=\frac{\partial^2 z}{\partial x\partial y}.$$

这表明，先对 x 后对 y 求偏导的次序可以交换. 这个结论对于常用函数都是成立的，但并不是对所有函数都成立.

例 2.13 设

$$f(x,y)=\begin{cases}\dfrac{xy(x^2-y^2)}{x^2+y^2}, & x^2+y^2\neq 0\\ 0, & x^2+y^2=0\end{cases},$$

求 $f''_{xy}(0,0), f''_{yx}(0,0)$.

解 当 $(x,y)\neq(0,0)$ 时，按照一元化求导方法有

$$f'_x(x,y)=\frac{(3x^2y-y^3)(x^2+y^2)-2x^2y(x^2-y^2)}{(x^2+y^2)^2},$$

$$f'_y(x,y)=\frac{(x^3-3y^2x)(x^2+y^2)-2xy^2(x^2-y^2)}{(x^2+y^2)^2}.$$

当 $(x,y)=(0,0)$ 时，按照定义或非求导变量先代入的一元化方法有

$$f'_x(0,0)=\lim_{x\to 0}\frac{f(x,0)-f(0,0)}{x-0}=\Big[f(x,0)\Big]'_{x=0}=0,$$

$$f'_y(0,0)=\lim_{y\to 0}\frac{f(0,y)-f(0,0)}{y-0}=\Big[f(0,y)\Big]'_{y=0}=0.$$

根据二阶偏导的定义或一元化方法有，有

$$f''_{xy}(0,0)=\lim_{y\to 0}\frac{f'_x(0,y)-f'_x(0,0)}{y-0}=\lim_{y\to 0}\frac{-y}{y}=\Big[f'_x(0,y)\Big]'_{y=0}=-1,$$

$$f''_{yx}(0,0)=\lim_{x\to 0}\frac{f'_y(x,0)-f'_y(0,0)}{x-0}=\lim_{x\to 0}\frac{x}{x}=\Big[f'_y(x,0)\Big]'_{x=0}=1.$$

虽然这个反例是特意构造的，但也说明了二阶混合偏导数可能不相等的存在性，因此需要弄清二阶混合偏导数的相等条件，一旦知道了相等条件，便会给计算和应用带来许多方便.

定理 2.1 设 $f''_{xy}(x,y), f''_{yx}(x,y)$ 在 (x_0,y_0) 点连续，则

$$f''_{xy}(x_0,y_0)=f''_{yx}(x_0,y_0).$$

证* 设 $F(\Delta x,\Delta y)=$

$$\frac{f(x_0+\Delta x,y_0+\Delta y)-f(x_0,y_0+\Delta y)-f(x_0+\Delta x,y_0)+f(x_0,y_0)}{\Delta x\Delta y},$$

则有

$$f''_{xy}(x_0,y_0)=\lim_{\Delta y\to 0}\lim_{\Delta x\to 0}F(\Delta x,\Delta y),$$

$$f''_{yx}(x_0,y_0)=\lim_{\Delta x\to 0}\lim_{\Delta y\to 0}F(\Delta x,\Delta y).$$

按照推论 1.3, 要证 $f''_{xy}(x_0,y_0)=f''_{yx}(x_0,y_0)$, 只需验证 $\lim\limits_{\substack{\Delta x\to 0\\ \Delta y\to 0}}F(\Delta x,\Delta y)$ 存在. 为此, 令 $g(t)=f(x_0+\Delta x,t)-f(x_0,t)$, 于是

$$\begin{aligned}F(\Delta x,\Delta y)&=\frac{g(y_0+\Delta y)-g(y_0)}{\Delta x\Delta y}=\frac{g'(y_0+\theta_1\Delta y)}{\Delta x}\\&=\frac{f'_y(x_0+\Delta x,y_0+\theta_1\Delta y)-f'_y(x_0,y_0+\theta_1\Delta y)}{\Delta x}\\&=f''_{yx}(x_0+\theta_2\Delta x,y_0+\theta_1\Delta y).\end{aligned}$$

其中 $\theta_1,\theta_2\in(0,1)$. 由此可知, $\lim\limits_{\substack{\Delta x\to 0\\ \Delta y\to 0}}F(\Delta x,\Delta y)$ 存在. 从而

$$f''_{xy}(x_0,y_0)=f''_{yx}(x_0,y_0).$$

习 题 9.2 A

1. 求下列函数的一阶偏导数:

(1) $f(x,y)=x^2y+\sin(xy^2)$;

(2) $f(x,y)=(1+x^2+y^2)^3$;

(3) $f(x,y,z)=xz+\mathrm{e}^{yz}+\sqrt{xyz}$;

(4) $z=\ln\tan\dfrac{x}{y}$;

(5) $u=x^{y^z}$;

(6) $f(x,y)=\dfrac{x\cos y-y\cos x}{1+\sin x+\sin y}$;

(7) $z=\dfrac{x\mathrm{e}^y}{y^2}$;

(8) $z=\arctan\dfrac{x+y}{1-xy}$.

2. 设

$$f(x,y)=\begin{cases}\dfrac{xy}{x^2+y^2}, & (x,y)\neq(0,0),\\ 0, & (x,y)=(0,0),\end{cases}$$

证明 $f'_x(0,0)=f'_y(0,0)=0$ 但 $f(x,y)$ 在 $(0,0)$ 点不连续.

3. 已知 f 为可导函数，化简下列各式：

(1) 设 $z=\sin y+f(\sin x-\sin y)$, 化简 $\sec x\dfrac{\partial z}{\partial x}+\sec y\dfrac{\partial z}{\partial y}$;

(2) 设 $z=yf(x^2-y^2)$, 化简 $y^2\dfrac{\partial z}{\partial x}+xy\dfrac{\partial z}{\partial y}$.

4. 求下列曲面在给定点的法线和切面方程：

(1) $z=x^3y^5$ 在点 $M(2,1,8)$;

(2) $\sin(xy)-2\cos(yz)=0$ 在点 $M(\frac{\pi}{2},1,\frac{\pi}{3})$;

(3) $e^{xyz}=5$ 在点 $M(1,1,\ln 5)$;

(4) $x=u\cos v,\ y=u\sin v,\ z=av$ 在点 $M(x_0,y_0,z_0)$.

5. 求由 $\ln\sqrt{x^2+y^2}=\arctan\sqrt{\dfrac{y}{x}}$ 确定的隐函数 $y=f(x)$ 的导数.

6. 验证函数 $y=e^{-kn^2t}\sin nx$ 满足微分方程 $\dfrac{\partial y}{\partial t}=k\dfrac{\partial^2 y}{\partial x^2}$.

7. 设 f 为可导函数，验证函数 $z=\dfrac{y}{f(x^2-y^2)}$ 满足微分方程

$$\frac{1}{x}\frac{\partial z}{\partial x}+\frac{1}{y}\frac{\partial z}{\partial y}=\frac{z}{y^2}.$$

8. 求下列函数的二阶偏导数：

(1) $z=x^4+y^4-4x^2y^2$;

(2) $z=\arctan\dfrac{y}{x}$;

(3) $z=y^x$;

(4) $z=(1+xy)^y$

(5) $z=\arcsin\dfrac{x}{y}$;

(6) $z=\sin\dfrac{x}{y}\cos\dfrac{y}{x}$;

(7) $z=\arccos\dfrac{x}{\sqrt{x^2+y^2}}$.

9. 设 $u=\dfrac{1}{r}$, $r=\sqrt{x^2+y^2}$, 证明 $\dfrac{\partial^2 u}{\partial x^2}+\dfrac{\partial^2 u}{\partial y^2}=\dfrac{1}{r^3}$.

习 题 9.2 B

1. 验证下列两个函数

(1)$u=x^{y^2}+x^{2^y}$; (2) $u=\arccos\sqrt{\dfrac{y}{x}}+\arcsin\sqrt{\dfrac{x}{y}}$

满足 $\dfrac{\partial^2 u}{\partial y\partial x}=\dfrac{\partial^2 u}{\partial x\partial y}$.

2. 证明下列两个函数

(1) $u=\mathrm{e}^x\sin y$; (2) $u=\mathrm{e}^{x^2-y^2}\sin(2xy)$

都满足 Laplace 方程 $\dfrac{\partial^2 u}{\partial x^2}+\dfrac{\partial^2 u}{\partial y^2}=0$.

3. 设 f,g 均有连续的二阶偏导数，证明函数 $u=f(x+at)+g(x-at)$ 满足微分方程 $\dfrac{\partial^2 u}{\partial t^2}=a^2\dfrac{\partial^2 u}{\partial x^2}$.

4. 设函数 f 具有二阶导数，求函数 $z=f(x^2+y^2)+f(xy)$ 的二阶偏导数.

5. 设 $z=x\ln(xy)$, 求 $\dfrac{\partial^3 z}{\partial x^2\partial y}$, $\dfrac{\partial^3 z}{\partial x\partial y^2}$.

6. 设 $u=\dfrac{1}{r}$, $r=\sqrt{x^2+y^2+z^2}$, 求 $\dfrac{\partial^2 u}{\partial x^2}+\dfrac{\partial^2 u}{\partial y^2}+\dfrac{\partial^2 u}{\partial z^2}$.

7. 设函数 $f(u)$ 在 $(0,+\infty)$ 内具有二阶导数，且 $z=f(\sqrt{x^2+y^2})$ 满足关系式 $\dfrac{\partial^2 z}{\partial x^2}+\dfrac{\partial^2 z}{\partial y^2}=0$.

(1) 验证 $f''(u)+\dfrac{f'(u)}{u}=0$;

(2) 若 $f(1)=0$, $f'(1)=1$, 求函数 $f(u)$ 的表达式.

8. 设函数 f,g 为可导函数，若 $z=f\left(xy,\dfrac{x}{y}\right)$, 求 $\dfrac{\partial z}{\partial x}$, $\dfrac{\partial z}{\partial y}$.

9. 设函数 f 具有二阶导数，函数 g 具有连续的二阶偏导数，若 $z=f(2x-y)+g(x,xy)$, 求函数的二阶偏导数 $\dfrac{\partial^2 z}{\partial x\partial y}$.

§9.3 多元函数的全微分

按照几何意义，一元函数的微分表示切线函数的增量，据此可知，二元函数的微分应是切平面函数的增量；按照逼近意义，一元函数的微分是最佳的线性逼近，据此可知，二元函数的微分也应是最佳的线性逼近. 所不同的是，对于多元函数来说，微分可以有多种模型，如偏微分，全微分，外微分，数量微分和向量微分等.

§9.3.1 一阶全微分

一元函数 $y=f(x)$ 在 x_0 点的增量 Δy 如果可以表示成

$$\Delta y = A\Delta x + o(\Delta x) = f'(x_0)\Delta x + o(\Delta x)\ (\Delta x \to 0),$$

则称函数 $f(x)$ 在 x_0 点可微，并称线性主部 $A\Delta x$ 为函数 $f(x)$ 在 x_0 点的微分. 仿照这一定义，不难引入二元函数的微分.

1. **全微分的概念**

由于二元线性函数 $z=Ax+By$ 的增量是

$$\mathrm{d}z = A\Delta x + B\Delta y,$$

所以对于二元函数 $z=f(x,y)$ 的增量

$$\Delta z = f(x+\Delta x, y+\Delta y) - f(x,y)$$

来说，线性逼近的形式应为 $\mathrm{d}z = A\Delta x + B\Delta y$, 最佳逼近的条件应为

$$\Delta z - \mathrm{d}z = \Delta z - A\Delta x - B\Delta y = o(\rho) \quad (\rho \to 0).$$

其中 $\rho = \sqrt{\Delta x^2 + \Delta y^2}$.

定义 3.1 设函数 $z=f(x,y)$ 在 (x,y) 点的某邻域内有定义，如果存在常数 A 、 B, 使当

$$\rho = \sqrt{\Delta x^2 + \Delta y^2} \to 0$$

时，恒有

$$\Delta z - A\Delta x - B\Delta y = o(\rho),$$

则称 $A\Delta x + B\Delta y$ 为函数 $z = f(x,y)$ 在 (x,y) 点的微分，记作

$$\mathrm{d}z = \mathrm{d}f(x,y) = A\Delta x + B\Delta y.$$

微分存在时也称为可微. 当函数 $z = f(x,y)$ 在区域 D 内每一点都可微时，称 $z = f(x,y)$ 是 D 内的可微函数.

要判断二元函数 $z = f(x,y)$ 的可微性，首先需要知道微分 $A\Delta x + B\Delta y$ 的系数，即确定 A 、 B 的具体数值；其次需要证明极限关系式

$$\lim_{\substack{\Delta x\to 0\\ \Delta y\to 0}} \frac{\Delta z - (A\Delta x + B\Delta y)}{\sqrt{\Delta x^2 + \Delta y^2}} = 0$$

成立.

例如，函数 $z = xy$ 的增量可以表示成

$$\Delta z = (x+\Delta x)(y+\Delta y) - xy = y\Delta x + x\Delta y + \Delta x\Delta y.$$

由于

$$\left|\frac{\Delta x\Delta y}{\sqrt{\Delta x^2 + \Delta y^2}}\right| \le \frac{1}{2}\sqrt{\Delta x^2 + \Delta y^2},$$

所以

$$\lim_{\substack{\Delta x\to 0\\ \Delta y\to 0}} \frac{\Delta x\Delta y}{\sqrt{\Delta x^2 + \Delta y^2}} = 0.$$

因此 $z = xy$ 为可微函数并且

$$\mathrm{d}z = y\Delta x + x\Delta y.$$

2. **微分中值定理**

对于一元可微函数 $y = f(x)$, Lagrange 中值定理

$$f(x+\Delta x) - f(x) = f'(x+\theta\Delta x)\Delta x, \quad (0<\theta<1)$$

是把函数增量转化为导数的重要工具，这一结论也可以搬到二元函数来.

定理 3.1 (微分中值定理) 设函数 $z=f(x,y)$ 在矩形域

$$D=\{(x,y)\,|\,|x-x_0|<\delta_1,\ |y-y_0|<\delta_2\}$$

上有定义. 若 $f(x,y)$ 在 D 内可导, 则当 $|\Delta x|<\delta_1, |\Delta y|<\delta_2$ 时, 必存在 $\theta_1, \theta_2\in(0,1)$, 使得

$$\begin{aligned}\Delta z &= f(x_0+\Delta x, y_0+\Delta y)-f(x_0,y_0)\\ &= f'_x(x_0+\theta_1\Delta x, y_0+\Delta y)\Delta x+f'_y(x_0,y_0+\theta_2\Delta y)\Delta y.\end{aligned}$$

证 根据一元函数的 Lagrange 中值定理, 有

$$\begin{aligned}\Delta z &= f(x_0+\Delta x, y_0+\Delta y)-f(x_0,y_0)\\ &= [f(x_0+\Delta x, y_0+\Delta y)-f(x_0,y_0+\Delta y)]+[f(x_0,y_0+\Delta y)-f(x_0,y_0)]\\ &= f'_x(x_0+\theta_1\Delta x, y_0+\Delta y)\Delta x+f'_y(x_0,y_0+\theta_2\Delta y)\Delta y.\end{aligned}$$

其中 $0<\theta_1<1, 0<\theta_2<1$.

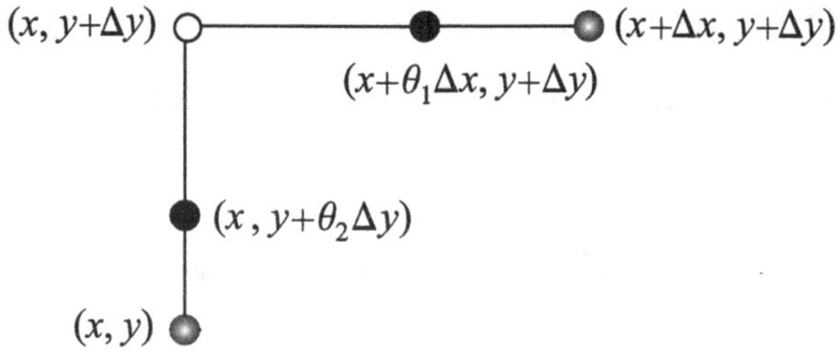

图 2.6

微分中值定理建立了函数增量与偏导数之间的关系, 有了这种关系便可以利用偏导数来研究函数性质.

推论 3.1 设函数 $z=f(x,y)$ 在区域 D 内可导且两个偏导数恒为零, 则 $f(x,y)$ 在 D 内必为常数.

证 设 $(x,y),(x_0,y_0)$ 是 D 内两个充分邻近的点, 则由微分中值定理, 有

$$f(x,y)-f(x_0,y_0)=f'_x(x_0+\theta_1\Delta x, y_0+\Delta y)\Delta x+f'_y(x_0,y_0+\theta_2\Delta y)\Delta y.$$

其中 $\Delta x=x-x_0$, $\Delta y=y-y_0$. 根据偏导数恒为零假设, 必有

$$f(x,y)=f(x_0,y_0).$$

这表明 $f(x,y)$ 是 D 内的局部常值函数，于是由 D 的连通性可知 $f(x,y)$ 在 D 内必为常数.

推论 3.2 设函数 $z=f(x,y)$ 在 (x_0,y_0) 点的某邻域内可导且两偏导数有界，则 $f(x,y)$ 在 (x_0,y_0) 点连续.

证 设 D 是 (x_0,y_0) 点的邻域且 $f'_x(x,y), f'_y(x,y)$ 在 D 内存在且有界，即存在 $M>0$, 使得

$$|f'_x(x,y)|\le M,\ |f'_y(x,y)|\le M.$$

由微分中值定理，有

$$\begin{aligned}&|f(x_0+\Delta x,y_0+\Delta y)-f(x_0,y_0)|\\ \le\ &|f'_x(x_0+\theta_1\Delta x,y_0+\Delta y)\Delta x|+|f'_y(x_0,y_0+\theta_2\Delta y)\Delta y|\\ \le\ &M|\Delta x|+M|\Delta y|.\end{aligned}$$

因此

$$\lim_{\substack{\Delta x\to 0\\ \Delta y\to 0}} f(x_0+\Delta x,y_0+\Delta y)=f(x_0,y_0).$$

故 $f(x,y)$ 在 (x_0,y_0) 点连续.

3. **可微性条件**

用定义直接判断可微性是比较困难的，寻找简单的可微性判定条件变得十分必要. 虽然可导不能保证函数的连续性，但偏导数连续却可以推出可微.

定理 3.2 (可微的必要条件) 若函数 $z=f(x,y)$ 在 (x,y) 点可微，则

(1) $f(x,y)$ 在 (x,y) 点连续;

(2) $f(x,y)$ 在 (x,y) 点可导且 $\mathrm{d}z=f'_x(x,y)\Delta x+f'_y(x,y)\Delta y$;

(3) 当 x,y 为自变量时，有

$$\mathrm{d}z=f'_x(x,y)\,\mathrm{d}x+f'_y(x,y)\,\mathrm{d}y.$$

证 根据 $z=f(x,y)$ 在 (x,y) 点可微，当 $\rho\to 0$ 时，有

$$f(x+\Delta x,y+\Delta y)-f(x,y)=A\Delta x+B\Delta y+o(\rho).$$

由此可知,

(1) 当 $(\Delta x, \Delta y) \to (0,0)$ 时，有

$$f(x+\Delta x, y+\Delta y) \to f(x,y).$$

因此，$f(x,y)$ 在 (x,y) 点连续.

(2) 当 $\Delta y = 0$ 时，有

$$f(x+\Delta x, y) - f(x,y) = A\Delta x + o(\Delta x).$$

当 $\Delta x = 0$ 时，有

$$f(x, y+\Delta y) - f(x,y) = B\Delta y + o(\Delta y).$$

因此，$f(x,y)$ 在 (x,y) 点可导且

$$A = f'_x(x,y),\ B = f'_y(x,y),$$

故 $\mathrm{d}z = f'_x(x,y)\Delta x + f'_y(x,y)\Delta y$.

(3) 由于 x, y 为自变量时，必有 $\mathrm{d}x = \Delta x$, $\mathrm{d}y = \Delta y$, 所以

$$\mathrm{d}z = f'_x(x,y)\,\mathrm{d}x + f'_y(x,y)\,\mathrm{d}y.$$

可微可以推出连续，也可以推出可导. 可导不能推出连续，自然不能推出可微. 判断可微要比判断可导困难得多，通常用下列定理判断可微，即两偏导连续 $\Longrightarrow$ 可微.

定理 3.3 (可微的充分条件) *若函数 $z = f(x,y)$ 在 (x,y) 点的偏导连续，则 $z = f(x,y)$ 在 (x,y) 点可微.*

证 根据微分中值定理和 $z = f(x,y)$ 在 (x,y) 点的偏导连续性，当

$$(\Delta x, \Delta y) \to (0,0)$$

时，有

$$\begin{aligned}\Delta z &= f(x+\Delta x, y+\Delta y) - f(x,y) \\ &= f'_x(x+\theta_1\Delta x, y+\Delta y)\Delta x + f'_y(x, y+\theta_2\Delta y)\Delta y\end{aligned}$$

$$= [f'_x(x,y) + \varepsilon_1]\Delta x + [f'_y(x,y) + \varepsilon_2]\Delta y$$

$$= f'_x(x,y)\Delta x + f'_y(x,y)\Delta y + \varepsilon_1\Delta x + \varepsilon_2\Delta y.$$

其中 $0 < \theta_1 < 1, 0 < \theta_2 < 1$ 且 $\varepsilon_1, \varepsilon_2$ 是 $(\Delta x, \Delta y) \to (0,0)$ 时的无穷小. 由于

$$\left|\frac{\varepsilon_1\Delta x + \varepsilon_2\Delta y}{\sqrt{\Delta x^2 + \Delta y^2}}\right| \le |\varepsilon_1| + |\varepsilon_2| \to 0,$$

所以，必有

$$\lim_{\substack{\Delta x \to 0 \\ \Delta y \to 0}} \frac{\Delta z - f'_y(x,y)\Delta y - f'_x(x,y)\Delta x}{\sqrt{\Delta x^2 + \Delta y^2}} = 0.$$

因此， $z = f(x,y)$ 在 (x,y) 点可微.

在上述定理的证明中，可以将

$$[f(x, y + \Delta y) - f(x,y)] = f'_y(x, y + \theta_2\Delta y)\Delta y$$

改为

$$[f(x, y + \Delta y) - f(x,y)] = f'_y(x,y)\Delta y + \varepsilon_2\Delta y,$$

由此可得,

推论 3.3 若 $f'_x(x,y)$ 在 (x_0,y_0) 点连续， $f'_y(x,y)$ 在 (x_0,y_0) 点存在，则 $f(x,y)$ 在 (x_0,y_0) 点可微.

利用一元函数的可微与可导的等价性，可以证明一元可微函数与二元可微函数的复合函数仍是可微函数，即

定理 3.4 设函数 $u = f(x,y)$ 在 (x_0,y_0) 点可微，函数 $z = g(u)$ 在 $u_0 = f(x_0,y_0)$ 点可微，则函数 $z = g(f(x,y))$ 在 (x_0,y_0) 点可微并且有

$$\mathrm{d}z\Big|_{(x_0,y_0)} = g'(u_0)\,\mathrm{d}f(x_0,y_0) = g'(u_0)\Big[f'_x(x_0,y_0)\,\mathrm{d}x + f'_y(x_0,y_0)\,\mathrm{d}y\Big].$$

证 根据 $z = g(u)$ 在 $u_0 = f(x_0,y_0)$ 点可微，当 $\Delta u \to 0$ 时，有

$$\frac{\Delta g(u) - g'(u)\Delta u}{\Delta u} \to 0.$$

记 $\rho = \sqrt{\Delta x^2 + \Delta y^2}$, 根据 $u = f(x,y)$ 在 (x_0,y_0) 点可微，当 $\rho \to 0$ 时，有

$$\Delta u = f'_x(x_0,y_0)\Delta x + f'_y(x_0,y_0)\Delta y + o(\rho).$$

由此可知，$\dfrac{\Delta u}{\rho}$ 有界．于是，有

$$\begin{aligned}
&\lim_{\rho\to 0}\frac{\Delta g(u)-g'(u)[f'_x(x_0,y_0)\Delta x+f'_y(x_0,y_0)\Delta y]}{\rho}\\
=&\begin{cases}0, & \Delta u=0\\ \lim\limits_{\rho\to 0}\dfrac{\Delta g(u)-g'(u)\Delta u}{\Delta u}\cdot\dfrac{\Delta u}{\rho}, & \Delta u\neq 0\end{cases}\\
=&\,0.
\end{aligned}$$

故原命题成立.

例 3.1 讨论函数

$$f(x,y)=\begin{cases}(x^2+y^2)\sin\dfrac{1}{x^2+y^2}, & x^2+y^2\neq 0\\ 0, & x^2+y^2=0\end{cases}$$

在 (0,0) 点的可微性.

解 由于

$$\begin{aligned}
&\lim_{\substack{\Delta x\to 0\\ \Delta y\to 0}}\frac{f(\Delta x,\Delta y)-f(0,0)-(0\,\Delta x+0\,\Delta y)}{\sqrt{\Delta x^2+\Delta y^2}}\\
=&\lim_{\substack{\Delta x\to 0\\ \Delta y\to 0}}\sqrt{\Delta x^2+\Delta y^2}\,\sin\frac{1}{\Delta x^2+\Delta y^2}=0,
\end{aligned}$$

所以 $f(x,y)$ 在 (0,0) 点可微.

例 2.9 证明了 $f(x,y)$ 在 (0,0) 点偏导不连续，例 3.1 又证明了 $f(x,y)$ 在 (0,0) 点可微，这说明偏导连续是可微的充分条件但非必要条件.

4. **一阶全微分不变性**

对于可微函数的复合形式

$$z=f(\varphi(x,y),\psi(x,y))$$

或联立形式

$$z=f(u,v),u=\varphi(x,y),v=\psi(x,y),$$

可以证明微分公式

$$\mathrm{d}z = \frac{\partial f}{\partial u}\,\mathrm{d}\varphi + \frac{\partial f}{\partial v}\,\mathrm{d}\psi = f_1'\,\mathrm{d}\varphi + f_2'\,\mathrm{d}\psi.$$

这一性质称为 **一阶全微分的不变性**. 利用微分不变性可以逐步计算一些结构复杂函数的微分与偏导数.

例 3.2 求函数 $u = f(x, xy, xyz)$ 的全微分与偏导数.

解 复合函数 $u = f(x, xy, xyz)$ 可以拆为联立形式

$$u = f(\xi, \eta, \zeta),\ \xi = x,\ \eta = xy,\ \zeta = xyz.$$

为了避免这一繁琐过程,可用位置符号 f_1', f_2', f_3' 分别表示偏导数 $\dfrac{\partial f}{\partial \xi}, \dfrac{\partial f}{\partial \eta}, \dfrac{\partial f}{\partial \zeta}$. 按照这一约定，利用一阶全微分不变性有

$$\begin{aligned}\mathrm{d}u &= f_1'\,\mathrm{d}x + f_2'\,\mathrm{d}(xy) + f_3'\,\mathrm{d}(xyz)\\ &= f_1'\,\mathrm{d}x + f_2'\cdot(y\,\mathrm{d}x + x\,\mathrm{d}y) + f_3'\cdot(yz\,\mathrm{d}x + zx\,\mathrm{d}y + xy\,\mathrm{d}z)\\ &= (f_1' + yf_2' + yzf_3')\,\mathrm{d}x + (xf_2' + zxf_3')\,\mathrm{d}y + xyf_3'\,\mathrm{d}z.\end{aligned}$$

于是 u 关于自变量 x, y, z 的偏导数为

$$\frac{\partial u}{\partial x} = f_1' + yf_2' + yzf_3',\quad \frac{\partial u}{\partial y} = xf_2' + zxf_3',\quad \frac{\partial u}{\partial z} = xyf_3'.$$

例 3.3 设函数 $z = z(x, y)$ 由方程 $F\left(x + \dfrac{z}{y}, y + \dfrac{z}{x}\right) = 0$ 所确定的隐函数，证明

$$x\frac{\partial z}{\partial x} + y\frac{\partial z}{\partial y} = z - xy.$$

证 原方程两端取微分，有

$$F_1'\,\mathrm{d}\left(x + \frac{z}{y}\right) + F_2'\,\mathrm{d}\left(y + \frac{z}{x}\right) = 0.$$

即

$$\left(F_1' - \frac{z}{x^2}F_2'\right)\mathrm{d}x + \left(F_2' - \frac{z}{y^2}F_1'\right)\mathrm{d}y + \left(\frac{1}{y}F_1' + \frac{1}{x}F_2'\right)\mathrm{d}z = 0.$$

由此可得

$$x\frac{\partial z}{\partial x} = -\frac{x^2yF_1' - zyF_2'}{xF_1' + yF_2'},\quad y\frac{\partial z}{\partial y} = -\frac{-xzF_1' + y^2xF_2'}{xF_1' + yF_2'}.$$

上面两式相加，即得 $x\dfrac{\partial z}{\partial x}+y\dfrac{\partial z}{\partial y}=z-xy.$

例 3.4 设 $z=\dfrac{x}{y}+\sin\dfrac{y}{x}+\mathrm{e}^{xy}$, 求 $\mathrm{d}z$.

解

$$\begin{aligned}\mathrm{d}z &=\mathrm{d}\left(\frac{x}{y}\right)+\cos\frac{y}{x}\cdot\mathrm{d}\left(\frac{y}{x}\right)+\mathrm{e}^{xy}\,\mathrm{d}(xy)\\ &=\frac{y\,\mathrm{d}x-x\,\mathrm{d}y}{y^2}+\cos\frac{y}{x}\,\frac{x\,\mathrm{d}y-y\,\mathrm{d}x}{x^2}+\mathrm{e}^{xy}(y\,\mathrm{d}x+x\,\mathrm{d}y)\\ &=\left(\frac{1}{y}-\frac{y}{x^2}\cos\frac{y}{x}+y\mathrm{e}^{xy}\right)\,\mathrm{d}x+\left(-\frac{x}{y^2}+\frac{1}{x}\cos\frac{y}{x}+x\mathrm{e}^{xy}\right)\,\mathrm{d}y.\end{aligned}$$

例 3.5 设 $z=(x^2+y^2)^{\sin(xy)}$, 求 $\mathrm{d}z$.

解 令 $u=x^2+y^2$, 则

$$\begin{aligned}\mathrm{d}z &=\sin(xy)u^{\sin(xy)-1}\,\mathrm{d}(x^2+y^2)+u^{\sin(xy)}\ln u\,\mathrm{d}\sin(xy)\\ &=\sin(xy)u^{\sin(xy)-1}\cdot 2(x\,\mathrm{d}x+y\,\mathrm{d}y)\\ &\quad+u^{\sin(xy)}\ln u\cos(xy)(y\,\mathrm{d}x+x\,\mathrm{d}y)\\ &=[2x\sin(xy)\,u^{\sin(xy)-1}+y\cos(xy)\,u^{\sin(xy)}\ln u]\,\mathrm{d}x\\ &\quad+[2y\sin(xy)\,u^{\sin(xy)-1}+x\cos(xy)\,u^{\sin(xy)}\ln u]\,\mathrm{d}y.\end{aligned}$$

例 3.6 设 $\begin{cases}x=-u^2+v+z\\ y=u+vz\end{cases}$，求 $\dfrac{\partial u}{\partial x},\dfrac{\partial v}{\partial x},\dfrac{\partial u}{\partial y}$.

解 这是隐函数求导问题，方程两端同时微分可化非线性方程组为线性微分方程组，即

$$\begin{cases}\mathrm{d}x=-2u\,\mathrm{d}u+\mathrm{d}v+\mathrm{d}z,\\ \mathrm{d}y=\mathrm{d}u+z\,\mathrm{d}v+v\,\mathrm{d}z.\end{cases}$$

像解线性代数方程一样可解得

$$\mathrm{d}u=\frac{-z\,\mathrm{d}x+(z-v)\,\mathrm{d}z+\mathrm{d}y}{2uz+1},$$

$$\mathrm{d}v=\frac{\mathrm{d}x+2u\,\mathrm{d}y-(1+2uv)\,\mathrm{d}z}{2uz+1}.$$

由此可得

$$\frac{\partial u}{\partial x}=-\frac{z}{2uz+1},\quad \frac{\partial v}{\partial x}=\frac{1}{2uz+1},\quad \frac{\partial u}{\partial y}=\frac{1}{2uz+1}.$$

例 3.7 设 $u=f(x,y,z), y=\varphi(x,t), t=\psi(x,z)$ 都是偏导连续函数，求 $\mathrm{d}u$.

解

$$\begin{aligned}\mathrm{d}u&=\frac{\partial f}{\partial x}\,\mathrm{d}x+\frac{\partial f}{\partial y}\,\mathrm{d}y+\frac{\partial f}{\partial z}\,\mathrm{d}z\\&=\frac{\partial f}{\partial x}\,\mathrm{d}x+\frac{\partial f}{\partial y}\left[\frac{\partial \varphi}{\partial x}\,\mathrm{d}x+\frac{\partial \varphi}{\partial t}\,\mathrm{d}t\right]+\frac{\partial f}{\partial z}\,\mathrm{d}z\\&=\frac{\partial f}{\partial x}\,\mathrm{d}x+\frac{\partial f}{\partial y}\left[\frac{\partial \varphi}{\partial x}\,\mathrm{d}x+\frac{\partial \varphi}{\partial t}\left(\frac{\partial \psi}{\partial x}\,\mathrm{d}x+\frac{\partial \psi}{\partial z}\,\mathrm{d}z\right)\right]+\frac{\partial f}{\partial z}\,\mathrm{d}z\\&=\left[\frac{\partial f}{\partial x}+\frac{\partial f}{\partial y}\frac{\partial \varphi}{\partial x}+\frac{\partial f}{\partial y}\frac{\partial \varphi}{\partial t}\frac{\partial \psi}{\partial x}\right]\mathrm{d}x+\left[\frac{\partial f}{\partial y}\frac{\partial \varphi}{\partial t}\frac{\partial \psi}{\partial z}+\frac{\partial f}{\partial z}\right]\mathrm{d}z.\end{aligned}$$

例 3.8 设 $z=f(\varphi(x,y),\psi(x,y))$ 为连续可微函数的复合函数，求 $\dfrac{\partial z}{\partial x},\dfrac{\partial z}{\partial y}$.

解 利用全微分不变性，有

$$\begin{aligned}\mathrm{d}z&=f_1'\cdot \mathrm{d}\varphi(x,y)+f_2'\cdot \mathrm{d}\psi(x,y)\\&=f_1'\cdot\left[\frac{\partial \varphi}{\partial x}\mathrm{d}x+\frac{\partial \varphi}{\partial y}\mathrm{d}y\right]+f_2'\cdot\left[\frac{\partial \psi}{\partial x}\mathrm{d}x+\frac{\partial \psi}{\partial y}\mathrm{d}y\right]\\&=\left[f_1'\cdot\frac{\partial \varphi}{\partial x}+f_2'\cdot\frac{\partial \psi}{\partial x}\right]\mathrm{d}x+\left[f_1'\cdot\frac{\partial \varphi}{\partial y}+f_2'\cdot\frac{\partial \psi}{\partial y}\right]\mathrm{d}y.\end{aligned}$$

由此可知，

$$\frac{\partial z}{\partial x}=f_1'\cdot\frac{\partial \varphi}{\partial x}+f_2'\cdot\frac{\partial \psi}{\partial x},\quad \frac{\partial z}{\partial y}=f_1'\cdot\frac{\partial \varphi}{\partial y}+f_2'\cdot\frac{\partial \psi}{\partial y}.$$

计算复合函数 $z=f(\varphi(x,y),\psi(x,y))$ 的偏导 $\dfrac{\partial z}{\partial x}$ 等价于逐次一元化求导：

$$\frac{\partial z}{\partial x}=\frac{\partial}{\partial u}\Big[f(\varphi(u,y),\psi(x,y))\Big]_{u=x}+\frac{\partial}{\partial u}\Big[f(\varphi(x,y),\psi(u,y))\Big]_{u=x}.$$

5. **微分的几何意义**

简而言之，微分的几何意义就是

$$\text{可微} \Longleftrightarrow \text{可导} + \text{切平面存在},$$

或者说，微分就是切平面的增量．要证明这一结论，必须明确切平面的含义．

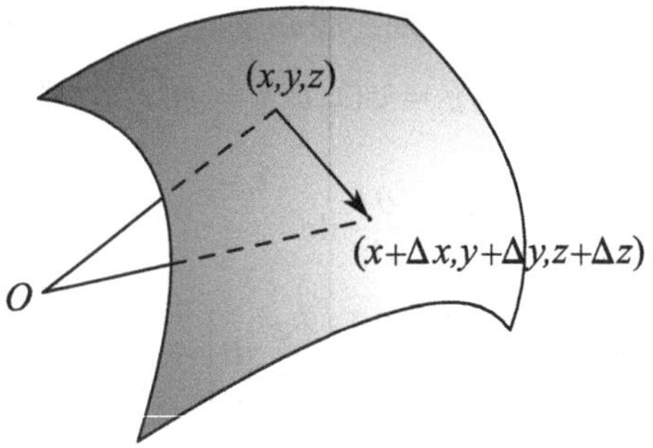

图 2.7

设函数 $z=f(x,y)$ 在 (x,y) 点的某邻域内有定义，并记 $\Delta z=f(x+\Delta x,y+\Delta y)-f(x,y)$．如果 $z=f(x,y)$ 在 (x,y) 点的切平面存在，则切平面的法向量为 $(-z'_x,-z'_y,1)$．由于连接 $(x,y,z),(x+\Delta x,y+\Delta y,z+\Delta z)$ 两点的割线方向为

$$\frac{(\Delta x,\Delta y,\Delta z)}{\sqrt{\Delta x^2+\Delta y^2+\Delta z^2}}.$$

所以在可导的前提下，切平面存在 $\iff$ 当 $(\Delta x,\Delta y)\to(0,0)$ 时，

$$\frac{-z'_x\Delta x-z'_y\Delta y+\Delta z}{\sqrt{\Delta x^2+\Delta y^2+\Delta z^2}}\to 0 \tag{$*$}$$

根据可导性，$\dfrac{-z'_x\Delta x-z'_y\Delta y}{\sqrt{\Delta x^2+\Delta y^2}}$ 有界，所以由 $(*)$ 式可知，$\dfrac{\Delta z}{\sqrt{\Delta x^2+\Delta y^2}}$ 有界．据此由 $(*)$ 式可知，

$$\lim_{\substack{\Delta x\to 0\\ \Delta y\to 0}}\frac{\Delta z-z'_x\Delta x-z'_y\Delta y}{\sqrt{\Delta x^2+\Delta y^2}}=0. \tag{$**$}$$

因此，可导 + 切平面存在蕴含可微．

由于 $(**)$ 式蕴含 $(*)$ 成立，所以可微蕴含切平面存在．

由于函数 $z=f(x,y)$ 在 (x_0,y_0) 点的切平面函数是

$$z=f'_x(x_0,y_0)(x-x_0)+f'_y(x_0,y_0)(y-y_0),$$

该函数的增量为

$$\mathrm{d}z = f'_x(x_0, y_0)\,\mathrm{d}x + f'_y(x_0, y_0)\,\mathrm{d}y.$$

因此， **微分就是切平面 (函数) 的增量**.

§9.3.2 高阶全微分

一般来说，二元函数 $z = f(x, y)$ 的全微分 $\mathrm{d}z = f'_x(x, y)\,\mathrm{d}x + f'_y(x, y)\,\mathrm{d}y$ 是一个四元函数

$$(x, y, \mathrm{d}x, \mathrm{d}y) \mapsto f'_x(x, y)\,\mathrm{d}x + f'_y(x, y)\,\mathrm{d}y.$$

如果 x, y 是自变量，则 $\mathrm{d}x, \mathrm{d}y$ 也是自变量. 在这种情况下， $\mathrm{d}x, \mathrm{d}y$ 可以视为相对常量. 按照这种约定，二元函数 $F(x, y) = f'_x(x, y)\,\mathrm{d}x + f'_y(x, y)\,\mathrm{d}y$ 的微分 $\mathrm{d}F$ 称为二元函数 $z = f(x, y)$ 的二阶全微分 $\mathrm{d}^2 f(x, y)$. 即

$$\mathrm{d}^2 f = \mathrm{d}F = \frac{\partial^2 f}{\partial x^2}\,\mathrm{d}x\mathrm{d}x + \frac{\partial^2 f}{\partial x \partial y}\,\mathrm{d}x\mathrm{d}y + \frac{\partial^2 f}{\partial y \partial x}\,\mathrm{d}y\mathrm{d}x + \frac{\partial^2 f}{\partial y^2}\,\mathrm{d}y\mathrm{d}y.$$

作交换性约定

$$\mathrm{d}x\mathrm{d}x = \mathrm{d}x^2,\ \mathrm{d}x\mathrm{d}y = \mathrm{d}y\mathrm{d}x,\ \mathrm{d}y\mathrm{d}y = \mathrm{d}y^2,$$

则有全微分（即交换性微分）的二项式公式

$$\mathrm{d}^2 f = \frac{\partial^2 f}{\partial x^2}\,\mathrm{d}x^2 + 2\frac{\partial^2 f}{\partial x \partial y}\,\mathrm{d}x\mathrm{d}y + \frac{\partial^2 f}{\partial y^2}\,\mathrm{d}y^2 = \left(\frac{\partial}{\partial x}\,\mathrm{d}x + \frac{\partial}{\partial y}\,\mathrm{d}y\right)^2 f.$$

一般地，函数 $(x, y) \mapsto \mathrm{d}^{n-1} f$ 的交换性微分称为函数 $z = f(x, y)$ 的 n 阶**全微分**, 并记作 $\mathrm{d}^n f$. 当 x, y 为自变量时，有

$$\mathrm{d}^n f = \left(\frac{\partial}{\partial x}\,\mathrm{d}x + \frac{\partial}{\partial y}\,\mathrm{d}y\right)^n f = \sum_{k=0}^{n} C_n^k \frac{\partial^n f}{\partial x^k \partial y^{n-k}}\,\mathrm{d}x^k \mathrm{d}y^{n-k}.$$

需要说明的是，如果作反交换性约定 $\mathrm{d}x\mathrm{d}y = -\mathrm{d}y\mathrm{d}x$, 则会建立外微分模型，即反交换性微分. 还需要说明的是如果函数 $z = f(x, y)$ 中的 x, y 不是自变量，那么二阶全微分将不再具有结构不变性，即 $\mathrm{d}^2 z$ 的表达式不再是

$$\mathrm{d}^2 z = \left(\frac{\partial}{\partial x}\,\mathrm{d}x + \frac{\partial}{\partial y}\,\mathrm{d}y\right)^2 f,$$

而是

$$\begin{aligned}\mathrm{d}^2 z &= \mathrm{d}\left(\frac{\partial f}{\partial x}\,\mathrm{d}x + \frac{\partial f}{\partial y}\,\mathrm{d}y\right)\\ &= \mathrm{d}\left(\frac{\partial f}{\partial x}\right)\mathrm{d}x + \frac{\partial f}{\partial x}\,\mathrm{d}^2 x + \mathrm{d}\left(\frac{\partial f}{\partial y}\right)\mathrm{d}y + \frac{\partial f}{\partial y}\,\mathrm{d}^2 y\\ &= \left(\frac{\partial}{\partial x}\,\mathrm{d}x + \frac{\partial}{\partial y}\,\mathrm{d}y\right)^2 f + \frac{\partial f}{\partial x}\,\mathrm{d}^2 x + \frac{\partial f}{\partial y}\,\mathrm{d}^2 y.\end{aligned}$$

其中

$$\begin{aligned}\mathrm{d}^2 x &= \mathrm{d}\left(\frac{\partial \varphi}{\partial u}\,\mathrm{d}u + \frac{\partial \varphi}{\partial v}\,\mathrm{d}v\right) = \left(\frac{\partial}{\partial u}\,\mathrm{d}u + \frac{\partial}{\partial v}\,\mathrm{d}v\right)^2 \varphi,\\ \mathrm{d}^2 y &= \left(\frac{\partial}{\partial u}\,\mathrm{d}u + \frac{\partial}{\partial v}\,\mathrm{d}v\right)^2 \psi.\end{aligned}$$

例 3.9 设 $z=\ln\sqrt{x^2+y^2}$, 求 $\mathrm{d}^2 z$ 及二阶偏导数.

解 计算一阶微分，有

$$\mathrm{d}z = \frac{1}{\sqrt{x^2+y^2}}\,\mathrm{d}\sqrt{x^2+y^2} = \frac{1}{x^2+y^2}(x\,\mathrm{d}x + y\,\mathrm{d}y)$$

计算二阶微分，有

$$\begin{aligned}\mathrm{d}^2 z &= \mathrm{d}\frac{1}{x^2+y^2}\cdot(x\,\mathrm{d}x + y\,\mathrm{d}y) + \frac{1}{x^2+y^2}\,\mathrm{d}(x\,\mathrm{d}x + y\,\mathrm{d}y)\\ &= \frac{-2}{(x^2+y^2)^2}(x\,\mathrm{d}x + y\,\mathrm{d}y)^2 + \frac{1}{x^2+y^2}(\mathrm{d}x^2 + \mathrm{d}y^2)\\ &= \frac{(y^2-x^2)\,\mathrm{d}x^2 - 4xy\,\mathrm{d}x\mathrm{d}y + (x^2-y^2)\,\mathrm{d}y^2}{(x^2+y^2)^2}.\end{aligned}$$

由此可知,

$$z''_{xx} = \frac{y^2-x^2}{(x^2+y^2)^2},\ z''_{xy} = \frac{-2xy}{(x^2+y^2)^2},\ z''_{yy} = \frac{x^2-y^2}{(x^2+y^2)^2}.$$

例 3.10 设 $z=f(g(x),x)$, 其中 f,g 具有二阶连续的导数或偏导数，求 $\mathrm{d}^2 z$.

解 计算一阶微分，有

$$\mathrm{d}z = f_1'\,\mathrm{d}g + f_2'\,\mathrm{d}x = (f_1' g' + f_2')\,\mathrm{d}x.$$

计算二阶微分，有

$$\begin{aligned}\mathrm{d}^2 z &= \mathrm{d}(f_1'g' + f_2')\,\mathrm{d}x = (g'\,\mathrm{d}f_1' + f_1'\,\mathrm{d}g' + \mathrm{d}f_2')\,\mathrm{d}x \\ &= [g'(f_{11}''\,\mathrm{d}g + f_{12}''\mathrm{d}x) + f_1'g''\,\mathrm{d}x + f_{21}''\,\mathrm{d}g + f_{22}''\,\mathrm{d}x]\,\mathrm{d}x \\ &= [(g')^2 f_{11}'' + 2f_{12}''g' + f_1'g'' + f_{22}'']\,\mathrm{d}x^2.\end{aligned}$$

习 题 9.3 A

1. 考虑二元函数 $f(x,y)$ 的下面 4 条性质：

(1) $f(x,y)$ 在点 (x_0,y_0) 处连续；
(2) $f(x,y)$ 在点 (x_0,y_0) 处可微；
(3) $f(x,y)$ 在点 (x_0,y_0) 处的两个偏导数连续；
(4) $f(x,y)$ 在点 (x_0,y_0) 处的两个偏导数存在.

则有

(A) (3) ⇒ (2) ⇒ (1);　　(B) (2) ⇒ (3) ⇒ (1);

(C) (2) ⇒ (4) ⇒ (1);　　(D) (2) ⇒ (1) ⇒ (4).

2. 设函数 $f(x,y)$ 在点 $(0,0)$ 附近有定义，且 $f_x'(0,0)=3$，$f_y'(0,0)=1$，则

(A) $\mathrm{d}z\Big|_{(0,0)} = 3\,\mathrm{d}x + \mathrm{d}y$;

(B) 曲面 $z=f(x,y)$ 在点 $(0,0,f(0,0))$ 的法向量为 $(3,1,1)$;

(C) 曲线 $\begin{cases} z=f(x,y), \\ y=0 \end{cases}$ 在 $(0,0,f(0,0))$ 的切向量为 $(1,0,3)$;

(D) 曲线 $\begin{cases} z=f(x,y), \\ y=0 \end{cases}$ 在点 $(0,0,f(0,0))$ 的切向量为 $(3,0,1)$.

3. 求下列函数的全微分：

(1) $u=\ln(x^2+2y+3z)$,　　(2) $z=x^y+y^x$;

(3) $u=\mathrm{e}^{x+y}\cos x\sin y$; (4) $u=z\sqrt{\dfrac{x}{y}}+\dfrac{1}{\sqrt{xy}}$;

(5) $u=\sqrt{\ln(xy)}$; (6) $u=\sin(xy)+\cos^2(xy)$;

(7) $z=xy+\dfrac{y}{x}$; (8) $z=\mathrm{e}^x y\ln x$;

(9) $z=\arctan\dfrac{x^2+y^2}{x^2-y^2}$; (10) $u=(x+y)\sin(xyz)$.

4. 求下列函数在指定点 P 的全微分:

(1) $z=x^2y+xy^2$, $P(1,1)$; (2) $z=\mathrm{e}^{xy}+\dfrac{y-x}{x+y}$, $P(1,2)$;

(3) $u=\sqrt{1+\ln(xy)}$, $P(4,2)$; (4) $z=\arctan\dfrac{\sqrt{x^2+y^2}}{x^2-y^2}$, $P(1,1)$;

(5) $z=\dfrac{1}{xy}\sin(x+y)-\mathrm{e}^{x+y}$, $P(\dfrac{\pi}{4},\dfrac{\pi}{4})$.

5. 设 f 为可微函数, 求函数 $z=f(x,\sin(xy),\mathrm{e}^{xy})$ 的偏导数.

6. 求下列函数的二阶微分:

(1) $z=\mathrm{e}^{\frac{y}{x}}$; (2) $z=xy\ln(xy)$;

(3) $z=\ln(1+\sqrt{x^2+y^2})$; (4) $z=\cos\dfrac{y^2}{1+x}$;

(5) $z=x^{\sin y}+y^{\cos x}$; (6) $z=\dfrac{\mathrm{e}^{x^2+y^2}}{\sin x+\sin y}$;

(7) $u=x+x^2+\sin\dfrac{y}{2}+\mathrm{e}^{yz}$.

7. 利用全微分, 计算 $\ln(\sqrt[3]{1.03}+\sqrt[4]{0.98}-1)$ 的近似值.

8. 利用全微分, 证明 $z=\arctan\dfrac{x^3+y^3}{x-y}$ 满足方程 $x\dfrac{\partial z}{\partial x}+y\dfrac{\partial z}{\partial y}=\sin 2z$.

习 题 9.3 B

1. 若 $f'_x(x,y)$ 在 (x_0,y_0) 点存在, $f'_y(x,y)$ 在 (x_0,y_0) 点连续, 则 $z=f(x,y)$ 在 (x_0,y_0) 点可微.

2. 讨论下列函数在 $(0,0)$ 点的可微性及偏导连续性：

(1) $f(x,y)=\begin{cases}\dfrac{xy}{\sqrt{x^2+y^2}}, & (x,y)\neq(0,0),\\ 0, & (x,y)=(0,0);\end{cases}$

(2) $f(x,y)=\begin{cases}(x^2+y^2)\sin\dfrac{1}{\sqrt{x^2+y^2}}, & (x,y)\neq(0,0),\\ 0, & (x,y)=(0,0);\end{cases}$

(3) $f(x,y)=\begin{cases}\dfrac{\sqrt{|xy|}}{\sqrt{x^2+y^2}}\sin\sqrt{x^2+y^2}, & (x,y)\neq(0,0),\\ 0, & (x,y)=(0,0);\end{cases}$

(4) $f(x,y)=\begin{cases}xy\sin\dfrac{1}{\sqrt{x^2+y^2}}, & (x,y)\neq(0,0),\\ 0, & (x,y)=(0,0);\end{cases}$

3. 已知 $(axy^3-y^2\cos x)\,\mathrm{d}x+(1+by\sin x+3x^2y^2)\,\mathrm{d}y$ 为某一函数的全微分，则 a 和 b 的值分别是

(A) -2 和 2; (B) 2 和 -2; (C) -3 和 3; (D) 3 和 -3.

4. 已知 $\dfrac{(x+ay)\,\mathrm{d}x+4y\,\mathrm{d}y}{(x+2y)^2}$ 是某函数的全微分，则 $a=$______.

5. 设有一无盖圆柱形容器，容器的壁与底的厚度均为 0.1cm, 内高为 20cm, 内半径为 4cm, 求容器外壳的近似值.

6. 设 f 为可微函数，求函数 $z=f(xy,\dfrac{y}{x})$ 的二阶全微分.

7. 设 f 为可微函数，求函数 $z=f(\cos(x+y),\sqrt{x^2+y^2})$ 的偏导数.

8. 设 f,g,h 为可微函数，求函数 $z=f(g(x,y),h(x,y))$ 的一阶全微分.

9. 试求复合函数 $z=f(x,g(x,y))$ 的二阶微分.

10. 设 $u=u(x,y)$, $v=v(x,y)$ 在点 (x,y) 可微，证明 $u\pm v$, $u\cdot v$, $\dfrac{u}{v}$ 也在点 (x,y) 可微，并且有 $\mathrm{d}(u\pm v)=\mathrm{d}u\pm\mathrm{d}v$,

$$\mathrm{d}(uv)=u\,\mathrm{d}v+v\,\mathrm{d}u,\ \mathrm{d}\left(\frac{u}{v}\right)=\frac{v\,\mathrm{d}u-u\,\mathrm{d}v}{v^2}.$$

11. 证明 $f(x,y)=\sqrt{|xy|}$ 在 $(0,0)$ 点连续且可导，但不可微.

12. 设 f, g 是可微函数, 且 $\begin{cases}u=f(u,x,v+y)\\ v=g(u-x,v^2y)\end{cases}$, 试用微分法计算 $\dfrac{\partial u}{\partial x}$, $\dfrac{\partial u}{\partial y}$, $\dfrac{\partial v}{\partial x}$, $\dfrac{\partial v}{\partial x}$.

13. 设 $f(x,y)$ 为二次可微函数，验证 $\mathrm{d}^3f=\left(\dfrac{\partial}{\partial x}\,\mathrm{d}x+\dfrac{\partial}{\partial y}\,\mathrm{d}y\right)^3 f$.

14. 设 f, g 为可微函数且 $\begin{cases}f(x,y,u,v)=0\\ g(x,y,u,v)=0\end{cases}$, 求 $\dfrac{\partial u}{\partial x}$, $\dfrac{\partial u}{\partial y}$, $\dfrac{\partial v}{\partial x}$, $\dfrac{\partial v}{\partial y}$.

15. 设 f 为二阶可微函数，求 $z=f(r\cos\theta,r\sin\theta)$ 的二阶微分.

§9.4 多元函数的微分法

对于多元复合函数，如果函数是具体的，则可以利用一元复合函数的连锁法则来计算偏导数，但当函数带有抽象形式时，使用一元化方法往往会遇到许多困难，因此有必要探讨多元函数的求导法则.

§9.4.1 复合函数微分法

多元函数的复合形式是多种多样的，在高等数学中，由于不能采用向量语言，所以很难有一个统一的叙述，只好举例来说明复合函数的求导方法.

对于直接函数 $z=f(x,y)$, 偏导符号 $\dfrac{\partial z}{\partial x}$ 与 $\dfrac{\partial f}{\partial x}$ 没有本质区别，但对于复合函数 $z=f(\varphi(x,y),\psi(x,y))$, 由于重复变量的存在，偏导符号 $\dfrac{\partial f}{\partial x}$ 失去了意义，而偏导符号 $\dfrac{\partial z}{\partial x}$ 表示复合后偏导数，即

$$\frac{\partial z}{\partial x}=\frac{\partial F}{\partial x},\ F(x,y)=f(\varphi(x,y),\psi(x,y)).$$

函数符号与变量符号的区别在于：函数符号表示复合前偏导或直接偏导；变量符号表示复合后偏导或间接偏导. 计算重复变量的偏导数时，应按照逐次

一元化方法进行，并尽量用位置符号表示，即

$$\begin{aligned}\frac{\partial z}{\partial x} &= \frac{\partial}{\partial u}\Big[f(\varphi(u,y),\psi(x,y))\Big]_{u=x} + \frac{\partial}{\partial u}\Big[f(\varphi(x,y),\psi(u,y))\Big]_{u=x} \\ &= f_1'\cdot\varphi_1' + f_2'\cdot\psi_1'.\end{aligned}$$

习惯上将逐次一元化方法称为连锁法则或链法则.

定理 4.1 （链法则） *设函数* $u=\varphi(x,y), v=\psi(x,y)$ *在* (x,y) *点可导，函数* $z=f(u,v)$ *在对应点* (u,v) *可微，则复合函数* $z=f(\varphi(x,y),\psi(x,y))$ *在* (x,y) *点可导且*

$$\frac{\partial z}{\partial x}=\frac{\partial f}{\partial u}\cdot\frac{\partial \varphi}{\partial x}+\frac{\partial f}{\partial v}\cdot\frac{\partial \psi}{\partial x}, \tag{1}$$

$$\frac{\partial z}{\partial y}=\frac{\partial f}{\partial u}\cdot\frac{\partial \varphi}{\partial y}+\frac{\partial f}{\partial v}\cdot\frac{\partial \psi}{\partial y}. \tag{2}$$

在证明定理之前，有必要作一些说明．变量 z,u,v,x,y 之间的关系可用如下关系图表示.

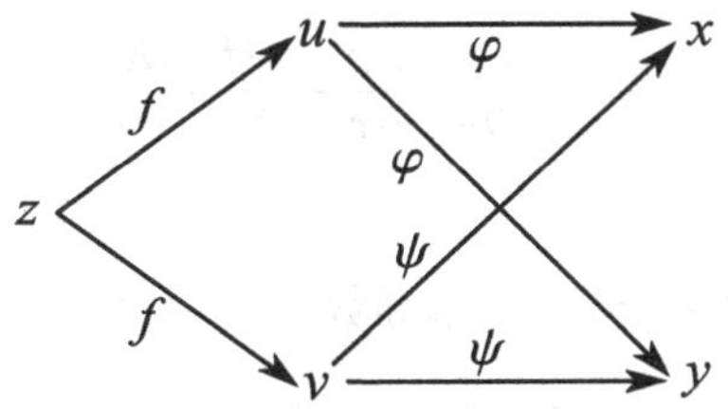

图 4.1

其中 z 是因变量， u,v 是中间变量， x,y 是自变量. 从因变量 z 到自变量 x 有两个连接链，一个是 $z\xrightarrow{f}u\xrightarrow{\varphi}x$, 另一个是 $z\xrightarrow{f}v\xrightarrow{\psi}x$. 第一个链与公式 (1) 的第一项对应，即

$$z\xrightarrow{f}u\xrightarrow{\varphi}x \quad\longleftrightarrow\quad \frac{\partial f}{\partial u}\cdot\frac{\partial \varphi}{\partial x};$$

第二个链与第二项对应，即

$$z\xrightarrow{f}u\xrightarrow{\varphi}x \quad\longleftrightarrow\quad \frac{\partial f}{\partial u}\cdot\frac{\partial \varphi}{\partial x}.$$

同时每一个链的每一个段恰与公式中相应项的一个因子对应. 复合函数求导运算的这种对应法则，习惯上称为链法则或连锁法则.

证 由于 $z=f(u,v)$ 在 (u,v) 点可微，所以当 $\rho=\sqrt{\Delta u^2+\Delta v^2}\to 0$ 时，有

$$\Delta z=f(u+\Delta u,v+\Delta v)-f(u,v)=\frac{\partial f}{\partial u}\Delta u+\frac{\partial f}{\partial v}\Delta v+o(\rho).$$

将 $u=\varphi(x,y),v=\psi(x,y)$ 及

$$\Delta u=\varphi(x+\Delta x,y)-\varphi(x,y),\ \ \Delta v=\psi(x+\Delta x,y)-\psi(x,y)$$

代入上式，有

$$\begin{aligned}\Delta z&=f(\varphi(x+\Delta x,y),\psi(x+\Delta x,y))-f(\varphi(x,y),\psi(x,y))\\&=f(u+\Delta u,v+\Delta v)-f(u,v)=\frac{\partial f}{\partial u}\Delta u+\frac{\partial f}{\partial v}\Delta v+o(\rho).\end{aligned}$$

两端同除以 Δx, 有

$$\frac{\Delta z}{\Delta x}=\frac{\partial f}{\partial u}\frac{\Delta u}{\Delta x}+\frac{\partial f}{\partial v}\frac{\Delta v}{\Delta x}+\frac{o(\rho)}{\Delta x}.$$

令 $\Delta x\to 0$, 则有

$$\frac{\partial z}{\partial x}=\frac{\partial f}{\partial u}\cdot\frac{\partial \varphi}{\partial x}+\frac{\partial f}{\partial v}\cdot\frac{\partial \psi}{\partial x}.$$

同理，(2) 式成立.

例 4.1 求 $z=(x^2+y^2)^{xy}$ 的偏导数.

解 令 $u=x^2+y^2$, $v=xy$, 则 $z=u^v$. 由于

$$\begin{aligned}&\frac{\partial u}{\partial x}=2x,\quad \frac{\partial u}{\partial y}=2y,\qquad \frac{\partial v}{\partial x}=y,\\&\frac{\partial v}{\partial y}=x,\quad \frac{\partial z}{\partial u}=vu^{v-1},\quad \frac{\partial z}{\partial v}=u^v\ln u,\end{aligned}$$

所以，有

$$\begin{aligned}\frac{\partial z}{\partial x}&=\frac{\partial z}{\partial u}\frac{\partial u}{\partial x}+\frac{\partial z}{\partial v}\frac{\partial v}{\partial x}=vu^{v-1}\cdot 2x+u^v\ln u\cdot y\\&=(x^2+y^2)^{xy}\Big[\frac{2x^2y}{x^2+y^2}+y\ln(x^2+y^2)\Big].\end{aligned}$$

也可用一元化指数幂方法计算：

$$\frac{\partial z}{\partial x}=(x^2+y^2)^{xy}\frac{\partial}{\partial x}\Big[xy\ln(x^2+y^2)\Big].$$

同理，有

$$\frac{\partial z}{\partial y}=(x^2+y^2)^{xy}\Big[\frac{2xy^2}{x^2+y^2}+x\ln(x^2+y^2)\Big].$$

例 4.2 设 $z=\mathrm{e}^{y/x}\sin\sqrt{x^2+y^2}$, 求 $\dfrac{\partial z}{\partial x},\dfrac{\partial z}{\partial y}$.

解 令 $u=\dfrac{y}{x}$, $v=\sqrt{x^2+y^2}$, 则 $z=\mathrm{e}^u\sin v$, 且有

$$\frac{\partial z}{\partial x}=\frac{\partial z}{\partial u}\cdot\frac{\partial u}{\partial x}+\frac{\partial z}{\partial v}\cdot\frac{\partial v}{\partial x},\quad \frac{\partial z}{\partial y}=\frac{\partial z}{\partial u}\cdot\frac{\partial u}{\partial y}+\frac{\partial z}{\partial v}\cdot\frac{\partial v}{\partial y}.$$

由于

$$\frac{\partial z}{\partial u}=\mathrm{e}^u\sin v,\quad \frac{\partial z}{\partial v}=\mathrm{e}^u\cos v,$$

$$\frac{\partial u}{\partial x}=-\frac{y}{x^2},\quad \frac{\partial v}{\partial x}=\frac{x}{\sqrt{x^2+y^2}},$$

$$\frac{\partial u}{\partial y}=\frac{1}{x},\quad \frac{\partial v}{\partial y}=\frac{y}{\sqrt{x^2+y^2}},$$

所以

$$\begin{aligned}\frac{\partial z}{\partial x}&=\mathrm{e}^u\sin v\Big(-\frac{y}{x^2}\Big)+\mathrm{e}^u\cos v\cdot\frac{x}{\sqrt{x^2+y^2}}\\&=\mathrm{e}^{y/x}\Big(\frac{x\cos\sqrt{x^2+y^2}}{\sqrt{x^2+y^2}}-\frac{y\sin\sqrt{x^2+y^2}}{x^2}\Big),\\ \frac{\partial z}{\partial y}&=\mathrm{e}^{y/x}\Big(\frac{\sin\sqrt{x^2+y^2}}{x}-\frac{y\cos\sqrt{x^2+y^2}}{\sqrt{x^2+y^2}}\Big).\end{aligned}$$

例 4.3 设 $z=f(x,y)$ 有连续的偏导数，且 $x=r\cos\theta,y=r\sin\theta$, 证明

$$\Big(\frac{\partial z}{\partial x}\Big)^2+\Big(\frac{\partial z}{\partial y}\Big)^2=\Big(\frac{\partial z}{\partial r}\Big)^2+\frac{1}{r^2}\Big(\frac{\partial z}{\partial \theta}\Big)^2.$$

解 应用链法则，有

$$\begin{aligned}\frac{\partial z}{\partial r}&=\frac{\partial z}{\partial x}\frac{\partial x}{\partial r}+\frac{\partial z}{\partial y}\frac{\partial y}{\partial r}=\frac{\partial z}{\partial x}\cos\theta+\frac{\partial z}{\partial y}\sin\theta\\ \frac{\partial z}{\partial \theta}&=\frac{\partial z}{\partial x}\frac{\partial x}{\partial \theta}+\frac{\partial z}{\partial y}\frac{\partial y}{\partial \theta}=-\frac{\partial z}{\partial x}\cdot r\sin\theta+\frac{\partial z}{\partial y}\cdot r\cos\theta.\end{aligned}$$

两式平方后相加，得

$$\left(\frac{\partial z}{\partial r}\right)^2+\frac{1}{r^2}\left(\frac{\partial z}{\partial \theta}\right)^2=\left(\frac{\partial z}{\partial x}\right)^2+\left(\frac{\partial z}{\partial y}\right)^2.$$

按照定理 4.1 的证法，有更一般的链法则.

定理 4.2 设函数 $u=f(x_1,x_2,\cdots,x_n)$ 可微， $x_i=x_i(t)$ 可导，则复合函数 $u=f(x_1(t),x_2(t),\cdots,x_n(t))$ 可导且

$$\frac{\mathrm{d}u}{\mathrm{d}t}=\frac{\partial f}{\partial x_1}\cdot\frac{\mathrm{d}x_1}{\mathrm{d}t}+\frac{\partial f}{\partial x_2}\cdot\frac{\mathrm{d}x_2}{\mathrm{d}t}+\cdots+\frac{\partial f}{\partial x_n}\cdot\frac{\mathrm{d}x_n}{\mathrm{d}t}.$$

定理 4.3 设函数 $u=f(x_1,x_2,\cdots,x_n)$ 可微，函数 $x_i=x_i(t_1,t_2,\cdots,t_m)$ 可导，则复合函数 $u=f(x_1(t_1,t_2,\cdots,t_m),\cdots,x_n(t_1,t_2,\cdots,t_m))$ 可导且

$$\frac{\partial u}{\partial t_j}=\sum_{i=1}^{n}\frac{\partial f}{\partial x_i}\cdot\frac{\partial x_i}{\partial t_j},\qquad j=1,2,\cdots,m.$$

如果将定理 4.1, 定理 4.2, 定理 4.3 中的可微、可导均改为连续可导，即偏导连续，则结论仍然成立.

例 4.4 设 $z=f(x,y),x=\varphi(t),y=\psi(t)$ 具有连续偏导数，求 $\frac{\mathrm{d}z}{\mathrm{d}t}$.

解 应用定理 4.2, 有

$$\frac{\mathrm{d}z}{\mathrm{d}t}=\frac{\partial f}{\partial x}\frac{\mathrm{d}\varphi}{\mathrm{d}t}+\frac{\partial f}{\partial y}\frac{\mathrm{d}\psi}{\mathrm{d}t}.$$

例 4.5 设 $z=f(\varphi(x,y),\psi(x,y),x,y)$ 且 f,φ,ψ 连续可导，求 $\frac{\partial z}{\partial x},\frac{\partial z}{\partial y}$.

解 复合函数

$$z=f(\varphi(x,y),\psi(x,y),x,y)$$

可以拆成简单函数

$$\begin{cases}z=f(u,v,x,y),\\ u=\varphi(x,y),\\ v=\psi(x,y).\end{cases}$$

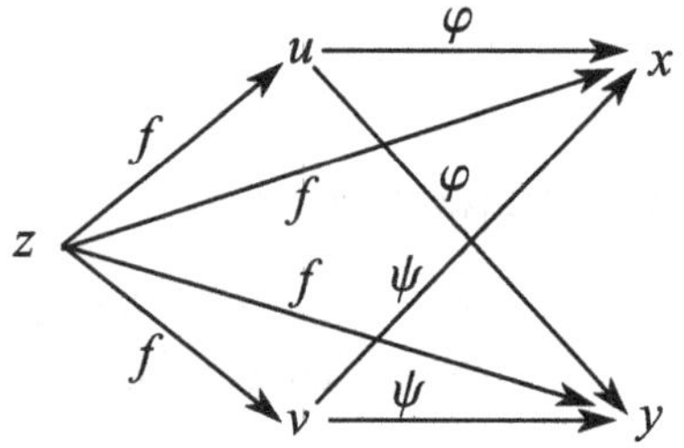

图 4.2

函数 $f(u,v,x,y)=f(\varphi(x,y),\psi(x,y),x,y)$ 关于 $u=\varphi(x,y)$, $v=\psi(x,y)$ 的偏导数可分别用位置符号 $f_1'(\varphi(x,y),\psi(x,y),x,y)$, $f_2'(\varphi(x,y),\psi(x,y),x,y)$ 表示. 按照这种约定，有

$$\frac{\partial z}{\partial x}=f_1'\frac{\partial \varphi}{\partial x}+f_2'\frac{\partial \psi}{\partial x}+f_3',\quad \frac{\partial z}{\partial y}=f_1'\frac{\partial \varphi}{\partial y}+f_2'\frac{\partial \psi}{\partial y}+f_4'.$$

例 4.6 设 $u=f(x,y)$ 的所有二阶偏导数连续，求 $\dfrac{\partial^2 u}{\partial x^2}+\dfrac{\partial^2 u}{\partial y^2}$ 的极坐标形式.

解 对复合函数

$$\begin{cases} u=f(r\cos\theta,r\sin\theta),\\ r=\sqrt{x^2+y^2},\\ \theta=\arctan\dfrac{y}{x} \end{cases}$$

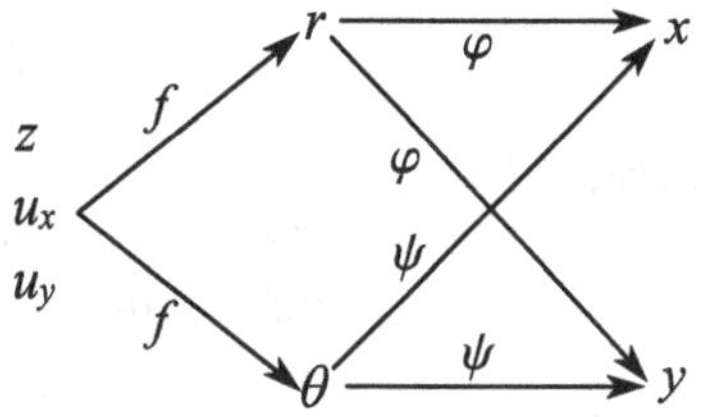

图 4.3

应用链法则并将 $x=r\cos\theta$, $y=r\sin\theta$ 代入，有

$$\begin{aligned}\frac{\partial u}{\partial x}&=\frac{\partial u}{\partial r}\frac{\partial r}{\partial x}+\frac{\partial u}{\partial \theta}\frac{\partial \theta}{\partial x}=\frac{\partial u}{\partial r}\frac{x}{r}-\frac{\partial u}{\partial \theta}\frac{y}{r^2}\\&=\frac{\partial u}{\partial r}\cos\theta-\frac{\partial u}{\partial \theta}\frac{\sin\theta}{r},\\ \frac{\partial u}{\partial y}&=\frac{\partial u}{\partial r}\frac{\partial r}{\partial y}+\frac{\partial u}{\partial \theta}\frac{\partial \theta}{\partial y}=\frac{\partial u}{\partial r}\frac{y}{r}+\frac{\partial u}{\partial \theta}\frac{x}{r^2}\\&=\frac{\partial u}{\partial r}\sin\theta+\frac{\partial u}{\partial \theta}\frac{\cos\theta}{r}.\end{aligned}$$

再求二阶偏导数，有

$$\begin{aligned}\frac{\partial^2 u}{\partial x^2}&=\frac{\partial}{\partial r}\Big(\frac{\partial u}{\partial x}\Big)\cdot\frac{\partial r}{\partial x}+\frac{\partial}{\partial \theta}\Big(\frac{\partial u}{\partial x}\Big)\cdot\frac{\partial \theta}{\partial x}\\&=\frac{\partial}{\partial r}\Big(\frac{\partial u}{\partial r}\cos\theta-\frac{\partial u}{\partial \theta}\frac{\sin\theta}{r}\Big)\cdot\cos\theta\\&\qquad-\frac{\partial}{\partial \theta}\Big(\frac{\partial u}{\partial r}\cos\theta-\frac{\partial u}{\partial \theta}\frac{\sin\theta}{r}\Big)\cdot\frac{\sin\theta}{r}\end{aligned}$$

$$= \frac{\partial^2 u}{\partial r^2}\cos^2\theta - 2\frac{\partial^2 u}{\partial r\partial\theta}\frac{\sin\theta\cos\theta}{r} + \frac{\partial^2 u}{\partial\theta^2}\frac{\sin^2\theta}{r^2}$$

$$+\frac{\partial u}{\partial\theta}\frac{2\sin\theta\cos\theta}{r^2} + \frac{\partial u}{\partial r}\frac{\sin^2\theta}{r}.$$

同理可得

$$\frac{\partial^2 u}{\partial y^2} = \frac{\partial^2 u}{\partial r^2}\sin^2\theta + 2\frac{\partial^2 u}{\partial r\partial\theta}\frac{\sin\theta\cos\theta}{r} + \frac{\partial^2 u}{\partial\theta^2}\frac{\cos^2\theta}{r^2}$$

$$-\frac{\partial u}{\partial\theta}\frac{2\sin\theta\cos\theta}{r^2} + \frac{\partial u}{\partial r}\frac{\cos^2\theta}{r}.$$

两式相加，得

$$\frac{\partial^2 u}{\partial x^2} + \frac{\partial^2 u}{\partial y^2} = \frac{\partial^2 u}{\partial r^2} + \frac{1}{r}\frac{\partial u}{\partial r} + \frac{1}{r^2}\frac{\partial^2 u}{\partial\theta^2}.$$

例 4.7 设 $z = f(xy, \frac{x}{y}) + g(\frac{y}{x})$, 其中 f, g 具有二阶连续偏导数，求 $\frac{\partial^2 z}{\partial x\partial y}$.

解 计算一阶偏导数，有

$$\frac{\partial z}{\partial x} = yf_1' + \frac{1}{y}f_2' - \frac{y}{x^2}g'.$$

计算二阶偏导数，有

$$\frac{\partial^2 z}{\partial x\partial y} = f_1' + y(xf_{11}'' - \frac{x}{y^2}f_{12}'') - \frac{1}{y^2}f_2'$$

$$+\frac{1}{y}(xf_{21}' - \frac{x}{y^2}f_{22}'') - \frac{1}{x^2}g' - \frac{y}{x^3}g''$$

$$= f_1' - \frac{1}{y^2}f_2' + xyf_{11}'' - \frac{x}{y^2}f_{22}'' - \frac{1}{x^2}g' - \frac{y}{x^3}g''.$$

例 4.8 设 $u = f(t), t = g(xy, x^2+y^2)$, 其中 f, g 具有连续的二阶导数及二阶偏导数，求 $\frac{\partial^2 u}{\partial x^2}$.

解 计算一阶偏导数，有

$$\frac{\partial u}{\partial x} = f'(t)(g_1'\cdot y + g_2'\cdot 2x).$$

计算二阶偏导数，有

$$\begin{aligned}\frac{\partial^2 z}{\partial x^2} &= f''(t)(g_1'\cdot y + g_2'\cdot 2x)^2 \\ &\quad + f'(t)(g_{11}''\cdot y^2 + 2g_{12}''\cdot 2xy + g_{22}''\cdot 4x^2 + 2g_2').\end{aligned}$$

例 4.9　设 $z = \frac{1}{x}f(xy) + yf(x+y)$, 求 $\frac{\partial^2 z}{\partial x\partial y}$.

解　计算一阶偏导数，有

$$\frac{\partial z}{\partial x} = -\frac{1}{x^2}f(xy) + \frac{1}{x}f'(xy)\cdot y + yf'(x+y)\cdot 1.$$

应该强调的是 $f'(xy)$ 表示复合前导数，即 $f'(xy) = f'(u)\Big|_{u=xy}$, 切不可理解为复合后偏导 $\frac{\partial}{\partial x}[f(xy)]$ 或复合前偏导 $\frac{\partial F}{\partial x}$, 其中 $F(x,y) = f(xy)$.

计算二阶偏导数，有

$$\begin{aligned}\frac{\partial^2 z}{\partial x\partial y} &= \frac{\partial}{\partial y}\left[-\frac{1}{x^2}f(xy) + \frac{y}{x}f'(xy) + yf'(x+y)\right] \\ &= -\frac{1}{x^2}f'(xy)\cdot x + \frac{1}{x}f'(xy) + \frac{y}{x}f''(xy)\cdot x \\ &\qquad + f'(x+y) + yf''(x+y)\cdot 1 \\ &= yf''(xy) + f'(x+y) + yf''(x+y).\end{aligned}$$

例 4.10　设 $z = f(2x-y, y\sin x)$, 其中 f 具有连续的二阶偏导数，求 $\frac{\partial^2 z}{\partial x\partial y}$.

解　计算一阶偏导数，有

$$\frac{\partial z}{\partial x} = 2f_1' + y\cos x\, f_2'.$$

计算二阶偏导数，有

$$\begin{aligned}\frac{\partial^2 z}{\partial x\partial y} &= \frac{\partial}{\partial y}\left[2f_1' + y\cos x\, f_2'\right] \\ &= 2(-f_{11}'' + f_{12}''\sin x) + \cos x\, f_2' + y\cos x\,(-f_{12}'' + \sin x\, f_{22}'')\end{aligned}$$

$$= -2f''_{11} + (2\sin x - y\cos x)f''_{12} + \frac{1}{2}y\sin 2x\, f''_{22} + \cos x\, f'_2.$$

例 4.11 设变换 $\begin{cases} u = x - 2y \\ v = x + ay \end{cases}$ 可把

$$6\,\frac{\partial^2 z}{\partial x^2} + \frac{\partial^2 z}{\partial x \partial y} - \frac{\partial^2 z}{\partial y^2} = 0$$

化简为 $\frac{\partial^2 z}{\partial u \partial v}$, 求 a 值.

解 计算一阶偏导数，有

$$\frac{\partial z}{\partial x} = \frac{\partial z}{\partial u}\frac{\partial u}{\partial x} + \frac{\partial z}{\partial v}\frac{\partial v}{\partial x} = \frac{\partial z}{\partial u} + \frac{\partial z}{\partial v},$$

$$\frac{\partial z}{\partial y} = \frac{\partial z}{\partial u}\frac{\partial z}{\partial y} + \frac{\partial z}{\partial v}\frac{\partial z}{\partial y} = -2\frac{\partial z}{\partial u} + a\frac{\partial z}{\partial v}.$$

计算二阶偏导数，有

$$\frac{\partial^2 z}{\partial x^2} = \frac{\partial^2 z}{\partial u^2} + 2\frac{\partial^2 z}{\partial u \partial v} + \frac{\partial^2 z}{\partial v^2},$$

$$\frac{\partial^2 z}{\partial y^2} = 4\frac{\partial^2 z}{\partial u^2} - 4a\frac{\partial^2 z}{\partial u \partial v} + a^2\frac{\partial^2 z}{\partial v^2},$$

$$\frac{\partial^2 z}{\partial x \partial y} = -2\frac{\partial^2 z}{\partial u^2} + (a-2)\frac{\partial^2 z}{\partial u \partial v} + a\frac{\partial^2 z}{\partial v^2}.$$

将以上结果代入原方程，可得

$$(10+5a)\frac{\partial^2 z}{\partial u \partial v} + (6 + a - a^2)\frac{\partial^2 z}{\partial v^2} = 0.$$

由题意可知， $10 + 5a \neq 0$, 所以 $6 + a - a^2 = 0, a = 3$.

例 4.12 已知函数 $u = u(x, y)$ 满足微分方程

$$\frac{\partial^2 u}{\partial x^2} - \frac{\partial^2 u}{\partial y^2} + a\left(\frac{\partial u}{\partial x} + \frac{\partial u}{\partial y}\right) = 0.$$

(1) 试选择参数 α, β, 利用变换 $u(x, y) = v(x, y)\mathrm{e}^{\alpha x + \beta y}$ 将原方程变形，使新方程中不出现一阶偏导项;

(2) 再令 $\xi=x+y$, $\eta=x-y$, 使新方程变换形式.

解 (1) 计算一阶偏导数，有

$$\frac{\partial u}{\partial x}=\frac{\partial v}{\partial x}\mathrm{e}^{\alpha x+\beta y}+v\alpha\mathrm{e}^{\alpha x+\beta y}=\left(\frac{\partial v}{\partial x}+\alpha v\right)\mathrm{e}^{\alpha x+\beta y};$$

$$\frac{\partial u}{\partial y}=\left(\frac{\partial v}{\partial y}+\beta v\right)\mathrm{e}^{\alpha x+\beta y}.$$

计算二阶偏导数，有

$$\begin{aligned}\frac{\partial^2 u}{\partial x^2}&=\left(\frac{\partial^2 v}{\partial x^2}+\alpha\frac{\partial v}{\partial x}\right)\mathrm{e}^{\alpha x+\beta y}+\left(\frac{\partial v}{\partial x}+\alpha v\right)\alpha\mathrm{e}^{\alpha x+\beta y}\\&=\left(\frac{\partial^2 v}{\partial x^2}+2\alpha\frac{\partial v}{\partial x}+\alpha^2 v\right)\mathrm{e}^{\alpha x+\beta y},\\\frac{\partial^2 u}{\partial y^2}&=\left(\frac{\partial^2 v}{\partial y^2}+2\beta\frac{\partial v}{\partial y}+\beta^2 v\right)\mathrm{e}^{\alpha x+\beta y}.\end{aligned}$$

于是原方程可变为

$$\frac{\partial^2 v}{\partial x^2}-\frac{\partial^2 v}{\partial y^2}+(2\alpha+a)\frac{\partial v}{\partial x}+(a-2\beta)\frac{\partial v}{\partial y}+(\alpha^2-\beta^2+a\alpha+a\beta)v=0.$$

按照题意，令 $2\alpha+a=0$, $a-2\beta=0$, 由此可得 $\alpha=-\frac{a}{2}$, $\beta=\frac{a}{2}$, 且新方程为

$$\frac{\partial^2 v}{\partial x^2}-\frac{\partial^2 v}{\partial y^2}=0.$$

(2) 由 $\xi=x+y$, $\eta=x-y$ 可得

$$\frac{\partial v}{\partial x}=\frac{\partial v}{\partial \xi}+\frac{\partial v}{\partial \eta},\ \frac{\partial v}{\partial y}=\frac{\partial v}{\partial \xi}-\frac{\partial v}{\partial \eta},$$

$$\frac{\partial^2 v}{\partial x^2}=\frac{\partial^2 v}{\partial \xi^2}+2\frac{\partial^2 v}{\partial \xi\partial \eta}+\frac{\partial^2 v}{\partial \eta^2},\ \frac{\partial^2 v}{\partial y^2}=\frac{\partial^2 v}{\partial \xi^2}-2\frac{\partial^2 v}{\partial \xi\partial \eta}+\frac{\partial^2 v}{\partial \eta^2}.$$

于是有

$$\frac{\partial^2 v}{\partial \xi\partial \eta}=0.$$

例 4.13 已知 $u=u(\sqrt{x^2+y^2})$ 有连续的二阶偏导数，且满足

$$\frac{\partial^2 u}{\partial x^2}+\frac{\partial^2 u}{\partial y^2}=x^2+y^2.$$

求 u.

解 设 $r=\sqrt{x^2+y^2}$, 则有

$$\frac{\partial u}{\partial x}=u'\frac{\partial r}{\partial x}=\frac{x}{r}u',\quad \frac{\partial^2 u}{\partial x^2}=\frac{x^2}{r^2}u''+\frac{y^2}{r^3}u'.$$

同理有 $\dfrac{\partial^2 u}{\partial y^2}=\dfrac{y^2}{r^2}u''+\dfrac{x^2}{r^3}u'$. 于是

$$\frac{\partial^2 u}{\partial x^2}+\frac{\partial^2 u}{\partial y^2}=u''+\frac{1}{r}u'.$$

根据题意可得常微分方程 $u''+\dfrac{1}{r}u'=r^2$. 令 $u'=p$, 则有 $p'+\dfrac{1}{r}p=r^2$. 解得

$$p=\mathrm{e}^{-\int\frac{1}{r}\,\mathrm{d}r}\left[\int \mathrm{e}^{\int\frac{1}{r}\,\mathrm{d}r}r^2\mathrm{d}r+C\right]=\frac{r^3}{4}+\frac{C}{r}.$$

故

$$\begin{aligned}u&=\int p\mathrm{d}r=\frac{r^4}{16}+C\ln r+C_1\\&=\frac{1}{16}(x^2+y^2)^2+C\ln\sqrt{x^2+y^2}+C_1.\end{aligned}$$

例 4.14 (一阶全微分不变性) 设函数 $u=\varphi(x,y),v=\psi(x,y),z=f(u,v)$ 可微, 则

$$\mathrm{d}z=\frac{\partial f}{\partial u}\mathrm{d}u+\frac{\partial f}{\partial v}\mathrm{d}v.$$

证 设 $F(x,y)=f(\varphi(x,y),\psi(x,y))$, 则

$$\begin{aligned}\mathrm{d}F&=\frac{\partial F}{\partial x}\mathrm{d}x+\frac{\partial F}{\partial y}\mathrm{d}y\\&=\left[\frac{\partial f}{\partial u}\frac{\partial \varphi}{\partial x}+\frac{\partial f}{\partial v}\frac{\partial \psi}{\partial x}\right]\mathrm{d}x+\left[\frac{\partial f}{\partial u}\frac{\partial \varphi}{\partial y}+\frac{\partial f}{\partial v}\frac{\partial \psi}{\partial y}\right]\mathrm{d}y\\&=\frac{\partial f}{\partial u}\mathrm{d}\varphi(x,y)+\frac{\partial f}{\partial v}\mathrm{d}\psi(x,y)=\frac{\partial f}{\partial u}\mathrm{d}u+\frac{\partial f}{\partial v}\mathrm{d}v.\end{aligned}$$

§9.4.2 隐函数微分法

在实际问题中, 经常会遇到隐函数的存在性、惟一性和隐函数求导等问题. 有些隐函数可以化为显函数解决, 但大多数情况下很难做到, 因此需要专门讨论隐函数的微分法.

1. **隐函数定理**

设 $F(x,y)$ 是一个二元函数，如果方程

$$F(x,y)=0$$

存在一个解函数 $y=f(x)$, 则称这个解函数为隐函数. 关于隐函数，有两个问题需要解决，一个是隐函数的存在性问题，另一个是隐函数的求导问题.

定理 4.4 （隐函数定理）设函数 $F(x,y), F'_y(x,y)$ 在 (x_0,y_0) 附近连续且

$$F(x_0,y_0)=0,\quad F'_y(x_0,y_0)\neq 0.$$

则在 (x_0,y_0) 点的某个邻域内，惟一存在连续函数 $y=f(x)$, 使得

$$F(x,f(x))\equiv 0,$$

并当 $F'_x(x,y)$ 在该邻域连续时， $y=f(x)$ 连续可导且

$$f'(x)=-\frac{F'_x(x,y)}{F'_y(x,y)}.$$

证 * 不妨设 $F'_y(x_0,y_0)>0$. 证明可按存在性、连续性、光滑性三步完成.

(1) **存在性**

由 $F(x,y), F'_y(x,y)$ 在 (x_0,y_0) 附近的连续性可知，存在 $\delta>0$, 使当

$$|x-x_0|\le\delta,\quad |y-y_0|\le\delta$$

时， $F(x,y), F'_y(x,y)$ 连续且

$$F'_y(x,y)>0.$$

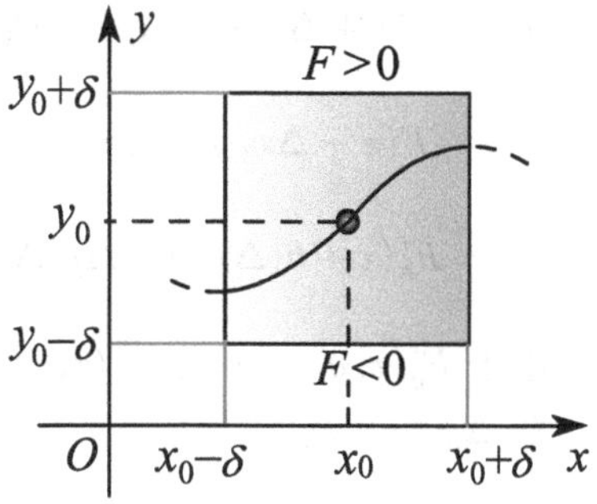

图 4.4

由 $F'_y(x_0,y)>0$, $F(x_0,y_0)=0$ 可知，

$$F(x_0,y_0+\delta)>0,\quad F(x_0,y_0-\delta)<0.$$

因此，根据 $F(x,y)$ 的连续性，可设 $|x-x_0|\le\delta$ 时，

$$F(x,y_0+\delta)>0,\quad F(x,y_0-\delta)<0.$$

于是由连续函数介值定理，当 $|x-x_0|\le\delta$ 时，存在 $\xi\in(y_0-\delta,y_0+\delta)$, 使得

$$F(x,\xi)=0.$$

由 $F'_y(x,y)>0$ 可知，ξ 是惟一的．因此，$x\mapsto\xi$ 是一个函数，故可记为 $y=f(x)$. 换句话说，当 $|x-x_0|\le\delta$ 时，惟一存在函数 $y=f(x)$, 使得

$$F(x,f(x))\equiv 0\text{且 }|f(x)-y_0|\le\delta.$$

(2) **连续性** 设 $|x_n-x_0|\le\delta, x_n\to X, f(x_n)\to Y$, 则有

$$F(x_n,f(x_n))=0.$$

据此由 $F(x,y)$ 的连续性可知，$F(X,Y)=0$. 这表明 $Y=f(X)$, 从而根据海因定理可知，$y=f(x)$ 是 $[x_0-\delta,x_0+\delta]$ 上的连续函数.

(3) **光滑性** 设 $x,x+\Delta x\in[x_0-\delta,x_0+\delta],\Delta y=f(x+\Delta x)-f(x)$, 则

$$y+\Delta y=f(x)+\Delta y=f(x+\Delta x).$$

故 $F(x,y)=0,F(x+\Delta x,y+\Delta y)=0$. 于是

$$\begin{aligned}0&=F(x+\Delta x,y+\Delta y)-F(x,y)\\&=[F(x+\Delta x,y+\Delta y)-F(x,y+\Delta y)]+[F(x,y+\Delta y)-F(x,y)]\\&=F'_x(x+\theta_1\Delta x,y+\Delta y)\Delta x+F'_y(x,y+\theta_2\Delta y)\Delta y.\end{aligned}$$

由于 $F'_y(x,y)>0$, 且 $F_x(x,y),F_y(x,y),y=f(x)$ 连续，所以，当 $\Delta x\to 0$ 时，有 $\Delta y\to 0$ 及

$$\frac{\Delta y}{\Delta x}=-\frac{F'_x(x+\theta_1\Delta x,y+\Delta y)}{F'_y(x,y+\theta_2\Delta y)}\to-\frac{F'_x(x,y)}{F'_y(x,y)}.$$

因此，$y=f(x)$ 在 $[x_0-\delta,x_0+\delta]$ 上连续可导且 $f'(x)=-\dfrac{F'_x(x,y)}{F'_y(x,y)}$.

更为一般的隐函数定理是

定理 4.5 设 $x=(x_1,\cdots,x_n), y=(y_1,\cdots,y_m)$, 若函数

$$F(x,y)=(F_1(x,y),\cdots,F_m(x,y))$$

在 (x_0,y_0) 附近连续可导，且

$$F(x_0,y_0)=0,\quad \left.\frac{\partial(F_1,\cdots,F_m)}{\partial(y_1,\cdots,y_m)}\right|_{(x_0,y_0)}\neq 0,$$

则在 (x_0,y_0) 点的某个邻域内，惟一存在连续可导函数 $y=f(x)$, 使得

$$F(x,f(x))\equiv 0,$$

且当 $1\leq i\leq n$, $1\leq j\leq m$ 时，恒有

$$\frac{\partial y_j}{\partial x_i}=-\frac{\partial(F_1,\cdots,F_m)}{\partial(y_1,\cdots,y_{j-1},x_i,y_{j+1},\cdots,y_m)}\Bigg/\frac{\partial(F_1,\cdots,F_m)}{\partial(y_1,\cdots,y_m)}.$$

隐函数求导公式的特征可概括为：**雅可比，变分子；** A **导** B, A **换** B. 公式的分母是方程组

$$\begin{cases}F_1(x,y)=0\\ F_2(x,y)=0\\ \cdots,\\ F_m(x,y)=0\end{cases}$$

的表示函数 $F_1,F_2,\cdots,F_m$ 关于因变量 $y_1,y_2,\cdots,y_m$ 的雅可比，即

$$\frac{\partial(F_1,\cdots,F_m)}{\partial(y_1,\cdots,y_m)}=\begin{vmatrix}\dfrac{\partial F_1}{\partial y_1} & \cdots & \dfrac{\partial F_1}{\partial y_m}\\ \cdots & \cdots & \cdots\\ \dfrac{\partial F_m}{\partial y_1} & \cdots & \dfrac{\partial F_m}{\partial y_m}\end{vmatrix}$$

因变量的个数应该等于方程的个数. **需要计算 y_j 关于 x_i 的偏导时，只要将分母雅可比中的 y_j 换为 x_i 即可得到 $\dfrac{\partial y_j}{\partial x_i}$ 对应的分子雅可比.**

例 4.15 设

$$\begin{cases}F(x,y,z)=0\\ G(x,y,z)=0\end{cases}$$

满足隐函数定理的条件，试求 $\dfrac{\mathrm{d}y}{\mathrm{d}x}, \dfrac{\mathrm{d}z}{\mathrm{d}x}$.

证 按照题意，因变量为 y, z, 自变量为 x. 按照定理 4.5, 分母雅可比为 $\dfrac{\partial(F,G)}{\partial(y,z)}$. 如果计算 $\dfrac{\mathrm{d}y}{\mathrm{d}x}$, 则可将分母雅可比中的 y 换为 x, 这样便可以得到分子雅可比，即 $\dfrac{\partial(F,G)}{\partial(x,z)}$.

由此可知，

$$\frac{\mathrm{d}y}{\mathrm{d}x} = -\frac{\partial(F,G)}{\partial(x,z)} \Big/ \frac{\partial(F,G)}{\partial(y,z)}.$$

如果计算 $\dfrac{\mathrm{d}z}{\mathrm{d}x}$, 则可将分母雅可比中的 z 换为 x, 这样便可以得到分子雅可比，即 $\dfrac{\partial(F,G)}{\partial(y,x)}$.

由此可知，

$$\frac{\mathrm{d}z}{\mathrm{d}x} = -\frac{\partial(F,G)}{\partial(y,x)} \Big/ \frac{\partial(F,G)}{\partial(y,z)}.$$

例 4.16 设

$$\begin{cases} F(x,y,u,v) = 0 \\ G(x,y,u,v) = 0 \end{cases}$$

满足隐函数定理的条件，试求 $\dfrac{\partial u}{\partial x}, \dfrac{\partial v}{\partial y}$.

证 按照题意，因变量为 u, v, 自变量为 x, y. 按照定理 4.5, 分母雅可比为 $\dfrac{\partial(F,G)}{\partial(u,v)}$. 于是 $\dfrac{\partial u}{\partial x}$ 对应的分子雅可比是将分母雅可比中的 u 换为 x, 即 $\dfrac{\partial(F,G)}{\partial(x,v)}$. 由此可得，

$$\frac{\partial u}{\partial x} = -\frac{\partial(F,G)}{\partial(x,v)} \Big/ \frac{\partial(F,G)}{\partial(u,v)}.$$

同理 $\dfrac{\partial v}{\partial y}$ 对应的分子雅可比是将分母雅可比中的 v 换为 y, 即 $\dfrac{\partial(F,G)}{\partial(u,y)}$. 由此可得，

$$\frac{\partial v}{\partial y} = -\frac{\partial(F,G)}{\partial(u,y)} \Big/ \frac{\partial(F,G)}{\partial(u,v)}.$$

例 4.17 设 $y=g(x,z)$, 而 z 是由方程 $f(x-z,xy)=0$ 所确定的 x,y 的函数, 求 $\dfrac{\mathrm{d}z}{\mathrm{d}x}$.

解 令

$$\begin{cases}F(x,y,z)=y-g(x,z)=0,\\ G(x,y,z)=f(x-z,xy)=0.\end{cases}$$

按照题意自变量为 x, 因变量为 y,z. 于是有

$$\begin{aligned}\frac{\mathrm{d}z}{\mathrm{d}x}&=-\frac{\partial(F,G)}{\partial(y,x)}\Big/\frac{\partial(F,G)}{\partial(y,z)}\\ &=-\begin{vmatrix}1 & -g'_x\\ xf'_2 & f'_1+yf'_2\end{vmatrix}\Big/\begin{vmatrix}1 & -g'_z\\ xf'_2 & -f'_1\end{vmatrix}=-\frac{f'_1+yf'_2+xf'_2\cdot g'_x}{-f'_1+xf'_2\cdot g'_z}.\end{aligned}$$

例 4.18 设 $y=f(x,t)$, 而 t 是由方程 $F(x,y,t)=0$ 所确定的 x,y 的函数, 求 $\dfrac{\mathrm{d}y}{\mathrm{d}x}$.

解 1 (公式法) 记 $\begin{cases}F(x,y,t)=0\\ G(x,y,t)=y-f(x,t)=0\end{cases}$. 按照题意自变量为 x, 因变量为 y,t. 于是有

$$\begin{aligned}\frac{\mathrm{d}y}{\mathrm{d}x}&=-\frac{\partial(F,G)}{\partial(x,t)}\Big/\frac{\partial(F,G)}{\partial(y,t)}\\ &=-\begin{vmatrix}F'_x & F'_t\\ -f'_x & -f'_t\end{vmatrix}\Big/\begin{vmatrix}F'_y & F'_t\\ 1 & -f'_t\end{vmatrix}=\frac{F'_t\cdot f'_x-F'_x\cdot f'_t}{F'_t+F'_y\cdot f'_t}.\end{aligned}$$

解 2 (复合函数求导法) 视 y,t 为 x 的一元函数, 两个方程的两端分别关于 x 求导, 得

$$\begin{cases}\dfrac{\mathrm{d}y}{\mathrm{d}x}=f'_x+f'_t\dfrac{\mathrm{d}t}{\mathrm{d}x},\\ F'_x+F'_y\dfrac{\mathrm{d}y}{\mathrm{d}x}+F'_t\dfrac{\mathrm{d}t}{\mathrm{d}x}=0.\end{cases}$$

按照线性方程组的求解公式, 有

$$\frac{\mathrm{d}y}{\mathrm{d}x}=\begin{vmatrix}f'_x & -f'_t\\ -F'_x & F'_t\end{vmatrix}\Big/\begin{vmatrix}1 & -f'_t\\ F'_y & F'_t\end{vmatrix}=\frac{F'_t\cdot f'_x-F'_x\cdot f'_t}{F'_t+F'_y\cdot f'_t}.$$

解 3 (微分法) 两个方程分别取微分，有

$$\begin{cases} \mathrm{d}y = f'_x\mathrm{d}x + f'_t\mathrm{d}t, \\ F'_x\mathrm{d}x + F'_y\mathrm{d}y + F'_t\mathrm{d}t = 0. \end{cases}$$

消去 dz 可得

$$\mathrm{d}y = \frac{F'_t \cdot f'_x - F'_x \cdot f'_t}{F'_t + F'_y \cdot f'_t}\mathrm{d}x.$$

例 4.19 设 $z = f(x, y)$, 而 y 是由方程 $g(x, y) = 0$ 所确定的 x 的函数 (f 及 g 均有连续的二阶偏导数), 求 $\dfrac{\mathrm{d}^2 z}{\mathrm{d}x^2}$.

解 由 $z = f(x, y)$ 可得

$$\frac{\mathrm{d}z}{\mathrm{d}x} = f'_x + f'_y y', \quad \frac{\mathrm{d}^2 z}{\mathrm{d}x^2} = f''_{xx} + 2f''_{xy}y' + f''_{yy}y'^2 + f'_y y''.$$

由 $g(x, y) = 0$ 可得

$$y' = -\frac{g'_x}{g'_y}, \quad y'' = -\frac{1}{g'^2_y}\Big[g'_y(g''_{xx} + g''_{xy}y') - g'_x(g''_{xy} + g''_{yy}y')\Big]$$

$$= -\frac{1}{g'^3_y}\Big[g'^2_y g''_{xx} - 2g'_x g'_y g''_{xy} + g'^2_x g''_{yy}\Big].$$

故有

$$\frac{\mathrm{d}^2 z}{\mathrm{d}x^2} = f''_{xx} - 2f''_{xy}\frac{g'_x}{g'_y} + f''_{yy}\left(\frac{g'_x}{g'_y}\right)^2 - \frac{f'_y}{g'^3_y}\Big[g'^2_y g''_{xx} - 2g'_x g'_y g''_{xy} + g'^2_x g''_{yy}\Big].$$

例 4.20 设 $\begin{cases} x^2 + y^2 - uv = 0 \\ xy - u^2 + v^2 = 0 \end{cases}$ 确定 $\begin{cases} u = u(x, y) \\ v = v(x, y) \end{cases}$, 求偏导数.

解 设 $F(x, y, u, v) = x^2 + y^2 - uv, \quad G(x, y, u, v) = xy - u^2 + v^2$, 则有

$$\frac{\partial(F, G)}{\partial(u, v)} = \begin{vmatrix} -v & -u \\ -2u & 2v \end{vmatrix} = -2(u^2 + v^2).$$

于是

$$\frac{\partial u}{\partial x} = -\frac{\partial(F, G)}{\partial(x, v)} \Big/ \frac{\partial(F, G)}{\partial(u, v)} = \frac{1}{2(u^2 + v^2)}\begin{vmatrix} 2x & -u \\ y & 2v \end{vmatrix} = \frac{4xv + uy}{2(u^2 + v^2)},$$

$$\frac{\partial u}{\partial y}=-\frac{\partial(F,G)}{\partial(y,v)}\Big/\frac{\partial(F,G)}{\partial(u,v)}=\frac{1}{2(u^2+v^2)}\begin{vmatrix}2y & -u\\ x & 2v\end{vmatrix}=\frac{4yv+ux}{2(u^2+v^2)},$$

$$\frac{\partial v}{\partial x}=-\frac{\partial(F,G)}{\partial(u,x)}\Big/\frac{\partial(F,G)}{\partial(u,v)}=\frac{1}{2(u^2+v^2)}\begin{vmatrix}-v & 2x\\ -2u & y\end{vmatrix}=\frac{4xu-yv}{2(u^2+v^2)},$$

$$\frac{\partial v}{\partial y}=-\frac{\partial(F,G)}{\partial(u,y)}\Big/\frac{\partial(F,G)}{\partial(u,v)}=\frac{1}{2(u^2+v^2)}\begin{vmatrix}-v & 2x\\ -2u & y\end{vmatrix}=\frac{4yu-xv}{2(u^2+v^2)}.$$

2. 反函数定理

定理 4.6 (雅可比法则) 设函数

$$z_i=z_i(y_1,\cdots,y_n),\quad y_i=y_i(x_1,\cdots,x_n),\quad (i=1,\cdots,n)$$

在拟讨论点附近连续可导，则

$$\frac{\partial(z_1,\cdots,z_n)}{\partial(x_1,\cdots,x_n)}=\frac{\partial(z_1,\cdots,z_n)}{\partial(y_1,\cdots,y_n)}\cdot\frac{\partial(y_1,\cdots,y_n)}{\partial(x_1,\cdots,x_n)}.$$

证 * 按照复合函数求导法则，有 $\dfrac{\partial z_i}{\partial x_j}=\sum_{k=1}^n\dfrac{\partial z_i}{\partial y_k}\dfrac{\partial y_k}{\partial x_j}$. 据此利用行列式的乘法法则可得原命题成立.

特别，当 $n=2$ 时，有

$$\frac{\partial(z_1,z_2)}{\partial(x_1,x_2)}=\begin{vmatrix}\dfrac{\partial z_1}{\partial x_1} & \dfrac{\partial z_1}{\partial x_2}\\ \dfrac{\partial z_2}{\partial x_1} & \dfrac{\partial z_2}{\partial x_2}\end{vmatrix}=\begin{vmatrix}\dfrac{\partial z_1}{\partial u_1}\dfrac{\partial u_1}{\partial x_1}+\dfrac{\partial z_1}{\partial u_2}\dfrac{\partial u_2}{\partial x_1} & \dfrac{\partial z_1}{\partial u_1}\dfrac{\partial u_1}{\partial x_2}+\dfrac{\partial z_1}{\partial u_2}\dfrac{\partial u_2}{\partial x_2}\\ \dfrac{\partial z_2}{\partial u_1}\dfrac{\partial u_1}{\partial x_1}+\dfrac{\partial z_2}{\partial u_2}\dfrac{\partial u_2}{\partial x_1} & \dfrac{\partial z_2}{\partial u_1}\dfrac{\partial u_1}{\partial x_2}+\dfrac{\partial z_2}{\partial u_2}\dfrac{\partial u_2}{\partial x_2}\end{vmatrix}$$

$$=\begin{vmatrix}\dfrac{\partial z_1}{\partial u_1} & \dfrac{\partial z_1}{\partial u_2}\\ \dfrac{\partial z_2}{\partial u_1} & \dfrac{\partial z_2}{\partial u_2}\end{vmatrix}\cdot\begin{vmatrix}\dfrac{\partial u_1}{\partial x_1} & \dfrac{\partial u_1}{\partial x_2}\\ \dfrac{\partial u_2}{\partial x_1} & \dfrac{\partial u_2}{\partial x_2}\end{vmatrix}=\frac{\partial(z_1,z_2)}{\partial(u_1,u_2)}\cdot\frac{\partial(u_1,u_2)}{\partial(x_1,x_2)}.$$

定理 4.7 (反函数定理) 设函数

$$y_i=y_i(x_1,\cdots,x_n),\quad (i=1,\cdots,n)$$

在拟讨论点附近连续可导且 $\dfrac{\partial(y_1,\cdots,y_n)}{\partial(x_1,\cdots,x_n)}\neq 0$, 则在该点附近反函数

$$x_i=x_i(y_1,\cdots,y_n),\quad (i=1,\cdots,n)$$

存在且连续可导，并有

(1) $\dfrac{\partial x_i}{\partial y_j}=(-1)^{i+j}\dfrac{\partial(y_1,\cdots,y_{j-1},y_{j+1},\cdots,y_n)}{\partial(x_1,\cdots,x_{i-1},x_{i+1},\cdots,x_n)}\Big/\dfrac{\partial(y_1,\cdots,y_n)}{\partial(x_1,\cdots,x_n)}$

(2) $\dfrac{\partial(x_1,\cdots,x_n)}{\partial(y_1,\cdots,y_n)}=1\Big/\dfrac{\partial(y_1,\cdots,y_n)}{\partial(x_1,\cdots,x_n)}$

证* 令 $F_i(y_1,\cdots,y_n,x_1\cdots,x_n)=y_i(x_1,\cdots,x_n)-y_i$, 则

$$\frac{\partial(F_1,\cdots,F_n)}{\partial(x_1,\cdots,x_n)}=\frac{\partial(y_1,\cdots,y_n)}{\partial(x_1,\cdots,x_n)}\neq 0.$$

于是，由隐函数定理可知，方程组

$$\begin{cases}F_1(y_1,\cdots,y_n,x_1\cdots,x_n)=0,\\ F_2(y_1,\cdots,y_n,x_1\cdots,x_n)=0,\\ \cdots\cdots\cdots\cdots\cdots\cdots\cdots\cdots\\ F_n(y_1,\cdots,y_n,x_1\cdots,x_n)=0\end{cases}$$

惟一存在隐函数

$$x_i=x_i(y_1,\cdots,y_n),\quad (i=1,\cdots,n)$$

且

$$\begin{aligned}\frac{\partial x_i}{\partial y_j}&=-\frac{\partial(F_1,\cdots,\cdots,F_n)}{\partial(x_1,\cdots,x_{i-1},y_j,x_{i+1},\cdots,x_n)}\Big/\frac{\partial(F_1,\cdots,F_n)}{\partial(x_1,\cdots,x_n)}\\&=(-1)^{i+j}\frac{\partial(y_1,\cdots,y_{j-1},y_{j+1},\cdots,y_n)}{\partial(x_1,\cdots,x_{i-1},x_{i+1},\cdots,x_n)}\Big/\frac{\partial(y_1,\cdots,y_n)}{\partial(x_1,\cdots,x_n)}.\end{aligned}$$

这里，$\dfrac{\partial x_i}{\partial y_j}$ **对应的分子雅可比由分母雅可比划掉** x_i,y_j **获得**.

(2) 由雅可比法则，有

$$\frac{\partial(x_1,\cdots,x_n)}{\partial(y_1,\cdots,y_n)}\cdot\frac{\partial(y_1,\cdots,y_n)}{\partial(x_1,\cdots,x_n)}=1.$$

由此可知，原命题成立.

例 4.21 设函数 $x=x(u,v)$, $y=y(u,v)$ 在 (u,v) 附近连续可导且 $\dfrac{\partial(x,y)}{\partial(u,v)}\neq 0$, 证明在 (u,v) 附近反函数 $u=u(x,y),v=v(x,y)$ 存在，并求 $\dfrac{\partial u}{\partial x},\dfrac{\partial u}{\partial y},\dfrac{\partial v}{\partial x},\dfrac{\partial v}{\partial y}$.

证 由于 $\dfrac{\partial(x,y)}{\partial(u,v)}\neq 0$, 所以根据反函数定理可知, 反函数 $u=u(x,y), v=v(x,y)$ 存在. 从分母雅可比 $\dfrac{\partial(x,y)}{\partial(u,v)}$ 中去掉 x,u 可得 $\dfrac{\partial u}{\partial x}$ 的分子雅可比为 $\dfrac{\partial y}{\partial v}$, 因此

$$\frac{\partial u}{\partial x}=(-1)^{1+1}\frac{\partial y}{\partial v}\Big/\frac{\partial(x,y)}{\partial(u,v)}.$$

从分母雅可比 $\dfrac{\partial(x,y)}{\partial(u,v)}$ 中去掉 x,v 可得 $\dfrac{\partial v}{\partial x}$ 的分子雅可比为 $\dfrac{\partial y}{\partial u}$, 因此

$$\frac{\partial v}{\partial x}=(-1)^{1+2}\frac{\partial y}{\partial v}\Big/\frac{\partial(x,y)}{\partial(u,v)}.$$

同理可得

$$\frac{\partial u}{\partial y}=(-1)^{2+1}\frac{\partial x}{\partial v}\Big/\frac{\partial(x,y)}{\partial(u,v)},\quad \frac{\partial v}{\partial y}=(-1)^{2+2}\frac{\partial x}{\partial u}\Big/\frac{\partial(x,y)}{\partial(u,v)}.$$

例 4.22 设函数 $x=r\cos\theta,\ y=r\sin\theta$, 求 $\dfrac{\partial r}{\partial x},\dfrac{\partial r}{\partial y},\dfrac{\partial \theta}{\partial x},\dfrac{\partial \theta}{\partial y}$.

解 1 (解出法) 由 $x=r\cos\theta,\ y=r\sin\theta$ 可得,

$$r=\sqrt{x^2+y^2},\ \theta=\arctan\frac{y}{x}.$$

据此可知, $\dfrac{\partial r}{\partial x}=\dfrac{x}{r},\quad \dfrac{\partial r}{\partial y}=\dfrac{y}{r},\quad \dfrac{\partial \theta}{\partial x}=-\dfrac{y}{r^2},\quad \dfrac{\partial \theta}{\partial y}=\dfrac{x}{r^2}.$

解 2 (微分法) 由 $x=r\cos\theta,\ y=r\sin\theta$ 微分可得,

$$\mathrm{d}x=\cos\theta\,\mathrm{d}r-r\sin\theta\,\mathrm{d}\theta,\ \mathrm{d}y=\sin\theta\,\mathrm{d}r+r\cos\theta\,\mathrm{d}\theta.$$

于是 $\mathrm{d}r=\dfrac{x}{r}\,\mathrm{d}x+\dfrac{y}{r}\,\mathrm{d}y,\ \mathrm{d}\theta=-\dfrac{y}{r^2}\,\mathrm{d}x+\dfrac{x}{r^2}\,\mathrm{d}y.$

解 3 (隐函数法) 令

$$F(x,y,r,\theta)\equiv x-r\cos\theta=0,\ G(x,y,r,\theta)\equiv y-r\sin\theta=0,$$

则

$$\frac{\partial r}{\partial x}=-\frac{\partial(F,G)}{\partial(x,\theta)}\Big/\frac{\partial(F,G)}{\partial(r,\theta)}=\frac{x}{r},\qquad \frac{\partial r}{\partial y}=-\frac{\partial(F,G)}{\partial(y,\theta)}\Big/\frac{\partial(F,G)}{\partial(r,\theta)}=\frac{y}{r},$$

$$\frac{\partial\theta}{\partial x}=-\frac{\partial(F,G)}{\partial(r,x)}\Big/\frac{\partial(F,G)}{\partial(r,\theta)}=-\frac{y}{r^2},\qquad \frac{\partial\theta}{\partial y}=-\frac{\partial(F,G)}{\partial(r,y)}\Big/\frac{\partial(F,G)}{\partial(r,\theta)}=\frac{x}{r^2}.$$

解 4 (反函数法)

$$\frac{\partial r}{\partial x}=(-1)^{1+1}\frac{\partial y}{\partial\theta}\Big/\frac{\partial(x,y)}{\partial(r,\theta)}=\frac{x}{r},\qquad \frac{\partial r}{\partial y}=(-1)^{2+1}\frac{\partial x}{\partial\theta}\Big/\frac{\partial(x,y)}{\partial(r,\theta)}=\frac{y}{r},$$

$$\frac{\partial\theta}{\partial x}=(-1)^{1+2}\frac{\partial y}{\partial r}\Big/\frac{\partial(x,y)}{\partial(r,\theta)}=-\frac{y}{r^2},\qquad \frac{\partial\theta}{\partial y}=(-1)^{2+2}\frac{\partial x}{\partial r}\Big/\frac{\partial(x,y)}{\partial(r,\theta)}=\frac{x}{r^2}.$$

习 题 9.4 A

1. 设 f 具有二阶连续偏导数，求函数 $z=f(xy,\dfrac{y}{x})$ 的二阶偏导数.

2. 设 f 二阶连续可微，求函数 $z=f(\sin(x+y),x-y)$ 的二阶偏导数.

3. 设 $u=z\arctan\dfrac{y}{x}$, 证明 $\dfrac{\partial^2u}{\partial x^2}+\dfrac{\partial^2u}{\partial y^2}+\dfrac{\partial^2u}{\partial z^2}=0$.

4. 设 $\begin{cases}u=f(ux,\sqrt{v^2+y^2})\\ v=g(u-x,v^2y)\end{cases}$, 其中 f,g 具有一阶连续偏导数, 求 $\dfrac{\partial u}{\partial x},\dfrac{\partial v}{\partial x}$.

5. 设 $f(x,y,z)$ 是 k 次齐次函数，证明 $x\dfrac{\partial f}{\partial x}+y\dfrac{\partial f}{\partial y}+z\dfrac{\partial f}{\partial z}=kf$.

6. 求下列方程所确定的隐函数的导数或偏导数:

(1) $\sin y-\mathrm{e}^x-xy^2=0$, 求 $\dfrac{\mathrm{d}y}{\mathrm{d}x}$; (2) $\mathrm{e}^{x+y+z}-xyz=1$, 求 $\dfrac{\partial z}{\partial x},\dfrac{\partial z}{\partial y}$;

(3) $x^3-3xyz=0$, 求 $\dfrac{\partial z}{\partial x},\dfrac{\partial z}{\partial y}$; (4) $\ln(1+\sqrt{x^2+y^2})=\arctan\dfrac{y}{x}$, 求 $\dfrac{\mathrm{d}^2y}{\mathrm{d}x^2}$;

(5) $z=\sqrt{x^2+y^2}\tan\dfrac{z}{\sqrt{x^2+y^2}}$, 求 $\dfrac{\partial^2z}{\partial x^2}$.

7. 求下列方程组所确定的隐函数的导数或偏导数:

(1) $\begin{cases}z=x^2+y^2,\\ x^2+2y^2+3z^2=20,\end{cases}$ 求 $\dfrac{\mathrm{d}z}{\mathrm{d}x}$;

(2) $\begin{cases} x = v\sin u + u\cos v \\ y = v\cos u - u\sin v, \end{cases}$ 求 $\dfrac{\partial u}{\partial x}, \dfrac{\partial u}{\partial y}, \dfrac{\partial v}{\partial x}, \dfrac{\partial v}{\partial y}$;

(3) 设 $\begin{cases} x = \mathrm{e}^u + u\sin v, \\ y = \mathrm{e}^u - u\cos v, \end{cases}$ 求 $\dfrac{\partial u}{\partial x}, \dfrac{\partial u}{\partial y}, \dfrac{\partial v}{\partial x}, \dfrac{\partial v}{\partial y}$.

8. 设 $z = f(x-y, y\sin x)$, 其中 f 具有连续的二阶偏导数, 求 $\dfrac{\partial^2 z}{\partial x\partial y}$.

9. 设 $u = f(x+y+z, x^2+y^2+z^2)$, 求 $\Delta u = \dfrac{\partial^2 u}{\partial x^2} + \dfrac{\partial^2 u}{\partial y^2} + \dfrac{\partial^2 u}{\partial z^2}$.

10. 设由方程 $f(x+y, y+z) = 0$ 所确定的函数为 $z = z(x, y)$, 求 $\dfrac{\partial^2 z}{\partial x^2}$.

11. 设 $z = f(u)$ 为可微函数, $\varphi'(u), p(u)$ 为连续函数且 $\varphi'(u) \neq 1$, 若 $u = \varphi(u) + \displaystyle\int_y^x p(t)\mathrm{d}t$, 求 $p(x)\dfrac{\partial z}{\partial y} + p(y)\dfrac{\partial z}{\partial x}$.

12. 设 $u = f(x, y)$, $v = g(x, y, u)$, $w = h(x, u, v)$, 求 $\dfrac{\partial w}{\partial x}, \dfrac{\partial w}{\partial y}$.

13. 设 $u = f(x, y, z)$, $v = g(x, y, u)$, $w = h(x, u, v)$, 求 $\dfrac{\partial w}{\partial x}, \dfrac{\partial w}{\partial y}, \dfrac{\partial w}{\partial z}$.

14. 设 f 具有二阶连续偏导数且 $z = xf(\dfrac{y}{x}) + (x-1)y\ln x$, 证明

$$x^2\frac{\partial^2 z}{\partial x^2} - y^2\frac{\partial^2 z}{\partial y^2} = (x+1)y.$$

习 题 9.4 B

1. 在微分表达式 $\left(\dfrac{\partial z}{\partial x}\right)^2 + \left(\dfrac{\partial z}{\partial y}\right)^2$ 中, 作变量代换 $x = uv$, $y = \dfrac{1}{2}(u^2 - v^2)$, 求变换后的表达式.

2. 在方程 $\dfrac{\partial^2 z}{\partial x^2} + 2\dfrac{\partial^2 z}{\partial x\partial y} + \dfrac{\partial^2 z}{\partial y^2} = 0$ 中作代换 $u = x+y$, $v = x-y$, $w = xy - z$, 将 w 看作 u, v 的函数, 求代换后的方程.

3. 通过代换 $x = \mathrm{e}^u\cos\theta$, $y = \mathrm{e}^u\sin\theta$, 变换方程 $\dfrac{\partial^2 z}{\partial x^2} + \dfrac{\partial^2 z}{\partial y^2} = 0$.

4. 设 $u = f(x,y)$ 具有二阶连续偏导数，若 $x = \xi\cos\alpha - \eta\sin\alpha$, $y = \xi\sin\alpha + \eta\cos\alpha$, 证明

$$\left(\frac{\partial u}{\partial x}\right)^2 + \left(\frac{\partial u}{\partial y}\right)^2 = \left(\frac{\partial u}{\partial \xi}\right)^2 + \left(\frac{\partial u}{\partial \eta}\right)^2;\quad \frac{\partial^2 u}{\partial x^2} + \frac{\partial^2 u}{\partial y^2} = \frac{\partial^2 u}{\partial \xi^2} + \frac{\partial^2 u}{\partial \eta^2}.$$

5. 设 $u = u(x,y,z)$, $x = r\cos\varphi\sin\theta$, $y = r\sin\varphi\sin\theta$, $z = r\cos\theta$, 证明

(1) 当 $x\dfrac{\partial u}{\partial x} + y\dfrac{\partial u}{\partial y} + z\dfrac{\partial u}{\partial z} = 0$ 时， u 仅是 θ, φ 的函数;

(2) 当 $\dfrac{1}{x}\dfrac{\partial u}{\partial x} = \dfrac{1}{y}\dfrac{\partial u}{\partial y} = \dfrac{1}{z}\dfrac{\partial u}{\partial z}$ 时， u 仅是 r 的函数.

6. 设 $u = f(x,y,z)$ 具有二阶连续偏导数, 若 $x = r\cos\theta, y = r\sin\theta, z = z$, 证明

$$\frac{\partial^2 u}{\partial x^2} + \frac{\partial^2 u}{\partial y^2} + \frac{\partial^2 u}{\partial z^2} = \frac{1}{r}\frac{\partial}{\partial r}\left(r\frac{\partial u}{\partial r}\right) + \frac{1}{r^2}\frac{\partial^2 u}{\partial \theta^2} + \frac{\partial^2 u}{\partial z^2}.$$

7. 证明由方程 $F(x,y) = 0$ 所确定的函数 $y = y(x)$ 的二阶导数为

$$y'' = -\frac{F''_{xx}F'^2_y - 2F''_{xy}F'_xF'_y + F''_{yy}F'^2_x}{F'^3_y}.$$

8. 设 g 是二次可微函数， f 具有连续的二阶偏导数，若 $u = g(f(x,y))$, 证明 $\dfrac{\partial^2 u}{\partial x\partial y} = \dfrac{\partial^2 u}{\partial y\partial x}$.

9. 设 $u = f(g(x),h(y))$, 其中 g,h 是二次可微函数， f 具有连续的二阶偏导数，证明 $\dfrac{\partial^2 u}{\partial x\partial y} = \dfrac{\partial^2 u}{\partial y\partial x}$.

10. 利用变量代换 $u = xy$, $v = x - y$, 化简微分方程

$$\frac{1}{(x+y)^2}\left(\frac{\partial^2 z}{\partial x^2} + 2\frac{\partial^2 z}{\partial x\partial y} + \frac{\partial^2 z}{\partial y^2}\right) - \frac{1}{(x+y)^3}\left(\frac{\partial z}{\partial x} + \frac{\partial z}{\partial y}\right) = 0.$$

11. 设 $\varphi(u)$ 是二阶可导函数，若 $z = \varphi\left(\dfrac{y}{x}\right)$, 证明

$$x^2\frac{\partial^2 z}{\partial x^2} + 2xy\frac{\partial^2 z}{\partial x\partial y} + y^2\frac{\partial^2 z}{\partial y^2} = 0.$$

12. 设 f,g 具有二阶连续偏导数且 $z = f(g(xy, x^2+y^2), x)$, 求 $\dfrac{\partial^2 z}{\partial x^2}$.

13. 设 $\begin{cases} u = f(ux, \cos(v+y)), \\ v = g(\sin(u-x), vy), \end{cases}$ 其中 f, g 具有一阶连续偏导数，计算 $\dfrac{\partial u}{\partial x}, \dfrac{\partial u}{\partial y}, \dfrac{\partial v}{\partial x}, \dfrac{\partial v}{\partial y}$.

14. 设 $z=f(x,y)$, 而 y是由方程 $\dfrac{x}{y}=\ln\dfrac{y}{z}$ 所确定的 x, z的函数，求 $\dfrac{\mathrm{d}z}{\mathrm{d}x}$.

15. 设函数 $u = f(x,y,z)$ 有连续的偏导数，且函数 $z = z(x,y)$ 由方程 $x\mathrm{e}^x - y\mathrm{e}^y = z\mathrm{e}^z$ 确定，求 $\mathrm{d}u$.

16. 设 $u = u(x,y)$, $v = v(x,y)$ 是由方程组 $\begin{cases} \sqrt{x^2+y^2} - uv = 0 \\ xy - u^2 + v^2 = 0 \end{cases}$ 所确定的函数，求 $\dfrac{\partial u}{\partial y}, \dfrac{\partial v}{\partial y}$.

17. 设 $z = z(x,y)$ 是由方程 $f(x+y, y+z) = 0$ 所确定的隐函数，求 $\dfrac{\partial^2 z}{\partial x^2}, \dfrac{\partial^2 z}{\partial y^2}$.

18. 设 $z = f(2x+3y, \dfrac{x}{y})$, 其中 $f(u,v)$ 具有连续的二阶偏导数，求 $\dfrac{\partial^2 z}{\partial x \partial y}$.

19. 已知方程组 $\begin{cases} x = u + v + w \\ y = u^2 + v^2 + w^2 \\ z = u^3 + v^3 + w^3 \end{cases}$ 确定 u, v, w 为 x, y, z 的函数，求 $\dfrac{\partial u}{\partial x}, \dfrac{\partial v}{\partial y}, \dfrac{\partial w}{\partial z}$.

20. 视 w 为 u, v 的函数，利用变量代换 $u = yz - x$, $v = xz - y$, $w = xy - z$ 变换方程 $(xy+z)\dfrac{\partial z}{\partial x} + (1-y^2)\dfrac{\partial z}{\partial y} = x + yz$.

21. 通过代换 $u = \ln\sqrt{x^2+y^2}$, $v = \arctan\dfrac{y}{x}$ 变换方程

$$(x+y)\,\frac{\partial z}{\partial x} - (x-y)\,\frac{\partial z}{\partial y} = 0.$$

22. 设 $z = x\,f(x+y) + y\,g(x+y)$, 其中 f, g 都是二次可微函数，证明：

$$\frac{\partial^2 z}{\partial x^2} - 2\frac{\partial^2 z}{\partial x \partial y} + \frac{\partial^2 z}{\partial y^2} = 0.$$

23. 设 $f(x,t)=\int_0^{g(x,t)} \mathrm{e}^{u^2}\,\mathrm{d}u$, 其中 $g(x,t)=\dfrac{x}{2\sqrt{kt}}$, ($k$ 为正常数), 试证 $f(x,t)$ 满足热传导方程 $k\dfrac{\partial^2 f}{\partial x^2}=-\dfrac{\partial f}{\partial t}$.

24. 设函数 $z=z(x,y)$ 由方程 $F\big(x+\dfrac{z}{y},\ y+\dfrac{z}{x}\big)=0$ 确定，证明

$$x\frac{\partial z}{\partial x}+y\frac{\partial z}{\partial y}=z-xy.$$

25. 通过代换 $u=x^2+y^2$, $v=\dfrac{1}{x}+\dfrac{1}{y}$, $w=\ln z-(x+y)$ 变换方程 (视 w 为 u,v 的函数)

$$y\,\frac{\partial z}{\partial x}-x\,\frac{\partial z}{\partial y}=(y-x)z.$$

26. 设函数 $u(x,y)$ 有连续的二阶导数，要使方程

$$A\frac{\partial^2 u}{\partial x^2}+2B\frac{\partial^2 u}{\partial x\partial y}+C\frac{\partial^2 u}{\partial y^2}=0$$

(A,B,C 都不是 0 且 $B^2-AC>0$) 在线性变换 $\xi=x+\alpha y$, $\eta=x+\beta y$ 下变为方程 $\dfrac{\partial^2 u}{\partial\xi\partial\eta}=0$, 问应如何选取常数 α, β?

27. 设函数 $u(x,y)$ 有连续的二阶导数，证明当 $\xi=\dfrac{y}{x}$, $\eta=y$ 时，方程

$$x^2\frac{\partial^2 u}{\partial x^2}+2xy\frac{\partial^2 u}{\partial x\partial y}+y^2\frac{\partial^2 u}{\partial y^2}=0$$

可化为标准形式 $\dfrac{\partial^2 u}{\partial\eta^2}=0$.

28. 若对任意的点 (x,y) 有 $\left|\dfrac{\partial f}{\partial x}\boldsymbol{i}+\dfrac{\partial f}{\partial y}\boldsymbol{j}\right|=2$, 变量代换 $x=uv$, $y=\dfrac{1}{2}(u^2-v^2)$ 将函数 $f(x,y)$ 变换成函数 $g(u,v)$, 试求常数 a,b, 使

$$a\Big(\frac{\partial g}{\partial u}\Big)^2-b\Big(\frac{\partial g}{\partial v}\Big)^2=u^2+v^2.$$

29. 设函数 $u(x,y)$ 有连续的二阶导数，证明 $u(x,y)=f(x)g(y)$ 的充要条件是

$$u\frac{\partial^2 u}{\partial x\partial y}=\frac{\partial u}{\partial x}\frac{\partial u}{\partial y}\ (u\neq 0).$$

30. 设 a,b,c 为常数且 $b^2=ac$, $c\neq 0$, 问 α,β 取何值时，变量代换 $u=x+\alpha y$, $v=x+\beta y$ 可使方程

$$a\frac{\partial^2 z}{\partial x^2}+2b\frac{\partial^2 z}{\partial x\partial y}+c\frac{\partial^2 z}{\partial y^2}=0$$

化为标准形式 $\dfrac{\partial^2 z}{\partial v^2}=0$.

§9.5 偏导数的应用

偏导数具有十分广泛的应用，本节只涉及到方向导数、梯度、泰勒展式和极值问题.

§9.5.1 方向导数与梯度

在实际问题中，不仅要研究函数的偏导数，而且还需要研究函数沿某些特定方向的变化率，即方向导数，如大气温度、大气气压的定向变化率等.

1. **方向导数**

如果 l 是从 P_0 点出发的射线，则函数 $f(P)$ 在 P_0 点沿射线 l 的方向导数由极限

$$\frac{\partial f}{\partial l}=\lim_{P\to P_0,P\in l}\frac{f(P)-f(P_0)}{|PP_0|}$$

确定. 如果射线 l 的方向角为 α,β,γ, 则射线 l 的参数方程为

$$l:\begin{cases}x=x_0+\rho\cos\alpha\\ y=y_0+\rho\cos\beta\\ z=z_0+\rho\cos\gamma\end{cases},\quad \rho>0.$$

因此，方向导数的坐标形式为

$$\frac{\partial f}{\partial l}=\lim_{\rho\to 0+}\frac{f(x_0+\rho\cos\alpha,y_0+\rho\cos\beta,z_0+\rho\cos\gamma)-f(x_0,y_0,z_0)}{\rho}.$$

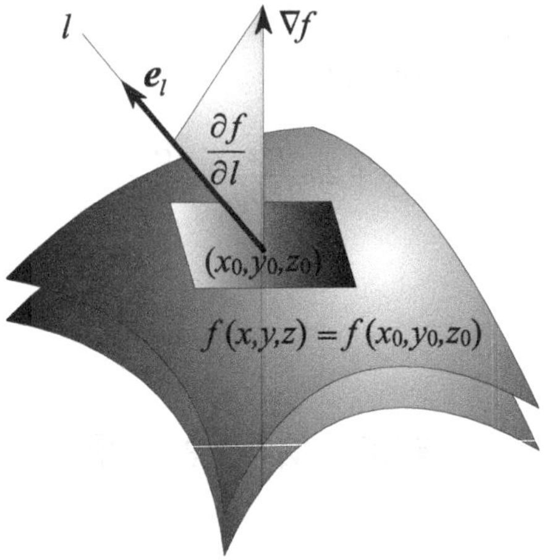

图 5.1

当 $f(x,y,z)$ 可微时，由罗必达法则和复合函数求导法则，有

$$\begin{aligned}\frac{\partial f}{\partial l}(x_0,y_0,z_0) &= \frac{\partial f}{\partial x}\cos\alpha+\frac{\partial f}{\partial y}\cos\beta+\frac{\partial f}{\partial z}\cos\gamma\Big|_{(x_0,y_0,z_0)}\\ &= \left(\frac{\partial f}{\partial x},\frac{\partial f}{\partial y},\frac{\partial f}{\partial z}\right)\Big|_{(x_0,y_0,z_0)}\cdot(\cos\alpha,\cos\beta,\cos\gamma)\\ &= \nabla f(x_0,y_0,z_0)\cdot \boldsymbol{e}_l\,.\end{aligned}$$

其中 $\boldsymbol{e}_l=(\cos\alpha,\cos\beta,\cos\gamma)$ 为射线 l 的方向，向量

$$\operatorname{grad} f(x_0,y_0,z_0)=\nabla f(x_0,y_0,z_0)=\left(\frac{\partial f}{\partial x},\frac{\partial f}{\partial y},\frac{\partial f}{\partial z}\right)\Big|_{(x_0,y_0,z_0)}$$

称为函数 $f(x,y,z)$ 在 (x_0,y_0,z_0) 点的梯度. 简言之，**函数的方向导数就是梯度在给定射线方向上的投影**, 即

$$\frac{\partial f}{\partial l}=\nabla f\cdot\boldsymbol{e}_l.$$

例 5.1 举例说明，函数 $f(x,y)$ 在 (0,0) 点可导，但方向导数可以不存在.

解 令 $f(x,y)=\begin{cases}0, & xy=0\\ 1, & xy\neq 0\end{cases}$, 则 $f(x,y)$ 在 (0,0) 点可导，但沿 (1,1) 方

向的方向导数不存在.

例 5.2 举例说明，函数 $f(x,y)$ 在 (0,0) 点沿任意方向的方向导数存在但不可微.

解 令 $f(x,y)=\begin{cases}1, & y=x^2\text{且 } x\neq 0\\ 0, & y\neq x^2\text{或 } x=0\end{cases}$, 则 $f(x,y)$ 在 (0,0) 点沿任意方向的方向导数都为 0. 由于复合函数

$$f(x,x^2)=\begin{cases}1, & x\neq 0\\ 0, & x=0\end{cases}$$

在 (0,0) 点不连续，所以 $f(x,y)$ 在 (0,0) 点不可微.

2. **函数的梯度**

符号 $\nabla=\left(\dfrac{\partial}{\partial x},\dfrac{\partial}{\partial y},\dfrac{\partial}{\partial z}\right)$ 称为 Hamilton 算子，字母 ∇ 读作 nabla 或倒三角. 函数 $f(x,y,z)$ 的梯度通常用 Hamilton 算子表示，即 $\nabla f=\left(\dfrac{\partial f}{\partial x},\dfrac{\partial f}{\partial y},\dfrac{\partial f}{\partial z}\right)$.

梯度的重要性在于

(1) **梯度的模表示函数的最大方向导数，梯度的方向表示函数的最大增长方向**;

(2) **梯度是等值面的法向量**;

(3) **函数的方向导数是梯度的定向投影**.

由于函数的方向导数是梯度的射线投影，所以梯度的模表示函数的最大方向导数，梯度的方向表示函数的最大增长方向. 函数 $w=f(x,y,z)$ 在 (x_0,y_0,z_0) 点的截面，即等值面方程为

$$\Sigma: f(x,y,z)=f(x_0,y_0,z_0).$$

如果

$$\boldsymbol{r}(t)=(x(t),y(t),z(t)),\boldsymbol{r}(0)=(x_0,y_0,z_0)$$

是等值面 Σ 上的光滑曲线，则有

$$f(x(t),y(t),z(t))\equiv f(x_0,y_0,z_0).$$

根据复合函数求导法则，有

$$\frac{\partial f}{\partial x}x'(t)+\frac{\partial f}{\partial y}y'(t)+\frac{\partial f}{\partial z}z'(t)=0.$$

此即 $\nabla f\cdot\boldsymbol{r}'(t)=0$. 这表明，梯度 $\nabla f(x_0,y_0,z_0)$ 是曲面 Σ 在 (x_0,y_0,z_0) 点的法向量. 因此梯度是等值面的法向量.

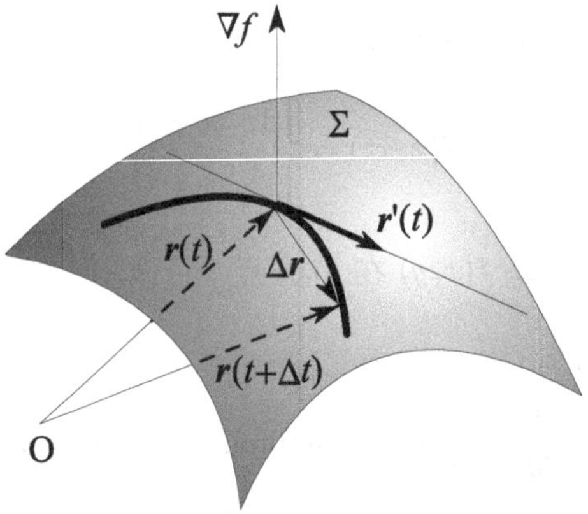

图 5.2

换句话说，曲面 $f(x,y,z)=0$ 在其上任意点 (x,y,z) 的法向量为 $\nabla f(x,y,z)$. 由此可知，交面曲线

$$L:\ \begin{cases}f(x,y,z)=0,\\ g(x,y,z)=0\end{cases}$$

的交线方向，即交线的切向量为

$$\boldsymbol{v}=\nabla f\times\nabla g=\begin{vmatrix}\boldsymbol{i}&\boldsymbol{j}&\boldsymbol{k}\\ f'_x&f'_y&f'_z\\ g'_x&g'_y&g'_z\end{vmatrix}=\left(\frac{\partial(f,g)}{\partial(y,z)},\frac{\partial(f,g)}{\partial(z,x)},\frac{\partial(f,g)}{\partial(x,y)}\right).$$

其中

$$\frac{\partial(f,g)}{\partial(y,z)}=\begin{vmatrix}f'_y&f'_z\\ g'_y&g'_z\end{vmatrix},\ \frac{\partial(f,g)}{\partial(z,x)}=\begin{vmatrix}f'_z&f'_x\\ g'_z&g'_x\end{vmatrix},\ \frac{\partial(f,g)}{\partial(x,y)}=\begin{vmatrix}f'_x&f'_y\\ g'_x&g'_y\end{vmatrix}.$$

简言之，**交线方向梯度叉**.

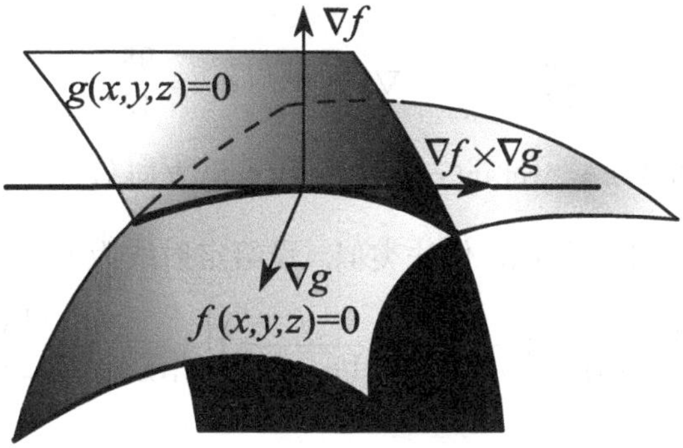

图 5.3

梯度运算类似于求导运算，利用求导法则可以推出梯度的运算公式.

(1) (线性性) $\nabla(\lambda u+\mu v)=\lambda\nabla u+\mu\nabla v$ (λ,μ 为常数);

(2) (乘法则) $\nabla(uv)=v\nabla u+u\nabla v$;

(3) (除法则) $\nabla(\frac{u}{v})=\frac{v\nabla u-u\nabla v}{v^2}$;

(4) (链法则) $\nabla F(u)=F'(u)\nabla u$.

$$\nabla F(u,v)=F'_u(u,v)\nabla u+F'_v(u,v)\nabla v.$$

例 5.3 求函数 $u=xy^2+z^3-xyz$ 在 (1,1,2) 点沿方向角分别为 $60°,45°,60°$ 的方向导数.

解 设给定射线为 l, 则由 $\nabla u\Big|_{(1,1,2)}=(-1,0,11)$ 可知,

$$\begin{aligned}\frac{\partial u}{\partial l}\Big|_{(1,1,2)}&=\nabla u\cdot(cos\alpha,\cos\beta,\cos\gamma)\Big|_{(1,1,2)}\\&=(-1,0,11)\cdot(\cos 60°,\cos 45°,\cos 60°)=5.\end{aligned}$$

例 5.4 设 $P_0(5,1,2),P(9,4,14)$, 求函数 $u=xyz$ 在 P_0 点沿 $\overrightarrow{P_0P}$ 的方向导数.

解 设给定射线为 l, 则由 $\nabla u\Big|_{(5,1,2)}=(2,10,5)$ 及

$$\boldsymbol{e}_l=\frac{\overrightarrow{P_0P}}{|P_0P|}=\left(\frac{4}{13},\frac{3}{13},\frac{12}{13}\right)$$

可知,

$$\frac{\partial u}{\partial l}\Big|_{(5,1,2)} = \nabla u\Big|_{(5,1,2)} \cdot \boldsymbol{e}_l = \frac{98}{13}.$$

例 5.5　求函数 $z = \arctan(xy)$ 在 (1,1) 点沿方向角 $\alpha = \frac{\pi}{4}$ 的方向导数.

解　这是一个平面问题, 做法类似. 设给定射线为 l, 则由

$$\nabla z\Big|_{(1,1)} = \Big(\frac{y}{1+x^2y^2}, \frac{x}{1+x^2y^2}\Big)\Big|_{(1,1)} = \Big(\frac{1}{2}, \frac{1}{2}\Big)$$

可知,

$$\frac{\partial u}{\partial l}\Big|_{(1,1)} = \Big(\frac{1}{2}, \frac{1}{2}\Big) \cdot (\cos\frac{\pi}{4}, \sin\frac{\pi}{4}) = \frac{1}{\sqrt{2}}.$$

例 5.6　试证: 曲面 $x^{\frac{2}{3}} + y^{\frac{2}{3}} + z^{\frac{2}{3}} = a^{\frac{2}{3}}$ 上任意一点处的切平面在各坐标轴上的截距的平方和等于常数 a^2.

解　令 $F(x,y,z) = x^{\frac{2}{3}} + y^{\frac{2}{3}} + z^{\frac{2}{3}} - a^{\frac{2}{3}}$, 则

$$F_x = \frac{2}{3}x^{-1/3},\ F_y = \frac{2}{3}y^{-1/3},\ F_z = \frac{2}{3}z^{-1/3}.$$

于是曲面的切平面方程为

$$x^{-1/3}(X-x) + y^{-1/3}(Y-y) + z^{-1/3}(Z-z) = 0.$$

令 $Y = Z = 0$ 可得切平面在 X 轴上的截距为

$$X = x + x^{1/3}(y^{2/3} + x^{2/3}) = x^{1/3}a^{2/3}.$$

同理有

$$Y = y^{1/3}a^{2/3}, Z = z^{1/3}a^{2/3}.$$

故 $X^2 + Y^2 + Z^2 = (a^{2/3})^2(x^{2/3} + y^{2/3} + z^{2/3}) = a^2$.

例 5.7　设 $u = f(r)$, $r = \sqrt{x^2+y^2+z^2}$, 求 ∇u.

解　由于

$$\nabla r = \Big(\frac{x}{r}, \frac{y}{r}, \frac{z}{r}\Big) = \frac{\boldsymbol{r}}{r},$$

所以

$$\nabla u = f'(r)\nabla r = f'(r)\frac{\boldsymbol{r}}{r}.$$

例 5.8 求曲面 $z-\mathrm{e}^z+2xy=3$ 在 (1,2,0) 点的切平面方程与法线方程.

解 令 $F(x,y,z)=z-\mathrm{e}^z+2xy-3$, 则曲面在 (1,2,0) 点的法向量为

$$\nabla F(1,2,0)=(4,2,0).$$

故所求切平面方程为

$$4(x-1)+2(y-2)+0(z-0)=0,$$

即 $2x+y=4$, 法线方程为

$$\frac{x-1}{4}=\frac{y-2}{2}=\frac{z-0}{0}.$$

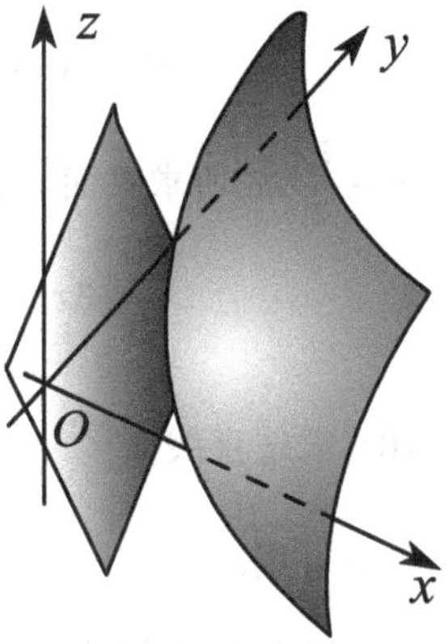

图 5.4

例 5.9 求过直线 $\begin{cases}x+2y+z-1=0\\ x-y-2z+3=0\end{cases}$ 且与曲线 $\begin{cases}x^2+y^2=\dfrac{1}{2}z^2\\ x+y+2z=4\end{cases}$ 在点 $(1,-1,2)$ 处的切线平行的平面方程.

解 可设所求平面方程为

$$x+2y+z-1+\lambda(x-y-2z+3)=0,$$

则其法向量为

$$\boldsymbol{n}=(1+\lambda,2-\lambda,1-2\lambda).$$

由于交面曲线的切向量为

$$\begin{aligned}\boldsymbol{v}&=\nabla(x^2+y^2-\frac{1}{2}z^2)\\&\quad\times\nabla(x+y+2z-4)\Big|_{(1,-1,2)}\\&=\begin{vmatrix}\boldsymbol{i}&\boldsymbol{j}&\boldsymbol{k}\\2x&2y&-z\\1&1&2\end{vmatrix}_{(1,-1,2)}\\&=-2(1,3,-2).\end{aligned}$$

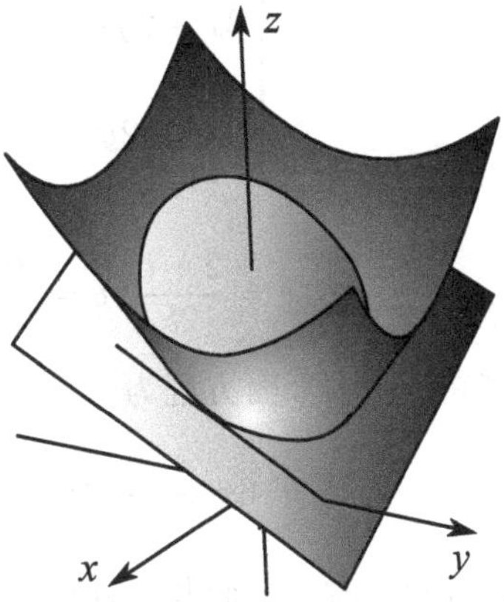

图 5.5

根据题设，有 $\boldsymbol{n}\cdot\boldsymbol{v}=0$, 即

$$1\cdot(1+\lambda)+3(2-\lambda)-2(1-2\lambda)=0.$$

解之得 $\lambda=-\dfrac{5}{2}$. 故所求平面方程为

$$3x-9y-12z+17=0.$$

例 5.10　求过直线 $L:\begin{cases}3x-2y-z=5\\x+y+z=0\end{cases}$ 且与曲面 $2x^2-2y^2+2z=\dfrac{5}{8}$ 相切之切平面方程.

解　可设所求平面方程为

$$3x-2y-z-5+\lambda(x+y+z)=0,$$

则其法向量为

$$(3+\lambda,\lambda-2,\lambda-1).$$

由于 $\nabla(2x^2-2y^2+2z-\dfrac{5}{8})=(4x,-4y,2)$, 所以根据题目要求，可得联立方程组

$$\begin{cases}\dfrac{3+\lambda}{4x}=\dfrac{\lambda-2}{-4y}=\dfrac{\lambda-1}{2}=t\\3x-2y-z-5+\lambda(x+y+z)=0\\2x^2-2y^2+2z=\dfrac{5}{8}\end{cases}.$$

解得

$$x=\frac{2+t}{2t},\ y=\frac{2t-1}{4t},\ z=-\frac{15}{8t^2},\ \lambda=3,7.$$

由此可知，所求平面方程为

$$6x+y+2z=5 \text{ 或 } 10x+5y+6z=5.$$

例 5.11　有一球面与一柱面，其方程为

$$x^2+y^2+z^2=4r^2,\ \ x^2+y^2=2rx.$$

求其交线在 $P(r,r,\sqrt{2}\,r)$ 点处的切线方程，法平面方程和两曲面在点 P 处的夹角.

解 由于交线的切向量为

$$\begin{aligned}\boldsymbol{v} &= \nabla(x^2+y^2+z^2-4r^2)\times\nabla(x^2+y^2-2rx)\\ &= \left|\begin{matrix}\boldsymbol{i} & \boldsymbol{j} & \boldsymbol{k}\\ 2x & 2y & 2z\\ 2x-2r & 2y & 0\end{matrix}\right|_{(r,r,\sqrt{2}\,r)} = 4r^2(-\sqrt{2},0,1),\end{aligned}$$

所以切线方程为

$$\frac{x-r}{-\sqrt{2}}=\frac{y-r}{0}=\frac{z-\sqrt{2}\,r}{1},$$

法平面方程为

$$-\sqrt{2}(x-r)+0\cdot(y-r)+(z-\sqrt{2}\,r)=0.$$

由于两曲面在点 P 处的法向量分别为

$$\begin{aligned}\boldsymbol{n}_1 &= (2x,2y,2z)\big|_{(r,r,\sqrt{2}\,r)}=(2r,2r,2\sqrt{2}\,r),\\ \boldsymbol{n}_2 &= (2x-2r,2y,0)\big|_{(r,r,\sqrt{2}\,r)}=(0,2r,0),\end{aligned}$$

所以两曲面在点 P 处的夹角为

$$\cos\theta=\frac{\boldsymbol{n}_1\cdot\boldsymbol{n}_2}{|\boldsymbol{n}_1|\cdot|\boldsymbol{n}_2|}=\frac{1}{2},$$

故 $\theta=60^\circ$.

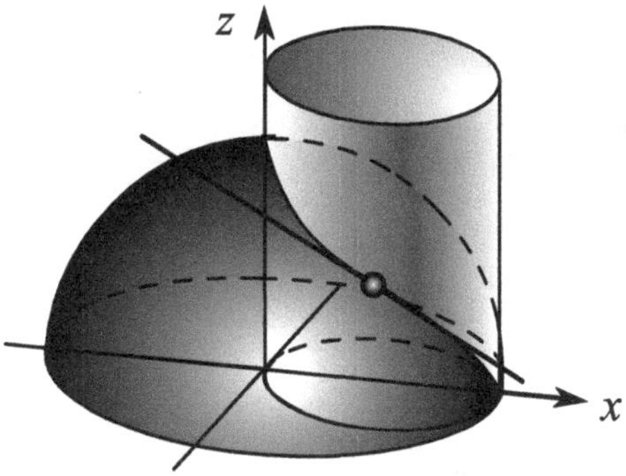

图 5.6

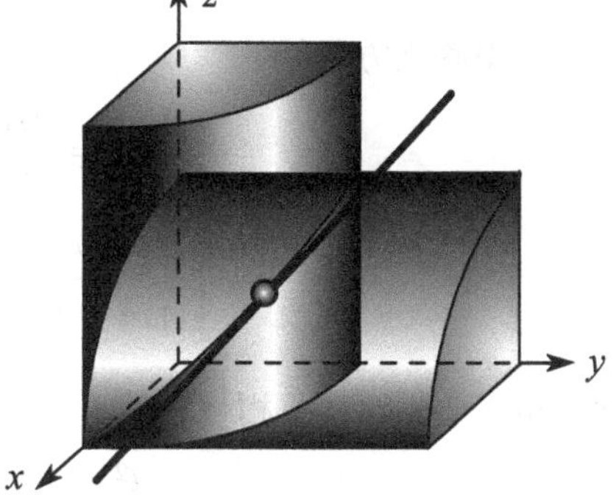

图 5.7

例 5.12 求两柱面

$$x^2+y^2=R^2,\quad x^2+z^2=R^2$$

交线在 $P\Big(\dfrac{R}{\sqrt{2}},\dfrac{R}{\sqrt{2}},\dfrac{R}{\sqrt{2}}\Big)$ 点的切线方程.

解 令

$$f(x,y,z)=x^2+y^2-R^2,\quad g(x,y,z)=x^2+z^2-R^2,$$

则有

$$\nabla f=(2x,2y,0),\quad \nabla g=(2x,0,2z).$$

所求切线的方向为

$$\nabla f\times\nabla g\Big|_P=\begin{vmatrix} \boldsymbol{i} & \boldsymbol{j} & \boldsymbol{k}\\ 2x & 2y & 0\\ 2x & 0 & 2z\end{vmatrix}_P=(4yz,-4xz,-4xy)\Big|_P=-2R^2(-1,1,1).$$

于是所求切线方程为

$$\frac{x-\dfrac{R}{\sqrt{2}}}{-1}=\frac{y-\dfrac{R}{\sqrt{2}}}{1}=\frac{z-\dfrac{R}{\sqrt{2}}}{1}.$$

例 5.13 求平面 $lx+my+nz=P$ 与二次曲面 $Ax^2+By^2+Cz^2=1$ 相切的条件.

解 给定曲面的法向量为

$$\nabla(Ax^2+By^2+Cz^2)=(2Ax,2By,2Cz).$$

据此可得联立方程组

$$\begin{cases}\dfrac{2Ax}{l}=\dfrac{2By}{m}=\dfrac{2Cz}{n}=t\\ lx+my+nz=P\\ Ax^2+By^2+Cz^2=1\end{cases}.$$

解之可得 $t=2/P$ 及相切条件

$$\frac{l^2}{A}+\frac{m^2}{B}+\frac{n^2}{C}=P^2.$$

§9.5.2 泰勒公式

对于二元函数 $f(x,y)$, 假设 $f(x,y)$ 在 (x_0,y_0) 的邻域内有 $n+1$ 阶连续偏导数, 并且设 (x_0+h,y_0+k) 位于该邻域, 则一元函数 $\varphi(t)=f(x_0+th,y_0+tk)$ 在 $[0,1]$ 上也具有 $n+1$ 阶连续导数, 并且由一元函数的泰勒公式, 有

$$\varphi(1)=\varphi(0)+\sum_{m=1}^{n}\frac{1}{m!}\varphi^{(m)}(0)+\frac{1}{(n+1)!}\varphi^{(n+1)}(\theta),\quad (0<\theta<1).$$

其中

$$\varphi^{(m)}(t)=\left(h\frac{\partial}{\partial x}+k\frac{\partial}{\partial y}\right)^m f(x_0+th,y_0+tk).$$

由此可得二元函数的泰勒公式.

定理 5.1 设二元函数 $f(x,y)$ 在 (x_0,y_0) 的邻域内有 $n+1$ 阶连续导数, 并且设 (x_0+h,y_0+k) 位于该邻域, 则存在 $\theta\in(0,1)$, 使得

$$f(x_0+h,y_0+k)=\sum_{m=1}^{n}\frac{1}{m!}\left(h\frac{\partial}{\partial x}+k\frac{\partial}{\partial y}\right)^m f(x_0,y_0)+R_n. \tag{1}$$

其中

$$R_n=\frac{1}{(n+1)!}\left(h\frac{\partial}{\partial x}+k\frac{\partial}{\partial y}\right)^{(n+1)} f(x_0+\theta h,y_0+\theta k). \tag{2}$$

多元函数的泰勒公式也可以表示为 Peano 形式, 例如

$$\begin{aligned}f(x_0+\Delta x,\ y_0+\Delta y)&=f(x_0,y_0)+f'_x(x_0,y_0)\Delta x+f'_y(x_0,y_0)\Delta y\\&\quad+\frac{1}{2}\Big(A\Delta x^2+2B\Delta x\Delta y+C\Delta y^2\Big)+o(\rho^2),\quad (\rho\to 0).\end{aligned} \tag{3}$$

其中 $A=f''_{xx}(x_0,y_0)$, $B=f''_{xy}(x_0,y_0)$, $C=f''_{yy}(x_0,y_0)$, $\rho=\sqrt{\Delta x^2+\Delta y^2}$.

例 5.14 求函数 $f(x,y)=2x^2-xy+y^2-6x-3y+5$ 在 $(1,-2)$ 点的泰勒展式.

解 令 $t=x-1$, $s=y+2$, 则

$$\begin{aligned}f(x,y)&=f(t+1,s-2)\\&=2(t+1)^2-(t+1)(s-2)+(s-2)^2-6(t+1)-3(s-2)+5\end{aligned}$$

$$= 13 - 8s + \frac{1}{2}[4t^2 - 2ts + 2s^2]$$

$$= 13 - 8(y+2) + \frac{1}{2}[4(x-1)^2 - 2(x-1)(y+2) + 2(y+2)^2].$$

例 5.15 求 $f(x,y) = \mathrm{e}^x \ln(1+y)$ 的三阶泰勒展式.

解 $f(x,y) = \left(1 + x + \frac{x^2}{2!} + \frac{x^3}{3!} + o(x^3)\right) \cdot \left(y - \frac{y^2}{2} + \frac{y^3}{3} + o(y^3)\right)$

$$= y + xy - \frac{y^2}{2} + \frac{x^2y}{2} - \frac{xy^2}{2} + \frac{y^3}{3} + o(|x^2+y^2|^{3/2}).$$

例 5.16 证明 $\rho = \sqrt{x^2+y^2} \to 0$ 时,

$$\mathrm{e}^{\sin(x+y)} = 1 + (x+y) + \frac{1}{2}(x+y)^2 + o(\rho^3).$$

证 由于

$$\mathrm{e}^{\sin(x+y)} = 1 + \sin(x+y) + \frac{1}{2!}\sin^2(x+y) + \frac{1}{3!}\sin^3(x+y) + o(|x+y|^3)$$

$$= 1 + [x + y - \frac{1}{3!}(x+y)^3] + \frac{1}{2!}[x + y - \frac{1}{3!}(x+y)^3]^2$$

$$+ \frac{1}{3!}[x + y - \frac{1}{3!}(x+y)^3]^3 + o(|x+y|^3)$$

$$= 1 + (x+y) + \frac{1}{2}(x+y)^2 + o(|x+y|^3),$$

所以 $\mathrm{e}^{\sin(x+y)} = 1 + (x+y) + \frac{1}{2}(x+y)^2 + o(\rho^3)$.

§9.5.3 自由极值

在实际问题中, 常常会遇到多元函数的极值问题. 没有约束条件 (即平面区域或空间区域上) 的极值称为自由极值, 带有约束条件 (即曲线或曲面上) 的极值称为条件极值. 与一元函数类似, 多元函数的极值可定义为

定义 5.1 设二元函数 $f(x,y)$ 在 (x_0,y_0) 点的某邻域内有定义, 如果 (x,y) 位于该邻域时恒有 $f(x,y) \le f(x_0,y_0)$, 则称 $f(x_0,y_0)$ 是函数 $f(x,y)$ 的极大值, (x_0,y_0) 是 $f(x,y)$ 的极大值点.

类似地可定义极小值和极小值点. 多元函数的极值问题, 一般可用求偏导数的办法解决. 梯度为 0 的点通常称为临界点. 可导的极值点一定是临界点.

定理 5.2 (极值的必要条件) 设二元函数 $f(x,y)$ 在 (x_0,y_0) 点可导, 且有极值, 则

$$\left.\frac{\partial f}{\partial x}\right|_{(x_0,y_0)}=0,\quad \left.\frac{\partial f}{\partial y}\right|_{(x_0,y_0)}=0.$$

如果函数 $f(x,y)$ 在 (x_0,y_0) 点附近有连续的二阶偏导数, 并且 (x_0,y_0) 是临界点, 则 $f(x,y)$ 在 (x_0,y_0) 的泰勒展式为

$$f(x,y)=f(x_0,y_0)+\frac{1}{2}[A\Delta x^2+2B\Delta x\Delta y+C\Delta y^2]+o(\Delta x^2+\Delta y^2).$$

其中 $A=f''_{xx}(x_0,y_0), B=f''_{xy}(x_0,y_0), C=f''_{yy}(x_0,y_0)$. 由此可知, 二次函数

$$A\Delta x^2+2B\Delta x\Delta y+C\Delta y^2$$

在 (x_0,y_0) 点取极大值 (或极小值) 时, 函数 $f(x,y)$ 一定在 (x_0,y_0) 点取极大值 (或极小值). 根据线性代数, 有

定理 5.3 (极值的充分条件) 设函数 $f(x,y)$ 在 (x_0,y_0) 点附近有连续的二阶偏导数, 并且 (x_0,y_0) 是临界点. 如果

$$A=f''_{xx}(x_0,y_0), B=f''_{xy}(x_0,y_0), C=f''_{yy}(x_0,y_0),$$

则有

(1) 当 $AC-B^2>0, A>0$ 时, $f(x_0,y_0)$ 是极小值;

(2) 当 $AC-B^2>0, A<0$ 时, $f(x_0,y_0)$ 是极大值;

(3) 当 $AC-B^2<0$ 时, $f(x_0,y_0)$ 不是极值;

(4) 当 $AC-B^2=0$ 时, $f(x_0,y_0)$ 可能是极值, 也可能不是极值.

例 5.17 求函数 $z=x^3+y^3-3xy$ 的极值.

解 由方程组

$$\begin{cases}\dfrac{\partial z}{\partial x}=3x^2-3y=0,\\[2mm] \dfrac{\partial z}{\partial y}=3y^2-3x=0,\end{cases}$$

可得临界点 $(0,0),(1,1)$.

计算二阶导数得

$$A=\frac{\partial^2 z}{\partial x^2}=6x,\ B=\frac{\partial^2 z}{\partial x\partial y}=-3,\ C=\frac{\partial^2 z}{\partial y^2}=6y.$$

当 $(x,y)=(0,0)$ 时, $AC-B^2=[36xy-9]_{(0,0)}=-9$, 所以 $(0,0)$ 不是函数的极值点;

当 $(x,y)=(1,1)$ 时, $AC-B^2=[36xy-9]_{(1,1)}=27>0,\ A=6>0$, 所以 $(1,1)$ 是函数的极小值点, 函数的极小值为 $f(1,1)=1+1-3=-1$.

在实际问题中, 常常需要考虑可导函数的最大值和最小值. 对于这类问题, 一般可以根据问题的性质来断定最值在给定区域的内点达到, 此时如果该函数有且只有一个临界点, 那么这个临界点即为所求最大值点或最小值点.

例 5.18 设 Q_1、Q_2 分别是商品 A、B 的需求量, 若它们的需求函数为

$$Q_1=8-P_1+2P_2,\ Q_2=10+2P_1-5P_2,$$

其中 P_1、P_2 分别为 A、B 的价格. 如果总成本函数为 $C=3Q_1+2Q_2$. 问价格 P_1、P_2 取何值时, 可使利润最大?

解 由于总收入函数为

$$R=P_1Q_1+P_2Q_2=(8-P_1+2P_2)P_1+(10+2P_1-5P_2)P_2,$$

所以总利润为

$$L=R-C=(P_1-3)(8-P_1+2P_2)+(P_2-2)(10+2P_1-5P_2).$$

由

$$\begin{cases}\dfrac{\partial L}{\partial P_1}=7-2P_1+4P_2=0,\\ \dfrac{\partial L}{\partial P_2}=4P_1-10P_2+14=0,\end{cases}$$

可得 $(P_1,P_2)=(\frac{63}{2},14)$.

由于最大值必在内点达到, 所以惟一临界点必为最值点, 因此当 $P_1=\frac{63}{2}$, $P_2=14$ 时利润最大且最大利润为 $L(\frac{63}{2},14)=164.15$.

例 5.19 求内接于半径为 a 的球且有最大体积的长方体.

解 设球面方程为 $x^2+y^2+z^2=a^2$, 所求长方体的长、宽、高分别为 $2x, 2y, 2z$, 则长方体的体积为

$$V=8xyz=8xy\sqrt{a^2-x^2-y^2}.$$

由

$$\begin{cases}\dfrac{\partial V}{\partial x}=8y\sqrt{a^2-x^2-y^2}-\dfrac{8x^2y}{\sqrt{a^2-x^2-y^2}}=0,\\ \dfrac{\partial V}{\partial y}=8x\sqrt{a^2-x^2-y^2}-\dfrac{8xy^2}{\sqrt{a^2-x^2-y^2}}=0,\end{cases}$$

可得 $x=y=\dfrac{a}{\sqrt{3}}$. 按照题意，该函数在区域

$$\{(x,y)|x^2+y^2<a^2, x>0, y>0\}$$

内存在最大值，因此 $(\dfrac{a}{\sqrt{3}},\dfrac{a}{\sqrt{3}})$ 是所求最大值点.

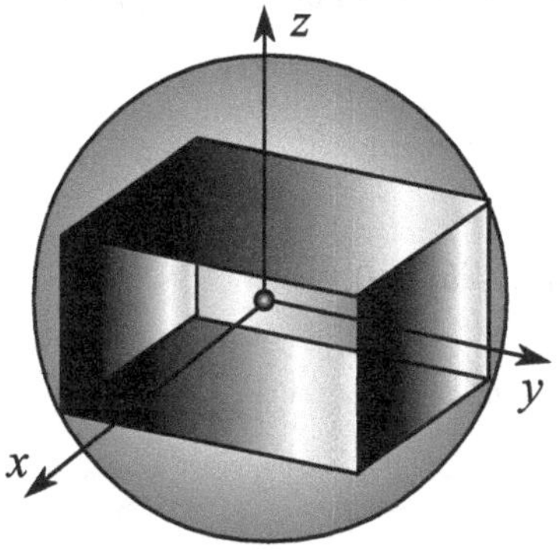

图 5.9

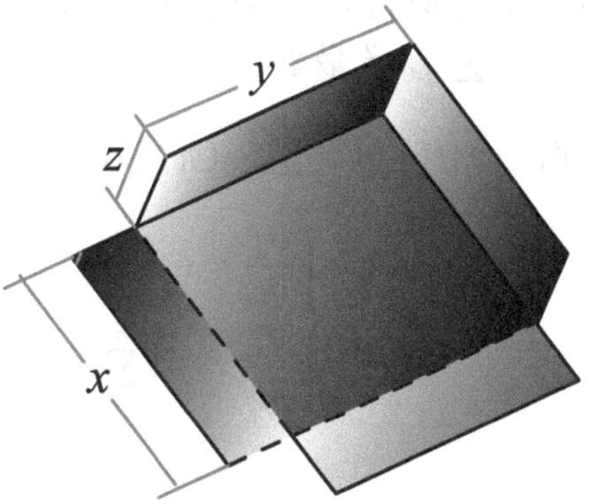

图 5.10

例 5.20 用铁皮做一个体积为 V 的无盖长方体水箱，问如何选择水箱的长、宽、高，才能使铁皮的用量最少？

解 设水箱的长、宽、高分别为 x, y, z, 则水箱的铁皮用量为

$$S=xy+2xz+2yz.$$

由于 $V=xyz$, 所以有

$$S=xy+\frac{2V}{y}+\frac{2V}{x}.$$

解方程组

$$\begin{cases}\dfrac{\partial S}{\partial x}=y-\dfrac{2V}{x^2}=0,\\ \dfrac{\partial S}{\partial y}=x-\dfrac{2V}{y^2}=0,\end{cases}$$

可得 $x=y=\sqrt[3]{2V}$. 按照题意，水箱在 $x>0, y>0, z>0$ 条件下的最少用量存在，所以水箱的长、宽、高分别为 $\sqrt[3]{2V}, \sqrt[3]{2V}, \sqrt[3]{4^{-1}V}$ 时才能使铁皮的用量最少.

在统计分析和数据处理中，为了进行数值分析和数值预测，经常需要根据两个变量的观察数据组给出近似的函数关系，这种问题一般可用最小二乘法解决.

例 5.21 设 $M_i(x_i,y_i)$ $(i=1,2,\cdots,n)$ 是变量 x,y 的两组观察数据，又设 y 是 x 的线性函数，即 $y=ax+b$, 试确定 a,b, 使得误差 $\varepsilon_i=y_i-ax_i-b$ 的平方和 $\sum_{i=0}^{n}\varepsilon_i^2$ 最小？

解 令 $f(a,b)=\sum_{i=0}^{n}(y_i-ax_i-b)^2$. 由

$$\begin{cases}\dfrac{\partial f}{\partial a}=-2\sum\limits_{i=0}^{n}x_i(y_i-ax_i-b)=0,\\ \dfrac{\partial f}{\partial b}=-2\sum\limits_{i=0}^{n}(y_i-ax_i-b)=0,\end{cases}$$

可得

$$\begin{cases}a=\dfrac{n\sum\limits_{i=0}^{n}x_iy_i-\Big(\sum\limits_{i=0}^{n}x_i\Big)\Big(\sum\limits_{i=0}^{n}y_i\Big)}{n\sum\limits_{i=0}^{n}x_i^2-\Big(\sum\limits_{i=0}^{n}x_i\Big)^2},\\ b=\dfrac{\Big(\sum\limits_{i=0}^{n}x_i^2\Big)\Big(\sum\limits_{i=0}^{n}y_i\Big)-\Big(\sum\limits_{i=0}^{n}x_i\Big)\Big(\sum\limits_{i=0}^{n}x_iy_i\Big)}{n\sum\limits_{i=0}^{n}x_i^2-\Big(\sum\limits_{i=0}^{n}x_i\Big)^2}.\end{cases}$$

§9.5.4 条件极值

按照自变量的变化范围，多元函数的极值分为自由极值和条件极值．空间区域上的极值称为自由极值，非区域上的极值称为条件极值．条件极值常常需要转化为自由极值，有时侯可以通过消去一个变量变为自由极值，更多情况下可以通过增加一个变量变为自由极值．

例 5.22 在底半径为 r, 高为 h 的正圆锥内，内接一个体积最大的长方体，问该长方体的长，宽，高各应等于多少？

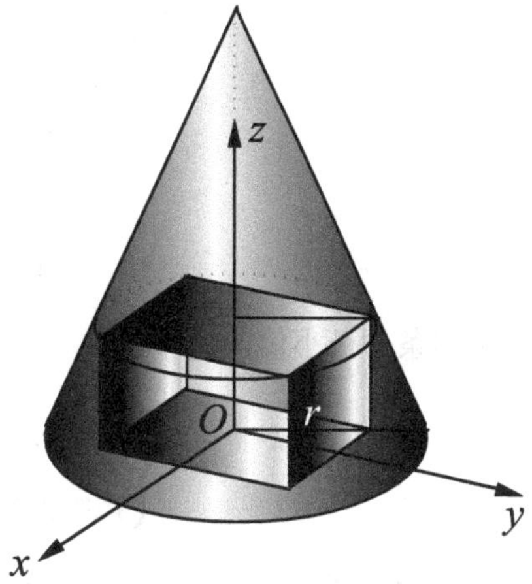

图 5.11

解 设所求长方体的长，宽，高分别为 $2x, 2y, z$, 则长方体的体积为

$$V = 4xyz.$$

按照三角形的相似关系，有

$$\frac{\sqrt{x^2+y^2}}{r} = \frac{h-z}{h},$$

即

$$x^2 + y^2 - \left(\frac{r}{h}\right)^2 (h-z)^2 = 0. \tag{1}$$

方程 (1) 表示一个曲面，可记为 S. 原问题就是要在曲面 S 上求函数 $V = 4xyz$ 的最大值．习惯上称 $V = 4xyz$ 为目标函数，方程 (1) 为约束条件．并将这样的极值问题简记为

$$\begin{cases} V = 4xyz \longrightarrow \max, \\ x^2 + y^2 - \left(\frac{r}{h}\right)^2 (h-z)^2 = 0. \end{cases}$$

对于上述问题，不难从约束条件，即方程 (1) 中解出 x, 不妨设 $x = f(y, z)$, 然后将其代入目标函数，则可使问题变成函数

$$V = 4f(y, z)yz$$

的自由极值．但在很多情况下，要从约束方程中解出一个变量却是一件非常困难的事，为此人们提出了增加新变量的办法，即拉格朗日乘数法．

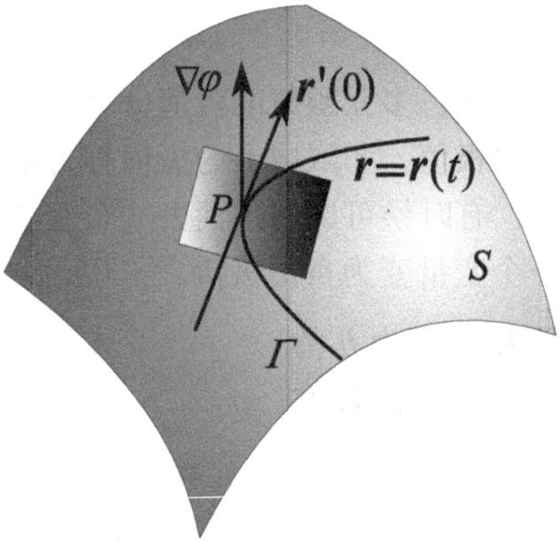

图 5.12

考察条件极小值问题

$$\begin{cases} f(x,y,z) \longrightarrow \min, \\ \varphi(x,y,z) = 0. \end{cases}$$

假设 $S:\varphi(x,y,z)=0$ 是一个光滑曲面且 $P(x_0,y_0,z_0)$ 是函数 $f:S\to\mathbb{R}$ 的极小值点. 又设 $\Gamma:\boldsymbol{r}=\boldsymbol{r}(t)=(x(t),y(t),z(t))$ 是 S 上一条光滑曲线且 $\boldsymbol{r}(0)=(x_0,y_0,z_0)$, 则 $t=0$ 是一元函数 $g(t)=f(x(t),y(t),z(t))$ 的极小值点. 因此有 $g'(0)=0$, 即

$$\nabla f(x_0,y_0,z_0)\cdot\boldsymbol{r}'(0)=0.$$

这表明 $\nabla f(x_0,y_0,z_0)$ 垂直于曲面 S 在 P 点的切平面, 故 $\nabla f(x_0,y_0,z_0)$ 是曲面 S 在 P 点的法向量.

另一方面, 曲面 S 在 P 点的法向量为 $\nabla\varphi(x_0,y_0,z_0)$, 因此存在常数 λ, 使得

$$\nabla f(x_0,y_0,z_0)+\lambda\nabla\varphi(x_0,y_0,z_0)=0.$$

由此可知, (x_0,y_0,z_0) 是 Lagrange 函数

$$L(x,y,z,\lambda)=f(x,y,z)+\lambda\varphi(x,y,z)$$

的临界点. 按照这种方法, 很方便地实现了一个条件极值问题到自由极值问题的转化.

对于例 5.22, 作 Lagrange 函数

$$L(x,y,z,\lambda)=xyz+\lambda[x^2+y^2-\left(\frac{r}{h}\right)^2(h-z)^2].$$

解临界点方程 $\nabla L(x,y,z,\lambda)=0$, 即

$$\begin{cases}\dfrac{\partial L}{\partial x}=yz+2\lambda x=0,\\[2mm]\dfrac{\partial L}{\partial y}=xz+2\lambda y=0,\\[2mm]\dfrac{\partial L}{\partial z}=xy+2\lambda\left(\dfrac{r}{h}\right)^2(h-z)=0,\\[2mm]\dfrac{\partial L}{\partial \lambda}=x^2+y^2-\left(\dfrac{r}{h}\right)^2(h-z)^2=0,\end{cases}$$

可得 $x=y=\dfrac{\sqrt{2}}{3}r, z=\dfrac{1}{3}h$. 按照题意，内接长方体的长、宽、高分别为 $\dfrac{2\sqrt{2}}{3}r, \dfrac{2\sqrt{2}}{3}r, \dfrac{1}{3}h$ 时，其体积最大.

例 5.23 某公司准备用 2 千元的预算，通过两种方式做广告：一种是电视广告，一种是报纸广告. 根据以往经验，销售金额 S 与广告费用之间有如下关系：

$$S=-2x^2-10y^2-8xy+18x+34y.$$

问电视广告费用 x 和报纸广告费用 y 分别为多少时，销售金额最大？

解 根据约束条件 $x+y=2$, 作 Lagrange 函数

$$L(x,y,\lambda)=-2x^2-10y^2-8xy+18x+34y+\lambda(x+y-2).$$

解临界点方程

$$\begin{cases}\dfrac{\partial L}{\partial x}=-4x-8y+18+\lambda=0,\\[2mm]\dfrac{\partial L}{\partial y}=-20x-8y+34+\lambda=0,\\[2mm]\dfrac{\partial L}{\partial \lambda}=x+y-2=0,\end{cases}$$

可得 $(x,y,\lambda)=(1,1,-6)$. 按照题意， $(x,y)=(1,1)$ 时，销售金额最大.

例 5.24 设有一小山，取它的底面所在的平面为 xOy 坐标面，其底部所占的区域为 $D=\{(x,y)|x^2+y^2-xy\le 75\}$，小山的高度函数为 $h(x,y)=75-x^2-y^2+xy$.

(1) 设 $M(x_0,y_0)$ 为区域 D 上一点，问 $h(x,y)$ 在该点沿平面上什么方向的方向导数最大？若记此方向导数的最大值为 $g(x_0,y_0)$，试写出 $g(x_0,y_0)$ 的表达式.

(2) 现欲利用此小山开展攀岩活动，为此需要在山脚寻找一山坡度最大的点作为攀登的起点. 也就是说，要在 D 的边界线 $x^2+y^2-xy=75$ 上找出使 (1) 中 $g(x,y)$ 达到最大值的点. 试确定攀登起点的位置.

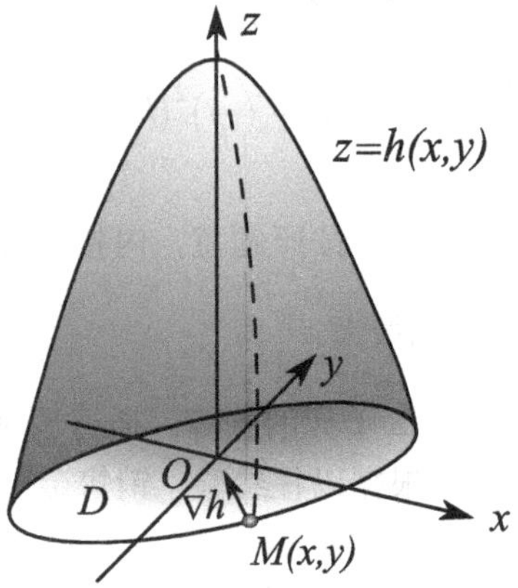

图 5.13

解 (1) 根据梯度的几何意义， $h(x,y)$ 在 $M(x_0,y_0)$ 点沿梯度

$$\operatorname{grad} h(x_0,y_0)=(y_0-2x_0,x_0-2y_0)$$

方向的方向导数最大且最大值为

$$g(x_0,y_0)=\sqrt{(y_0-2x_0)^2+(x_0-2y_0)^2}=\sqrt{5x_0^2+5y_0^2-8x_0y_0}.$$

(2) 所求问题可表示为

$$\begin{cases} g^2(x,y)=5x^2+5y^2-8xy\longrightarrow \max, \\ h(x,y)=75-x^2-y^2+xy=0. \end{cases}$$

令

$$L(x,y,\lambda)=5x^2+5y^2-8xy+\lambda(75-x^2-y^2+xy).$$

由

$$\begin{cases}\dfrac{\partial L}{\partial x}=10x-8y+\lambda(y-2x)=0,\\ \dfrac{\partial L}{\partial y}=10y-8x+\lambda(x-2y)=0,\\ \dfrac{\partial L}{\partial \lambda}=75-x^2-y^2+xy=0,\end{cases}$$

可得临界点

$$M_1(5,-5),M_2(-5,5),M_3(5\sqrt{3},5\sqrt{3}),M_4(-5\sqrt{3},-5\sqrt{3}).$$

由于 $g^2(M_1)=g^2(M_2)=450$, $g^2(M_3)=g^2(M_4)=150$, 所以 $M_1(5,-5)$ 或 $M_2(-5,5)$ 可作为攀登的起点.

例 5.25 已知函数 $z=f(x,y)$ 的全微分 $\mathrm{d}z=2x\mathrm{d}x-2y\mathrm{d}y$, 并且 $f(1,1)=2$. 求 $f(x,y)$ 在椭圆域 $D=\{(x,y)|x^2+\dfrac{y^2}{4}\leq 1\}$ 上的最大值和最小值.

解 由 $\mathrm{d}z=2x\mathrm{d}x-2y\mathrm{d}y$ 可知

$$z=f(x,y)=x^2-y^2+C.$$

根据 $f(1,1)=2$ 可知 $C=2$, 故

$$z=f(x,y)=x^2-y^2+2.$$

计算区域内部的可能极值点. 令

$$\frac{\partial f}{\partial x}=2x=0,\ \frac{\partial f}{\partial y}=-2y=0,$$

解之可得惟一内部临界点 $(x,y)=(0,0)$.

计算区域边界的可能极值点. 令

$$L(x,y,\lambda)=x^2-y^2+2+\lambda(x^2+\frac{y^2}{4}-1),$$

解临界点方程组

$$\begin{cases}\dfrac{\partial L}{\partial x}=2x+2\lambda x=0,\\ \dfrac{\partial L}{\partial y}=-2y+\dfrac{\lambda}{2}y=0,\\ \dfrac{\partial L}{\partial \lambda}=x^2+\dfrac{y^2}{4}-1=0,\end{cases}$$

可得边界临界点 $(0,2),(0,-2),(1,0),(-1,0)$.

由于 $f(0,2)=-2, f(0,-2)=-2, f(1,0)=3, f(-1,0)=3, f(0,0)=2$, 所以 $f(x,y)$ 在 D 上的最大值为 3, 最小值为 -2.

例 5.26 设一曲线 L 上任意点 M 到坐标原点的距离恒等于 L 上过 M 点的切线在 y 轴上的截距, 且 L 过点 $(1,0)$, 试求 L 与曲线 $\Gamma: y=x^2-5x+7$ 之间的最短距离.

解 曲线 L 上 $M(x,y)$ 点的切线方程为 $Y-y=y'(X-x)$, 该切线在 y 轴上的截距为 $Y=-xy'+y$. 根据题意, 有

$$\sqrt{x^2+y^2}=-xy'+y.$$

令 $z=\dfrac{y}{x}$, 则有

$$\frac{\mathrm{d}z}{\sqrt{1+z^2}}=-\frac{\mathrm{d}x}{x}.$$

解之可得 $y+\sqrt{x^2+y^2}=C$. 由 L 过 $(1,0)$ 点可知 $C=1$, 因此 L 的方程为 $y+\sqrt{x^2+y^2}=1$ 或

$$x^2+2y-1=0.$$

设 $(x_1,y_1),(x_2,y_2)$ 分别是 Γ 和 L 上的点, 则所求问题为

$$\begin{cases}(x_1-x_2)^2+(y_1-y_2)^2\longrightarrow\min,\\ y_1-x_1^2+5x_1-7=0,\\ x_2^2+2y_2-1=0.\end{cases}$$

令

$$\begin{aligned}L(x_1,x_2,y_1,y_2,\lambda_1,\lambda_2)=&(x_1-x_2)^2+(y_1-y_2)^2\\&+\lambda_1(y_1-x_1^2+5x_1-7)+\lambda_2(x_2^2+2y_2-1).\end{aligned}$$

由

$$\begin{cases}\dfrac{\partial L}{\partial x_1}=2(x_1-x_2)+\lambda_1(5-2x_1)=0,\\ \dfrac{\partial L}{\partial y_1}=2(y_1-y_2)+\lambda_1=0,\\ \dfrac{\partial L}{\partial x_2}=-2(x_1-x_2)+2\lambda_2x_2=0,\\ \dfrac{\partial L}{\partial y_2}=-2(y_1-y_2)+2\lambda_2=0,\\ \dfrac{\partial L}{\partial \lambda_1}=y_1-x_1^2+5x_1-7=0,\\ \dfrac{\partial L}{\partial \lambda_2}=x_2^2+2y_2-1=0.\end{cases}$$

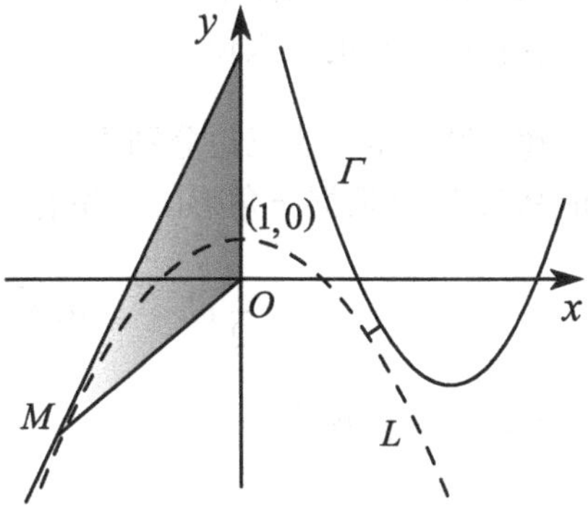

图 5.14

可得 $(x_1,y_1)=(2,1),(x_2,y_2)=(1,0)$, 因此两曲线间的最短距离为

$$\sqrt{(2-1)^2+(1-0)^2}=\sqrt{2}.$$

例 5.27 求表面积为 a^2 而体积最大的长方体的体积.

解 设长方体的长, 宽, 高分别为 x,y,z, 则所求问题为

$$\begin{cases}V=xyz\longrightarrow\max,\\ 2xy+2yz+2zx-a^2=0.\end{cases}$$

令 $L(x,y,z,\lambda)=xyz+\lambda(2xy+2yz+2zx-a^2)$. 由

$$\begin{cases}\dfrac{\partial L}{\partial x}=yz+2\lambda(y+z)=0,\\ \dfrac{\partial L}{\partial y}=zx+2\lambda(z+x)=0,\\ \dfrac{\partial L}{\partial z}=xy+2\lambda(x+z)=0,\\ \dfrac{\partial L}{\partial \lambda}=2xy+2yz+2zx-a^2=0,\end{cases}$$

可得 $x=y=z=\dfrac{\sqrt{6}}{6}a$. 由此可知, 在表面积为 a^2 的长方体中, 以长、宽、高均为 $\dfrac{\sqrt{6}}{6}a$ 的长方体的体积最大, 最大体积为 $V=\dfrac{\sqrt{6}}{36}a^3$.

例 5.28　已知三角形周长为 $2p$, 试求此三角形绕自己的一边旋转时所构成的旋转体体积的最大值.

解　设三角形的三边分别为 x, y, z 且 y 对应边为旋转轴，又设 y 对应边上的高为 h, 则根据三角形的面积有

$$\frac{1}{2}yh = \sqrt{p(p-x)(p-y)(p-z)}.$$

于是旋转体的体积为

$$V = \frac{1}{3}\pi y h^2 = \frac{4}{3}\pi p \frac{(p-x)(p-y)(p-z)}{y},$$

其中 $x+y+z=2p$. 令

$$L(x,y,z,\lambda) = \ln(p-x) + \ln(p-y) + \ln(p-z) - \ln y + \lambda(x+y+z-2p).$$

解方程组

$$\begin{cases} \dfrac{\partial L}{\partial x} = -\dfrac{1}{p-x} + \lambda = 0, \\ \dfrac{\partial L}{\partial y} = -\dfrac{1}{p-y} - \dfrac{1}{p} + \lambda = 0, \\ \dfrac{\partial L}{\partial z} = -\dfrac{1}{p-z} + \lambda = 0, \\ \dfrac{\partial L}{\partial \lambda} = x+y+z-2p = 0, \end{cases}$$

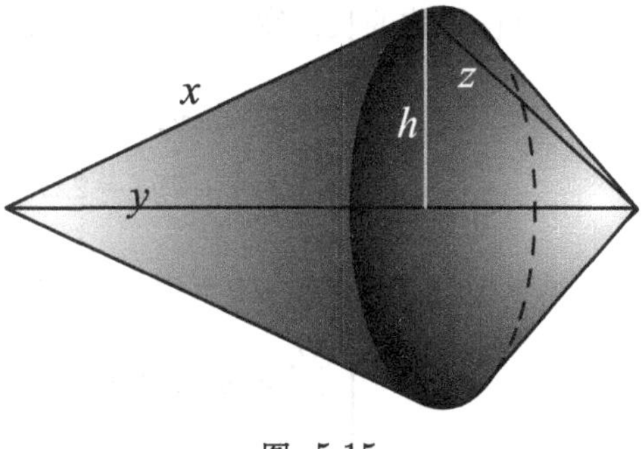

图　5.15

可得 $(x,y,z) = (\frac{3}{4}p, \frac{1}{2}p, \frac{3}{4}p)$. 由此可知 V 的最大值为 $V\big|_{max} = \dfrac{\pi}{12}p^3$.

在求解多元函数的极值，特别是条件极值问题时，遇到的最大的困难可能是求解方程组，因此选择尽可能简单又等价的目标函数、约束方程和拉格朗日函数变得更为重要.

例 5.29　求作容积为 V 的一个开口长方体浴盆使其表面积最小.

解　设长方体浴盆的长、宽、高分别为 x, y, z, 则 $x \cdot y \cdot z = V$, 且浴盆的

表面积为

$$S = xy + 2xz + 2yz,$$

所求问题为

$$\begin{cases} xy + 2xz + 2yz \longrightarrow \min \\ x \cdot y \cdot z = V \end{cases}.$$

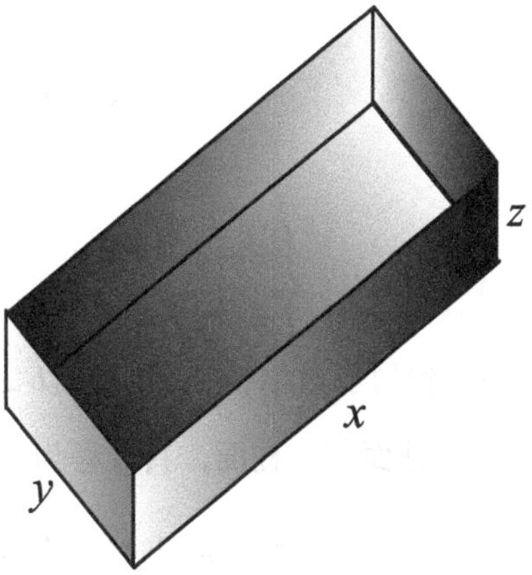

图 5.16

令

$$u = xy,\ v = 2yz,\ w = 2yz,$$

则上述问题等价于

$$\begin{cases} u + v + w \longrightarrow \min \\ uvw = 4V^2 \end{cases}.$$

取拉格朗日函数为

$$L(u, v, w, \lambda) = u + v + w + \lambda(\ln u + \ln v + \ln w - 2\ln V - 2\ln 2).$$

解方程组

$$\begin{cases} L'_u = 1 + \dfrac{\lambda}{u} = 0 \\ L'_v = 1 + \dfrac{\lambda}{v} = 0 \\ L'_w = 1 + \dfrac{\lambda}{w} = 0 \\ L'_\lambda = \ln u + \ln v + \ln w - 2\ln V - 2\ln 2 = 0 \end{cases}$$

可得 $u = v = w = \sqrt[3]{4V^2}$, $\lambda = -\sqrt[3]{4V^2}$. 根据最小值的存在性和临界点的惟一性可知，当 $xy = 2xz = 2yz = \sqrt[3]{4V^2}$, 即 $x = y = 2z = \sqrt[3]{2V}$ 时，长方体浴盆的表面积最小.

习 题 9.5 A

1. 设直线 $l:\begin{cases}x+y+b=0\\x+ay-z-3=0\end{cases}$ 在平面 π 上，而平面 π 与曲面 $z=x^2+y^2$ 相切于点 $(1,-2,5)$, 求 a,b 之值.

2. 有一球面与一柱面，其方程为

$$x^2+y^2+z^2=4r^2,\ x^2+y^2=2rx,$$

求其相交曲线在 $(r,r,\sqrt{2}r)$ 点处的切线与法平面方程及二曲面在此点处的交角.

3. 在曲面 $3x^2+y^2+z^2=16$ 上求一点，使曲面在此点的切平面与下列直线平行:

$$L_1:\frac{x-3}{4}=\frac{y-6}{5}=\frac{z+1}{8},\quad L_2:x=y=z.$$

4. 求过 $(1,1,1)$ 点的直线方程，使得该直线与交线

$$\begin{cases}x^2+y^2+3z^2=32,\\2x^2+y^2-z^2=0\end{cases}$$

在 $(2,1,3)$ 点的切线平行.

5. 当 $t\in(0,2\pi)$ 为何值时，曲线 $L:x=t-\sin t,\ y=1-\cos t,\ z=4\sin\dfrac{t}{2}$ 在相应点的切线垂直于平面 $x+y+\sqrt{2}z=0$, 并写出相应的切线方程和法平面方程.

6. 求 $f(x,y)=\dfrac{\cos x}{\cos y}$ 在 $(0,0)$ 点的泰勒展式到二阶项.

7. 求 $f(x,y)=x^y$ 在 $(1,1)$ 点的泰勒展式到三阶项，并计算 $1.1^{1.02}$ 的近似值.

8. 试在由 x 轴， y 轴和直线 $x+y=2\pi$ 围成的三角形区域上求函数 $z=\sin x+\sin y-\sin(x+y)$ 的最大值.

9. 求抛物线 $y^2=4x$ 上的点，使它与直线 $x-y+4=0$ 的距离最小.

10. 求内接于椭圆 $x^2+3y^2=12$, 其底平行于长轴的最大等腰三角形的面积.

11. 求椭圆 $x^2+2xy+5y^2-16y=0$ 与直线 $x+y-8=0$ 之间的最短距离.

12. 求椭球面 $\dfrac{x^2}{a^2}+\dfrac{y^2}{b^2}+\dfrac{z^2}{c^2}=1$ 的最大内接长方体的体积.

13. 求经过点 $(2,1,\dfrac{1}{3})$ 且与坐标面围成的四面体具有最小体积的平面.

14. 设曲线 L 的方程是 $f(x,y)=0$ 且 f 有连续的偏导数. 若 P 是曲线外一点， PQ 是 P 到曲线 L 的最短距离且 Q 在 L 上，证明 PQ 位于 L 在 Q 点的法线上.

15. 求函数 $f(x,y)=x^2+y^2$ 在约束条件 $x^3+y^3-3xy=0$ 下的极值.

16. 作一长方体的箱子，给定总楞长为 10 米，总表面积为 3.5 米 ^{2}, 问各边如何选取其容积最大？

17. 求曲线 $18x^2+8y^2=144$ 的切线使之与坐标轴所围图形的面积最小.

习　题 9.5 B

1. 设计断面面积为定值 S 的等腰梯形渠道，问倾角 θ, 高度 h, 上底边长 b 各等于多少时，才能使断面与水接触部分的边界长最小？

2. 求椭球面 $\dfrac{x^2}{a^2}+\dfrac{y^2}{b^2}+\dfrac{z^2}{c^2}=1$ 的切平面，使之与坐标面所围四面体的体积最小.

3. 已知曲线 $C:\begin{cases}x^2+y^2-2z^2=0\\x+y+3z=5\end{cases}$，求曲线 C 距离 xoy 平面的最远点和最近点.

4. 若 x,y,z 为满足 $x^2+y^2+z^2=8$ 的正数，则

$$x^3+y^3+z^3\geq 16\sqrt{\frac{2}{3}}.$$

5. 求椭圆 $\begin{cases} \dfrac{x^2}{3}+\dfrac{y^2}{2}+z^2=1 \\ x+y+z=0 \end{cases}$ 的长半轴和短半轴之长.

6. 求函数 $f(x,y,z)=xyz$ 在约束条件 $x+y+z=0$ 和 $x^2+y^2+z^2=1$ 下的最大值和最小值.

7. 求函数 $f(x,y,z)=Ax^2+By^2+Cz^2+2Dyz+2Ezx+2Fxy$ 在单位球面上的最大值.

8. 设定点 A 和 B 位于以平面分开的不同光介质中，从 A 点射出的光线折射后到达 B 点. 已知光在介质中的传播速度分别为 v_1 和 v_2. 求需时最短的传播方式.

9. 求用平面 $Ax+By+Cz=0$ 与圆柱面 $\dfrac{x^2}{a^2}+\dfrac{y^2}{b^2}=1$ 相交所成椭圆的面积.

10. 求坐标原点到椭圆 $\begin{cases} z=x^2+y^2 \\ x+y+z=1 \end{cases}$ 的最长和最短距离.

11. 某养殖场饲养两种鱼，若甲种鱼放养 x(万尾), 乙种鱼放养 y(万尾), 收获时两种鱼收获量分别为 $(3-\alpha x-\beta y)x$ 和 $(4-\beta x-2\alpha y)y$ $(\alpha>\beta>0)$, 求使产鱼总量最大的放养数.

12. 设生产某种产品必须投入两种要素， x_1 和 x_2 分别为两种要素的投入量， Q 为产出量；若生产函数为 $Q=2x_1^{\alpha}x_2^{\beta}$, 其中 α,β 为正常数，且 $\alpha+\beta=1$, 假设两种要素的价格分别为 P_1 和 P_2, 试问当产出量为 12 时，两要素各投多少可使投入总费用最小？

13. 某厂投入产出函数为 $y=6K^{1/3}L^{1/2}$, 产品售价为 2, 资本 K 的价格为 4, 投入劳动力 L 的价格为 3, 求

(1) 该厂取得最大利润时的投入水平和最大利润；

(2) 如果产出水平维持在 36 个单位，使生产成本最小的投入水平.

14. 两种产品 A_1、A_2, 其年需要量分别为 1200 件和 2000 件，分批生产，其每批生产准备费分别为 40 元和 70 元，每年每件产品的库存费为 0.15 元. 若两种产品的每批总生产能力为 1000 件，试确定最优批量 Q_1 和 Q_2, 以使生产准备费和库存费之和最小.

15. 已知产品 A 的单价为 11 元，产品 B 的单价为 23 元，生产产品 C 需用 A、B 两种产品作原料，而且用 x 单位 A 产品和 y 单位 B 产品可产出 $-3x^2+10xy-3y^2$ 单位 C 产品，现打算以最低成本生产 80 单位产品 C, 各需要多少单位 A、B 产品？

16. 设某厂生产甲、乙两种产品，产量分别为 x,y 千只，其利润函数为 $z=-x^2-4y^2+8x+24y-15$. 如果现有原料 15000kg(不要求用完), 生产两种产品每千只都要消耗原料 2000kg. 求

(1) 使利润最大时的产量 x,y 和最大利润；

(2) 如果原料现有总量降至 12000kg, 求这时利润最大时的产量.

17. 设某商品的生产函数为 $Q=AK^{\alpha}L^{\beta}$, 成本函数为 $C(K,L)=P_KK+P_LL$. 总成本预算为常数 C_1, 其中 α,β 为正常数， K,L 分别表示资本投入和劳动力投入， P_K,P_L 分别为资本投入和劳动力投入价格. 证明当

$$K=\frac{\alpha C_1}{(\alpha+\beta)P_K},\quad L=\frac{\beta C_1}{(\alpha+\beta)P_L}$$

时，产量最高.

18. 设可微函数 $z=z(x,y)$ 是由方程 $2x^2+2y^2+z^2+8xz-z+8=0$ 所确定的隐函数，求 $z=z(x,y)$ 的极值.

总 习 题 九

1. 求下列函数的偏导数：

(1) $f(x,y)=x^2y+\sin(xy^2)$; (2) $z=\ln\tan\dfrac{x}{y}$;

(3) $z=\dfrac{\mathrm{e}^{\sin(xy)}}{\sqrt{x^2+y^2}}$; (4) $z=f\left(\ln x+\dfrac{1}{y}\right)$;

(5) $z=\dfrac{x-y}{x+y}\ln\dfrac{y}{x}$; (6) $z=-\sin\sqrt{x^2+y^2}+\dfrac{1+\cos(xy)}{1-x^2-y^2}$.

2. 化简下列各式 (f 为可微函数):

(1) 设 $z=\dfrac{y}{f(x^2-y^2)}$, 化简 $\dfrac{1}{x}\dfrac{\partial z}{\partial x}+\dfrac{1}{y}\dfrac{\partial z}{\partial y}$;

(2) 设 $z=\dfrac{y^2}{3x^2}+f(xy)$, 化简 $x^2\dfrac{\partial z}{\partial x}-xy\dfrac{\partial z}{\partial y}$;

3. 求函数 $z=x^2-xy+y^2$ 在点 $(1,1)$ 沿与 Ox 轴的正向成 α 角的方向上的方向导数, 并问在怎样的方向上此方向导数有 (1) 最大值; (2) 最小值; (3) 等于 0.

4. 求函数 $u=xyz$ 在点 $(1,1,1)$ 沿 $l:(\cos\alpha,\cos\beta,\cos\gamma)$ 方向的方向导数, 并求 $|\nabla u|_{(1,1,1)}$.

5. 将方程 $x\dfrac{\partial u}{\partial y}-y\dfrac{\partial u}{\partial x}$ 变为极坐标形式.

6. 求下列曲线在给定点的切线与法平面方程:

(1) $\begin{cases}x^2+y^2+z^2-3x=0\\2x-3y+5z-4=0\end{cases}$ 在点 $(1,1,1)$;

(2) $\begin{cases}x^2+y^2+z^2=4a^2\\x^2+y^2=2ax\end{cases}$ 在点 $(a,a,\sqrt{2}a)$.

7. 求下列曲面在给定点的法线与切平面方程:

(1) $\mathrm{e}^{x/z}+\mathrm{e}^{y/z}=4$ 在点 $(\ln 2,\ln 2,1)$;

(2) $x=u-v,\ y=u^2+v^2,\ z=u^3+v^3$ 在点 $u=1,\ v=1$.

8. 求下列函数的全微分:

(1) $u=\ln(x+2y+3z)$; (2) $z=\arctan\dfrac{y}{x}+\ln(1+\sqrt{x^2+y^2})$;

(3) $z=(3x-2y)^{3x-2y}$; (4) $u=f(\sqrt{x^2+y^2+z^2})$;

(5) $u=\mathrm{e}^{x+y}\cos x\cos y$; (6) $u=(x^2+y^2+z^2)^{\sin(x+y+z)}$.

9. 求下列函数指定阶的偏导数:

(1) $u=f(x+y,xy)$, 求 $\dfrac{\partial^2 u}{\partial x\partial y}$;

(2) $u = x^3 \sin y + y^3 \sin x$, 求 $\dfrac{\partial^4 u}{\partial x^2 \partial y^2}$;

(3) $z = x^2 \arctan \dfrac{y}{x} - y^2 \arctan \dfrac{x}{y}$, 求 $\dfrac{\partial^2 z}{\partial x \partial y}$.

10. 设 f, g 为二阶连续可微函数, 求下列函数的二阶全微分:

(1) $z = f(\sqrt{x^2 + y^2})$; (2) $u = f(x, xy, xyz)$;

(3) $z = yf\left(\dfrac{x}{y}\right) + xg\left(\dfrac{y}{x}\right)$; (4) $z = f(xy, g(x^2 + y^2))$;

(5) $z = f(\sin(x + y), xy)$.

11. 设 $z = uv, x = \mathrm{e}^{u+v}, y = \mathrm{e}^{u-v}$, 求 $\mathrm{d}z$.

12. 设 $z = u(x, y)\mathrm{e}^{ax+by}$, $\dfrac{\partial^2 u}{\partial x \partial y} = 0$, 试确定常数 a, b, 使

$$\frac{\partial^2 z}{\partial x \partial y} - \frac{\partial z}{\partial x} - \frac{\partial z}{\partial y} + z = 0.$$

13. 证明球坐标系 r, θ, φ 中的三个坐标面

$$x^2 + y^2 + z^2 = r^2, \quad y = x \tan \theta, \quad z = \sqrt{x^2 + y^2} \tan^2 \varphi$$

两两正交.

14. 证明曲面 $f\left(\dfrac{x-a}{z-c}, \dfrac{y-b}{z-c}\right) = 0$ 的切平面通过一定点.

15. 证明方程 $y\dfrac{\partial u}{\partial x} + x\dfrac{\partial u}{\partial y} = 0$ 的解为 $u = f(x^2 - y^2)$, 其中 f 为任一可微函数.

16. 从方程组 $\begin{cases} x + y + u + v = 1 \\ x^2 + y^2 + u^2 + v^2 = 2 \end{cases}$ 中求出 $\dfrac{\partial^2 u}{\partial x^2}, \dfrac{\partial^2 u}{\partial y^2}, \dfrac{\partial^2 v}{\partial x^2}, \dfrac{\partial^2 v}{\partial y^2}$.

17. 把正数 a 分成三个正数之和, 使它们的乘积最大, 并由此结果证明:

$$\sqrt[3]{xyz} \le \frac{x + y + z}{3} \quad (x \ge 0,\ y \ge 0,\ z \ge 0).$$

18. 求 $f(x, y) = x^2 - y^2 + 2$ 在椭圆域 $D = \{\,(x, y):\ x^2 + \dfrac{y^2}{4} \le 1\}$ 上的最大值和最小值.

第十章　无向域上的积分

多元函数的积分，按照积分域的定向与否可分为无向域上的积分和有向域上的积分. 无向域上的积分也称为 Riemann(黎曼) 积分，包括定积分、二重积分、三重积分、对弧长的曲线积分和对面积的曲面积分.

§10.1　黎曼积分与微元法

在高等数学中，通常用到的积分域都是基本域或由有限个基本域拼接而成的曲线、曲面或闭区域，即简单域.

§10.1.1　积分域与微元法

简单地说，**基本域**是指闭区间、矩形或长方体的光滑形变，即在连续可微条件下的一一对应，按照维数，基本域可分为一维基本域，二维基本域和三维基本域，即基本曲线、基本曲面和空间基本区域.

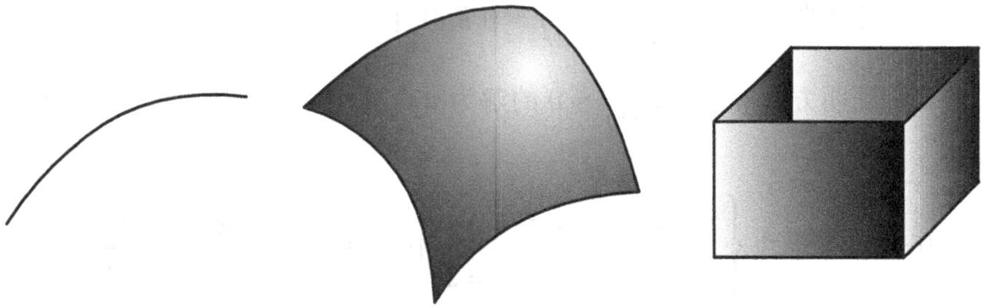

图 1.1

一维基本域可表示为

$$L:\boldsymbol{r}=\boldsymbol{r}(t)=(x(t),y(t),z(t)),\ \ (a\le t\le b),$$

其中 $t\mapsto\boldsymbol{r}(t)$ 是 $[a,b]$ 到 L 的连续可微的一一对应，即切向量

$$\boldsymbol{r}'(t)=(x'(t),y'(t),z'(t))$$

处处非 0 且连续.

二维基本域可表示为

$$S: \boldsymbol{r} = \boldsymbol{r}(u, v) = (x(u, v), y(u, v), z(u, v)),$$
$$(a \leq u \leq b,\ c \leq v \leq d)$$

其中 $(u, v) \mapsto \boldsymbol{r}(u, v)$ 是矩形 $[a, b; c, d]$ 到 S 的连续可微的一一对应, 即法向量

$$\boldsymbol{r}'_u \times \boldsymbol{r}'_v = \left(\frac{\partial(y, z)}{\partial(u, v)}, \frac{\partial(z, x)}{\partial(u, v)}, \frac{\partial(x, y)}{\partial(u, v)}\right)$$

处处非 0 且连续.

三维基本域可表示为

$$V: \boldsymbol{r} = \boldsymbol{r}(u, v, w) = (x(u, v, w), y(u, v, w), z(u, v, w)),$$
$$(a_1 \leq u \leq b_1,\ a_2 \leq v \leq b_2,\ a_3 \leq w \leq b_3)$$

其中 $(u, v, w) \mapsto \boldsymbol{r}(u, v, w)$ 是长方体 $[a_1, b_1; a_2, b_2; a_3, b_3]$ 到 V 的连续可微的一一对应, 即混合积

$$(\boldsymbol{r}'_u, \boldsymbol{r}'_v, \boldsymbol{r}'_w) = \frac{\partial(x, y, z)}{\partial(u, v, w)}$$

处处非 0 且连续.

为了方便, 统称长度、面积和体积为测度. 对于基本域 Ω, 可用 $\int_\Omega \mathrm{d}\Omega$ 表示其测度并可用定积分或累次积分 (即多个定积分) 来定义测度.

例如, 一维基本域 $\Omega: \boldsymbol{r} = \boldsymbol{r}(t)$, $t \in [a, b]$ 的测度可定义为

$$\int_\Omega \mathrm{d}\Omega = \int_a^b |\boldsymbol{r}'(t)| \mathrm{d}t;$$

二维基本域 $\Omega: \boldsymbol{r} = \boldsymbol{r}(u, v)$, $(u, v) \in [a, b; c, d]$ 的测度可定义为

$$\begin{aligned}\int_\Omega \mathrm{d}\Omega &= \int_a^b \left(\int_c^d |\boldsymbol{r}'_u \times \boldsymbol{r}'_v|\, \mathrm{d}v\right) \mathrm{d}u \\ &= \int_a^b \mathrm{d}u \int_c^d |\boldsymbol{r}'_u \times \boldsymbol{r}'_v|\, \mathrm{d}v.\end{aligned}$$

三维基本域 $\Omega: \boldsymbol{r}=\boldsymbol{r}(u,v,w)$, $(u,v,w)\in[a_1,b_1;a_2,b_2;a_3,b_3]$ 的测度可定义为

$$\begin{aligned}\int_\Omega \mathrm{d}\Omega &= \int_{a_1}^{b_1}\left(\int_{a_2}^{b_2}\left(\int_{a_3}^{b_3}\left|(\boldsymbol{r}_u',\boldsymbol{r}_v',\boldsymbol{r}_w')\right|\mathrm{d}w\right)\mathrm{d}v\right)\mathrm{d}u.\\ &= \int_{a_1}^{b_1}\mathrm{d}u\int_{a_2}^{b_2}\mathrm{d}v\int_{a_3}^{b_3}\left|(\boldsymbol{r}_u',\boldsymbol{r}_v',\boldsymbol{r}_w')\right|\mathrm{d}w.\end{aligned}$$

可以证明基本域的测度与基本域的参数方程的选择无关.

一般地，由有限个基本域构成的曲线、曲面或闭区域 Ω 称为 **简单域**. 更一般地，一个曲线、曲面或闭区域 Ω 称为 **积分域**, 是指存在两两内部不交的 (有限或无限的) 基本域序列 $\Omega_1,\Omega_2,\cdots,\Omega_n,\cdots$, 使得

$$\Omega=\Omega_1\cup\Omega_2\cup\cdots\cup\Omega_n\cup\cdots,$$

并且级数

$$\int_\Omega \mathrm{d}\Omega=\sum_{n=1}^{\infty}\int_{\Omega_n}\mathrm{d}\Omega$$

收敛，同时称 $\int_\Omega \mathrm{d}\Omega$ 为积分域 Ω 的测度， $\Omega_1,\Omega_2,\cdots,\Omega_n\cdots$ 为积分域 Ω 的剖分. 全体基本域的直径的最小上界称为剖分的直径.

如果将一个基本域的定义区间、定义矩形或定义长方体等分成区间网格、矩形网格或长方体网格，则可以相应地得到该基本域的一个网格分解，这种方法称为基本域的细分.

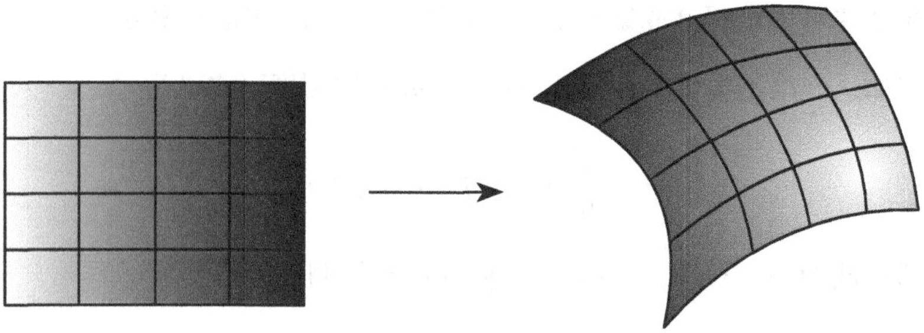

图 1.2

通过基本域的细分，积分域的每个剖分都可以变成直径任意小的剖分. 对于积分域 Ω 的一个直径充分小的剖分 $\{\Omega_n\}$ 来说，当 Ω 为曲线时，每个基

本域 Ω_n 可视为线段；当 Ω 为曲面时，每个基本域 Ω_n 可视为平行四边形；当 Ω 为空间区域时，每个基本域 Ω_n 可视为平行六面体．这种把直径充分小的基本域视为平行几何体的观点称为微元法．

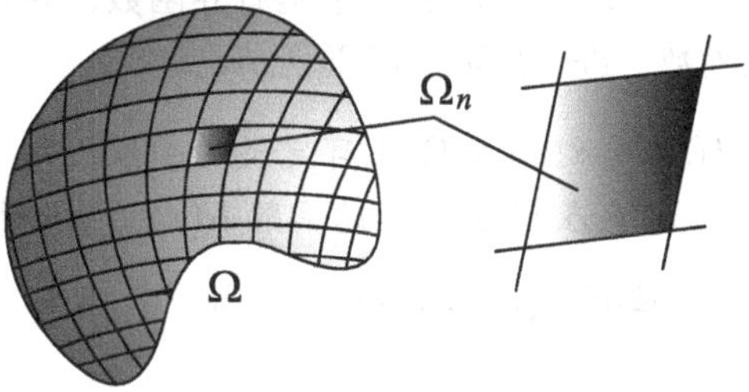

图 1.3

§10.1.2 黎曼积分与可积性

在积分域 Ω 上，一个函数 $f:\Omega\to\mathbb{R}$ 称为分块连续的，当且仅当 f 为有界函数，并且存在 Ω 的一个剖分 $\{\Omega_n\}$，使得 f 在每个基本域 Ω_n 的内部都是连续函数．

对于一个分块连续函数 $f:\Omega\to\mathbb{R}$，不妨认为它是某种分布量的密度函数，现在需要计算这种分布量在 Ω 上的总和．

考察 Ω 在一个给定点 x 处的微元 V．根据函数 f 的分块连续性，可认为 f 在微元 V 上连续，因此 f 在微元 V 上的取值可认为恒等于常数 $f(x)$．如果用 $\mathrm{d}\Omega$ 表示微元 V 的测度，则该分布量在微元 V 上的局部和可视为 $f(x)\,\mathrm{d}\Omega$．

由于 Ω 为积分域，所以可把微元上的局部和 $f(x)\,\mathrm{d}\Omega$ 沿 x 的变化范围 Ω 加起来，于是便得到所求量在 Ω 上的总和，记为

$$\int_\Omega f(x)\,\mathrm{d}\Omega.$$

实际问题可以通过微元法表示为积分问题，其中 $\mathrm{d}\Omega$ 称为测度微分，密度函数 $f:\Omega\to\mathbb{R}$ 称为被积函数．被积函数在积分域上的连续和 $\int_\Omega f(x)\,\mathrm{d}\Omega$ 称为黎曼积分．严格来说，有

定义 1.1 *设 Ω 是积分域，$f(x)$ 是 Ω 上的函数，称实数 I 为 $f(x)$ 在 Ω 上的黎曼积分，记作 $\int_\Omega f(x)\,\mathrm{d}\Omega=I$，如果对任意的 $\varepsilon>0$，都存在 $\delta>0$，使当 $\{\Omega_n\}$ 为 Ω 的直径小于 δ 的剖分时，对每个 $x_n\in\Omega_n$，都有*

$$\left|\sum_{n=1}^{\infty} f(x_n)\int_{\Omega_n} \mathrm{d}\Omega - I\right| < \varepsilon.$$

可以证明，积分域上的可积函数一定是有界函数，并且连续函数及分块连续函数都是可积函数. 进一步可证明下列结论.

定理 1.1 设 $f(x)$ 是积分域 Ω 上有定义的函数，则 $f(x)$ 在 Ω 上可积 $\Longleftrightarrow$ 对任意的 $\varepsilon > 0$, 都存在 Ω 上的连续函数 $\alpha(x),\beta(x)$, 使得

(1) 当 $x \in \Omega$ 时，恒有 $\alpha(x) \le f(x) \le \beta(x)$;

(2) $\displaystyle\int_{\Omega}\left[\,\beta(x)-\alpha(x)\,\right]\mathrm{d}\Omega < \varepsilon.$

充分性比较明显，必要性因涉及二维连续函数的构造方法，已超出高等数学的范围，故证略.

当积分域依次为区间、平面区域、空间区域、空间曲线及空间曲面时，分别称黎曼积分为定积分、二重积分、三重积分、(对弧长的) 曲线积分和 (对面积的) 曲面积分. 按照习惯，无向域上的积分可以根据积分域的不同类型表示为不同的具体形式，积分号的个数按照积分域的维数确定.

例 1.1 **曲线杆的质量**

设 L 是空间一曲线杆，其质量密度为 $\rho(x,y,z)$. 在曲线 L 上取 (x,y,z) 点长度为 $\mathrm{d}s$ 的弧段为微元，则微元可视为线段，微元上的密度 $\rho(x,y,z)$ 可视为常数，由此可知，微元的质量为 $\rho(x,y,z)\,\mathrm{d}s$. 于是曲线杆的质量为曲线积分 $\int_L \rho(x,y,z)\,\mathrm{d}s$.

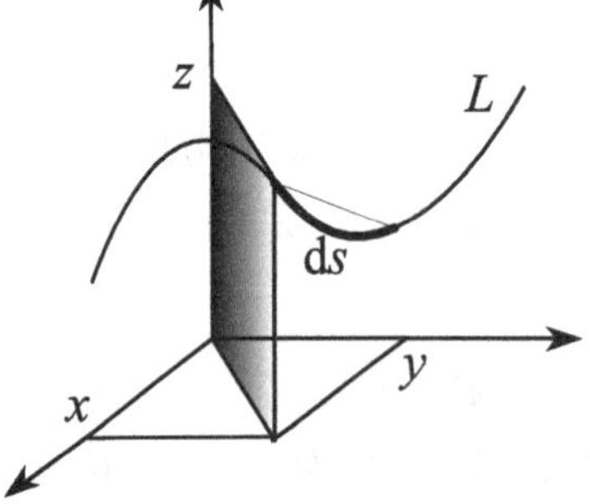

图 1.4

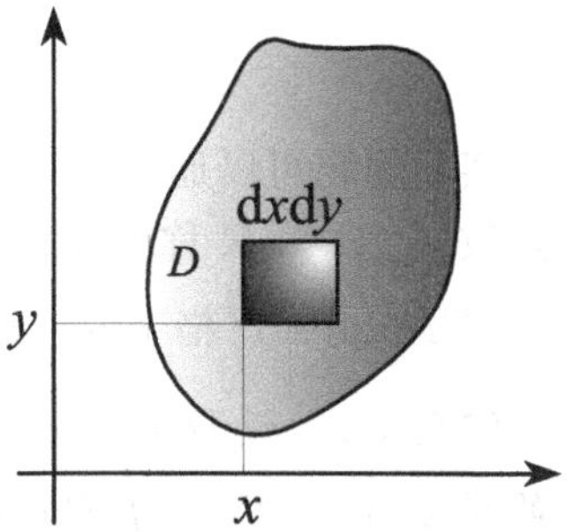

图 1.5

例 1.2 空间曲线的长度

设积分域 L 是一空间曲线，则 L 的长度可用曲线积分 $\int_L \mathrm{d}s$ 表示.

例 1.3 平面板的质量

设一个平面板占据的平面区域为 D, 该板的质量密度为 $\rho(x,y)$. 在区域为 D 的 (x,y) 点取长为 $\mathrm{d}x$, 宽为 $\mathrm{d}y$ 的小矩形为微元，则微元的面积为 $\mathrm{d}x\mathrm{d}y$, 微元的质量为 $\rho(x,y)\mathrm{d}x\mathrm{d}y$. 于是平面板的质量为二重积分

$$\iint_D \rho(x,y)\mathrm{d}x\mathrm{d}y.$$

例 1.4 平面域的面积

如果 D 是一个平面积分域，则 D 的面积可以表示为

$$\iint_D \mathrm{d}x\mathrm{d}y.$$

例 1.5 曲面板的质量

设一个曲面板的集合表示为 S, 该板的质量密度为 $\rho(x,y,z)$. 在曲面 S 上任意一点 (x,y,z) 处取一平行四边形为微元，若微元的面积为 $\mathrm{d}S$, 则微元的质量为 $\rho(x,y,z)\mathrm{d}S$. 于是曲面板的质量为曲面积分

$$\iint_S \rho(x,y,z)\mathrm{d}S.$$

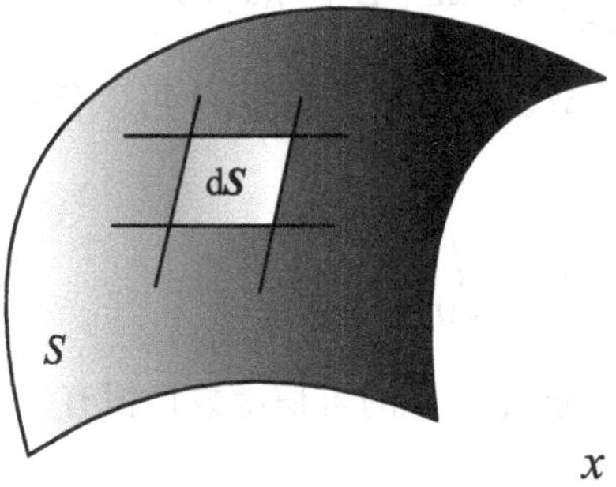

图 1.6

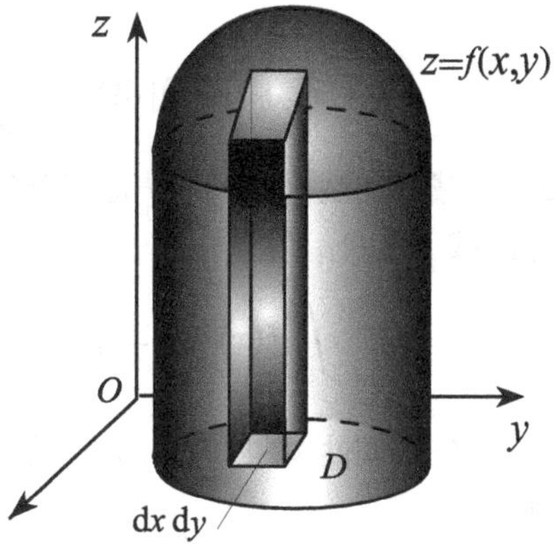

图 1.7

例 1.6 **空间曲面的面积**

如果积分域 S 是一个曲面，则 S 的面积可以表示为 $\iint_S \mathrm{d}S$.

例 1.7 **曲顶柱体的体积**

设 $f(x,y)$ 是平面区域 D 上的非负连续函数，则称以 D 为底，以曲面 $z=f(x,y)$ 为顶，以 D 的边界为准线而母线平行于 z 轴的几何体为曲顶柱体. 在平面区域 D 的 (x,y) 点取一面积为 $\mathrm{d}x\mathrm{d}y$ 的矩形微元，则可得到一个高为 $f(x,y)$ 的小曲顶柱体. 该小曲顶柱体在微观意义下可视为长方体，其体积为 $f(x,y)\mathrm{d}x\mathrm{d}y$. 将长方体的体积沿 (x,y) 的变化范围求和，即可得曲顶柱体的体积为二重积分

$$\iint_D f(x,y)\mathrm{d}x\mathrm{d}y.$$

例 1.8 **三维物体的质量**

如果一个质量密度为 $\rho(x,y,z)$ 的三维物体占据的空间积分域为 Ω, 则该物体的质量为三重积分

$$\iiint_\Omega \rho(x,y,z)\mathrm{d}x\mathrm{d}y\mathrm{d}z.$$

§10.1.3 黎曼积分的性质

定积分的线性性、区间可加性、积分单调性、积分中值性等也可以推广到多元函数的积分.

1. **积分线性性** 如果 $f(x),g(x)$ 是积分域 Ω 上的可积函数，λ,μ 是常数，则

$$\int_\Omega [\lambda f(x)+\mu g(x)]\,\mathrm{d}\Omega = \lambda\int_\Omega f(x)\,\mathrm{d}\Omega + \mu\int_\Omega g(x)\,\mathrm{d}\Omega.$$

2. **区域可加性** 如果 $f(x)$ 是积分域 Ω 上的可积函数且 Ω 可以分割成两个积分区域 Ω_1, Ω_2, 则

$$\int_\Omega f(x)\,\mathrm{d}\Omega = \int_{\Omega_1} f(x)\,\mathrm{d}\Omega + \int_{\Omega_2} f(x)\,\mathrm{d}\Omega.$$

3. **积分单调性** 如果 $f(x),g(x)$ 是积分域 Ω 上的可积函数且恒有 $f(x)\le g(x)$, 则

$$\int_\Omega f(x)\,\mathrm{d}\Omega \le \int_\Omega g(x)\,\mathrm{d}\Omega.$$

4. **绝对单调性** 如果 $f(x)$ 是积分域 Ω 上的可积函数，则

$$\left|\int_\Omega f(x)\,\mathrm{d}\Omega\right| \leq \int_\Omega |f(x)|\,\mathrm{d}\Omega.$$

5. **积分中值性** 如果 $f(x)$ 是连通积分域 Ω 上的连续函数，则存在 $\xi \in \Omega$，使得

$$\int_\Omega f(x)\,\mathrm{d}\Omega = f(\xi)\int_\Omega \mathrm{d}\Omega.$$

习 题 10.1 A

1. 设 xOy 平面的区域 D 上有一平面板，该平面板上分布有面密度为 $\mu(x,y)$ 的电荷，如果 $\mu(x,y)$ 在 D 上连续，试用二重积分表示该平面板上的电荷总量.

2. (三维积分域的体积) 设 Ω 是一个三维积分区域，试用三重积分表示该积分区域的体积.

3. 分别用定积分、二重积分和三重积分表示椭球 $\dfrac{x^2}{a^2}+\dfrac{y^2}{b^2}+\dfrac{z^2}{c^2}\leq 1$ 的体积.

4. 分别用定积分、曲面积分表示椭球面 $\dfrac{x^2}{a^2}+\dfrac{y^2}{a^2}+\dfrac{z^2}{c^2}=1$ 的面积.

5. 比较下列积分的大小：

(1) $\iint_D (x+y)^2\mathrm{d}x\mathrm{d}y$ 与 $\iint_D (x+y)^3\mathrm{d}x\mathrm{d}y$, 其中积分区域 D 是由 x 轴，y 轴与直线 $x+y=1$ 所围成;

(2) $\iint_D (x+y)^2\mathrm{d}x\mathrm{d}y$ 与 $\iint_D (x+y)^3\mathrm{d}x\mathrm{d}y$, 其中积分区域 D 是由圆周 $(x-2)^2+(y-1)^2=2$ 所围成;

(3) $\iint_D \ln(x+y)\mathrm{d}x\mathrm{d}y$ 与 $\iint_D [\ln(x+y)]^2\mathrm{d}x\mathrm{d}y$, 其中 D 是三角形闭区域，三顶点分别为 $(1,0),(1,1),(2,0)$;

(4) $\iint_D \ln(x+y)\mathrm{d}x\mathrm{d}y$ 与 $\iint_D [\ln(x+y)]^2\mathrm{d}x\mathrm{d}y$, 其中 D 是矩形闭区域：

$$3\leq x\leq 5,\ 0\leq y\leq 1.$$

习 题 10.1 B

1. 设 xOy 平面的区域 D 上有一平面板，该平面板的质量密度为 $\rho(x,y)$，如果 $\rho(x,y)$ 在 D 上连续，试用二重积分表示该平面板的重心坐标.

2. 设 xOy 平面的区域 D 上有一平面板，该平面板的质量密度为 $\rho(x,y)$，如果 $\rho(x,y)$ 在 D 上连续，试用二重积分和定积分分别表示该平面板的质量.

3. 设 V 是以平面区域 D 为底，以曲面 $z=f(x,y)$ 为顶的曲顶柱体，试用三重积分，二重积分和定积分分别表示 V 的体积.

4. 设 xOy 平面的区域 D 上有一平面板，该平面板的质量密度为 $\rho(x,y)$，如果 $\rho(x,y)$ 在 D 上连续，试用二重积分表示该平面板对位于 $M(0,0,a)$ $(a>0)$ 点的单位质点的引力.

5. 试用二重积分表示一均匀球壳对不在该球壳上一单位质点的引力.

6. 试用分割、近似、求和、取极限的方法给出二重积分的定义.

7. 试用分割、近似、求和、取极限的方法给出曲面积分的定义.

8. 试用定积分表示曲面板的面积和质量.

9. 试用二重积分表示由抛物柱面 $z=2-x^2$ 和椭圆抛物面 $z=x^2+2y^2$ 围成区域的体积.

10. 试用三重积分表示 $x^2+y^2+z^2\le a^2$ 在 $z=\sqrt{x^2+y^2}$ 内部部分的体积.

11. 设曲面板 S 是半球面 $z=\sqrt{a^2-x^2-y^2}$ 在圆锥 $z=\sqrt{x^2+y^2}$ 之内的部分，其面密度为 $\rho=z^3$，试用面积分表示 S 的质量.

12. 计算下列累次积分：

(1) $\displaystyle\int_0^1 \mathrm{d}x\int_0^1 (x+y)\mathrm{d}y$； (2) $\displaystyle\int_0^1 \mathrm{d}x\int_{x^2}^1 (x^2+y^2)\mathrm{d}y$；

(3) $\displaystyle\int_{-1}^1 \mathrm{d}x\int_{1-\sqrt{1+x^2}}^{1+\sqrt{1+x^2}} (4-x-y)\mathrm{d}y$； (4) $\displaystyle\int_0^1 \mathrm{d}y\int_{y^2}^{y} \frac{\sin y}{y}\mathrm{d}x$.

§10.2 重积分的计算

通常情况下，重积分的计算可以转化为累次积分的计算，即多个定积分的计算．对于较复杂的重积分计算，可以通过变量代换将积分区域或被积函数化简后累次积分．

§10.2.1 累次积分法

考察平面板的质量 $\iint_D \rho(x,y)\mathrm{d}x\mathrm{d}y$. 假设积分区域 D 可用不等式

$$\alpha(x) \le y \le \beta(x), \quad a \le x \le b$$

表示，其中 $\alpha(x), \beta(x)$ 是区间 $[a,b]$ 上的连续函数．

假设给定的平面板可以纵向压缩成水平直线杆．注意到水平杆在 $x \in [a,b]$ 点处对应于平面板上的一条纵向杆，可取纵向杆在 (x,y) 处的微元是长为 $\mathrm{d}y$ 的直线段，该微元的质量为 $\rho(x,y)\mathrm{d}y$. 由此可知，纵向杆的质量为

$$\rho(x) = \int_{\alpha(x)}^{\beta(x)} \rho(x,y)\mathrm{d}y.$$

因此水平杆在 x 点的质量密度为 $\rho(x)$. 于是水平杆的质量为

$$\int_a^b \rho(x)\mathrm{d}x = \int_a^b \Big(\int_{\alpha(x)}^{\beta(x)} \rho(x,y)\mathrm{d}y\Big)\mathrm{d}x.$$

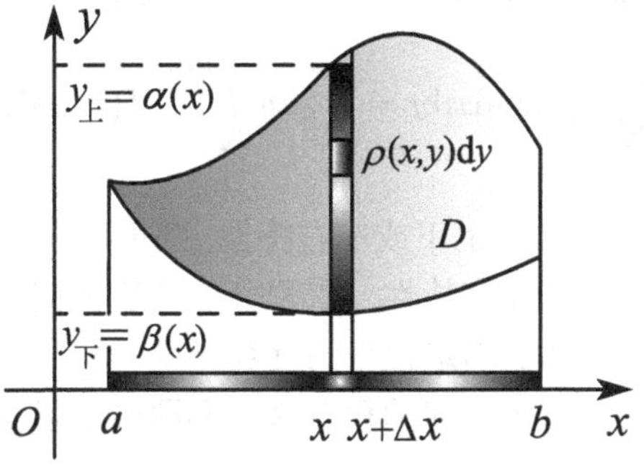

图 2.1

由于给定平面板的质量与水平杆的质量相等，所以有

$$\iint_D \rho(x,y)\mathrm{d}x\mathrm{d}y = \int_a^b \Big(\int_{\alpha(x)}^{\beta(x)} \rho(x,y)\mathrm{d}y\Big)\mathrm{d}x. \tag{1}$$

为了方便，可记

$$\int_a^b \mathrm{d}x \int_{\alpha(x)}^{\beta(x)} \rho(x,y)\mathrm{d}y = \int_a^b \Big(\int_{\alpha(x)}^{\beta(x)} \rho(x,y)\mathrm{d}y\Big)\mathrm{d}x.$$

据此，公式 (1) 可写为

$$\iint_D \rho(x,y)\mathrm{d}x\mathrm{d}y = \int_a^b \mathrm{d}x \int_{\alpha(x)}^{\beta(x)} \rho(x,y)\mathrm{d}y.$$

一般地，对于积分域 D 上的连续函数 $f(x,y)$, 只要 D 可用不等式

$$\alpha(x) \le y \le \beta(x), \quad a \le x \le b$$

连续表示，即 D 为 $x-$ 型区域，那么也有类似的二重积分计算公式

$$\iint\limits_D f(x,y)\mathrm{d}x\mathrm{d}y = \int_a^b \mathrm{d}x \int_{\alpha(x)}^{\beta(x)} f(x,y)\mathrm{d}y. \tag{2}$$

如果 D 可用不等式

$$\varphi(y) \le x \le \psi(y), \quad c \le y \le d$$

连续表示，即 D 为 $y-$ 型区域，那么公式 (2) 可变为

$$\iint\limits_D f(x,y)\mathrm{d}x\mathrm{d}y = \int_c^d \mathrm{d}y \int_{\varphi(y)}^{\psi(y)} f(x,y)\mathrm{d}x. \tag{3}$$

如果积分区域 D 不具有上下或左右特性, 则可以将 D 进行适当的分割, 使其每个子块具有上下或左右特性. 重积分的计算关键在于积分区域的不等式表示，好的表示可以降低不定积分的计算难度. 积分域的不等式表示就是用不等式组表示用各种方程描述的积分域，亦即确定累次积分的上下限.

例 2.1 计算 $\iint_D x^2 y\mathrm{d}x\mathrm{d}y$, 其中 D 由直线 $y=x$ 和曲线 $y=x^2$ 围成.

解 区域 D 可用不等式表示为

$$x^2 \le y \le x, 0 \le x \le 1.$$

因此

$$\begin{aligned}\iint\limits_D x^2 y \mathrm{d}x\mathrm{d}y &= \int_0^1 \mathrm{d}x \int_{x^2}^{x} x^2 y \mathrm{d}y = \int_0^1 \left[\frac{1}{2}x^2y^2\right]_{y=x^2}^{y=x} \mathrm{d}x \\ &= \frac{1}{2}\int_0^1 (x^4 - x^6)\mathrm{d}x = \frac{1}{35}.\end{aligned}$$

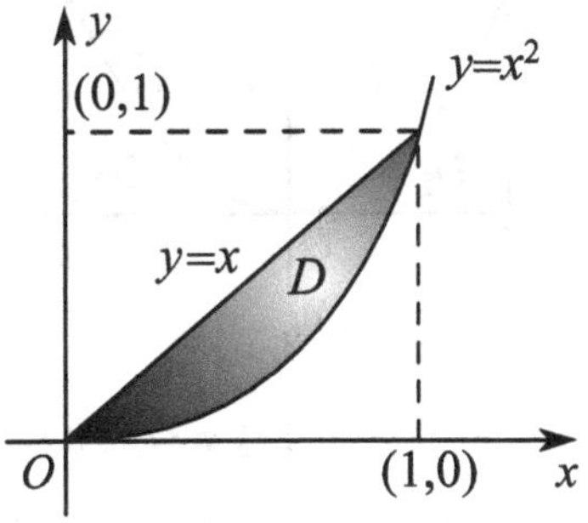

图 2.2

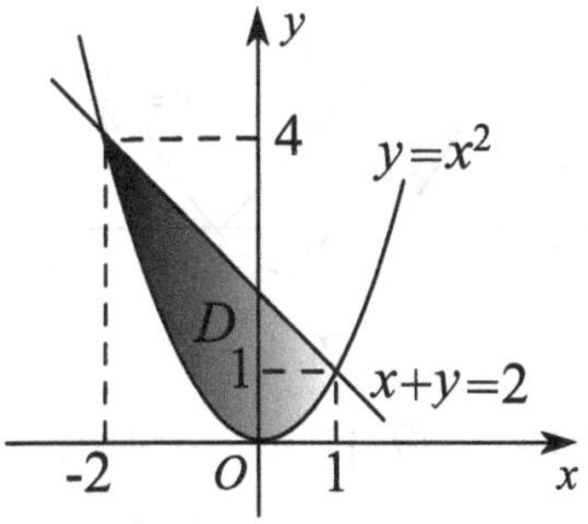

图 2.3

例 2.2 求由 $y = x^2, x + y = 2$ 围成平面图形的面积.

解 由 $y = x^2, x + y = 2$ 围成的平面图形 D 可用不等式表示为

$$x^2 \le y \le 2 - x, \ -2 \le x \le 1.$$

因此 D 的面积为

$$\iint\limits_D \mathrm{d}x\mathrm{d}y = \int_{-2}^{1} \mathrm{d}x \int_{x^2}^{2-x} \mathrm{d}y = \int_{-2}^{1} (2 - x - x^2)\mathrm{d}x = \frac{9}{2}.$$

例 2.3 交换累次积分 $\displaystyle\int_{-6}^{2} \mathrm{d}x \int_{\frac{1}{4}x^2-1}^{2-x} f(x,y)\mathrm{d}y$ 的积分次序.

解 根据

$$\frac{1}{4}x^2 - 1 \le y \le 2 - x, \quad -6 \le x \le 2$$

可得积分域的下半部分为

$$-2\sqrt{1+y} \le x \le 2\sqrt{1+y}, \quad -1 \le y \le 0,$$

积分域的上半部分为

$$-2\sqrt{1+y} \le x \le 2-y, \quad 0 \le y \le 8.$$

因此原积分等于

$$\int_{-1}^{0} \mathrm{d}y \int_{-2\sqrt{1+y}}^{2\sqrt{1+y}} f(x,y)\mathrm{d}x + \int_{0}^{8} \mathrm{d}y \int_{-2\sqrt{1+y}}^{2-y} f(x,y)\mathrm{d}x.$$

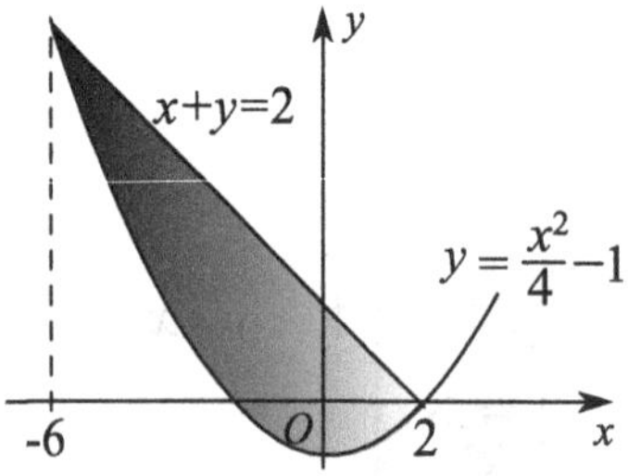

图 2.4

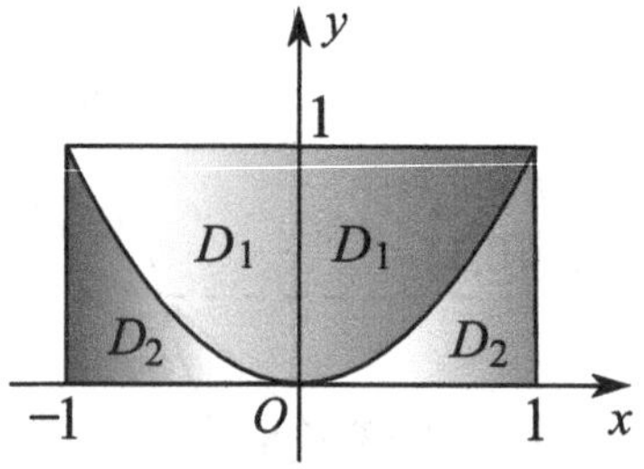

图 2.5

例 2.4 计算 $\iint_D |y-x^2|\mathrm{d}x\mathrm{d}y$, 其中 $D=\{(x,y)|-1\le x\le 1, 0\le y\le 1\}$.

解 曲线 $y-x^2=0$ 将积分区域 D 分为 D_1 和 D_2 两部分, 可用不等式表示为

$$D_1:\ -1\le x\le 1,\ x^2\le y\le 1,$$
$$D_2:\ -1\le x\le 1,\ 0\le y\le x^2.$$

因此, 有

$$\begin{aligned}\iint\limits_D |y-x^2|\mathrm{d}x\mathrm{d}y &= \iint\limits_{D_1}(y-x^2)\mathrm{d}x\mathrm{d}y + \iint\limits_{D_2}(x^2-y)\mathrm{d}x\mathrm{d}y\\ &= \int_{-1}^{1}\mathrm{d}x\int_{x^2}^{1}(y-x^2)\,\mathrm{d}y + \int_{-1}^{1}\mathrm{d}x\int_{0}^{x^2}(x^2-y)\,\mathrm{d}y\\ &= \int_{-1}^{1}\left[\frac{y^2}{2}-x^2y\right]_{y=x^2}^{y=1}\mathrm{d}x + \int_{-1}^{1}\left[x^2y-\frac{y^2}{2}\right]_{y=0}^{y=x^2}\mathrm{d}x\\ &= \int_{-1}^{1}\left(\frac{1}{2}-x^2+x^4\right)\mathrm{d}x = \frac{11}{15}.\end{aligned}$$

对于三重积分 $\iiint_\Omega f(x,y,z)\mathrm{d}x\mathrm{d}y\mathrm{d}z$. 如果积分区域 Ω 可以表示为

$$z_{下}(x,y) \le z \le z_{上}(x,y), \quad (x,y)\in D,$$

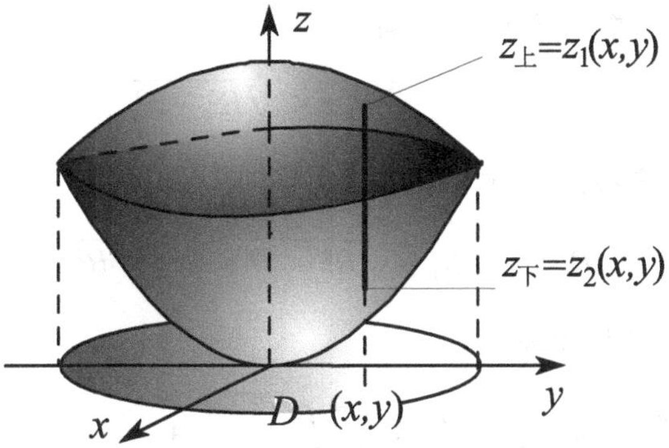

图 2.6

则有

$$\iiint\limits_{\Omega} f(x,y,z)\mathrm{d}x\mathrm{d}y\mathrm{d}z = \iint\limits_{D} \mathrm{d}x\mathrm{d}y \int_{z_{下}}^{z_{上}} f(x,y,z)\mathrm{d}z. \tag{4}$$

其中 $z = z_{上}(x,y)$, $z = z_{下}(x,y)$ 称为区域 Ω 的上下边界, D 称为区域 Ω 的投影域.

如果将 $f(x,y,z)$ 理解为质量密度, 那么平面区域 D 可以看成是空间物体 Ω 沿 z 轴方向压缩而成的平面板. 平面板上 (x,y) 点处的质量密度对应于空间物体上的直线段 $[z_{下}, z_{上}]$ 的质量. 由于该直线段的质量为

$$\rho(x,y) = \int_{z_{下}}^{z_{上}} f(x,y,z)\mathrm{d}z,$$

所以平面板 D 的质量, 亦即空间物体 Ω 的质量为

$$\iiint\limits_{\Omega} f(x,y,z)\mathrm{d}x\mathrm{d}y\mathrm{d}z = \iint\limits_{D} \rho(x,y)\mathrm{d}x\mathrm{d}y = \iint\limits_{D} \mathrm{d}x\mathrm{d}y \int_{z_{下}}^{z_{上}} f(x,y,z)\mathrm{d}z.$$

在围成区域 Ω 的诸多曲面中, 可以通过消去 z 的办法得到一系列不含 z 的方程, 据此可以确定投影域; 另一方面, 可以通过含有 z 的全体方程解出 z, 据此可以确定上下边界. 简言之, 即 **找 z 解 z 定上下, 缺 z 消 z 定投影**. 其中 z 可用 x 或 y 代替.

例 2.5 求两圆柱面 $x^2 + y^2 = R^2$, $x^2 + z^2 = R^2$ 所围图形的体积.

解 本题可用体积公式

$$V = \iiint\limits_{\Omega} \mathrm{d}x\mathrm{d}y\mathrm{d}z = \iint\limits_{D_{投}} \mathrm{d}x\mathrm{d}y \int_{z_{下}}^{z_{上}} \mathrm{d}z = \iint\limits_{D_{投}} (z_{上} - z_{下})\mathrm{d}x\mathrm{d}y.$$

计算. 按照"找 z 解 z 定上下", 有

$$-\sqrt{R^2-x^2} \le z \le \sqrt{R^2-x^2}.$$

按照"缺 z 消 z 定投影", 有 D: $x^2+y^2 \le R^2$, 即

$$D:\ -R \le x \le R,\ -\sqrt{R^2-x^2} \le y \le \sqrt{R^2-x^2}.$$

因此所求图形 Ω 的体积为

$$\begin{aligned}\iiint\limits_{\Omega} \mathrm{d}x\mathrm{d}y\mathrm{d}z &= \iint\limits_{D} \mathrm{d}x\mathrm{d}y \int_{-\sqrt{R^2-x^2}}^{\sqrt{R^2-x^2}} \mathrm{d}z \\ &= 2\int_{-R}^{R} \mathrm{d}x \int_{-\sqrt{R^2-x^2}}^{\sqrt{R^2-x^2}} \sqrt{R^2-x^2}\,\mathrm{d}y \\ &= 4\int_{-R}^{R} \sqrt{R^2-x^2}\cdot y\Big|_{y=0}^{y=\sqrt{R^2-x^2}} \mathrm{d}x \\ &= 4\int_{-R}^{R} (R^2-x^2)\mathrm{d}x = \frac{16}{3}R^3.\end{aligned}$$

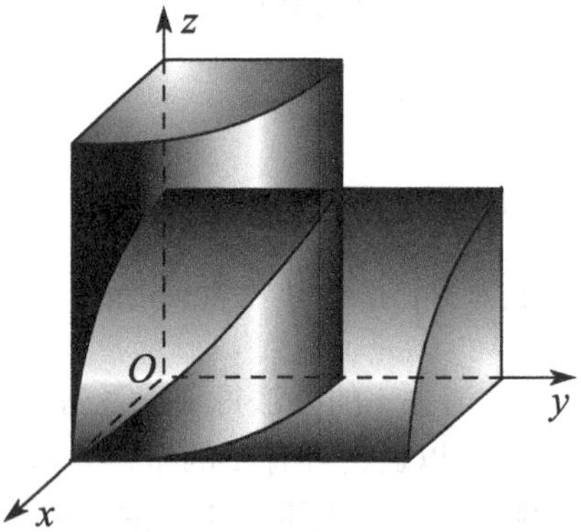

图 2.7

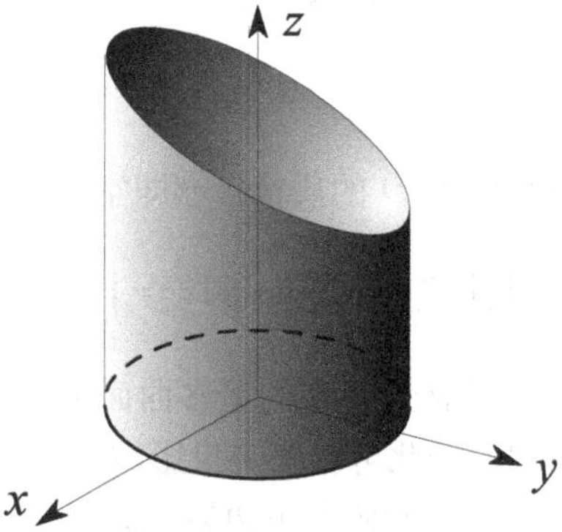

图 2.8

例 2.6 求由曲面 $x^2+y^2=4$ 及平面 $z=0$, $y+z=4$ 围成图形的体积.

解 按照"找 z 解 z 定上下", 有 $0 \le z \le 4-y$. 按照"缺 z 消 z 定投影", 有

$$D:\ -2 \le x \le 2,\ -\sqrt{4-x^2} \le y \le \sqrt{4-x^2}.$$

因此所求图形 Ω 的体积为

$$\begin{aligned}\iiint\limits_{\Omega} \mathrm{d}x\mathrm{d}y\mathrm{d}z &= \iint\limits_{D} \mathrm{d}x\mathrm{d}y \int_0^{4-y} \mathrm{d}z \\ &= \int_{-2}^{2} \mathrm{d}x \int_{-\sqrt{4-x^2}}^{\sqrt{4-x^2}} (4-y)\,\mathrm{d}y = 16\pi.\end{aligned}$$

例 2.7　求由抛物面 $x^2+4y^2=z$, 平面 $z=0$ 和柱面 $y^2=x, x^2=y$ 围成图形的体积.

解　按照 "找 z 解 z 定上下", 有

$$0 \le z \le x^2+4y^2.$$

按照 "缺 z 消 z 定投影", 有

$$D:\ 0 \le x \le 1,\ x^2 \le y \le \sqrt{x}.$$

因此所求图形 Ω 的体积为

$$\begin{aligned}\iiint\limits_{\Omega} \mathrm{d}x\mathrm{d}y\mathrm{d}z &= \iint\limits_{D} \mathrm{d}x\mathrm{d}y \int_0^{x^2+4y^2} \mathrm{d}z \\ &= \int_0^1 \mathrm{d}x \int_{x^2}^{\sqrt{x}} (x^2+4y^2)\,\mathrm{d}y = \int_0^1 \left[x^2y+\frac{4}{3}y^3\right]_{y=x^2}^{y=\sqrt{x}} \mathrm{d}x = \frac{3}{7}.\end{aligned}$$

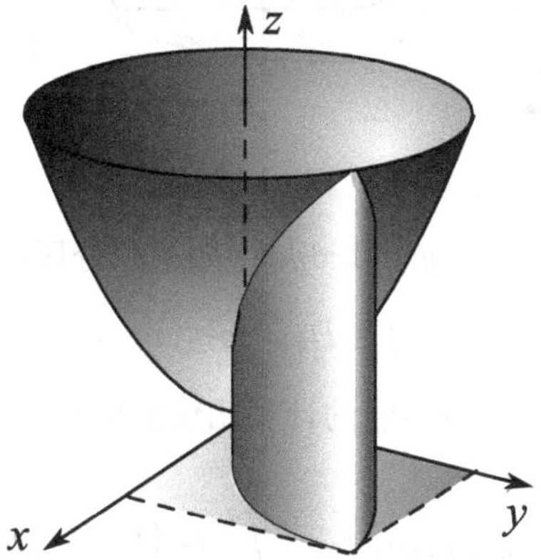

图 2.9

例 2.8 求抛物面 $z=x^2+2y^2$ 与 $z=6-2x^2-y^2$ 所围立体的体积.

解 按照"找 z 解 z 定上下", 有

$$x^2+2y^2\leq z\leq 6-2x^2-y^2.$$

按照"缺 z 消 z 定投影", 有 D: $x^2+y^2\leq 2$, 即

$$D:\ -\sqrt{2}\leq x\leq\sqrt{2},\ -\sqrt{2-x^2}\leq y\leq\sqrt{2-x^2}.$$

因此所求图形 Ω 的体积为

$$\begin{aligned}\iiint\limits_{\Omega}\mathrm{d}x\mathrm{d}y\mathrm{d}z &=\iint\limits_{D}\mathrm{d}x\mathrm{d}y\int_{x^2+2y^2}^{6-2x^2-y^2}\mathrm{d}z\\ &=\int_{-\sqrt{2}}^{\sqrt{2}}\mathrm{d}x\int_{-\sqrt{2-x^2}}^{\sqrt{2-x^2}}(6-3x^2-3y^2)\,\mathrm{d}y\\ &=4\int_{-\sqrt{2}}^{\sqrt{2}}(2-x^2)^{3/2}\mathrm{d}x=6\pi.\end{aligned}$$

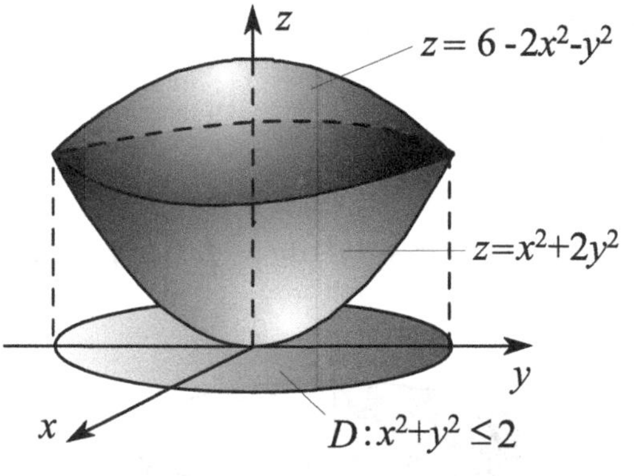

图 2.10

对于三重积分 $\iiint_{\Omega}f(x,y,z)\mathrm{d}x\mathrm{d}y\mathrm{d}z$. 如果积分区域 Ω 可以表示为

$$(x,y)\in D_z,\quad p\leq z\leq q,$$

并且二重积分 $\iint_{D_z}f(x,y,z)\mathrm{d}x\mathrm{d}y$ 的计算比较简单时, 也可用切片法计算三重积分, 即

$$\iiint\limits_{\Omega}f(x,y,z)\mathrm{d}x\mathrm{d}y\mathrm{d}z=\int_p^q\mathrm{d}z\iint\limits_{D_z}f(x,y,z)\mathrm{d}x\mathrm{d}y.\tag{5}$$

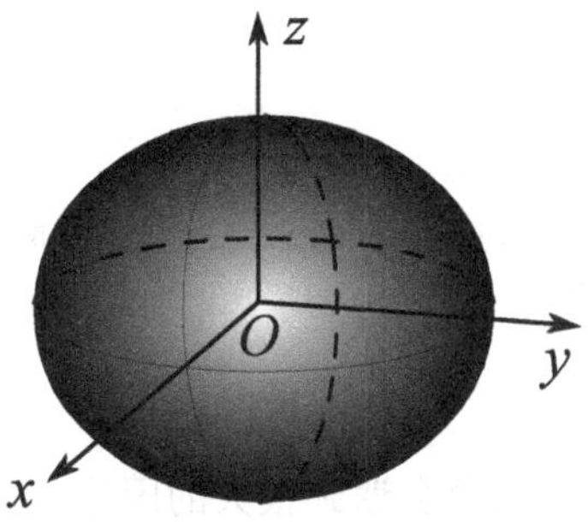

图 2.11

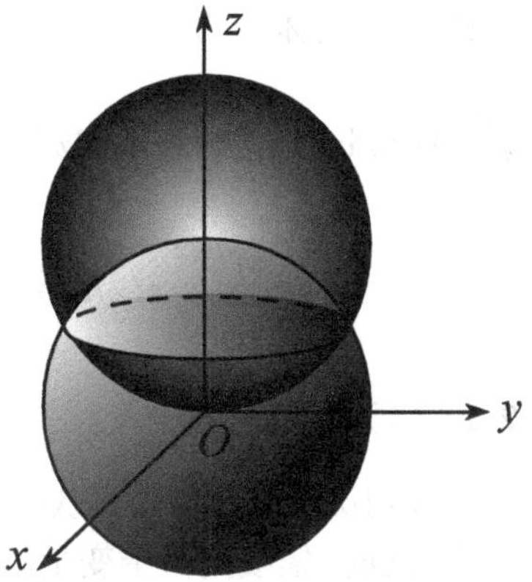

图 2.12

例 2.9 求椭球体 $\dfrac{x^2}{a^2}+\dfrac{y^2}{b^2}+\dfrac{z^2}{c^2}\le 1$ 的体积.

解 用切片法. 对固定的 z, 椭球体 Ω 的 z 切片为椭圆

$$D_z:\ \frac{x^2}{a^2\left(1-\dfrac{z^2}{c^2}\right)}+\frac{y^2}{b^2\left(1-\dfrac{z^2}{c^2}\right)}\le 1.$$

其面积为

$$\pi a\left(\sqrt{1-\frac{z^2}{c^2}}\right)b\left(\sqrt{1-\frac{z^2}{c^2}}\right)=\pi ab\left(1-\frac{z^2}{c^2}\right).$$

因此, Ω 的体积为

$$\begin{aligned}\iiint\limits_{\Omega}\mathrm{d}x\mathrm{d}y\mathrm{d}z &=\int_{-c}^{c}\mathrm{d}z\iint\limits_{D_z}\mathrm{d}x\mathrm{d}y\\ &=\int_{-c}^{c}\pi ab\left(1-\frac{z^2}{c^2}\right)\mathrm{d}z=\frac{4}{3}\pi abc.\end{aligned}$$

例 2.10 计算 Ω 的体积, 其中 Ω 是两个球 $x^2+y^2+z^2\le R^2$ 与 $x^2+y^2+z^2\le 2Rz$ 的公共部分.

解 用切片法. 当 $0\le z\le \dfrac{R}{2}$ 时, z 切片 D_z 是半径为 $\sqrt{2Rz-z^2}$ 的圆, 其面积为 $\pi(2Rz-z^2)$; 当 $\dfrac{R}{2}\le z\le R$ 时, z 切片 D_z 是半径为 $\sqrt{R^2-z^2}$ 的圆, 其面积为 $\pi(R^2-z^2)$.

因此，Ω 的体积为

$$\begin{aligned}\iiint\limits_{\Omega} \mathrm{d}x\mathrm{d}y\mathrm{d}z &= \int_0^R \mathrm{d}z \iint\limits_{D_z} \mathrm{d}x\mathrm{d}y \\ &= \int_0^{R/2} \pi(2Rz - z^2)\mathrm{d}z + \int_{R/2}^{R} \pi(R^2 - z^2)\mathrm{d}z = \frac{59}{480}\pi R^5.\end{aligned}$$

§10.2.2　换元积分法

在许多情况下，直接用累次积分法计算重积分会遇到很大的困难，甚至积不出来. 此时，需要用一个变量代换把积分区域化简或者把被积函数化简. 对于有些重积分，变量代换需要根据问题的特点来自主构造；对于常见的重积分，一般都有标准的变量代换，可根据经验进行合理的选择.

对于平面区域 D_{uv} 到平面区域 D 的坐标变换 $T: D_{uv} \to D$, 即连续可微的一一对应

$$T:\ \begin{cases} x = x(u, v), \\ y = y(u, v), \end{cases}$$

微分可得线性变换

$$T':\ \begin{cases} \mathrm{d}x = \dfrac{\partial x}{\partial u}\mathrm{d}u + \dfrac{\partial x}{\partial v}\mathrm{d}v, \\ \mathrm{d}y = \dfrac{\partial y}{\partial u}\mathrm{d}u + \dfrac{\partial y}{\partial v}\mathrm{d}v. \end{cases}$$

在线性变换 T' 的作用下，由抽象向量 $\mathrm{d}u, \mathrm{d}v$ 张成的平行四边形变成由向量 $\mathrm{d}x, \mathrm{d}y$ 张成的平行四边形.

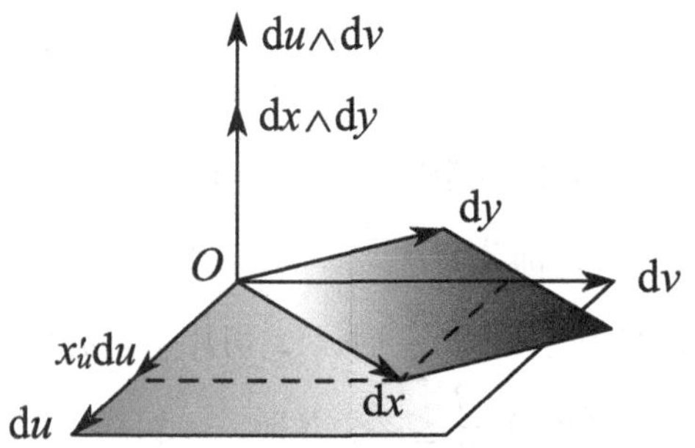

图 2.13

如果用 $\mathrm{d}u\wedge\mathrm{d}v$ 表示 $\mathrm{d}u,\mathrm{d}v$ 张成平行四边形的面积向量，那么由 $\mathrm{d}x,\mathrm{d}y$ 张成平行四边形的面积向量 $\mathrm{d}x\wedge\mathrm{d}y$ 可用反交换性运算表示为

$$\begin{aligned}\mathrm{d}x\wedge\mathrm{d}y &= \left(\frac{\partial x}{\partial u}\mathrm{d}u+\frac{\partial x}{\partial v}\mathrm{d}v\right)\wedge\left(\frac{\partial y}{\partial u}\mathrm{d}u+\frac{\partial y}{\partial v}\mathrm{d}v\right)\\ &= \frac{\partial x}{\partial u}\frac{\partial y}{\partial u}\mathrm{d}u\wedge\mathrm{d}u+\frac{\partial x}{\partial u}\frac{\partial y}{\partial v}\mathrm{d}u\wedge\mathrm{d}v\\ &\qquad +\frac{\partial x}{\partial v}\frac{\partial y}{\partial u}\mathrm{d}v\wedge\mathrm{d}u+\frac{\partial x}{\partial v}\frac{\partial y}{\partial v}\mathrm{d}v\wedge\mathrm{d}v\\ &= \left(\frac{\partial x}{\partial u}\frac{\partial y}{\partial v}-\frac{\partial x}{\partial v}\frac{\partial y}{\partial u}\right)\mathrm{d}u\wedge\mathrm{d}v=\frac{\partial(x,y)}{\partial(u,v)}\,\mathrm{d}u\wedge\mathrm{d}v.\end{aligned}$$

其中 $\mathrm{d}u\wedge\mathrm{d}v=-\mathrm{d}v\wedge\mathrm{d}u$, $\mathrm{d}u\wedge\mathrm{d}u=0$, $\mathrm{d}v\wedge\mathrm{d}v=0$. 由此可知，微面积向量公式为

$$\mathrm{d}x\wedge\mathrm{d}y=\frac{\partial(x,y)}{\partial(u,v)}\,\mathrm{d}u\wedge\mathrm{d}v.$$

于是微面积数量公式为

$$\mathrm{d}x\mathrm{d}y=\left|\frac{\partial(x,y)}{\partial(u,v)}\right|\mathrm{d}u\mathrm{d}v. \tag{6}$$

因此二重积分的换元公式为

$$\iint\limits_{D} f(x,y)\mathrm{d}x\mathrm{d}y=\iint\limits_{D_{uv}} f(x(u,v),y(u,v))\left|\frac{\partial(x,y)}{\partial(u,v)}\right|\,\mathrm{d}u\mathrm{d}v. \tag{7}$$

现在考虑换元公式 (7) 的几何推导.

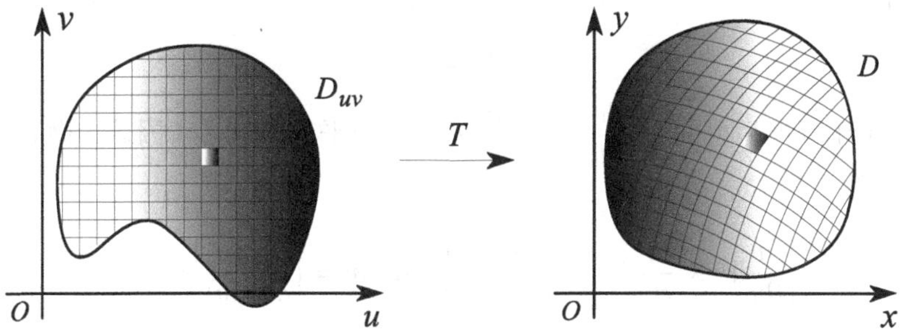

图 2.14

在 uOv 平面的区域 D_{uv} 上，取顶点为

$$(u,v),\ (u+\Delta u,v),\ (u,v+\Delta v),\ (u+\Delta u,v+\Delta v)$$

的矩形 σ 为微元, 则映射 T 将该微元变成 xOy 平面的区域 D 上的微元 $T(\sigma)$.

由于区域 D 的向量表示为

$$\boldsymbol{r}=\boldsymbol{r}(u,v)=(x(u,v),y(u,v)),$$

所以微元 $T(\sigma)$ 由四条曲线

$$u\mapsto \boldsymbol{r}(u,v),\ u\mapsto \boldsymbol{r}(u,v+\Delta v),\ v\mapsto \boldsymbol{r}(u,v),\ v\mapsto \boldsymbol{r}(u+\Delta u,v)$$

围成.

按照增量与微分的关系，即

$$\begin{aligned}\boldsymbol{r}(u+\Delta u,v)-\boldsymbol{r}(u,v)&=\frac{\partial \boldsymbol{r}}{\partial u}\Delta u+\mathbf{o}(\Delta u),\\ \boldsymbol{r}(u,v+\Delta v)-\boldsymbol{r}(u,v)&=\frac{\partial \boldsymbol{r}}{\partial v}\Delta v+\mathbf{o}(\Delta v),\end{aligned}$$

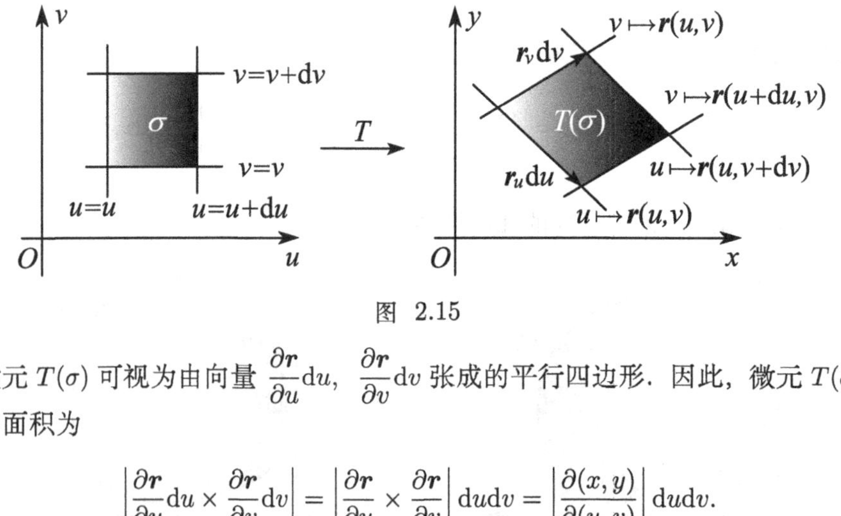

图 2.15

微元 $T(\sigma)$ 可视为由向量 $\dfrac{\partial \boldsymbol{r}}{\partial u}\mathrm{d}u$, $\dfrac{\partial \boldsymbol{r}}{\partial v}\mathrm{d}v$ 张成的平行四边形. 因此，微元 $T(\sigma)$ 的面积为

$$\left|\frac{\partial \boldsymbol{r}}{\partial u}\mathrm{d}u\times\frac{\partial \boldsymbol{r}}{\partial v}\mathrm{d}v\right|=\left|\frac{\partial \boldsymbol{r}}{\partial u}\times\frac{\partial \boldsymbol{r}}{\partial v}\right|\mathrm{d}u\mathrm{d}v=\left|\frac{\partial(x,y)}{\partial(u,v)}\right|\mathrm{d}u\mathrm{d}v.$$

于是根据微元法可知，公式 (7) 成立.

对于三维区域 Ω_{uvw} 到三维区域 Ω 的坐标变换

$$T:\ x=x(u,v,w),y=y(u,v,w),z=z(u,v,w),$$

微分可得线性变换:

$$T':\begin{cases}\mathrm{d}x=\dfrac{\partial x}{\partial u}\mathrm{d}u+\dfrac{\partial x}{\partial v}\mathrm{d}v+\dfrac{\partial x}{\partial w}\mathrm{d}w,\\ \mathrm{d}y=\dfrac{\partial y}{\partial u}\mathrm{d}u+\dfrac{\partial y}{\partial v}\mathrm{d}v+\dfrac{\partial y}{\partial w}\mathrm{d}w,\\ \mathrm{d}z=\dfrac{\partial z}{\partial u}\mathrm{d}u+\dfrac{\partial z}{\partial v}\mathrm{d}v+\dfrac{\partial z}{\partial w}\mathrm{d}w.\end{cases}$$

在线性变换 T' 的作用下，由抽象向量 $\mathrm{d}u,\mathrm{d}v,\mathrm{d}w$ 张成的平行六面体变成由向量 $\mathrm{d}x,\mathrm{d}y,\mathrm{d}z$ 张成的平行六面体. 如果用 $\mathrm{d}u\wedge\mathrm{d}v\wedge\mathrm{d}w$ 表示 $\mathrm{d}u,\mathrm{d}v,\mathrm{d}w$ 张成平行六面体的体积向量，那么由 $\mathrm{d}x,\mathrm{d}y,\mathrm{d}z$ 张成平行六面体的体积向量 $\mathrm{d}x\wedge\mathrm{d}y\wedge\mathrm{d}z$ 可用反交换性运算表示为

$$\mathrm{d}x\wedge\mathrm{d}y\wedge\mathrm{d}z=\frac{\partial(x,y,z)}{\partial(u,v,w)}\mathrm{d}u\wedge\mathrm{d}v\wedge\mathrm{d}w.$$

于是根据微体积向量公式可得微体积数量公式

$$\mathrm{d}x\mathrm{d}y\mathrm{d}z=\left|\frac{\partial(x,y,z)}{\partial(u,v,w)}\right|\mathrm{d}u\mathrm{d}v\mathrm{d}w.$$

由此可知，三重积分的换元公式为

$$\iiint_{\Omega}f(x,y,z)\mathrm{d}x\mathrm{d}y\mathrm{d}z=\iint_{\Omega_{uvw}}f(x(u,v,w),\cdots)\left|\frac{\partial(x,y,z)}{\partial(u,v,w)}\right|\mathrm{d}u\mathrm{d}v\mathrm{d}w.\qquad(8)$$

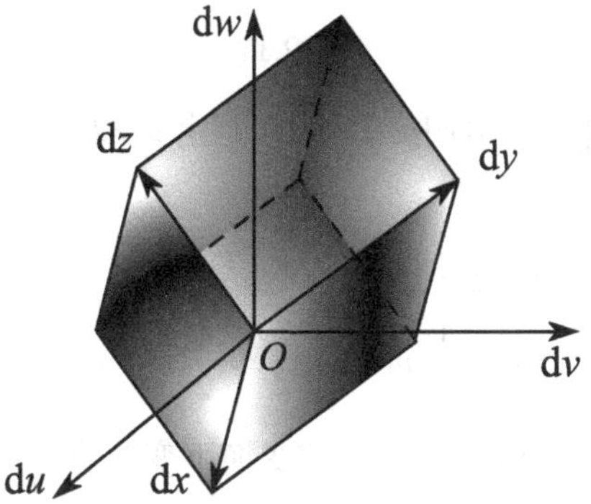

图 2.16

例 2.11 求由抛物线 $y^2=px, y^2=qx\ (0<p<q)$ 及双曲线 $xy=a, xy=b\ (0<a<b)$ 围成区域 D 的面积.

解 由于积分区域 D 在变换

$$\frac{y^2}{x}=u,\quad xy=v$$

的逆变换下可变成矩形区域

$$p\le u\le q,\quad a\le v\le b$$

且

$$\left|\frac{\partial(x,y)}{\partial(u,v)}\right|=\frac{1}{\left|\dfrac{\partial(u,v)}{\partial(x,y)}\right|}=\frac{x}{3y^2}=\frac{1}{3u},$$

所以区域 D 的面积为

$$\iint\limits_D \mathrm{d}x\mathrm{d}y=\int_a^b \mathrm{d}v\int_p^q \frac{1}{3u}\mathrm{d}u=\frac{1}{3}(b-a)\ln\frac{q}{p}.$$

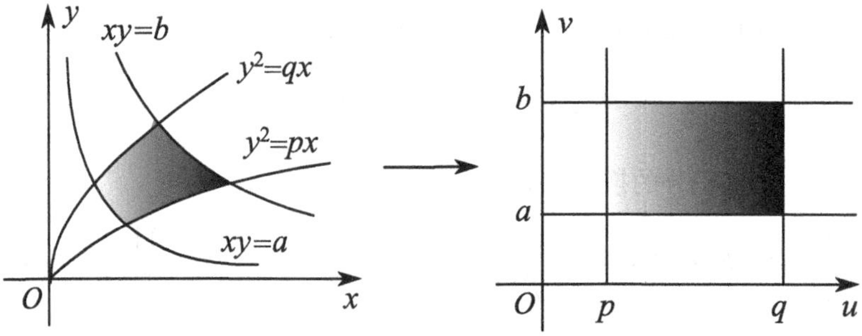

图 2.17

例 2.12 计算 $\iint_D \mathrm{e}^{\frac{y-x}{y+x}}\mathrm{d}x\mathrm{d}y$, 其中 D 是由 x 轴, y 轴和直线 $x+y=2$ 所围成的区域.

解 令 $u=y-x,\ v=y+x$, 则有

$$x=\frac{1}{2}(v-u),\ y=\frac{1}{2}(u+v),$$

于是直线 $x=0,\ y=0,\ x+y=2$ 在该变换下变为直线

$$u=v,\ u=-v,\ v=2.$$

由此可知，区域 D 变为

$$0 \leq v \leq 2,\ -v \leq u \leq v.$$

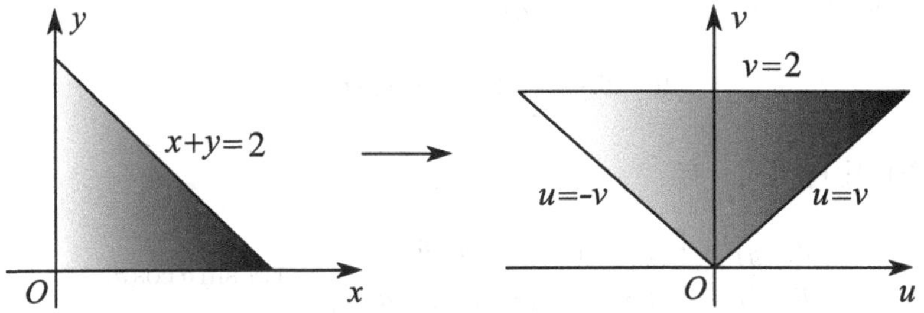

图 2.18

计算雅可比行列式，有

$$\left|\frac{\partial(x,y)}{\partial(u,v)}\right| = \frac{1}{2}.$$

故区域 D 的面积为

$$\iint\limits_D \mathrm{d}x\mathrm{d}y = \int_0^2 \mathrm{d}v \int_{-v}^{v} \mathrm{e}^{u/v} \cdot \frac{1}{2}\mathrm{d}u = \mathrm{e} - \mathrm{e}^{-1}.$$

例 2.13 计算 $I = \iint_D \sqrt{xy}\mathrm{d}x\mathrm{d}y$, 其中 D 是由曲线 $(\frac{x}{2} + \frac{y}{3})^4 = \frac{xy}{6}$ 在第一象限中所围成的区域.

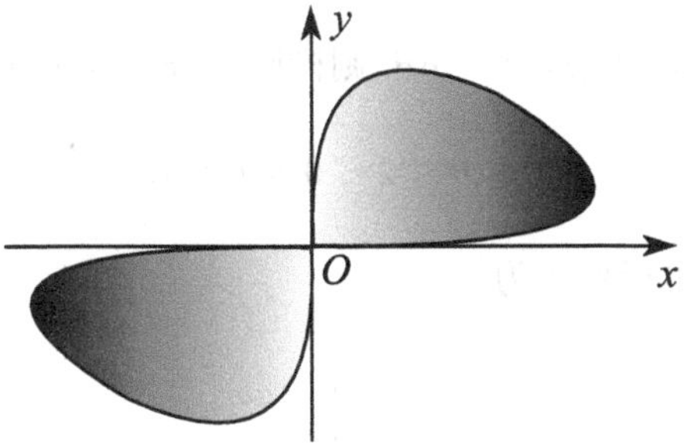

图 2.19

解 令 $x = 2r\cos^2\theta,\ y = 3r\sin^2\theta\ (0 \leq \theta \leq \frac{\pi}{2})$, 则隐式曲线

$$(\frac{x}{2} + \frac{y}{3})^4 = \frac{xy}{6}\ (x \geq 0,\ y \geq 0)$$

可变为显式曲线

$$r = \sin\theta\cos\theta\ (0 \le \theta \le \frac{\pi}{2}).$$

由此可知，区域 D 可用不等式表示为

$$0 \le \theta \le \frac{\pi}{2},\ 0 \le r \le \sin\theta\cos\theta.$$

计算雅可比行列式，有

$$\frac{\partial(x,y)}{\partial(r,\theta)} = \begin{vmatrix} 2\cos^2\theta & -4r\cos\theta\sin\theta \\ 3\sin^2\theta & 6r\sin\theta\cos\theta \end{vmatrix} = 12r\sin\theta\cos\theta.$$

于是

$$\begin{aligned} I &= \int_0^{\pi/2} \mathrm{d}\theta \int_0^{\sin\theta\cos\theta} 12\sqrt{6}\sin^2\theta\cos^2\theta r^2 \mathrm{d}r \\ &= 4\sqrt{6}\int_0^{\pi/2} \sin^5\theta\cos^5\theta \mathrm{d}\theta \\ &= 4\sqrt{6}\cdot\frac{1}{2}\mathrm{B}(3,3) = \frac{\sqrt{6}}{15}. \end{aligned}$$

例 2.14 计算 $\iint_D \sqrt{1-\frac{x^2}{a^2}-\frac{y^2}{b^2}}\,\mathrm{d}x\mathrm{d}y$, 其中 D 是椭圆 $\frac{x^2}{a^2}+\frac{y^2}{b^2}=1$ 围成的区域.

解 令 $x = ar\cos\theta,\ y = br\sin\theta$, 则椭圆积分域变为矩形域

$$0 \le \theta \le 2\pi,\ 0 \le r \le 1.$$

该坐标变换的雅可比行列式为

$$\left|\frac{\partial(x,y)}{\partial(r,\theta)}\right| = abr.$$

因此

$$\iint_D \sqrt{1-\frac{x^2}{a^2}-\frac{y^2}{b^2}}\,\mathrm{d}x\mathrm{d}y = \int_0^{2\pi}\mathrm{d}\theta\int_0^1 \sqrt{1-r^2}\,abr\mathrm{d}r = \frac{2}{3}\pi ab.$$

例 2.15　设 $f(t)$ 为连续函数，证明

$$\iint\limits_D f(x-y)\mathrm{d}x\mathrm{d}y = \int_{-a}^{a} f(t)(a-|t|)\mathrm{d}t,$$

其中 D 为矩形域：$|x| \leq \dfrac{a}{2}$, $|y| \leq \dfrac{a}{2}$ (常数 $a>0$).

证　令 $u=x-y$, $v=x+y$, 则有

$$D_{uv}:\ -a \leq u+v \leq a,\ -a \leq v-u \leq a,$$

及

$$\left|\frac{\partial(x,y)}{\partial(u,v)}\right| = \left|\frac{\partial(u,v)}{\partial(x,y)}\right|^{-1} = \frac{1}{2}.$$

故

$$\begin{aligned}\iint\limits_D f(x-y)\mathrm{d}x\mathrm{d}y &= \iint\limits_{D_{uv}} f(u)\cdot\frac{1}{2}\mathrm{d}u\mathrm{d}v \\ &= \frac{1}{2}\int_{-a}^{0} f(u)\mathrm{d}u\int_{-u-a}^{a+u}\mathrm{d}v + \frac{1}{2}\int_{0}^{a} f(u)\mathrm{d}u\int_{u-a}^{a-u}\mathrm{d}v \\ &= \int_{-a}^{0}(a+u)f(u)\mathrm{d}u + \int_{0}^{a}(a-u)f(u)\mathrm{d}u \\ &= \int_{-a}^{0}(a-|u|)f(u)\mathrm{d}u + \int_{0}^{a}(a-|u|)f(u)\mathrm{d}u \\ &= \int_{-a}^{a} f(t)(a-|t|)\mathrm{d}t.\end{aligned}$$

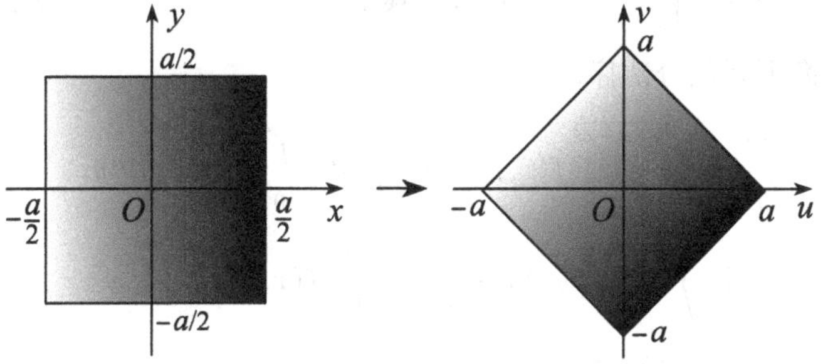

图 2.20

习 题 10.2 A

1. 计算下列分段函数的二重积分:

(1) 计算 $\iint_D |x^2+y^2-1|\mathrm{d}x\mathrm{d}y$, 其中 $D=\{(x,y)|\ 0\le x\le 1, 0\le y\le 1\}$.

(2) 计算 $F(t)=\iint_D f(x,y)\mathrm{d}x\mathrm{d}y$, 其中

$$f(x,y)=\begin{cases}1, & -1\le x\le 1,\ 0\le y\le 1\\ 0, & \text{其它}\end{cases},$$

区域 D 由 $x=0$, $y=0$, $x+y\le t$ 围成;

(3) 计算 $I=\iint_D f(x,y)\mathrm{d}x\mathrm{d}y$, 其中 $f(x,y)=\begin{cases}\mathrm{e}^{-x-y}, & x>0,\ y>0\\ 0, & \text{其它}\end{cases}$, 区域 D 由 $x+y=a$, $x+y=b$, $y=0$, $y=a+b$ 围成 $(b>a>0)$;

(4) 计算 $I=\iint_{|x|+|y|\le 1}|xy|\mathrm{d}x\mathrm{d}y$;

(5) 计算 $\iint_D \sqrt{|x|-|y|}\,\mathrm{d}x\mathrm{d}y$, 其中 $D=\{(x,y)|\ 0\le x\le 2,\ |y|\le 1\}$;

(6) 计算 $I=\iint_D \sin x\sin y\cdot\max(x,y)\mathrm{d}x\mathrm{d}y$, 其中

$$D:\ 0\le x\le\pi,\ 0\le y\le\pi;$$

(7) 计算 $I=\iint_D \mathrm{e}^{\max(x^2,y^2)}\mathrm{d}x\mathrm{d}y$, 其中 $D:\ 0\le x\le 1,\ 0\le y\le 1$.

2. 更换下列积分次序:

(1) $I=\int_0^1\mathrm{d}x\int_0^{\sqrt{2x-x^2}}f(x,y)\mathrm{d}y+\int_1^2\mathrm{d}x\int_0^{2-x}f(x,y)\mathrm{d}y$;

(2) $I=\int_1^2\mathrm{d}x\int_x^{x^2}f(x,y)\mathrm{d}y+\int_2^4\mathrm{d}x\int_x^4 f(x,y)\mathrm{d}y$;

(3) $I=\int_0^{2a}\mathrm{d}x\int_{\sqrt{2ax-x^2}}^{\sqrt{2ax}}f(x,y)\mathrm{d}y\ (a>0)$;

(4) $I=\int_1^4 \mathrm{d}y \int_{\sqrt{4-y}}^{\sqrt{4y-y^2}} f(x,y)\mathrm{d}x.$

3. 计算下列二重或二次积分：

(1) $\iint_D x^2 \mathrm{e}^{-y^2} \mathrm{d}x\mathrm{d}y$,$D$ 是以 $(0,0),(1,1),(0,1)$ 为顶点的三角形；

(2) $\iint_D \frac{\sin x}{x} \mathrm{d}x\mathrm{d}y$,$D$ 是由直线 $y=x$ 及抛物线 $y=x^2$ 所围成的区域.

(3) $\int_1^2 \mathrm{d}x \int_{\sqrt{x}}^{x} \sin\frac{\pi x}{2y}\mathrm{d}y+\int_2^4 \mathrm{d}x \int_{\sqrt{x}}^{2} \sin\frac{\pi x}{2y}\mathrm{d}y;$

(4) $\int_{1/4}^{1/2} \mathrm{d}y \int_{1/2}^{\sqrt{y}} \mathrm{e}^{y/x}\mathrm{d}x+\int_{1/2}^{1} \mathrm{d}y \int_{y}^{\sqrt{y}} \mathrm{e}^{y/x}\mathrm{d}x.$

4. 求由马鞍面 $z=xy$ 和平面 $z=x+y, x+y=1, x=0, y=0$ 所围空间区域的体积.

5. 计算 $\iint_D y\sqrt{1+x^2-y^2}\mathrm{d}x\mathrm{d}y$, 其中 D 是由直线 $y=x$,$x=-1$ 和 $y=1$ 所围成的区域.

6. 计算 $\iint_D xy\mathrm{d}x\mathrm{d}y$, 其中 D 是由抛物线 $y^2=x$ 和直线 $y=x-2$ 所围成的区域.

7. 求由抛物线 $y=x^2$ 和直线 $y=2x+3$ 所围图形的面积.

8. 求由抛物线 $y^2=4-x$ 和 $y^2=4-4x$ 所围图形的面积.

9. 设 D 为平面积分域，若 D 是上下对称的，则 $f(x,y)$ 是 y 的奇函数时，即 $f(x,-y)=-f(x,y)$, 则

$$\iint\limits_D f(x,y)\,\mathrm{d}x\mathrm{d}y=0.$$

10. 设 Ω 为空间积分域，若 Ω 是前后对称的，则 $f(x,y,z)$ 是 x 的奇函数时，即 $f(-x,y,z)=-f(x,y,z)$, 则

$$\iiint\limits_\Omega f(x,y,z)\,\mathrm{d}x\mathrm{d}y\mathrm{d}z=0.$$

11. 计算下列三重积分：

(1) $I=\iiint_\Omega y\sqrt{1-x^2}\mathrm{d}x\mathrm{d}y\mathrm{d}z$; 其中 Ω 由 $y=-\sqrt{1-x^2-z^2}$, $x^2+z^2=1$, $y=1$ 围成;

(2) $I=\iiint_\Omega y\cos(x+z)\mathrm{d}x\mathrm{d}y\mathrm{d}z$; 其中 Ω 由 $y=\sqrt{x}$, $y=0$, $z=0$, $x+z=\dfrac{\pi}{2}$ 围成.

12. 计算 $I=\iint_D\cos\left(\dfrac{x-y}{x+y}\right)\mathrm{d}x\mathrm{d}y$, 其中 D 是由 $x+y=1$, $x=0$, $y=0$ 所围成的区域.

习　题 10.2 B

1. 设平面板所占的区域 D 由直线 $x+y=2, y=x$ 和 x 轴所围成, 它的质量密度为 $\rho(x,y)=x^2+y^2$, 求该平面板的质量.

2. 设平面板所占的区域 D 由直线 $y=x, y=2+x, x=0, x=4$ 围成, 它的电荷密度为 $\rho(x,y)=2x^2+y^2$, 求该平面板的总电荷.

3. 求由平面 $z=0, z=x+y+2$ 和曲面 $x^2+y^2=10$ 所围成的立体的体积.

4. 求由平面 $z=0$, 抛物面 $x^2+y^2=4z$ 和柱面 $x^2+y^2=4y$ 所围成的立体的体积.

5. 求由抛物柱面 $z=2-x^2$ 和椭圆抛物面 $z=x^2+2y^2$ 所围成的立体的体积.

6. 在曲线族 $y=a(1-x^2)$ 中试确定一条曲线, 使得该曲线与它在 $(-1,0),(1,0)$ 两点处的法线所围成图形的面积最小.

7. 在过原点和点 $(2,3)$ 的单调光滑曲线上任取一点作两坐标轴的平行线, 其中一条平行线与 x 轴和曲线围成的面积是另一条平行线与 y 轴和轴和曲线围成的面积的两倍, 求此曲线的方程.

8. 计算 $I=\iiint_\Omega(x+y+z)\mathrm{d}x\mathrm{d}y\mathrm{d}z$, 其中 Ω 由平面 $x+y+z=1$ 与三坐标轴所围之区域.

9. 设函数 $f(x,y)$ 在区域 D：$0\leq x\leq 1$，$0\leq y\leq 1$ 上有定义，$f(0,0)=0$，且在 $(0,0)$ 处 $f(x,y)$ 可微，求

$$\lim_{x\to 0+}\frac{\int_0^{x^2}\mathrm{d}t\int_x^{\sqrt{t}}f(t,u)\mathrm{d}u}{1-\mathrm{e}^{-\frac{x^4}{4}}}.$$

10. 设 $f(x)$ 是 $[0,1]$ 上单调减且恒大于 0 的连续函数，证明：

$$\frac{\int_0^1 xf^2(x)\mathrm{d}x}{\int_0^1 xf(x)\mathrm{d}x}\leq\frac{\int_0^1 f^2(x)\mathrm{d}x}{\int_0^1 f(x)\mathrm{d}x}.$$

11. 求由抛物面 $z=2x^2+y^2$ 和柱面 $z=4-y^2$ 所围图形的体积.

12. 利用坐标变换 $x=u(1+v),y=v(1+u)$ 计算二次积分

$$I=\int_0^2\mathrm{d}x\int_0^x\frac{\mathrm{d}y}{\sqrt{x^2+y^2-2xy+2x+2y+1}}.$$

13. 设 D 是由曲线 $\sqrt{\dfrac{x}{a}}+\sqrt{\dfrac{y}{b}}=1$，$\sqrt{\dfrac{x}{a}}+\sqrt{\dfrac{y}{b}}=2\ (a>0,\ b>0)$ 与直线 $bx-ay=0$，$4bx-ay=0$ 围成的平面区域，试求 D 的面积.

14. 计算 $I=\iiint_\Omega x^2\mathrm{d}x\mathrm{d}y\mathrm{d}z$，其中 Ω 是由曲面 $z=ay^2$，$z=by^2$ $(y>0,\ 0<a<b)$ 与平面 $z=\alpha x$，$z=\beta x$，$z=h\ (0<\alpha<\beta,\ h>0)$ 围成的区域.

15. 设 f 为连续函数，证明

$$\iint_D f(ax+by+c)\mathrm{d}x\mathrm{d}y=2\int_{-1}^1\sqrt{1-u^2}f(\sqrt{a^2+b^2}\,u+c)\mathrm{d}u,$$

其中 D 为 $x^2+y^2\leq 1$，且 $a^2+b^2\neq 0$.

16. 设有一容器是由抛物线 $y=ax^2$ 绕 y 轴旋转而成的抛物面，其中盛有高度为 H 厘米的液体，现将由抛物线 $y=bx^2+c$ 绕 y 轴旋转而成的抛物面浸没其中 h 厘米，问液面上升多少？

17. 设曲线 $y=ax^2\ (a>0,\ x\geq 0)$ 与 $y=1-x^2$ 交于点 A，过坐标原点 O 和点 A 的直线与曲线 $y=ax^2$ 围成一平面图形. 问 a 为何值时，该图形绕 x 轴旋转一周所得的旋转体最大？最大体积是多少？

18. 求曲面 $\left(\dfrac{x^2}{a^2}+\dfrac{y^2}{b^2}+\dfrac{z^2}{c^2}\right)^2=ax\ (a,b,c>0)$ 所围区域的体积.

19. 作适当的变量代换求重积分:

$$\iint\limits_D (x-y)^2\sin^2(x+y)\,\mathrm{d}x\mathrm{d}y,$$

其中 D 是平行四边形，它的四个顶点为 $(\pi,0)$, $(2\pi,\pi)$, $(\pi,2\pi)$, $(0,\pi)$.

20. 设二元函数

$$f(x,y)=\begin{cases} x^2, & |x|+|y|\le 1,\\ \dfrac{1}{\sqrt{x^2+y^2}}, & 1<|x|+|y|\le 2,\end{cases}$$

计算二重积分 $\iint\limits_D f(x,y)\mathrm{d}x\mathrm{d}y$ ，其中 $D=\{(x,y):|x|+|y|\le 2\}$.

21. 令 $x=u\cos^4 v$, $y=u\sin^4 v$, 变换积分 $\iint\limits_D f(x,y)\,\mathrm{d}x\mathrm{d}y$, 其中 D 是由曲线 $\sqrt{x}+\sqrt{y}=\sqrt{a}$ 和坐标轴所围区域.

22. 令 $u=x+y$, $v=x-y$, 变换积分 $\int_0^2\mathrm{d}x\int_{1-x}^{2-x}f(x,y)\,\mathrm{d}y$.

23. 设 $f(u)$ 为连续函数，证明

$$\iint\limits_{x^2+y^2\le 1} f(x+y)\,\mathrm{d}x\mathrm{d}y=\int_{-\sqrt{2}}^{\sqrt{2}}f(u)\sqrt{2-u^2}\,\mathrm{d}u.$$

§10.3 常用坐标变换

二重积分的常用坐标变换是极坐标变换，三重积分的常用坐标变换是柱坐标变换和球坐标变换. 常用坐标变换主要用来解决被积函数或积分区域具有圆形或球形对称性的重积分问题.

§10.3.1 极坐标变换

有些二重积分, 积分区域 D 的边界曲线用极坐标方程来表示比较方便, 或者被积函数用极坐标变量 r,θ 表达比较简单, 如被积函数或积分域具有 x^2+y^2 等形式，此时应考虑用极坐标来计算二重积分.

对于极坐标变换

$$x = r\cos\theta,\ y = r\sin\theta,$$

由于

$$\frac{\partial(x,y)}{\partial(r,\theta)} = \begin{vmatrix} \dfrac{\partial x}{\partial r} & \dfrac{\partial y}{\partial r} \\ \dfrac{\partial x}{\partial \theta} & \dfrac{\partial y}{\partial \theta} \end{vmatrix} = \begin{vmatrix} \cos\theta & \sin\theta \\ -r\sin\theta & r\cos\theta \end{vmatrix} = r,$$

所以有换元公式

$$\iint\limits_D f(x,y)\mathrm{d}x\mathrm{d}y = \iint\limits_{D_{r\theta}} f(r\cos\theta, r\sin\theta)r\mathrm{d}r\mathrm{d}\theta. \tag{1}$$

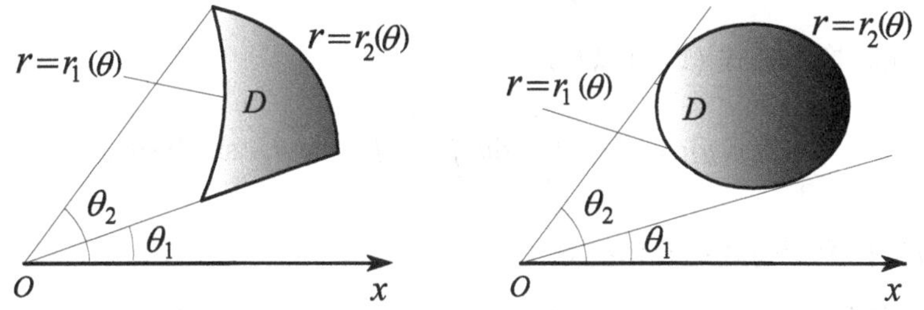

图 3.1

(i) 如果极点在积分区域 $D_{r\theta}$ 的外部，则常见的情况是积分区域可用不等式

$$\theta_1 \le \theta \le \theta_2,\ r_1(\theta) \le r \le r_2(\theta)$$

表示，此时换元公式 (1) 可以写成

$$\iint\limits_D f(x,y)\mathrm{d}x\mathrm{d}y = \int_{\theta_1}^{\theta_2}\mathrm{d}\theta\int_{r_1(\theta)}^{r_2(\theta)} f(r\cos\theta, r\sin\theta)\, r\mathrm{d}r. \tag{2}$$

(ii) 如果极点在积分区域 $D_{r\theta}$ 的边界，则常见的情况是积分区域可用不等式

$$\theta_1 \le \theta \le \theta_2,\ 0 \le r \le r(\theta)$$

表示，此时换元公式 (1) 可以写成

$$\iint\limits_D f(x,y)\mathrm{d}x\mathrm{d}y = \int_{\theta_1}^{\theta_2}\mathrm{d}\theta\int_{0}^{r(\theta)} f(r\cos\theta, r\sin\theta)\, r\mathrm{d}r. \tag{3}$$

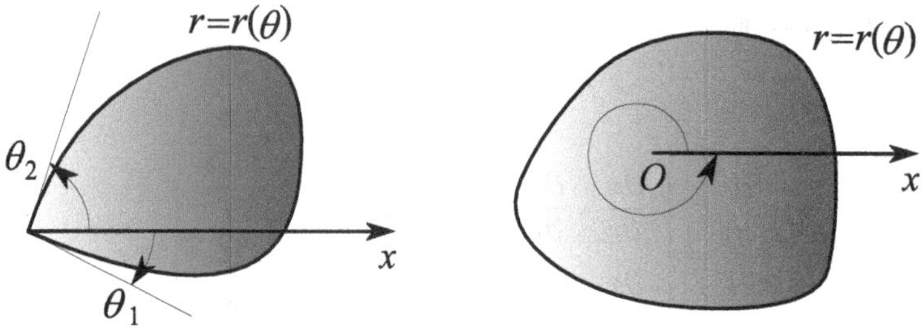

图 3.2

(iii) 如果极点在积分区域 $D_{r\theta}$ 的内部，则常见的情况是积分区域可用不等式

$$0 \le \theta \le 2\pi,\ 0 \le r \le r(\theta)$$

表示，此时换元公式 (1) 可以写成

$$\iint\limits_{D} f(x,y)\mathrm{d}x\mathrm{d}y = \int_0^{2\pi} \mathrm{d}\theta \int_0^{r(\theta)} f(r\cos\theta, r\sin\theta)\, r\mathrm{d}r. \tag{4}$$

极坐标换元公式的几何推导.

在平面积分区域 D 上，取由射线 $\theta=\theta_0$，$\theta=\theta_0+\Delta\theta$ 和圆 $r=r_0$，$r=r_0+\Delta r$ 围成的环扇形区域为微元，则环扇形微元的面积为

$$\begin{aligned}\Delta S &= \frac{1}{2}(r_0+\Delta r)^2\cdot\Delta\theta - \frac{1}{2}r_0^2\cdot\Delta\theta\\ &= r_0\Delta r\Delta\theta + o(\Delta r\Delta\theta).\end{aligned}$$

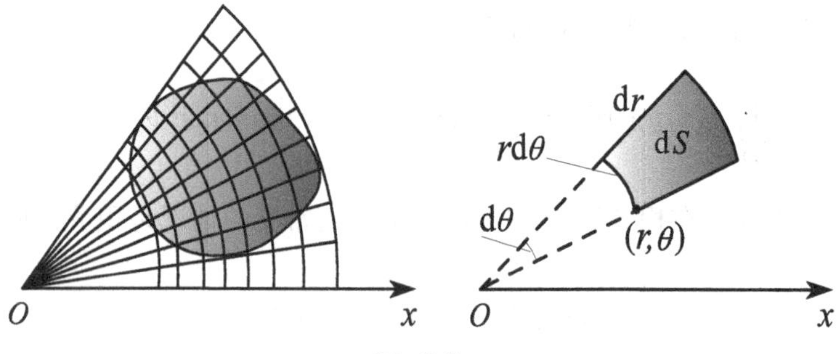

图 3.3

因此极坐标下的微面积公式为

$$\mathrm{d}S = r\mathrm{d}r\mathrm{d}\theta.$$

即环扇形微元可视为以微弧长 $r\mathrm{d}\theta$ 和径向微分 $\mathrm{d}r$ 为边长的矩形.

例 3.1 求球体 $x^2+y^2+z^2\le a^2$ 被圆柱面 $x^2+y^2=ax$ 所截得的 (含在柱体内部的) 立体的体积.

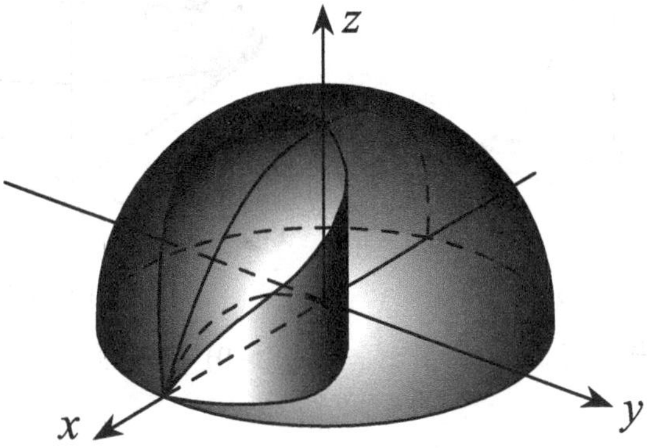

图 3.4

解 由 $x^2+y^2+z^2=a^2$ 可得

$$z_{上}=\sqrt{a^2-x^2-y^2},\ z_{下}=-\sqrt{a^2-x^2-y^2}.$$

由 $x^2+y^2=ax$ 可得投影域为 $x^2+y^2\le ax$, 即 $0\le r\le a\cos\theta, -\dfrac{\pi}{2}\le\theta\le\dfrac{\pi}{2}$. 于是所求立体的体积为

$$\begin{aligned}\iint\limits_{x^2+y^2\le ax}(z_{上}-z_{下})\mathrm{d}x\mathrm{d}y &= 2\iint\limits_{x^2+y^2\le ax}\sqrt{a^2-x^2-y^2}\mathrm{d}x\mathrm{d}y\\ &= 2\int_{-\pi/2}^{\pi/2}\mathrm{d}\theta\int_0^{a\cos\theta}\sqrt{a^2-r^2}\,r\mathrm{d}r\\ &= \frac{4}{3}\int_{-\pi/2}^{\pi/2}(a^3-a^3\sin^3\theta)\mathrm{d}\theta=\frac{4}{3}a^3\Big(\frac{\pi}{2}-\frac{2}{3}\Big).\end{aligned}$$

例 3.2 计算 $\iint_D \mathrm{e}^{-x^2-y^2}\mathrm{d}x\mathrm{d}y$, 其中 $D=\{(x,y)|x^2+y^2\le a^2\}$.

解

$$\iint\limits_D \mathrm{e}^{-x^2-y^2}\mathrm{d}x\mathrm{d}y=\int_0^{2\pi}\mathrm{d}\theta\int_0^a \mathrm{e}^{-r^2}r\mathrm{d}r=\pi(1-\mathrm{e}^{-a^2}).$$

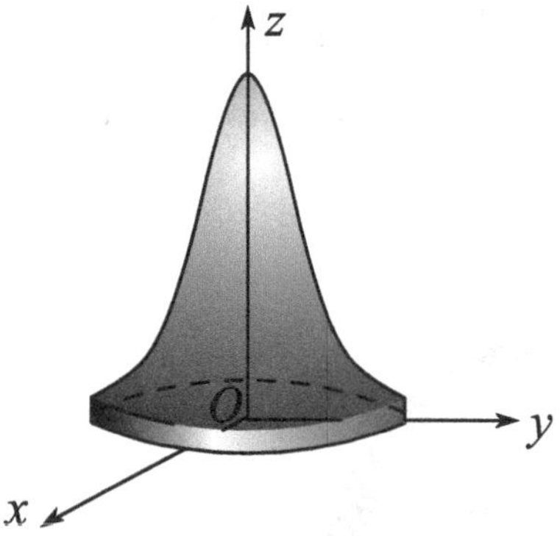

图 3.5

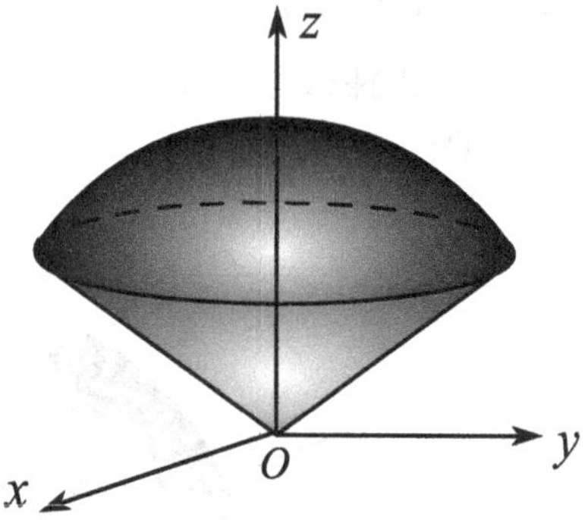

图 3.6

例 3.3　求半球面 $x^2+y^2+z^2=2\ (z>0)$ 和锥面 $z=\sqrt{x^2+y^2}$ 围成区域的体积.

解　由 $x^2+y^2+z^2=2\ (z>0)$ 及 $z=\sqrt{x^2+y^2}$ 解 z 得

$$z_{上}=\sqrt{2-x^2-y^2},\ z_{下}=\sqrt{x^2+y^2}.$$

消 z 可得投影域为

$$x^2+y^2\le 1.$$

于是所求立体的体积为

$$\iint\limits_{x^2+y^2\le 1}(z_{上}-z_{下})\mathrm{d}x\mathrm{d}y=\iint\limits_{x^2+y^2\le 1}(\sqrt{2-x^2-y^2}-\sqrt{x^2+y^2})\mathrm{d}x\mathrm{d}y$$

$$=\int_0^{2\pi}\mathrm{d}\theta\int_0^1(\sqrt{2-r^2}-r)r\mathrm{d}r=\frac{4\pi}{3}(\sqrt{2}-1).$$

例 3.4　求抛物面 $x^2+y^2=4z$, 柱面 $x^2+y^2=8y$ 和平面 $z=0$ 围成几何体的体积.

解　这是一个区域 $x^2+y^2\le 8y$ 上以 $z=\dfrac{1}{4}(x^2+y^2)$ 为顶的曲顶柱体的体积问题. 在极坐标下, 积分区域的不等式表示为

$$0\le\theta\le\pi,\ 0\le r\le 8\sin\theta,$$

被积函数为 $z=\dfrac{1}{4}\,r^2$. 因此有

$$\iint\limits_{x^2+y^2\le 8y}z\mathrm{d}x\mathrm{d}y=\int_0^{\pi}\mathrm{d}\theta\int_0^{8\sin\theta}zr\mathrm{d}r=\frac{1}{4}\int_0^{\pi}\mathrm{d}\theta\int_0^{8\sin\theta}r^3\mathrm{d}r=96\pi.$$

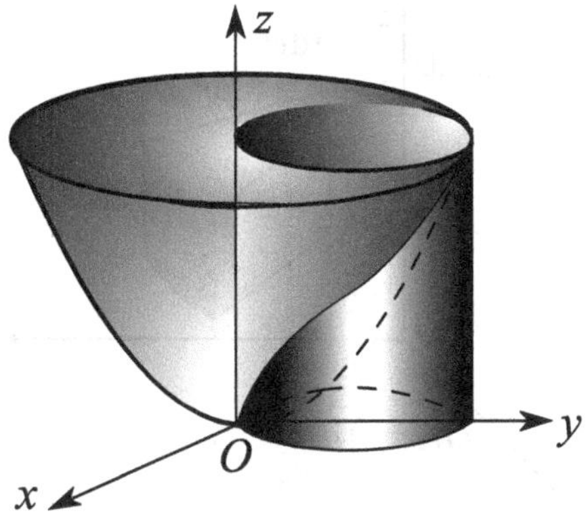

图 3.7

§10.3.2 柱坐标变换

对于柱坐标变换

$$x = r\cos\theta,\ y = r\sin\theta,\ z = z,$$

有

$$\frac{\partial(x,y,z)}{\partial(r,\theta,z)} = r.$$

据此可知，柱坐标换元公式为

$$\iiint\limits_{\Omega} f(x,y,z)\mathrm{d}x\mathrm{d}y\mathrm{d}z = \iiint\limits_{V} f(r\cos\theta, r\sin\theta, z)r\mathrm{d}r\mathrm{d}\theta\mathrm{d}z. \tag{3}$$

体积元素 $r\mathrm{d}r\mathrm{d}\theta\mathrm{d}z$ 的几何意义：

柱坐标微元由两个半径分别为 r, $r+\mathrm{d}r$ 的圆柱面，两个高分别为 z, $z+\mathrm{d}z$ 的水平面和两个通过 z 轴且与 x 轴夹角分别为 $\theta, \theta+\mathrm{d}\theta$ 的平面围成，该微元可视为由三边长分别为 $\mathrm{d}r$, $r\mathrm{d}\theta$, $\mathrm{d}z$ 的长方体，此时微元的体积恰为 $r\mathrm{d}r\mathrm{d}\theta\mathrm{d}z$.

如果 V 可以用不等式

$$(r,\theta) \in D, \quad z_1(r,\theta) \le z \le z_2(r,\theta)$$

表示，则 (3) 可写为

$$\iiint\limits_{\Omega} f(x,y,z)\mathrm{d}x\mathrm{d}y\mathrm{d}z = \iint\limits_{D} r\mathrm{d}r\mathrm{d}\theta \int_{z_1(r,\theta)}^{z_2(r,\theta)} f(r\cos\theta, r\sin\theta, z)\mathrm{d}z.$$

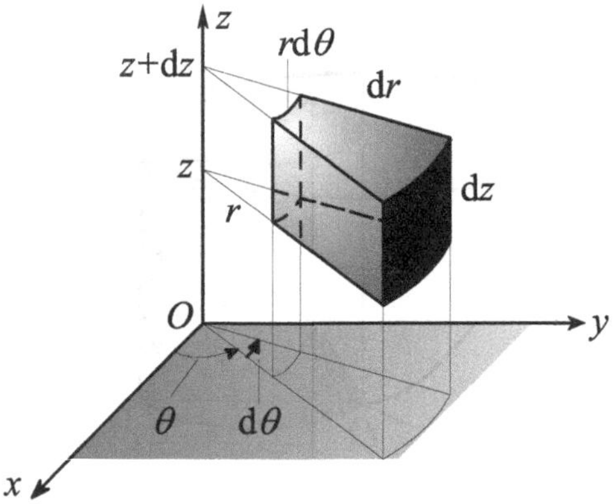

图 3.8

例 3.5 计算 $\iiint_\Omega z(x^2+y^2)\mathrm{d}x\mathrm{d}y\mathrm{d}z$. 其中 Ω 由旋转抛物面 $z=\dfrac{1}{2}(x^2+y^2)$ 与球面 $x^2+y^2+z^2=3$ 围成.

解 在柱坐标下, Ω 可用不等式

$$0\le\theta\le 2\pi,\ 0\le r\le\sqrt{2},\ \frac{1}{2}r^2\le z\le\sqrt{3-r^2}$$

表示, 所以由柱坐标变换公式, 有

$$\iiint_\Omega z(x^2+y^2)\mathrm{d}x\mathrm{d}y\mathrm{d}z=\int_0^{2\pi}\mathrm{d}\theta\int_0^{\sqrt{2}}\mathrm{d}r\int_{\frac{1}{2}r^2}^{\sqrt{3-r^2}}zr^3\mathrm{d}z=\frac{7\pi}{6}.$$

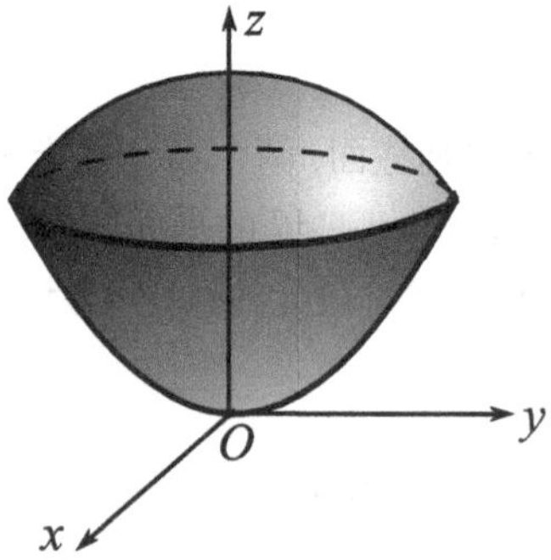

图 3.9

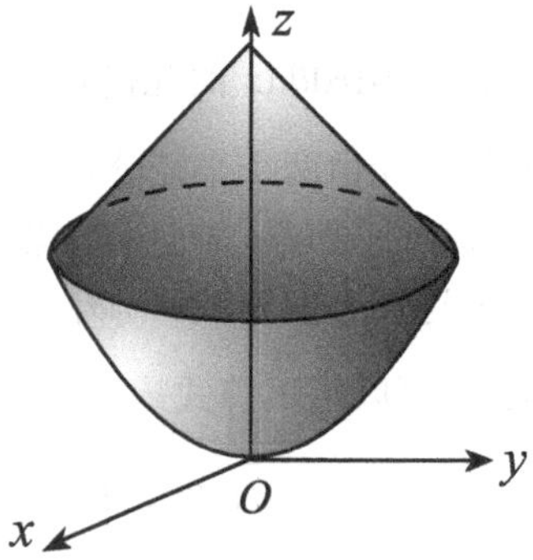

图 3.10

例 3.6 求由抛物面 $x^2+y^2=az$ 和锥面 $z=2a-\sqrt{x^2+y^2}\ (a>0)$ 所围立体 Ω 的体积.

解 从 $x^2+y^2=az, z=2-\sqrt{x^2+y^2}$ 消去 z 可得 Ω 的投影域为

$$x^2+y^2 \le a^2.$$

进一步可知，Ω 在柱坐标下的不等式表示为

$$0 \le \theta \le 2\pi,\ 0 \le r \le a,\ \frac{r^2}{a} \le z \le 2a-r.$$

于是，Ω 的体积为

$$\begin{aligned}\iiint\limits_{\Omega} \mathrm{d}x\mathrm{d}y\mathrm{d}z &= \int_0^{2\pi} \mathrm{d}\theta \int_0^a \mathrm{d}r \int_{r^2/a}^{2a-r} r\mathrm{d}z \\ &= 2\pi \int_0^a r(2a-r-\frac{r^2}{a})\mathrm{d}r = \frac{2}{3}\pi a^2.\end{aligned}$$

例 3.7 计算 $I=\iiint_{\Omega}(x^2+y^2)\mathrm{d}x\mathrm{d}y\mathrm{d}z$. 其中 Ω 是由曲线 $\begin{cases} y^2=2z \\ x=0 \end{cases}$ 绕 z 轴旋转一周而成的曲面与平面 $z=8$ 所围成的区域.

解 平面曲线 $\begin{cases} y^2=2z \\ x=0 \end{cases}$ 绕 z 轴旋转一周形成的曲面方程为

$$x^2+y^2=2z.$$

Ω 在 xOy 平面上的投影域为 $x^2+y^2 \le 16$, 由此可知 Ω 在柱坐标下的不等式表示为

$$0 \le \theta \le 2\pi,\ 0 \le r \le 4,\ \frac{r^2}{2} \le z \le 8.$$

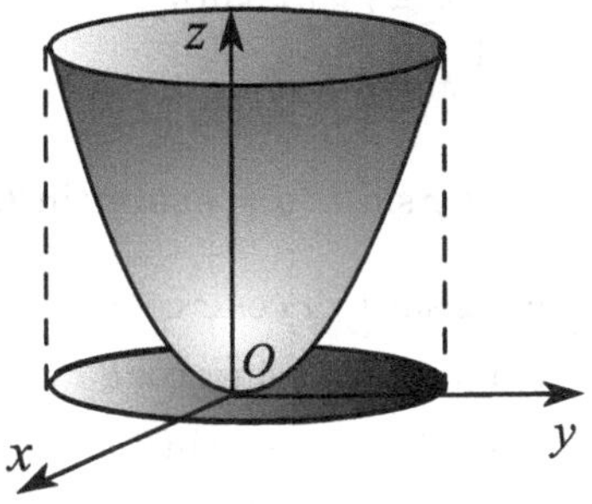

图 3.11

于是

$$I=\int_0^{2\pi}\mathrm{d}\theta\int_0^4\mathrm{d}r\int_{r^2/2}^8 r^2\cdot r\mathrm{d}z=2\pi\int_0^4 r^3(8-\frac{r^2}{2})\mathrm{d}r=\frac{1024\pi}{3}.$$

§10.3.3　球坐标变换

设 $M(x,y,z)$ 是 xyz 空间中一点，它在 xy 平面上的投影点为 $P(x,y)$，又设 $OM=r\ (0\le r<+\infty)$，OP 与 x 轴正向的夹角为 $\varphi\ (0\le\varphi\le 2\pi)$，$OM$ 与 z 轴正向的夹角为 $\theta\ (0\le\theta\le\pi)$，则称 (r,θ,φ) 为 M 点的球坐标.

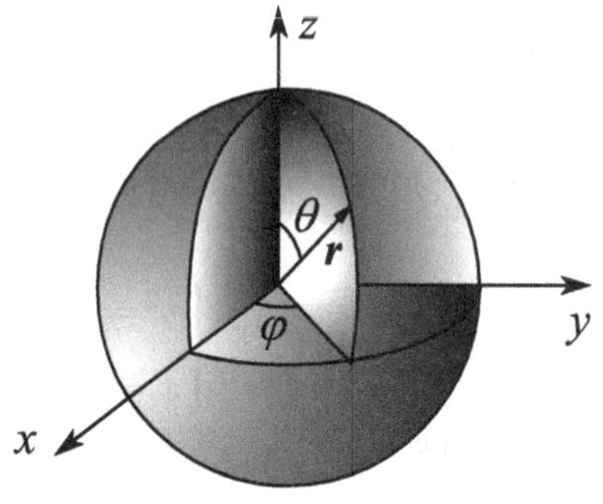

图 3.12

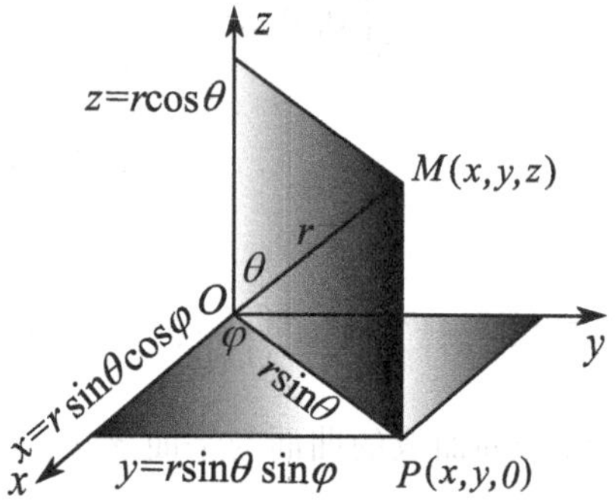

图 3.13

在球坐标系中，$r=$ 常数，表示以原点为中心，半径为 r 的球面；$\varphi=$ 常数，表示过 z 轴和 M 点的平面；$\theta=$ 常数，表示以原点为顶点，z 轴为轴，且过 M 点的圆锥面. 按照直角三角形，有 $OP=r\sin\theta, z=r\cos\theta$. 据此可知 M 点的直角坐标与球坐标之间的关系为

$$\begin{cases}x=r\cos\varphi\sin\theta,\\ y=r\sin\varphi\sin\theta,\\ z=r\cos\theta.\end{cases}$$

对于球坐标变换 $x=r\cos\varphi\sin\theta$, $y=r\sin\varphi\sin\theta$, $z=r\cos\theta$, 由于

$$\begin{aligned}\frac{\partial(x,y,z)}{\partial(r,\theta,\varphi)}&=\begin{vmatrix}\cos\varphi\sin\theta & r\cos\varphi\cos\theta & -r\sin\varphi\sin\theta\\ \sin\varphi\sin\theta & r\sin\varphi\cos\theta & r\cos\varphi\sin\theta\\ \cos\theta & -r\sin\theta & 0\end{vmatrix}\\ &=r^2\sin\theta,\end{aligned}$$

所以有换元公式

$$\iiint\limits_{\Omega} f(x,y,z)\mathrm{d}x\mathrm{d}y\mathrm{d}z = \iiint\limits_{V} f(r\cos\varphi\sin\theta,\cdots)r^2\sin\theta\mathrm{d}r\mathrm{d}\varphi\mathrm{d}\theta. \tag{4}$$

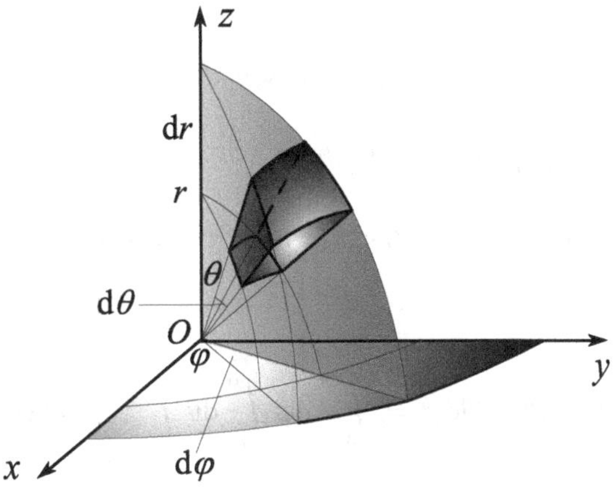

图 3.14

体积元素 $r^2\sin\theta\mathrm{d}r\mathrm{d}\varphi\mathrm{d}\theta$ 的几何意义：

球坐标微元由两个半径分别为 r, $r+\mathrm{d}r$ 的球面，两个与 z 轴张角分别为 θ, $\theta+\mathrm{d}\theta$ 的圆锥面和两个通过 z 轴且与 x 轴夹角分别为 φ, $\varphi+\mathrm{d}\varphi$ 的平面围成，该微元可视为各边长分别为 $\mathrm{d}r, r\mathrm{d}\theta, r\sin\varphi\mathrm{d}\varphi$ 的长方体，其体积恰为 $r^2\sin\theta\mathrm{d}r\mathrm{d}\varphi\mathrm{d}\theta$.

如果 Ω 可以用不等式

$$r_1(\varphi,\theta)\le r\le r_2(\varphi,\theta),\ \theta_1(\varphi)\le\theta\le\theta_2(\varphi),\ \alpha\le\varphi\le\beta$$

表示，则 (4) 式可变为

$$\iiint\limits_{\Omega} f(x,y,z)\mathrm{d}x\mathrm{d}y\mathrm{d}z = \int_{\alpha}^{\beta}\mathrm{d}\varphi\int_{\theta_1}^{\theta_2}\sin\theta\mathrm{d}\theta\int_{r_1}^{r_2} f(r\cos\varphi\sin\theta,\cdots)r^2\mathrm{d}r.$$

当原点位于 Ω 的内部时，上式可写为

$$\iiint\limits_{\Omega} f(x,y,z)\mathrm{d}x\mathrm{d}y\mathrm{d}z = \int_{0}^{2\pi}\mathrm{d}\varphi\int_{0}^{\pi}\sin\theta\mathrm{d}\theta\int_{0}^{r(\varphi,\theta)} f(r\cos\varphi\sin\theta,\cdots)r^2\mathrm{d}r.$$

例 3.8 求半径为 a 的球面与半顶角为 α 的内接锥面所包围的立体 Ω 体积.

解 设球面通过原点，球心在 z 轴上，又内接锥面的顶点在原点，其轴与 z 轴重合，此时球面方程为

$$r = 2a\cos\theta,$$

而锥面方程为 $\theta = \alpha$. 于是 Ω 可用不等式

$$0 \le \varphi \le 2\pi,\ 0 \le \theta \le \alpha,\ 0 \le r \le 2a\cos\theta$$

表示，故有

$$\begin{aligned}\iiint\limits_{\Omega} r^2 \sin\theta \mathrm{d}r\mathrm{d}\theta\mathrm{d}\varphi &= \int_0^{2\pi} \mathrm{d}\varphi \int_0^{\alpha} \mathrm{d}\theta \int_0^{2a\cos\theta} r^2 \sin\theta \mathrm{d}r \\ &= 2\pi \int_0^{\alpha} \sin\theta \mathrm{d}\theta \int_0^{2a\cos\theta} r^2 \mathrm{d}r \\ &= \frac{16\pi a^3}{3} \int_0^{\alpha} \cos^3\theta \sin\theta \mathrm{d}\theta \\ &= \frac{4\pi a^3}{3}(1-\cos^4\alpha).\end{aligned}$$

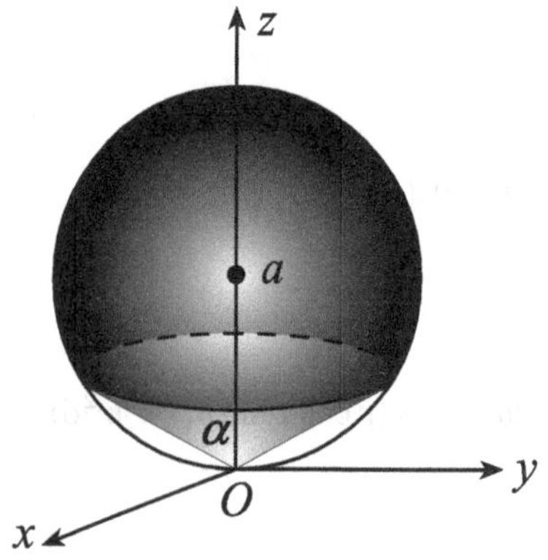

图 3.15

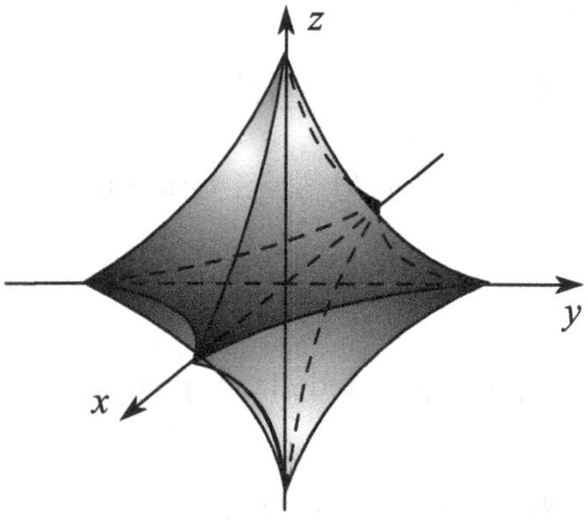

图 3.16

例 3.9 求区域 Ω : $x^{\frac{2}{3}} + y^{\frac{2}{3}} + z^{\frac{2}{3}} \le a^{\frac{2}{3}}$ 的体积.

解 区域 Ω 在变换

$$x = au^3, y = av^3, z = aw^3$$

下可变为球体 $u^2 + v^2 + z^2 \leq 1$, 相应的雅可比行列式为

$$\left|\frac{\partial(x,y,z)}{\partial(u,v,w)}\right| = \begin{vmatrix} 3au^2 & 0 & 0 \\ 0 & 3av^2 & 0 \\ 0 & 0 & 3aw^2 \end{vmatrix} = 27a^3u^2v^2w^2.$$

于是区域 Ω 的体积为

$$V = \iiint\limits_{\Omega} \mathrm{d}x\mathrm{d}y\mathrm{d}z = \iiint\limits_{u^2+v^2+z^2\leq 1} 27a^3u^2v^2w^2\mathrm{d}u\mathrm{d}v\mathrm{d}w.$$

再用球坐标，有

$$V = 27a^3\int_0^{2\pi}\mathrm{d}\varphi\int_0^{\pi}\mathrm{d}\theta\int_0^1 r^8\sin^2\varphi\cos^2\varphi\sin^5\theta\cos^2\theta\mathrm{d}r = \frac{4\pi}{35}a^3.$$

例 3.10 求曲面 $(x^2 + y^2 + z^2)^2 = a^2(x^2 + y^2 - z^2)$ $(a > 0)$ 所围立体的体积.

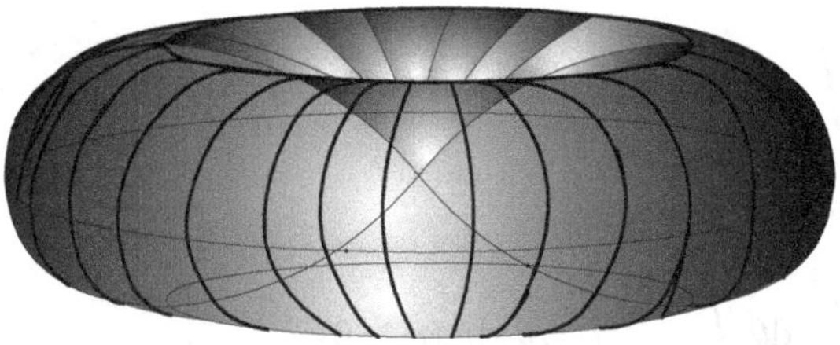

图 3.17

解 由于 x, y, z 同时或分别变号时方程不变，所以该立体关于坐标面均对称，设 Ω 表示该立体在第一卦限的部分．在球坐标下，曲面方程为

$$r = a\sqrt{-\cos 2\theta}.$$

由此可知， Ω 可用不等式表示为

$$0 \leq \varphi \leq \frac{\pi}{2},\ \frac{\pi}{4} \leq \theta \leq \frac{\pi}{2},\ 0 \leq r \leq a\sqrt{-\cos 2\theta}.$$

所求立体的体积为

$$\begin{aligned}8\iiint\limits_{\Omega} r^2\sin\theta\,\mathrm{d}r\mathrm{d}\theta\mathrm{d}\varphi &= 8\int_0^{\pi/2}\mathrm{d}\varphi\int_{\pi/4}^{\pi/2}\mathrm{d}\theta\int_0^{a\sqrt{-\cos 2\theta}} r^2\sin\theta\mathrm{d}r\\ &= \frac{4\pi a^3}{3}\int_{\pi/4}^{\pi/2}(-\cos 2\theta)^{3/2}\sin\theta\mathrm{d}\theta\\ &= \frac{2\sqrt{2}\pi a^3}{3}\int_0^{\pi/2}\cos^4 t\,\mathrm{d}t\ (令:\sin t=\sqrt{2}\cos\theta)\\ &= \frac{2\sqrt{2}\pi a^3}{3}\mathrm{B}\left(\frac{1}{2},\frac{5}{2}\right)=\frac{\sqrt{2}\pi^2 a^3}{8}.\end{aligned}$$

习 题 10.3 A

1. 把下列积分化为极坐标形式，并计算积分值：

(1) $\displaystyle\int_0^{2a}\mathrm{d}x\int_0^{\sqrt{2ax-x^2}}(x^2+y^2)\mathrm{d}y$;　(2) $\displaystyle\int_0^{a}\mathrm{d}x\int_0^{x}\sqrt{x^2+y^2}\mathrm{d}y$;

(3) $\displaystyle\int_0^{1}\mathrm{d}x\int_{x^2}^{x}(x^2+y^2)^{-1/2}\mathrm{d}y$;　(4) $\displaystyle\int_0^{a}\mathrm{d}y\int_0^{\sqrt{a^2-y^2}}(x^2+y^2)\mathrm{d}x$.

2. 更换下列积分次序：

(1) $\displaystyle I=\int_{-\pi/2}^{\pi/2}\mathrm{d}\theta\int_0^{a\cos\theta}f(r,\theta)\mathrm{d}r\ (a\geq 0)$;

(2) $\displaystyle I=\int_{-\pi/4}^{\pi/2}\mathrm{d}\theta\int_0^{2a\cos\theta}f(r,\theta)\mathrm{d}r\ (a\geq 0)$;

3. 计算下列二重积分：

(1) $\iint_D \ln(1+x^2+y^2)\,\mathrm{d}x\mathrm{d}y$, 其中 D 是由圆周 $x^2+y^2=1$ 及坐标轴所围成的在第一象限内的区域;

(2) $\iint_D \sin\sqrt{x^2+y^2}\,\mathrm{d}x\mathrm{d}y$, 其中 D 是圆环形区域 $\pi^2\leq x^2+y^2\leq 4\pi^2$;

(3) $\iint_D \arctan\dfrac{y}{x}\,\mathrm{d}x\mathrm{d}y$, 其中 D 是由圆周 $x^2+y^2=4$, $x^2+y^2=1$, $y=0$, $y=x$ 所围成的在第一象限内的区域;

(4) $\iint_D \sqrt{\dfrac{1-x^2-y^2}{1+x^2+y^2}}\,\mathrm{d}x\mathrm{d}y$, 其中 D 是由圆周 $x^2+y^2=1$ 和直线 $y=0$, $y=x$ 所围成的在第一象限内的区域;

(5) $\iint_D \sqrt{x^2+y^2}\,\mathrm{d}x\mathrm{d}y$, 其中 D 是圆环形区域 $a^2\le x^2+y^2\le b^2$.

4. 计算下列三重积分:

(1) 计算 $I=\iiint_\Omega (x+y+z)\mathrm{d}x\mathrm{d}y\mathrm{d}z$, 其中 Ω 由 $x^2+y^2\le z^2$, $0\le z\le h$ 围成;

(2) 计算 $I=\iiint_\Omega (x^2+y^2)\mathrm{d}x\mathrm{d}y\mathrm{d}z$, 其中 Ω 由曲线 $\begin{cases} z=a^y \\ x=0 \end{cases}$ 绕 z 轴旋转一周所成的曲面与平面 $z=a^2$ 所围成的几何体.

(3) 计算 $\iiint_\Omega z^2\mathrm{d}x\mathrm{d}y\mathrm{d}z$. 其中 Ω 由球面 $x^2+y^2+z^2=4$ 与抛物面 $x^2+y^2=3z$ 围成.

5. 设平面板所占的区域 D 由螺线 $r=2\theta$ 上的段弧 $0\le\theta\le\dfrac{\pi}{2}$ 与直线 $\theta=\dfrac{\pi}{2}$ 所围成, 已知其质量密度为 $\rho(x,y)=x^2+y^2$. 试求该平面板的质量.

6. 计算以 $x^2+y^2\le ax, z=0$ 为底, 以 $z=x^2+y^2$ 为高的曲顶柱体的体积.

7. 试求第一卦限内, 在圆柱面 $x^2+y^2=1$ 之外及圆柱面 $x^2+y^2-2x=0$ 以内, 而以双曲抛物面 $z=xy$ 为顶的曲顶柱体的体积.

8. 求心脏线 $r=2(1+\cos\theta)$ 之内, 圆周 $r=2$ 之外部分的面积.

9. 求圆周 $r=4\sin\theta$ 之内, 双纽线 $r^2=8\cos 2\theta$ 之外部分的面积.

10. 求圆周 $r=\sin\theta$ 之内, 心脏线 $r=1-\cos\theta$ 之外部分的面积.

习　题 10.3 B

1. 求由球面 $r^2+z^2=16$ 和柱面 $r=4\cos\theta$ 所围图形的体积.

2. 求由抛物面 $z=r^2$, 柱面 $r=2\cos\theta$ 和平面 $z=0$ 所围图形的体积.

3. 求由锥面 $\theta=\dfrac{\pi}{4}$ 和球面 $r=2a\cos\theta$ 所围图形的体积.

4. 设函数 $f(x)$ 连续, $f(0)=1$, 令

$$F(t)=\iint\limits_{x^2+y^2\leq t^2} f(x^2+y^2)\mathrm{d}x\mathrm{d}y,$$

求 $F''(0)$.

5. 设函数 $f(x)$ 在 $(-\infty,+\infty)$ 上连续, 且满足

$$f(t)=2\iint\limits_{x^2+y^2\leq t^2}(x^2+y^2)f(\sqrt{x^2+y^2})\mathrm{d}x\mathrm{d}y+t^4,$$

求 $f(x)$.

6. 设函数 $f(u)$ 连续, Ω 由 $0\leq z\leq h$, $x^2+y^2\leq t^2$ 围成. 若

$$F(t)=\iiint_\Omega[z^2+f(x^2+y^2)]\mathrm{d}x\mathrm{d}y\mathrm{d}z,$$

求 $\dfrac{\mathrm{d}F}{\mathrm{d}t}$, $\lim\limits_{t\to0+}\dfrac{F(t)}{t^2}$.

7. 求曲面 $x^2+y^2+az=4a^2$ 将球 $x^2+y^2+z^2\leq 4az$ 分成两部分的体积比 $(a>0)$.

8. 计算下列极限:

(1) $\lim\limits_{r\to0+}\dfrac{1}{r^2}\iint_{x^2+y^2\leq r^2}f(x,y)\mathrm{d}x\mathrm{d}y$, 其中 $f(x,y)$ 为连续函数;

(2) $\lim\limits_{\varepsilon\to0+}\iint_{\varepsilon\leq x^2+y^2\leq1}\ln(x^2+y^2)\mathrm{d}x\mathrm{d}y$.

9. 计算积分 $\iiint_\Omega z\mathrm{d}x\mathrm{d}y\mathrm{d}z$. 其中 Ω 由球面 $x^2+y^2+z^2=4$ 与抛物面 $x^2+y^2=3z$ 围成.

10. 求抛物面 $z=1+x^2+y^2$ 的一个切平面，使得它与该抛物面及圆柱面 $(x-1)^2+y^2=1$ 围成的立体体积最小，试写出切平面方程并求出最小的体积.

11. 设 $a,b,c>0$, 求几何体 $\left(\frac{x}{a}+\frac{y}{b}\right)^2+\frac{z^2}{c^2}\le 1$ 在第一卦限的体积.

12. 计算 $\iiint_\Omega (x^2+y^2)\mathrm{d}x\mathrm{d}y\mathrm{d}z$. 其中 Ω 是由锥面 $x^2+y^2=z^2$ 与平面 $z=a$ 围成的区域.

13. 计算 $\iiint_\Omega (x^2+y^2+z^2)\mathrm{d}x\mathrm{d}y\mathrm{d}z$. 其中 Ω 由锥面 $x^2+y^2=z^2$ 与球面 $x^2+y^2+z^2=R^2$ 围成的区域.

14. 求椭球 $\frac{x^2}{a^2}+\frac{y^2}{b^2}+\frac{z^2}{c^2}\le 1$ 的体积.

15. 计算 $I=\iiint_\Omega xy\mathrm{d}x\mathrm{d}y\mathrm{d}z$, 其中 Ω 为 $x^2+y^2+z^2\le 4$ 与 $x^2+y^2+(z-2)^2\le 4$ 的公共部分.

16. 求两球 $x^2+y^2+(z-\frac{a}{2})^2\le(\frac{a}{2})^2$ 与 $x^2+y^2+z^2\le b^2\ (b<a)$ 相交部分的体积.

17. 求由球面 $x^2+y^2+z^2=2$ 与锥面 $z=\sqrt{x^2+y^2}$ 所围立体的质量，已知其质量密度与到球心的距离的平方成正比，且在球面处为 1.

18. 求曲面 $(x^2+y^2+z^2)^3=3xyz$ 与三坐标面在第一卦限内围成的立体的体积.

19. 设函数 $f(x,y)$ 在单位圆上有连续的偏导数，且在边界上取值为零，证明：

$$f(0,0)=\lim_{\varepsilon\to 0}\frac{-1}{2\pi}\iint\limits_{D_\varepsilon}\frac{xf'_x+yf'_y}{x^2+y^2}\,\mathrm{d}x\mathrm{d}y.$$

其中 D_ε 为环形域 $\varepsilon^2\le x^2+y^2\le 1$.

20. 求三重积分

$$I=\iiint\limits_D z\,\mathrm{d}x\mathrm{d}y\mathrm{d}z,$$

其中 D 是由上半球面 $x^2+y^2+z^2=4(z\ge 0)$ 和抛物面 $x^2+y^2=3z$ 所围的区域.

21. 求球面 $x^2+y^2+z^2=2rz(r>0)$ 和锥面所围区域的体积 V, 其中锥面是以 z 轴为轴, 顶角为 2α 的锥面.

22. 求曲面 $\left(\frac{x^2}{a^2}+\frac{y^2}{b^2}+\frac{z^2}{c^2}\right)^2=\frac{x^2}{a^2}+\frac{y^2}{b^2}(a,b,c>0)$ 所围区域的体积 V.

23. 求三重积分

$$I=\iiint\limits_D \sqrt{1-\left(\frac{x^2}{a^2}+\frac{y^2}{b^2}+\frac{z^2}{c^2}\right)}\,\mathrm{d}x\mathrm{d}y\mathrm{d}z,$$

其中 $D=\left\{(x,y,z)\;\middle|\;\frac{x^2}{a^2}+\frac{y^2}{b^2}+\frac{z^2}{c^2}\leq 1\right\}$.

24. 求三重积分 $\iiint_D z^2\,\mathrm{d}x\mathrm{d}y\mathrm{d}z$, 其中 D 是两个球体 $x^2+y^2+z^2\leq a^2$ 和 $x^2+y^2+z^2\leq 2az$ 的公共部分.

§10.4 线面积分的计算

无向曲线和无向曲面上的积分都可以通过参数化方法化为定积分或二重积分, 选择合适的参数方程对于积分的计算有着重要的影响. 有一些常见的曲面, 还可以通过单向投影或分片投影的方法实现参数化.

§10.4.1 线积分的参数化方法

无向曲线上的积分

$$\int_L f(x,y,z)\mathrm{d}s,$$

可以通过选择曲线 L 的参数方程来计算. 如果 L 的参数方程为

$$x=x(t),y=y(t),z=z(t)\quad(a\leq t\leq b)$$

那么根据微弧长公式

$$\mathrm{d}s=\sqrt{x_t'^2+y_t'^2+z_t'^2}\,\mathrm{d}t,$$

便可得到积分的计算公式

$$\int_L f(x,y,z)\mathrm{d}s=\int_a^b f(x(t),y(t),z(t))\sqrt{x_t'^2+y_t'^2+z_t'^2}\,\mathrm{d}t. \tag{1}$$

特别地，当 L：$x=x(t)$, $y=y(t)$ 为平面曲线时，有

$$\int_L f(x,y)\mathrm{d}s=\int_a^b f(x(t),y(t))\sqrt{x_t'^2+y_t'^2}\,\mathrm{d}t.$$

由于曲线 L：$y=y(x)$ 可以写成参数形式 L：$x=x$, $y=y(x)$, 所以有

$$\int_L f(x,y)\mathrm{d}s=\int_a^b f(x,y(x))\sqrt{1+y_x'^2}\,\mathrm{d}x.$$

由于极坐标曲线 L：$r=r(\theta)$ 的参数方程为

$$x=r(\theta)\cos\theta,\ y=r(\theta)\sin\theta,$$

所以，有

$$\int_L f(x,y)\mathrm{d}s=\int_a^b f(r(\theta)\cos\theta,r(\theta)\sin\theta)\sqrt{r^2+r_\theta'^2}\,\mathrm{d}\theta.$$

例 4.1 计算 $\int_L \mathrm{e}^{\sqrt{x^2+y^2}}\mathrm{d}s$, 其中 L 是圆周 $x^2+y^2=a^2$, 直线 $y=x$ 及 x 轴在第一象限中所围图形的边界.

解 曲线 L 可分为直线段 $\overline{OA}$, 弧段 $\widehat{AB}$ 和直线段 $\overline{BO}$ 三个部分. 由于

$$\overline{OA}:\ y=0,\ 0\le x\le a,$$

$$\int_{\overline{OA}}\mathrm{e}^{\sqrt{x^2+y^2}}\,\mathrm{d}s=\int_0^a \mathrm{e}^x\,\mathrm{d}x=\mathrm{e}^a-1;$$

$$\widehat{AB}:\ x=a\cos t,\ y=a\sin t,\ 0\le t\le\frac{\pi}{4},$$

$$\int_{\widehat{AB}}\mathrm{e}^{\sqrt{x^2+y^2}}\,\mathrm{d}s=\int_0^{\pi/4}\mathrm{e}^a\,a\mathrm{d}t=\frac{\pi}{4}a\mathrm{e}^a;$$

$$\overline{BO}:\ y=x,\ 0\le x\le\frac{\sqrt{2}}{2}a,$$

$$\int_{\overline{BO}}\mathrm{e}^{\sqrt{x^2+y^2}}\,\mathrm{d}s=\int_0^{\sqrt{2}a/2}\mathrm{e}^{\sqrt{2}x}\,\sqrt{2}\mathrm{d}x=\mathrm{e}^a-1,$$

所以

$$\int_L \mathrm{e}^{\sqrt{x^2+y^2}}\,\mathrm{d}s=\left(\int_{\overline{OA}}+\int_{\widehat{AB}}+\int_{\overline{BO}}\right)\mathrm{e}^{\sqrt{x^2+y^2}}\,\mathrm{d}s=2(\mathrm{e}^a-1)+\frac{\pi}{4}a\mathrm{e}^a.$$

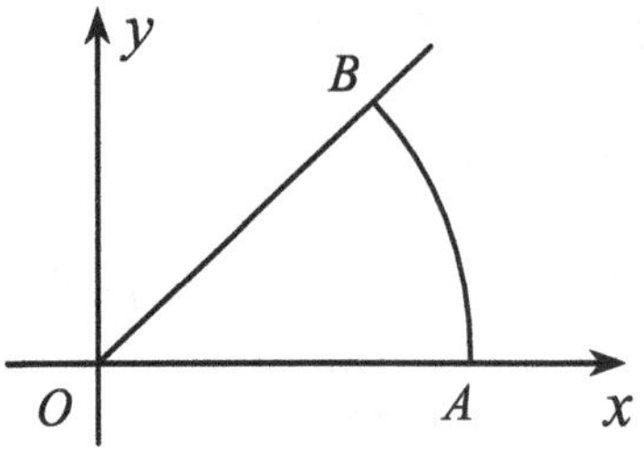

图 4.1

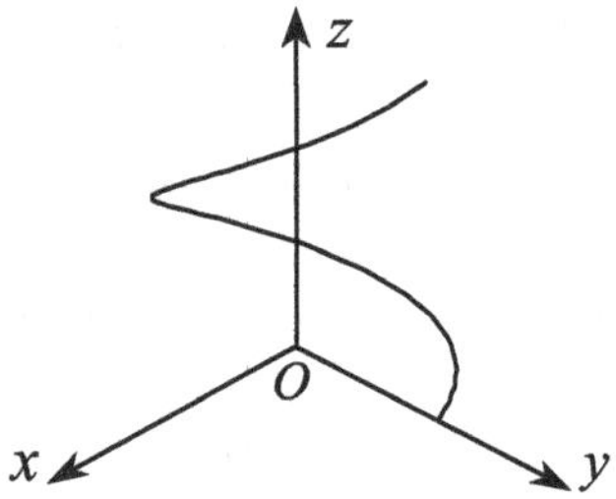

图 4.2

例 4.2 计算曲线积分 $\int_\Gamma \frac{\mathrm{d}s}{x^2+y^2+z^2}$, 其中 Γ 是螺旋曲线 $x = a\cos t,\ y = a\sin t,\ z = bt$ 的第一圈.

解 由于

$$\mathrm{d}s = \sqrt{x_t'^2 + y_t'^2 + z_t'^2}\,\mathrm{d}t = \sqrt{a^2+b^2}\,\mathrm{d}t,$$

所以

$$\begin{aligned}\int_\Gamma \frac{\mathrm{d}s}{x^2+y^2+z^2} &= \sqrt{a^2+b^2}\int_0^{2\pi}\frac{1}{a^2+b^2t^2}\,\mathrm{d}t \\ &= \frac{\sqrt{a^2+b^2}}{ab}\arctan\frac{2\pi b}{a}.\end{aligned}$$

例 4.3 计算曲线积分 $\int_\Gamma \sqrt{x^2+y^2}\mathrm{d}s$, 其中 Γ 是圆周 $x^2+y^2 = ax\ (a>0)$.

解 曲线 Γ 的极坐标方程为

$$r = a\cos\theta, \quad -\frac{\pi}{2} \le \theta \le \frac{\pi}{2}.$$

按照极坐标微弧长公式，有

$$\mathrm{d}s = \sqrt{r^2 + r_\theta'^2}\,\mathrm{d}\theta = \sqrt{(a\cos\theta)^2 + (a\sin\theta)^2}\,\mathrm{d}\theta = a\mathrm{d}\theta.$$

因此，有

$$\int_\Gamma \sqrt{x^2+y^2}\mathrm{d}s = a^2\int_{-\pi/2}^{\pi/2}\cos\theta\,\mathrm{d}\theta = 2a^2.$$

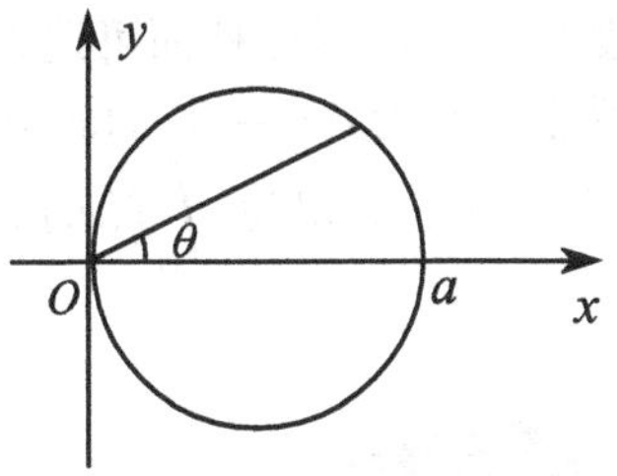

图 4.3

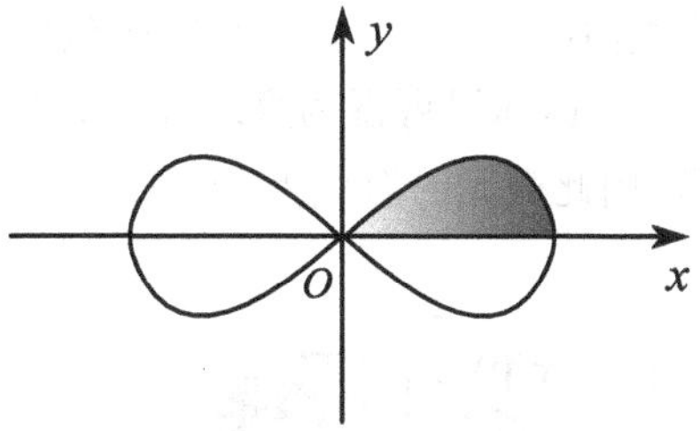

图 4.4

例 4.4 计算曲线积分 $\int_L |y|\,\mathrm{d}s$, 其中 L: $(x^2+y^2)^2 = a^2(x^2-y^2)\ (a>0)$.

解 曲线 L 的极坐标方程为

$$r = a\sqrt{\cos 2\theta}.$$

按照曲线 L 的对称性, 可在 $0 \le \theta \le \dfrac{\pi}{2}$ 假设下考察 θ 的取值. 由于 $r=0$ 时, $\theta = \dfrac{\pi}{4}$, 所以 θ 的确切取值范围是 $[0, \dfrac{\pi}{4}]$. 又

$$\mathrm{d}s = \sqrt{r^2 + r_\theta'^2}\,\mathrm{d}\theta = \frac{a}{\sqrt{\cos 2\theta}}\,\mathrm{d}\theta$$

所以

$$\begin{aligned}\int_L |y|\,\mathrm{d}s &= 4\int_0^{\pi/4} a\sqrt{\cos 2\theta}\sin\theta \cdot \frac{a}{\sqrt{\cos 2\theta}}\,\mathrm{d}\theta \\ &= 4a^2\int_0^{\pi/4}\sin\theta\,\mathrm{d}\theta = 4a^2\big(1-\frac{\sqrt{2}}{2}\big).\end{aligned}$$

利用曲线积分还可以计算一些柱面的面积. 如果 S 是连接平面光滑曲线

$$L:\ x = x(t),\ y = y(t)\ (a \le t \le b)$$

与空间光滑曲线

$$C: z = f(x,y),\ (x,y) \in L$$

的柱面, 则当 $f(x,y) \ge 0$ 时, S 的面积为

$$\int_L f(x,y)\,\mathrm{d}s = \int_a^b f(x(t),y(t))\sqrt{x_t'^2 + y_t'^2}\,\mathrm{d}t.$$

在曲线 L 上取一长为 $\mathrm{d}s$ 的弧段，则该弧段在 S 上的对应柱面可选为微元. 由于微弧段可视为直线段，所以该微元可看成是宽为 $\mathrm{d}s$, 高为 $f(x,y)$ 的矩形, 因此微元的面积为 $\mathrm{d}S=f(x,y)\mathrm{d}s$, 由此可知，$S$ 的面积为 $\int_L f(x,y)\,\mathrm{d}s$.

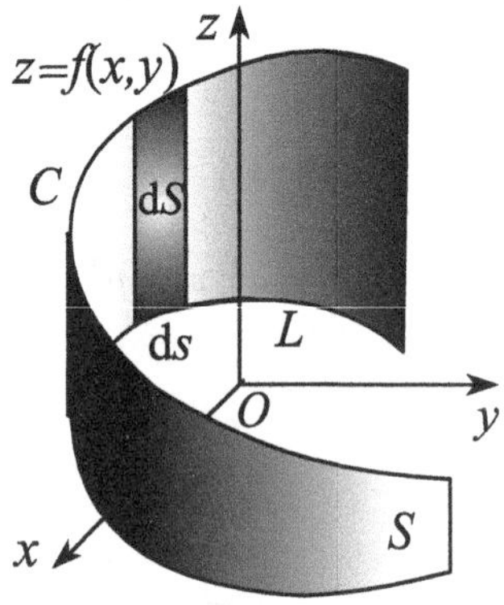

图 4.5

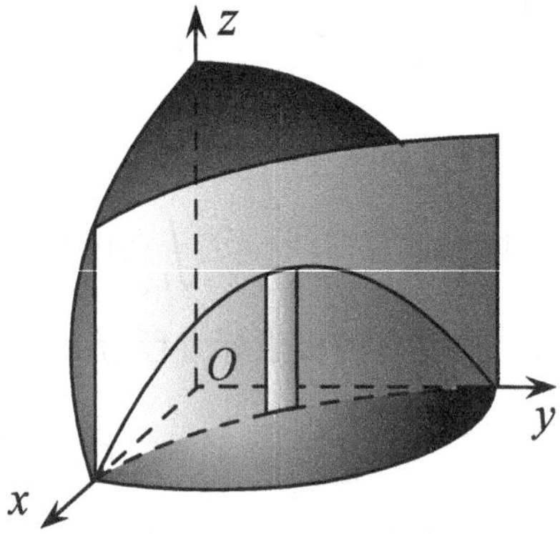

图 4.6

例 4.5 求柱面 $x^{\frac{2}{3}}+y^{\frac{2}{3}}=1$ 在球面 $x^2+y^2+z^2=1$ 内的侧面积 A.

解 计算柱面的侧面积可用曲线积分法. 根据对称性，有

$$A=8\int_L z\,\mathrm{d}s=8\int_L \sqrt{1-x^2-y^2}\,\mathrm{d}s.$$

其中 L 柱面的投影曲线，即 L：$x^{\frac{2}{3}}+y^{\frac{2}{3}}=1$ 在第一象限的限制，其参数方程为

$$x=\cos^3 t,\ y=\sin^3 t\ \ (0\le t\le \frac{\pi}{2}).$$

由于

$$\mathrm{d}s=\sqrt{x_t'^2+y_t'^2}\,\mathrm{d}t=3\sin t\cos t\,\mathrm{d}t,$$

所以

$$\begin{aligned}A&=8\int_0^{\pi/2}\sqrt{1-\cos^6 t-\sin^6 t}\cdot 3\sin t\cos t\,\mathrm{d}t\\&=24\sqrt{3}\int_0^{\pi/2}\sin^2 t\cos^2 t\,\mathrm{d}t=\frac{3\sqrt{3}}{2}\pi.\end{aligned}$$

§10.4.2 面积分的参数化方法

对于空间曲面 S, 假设它的参数方程为

$$x = x(u, v), y = y(u, v), z = z(u, v), \quad ((u, v) \in D).$$

其向量形式为 $\boldsymbol{r} = \boldsymbol{r}(u, v)$. 给定 $(u_0, v_0) \in D$, 取由 4 条曲线

$$\boldsymbol{r} = \boldsymbol{r}(u_0, v), \boldsymbol{r} = \boldsymbol{r}(u_0 + \Delta u, v), \boldsymbol{r} = \boldsymbol{r}(u, v_0), \boldsymbol{r} = \boldsymbol{r}(u, v_0 + \Delta v)$$

围成的图形为微元.

按照增量 (曲线增量) 与微分 (切线增量) 的关系，即

$$\boldsymbol{r}(u + \Delta u, v) - \boldsymbol{r}(u, v) = \frac{\partial \boldsymbol{r}}{\partial u}\Delta u + \mathbf{o}(\Delta u),$$
$$\boldsymbol{r}(u, v + \Delta v) - \boldsymbol{r}(u, v) = \frac{\partial \boldsymbol{r}}{\partial v}\Delta v + \mathbf{o}(\Delta v),$$

微元可以视为由微分向量

$$\frac{\partial \boldsymbol{r}}{\partial u}\mathrm{d}u, \quad \frac{\partial \boldsymbol{r}}{\partial v}\mathrm{d}v$$

张成的平行四边形，由此可知微元的面积向量为

$$\mathrm{d}\boldsymbol{S} = \begin{vmatrix} \boldsymbol{i} & \boldsymbol{j} & \boldsymbol{k} \\ x'_u & y'_u & z'_u \\ x'_v & y'_v & z'_v \end{vmatrix} \mathrm{d}u\mathrm{d}v = (A, B, C)\,\mathrm{d}u\mathrm{d}v. \tag{2}$$

其中

$$A = \frac{\partial(y, z)}{\partial(u, v)}, \quad B = \frac{\partial(z, x)}{\partial(u, v)}, \quad C = \frac{\partial(x, y)}{\partial(u, v)}. \tag{3}$$

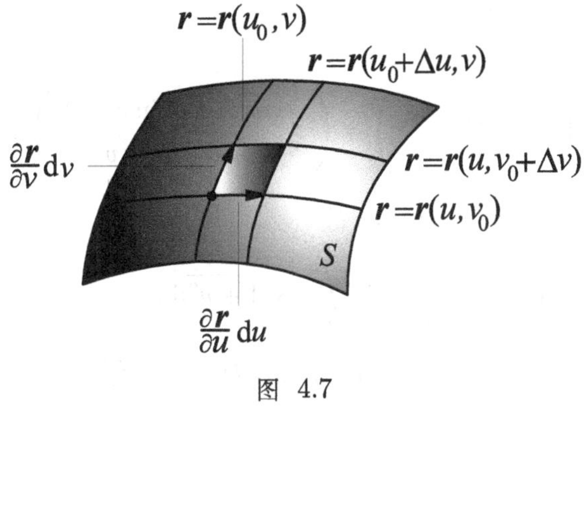

图 4.7

根据 (2), 有微面积数量公式

$$\mathrm{dS} = \sqrt{A^2 + B^2 + C^2}\mathrm{d}u\mathrm{d}v. \tag{4}$$

由此可得曲面积分的参数化计算公式

$$\iint_S f(x,y,z)\mathrm{d}S = \iint_D f(x(u,v),y(u,v),z(u,v))\sqrt{A^2 + B^2 + C^2}\mathrm{d}u\mathrm{d}v. \tag{5}$$

例 4.6　求柱坐标曲面 $S: z = f(r,\theta) \quad (r,\theta) \in D$ 的面积.

解　柱坐标曲面的参数方程为

$$x = r\cos\theta, y = r\sin\theta, z = f(r,\theta).$$

由此可知

$$A = \frac{\partial(y,z)}{\partial(r,\theta)} = f'_\theta \sin\theta - r f'_r \cos\theta,$$

$$B = \frac{\partial(z,x)}{\partial(r,\theta)} = -r f'_r \sin\theta - f'_\theta \cos\theta,$$

$$C = \frac{\partial(x,y)}{\partial(r,\theta)} = r.$$

于是所求曲面面积为

$$\iint_S \mathrm{d}S = \iint_D \sqrt{A^2 + B^2 + C^2}\,\mathrm{d}r\mathrm{d}\theta = \iint_D \sqrt{r^2 + {f'_\theta}^2 + r^2 {f'_r}^2}\,\mathrm{d}r\mathrm{d}\theta.$$

例 4.7　计算 $\iint_S z\mathrm{d}S$, 其中 S 是螺旋面 $x = u\cos v,\ y = u\sin v,\ z = v \quad (0 \le u \le a, 0 \le v \le 2\pi)$.

解　由于

$$\begin{pmatrix} x_u & y_u & z_u \\ x_v & y_v & z_v \end{pmatrix} = \begin{pmatrix} \cos v & \sin v & 0 \\ -u\sin v & u\cos v & 1 \end{pmatrix},$$

所以 $(A,B,C) = (\sin v, -\cos v, u)$, 故

$$\begin{aligned} \iint_S z\mathrm{d}S &= \int_0^{2\pi} \mathrm{d}v \int_0^a v\sqrt{1+u^2}\mathrm{d}u \\ &= \pi^2 a\sqrt{1+a^2} + \pi^2 \ln(a + \sqrt{1+a^2}). \end{aligned}$$

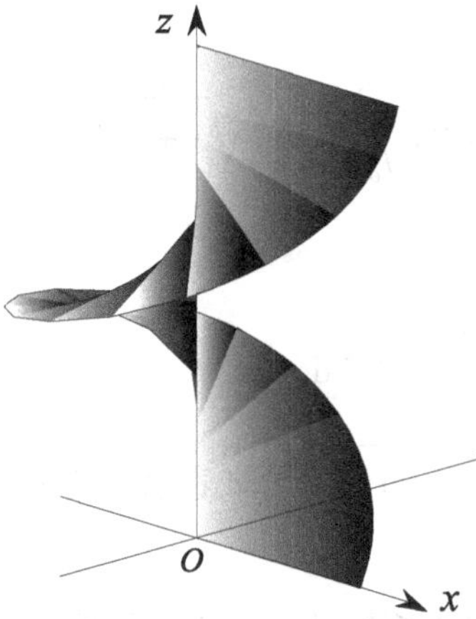

图 4.8

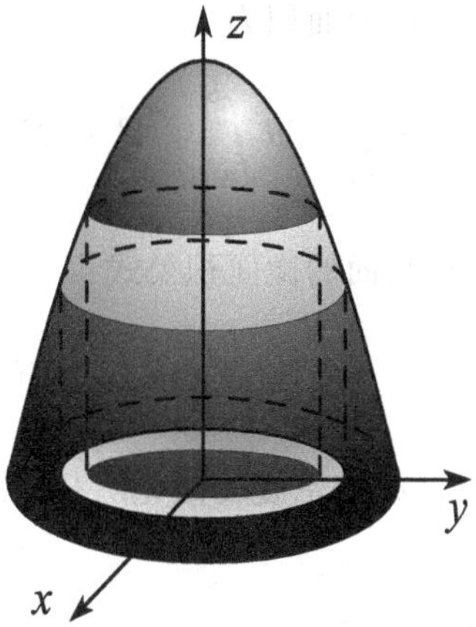

图 4.9

例 4.8 求曲线 $z=f(x)$ 分别绕 z,x 轴旋转而成的旋转曲面的面积，其中

$$0\le a\le x\le b,\ f(x)\ge 0.$$

解 (1) 按照"非轴变量变开方"法，绕 z 轴旋转面的隐式方程为 $z=f(\sqrt{x^2+y^2})$. 将极坐标变换代入可得曲面的参数方程

$$x=r\cos\theta,\ y=r\sin\theta,\ z=f(r),\ (0\le\theta\le 2\pi, a\le r\le b).$$

由此可知

$$A=\frac{\partial(y,z)}{\partial(r,\theta)}=-rf'(r)\cos\theta,\quad B=\frac{\partial(z,x)}{\partial(r,\theta)}=-rf'(r)\sin\theta,\quad C=\frac{\partial(x,y)}{\partial(r,\theta)}=r.$$

于是所求曲面面积为

$$\iint_S \mathrm{d}S=\int_0^{2\pi}\mathrm{d}\theta\int_a^b\sqrt{A^2+B^2+C^2}\,\mathrm{d}r=2\pi\int_a^b r\cdot\sqrt{1+[f'(r)]^2}\,\mathrm{d}r.$$

(2) 关于 x 轴的旋转面方程为 $\sqrt{y^2+z^2}=f(x)$, 与柱坐标变换 $x=x,\ y=r\cos\theta,\ z=r\sin\theta$ 联立并消去 r 可得旋转面的参数方程为

$$x=x,\ y=f(x)\cos\theta,\ z=f(x)\sin\theta,\ (0\le\theta\le 2\pi, a\le x\le b).$$

由此可知

$$A=\frac{\partial(y,z)}{\partial(x,\theta)}=f(x)f'(x),\ B=\frac{\partial(z,x)}{\partial(x,\theta)}=-f(x)\cos\theta,\ C=\frac{\partial(x,y)}{\partial(x,\theta)}=-f(x)\sin\theta.$$

于是所求曲面面积为

$$\iint\limits_S \mathrm{d}S = \int_0^{2\pi} \mathrm{d}\theta \int_a^b \sqrt{A^2+B^2+C^2}\,\mathrm{d}x = 2\pi\int_a^b f(x)\cdot\sqrt{1+\left[f'(x)\right]^2}\,\mathrm{d}x.$$

在旋转面的微面积公式

$$\mathrm{d}S = 2\pi f(x)\cdot\sqrt{1+\left[f'(x)\right]^2}\,\mathrm{d}x$$

中，$2\pi f(x)$ 表示旋转微元的截圆周长，$\sqrt{1+\left[f'(x)\right]^2}\,\mathrm{d}x$ 表示旋转微元的母线弧长.

例 4.9 设 $\varGamma$：$x=x(t)$, $y=y(t)$ $(a\le t\le b)$ 为一平面参数曲线，试求 $\varGamma$ 绕 x 轴得到的旋转曲面的面积.

解 $\varGamma$ 绕 x 轴得到的旋转曲面的参数方程为

$$x=x(t),\ y=y(t)\cos\theta,\ z=y(t)\sin\theta.$$

其中 $a\le t\le b$, $0\le\theta\le 2\pi$. 由此可知

$$\begin{aligned} A&=\frac{\partial(y,z)}{\partial(t,\theta)}=y'(t)y(t),\\ B&=\frac{\partial(z,x)}{\partial(t,\theta)}=-x'(t)y(t)\cos\theta,\\ C&=\frac{\partial(x,y)}{\partial(t,\theta)}=-x'(t)y(t)\sin\theta. \end{aligned}$$

于是所求曲面面积为

$$\iint\limits_S \mathrm{d}S=\iint\limits_D \sqrt{A^2+B^2+C^2}\,\mathrm{d}t\mathrm{d}\theta = 2\pi\int_a^b y\sqrt{x'^2(t)+y'^2(t)}\,\mathrm{d}t.$$

在旋转面的微面积公式

$$\mathrm{d}S=2\pi y\cdot\sqrt{x_t'^2+y_t'^2}\,\mathrm{d}t$$

中，$2\pi y$ 表示旋转微元的截圆周长，$\sqrt{x_t'^2+y_t'^2}\,\mathrm{d}t$ 表示旋转微元的母线弧长.

对于参数曲面 $\boldsymbol{r}=\boldsymbol{r}(u,v)$, 由于

$$\left|\sqrt{A^2+B^2+C^2}\right|=|\boldsymbol{r}'_u\times\boldsymbol{r}'_v|=\sqrt{\boldsymbol{r}'^2_u\boldsymbol{r}'^2_v-(\boldsymbol{r}'_u\boldsymbol{r}'_v)^2},$$

所以微面积公式可以写成

$$\mathrm{d}S=\sqrt{\boldsymbol{r}'^2_u\boldsymbol{r}'^2_v-(\boldsymbol{r}'_u\cdot\boldsymbol{r}'_v)^2}\,\mathrm{d}u\mathrm{d}v.$$

相应的曲面积分的计算公式可写为

$$\iint\limits_S f(x,y,z)\mathrm{d}S=\iint\limits_D f(x(u,v),y(u,v),z(u,v))\sqrt{EG-F^2}\,\mathrm{d}u\mathrm{d}v.$$

其中 $E=\boldsymbol{r}'^2_u$, $F=\boldsymbol{r}'_u\cdot\boldsymbol{r}'_v$, $G=\boldsymbol{r}'^2_v$, 即

$$\begin{aligned}\mathrm{d}\boldsymbol{r}^2&=\mathrm{d}x^2+\mathrm{d}y^2+\mathrm{d}z^2\\&=E\mathrm{d}u^2+2F\mathrm{d}u\mathrm{d}v+G\mathrm{d}v^2.\end{aligned}$$

例 4.10 求曲面 $(x^2+y^2+z^2)^2=a^2(x^2+y^2-z^2)$ 的面积.

解 在球坐标下, 曲面方程为

$$r=a\sqrt{-\cos 2\theta}.$$

由 $x=r\cos\varphi\sin\theta, y=r\sin\varphi\sin\theta$ 可知,

$$\mathrm{d}x^2+\mathrm{d}y^2=[\mathrm{d}(r\sin\theta)]^2+r^2\sin^2\theta\,\mathrm{d}\varphi^2.$$

再由 $z=r\cos\theta$ 可知,

$$\begin{aligned}\mathrm{d}x^2+\mathrm{d}y^2+\mathrm{d}z^2&=\mathrm{d}r^2+r^2\mathrm{d}\theta^2+r^2\sin^2\theta\,\mathrm{d}\varphi^2\\&=(r^2+r'^2_\theta)\mathrm{d}\theta^2+r^2\sin^2\theta\,\mathrm{d}\varphi^2.\end{aligned}$$

于是

$$EG-F^2=r^2(r^2+r'^2_\theta)\sin^2\theta.$$

故

$$\iint\limits_S\sqrt{EG-F^2}\,\mathrm{d}\theta\mathrm{d}\varphi=\iint\limits_S\sqrt{r^2+r'^2_\theta}\cdot r\sin\theta\,\mathrm{d}\theta\mathrm{d}\varphi$$

$$= 4\pi a^2 \int_{\pi/4}^{\pi/2} \frac{\sin\theta}{\sqrt{-\cos 2\theta}} \cdot \sqrt{-\cos 2\theta}\,\mathrm{d}\theta$$

$$= 4\pi a^2 \int_{\pi/4}^{\pi/2} \sin\theta\,\mathrm{d}\theta = 2\sqrt{2}\pi a^2.$$

§10.4.3 曲面积分的投影方法

由于曲面 $S: z = z(x,y)\ (x,y) \in D$ 的参数方程为

$$x = x, y = y, z = z(x,y),$$

所以 $(A,B,C) = (-z'_x, -z'_y, 1)$. 由此可知

$$\iint\limits_S f(x,y,z)\mathrm{d}S = \iint\limits_D f(x,y,z(x,y))\sqrt{1+z_x'^2+z_y'^2}\,\mathrm{d}x\mathrm{d}y.$$

其中 D 为曲面 S 在 xOy 平面上的投影. 投影方法的特点是：找 z 解 z 定偏导，缺 z 消 z 定投影. 当曲面 S 由曲面 S_1 和 S_2 的交线确定时，应该按照关系 $S \subset S_i$ 先找到曲面 S_i 的表示方程 $S_i : F(x,y,z) = 0$, 然后再解出函数 $z = z(x,y)$.

微面积公式 $\mathrm{d}S = \sqrt{1+z_x'^2+z_y'^2}\,\mathrm{d}x\mathrm{d}y$ 的几何意义：

在平面区域 D 上, 取长宽分别为 $\mathrm{d}x, \mathrm{d}y$ 的矩形微元 A, 则函数 $z = z(x,y)$ 在该矩形 A 上的图象 B 构成曲面 S 的微元. 曲面 S 的微元 B 可视为平行四边形，而区域 D 的微元 A 恰是曲面微元 B 的投影，按照投影关系，有

$$\mathrm{d}x\mathrm{d}y = \cos\gamma\mathrm{d}S.$$

其中 γ 是微元 B 的法向量与 z 轴正向的夹角. 因此，有

$$\cos\gamma = \frac{1}{\sqrt{1+z_x'^2+z_y'^2}}.$$

此即微面积公式 $\mathrm{d}S = \sqrt{1+z_x'^2+z_y'^2}\,\mathrm{d}x\mathrm{d}y$. 其中 $\sqrt{1+z_x'^2+z_y'^2}$ 表示面积膨胀率.

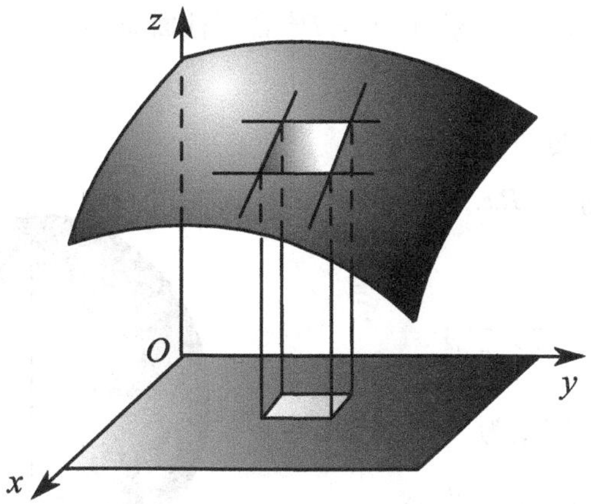

图 4.10

例 4.11 求圆锥 $x^2+y^2=3z^2$ 在圆柱 $x^2+y^2=4y$ 之内, 平面 xOy 之上部分的面积.

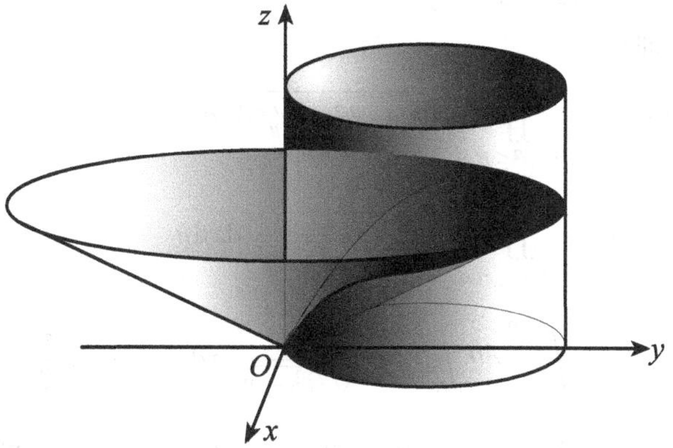

图 4.11

解 投影域为 $x^2+y^2\leq 4y$. 锥面的显式方程为 $z=\dfrac{1}{\sqrt{3}}\sqrt{x^2+y^2}$. 由此可得锥面的法向量为

$$(-z'_x,-z'_y,1)=\big(\frac{-x}{3\,z},\frac{-y}{3\,z},1\big).$$

于是 $1+{z'_x}^2+{z'_y}^2=\dfrac{4}{3}$. 故所求曲面的面积为

$$\iint_S \mathrm{d}S=\iint_{x^2+y^2\leq 4y}\sqrt{1+{z'_x}^2+{z'_y}^2}\,\mathrm{d}x\mathrm{d}y=\frac{2}{\sqrt{3}}\iint_{x^2+y^2\leq 4y}\mathrm{d}x\mathrm{d}y=\frac{8\pi}{\sqrt{3}}.$$

例 4.12 求球面 $x^2+y^2+z^2=R^2$ 含于柱面 $x^2+y^2=Rx\ (R>0)$ 内部的面积.

解 所求球面的部分投影域为

$$x^2+y^2\le Rx.$$

球面的显式方程为

$$z=\sqrt{R^2-x^2-y^2}.$$

由此可得球面的法向量为

$$(-z'_x,-z'_y,1)=(\frac{x}{z},\frac{y}{z},1).$$

于是

$$1+z'^2_x+z'^2_y=\frac{R^2}{R^2-x^2-y^2}.$$

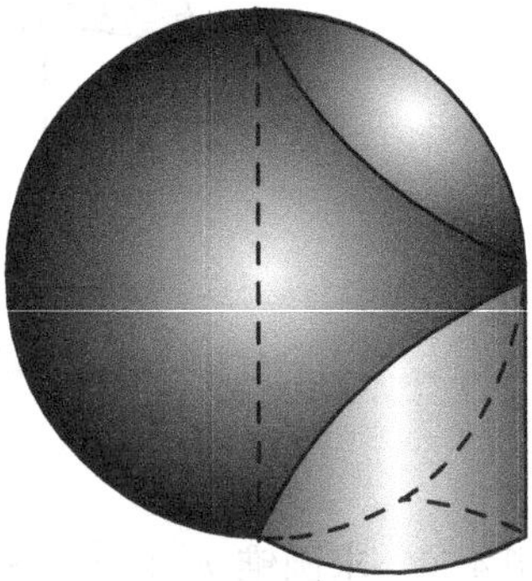

图 4.12

故所求曲面的面积为

$$\begin{aligned}\iint\limits_S \mathrm{d}S &=2\iint\limits_{x^2+y^2\le Rx}\sqrt{1+z'^2_x+z'^2_y}\,\mathrm{d}x\mathrm{d}y\\&=2\iint\limits_{x^2+y^2\le Rx}\frac{R}{\sqrt{R^2-x^2-y^2}}\mathrm{d}x\mathrm{d}y\\&=4\int_0^{\pi/2}\mathrm{d}\theta\int_0^{R\cos\theta}\frac{R}{\sqrt{R^2-r^2}}r\mathrm{d}r=8R^2\left(\frac{\pi}{2}-1\right).\end{aligned}$$

例 4.13 计算 $\iint_S\frac{1}{z}\mathrm{d}S$, 其中 S 是球面 $x^2+y^2+z^2=R^2$ 被平面 $z=h\ (0<h<R)$ 截出的顶部.

解 曲面 S 的显式方程为 $z=\sqrt{R^2-x^2-y^2}$. 将 $z=h$ 代入可得投影域为 $x^2+y^2\le R^2-h^2$. 由于

$$\sqrt{1+z'^2_x+z'^2_y}=\frac{R}{\sqrt{R^2-x^2-y^2}},$$

所以

$$\iint_S\frac{1}{z}\mathrm{d}S=\iint\limits_{x^2+y^2\le R^2-h^2}\frac{R}{R^2-x^2-y^2}\mathrm{d}x\mathrm{d}y$$

$$= \iint\limits_{r^2 \le R^2-h^2} \frac{R}{R^2-r^2} r\,\mathrm{d}r\mathrm{d}\theta$$

$$= \int_0^{2\pi} \mathrm{d}\theta \int_0^{\sqrt{R^2-h^2}} \frac{R}{R^2-r^2} r\mathrm{d}r = 2\pi R \ln \frac{R}{h}.$$

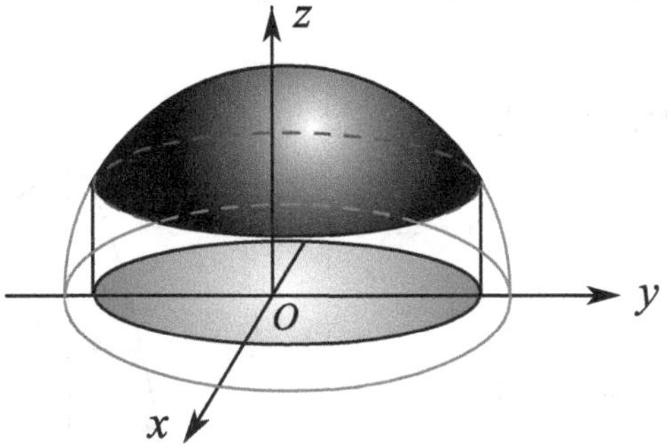

图 4.13

例 4.14 设有一高度为 $h(t)$(t 为时间) 的雪堆在融化过程中，其侧面方程为 $z = h(t) - \dfrac{2(x^2+y^2)}{h(t)}$(设长度单位为厘米，时间单位为小时)，已知体积减少的速率与侧面积成正比 (比例系数 0.9)，问高度为 130(厘米) 的雪堆全部融化需要多少小时？

解 记雪堆的体积为 V，侧面积为 S，则有

$$V = \int_0^{h(t)} \mathrm{d}z \iint\limits_{x^2+y^2 \le \frac{1}{2}[h^2(t)-h(t)z]} \mathrm{d}x\mathrm{d}y$$

$$= \int_0^{h(t)} \frac{1}{2}\pi \left[h^2(t) - h(t)z\right] \mathrm{d}z = \frac{\pi}{4} h^3(t).$$

$$S = \iint\limits_{x^2+y^2 \le \frac{1}{2}h^2(t)} \sqrt{1 + z_x'^2 + z_y'^2}\,\mathrm{d}x\mathrm{d}y$$

$$= \iint\limits_{x^2+y^2 \le \frac{1}{2}h^2(t)} \sqrt{1 + \frac{16(x^2+y^2)}{h^2(t)}}\,\mathrm{d}x\mathrm{d}y$$

$$= \frac{2\pi}{h(t)} \int_0^{h(t)/\sqrt{2}} \sqrt{h^2(t) + 16r^2}\, r\,\mathrm{d}r = \frac{13\pi h^2(t)}{12}.$$

由题意知，$\frac{\mathrm{d}V}{\mathrm{d}t}=-0.9S$, 所以 $h'(t)=-\frac{13}{10}$. 因此 $h(t)=-\frac{13}{10}t+C$. 根据 $h(0)=130$ 得 $h(t)=-\frac{13}{10}t+130$. 令 $h=0$ 得 $t=100$(小时). 故高度为 130 厘米的雪堆全部融化需要 100 小时.

例 4.15 求球面 $x^2+y^2+z^2=16$ 在抛物面 $x^2+y^2+z=16$ 之外部分的面积.

解 记所求曲面为 Σ 且

$D=\{(y,z)\,|\,(x,y,z)\in\Sigma,\ y\geq 0,\ z\geq 0\}$.

由 $x=\sqrt{16-y^2-z^2}$ 可得,

$$\frac{\partial x}{\partial y}=\frac{-y}{x},\ \frac{\partial x}{\partial z}=\frac{-z}{x}.$$

因此

$$\begin{aligned}1+\left(\frac{\partial x}{\partial y}\right)^2+\left(\frac{\partial x}{\partial z}\right)^2&=\frac{x^2+y^2+z^2}{x^2}\\&=\frac{16}{16-y^2-z^2}.\end{aligned}$$

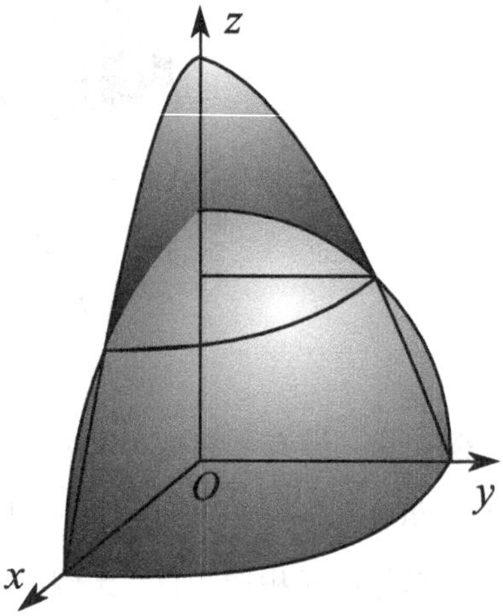

图 4.14

故

$$\begin{aligned}\iint\limits_{\Sigma}\mathrm{d}S&=4\iint\limits_{D}\sqrt{1+\left(\frac{\partial x}{\partial y}\right)^2+\left(\frac{\partial x}{\partial z}\right)^2}\,\mathrm{d}y\mathrm{d}z\\&=4\int_0^1\mathrm{d}z\int_0^{\sqrt{16-z^2}}\frac{4}{\sqrt{16-y^2-z^2}}\,\mathrm{d}y\\&=16\int_0^1\left[\arcsin\frac{y}{\sqrt{16-z^2}}\right]_0^{\sqrt{16-z^2}}\mathrm{d}z=16\int_0^1\frac{\pi}{2}\,\mathrm{d}z=8\pi.\end{aligned}$$

例 4.16 设 S 为椭球面 $\frac{x^2}{2}+\frac{y^2}{2}+z^2=1$ 的上半部分, 点 $P(x,y,z)\in S$, π 为 S 在点 P 处的切平面, $\rho(x,y,z)$ 为点 $O(0,0,0)$ 到平面 π 的距离, 求

$$\iint\limits_{S}\frac{z}{\rho(x,y,z)}\,\mathrm{d}S.$$

解 设 (X,Y,Z) 为平面 π 上任意一点，则平面 π 的方程为

$$\frac{xX}{2}+\frac{yY}{2}+zZ=1.$$

于是

$$\rho(x,y,z)=\left(\frac{x^2}{4}+\frac{y^2}{4}+z^2\right)^{-1/2}.$$

由 $z=\sqrt{1-\frac{x^2}{2}-\frac{y^2}{2}}$，有 $\frac{\partial z}{\partial x}=\frac{-x}{2z}$， $\frac{\partial z}{\partial y}=\frac{-y}{2z}$. 由此可知，

$$\mathrm{d}S=\sqrt{1+\left(\frac{\partial z}{\partial x}\right)^2+\left(\frac{\partial z}{\partial y}\right)^2}\,\mathrm{d}x\mathrm{d}y=\frac{\sqrt{4-x^2-y^2}}{2z}\,\mathrm{d}x\mathrm{d}y.$$

故 $\iint\limits_S \frac{z}{\rho(x,y,z)}\,\mathrm{d}S=\frac{1}{4}\iint\limits_{x^2+y^2\le 2}(4-x^2-y^2)\,\mathrm{d}x\mathrm{d}y$

$$=\frac{1}{4}\int_0^{2\pi}\mathrm{d}\theta\int_0^{\sqrt{2}}(4-r^2)r\mathrm{d}r=\frac{3}{2}\pi.$$

例 4.17 求柱面 $x^2+y^2=6y$ 位于球面 $x^2+y^2+z^2=36$ 之内部分的面积.

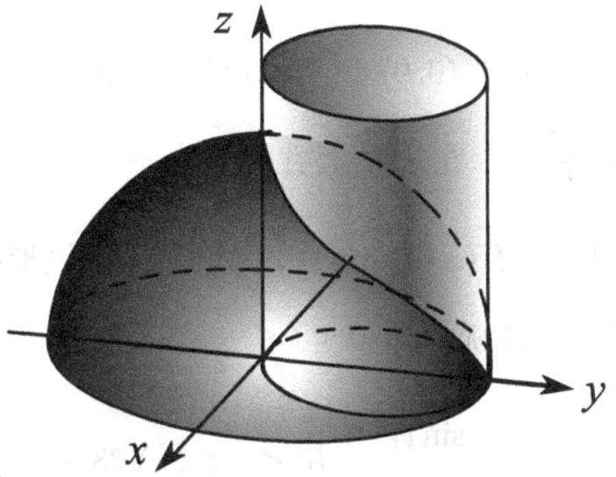

图 4.15

解 记所求曲面为 Σ, 消 x 可得 Σ 在 yoz 平面的投影域为

$$D=\{(y,z):0\le y\le 6,\ 0\le z\le\sqrt{36-6y}\}.$$

由 $x=\sqrt{6y-y^2}$ 可得，

$$\frac{\partial x}{\partial y}=\frac{3-y}{x},\qquad \frac{\partial x}{\partial z}=0.$$

因此

$$1+\left(\frac{\partial x}{\partial y}\right)^2+\left(\frac{\partial x}{\partial z}\right)^2=\frac{x^2+9-6y+y^2}{x^2}=\frac{9}{6y-y^2}.$$

故

$$\begin{aligned}\iint_{\Sigma}\mathrm{d}S&=4\iint_{D}\sqrt{1+\left(\frac{\partial x}{\partial y}\right)^2+\left(\frac{\partial x}{\partial z}\right)^2}\,\mathrm{d}y\mathrm{d}z\\&=4\int_0^6\mathrm{d}y\int_0^{\sqrt{36-6y}}\frac{3}{\sqrt{6y-y^2}}\mathrm{d}z=12\int_0^6\sqrt{\frac{6}{y}}\,\mathrm{d}y=144.\end{aligned}$$

习 题 10.4 A

1. 计算曲线积分 $\int_{\Gamma}\sqrt{2y^2+z^2}\,\mathrm{d}s$, 其中 Γ 是球面 $x^2+y^2+z^2=a^2\ (a>0)$ 与平面 $z=y$ 相交的圆周.

2. 计算曲线积分 $\int_L y\,\mathrm{d}s$, 其中 L 是

(1) 抛物线 $y^2=4x$ 从 $(0,0)$ 到 $(1,2)$ 的一段弧;

(2) 椭圆 $\dfrac{x^2}{25}+\dfrac{y^2}{9}=1$ 在 x 轴上方的部分.

3. 计算曲线积分 $\int_L(x^{\frac{4}{3}}+y^{\frac{4}{3}})\,\mathrm{d}s$, 其中 L 是星形线 $x=a\cos^3 t$, $y=a\sin^3 t$ 在第一象限的一段弧, 即 $0\le t\le\dfrac{\pi}{2}$

4. 求摆线 $\begin{cases}x=a(t-\sin t)\\y=a(1-\cos t)\end{cases}$ $(0\le t\le 2\pi)$ 绕 x 轴旋转而成的旋转曲面的面积.

5. 求圆柱面 $x^2+y^2=R^2$ 被圆柱面 $x^2+z^2=R^2$ 所截部分的面积.

6. 求球面 $x^2+y^2+z^2=R^2$ 夹在平面 $z=\dfrac{a}{4}, z=\dfrac{a}{2}$ 之间部分的面积.

7. 求由曲面 $x^2+y^2=az$ 及 $z=2a-\sqrt{x^2+y^2}\ (a>0)$ 所围成的封闭区域的表面积.

8. 求椭球面 $x^2+y^2+\dfrac{1}{2}z^2=1$ 的表面积.

9. 计算 $I=\iint_S\dfrac{1}{(1+x+y)^2}\mathrm{d}S$, 其中 S 为平面 $x+y+z=1$ 及三个坐标面所围成的四面体的表面.

10. 计算 $\iint_S|xyz|\mathrm{d}S$, 其中 S 是曲面 $z=x^2+y^2$ 被 $z=0$ 和 $z=1$ 所截得的部分.

习 题 10.4 B

1. 已知螺旋线 $x=a\cos t,\ y=a\sin t,\ z=bt$ 的每一点的密度等于该点径矢模的平方，试求 t 从 0 到 2π 部分的质量.

2. 求半球面 $z=\sqrt{R^2-x^2-y^2}$ 和柱面 $x^2+y^2=Rx$ 的交线长度 (结果用定积分表示即可).

3. 求柱面 $\dfrac{x^2}{5}+\dfrac{y^2}{9}=1$ 介于平面 $z=0,\ z=y$ 之间的面积.

4. 计算 $\int_L y\mathrm{e}^{-x/a}\mathrm{d}s$, 其中 L 为曲线 $x=a\ln(1+t^2),\ y=2a\arctan t-at$ 对应于 $(0\le t\le 1)$ 的一段弧 $(a>0)$.

5. 计算 $\iint_S(xy+yz+zx)\mathrm{d}S$, 其中 S 为锥面 $z=\sqrt{x^2+y^2}$ 被柱面 $x^2+y^2=2ax$ 所截得的部分.

6. 曲线 $y=\dfrac{\mathrm{e}^x+\mathrm{e}^{-x}}{2}$ 与直线 $x=0, x=t\ (t>0)$ 及 $y=0$ 围成一曲边梯形. 该曲边梯形绕 x 轴旋转一周得一旋转体，其体积为 $V(t)$, 侧面积为 $S(t)$, 在 $x=t$ 处的底面积为 $F(t)$.

(1) 求 $\dfrac{S(t)}{V(t)}$ 的值；　(2) 计算极限 $\lim\limits_{t\to+\infty}\dfrac{S(t)}{F(t)}$.

7. 设曲面 S 为抛物面 $z=x^2+y^2$ 被圆柱面 $x^2+y^2=2ay$ 所截得的部分，其面密度 $\rho(x,y,z)=xy+yz+zx$, 求该曲面的质量.

8. 求抛物面壳 $z=\dfrac{1}{2}(x^2+y^2)\ (0\le z\le 1)$ 的质量，此面壳的面密度为 $\rho=z$.

9. 曲面 $z=13-x^2-y^2$ 将球面 $x^2+y^2+z^2=25$ 分成三部分，求这三部分曲面的面积比.

10. 求曲线 $y=\frac{a}{2}(\mathrm{e}^{x/a}+\mathrm{e}^{-x/a})$ 由 $x=0$ 至 $x=a$ 的一段弧绕 y 轴旋转所得旋转面面积.

11. 求星形线 $x=a\cos^3 t,\ y=a\sin^3 t$ 绕 x 轴旋转所得旋转面的面积.

12. 求心脏线 $x=2\cos\theta-\cos 2\theta,\ y=2\sin\theta-\sin 2\theta$ 绕 x 轴旋转所得旋转面的面积.

13. 计算 $\iint\limits_{\Sigma}\frac{1}{y}\,\mathrm{d}S$，其中 $\sum$ 是球面 $x^2+y^2+z^2=a^2$ 被 $y=h\ (0<h<a)$ 截出的右部.

14. 计算 $\oiint\limits_{\Sigma} xyz\,\mathrm{d}S$，其中 $\sum$ 是由平面 $x=0,y=0,z=0$ 及 $x+y+z=1$ 所围成的四面体的表面.

15. 计算 $\oiint\limits_{\Sigma} z^2\,\mathrm{d}S$，其中 $\sum$ 是锥面 $z=\sqrt{x^2+y^2}$ 及平面 $z=1,\ z=2$ 所围成的立体的表面.

16. 求球面 $x^2+y^2+z^2=3$ 在抛物面 $2x^2+2y^2+z=3$ 之外部分的面积.

§10.5 黎曼积分的应用

无向域上的积分可用来解决直线杆、曲线杆、平面板、曲面板、空间物体的质量、重心、转动惯量、引力等物理量的计算问题.

1. 质量与重心

按照黎曼积分的定义，分布在积分域 Ω 上的连续介质，其质量密度为 $\rho(x,y,z)$ 时，总质量为

$$m=\int_{\Omega}\rho(x,y,z)\,\mathrm{d}\Omega.$$

例 5.1 求一充满不均匀物质的球缺的质量，其质量密度正比于到球缺底的距离.

解 以球心作为原点，用 a 记球的半径， h 记球缺 Ω 的高， r_0 记球缺的底半径.

在柱坐标系中球面的方程为 $r^2+z^2=a^2$. 按照题意，质量密度 $\rho(r,\theta,z)$ 为 $\rho(r,\theta,z)=b+cz$, 其中 b,c 是已知常数.

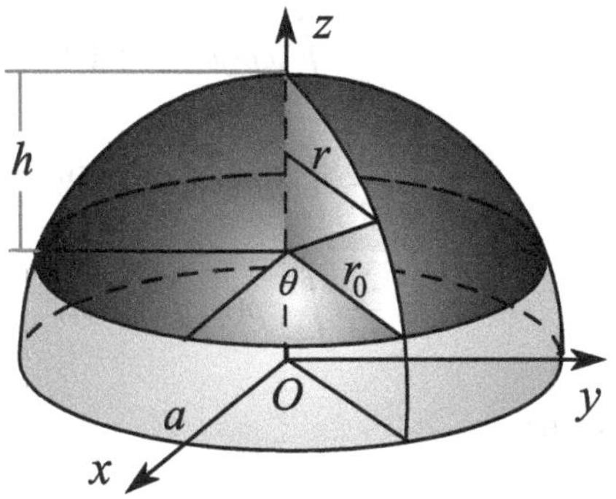

图 5.1

应用质量公式，有

$$
\begin{aligned}
m &= \iiint_{\Omega} \rho(x,y,z)\,\mathrm{d}x\mathrm{d}y\mathrm{d}z = \iiint_{\Omega} (b+cz)r\,\mathrm{d}r\mathrm{d}\theta\mathrm{d}z \\
&= \int_0^{2\pi}\mathrm{d}\theta\int_0^{r_0} r\mathrm{d}r\int_{a-h}^{\sqrt{a^2-r^2}}(b+cz)\mathrm{d}z \\
&= 2\pi\int_0^{r_0}\left[bz+\frac{c}{2}z^2\right]_{a-h}^{\sqrt{a^2-r^2}} r\,\mathrm{d}r = bV+c\pi\,\frac{r_0^4}{4}.
\end{aligned}
$$

其中 $V=\dfrac{1}{6}\pi h(3r_0^2+h^2)=\pi h^2\big(a-\dfrac{1}{3}h\big)$ 是球缺体积.

对于给定的质点系 $(\boldsymbol{r}_i,m_i)$ $(i=1,2,\cdots,n)$, 物理上称质点位置关于质量的加权平均为重心，即

$$
\overline{\boldsymbol{r}}=\sum_{i=1}^{n}\frac{m_i}{m}\,\boldsymbol{r}_i,\quad m=\sum_{j=1}^{n}m_j.
$$

由此可知，质量密度为 $\rho(x,y)$ 的平面板 D 的重心公式为

$$\overline{x}=\frac{1}{m}\iint\limits_{D}x\rho(x,y)\mathrm{d}x\mathrm{d}y,\quad \overline{y}=\frac{1}{m}\iint\limits_{D}y\rho(x,y)\mathrm{d}x\mathrm{d}y.$$

其中 $m=\iint_{D}\rho(x,y)\mathrm{d}x\mathrm{d}y$.

更一般地，按照微元法质量密度为 $\rho(x,y,z)$ 的曲线杆、曲面板或空间物体 Ω 的重心公式为

$$\overline{x}=\frac{1}{m}\int_{\Omega}x\rho(x,y,z)\,\mathrm{d}\Omega;$$

$$\overline{y}=\frac{1}{m}\int_{\Omega}y\rho(x,y,z)\,\mathrm{d}\Omega;$$

$$\overline{z}=\frac{1}{m}\int_{\Omega}z\rho(x,y,z)\,\mathrm{d}\Omega.$$

其中 $m=\displaystyle\int_{\Omega}\rho(x,y,z)\,\mathrm{d}\Omega$.

例 5.2 有一半径为 a 的半圆薄板，其密度 ρ 与距直径的距离成正比，求此半圆薄板的重心.

解 半圆板的区域为

$$D:\ -a\leq x\leq a,\ 0\leq y\leq\sqrt{a^2-x^2},$$

根据对称性，有 $\overline{x}=0$.

又 $\rho=ky$ (k 为常数), 所以

$$m=\iint\limits_{D}\rho\,\mathrm{d}x\mathrm{d}y=2k\int_0^a\mathrm{d}x\int_0^{\sqrt{a^2-x^2}}y\,\mathrm{d}y=\frac{2}{3}ka^3.$$

$$\begin{aligned}\overline{y}&=\frac{1}{m}\iint\limits_{D}\rho y\,\mathrm{d}x\mathrm{d}y=\frac{2k}{m}\int_0^a\mathrm{d}x\int_0^{\sqrt{a^2-x^2}}y^2\,\mathrm{d}y\\&=\frac{2k}{3m}\int_0^a(a^2-x^2)^{\frac{3}{2}}\mathrm{d}x=\frac{2k}{3m}\int_0^{\pi/2}a^4\cos^4\theta\mathrm{d}\theta=\frac{3\pi a}{16}.\end{aligned}$$

例 5.3 求位于两圆 $r=2\sin\theta$ 和 $r=4\sin\theta$ 之间的均匀薄片的重心.

解 均匀薄片的区域为

$$D:\ 0\le\theta\le\pi,\ 2\sin\theta\le r\le 4\sin\theta.$$

根据对称性，有 $\overline{x}=0$. 不妨设均匀薄片的密度为 1, 则有

$$\begin{aligned}\overline{y}&=\frac{1}{3\pi}\iint\limits_{D}\rho y\,\mathrm{d}x\mathrm{d}y\\&=\frac{1}{3\pi}\int_0^{\pi}\sin\theta\mathrm{d}\theta\int_{2\sin\theta}^{4\sin\theta}r^2\mathrm{d}r=\frac{56}{9}\int_0^{\pi}\sin^4\theta\,\mathrm{d}\theta=\frac{7}{3}\pi.\end{aligned}$$

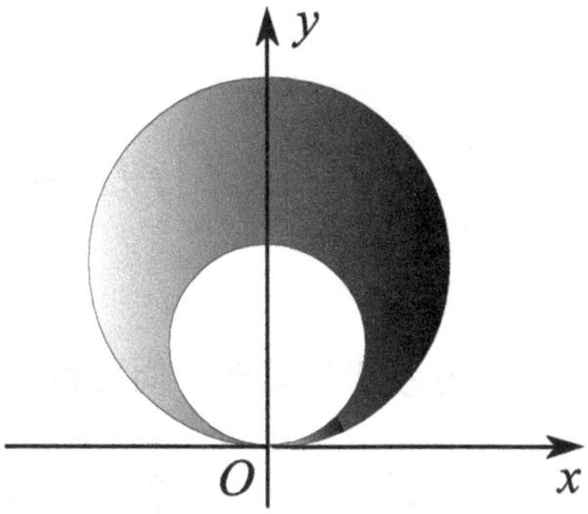

图 5.2

例 5.4 求一均匀的球顶圆锥体的重心，该球的球心在原点，半径为 a, 锥的顶点在原点，轴为 z 轴，锥面与 z 轴的夹角为 $\alpha\in(0,\dfrac{\pi}{2})$.

解 不妨设球顶圆锥 V 的密度为 1. 根据对称性，有 $\overline{x}=\overline{y}=0$. 由于

$$\iiint\limits_{V}\mathrm{d}V=\int_0^{2\pi}\mathrm{d}\varphi\int_0^{\alpha}\mathrm{d}\theta\int_0^{a}r^2\sin\theta\,\mathrm{d}r=\frac{2}{3}\pi a^3(1-\cos\alpha),$$

$$\iiint\limits_{V}z\,\mathrm{d}V=\int_0^{2\pi}\mathrm{d}\varphi\int_0^{\alpha}\mathrm{d}\theta\int_0^{a}r\cos\theta\cdot r^2\sin\theta\,\mathrm{d}r=\frac{\pi}{4}a^4(1-\cos^2\alpha),$$

所以 $z=\dfrac{3}{8}(1+\cos\alpha)\,a$.

例 5.5 求区间 $[a,b]$ 上以 $y=f(x)$ 为曲边的曲边梯形绕 x 轴所得旋转体的重心.

解 设旋转体为 V, 则

$$\iiint\limits_V \mathrm{d}x\mathrm{d}y\mathrm{d}z = \pi \int_a^b f^2(x)\mathrm{d}x.$$

由于旋转面的方程为 $y^2 + z^2 = f^2(x)$, 所以

$$\begin{aligned}\iiint\limits_V x\,\mathrm{d}x\mathrm{d}y\mathrm{d}z &= \int_a^b x\,\mathrm{d}x \iint\limits_{y^2+z^2\le f^2(x)} \mathrm{d}y\mathrm{d}z \\ &= \pi \int_a^b x f^2(x)\mathrm{d}x.\end{aligned}$$

于是

$$\overline{x} = \int_a^b x f^2(x)\mathrm{d}x \Big/ \int_a^b f^2(x)\mathrm{d}x.$$

根据对称性, $\overline{y} = \overline{z} = 0$.

例 5.6 求 $r = a(1+\cos\theta)$ 绕极轴旋转一周所得到的旋转体的重心.

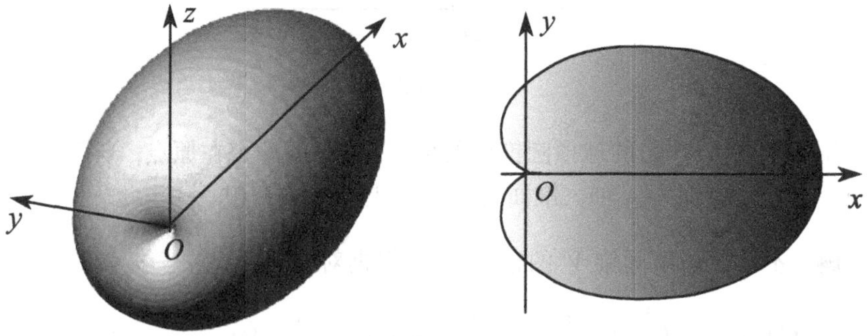

图 5.3

解 取极轴为 x 轴, 极点为原点, 则

$$x = a(1+\cos\theta)\cos\theta,\ y = a(1+\cos\theta)\sin\theta.$$

由于

$$\iiint\limits_V \mathrm{d}x\mathrm{d}y\mathrm{d}z = \pi \int_0^\pi y^2(\theta)|x'(\theta)|\,\mathrm{d}\theta\ (\text{切片法})$$

$$= \pi a^3 \int_0^{\pi} (1+\cos\theta)^2 \sin^2\theta \cdot (\sin\theta + 2\sin\theta\cos\theta)\,\mathrm{d}\theta$$

$$= \pi a^3 \int_{-1}^{1} (1+t)^2(1-t^2)(1+2t)\mathrm{d}t = \frac{8\pi}{3}a^3; (\text{令} t = \cos\theta)$$

$$\iiint\limits_V x\mathrm{d}x\mathrm{d}y\mathrm{d}z = \pi \int_0^{\pi} x(\theta)y^2(\theta)|x'(\theta)|\,\mathrm{d}\theta \ (\text{切片法})$$

$$= \pi a^4 \int_{-1}^{1} (1+t)^3(1-t^2)(1+2t)\mathrm{d}t = \frac{32\pi}{15}a^4. (\text{令} t = \cos\theta)$$

所以 $x = \left(\frac{32\pi}{15}a^4\right) \Big/ \left(\frac{8\pi}{3}a^3\right) = \frac{4}{5}a$. 故所求重心为 $\left(\frac{4}{5}a, 0, 0\right)$.

2. **转动惯量**

质量为 m 的质点，按照角速度 ω 匀速转动的转动动能为

$$E = \frac{1}{2}m(r\omega)^2 = \frac{1}{2}(mr^2)\,\omega^2.$$

其中物理量 $J = mr^2$ 表示质点在单位角速度时的转动能力，物理上称为转动惯量. 据此按照微元法可知，质量密度为 $\rho(x,y,z)$ 的曲线杆，曲面板或空间物体 Ω 的相对于坐标轴的转动惯量分别为

$$J_x = \int_{\Omega} (y^2+z^2)\rho(x,y,z)\,\mathrm{d}\Omega;$$

$$J_y = \int_{\Omega} (z^2+x^2)\rho(x,y,z)\,\mathrm{d}\Omega;$$

$$J_z = \int_{\Omega} (x^2+y^2)\rho(x,y,z)\,\mathrm{d}\Omega,$$

而相对于坐标原点的转动惯量为

$$J_0 = \int_{\Omega} (x^2+y^2+z^2)\rho(x,y,z)\,\mathrm{d}\Omega.$$

一般地，相对于直线 L 的转动惯量为

$$J_L = \int_{\Omega} r^2\rho(x,y,z)\,\mathrm{d}\Omega$$

其中 r 为转动半径.

例 5.7 求均匀椭球体 $V: \dfrac{x^2}{a^2}+\dfrac{y^2}{b^2}+\dfrac{z^2}{c^2}\le 1$ 关于 z 轴的转动惯量.

解 令 $x=ar\cos\varphi\sin\theta,\ y=br\sin\varphi\sin\theta,\ z=cr\cos\theta$, 则有

$$\begin{aligned}
J_z &= \rho\iiint\limits_V (x^2+y^2)\mathrm{d}x\mathrm{d}y\mathrm{d}z \\
&= abc\rho\int_0^{2\pi}\mathrm{d}\varphi\int_0^{\pi}\mathrm{d}\theta\int_0^1 r^2(a^2\cos^2\varphi+b^2\sin^2\varphi)\sin^2\theta\cdot r^2\sin\theta\,\mathrm{d}r \\
&= abc\rho\int_0^{2\pi}(a^2\cos^2\varphi+b^2\sin^2\varphi)\mathrm{d}\varphi\cdot\int_0^{\pi}\sin^3\theta\mathrm{d}\theta\cdot\int_0^1 r^4\,\mathrm{d}r \\
&= \frac{4}{15}\pi abc(a^2+b^2)\rho.
\end{aligned}$$

例 5.8 求边界为心脏线 $r=a(1+\cos\theta)$ 的均匀平面板绕极轴的转动惯量.

解 取极轴为 x 轴，极点为原点，则

$$\begin{aligned}
J_x &= \iint\limits_D \rho(y^2+z^2)\,\mathrm{d}x\mathrm{d}y = 2\int_0^{\pi}\mathrm{d}\theta\int_0^{a(1+\cos\theta)}\rho(r\sin\theta)^2\cdot r\,\mathrm{d}r \\
&= \frac{\rho a^4}{2}\int_0^{\pi}(1+\cos\theta)^4\sin^2\theta\,\mathrm{d}\theta \\
&= \rho a^4\int_0^{\pi/2}(1+5\cos^2\theta-5\cos^4\theta-\cos^6\theta)\,\mathrm{d}\theta=\frac{21}{32}\pi\rho a^4.
\end{aligned}$$

例 5.9 求均匀圆柱体 $V: x^2+y^2\le a^2,\ |z|\le h\ (a>0,\ h>0)$ 关于直线 $L: x=y=z$ 的转动惯量.

解 设圆柱体上的点 $P(x,y,z)$ 到 L 的距离为 s, 并设 P 在 L 上的投影点为 $\left(\dfrac{t}{\sqrt3},\dfrac{t}{\sqrt3},\dfrac{t}{\sqrt3}\right)$, 则由三角形的面积关系，有

$$s^2t^2=\begin{vmatrix} \boldsymbol{i} & \boldsymbol{j} & \boldsymbol{k} \\ x & y & z \\ \dfrac{t}{\sqrt3} & \dfrac{t}{\sqrt3} & \dfrac{t}{\sqrt3}\end{vmatrix}^2.$$

由此可知

$$s^2 = \frac{1}{3}\Big[(y-z)^2 + (z-x)^2 + (x-y)^2\Big].$$

于是，所求转动惯量为

$$\begin{aligned} J_L &= \rho \iiint\limits_V s^2 \mathrm{d}x\mathrm{d}y\mathrm{d}z \\ &= \frac{1}{3}\rho \iint\limits_{x^2+y^2\le a^2} \mathrm{d}x\mathrm{d}y \int_{-h}^{h} \left[(y-z)^2 + (z-x)^2 + (x-y)^2\right] \mathrm{d}z \\ &= \frac{4}{3}h^2\rho \int_0^{2\pi} \mathrm{d}\theta \int_0^a \left[r^2 - r^2\cos\theta\sin\theta + \frac{h^2}{3}\right] r\,\mathrm{d}r \\ &= \frac{2}{3}\pi h^2 a^2 \rho \left(a^2 + \frac{2}{3}h^2\right). \end{aligned}$$

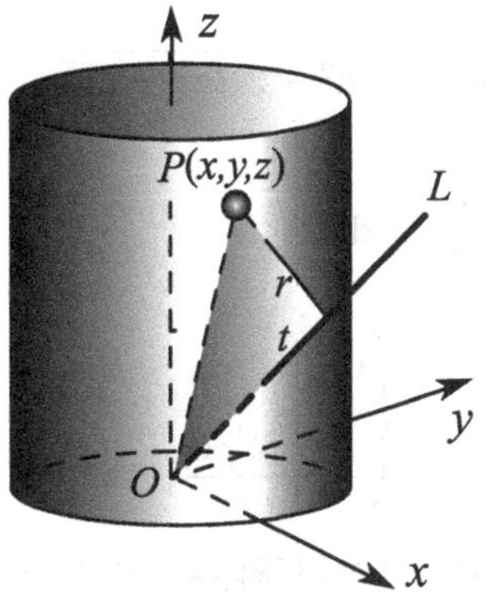

图 5.4

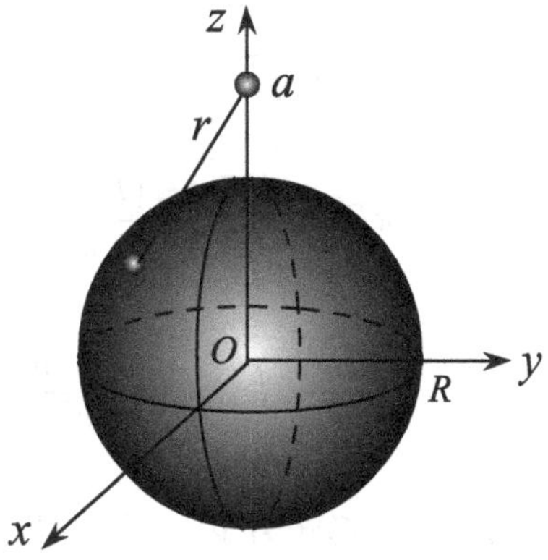

图 5.5

3. **引力问题**

按照万有引力定律，一个质点 $(\boldsymbol{r}_1, m_1)$ 对另一个质点 $(\boldsymbol{r}_2, m_2)$ 的引力为

$$\boldsymbol{F} = G\,\frac{m_1 m_2}{r^3}\,(\boldsymbol{r}_1 - \boldsymbol{r}_2),$$

其中 $r = |\boldsymbol{r}_1 - \boldsymbol{r}_2|$. 据此按照微元法可知，质量密度为 $\rho(x,y,z)$ 的曲线杆，曲面板或空间物体 Ω 对一个质点 $(\boldsymbol{r}_0, m)$ 的引力为

$$F_x = \int_\Omega \frac{Gm(x-x_0)}{r^3}\,\rho(x,y,z)\,\mathrm{d}\Omega;$$

$$F_y = \int_\Omega \frac{Gm(y-y_0)}{r^3}\,\rho(x,y,z)\,\mathrm{d}\Omega;$$

$$F_z = \int_\Omega \frac{Gm(z-z_0)}{r^3}\,\rho(x,y,z)\,\mathrm{d}\Omega.$$

其中 $r=\sqrt{(x-x_0)^2+(y-y_0)^2+(z-z_0)^2}$.

例 5.10 求均匀球壳对不在该球壳上一单位质点的引力.

解 设球面方程为 $S: x^2+y^2+z^2=R^2$, 质点坐标为 $(0,0,a)$. 根据对称性，有 $F_x=F_y=0$. 按照引力公式，有

$$F_z = G\rho\iint\limits_S \frac{z-a}{r^3}\,\mathrm{d}S.$$

按照参数方程 $x=R\cos\varphi\sin\theta,\ y=R\sin\varphi\sin\theta,\ z=R\cos\theta$, 有

$$\mathrm{d}S = R^2\sin\theta\mathrm{d}\varphi\mathrm{d}\theta,$$

$$r=\sqrt{x^2+y^2+(z-a)^2}=\sqrt{R^2+a^2-2Ra\cos\theta}.$$

于是

$$\begin{aligned}F_z &= 2\pi R^2\rho G\int_0^\pi \frac{(R\cos\theta-a)\sin\theta}{(R^2+a^2-2Ra\cos\theta)^{3/2}}\,\mathrm{d}\theta\\ &= \frac{\pi R^2\rho G}{a^2}\int_{|R-a|}^{R+a}\left(\frac{R^2-a^2}{r^2}-1\right)\mathrm{d}r = \begin{cases}0, & a<R\\ -\dfrac{4\pi R^2\rho G}{a^2}, & a>R\end{cases}.\end{aligned}$$

例 5.11 求形状为 $V: x^2+y^2+z^2\le R^2$ 的均匀球体对 $(0,0,a)$ 点单位质点的引力 $(a>R)$.

解 根据对称性，有 $F_x=F_y=0$. 按照引力公式，有

$$\begin{aligned}F_z &= G\rho\iiint\limits_V \frac{(z-a)}{[x^2+y^2+(z-a)^2]^{3/2}}\mathrm{d}x\mathrm{d}y\mathrm{d}z\\ &= G\rho\int_{-R}^R (z-a)\,\mathrm{d}z\iint\limits_{x^2+y^2\le R^2-z^2}\frac{\mathrm{d}x\mathrm{d}y}{[x^2+y^2+(z-a)^2]^{3/2}}\\ &= G\rho\int_{-R}^R (z-a)\,\mathrm{d}z\int_0^{2\pi}\mathrm{d}\theta\int_0^{\sqrt{R^2-z^2}}\frac{r\mathrm{d}r}{[r^2+(z-a)^2]^{3/2}} = -\frac{4\pi G\rho R^3}{3a^2}.\end{aligned}$$

习 题 10.5 A

1. 求下列曲线围成平面图形的重心. 其中密度为常数, 并且 $a,b>0$.

(1) $\sqrt{\dfrac{x}{a}}+\sqrt{\dfrac{y}{b}}=1$ 和 x 轴, y 轴;

(2) $\dfrac{x^2}{a^2}+\dfrac{y^2}{b^2}=1$ 和 x 轴, y 轴;

(3) $x^{\frac{2}{3}}+y^{\frac{2}{3}}=a^{\frac{2}{3}}$ 和 x 轴, y 轴;

(4) $r^2=2a^2\cos 2\theta\ (-\dfrac{\pi}{4}\leq\theta\leq\dfrac{\pi}{4})$;

(5) $x=a(t-\sin t),\ y=a(1-\cos t)\ (0\leq t\leq 2\pi)$ 和 x 轴.

2. 设圆柱螺线 $x=\cos t,\ y=\sin t,\ z=t\ (0\leq t\leq\dfrac{\pi}{2})$ 的密度分布与 x,y 无关而与 z 成正比, 求其重心.

3. 有一段空间金属线由方程 $x=\dfrac{3}{4}\sin 2t,\ y=\cos^3 t,\ z=\sin^3 t,\ 0\leq t\leq\dfrac{\pi}{4}$ 确定, 其线密度函数 $\rho(x,y,z)=x$, 求它的质量.

4. 求平面 $\dfrac{x}{a}+\dfrac{y}{b}+\dfrac{z}{c}=1,\ x=0,\ y=0,\ z=0$ 围成的四面体关于 z 轴的转动惯量.

5. 求边界为双纽线 $r^2=2a^2\cos 2\theta\ (-\dfrac{\pi}{4}\leq\theta\leq\dfrac{\pi}{4})$ 的均匀平面板绕 z 轴的转动惯量.

6. 求均匀物体 $\sqrt{x^2+y^2}\leq z\leq 2-x^2-y^2$ 关于直线 $x=y=z$ 的转动惯量.

7. 求由曲面 $x^2+y^2+z^2=2$ 和 $x^2+y^2=z^2$ 包围的均匀物体对 z 轴的转动惯量.

8. 设球 $x^2+y^2+z^2\leq az$ 中各点的密度与该点到原点的距离成反比, 试求这球的重心.

9. 求均匀曲线杆 $x=\mathrm{e}^t\cos t,\ y=\mathrm{e}^t\sin t,\ z=\mathrm{e}^t\ (-\pi\leq t\leq\pi)$ 的重心.

10. 求均匀球体 $x^2+y^2+z^2\leq a^2$ 关于直径的转动惯量.

习 题 10.5 B

1. 求抛物面 $z=2-x^2-y^2$ 在 xOy 平面上方部分绕 Oz 轴旋转的转动惯量.

2. 证明：平面图形 D 绕位于同一平面而与 D 不相交的直线 L 旋转一周所成的旋转体的体积 V 等于 D 的重心绕 L 旋转一周所得的圆周长和 D 的面积 S 的乘积.

3. 假设静电荷分布在球面 $S: x^2+y^2+z^2=R^2$ 上，其分布密度为 $\rho=k\cos^2\theta$，求球面上的总电荷. 其中 θ 是向径 $\overrightarrow{OP}$ 与 z 轴的夹角，$P(x,y,z)$ 为 S 上的点.

4. 设质量为 m 的物体关于直线 L, L_C 的转动惯量分别为 J, J_C，如果 $L//L_C$ 且 L_C 过物体的重心，试证明移轴定理，即

$$J=J_C+d^2\cdot m.$$

其中 d 为 L, L_C 之间的距离.

5. 求区域 $x^2+y^2\le z\le\sqrt{2-x^2-y^2}$ 上的均匀物体对原点单位质点的引力.

6. 求区域 $x^2+y^2\le R^2, y\ge 0, z=0$ 上的均匀平面板对 $(0,0,a)$ 点单位质点的引力.

7. 求形状为 $x^2+y^2\le R^2, 0\le z\le h$ 的均匀柱体对 $(0,0,a)$ 点单位质点的引力 $(a>h)$.

8. 求均匀半圆杆对圆心单位质点的引力.

9. 半径为 R，密度为 δ 的均匀球壳，以角速度 ω 绕其直径旋转，求此球的动能.

10. 求柱体 $r=2\cos\theta$ 介于平面 $z=0$ 与抛物面 $z=r^2$ 之间部分的重心.

11. 设 S 是球面 $x^2+y^2+z^2=1$, f 是连续函数，证明：

$$\iint\limits_S f(ax+by+cz)\,\mathrm{d}S = 2\pi\int_{-1}^{1} f(u\sqrt{a^2+b^2+c^2})\,\mathrm{d}u.$$

其中 a,b,c 是常数.

总 习 题 十

1. 求位于两圆 $x^2+y^2=ax$ 和 $x^2+y^2=bx\ (0<a<b)$ 之间的均匀薄片的重心.

2. 根据对称性计算曲面积分

$$I=\iint\limits_{\Sigma}(ax+by+cz+d)^2\mathrm{d}S,$$

其中 Σ 是球面 $x^2+y^2+z^2=R^2$.

3. 计算曲面积分

$$F(t)=\iint\limits_{x^2+y^2+z^2=t^2} f(x,y,z)\mathrm{d}S,$$

其中

$$f(x,y,z)=\begin{cases} x^2+y^2, & z\geq\sqrt{x^2+y^2} \\ 0, & z<\sqrt{x^2+y^2} \end{cases}.$$

4. 在球面 $x^2+y^2+z^2=1$ 上取 $A(1,0,0),B(0,1,0),C(\frac{1}{\sqrt{2}},0,\frac{1}{\sqrt{2}})$ 三点为顶点的球面三角形 ($\overset{\frown}{AB},\overset{\frown}{BC},\overset{\frown}{CA}$ 均为大圆弧), 若球面密度为 $\rho=x^2+z^2$, 求此球面三角形块的质量.

5. 计算 $\iint_S(xy^3+\sin y\cos z+zx)\mathrm{d}S$, 其中 S 为锥面 $z=\sqrt{x^2+y^2}$ 被柱面 $x^2+y^2=2ax$ 所截得部分.

6. 求曲面 $x^2+y^2+z^2=2$ 和 $x^2+y^2=z$ 所包围均匀物体关于直线 $x=y=z$ 的转动惯量.

7. 求曲面 $z=\sqrt{x^2+y^2}$ 夹在两曲面 $x^2+y^2=y$, $x^2+y^2=2y$ 之间的部分的面积.

8. 有一半径为 R, 高为 H 的均匀圆柱体，其中心轴上低于下底 a 单位处有一质量为 m 的质点，试求此柱体对该点的引力.

9. 已知球上任一点的密度与该点到球心的距离成正比，求球关于切线的转动惯量.

10. 求半圆环 $a^2\leq x^2+y^2\leq b^2$ $(0<a<b,\ y\geq 0)$ 薄板对原点 $(0,0)$ 处质量为 M 的质点的引力，设板的面密度为 $\rho=\mu y$, 其中 μ 为常数.

11. 计算 $I=\iiint_\Omega\sqrt{x^2+y^2}\mathrm{d}x\mathrm{d}y\mathrm{d}z$, 其中 Ω 为平面曲线 $\begin{cases}y^2=2z\\x=0\end{cases}$ 绕 z 轴旋转一周形成的曲面与平面 $z=1$ 所围成的区域.

12. 计算曲面积分 $I=\iint_\Sigma z\mathrm{d}S$, 其中 Σ 为锥面 $z=\sqrt{x^2+y^2}$ 在柱体 $x^2+y^2\leq 2x$ 内的部分.

13. 已知 A 与 B 的直角坐标分别为 (1,0,0) 与 (0,1,1). 线段 AB 绕 z 轴旋转一周所成的旋转曲面为 S. 求由 S 及两平面 $z=0, z=1$ 所围立体的体积和表面积.

14. 设半径为 R 的球面 Σ 的球心在定球面 $x^2+y^2+z^2=a^2$ $(a>0)$ 上，问当 R 为何值时，球面 Σ 在定球面内部的那部分的面积最大？

15. 将抛物线 $y=ax-x^2$ 在横坐标 0 与 c $(0<c<a)$ 之间的弧段绕 x 轴旋转，问 c 为何值时，所得旋转体体积 V 等于弦 OP (P 为抛物线与 $x=c$ 的交点) 绕 y 轴旋转所得锥体体积 $V_{锥}$.

16. 求椭圆柱面 $x^2+\dfrac{y^2}{4}=1$ 位于 xOy 平面上方和平面 $z=y$ 下方那部分侧面的面积.

17. 设螺旋形弹簧一圈的方程为 $x=a\cos t$, $y=a\sin t$, $z=kt$, 其中 $0\leq t\leq 2\pi$, 它的线密度为 $\rho(x,y,z)=x^2+y^2+z^2$, 求

(1) 它关于 z 轴的转动惯量 J_z;

(2) 它的重心.

第十一章　有向域上的积分

在自然科学的许多领域中，常常需要考虑另一种累积求和问题，例如变力做功问题、向量场的环量和通量问题等，这类问题均涉及到积分域的定向表示问题，像这种指定了参数表示类型的积分域简称为定向域，定向域上的积分简称为定向类积分.

§11.1　有向曲线上的积分

定向曲线上的积分习惯上称为第二型曲线积分或对坐标的曲线积分，常见的问题有变力作功和向量场的环量等.

指定了参数表示类型的曲线称为定向曲线. 一个曲线的定向只有正反两种情况，但定向的表现形式可以是多种多样的，例如光滑曲线可以通过指定切向类来表示定向；曲线弧段可以通过指定首尾端点来表示定向；封闭曲线可以通过指定相对的左旋右旋来表示定向；参数曲线可以通过指定参数的增减来表示定向等等.

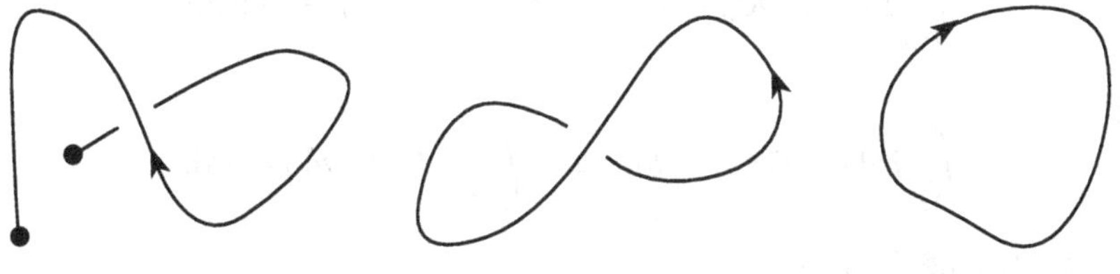

图 1.1

§11.1.1　变力作功问题

设 $L:\boldsymbol{r}=\boldsymbol{r}(t)\ (a\le t\le b)$ 是一条连接 A 、 B 两点的光滑曲线且按参数增加方向定向. 如果一个质点沿曲线 L 从 A 端移动到 B 端时受到连续变力 $\boldsymbol{f}=\boldsymbol{f}(x,y,z)$ 的作用，求 $\boldsymbol{f}$ 对质点所作的功.

取曲线 L 在 $[t,t+\Delta t]$ 之间的有向弧段为微元. 当 $\Delta t\to 0$ 时，由于微元的大小和方向可用微分 $\mathrm{d}\boldsymbol{r}$ 表示，相应的变力 $\boldsymbol{f}$ 可视为区间 $[t,t+\Delta t]$ 上的常

向量，所以 $\boldsymbol{f}$ 在区间 $[t, t+\Delta t]$ 上所做的功为

$$\boldsymbol{f}\cdot \mathrm{d}\boldsymbol{r} = \boldsymbol{f}\cdot \boldsymbol{r}'(t)\,\mathrm{d}t.$$

于是质点沿曲线 L 从 A 端移动到 B 端时变力 $\boldsymbol{f}$ 所做的功为

$$\int_L \boldsymbol{f}\cdot \mathrm{d}\boldsymbol{r} = \int_a^b \boldsymbol{f}\cdot \boldsymbol{r}'(t)\,\mathrm{d}t.$$

如果设 $\boldsymbol{f} = (P, Q, R)$，则有

$$\int_L P\mathrm{d}x + Q\mathrm{d}y + R\mathrm{d}z = \int_a^b (Px' + Qy' + Rz')\mathrm{d}t. \tag{1}$$

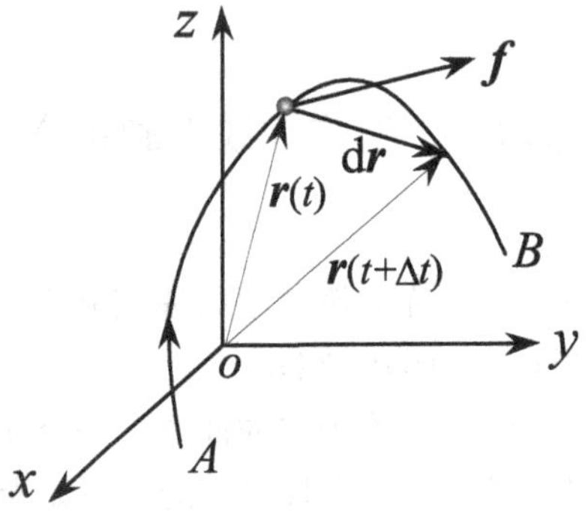

图 1.2

同理，当质点沿曲线 L 从 B 端移动到 A 端时变力 $\boldsymbol{f}$ 所做的功为

$$\int_{\widehat{BA}} P\mathrm{d}x + Q\mathrm{d}y + R\mathrm{d}z = \int_b^a (Px' + Qy' + Rz')\mathrm{d}t.$$

这表明

$$\int_{\widehat{AB}} P\mathrm{d}x + Q\mathrm{d}y + R\mathrm{d}z = -\int_{\widehat{BA}} P\mathrm{d}x + Q\mathrm{d}y + R\mathrm{d}z.$$

§11.1.2 定向类曲线积分

撇开物理意义，有向曲线上的积分可定义如下.

定义 1.1 设 $L: x = x(t), y = y(t), z = z(t)$ $(a \leq t \leq b)$ 是基本曲线且按参数增长定向，又设 P, Q, R 是 L 上的可积函数，称实数

$$\int_L P\mathrm{d}x + Q\mathrm{d}y + R\mathrm{d}z$$

为定向类曲线积分，如果

$$\int_L P\mathrm{d}x + Q\mathrm{d}y + R\mathrm{d}z = \int_a^b (Px'(t) + Qy'(t) + Rz'(t))\mathrm{d}t.$$

为了说明定义 1.1 的合理性，还需要证明定向类曲线积分不依赖于曲线的参数化选择.

定理 1.1　设 L 是定向的基本曲线，且 $\boldsymbol{f}$ 是 L 上的连续向量函数. 如果 $\boldsymbol{r} = \boldsymbol{r}_1(t) \quad (a \le t \le b)$ 和 $\boldsymbol{r} = \boldsymbol{r}_2(s) \quad (c \le s \le d)$ 都是 L 的同向光滑表示，则有

$$\int_a^b \boldsymbol{f} \cdot \boldsymbol{r}_1'(t)\mathrm{d}t = \int_c^d \boldsymbol{f} \cdot \boldsymbol{r}_2'(s)\mathrm{d}s.$$

证　由于 $\boldsymbol{r} = \boldsymbol{r}_1(t)$ 和 $\boldsymbol{r} = \boldsymbol{r}_2(s)$ 是 L 的同向光滑表示，所以可设

$$\boldsymbol{r}_1(a) = \boldsymbol{r}_2(c), \boldsymbol{r}_1(b) = \boldsymbol{r}_2(d).$$

根据复合函数求导法则，有

$$\int_c^d \boldsymbol{f} \cdot \boldsymbol{r}_2'(s)\mathrm{d}s = \int_a^b \boldsymbol{f} \cdot \frac{\mathrm{d}\boldsymbol{r}}{\mathrm{d}s}\frac{\mathrm{d}s}{\mathrm{d}t}\mathrm{d}t = \int_a^b \boldsymbol{f} \cdot \boldsymbol{r}_1'(t)\mathrm{d}t.$$

定向类和无向类曲线积分可以相互转化，其关系如下：

定理 1.2　设 L 是定向的基本曲线，若 $(\cos\alpha, \cos\beta, \cos\gamma)$ 是 $(x, y, z) \in L$ 点的指定切向量，则有

$$\int_L P\mathrm{d}x + Q\mathrm{d}y + R\mathrm{d}z = \int_L (P\cos\alpha + Q\cos\beta + R\cos\gamma)\mathrm{d}s$$

证　设 $\boldsymbol{r} = \boldsymbol{r}(s)$ $(0 \le s \le b)$ 是 L 的以弧长为参数的光滑表示，且参数增长方向与 L 的定向相同，则由

$$\frac{\mathrm{d}\boldsymbol{r}}{\mathrm{d}s} = (\cos\alpha, \cos\beta, \cos\gamma),$$

及

$$\int_L f \cdot \mathrm{d}\boldsymbol{r} = \int_L f \cdot \frac{\mathrm{d}\boldsymbol{r}}{\mathrm{d}s}\mathrm{d}s$$

可知结论成立，其中 $\boldsymbol{f} = (P, Q, R)$.

定向类曲线积分不难推广到一般的曲线积分域. 当曲线 L 是积分域并且给定方向时, 则可设 $L_1,\cdots,L_n,\cdots$ 为 L 的剖分, 于是对 L 上的任意可积函数 P,Q,R, 可定义定向类曲线积分为

$$\int_L P\mathrm{d}x+Q\mathrm{d}y+R\mathrm{d}z=\sum_{n=1}^{\infty}\int_{L_n} P\mathrm{d}x+Q\mathrm{d}y+R\mathrm{d}z.$$

由于 P,Q,R 都是可积函数, 所以存在共同的绝对上界 $M>0$, 于是有

$$\left|\int_{L_n} P\mathrm{d}x+Q\mathrm{d}y+R\mathrm{d}z\right|\le M\int_{L_n}\mathrm{d}s.$$

根据控制收敛判别法可知, 级数

$$\sum_{n=1}^{\infty}\int_{L_n} P\mathrm{d}x+Q\mathrm{d}y+R\mathrm{d}z$$

绝对收敛.

有向曲线上的积分具有积分线性性, 区域可加性和反向反号性. 其中反向反号性是指

定理 1.3 设 L^+,L^- 是同一曲线积分域的两个相反定向表示, 若 $\boldsymbol{f}$ 是该曲线上的可积向量函数, 则有

$$\int_{L^+}\boldsymbol{f}\cdot\mathrm{d}\boldsymbol{r}=-\int_{L^-}\boldsymbol{f}\cdot\mathrm{d}\boldsymbol{r}.$$

§11.1.3 曲线积分的计算

计算定向类曲线积分,最基本的方法就是参数化方法或分段参数化方法. 第一步构造并写出曲线的参数方程; 第二步利用参数方程把曲线积分化为定积分, 即代入参数方程并按照曲线的定向确定定积分的上下限. 当曲线按照参数递增方向定向时, 下限取为参数的最小值, 上限取为参数的最大值; 反之, 当曲线按照参数递减方向定向时, 上下限也恰好相反.

例 1.1 计算积分

$$I=\int_L\frac{y\mathrm{d}x-x\mathrm{d}y}{x^2+y^2},$$

其中 L 是圆周 $x^2+y^2=a^2$ 的逆时针定向.

解 由于参数方程

$$x = a\cos t,\ y = a\sin t\ (0 \le t \le 2\pi)$$

是定向曲线 L 的递增表示，所以定积分的下限为 $t=0$, 上限为 $t=2\pi$, 即

$$I = \int_0^{2\pi} \frac{a\sin t(-a\sin t) - a\cos t\cdot a\cos t}{a^2}\mathrm{d}t = -2\pi.$$

例 1.2 计算积分

$$\int_L 2xy\mathrm{d}x + x^2\mathrm{d}y,$$

其中 L 是抛物线 $y=x^2$ 上从 $O(0,0)$ 到 $P(1,1)$ 的弧段与抛物线 $x=y^2$ 从 $P(1,1)$ 到 $O(0,0)$ 的弧段.

解 设 L 在 $y=x^2$, $x=y^2$ 上的弧段分别为 L_1, L_2, 则有

$$I = \int_L 2xy\mathrm{d}x + x^2\mathrm{d}y = \left(\int_{L_1} + \int_{L_2}\right) 2xy\mathrm{d}x + x^2\mathrm{d}y.$$

由于参数方程 $x=x, y=x^2$ $(0\le x\le 1)$ 是定向曲线 L_1 的递增表示，参数方程 $x=y^2, y=y$ $(0\le y\le 1)$ 是定向曲线 L_2 的递减表示，所以

$$I = \int_0^1 (2x\cdot x^2 + x^2\cdot 2x)\mathrm{d}x + \int_1^0 (2y^2\cdot y\cdot 2y + y^4)\mathrm{d}y = 0.$$

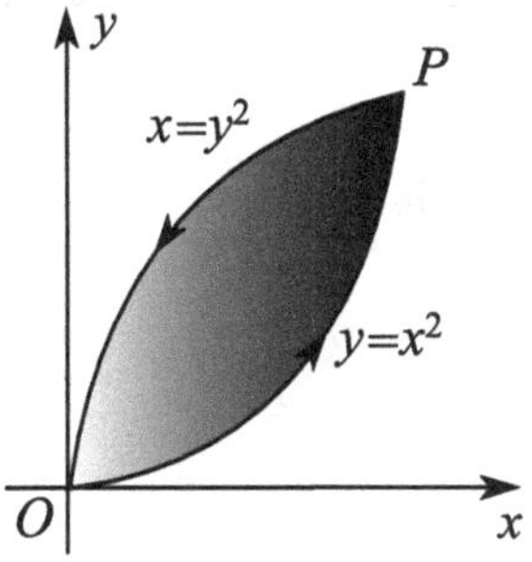

图 1.3

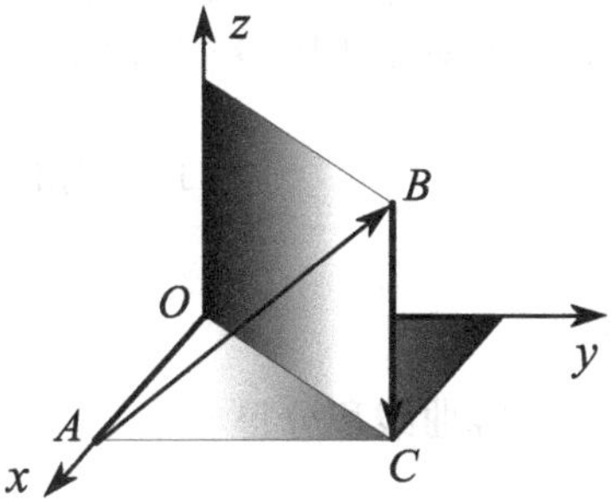

图 1.4

例 1.3 计算积分

$$\int_L y\mathrm{d}x + z\mathrm{d}y + x\mathrm{d}z,$$

其中 L 从点 $A(2,0,0)$ 到点 $B(3,4,5)$ 再到点 $C(3,4,0)$ 的一条定向折线.

解 有向线段 AB 的方向向量为 $\boldsymbol{v}=(1,4,5)$, 对应的直线方程为

$$\frac{x-2}{1}=\frac{y}{4}=\frac{z}{5}.$$

由于参数方程

$$x=2+t,\ y=4t,\ z=5t,\ (0\le t\le 1).$$

是 AB 的递增表示，所以

$$\int_{AB} y\mathrm{d}x+z\mathrm{d}y+x\mathrm{d}z=\int_0^1[4t+4(5t)+5(2+t)]\,\mathrm{d}t=\frac{49}{2}.$$

由于有向线段 BC 的递减表示为

$$x=3,\ y=4,\ z=z,\ (0\le z\le 5),$$

所以

$$\int_{BC} y\mathrm{d}x+z\mathrm{d}y+x\mathrm{d}z=\int_{BC}x\mathrm{d}z=\int_5^0 3\,\mathrm{d}z=-15.$$

故

$$\int_L y\mathrm{d}x+z\mathrm{d}y+x\mathrm{d}z=\int_{AB}+\int_{BC}=\frac{49}{2}-15=\frac{19}{2}.$$

例 1.4 在过点 $O(0,0)$ 和 $A(\pi,0)$ 的曲线族 $y=a\sin x$ $(a>0)$ 中，求一条曲线 L, 使沿该曲线从 O 到 A 的积分

$$\int_L(1+y^3)\mathrm{d}x+(2x+y)\mathrm{d}y$$

的值最小.

解 计算曲线积分得

$$\begin{aligned}I(a)&=\int_L(1+y^3)\mathrm{d}x+(2x+y)\mathrm{d}y\\&=\int_0^\pi[1+a^3\sin^3x+(2x+a\sin x)\cdot a\cos x]dx\\&=\pi-4a+\frac{4}{3}a^3.\end{aligned}$$

由 $I'(a)=4(a^2-1)=0$ 可知， $a=1$ 是 $I(a)$ 在 $(0,+\infty)$ 内的唯一临界点，于是根据 $I''(1)=8$ 可知， $I(a)$ 在 $a=1$ 时取得最小值，故所求曲线为 $y=\sin x\ (0\le x\le\pi)$.

例 1.5 设一个质点在 $M(x,y)$ 处受到力 $\boldsymbol{f}$ 的作用， $\boldsymbol{f}$ 的大小与 M 到原点 O 的距离平方成正比， $\boldsymbol{f}$ 的方向恒指向原点. 此质点由点 $A(a,0)$ 沿椭圆 $\dfrac{x^2}{a^2}+\dfrac{y^2}{b^2}=1$ 按逆时针移动到点 $B(0,b)$, 求力 $\boldsymbol{f}$ 所作的功 W.

解 根据假设，有

$$\boldsymbol{f}=-k\sqrt{x^2+y^2}\,(x,y),$$

其中 $k>0$ 是比例常数. 由此可知,

$$W=-k\int_{\widehat{AB}}\sqrt{x^2+y^2}\,(x\mathrm{d}x+y\mathrm{d}y).$$

由于有向弧 $\widehat{AB}$ 的递增表示为

$$x=a\cos t,\ y=b\sin t,\ (0\le t\le\frac{\pi}{2}),$$

所以有

$$\begin{aligned}W&=-k\int_0^{\pi/2}\sqrt{a^2\cos^2 t+b^2\sin^2 t}\,(-a^2\cos t\sin t+b^2\sin t\cos t)\mathrm{d}t\\&=-\frac{k}{2}\int_0^{\pi/2}\sqrt{a^2+(b^2-a^2)\sin^2 t}\,\mathrm{d}\left[a^2+(b^2-a^2)\sin^2 t\right]\\&=\frac{k}{3}(a^3-b^3).\end{aligned}$$

例 1.6 计算曲线积分

$$I=\int_L(y^2-z^2)\mathrm{d}x+(2z^2-x^2)\mathrm{d}y+(3x^2-y^2)\mathrm{d}z,$$

其中 L 为柱面 $|x|+|y|=1$ 与平面 $x+y+z=2$ 的交线，从 z 轴正向看去，曲线是逆时针方向.

解 曲线 L 可以分成四个有向线段 AB,BC,CD,DA, 其参数方程分别为

$$AB:\begin{cases}x=x\\ y=1-x, & x从\ 1\ 到\ 0;\\ z=1,\end{cases}\qquad BC:\begin{cases}x=x\\ y=1+x, & x从\ 0\ 到\ -1;\\ z=1-2x\end{cases}$$

$$CD:\begin{cases}x=x\\ y=-1-x, & x从\ -1\ 到\ 0;\\ z=3\end{cases}\qquad DA:\begin{cases}x=x\\ y=x-1, & x从\ 0\ 到\ 1.\\ z=3-2x\end{cases}$$

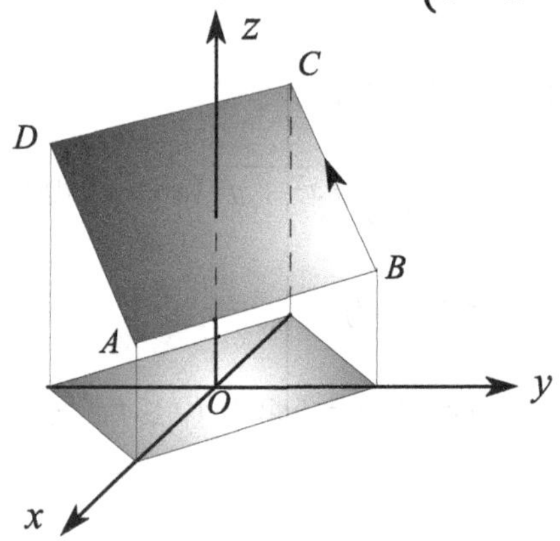

图 1.5

于是

$$\begin{aligned}I &=\int_{AB}+\int_{BC}+\int_{CD}+\int_{DA}\\ &=\int_1^0[(1-x)^2-1-(2-x^2)]\,\mathrm{d}x\\ &+\int_0^{-1}[(1+x)^2-(1-2x)^2+2(1-2x)^2-x^2-6x^2+2(1+x)^2]\,\mathrm{d}x\\ &+\int_{-1}^0[(-1-x)^2-3^2-2\times 3^2+x^2]\,\mathrm{d}x\\ &+\int_0^1[(x-1)^2-(3-2x)^2+2(3-2x)^2-x^2-6x^2+2(x-1)^2]\,\mathrm{d}x=-24.\end{aligned}$$

习 题 11.1 A

1. 设 z 轴与重力的方向一致，试求质量为 m 的质点从位置 (x_1,y_1,z_1) 沿铅直线移到 (x_2,y_2,z_2) 时重力所做的功.

2. 一力场由沿横轴上方的常力 $\boldsymbol{f}$ 所构成. 试求当一质量为 m 的质点沿圆周 $x^2+y^2=R^2$ 按逆时针方向移过位于第一象限的那一段弧时场力所做的功.

3. 试求变力 $\boldsymbol{f}(x,y,z)=(x,y,z)$ 沿着曲线 $\boldsymbol{r}=(a\cos t,a\sin t,bt)$ $(0\leq t\leq 2\pi)$ 所作的功.

4. 试计算曲线积分 $I=\int_L x\mathrm{d}x+y\mathrm{d}y+(x+y-1)\mathrm{d}z$, 其中 L 为从点 $A(1,1,1)$ 到点 $B(2,3,4)$ 的线段

5. 计算曲面积分

$$I=\iint\limits_{\Sigma}[f(x,y,z)+x]\mathrm{d}y\mathrm{d}z+[2f(x,y,z)+y]\mathrm{d}z\mathrm{d}x+[f(x,y,z)+z]\mathrm{d}x\mathrm{d}y,$$

其中 Σ 是平面 $x-y+z=1$ 在第 IV 卦限部分的上侧， $f(x,y,z)$ 是连续函数.

6. 计算曲线积分

$$\int_L(z^2-y^2)\mathrm{d}x+(x^2-z^2)\mathrm{d}y+(y^2-x^2)\mathrm{d}z,$$

其中曲线 L 是平面 $x+y+z=2$ 与三个坐标面的交线，方向按 $(2,0,0)\to(0,2,0)$ 确定.

7. 计算曲线积分

$$\int_L(y-z)\mathrm{d}x+(z-x)\mathrm{d}y+(x-y)\mathrm{d}z,$$

其中 $L:\begin{cases}x^2+y^2=a^2\\ \dfrac{x}{a}+\dfrac{z}{h}=1\end{cases}$ $(a>0,h>0)$, 从 x 轴正向看去 L 为逆时针定向.

8. 试计算曲线积分 $I=\int_L (x^2+y^2)\mathrm{d}x+(x^2-y^2)\mathrm{d}y$, 其中 L 为

(1) 沿圆 $(x-1)^2+y^2=1$ 的上半圆周从点 O 到点 $B(2,0)$ 的弧段;

(2) 沿 x 轴从点 O 到点 B 的线段;

(3) 沿曲线 $y=1-|1-x|$, 当 x 从 0 变到 2 的折线.

习 题 11.1 B

1. 在椭圆 $\dfrac{x^2}{a^2}+\dfrac{y^2}{b^2}=1$ 的焦点处有一质量为 M 的固定质点，另一质点 m 沿该椭圆正向由点 $A(a,0)$ 到点 $B(0,b)$ 运动，试求引力对质点 m 所作的功.

2. 试计算曲线积分

$$I=\int_L (x^2+2xy)\mathrm{d}x+(x^2+y^4)\mathrm{d}y,$$

其中 L 是从 (0,0) 点到 (1,1) 点的曲线 $y=\sin\dfrac{\pi}{2}x$.

3. 设 $f(u)$ 为连续函数， $L: x=x(t), y=y(t)$, $a\le t\le b$ 为光滑曲线且 $x(a)=x(b), y(a)=y(b)$. 证明

$$\int_L f(x^2+y^2)(x\mathrm{d}x+y\mathrm{d}y)=0.$$

4. 计算曲线积分

$$I=\int_L (y+1)\mathrm{d}x+(z+2)\mathrm{d}y+(x+3)\mathrm{d}z,$$

其中 L 是柱面 $x^2+y^2=R^2$ 和平面 $x+y+z=0$ 的交线，若从 z 轴的正向看去，交线 L 按逆时针定向.

5. 试计算曲线积分 $I=\int_L 3x^2y\mathrm{d}x+x^3\mathrm{d}y$, 其中 L 为

(1) 沿圆周 $(x-1)^2+y^2=1$ 从点 O 到点 $B(1,1)$ 的圆弧;

(2) 沿抛物线 $y=\frac{3}{2}x^2$ 从点 O 到点 $B\left(1,\frac{3}{2}\right)$ 的弧段;

(3) 沿 $(0,0)\to\left(0,\frac{3}{2}\right)\to\left(1,\frac{3}{2}\right)$ 从点 O 到点 $B\left(1,\frac{3}{2}\right)$ 的折线.

6. 计算曲线积分

$$I=\int_L (x^2-yz)\mathrm{d}x+(y^2-xz)\mathrm{d}y+(z^2-xy)\mathrm{d}z,$$

其中 L 是由 $A(a,0,0)$ 沿螺线 $x=a\cos\theta, y=a\sin\theta, z=\frac{h}{2\pi}\theta, (0\le\theta\le 2\pi)$ 到 $B(a,0,h)$ 的弧段.

§11.2 有向曲面上的积分

在实际问题中, 经常会遇到流量通量的表示与计算, 例如速度场的流量, 磁场的磁通量, 电场的电通量等, 这类问题涉及到定向类曲面积分, 即第二型曲面积分或对坐标的曲面积分.

§11.2.1 流体的流量问题

具有"面子"和"里子"的曲面称为双侧曲面, 一个曲面是双侧的当且仅当它是某个空间闭区域的边界或部分边界. 实际问题中的曲面大多是双侧曲面, 但单侧曲面也是存在的, 例如 *Möbius* 带.

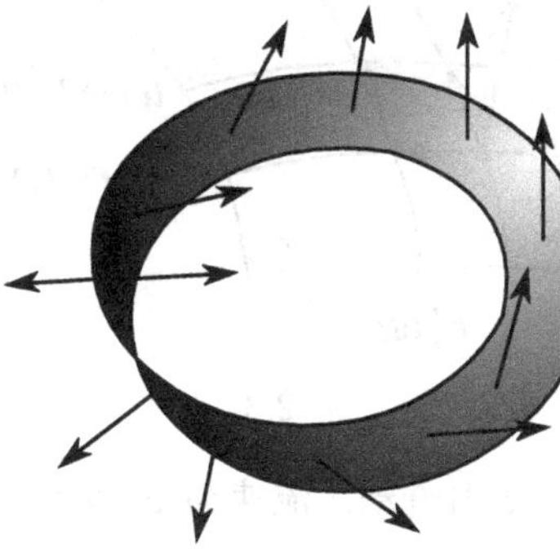

图 2.1

指定了“面子”和“里子”的双侧曲面称为定向曲面. 对于光滑曲面，可以用法向类表示定向；对于封闭曲面，可以用内侧和外侧表示定向；对于显式曲面，可用上侧和下侧，左侧和右侧，前侧和后侧等表示定向；对于参数曲面，可用参数次序表示定向.

显式曲面 $S: z=f(x,y)$ 的上侧可用法向量 $(-z'_x,-z'_y,1)$ 表示，下侧可用法向量 $(z'_x,z'_y,-1)$ 表示；参数曲面

$$S: \boldsymbol{r}=\boldsymbol{r}(u,v),\ (u,v)\in D$$

的定向可用法向量 $\boldsymbol{r}'_u\times\boldsymbol{r}'_v$ 和 $\boldsymbol{r}'_v\times\boldsymbol{r}'_u$ 表示；有边曲面的定向也可以用边界的定向来表示，这种定向表示可按右手法则唯一确定.

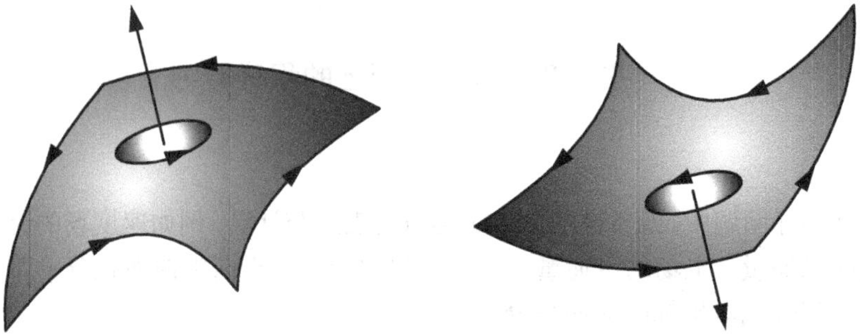

图 2.2

现在考察流体的流量问题.

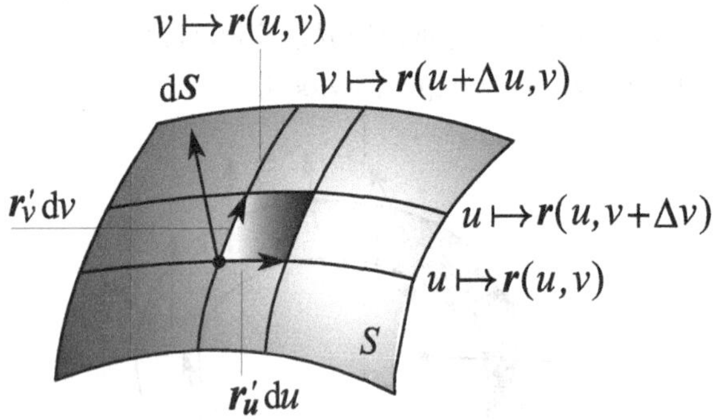

图 2.3

设一流体在空间区域 Ω 内流动，流速为 $\boldsymbol{v}$. 又设

$$S: \boldsymbol{r}=\boldsymbol{r}(u,v)\quad (u,v)\in D$$

为 Ω 内的基本曲面且按 $\boldsymbol{r}'_u \times \boldsymbol{r}'_v$ 定向.

在曲面 S 的 (u,v) 点取一网格微元，并设该微元由 4 条坐标曲线

$$u \mapsto \boldsymbol{r}(u,v),\ v \mapsto \boldsymbol{r}(u,v),\ u \mapsto \boldsymbol{r}(u+\Delta u,v),\ v \mapsto \boldsymbol{r}(u,v+\Delta v)$$

围成.

如果用 $\mathrm{d}\boldsymbol{S}$ 表示微元的面积向量，方向依 $\boldsymbol{r}'_u \times \boldsymbol{r}'_v$ 确定，则按照增量与微分的关系，微元可以视为由向量 $\boldsymbol{r}'_u\mathrm{d}u, \boldsymbol{r}'_v\mathrm{d}v$ 张成的平行四边形，由此可知

$$\mathrm{d}\boldsymbol{S} = \boldsymbol{r}'_u\mathrm{d}u \times \boldsymbol{r}'_v\mathrm{d}v = (\boldsymbol{r}'_u \times \boldsymbol{r}'_v)\,\mathrm{d}u\mathrm{d}v.$$

由于流速 $\boldsymbol{v}$ 在微元上可以视为常向量，所以单位时间内，流体穿过微元的质量或体积为

$$\boldsymbol{v}\cdot\mathrm{d}\boldsymbol{S} = \boldsymbol{v}\cdot(\boldsymbol{r}'_u \times \boldsymbol{r}'_v)\,\mathrm{d}u\mathrm{d}v = (\boldsymbol{v},\boldsymbol{r}'_u,\boldsymbol{r}'_v)\,\mathrm{d}u\mathrm{d}v.$$

其中 $(\boldsymbol{v},\boldsymbol{r}'_u,\boldsymbol{r}'_v)\,\mathrm{d}u\mathrm{d}v$ 表示微流量， $(\boldsymbol{v},\boldsymbol{r}'_u,\boldsymbol{r}'_v)$ 表示单位面积的流量.

由此可知，流体穿过曲面 S 的总流量为

$$\iint_S \boldsymbol{v}\cdot\mathrm{d}\boldsymbol{S} = \iint_D (\boldsymbol{v},\boldsymbol{r}'_u,\boldsymbol{r}'_v)\,\mathrm{d}u\mathrm{d}v.$$

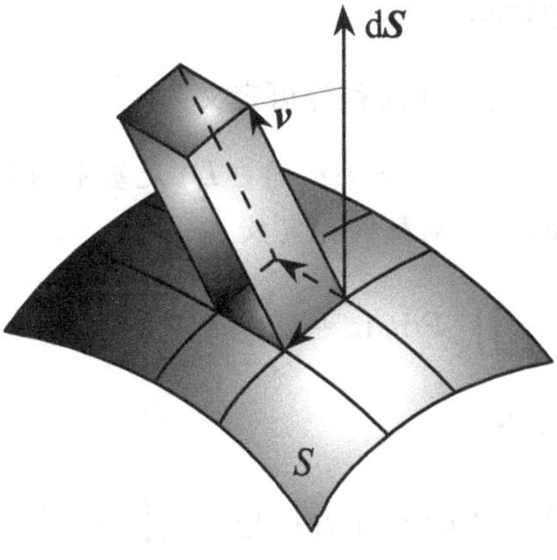

图 2.4

根据反交换积运算，直接计算可知

$$(\mathrm{d}y\wedge\mathrm{d}z, \mathrm{d}z\wedge\mathrm{d}x, \mathrm{d}x\wedge\mathrm{d}y) = \Big(\frac{\partial(y,z)}{\partial(u,v)}, \frac{\partial(z,x)}{\partial(u,v)}, \frac{\partial(x,y)}{\partial(u,v)}\Big)\mathrm{d}u\wedge\mathrm{d}v.$$

由于曲面 S 按 $\boldsymbol{r}'_u \times \boldsymbol{r}'_v$ 定向，所以曲面的微面积向量公式为

$$\begin{aligned} \mathrm{d}\boldsymbol{S} &= (\boldsymbol{r}'_u \times \boldsymbol{r}'_v)\,\mathrm{d}u\mathrm{d}v = (\boldsymbol{r}'_u \times \boldsymbol{r}'_v)\,\mathrm{d}u \wedge \mathrm{d}v \\ &= (\mathrm{d}y \wedge \mathrm{d}z, \mathrm{d}z \wedge \mathrm{d}x, \mathrm{d}x \wedge \mathrm{d}y) = (\mathrm{d}y\mathrm{d}z, \mathrm{d}z\mathrm{d}x, \mathrm{d}x\mathrm{d}y). \end{aligned}$$

微面积向量公式也可以通过面积投影定理推出

$$\begin{aligned} \mathrm{d}\boldsymbol{S} &= \boldsymbol{n}\mathrm{d}S = (\cos\alpha, \cos\beta, \cos\gamma)\mathrm{d}S \\ &= (\cos\alpha\mathrm{d}S, \cos\beta\mathrm{d}S, \cos\gamma\mathrm{d}S) = (\mathrm{d}y\mathrm{d}z, \mathrm{d}z\mathrm{d}x, \mathrm{d}x\mathrm{d}y). \end{aligned}$$

如果设 $\boldsymbol{v} = (P, Q, R)$, $\boldsymbol{r}'_u \times \boldsymbol{r}'_v = (A, B, C)$, 则有

$$\begin{aligned} \iint_S P\mathrm{d}y\mathrm{d}z + Q\mathrm{d}z\mathrm{d}x + R\mathrm{d}x\mathrm{d}y &= \iint_D (\boldsymbol{v}, \boldsymbol{r}'_u, \boldsymbol{r}'_v)\,\mathrm{d}u\mathrm{d}v \\ &= \iint_D (PA + QB + RC)\,\mathrm{d}u\mathrm{d}v \\ &= \iint\limits_D \begin{vmatrix} P & Q & R \\ x'_u & y'_u & z'_u \\ x'_v & y'_v & z'_v \end{vmatrix} \mathrm{d}u\mathrm{d}v. \end{aligned}$$

§11.2.2 定向类曲面积分

撇开物理意义，定向类曲面积分可定义为

定义 2.1 设 $S: \boldsymbol{r} = \boldsymbol{r}(u, v)$ $((u, v) \in D)$ 是基本曲面且按 $\boldsymbol{r}'_u \times \boldsymbol{r}'_v$ 定向，又设 P, Q, R 是 S 上的可积函数，称实数

$$\iint_S P\mathrm{d}y\mathrm{d}z + Q\mathrm{d}z\mathrm{d}x + R\mathrm{d}x\mathrm{d}y$$

为定向类曲面积分，如果

$$\iint_S P\mathrm{d}y\mathrm{d}z + Q\mathrm{d}z\mathrm{d}x + R\mathrm{d}x\mathrm{d}y = \iint_D (\boldsymbol{v}, \boldsymbol{r}'_u, \boldsymbol{r}'_v)\,\mathrm{d}u\mathrm{d}v.$$

其中 $\boldsymbol{v} = (P, Q, R)$.

定向类曲面积分是通过二重积分定义的，还需要说明这种积分不依赖于参数化方程的选择.

定理 2.1 设 S 是定向的基本曲面，且 $\boldsymbol{v}$ 是 S 上的连续向量函数. 如果 $\boldsymbol{r}=\boldsymbol{r}_1(u,v)\quad (u,v)\in D_1$ 和 $\boldsymbol{r}=\boldsymbol{r}_2(t,s)\quad (t,s)\in D_2$ 都是 S 的同向光滑表示，则有

$$\iint\limits_{D_1}(\boldsymbol{v},\boldsymbol{r}'_u,\boldsymbol{r}'_v)\,\mathrm{d}u\mathrm{d}v=\iint\limits_{D_2}(\boldsymbol{v},\boldsymbol{r}'_t,\boldsymbol{r}'_s)\,\mathrm{d}t\mathrm{d}s.$$

证* 根据复合函数的求导法则，有

$$\begin{aligned}&(\boldsymbol{v},\boldsymbol{r}'_t,\boldsymbol{r}'_s)\,\mathrm{d}t\wedge\mathrm{d}s=(\boldsymbol{v},\boldsymbol{r}'_t,\boldsymbol{r}'_s)\frac{\partial(t,s)}{\partial(u,v)}\,\mathrm{d}u\wedge\mathrm{d}v\\&=\left[P\frac{\partial(y,z)}{\partial(t,s)}\frac{\partial(t,s)}{\partial(u,v)}+Q\frac{\partial(z,x)}{\partial(t,s)}\frac{\partial(t,s)}{\partial(u,v)}+R\frac{\partial(x,y)}{\partial(t,s)}\frac{\partial(t,s)}{\partial(u,v)}\right]\,\mathrm{d}u\wedge\mathrm{d}v\\&=\left[P\frac{\partial(y,z)}{\partial(u,v)}+Q\frac{\partial(z,x)}{\partial(u,v)}+R\frac{\partial(x,y)}{\partial(u,v)}\right]\,\mathrm{d}u\wedge\mathrm{d}v\\&=(\boldsymbol{v},\boldsymbol{r}'_u,\boldsymbol{r}'_v)\,\mathrm{d}u\wedge\mathrm{d}v.\end{aligned}$$

由于曲面 S 按 $\boldsymbol{r}'_u\times\boldsymbol{r}'_v$ 定向等价于按 $\boldsymbol{r}'_t\times\boldsymbol{r}'_s$ 定向，所以

$$\iint_{D_1}(\boldsymbol{v},\boldsymbol{r}'_u,\boldsymbol{r}'_v)\,\mathrm{d}u\mathrm{d}v=\iint_{D_2}(\boldsymbol{v},\boldsymbol{r}'_t,\boldsymbol{r}'_s)\,\mathrm{d}t\mathrm{d}s.$$

对于双侧曲面来说，定向类曲面积分和无向类曲面积分是可以相互转化的，它们之间的关系为

定理 2.2 设 S 是定向的基本曲面，且 (P,Q,R) 是 L 上的连续向量函数. 如果 $(\cos\alpha,\cos\beta,\cos\gamma)$ 是 $(x,y,z)\in S$ 点的指定法向量，则有

$$\iint_S P\mathrm{d}y\mathrm{d}z+Q\mathrm{d}z\mathrm{d}x+R\mathrm{d}x\mathrm{d}y=\iint_S(P\cos\alpha+Q\cos\beta+R\cos\gamma)\,\mathrm{d}S.$$

证 设 $\boldsymbol{r}=\boldsymbol{r}(u,v)\ ((u,v)\in D)$ 是 S 的光滑表示，且 $\boldsymbol{r}'_u\times\boldsymbol{r}'_v$ 与 S 的指定方向相同，则有

$$\boldsymbol{r}'_u\times\boldsymbol{r}'_v=(\cos\alpha,\cos\beta,\cos\gamma)|\boldsymbol{r}'_u\times\boldsymbol{r}'_v|$$

或

$$\mathrm{d}\boldsymbol{S}=(\mathrm{d}y\mathrm{d}z,\mathrm{d}z\mathrm{d}x,\mathrm{d}x\mathrm{d}y)=(\cos\alpha,\cos\beta,\cos\gamma)\mathrm{d}S.$$

于是，有

$$\iint_S(P,Q,R)\cdot\mathrm{d}\boldsymbol{S}=\iint_S(P,Q,R)\cdot(\cos\alpha,\cos\beta,\cos\gamma)\,\mathrm{d}S,$$

即

$$\iint_S P\mathrm{d}y\mathrm{d}z + Q\mathrm{d}z\mathrm{d}x + R\mathrm{d}x\mathrm{d}y = \iint_S (P\cos\alpha + Q\cos\beta + R\cos\gamma)\,\mathrm{d}S.$$

定向类曲面积分不难推广到曲面定向域. 当曲面 S 是积分域并且给定方向时, 则可设 $S_1, \cdots, S_n, \cdots$ 为 S 的剖分, 于是对 S 上的任意可积函数 P, Q, R, 可定义定向类曲面积分为

$$\iint_S P\mathrm{d}y\mathrm{d}z + Q\mathrm{d}z\mathrm{d}x + R\mathrm{d}x\mathrm{d}y = \sum_{n=1}^{\infty} \iint_{S_n} P\mathrm{d}y\mathrm{d}z + Q\mathrm{d}z\mathrm{d}x + R\mathrm{d}x\mathrm{d}y.$$

直接验证可知上述级数绝对收敛.

有向曲面上的积分也具有积分线性性、区域可加性和反向反号性.

§11.2.3 曲面积分的计算

定向类面积分的基本算法有参数化方法、单向投影方法和分片投影方法.

1. **参数化方法**

对于定向曲面 S, 如果其参数方程为 $\boldsymbol{r} = \boldsymbol{r}(u, v)\ (u, v) \in D$, 即

$$x = x(u, v), y = y(u, v), z = z(u, v)\ ((u, v) \in D),$$

并且按照法向量

$$\boldsymbol{r}'_u \times \boldsymbol{r}'_v = (A, B, C) = \left(\frac{\partial(y, z)}{\partial(u, v)}, \frac{\partial(z, x)}{\partial(u, v)}, \frac{\partial(x, y)}{\partial(u, v)}\right)$$

定向时, 则曲面积分的参数化计算公式为

$$\begin{aligned}\iint_S P\mathrm{d}y\mathrm{d}z + Q\mathrm{d}z\mathrm{d}x + R\mathrm{d}x\mathrm{d}y &= \iint_D (\boldsymbol{v}, \boldsymbol{r}'_u, \boldsymbol{r}'_v)\,\mathrm{d}u\mathrm{d}v \\ &= \iint_D (PA + QB + RC)\mathrm{d}u\mathrm{d}v \\ &= \iint\limits_D \begin{vmatrix} P & Q & R \\ x'_u & y'_u & z'_u \\ x'_v & y'_v & z'_v \end{vmatrix} \mathrm{d}u\mathrm{d}v.\end{aligned}$$

其中, 等式的右端为二重积分.

例 2.1 计算曲面积分

$$I = \iint\limits_{S} x^3 \, \mathrm{d}y\mathrm{d}z,$$

其中 S 是椭球面

$$\frac{x^2}{a^2} + \frac{y^2}{b^2} + \frac{z^2}{c^2} = 1$$

的上半部，且定向为该椭球面的上侧.

解 上半椭球面的参数方程为

$$x = a\cos\varphi\sin\theta,\ y = b\sin\varphi\sin\theta,\ z = c\cos\theta,$$

$$\left(0 \le \varphi \le 2\pi,\ 0 \le \theta \le \frac{\pi}{2}\right).$$

按照参数增长方向可确定 $\boldsymbol{r}'_\theta, \boldsymbol{r}'_\varphi, \boldsymbol{n}$ 为右手系，其中 $\boldsymbol{n}$ 为指定法向量. 因此

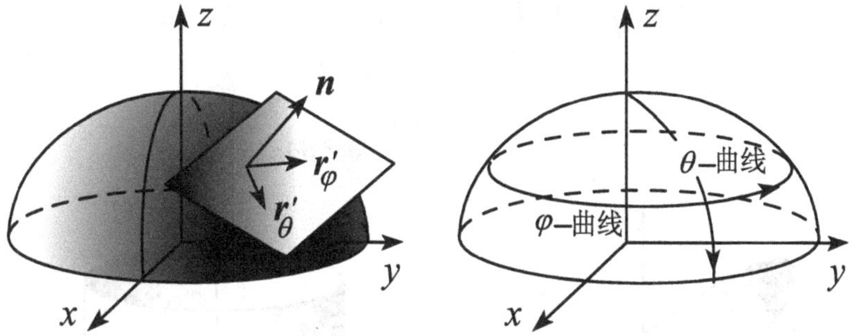

图 2.5

$$I = \int_0^{2\pi} \mathrm{d}\varphi \int_0^{\pi/2} \begin{vmatrix} x^3 & 0 & 0 \\ x'_\theta & y'_\theta & z'_\theta \\ x'_\varphi & y'_\varphi & z'_\varphi \end{vmatrix} \mathrm{d}\theta$$

$$= \int_0^{2\pi} \mathrm{d}\varphi \int_0^{\pi/2} a^3\cos^3\varphi\sin^3\theta \cdot bc\cos\varphi\sin^2\theta\mathrm{d}\theta$$

$$= a^3bc\int_0^{2\pi} \cos^4\varphi\mathrm{d}\varphi \int_0^{\pi/2} \sin^5\theta\mathrm{d}\theta = \frac{2}{5}\pi a^3bc.$$

定向的作用在于确定行列式的次序，当 $\boldsymbol{r}'_\varphi, \boldsymbol{r}'_\theta, \boldsymbol{n}$ 为右手系时，上式中的行列式则应变为 $\begin{vmatrix} x^3 & 0 & 0 \\ x'_\varphi & y'_\varphi & z'_\varphi \\ x'_\theta & y'_\theta & z'_\theta \end{vmatrix}$.

例 2.2 计算曲面积分

$$I = \iint_\Sigma -y\mathrm{d}z\mathrm{d}x + (z+1)\mathrm{d}x\mathrm{d}y,$$

其中 Σ 是曲面 $x^2+y^2=4$ 被平面 $x+z=2$ 和 $z=0$ 所截部分的外侧.

解 Σ 的参数方程为

$$x = 2\cos\theta,\ y = 2\sin\theta,\ z = z,\ (0 \le \theta \le 2\pi,\ 0 \le z \le 2-2\cos\theta).$$

按照参数 θ, z 的增长方向可确定 $\boldsymbol{r}'_\theta, \boldsymbol{r}'_z, \boldsymbol{n}$ 为右手系，其中 $\boldsymbol{n}$ 为指定法向量. 因此

$$\begin{aligned} I &= \int_0^{2\pi} \mathrm{d}\theta \int_0^{2-2\cos\theta} \begin{vmatrix} 0 & -y & z+1 \\ x'_\theta & y'_\theta & z'_\theta \\ x'_z & y'_z & z'_z \end{vmatrix} \mathrm{d}z \\ &= -\int_0^{2\pi} \mathrm{d}\theta \int_0^{2-2\cos\theta} 4\sin^2\theta \mathrm{d}z = -8\pi. \end{aligned}$$

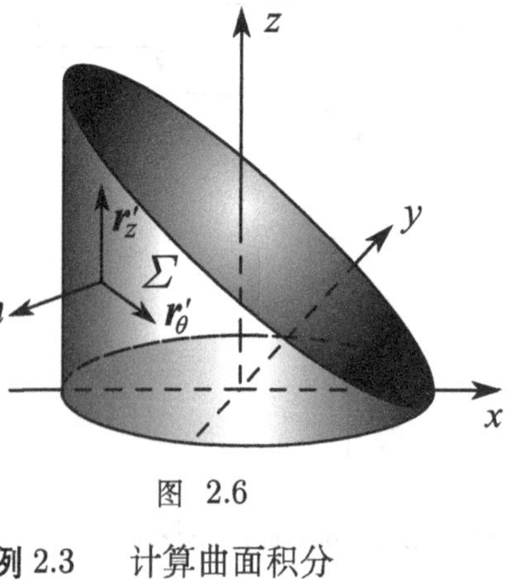

图 2.6

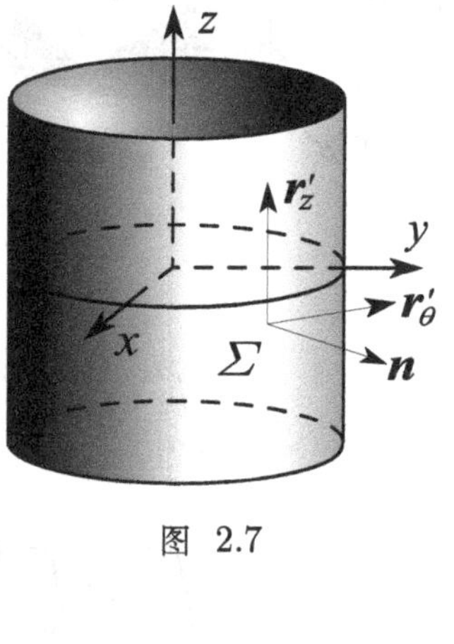

图 2.7

例 2.3 计算曲面积分

$$I = \iint_\Sigma \frac{x\mathrm{d}y\mathrm{d}z + z^2\mathrm{d}x\mathrm{d}y}{R^2+z^2},$$

其中 Σ 是圆柱面 $x^2+y^2=R^2$ 在 $|z|\le R$ 之间的外侧.

证 Σ 的参数方程为

$$x=R\cos\theta,\ y=R\sin\theta,\ z=z,\ (0\le\theta\le 2\pi,\ -R\le z\le R).$$

按照参数 θ, z 的增长方向可确定 $\boldsymbol{r}'_\theta, \boldsymbol{r}'_z, \boldsymbol{n}$ 为右手系, 其中 $\boldsymbol{n}$ 为指定法向量. 因此

$$\begin{aligned} I &= \int_0^{2\pi}\mathrm{d}\theta\int_{-R}^{R}\begin{vmatrix} \frac{x}{R^2+z^2} & 0 & \frac{z^2}{R^2+z^2} \\ x'_\theta & y'_\theta & z'_\theta \\ x'_z & y'_z & z'_z \end{vmatrix}\mathrm{d}z \\ &= \int_0^{2\pi}\mathrm{d}\theta\int_{-R}^{R}\frac{R^2\cos^2\theta}{R^2+z^2}\mathrm{d}z=\frac{1}{2}R\pi^2. \end{aligned}$$

2. **单向投影方法**

如果曲面积分域 S 可以用显式方程

$$z=f(x,y),\quad (x,y)\in D$$

表示, 即 $\boldsymbol{r}=(x,y,f(x,y))$, 则可用上侧和下侧表示定向. 当 S 的定向为上侧时, 由于曲面 S 的向上法向量为

$$\boldsymbol{r}'_x\times\boldsymbol{r}'_y=(-z'_x,-z'_y,1),$$

所以曲面积分的上侧投影公式为

$$\begin{aligned} \iint\limits_S P\mathrm{d}y\mathrm{d}z+Q\mathrm{d}z\mathrm{d}x+R\mathrm{d}x\mathrm{d}y &= \iint\limits_D(-Pz'_x-Qz'_y+R)\mathrm{d}x\mathrm{d}y \\ &= \iint\limits_D(P,Q,R)\cdot(-z'_x,-z'_y,1)\mathrm{d}x\mathrm{d}y; \end{aligned}$$

而当 S 的定向为下侧时, 根据向下法向量 $\boldsymbol{r}'_y\times\boldsymbol{r}'_x=(z'_x,z'_y,-1)$, 有曲面积分的下侧投影公式

$$\iint\limits_S P\mathrm{d}y\mathrm{d}z+Q\mathrm{d}z\mathrm{d}x+R\mathrm{d}x\mathrm{d}y = \iint\limits_D(Pz'_x+Qz'_y-R)\mathrm{d}x\mathrm{d}y$$

$$= \iint_D (P, Q, R) \cdot (z'_x, z'_y, -1)\mathrm{d}x\mathrm{d}y.$$

例 2.4 计算曲面积分

$$I = \iint_\Sigma y\mathrm{d}y\mathrm{d}z - x\mathrm{d}z\mathrm{d}x + z^2\mathrm{d}x\mathrm{d}y,$$

其中 Σ 是由锥面 $z = \sqrt{x^2+y^2}$ 被平面 $z=1$ 和 $z=2$ 所截部分的下侧.

解 按曲面的定向，显式方程给出的法向量应选为

$$(z'_x, z'_y, -1).$$

所以

$$\begin{aligned} I &= \iint_D (y, -x, z^2) \cdot (z'_x, z'_y, -1)\mathrm{d}x\mathrm{d}y \\ &= \iint_D (y, -x, x^2+y^2) \cdot \left(\frac{x}{\sqrt{x^2+y^2}}, \frac{y}{\sqrt{x^2+y^2}}, -1\right)\mathrm{d}x\mathrm{d}y \\ &= -\iint_{1\le x^2+y^2\le 4} (x^2+y^2)\mathrm{d}x\mathrm{d}y \\ &= -\int_0^{2\pi}\mathrm{d}\theta\int_1^2 r^2\cdot r\,\mathrm{d}r = -\frac{15\pi}{2}. \end{aligned}$$

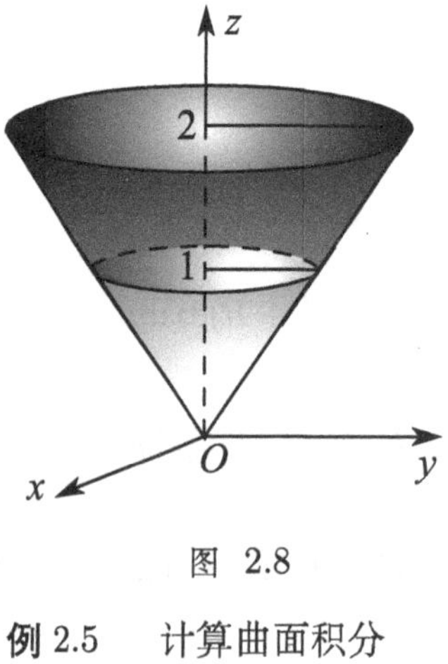

图 2.8

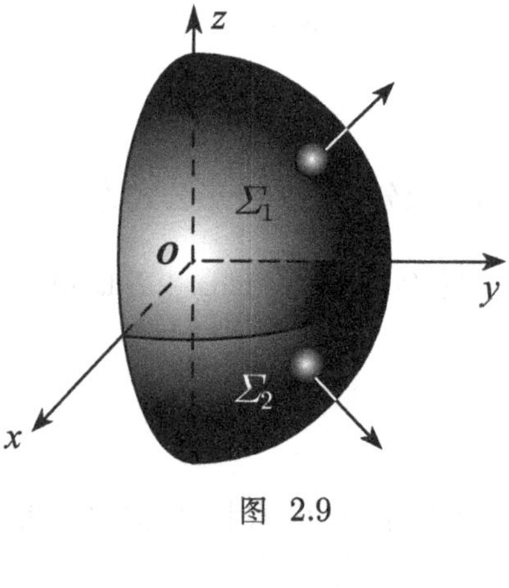

图 2.9

例 2.5 计算曲面积分

$$I = \iint_\Sigma xyz\mathrm{d}x\mathrm{d}y,$$

其中 Σ 是球面 $x^2+y^2+z^2=1$ 在 $x\geq 0, y\geq 0$ 部分的外侧.

解 曲面 Σ 可分为上下两部分:

$$\Sigma_1:\ z_1=\sqrt{1-x^2-y^2};$$
$$\Sigma_2:\ z_2=-\sqrt{1-x^2-y^2}.$$

对于 Σ_1, 法向量应选为 $(-z'_x,-z'_y,1)$, 对于 Σ_2, 法向量应选为 $(z'_x,z'_y,-1)$, 因此, 有

$$\begin{aligned}I&=\iint_{\Sigma_1}xyz\mathrm{d}x\mathrm{d}y+\iint_{\Sigma_2}xyz\mathrm{d}x\mathrm{d}y\\&=\iint_{D}xyz_1\mathrm{d}x\mathrm{d}y-\iint_{D}xyz_2\mathrm{d}x\mathrm{d}y\\&=2\iint_{D}xy\sqrt{1-x^2-y^2}\mathrm{d}x\mathrm{d}y\\&=2\int_0^{\pi/2}\mathrm{d}\theta\int_0^1 r\cos\theta\cdot r\sin\theta\sqrt{1-r^2}\cdot r\,\mathrm{d}r=\frac{2}{15}.\end{aligned}$$

例 2.6 计算曲面积分

$$I=\iint_{\Sigma}2xz\mathrm{d}y\mathrm{d}z+yz\mathrm{d}z\mathrm{d}x-z^2\mathrm{d}x\mathrm{d}y,$$

其中 Σ 是由锥面 $z=\sqrt{x^2+y^2}$ 与半球面 $z=\sqrt{2-x^2-y^2}$ 所围立体表面的外侧.

解 Σ 由

$$\Sigma_1: z_1=\sqrt{2-x^2-y^2},\ \ 1\leq z_1\leq\sqrt{2}$$

和

$$\Sigma_2: z_2=\sqrt{x^2+y^2},\ \ 0\leq z_2\leq 1$$

两部分组成. 按照 Σ 的定向, 显式方程给出的 Σ_1 的法向量应选为

$$(-z'_x,-z'_y,1)=\left(\frac{x}{z_1},\frac{y}{z_1},1\right),$$

显式方程给出的 Σ_2 的法向量应选为

$$(z'_x, z'_y, -1) = \left(\frac{x}{z_2}, \frac{y}{z_2}, -1\right).$$

因此

$$\begin{aligned} I &= \iint\limits_{\Sigma_1} + \iint\limits_{\Sigma_2} \\ &= \iint\limits_{x^2+y^2\le 1} (2xz_1, yz_1, -z_1^2)\cdot(-z'_x, -z'_y, 1)\mathrm{d}x\mathrm{d}y \\ &\quad + \iint\limits_{x^2+y^2\le 1} (2xz_2, yz_2, -z_2^2)\cdot(z'_x, z'_y, -1)\mathrm{d}x\mathrm{d}y \\ &= \iint\limits_{x^2+y^2\le 1} (6x^2+4y^2-2)\mathrm{d}x\mathrm{d}y \\ &= \int_0^{2\pi}\mathrm{d}\theta\int_0^1 (4r^2+2r^2\cos^2\theta-2)\cdot r\mathrm{d}r = \frac{\pi}{2}. \end{aligned}$$

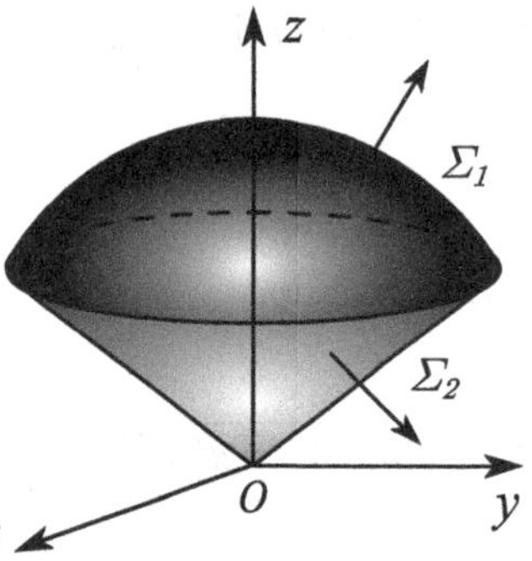

图 2.10

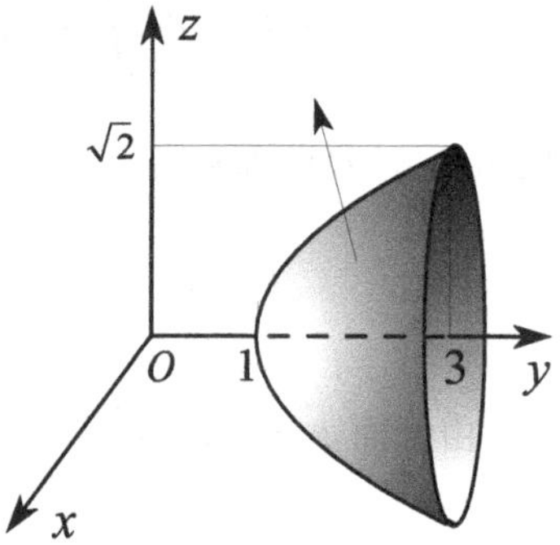

图 2.11

例 2.7　计算曲面积分

$$I = \iint\limits_{\Sigma} (8y+1)x\mathrm{d}y\mathrm{d}z + 2(1-y^2)\mathrm{d}z\mathrm{d}x - 4yz\mathrm{d}x\mathrm{d}y,$$

其中 Σ 是由曲线 $\begin{cases} z = \sqrt{y-1} \\ x = 0 \end{cases}$ $(1 \le y \le 3)$ 绕 y 轴旋转一周所成的曲面，它的法向量与 y 轴正向的夹角恒大于 $\dfrac{\pi}{2}$.

解 旋转面 Σ 的方程为

$$y-1=x^2+z^2.$$

按照 y 向投影计算. 根据曲面的定向，向左法向量为

$$(y_x,-1,y_z)=(2x,-1,2z).$$

因此

$$\begin{aligned}I &= \iint\limits_{x^2+z^2\le 2} ((8y+1)x,2(1-y^2),-4yz)\cdot(2x,-1,2z)\mathrm{d}z\mathrm{d}x\\ &= \iint\limits_{x^2+z^2\le 2} [2(8y+1)x^2+2y^2-2-8yz^2]\mathrm{d}z\mathrm{d}x\\ &= \int_0^{2\pi}\mathrm{d}\theta\int_0^{\sqrt{2}}[2(8r^2+9)r^2\cos^2\theta-8(r^2+1)r^2\sin^2\theta+2r^4+4r^2]r\mathrm{d}r\\ &= 34\pi.\end{aligned}$$

例 2.8 计算曲面积分

$$I=\iint\limits_{\Sigma}4zx\mathrm{d}y\mathrm{d}z-2z\mathrm{d}z\mathrm{d}x+(1-z^2)\mathrm{d}x\mathrm{d}y,$$

其中 Σ 是由曲线 $\begin{cases}z=a^y\\ x=0\end{cases}$ $(0\le y\le 2,\ a>0,\ a\ne 1)$ 绕 z 轴旋转一周所成的曲面的下侧.

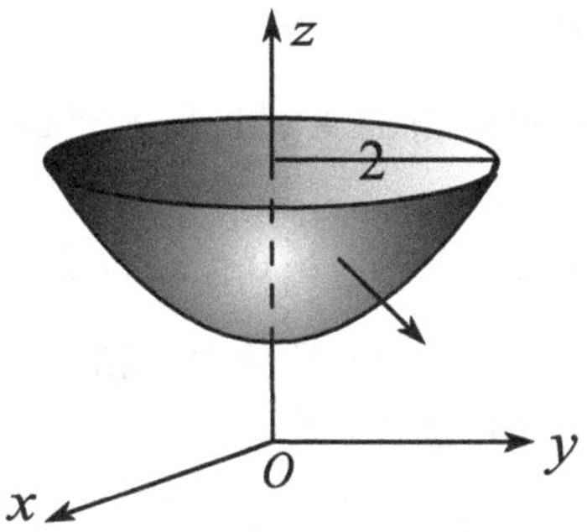

图 2.12

解 旋转面 Σ 的方程为

$$z = a^{\sqrt{x^2+y^2}}, \quad x^2+y^2 \le 4.$$

按曲面的定向，向下法向量为

$$(z'_x, z'_y, -1) = \left(\frac{xz\ln a}{\sqrt{x^2+y^2}}, \frac{yz\ln a}{\sqrt{x^2+y^2}}, -1\right).$$

因此

$$\begin{aligned} I &= \iint\limits_{x^2+y^2\le 4} (4zx, -2z, 1-z^2)\cdot(z'_x, z'_y, -1)\mathrm{d}x\mathrm{d}y \\ &= \iint\limits_{x^2+y^2\le 4} \left(\frac{(4x^2-2y)z^2\ln a}{\sqrt{x^2+y^2}} + z^2 - 1\right)\mathrm{d}x\mathrm{d}y \\ &= \iint\limits_{x^2+y^2\le 4} \left(\frac{4x^2z^2\ln a}{\sqrt{x^2+y^2}} + z^2 - 1\right)\mathrm{d}x\mathrm{d}y \\ &= \int_0^{2\pi}\mathrm{d}\theta\int_0^2 \left(4ra^{2r}\cos^2\theta\ln a + a^{2r} - 1\right)\cdot r\mathrm{d}r \\ &= 4\pi(2a^4-1) - 2\pi\left[\frac{a^4}{\ln a} + \frac{1-a^4}{(2\ln a)^2}\right]. \end{aligned}$$

3. **多向投影方法**

当曲面积分域不能用一个显式表示，例如长方体的表面，可以分片向不同的坐标面投影，简称为多向或分片投影算法.

例 2.9 计算曲面积分

$$I = \iint\limits_{\Sigma} x^2\mathrm{d}y\mathrm{d}z + y^2\mathrm{d}z\mathrm{d}x + z^2\mathrm{d}x\mathrm{d}y,$$

其中 Σ 是长方体 $0\le x\le a$, $0\le y\le b$, $0\le z\le c$ 的外表面.

解 按照法线方向 $\boldsymbol{i},\boldsymbol{j},\boldsymbol{k}$ 可将 Σ 分为 (前后，左右，上下) 三个定向面 $\Sigma_x, \Sigma_y, \Sigma_z$. 根据积分的区域可加性，有

$$I = \iint\limits_{\Sigma_x} + \iint\limits_{\Sigma_y} + \iint\limits_{\Sigma_z}.$$

分别用 $\boldsymbol{i},\boldsymbol{j},\boldsymbol{k}$ 方向的投影法计算曲面积分，有

$$\iint\limits_{\Sigma_x} = \iint\limits_{[0,b;0,c]} (a^2-0^2)\mathrm{d}y\mathrm{d}z = a^2bc,$$

$$\iint\limits_{\Sigma_y} = \iint\limits_{[0,c;0,a]} (b^2-0^2)\mathrm{d}z\mathrm{d}x = b^2ca,$$

$$\iint\limits_{\Sigma_z} = \iint\limits_{[0,a;0,b]} (c^2-0^2)\mathrm{d}x\mathrm{d}y = c^2ab,$$

于是 $I = abc(a+b+c)$.

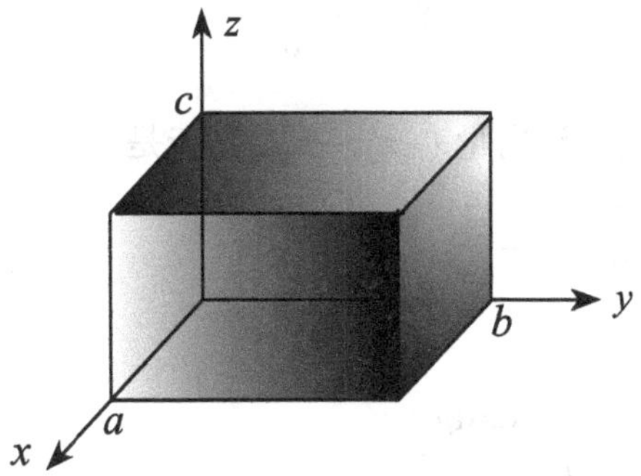

图 2.13

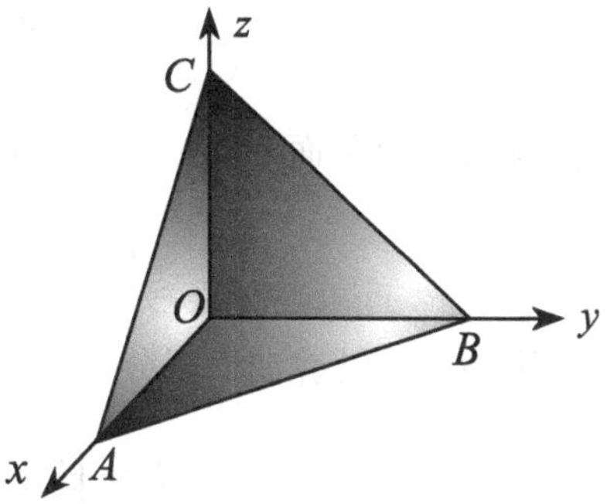

图 2.14

例 2.10　计算曲面积分

$$I = \iint\limits_{\Sigma} (x+1)\mathrm{d}y\mathrm{d}z + y\mathrm{d}z\mathrm{d}x + \mathrm{d}x\mathrm{d}y,$$

其中 Σ 是由平面 $x+y+z=1$ 与坐标面围成的四面体的外表面.

解　设四面体在 x,y,z 轴的顶点依次为 A 、B 、C, 有向三角面 OAB 、OBC 、OCA 对应的平面域分别为 D_{xy} 、 D_{yz} 、 D_{zx}. 按照积分的区域可加性，有

$$I = \iint\limits_{OAB} + \iint\limits_{OBC} + \iint\limits_{OCA} + \iint\limits_{ABC}.$$

分别用单向投影方法，有

$$\iint\limits_{OAB} = -\iint\limits_{D_{xy}} \mathrm{d}x\mathrm{d}y = -\frac{1}{2},$$

$$\iint\limits_{OBC} = -\iint\limits_{D_{yz}} \mathrm{d}y\mathrm{d}z = -\frac{1}{2},$$

$$\iint\limits_{OCA} = -\iint\limits_{D_{zx}} 0\mathrm{d}z\mathrm{d}x = 0,$$

$$\begin{aligned}\iint\limits_{ABC} &= \iint\limits_{D_{xy}} (x+1, y, 1)\cdot(1,1,1)\mathrm{d}x\mathrm{d}y \\ &= \iint\limits_{D_{xy}} (x+y+2)\mathrm{d}x\mathrm{d}y \\ &= \int_0^1 \mathrm{d}x \int_0^{1-x} (x+y+2)\mathrm{d}y = \frac{4}{3}.\end{aligned}$$

其中 $(1,1,1)$ 是平面 $x+y+z=1$ 的向上法向量 $(-z'_x, -z'_y, 1)$. 于是

$$I = -\frac{1}{2} - \frac{1}{2} + \frac{4}{3} = \frac{1}{3}.$$

例 2.11 计算曲面积分

$$I = \iint\limits_{\Sigma} \frac{x\mathrm{d}y\mathrm{d}z + z^2\mathrm{d}x\mathrm{d}y}{x^2+y^2+z^2},$$

其中 Σ 是由曲面 $x^2+y^2=R^2$ 及两平面 $z=R$, $z=-R\,(R>0)$ 所围立体表面的外侧.

解 曲面 Σ 可以分为上顶上侧 Σ_1, 侧面外侧 Σ_2 和下底下侧 Σ_3 三部分, 即

$$I = \iint\limits_{\Sigma_1} + \iint\limits_{\Sigma_2} + \iint\limits_{\Sigma_3} = I_1 + I_2 + I_3.$$

分别计算三部分的曲面积分.

设 Σ_1 在 xOy 平面的投影域为 D, 则有

$$I_1 = \iint\limits_{\Sigma_1} = \iint\limits_{D} \frac{R^2}{R^2+x^2+y^2}\mathrm{d}x\mathrm{d}y.$$

同理有

$$I_3 = \iint\limits_{\Sigma_3} = -\iint\limits_{D} \frac{R^2}{R^2+x^2+y^2}\mathrm{d}x\mathrm{d}y.$$

即 $I_1 + I_3 = 0$.

设 Σ_2 在 yOz 平面的投影域为 K, 则有

$$x_{前} = \sqrt{R^2 - y^2}, \quad x_{后} = -\sqrt{R^2 - y^2},$$

故

$$\begin{aligned} I_2 &= \iint\limits_{\Sigma_2} = \iint\limits_{K} \left(\frac{x_{前}}{R^2+z^2}, 0, \frac{z^2}{R^2+z^2}\right) \cdot \left(1, \frac{y}{\sqrt{R^2-y^2}}, 0\right) \mathrm{d}y\mathrm{d}z \\ &\quad + \iint\limits_{K} \left(\frac{x_{后}}{R^2+z^2}, 0, \frac{z^2}{R^2+z^2}\right) \cdot \left(-1, \frac{y}{\sqrt{R^2-y^2}}, 0\right) \mathrm{d}y\mathrm{d}z \\ &= 2\iint\limits_{K} \frac{\sqrt{R^2-y^2}}{R^2+z^2} \mathrm{d}y\mathrm{d}z = 2\int_{-R}^{R} \frac{\mathrm{d}z}{R^2+z^2} \int_{-R}^{R} \sqrt{R^2-y^2}\, \mathrm{d}y = \frac{1}{2}R\pi^2. \end{aligned}$$

于是 $I = 0 + \frac{1}{2}R\pi^2 = \frac{1}{2}R\pi^2$.

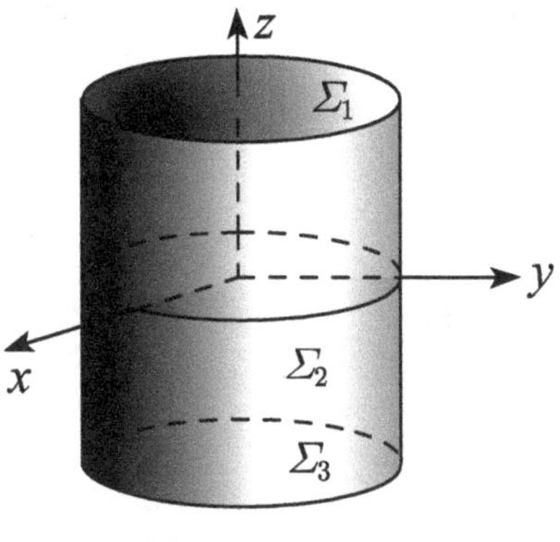

图 2.15

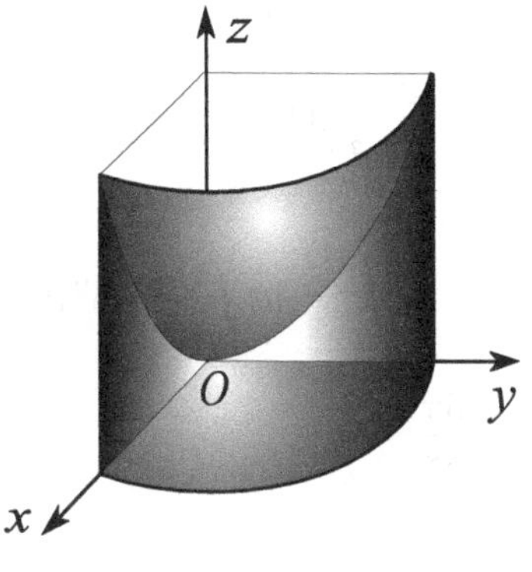

图 2.16

对于有些定向类曲面积分，也可以用拆项投影算法，即将原积分分成三个项，每一项对应一个单向投影.

例 2.12　计算曲面积分

$$I = \iint\limits_{\Sigma} z^2 x\mathrm{d}y\mathrm{d}z + x^2 y\mathrm{d}z\mathrm{d}x + y^2 z\mathrm{d}x\mathrm{d}y,$$

其中 Σ 是由柱面 $x^2 + y^2 = 1$, 抛物面 $z = x^2 + y^2$ 及坐标面在第一卦限所围立体表面的外侧.

解* 原积分可以分为三项计算. 设 $I=I_1+I_2+I_3$, 其中

$$I_1=\iint\limits_{\Sigma} z^2x\mathrm{d}y\mathrm{d}z,\ I_2=\iint\limits_{\Sigma} x^2y\mathrm{d}z\mathrm{d}x,\ I_3=\iint\limits_{\Sigma} y^2z\mathrm{d}x\mathrm{d}y.$$

分别用单向投影法计算 I_1, I_2, I_3.

$$\begin{aligned}
I_1 &= \iint\limits_{\substack{0\le z\le 1\\ 0\le y\le 1}} z^2\sqrt{1-y^2}\mathrm{d}y\mathrm{d}z-\iint\limits_{\substack{0\le z\le 1\\ 0\le y\le \sqrt{z}}} z^2\sqrt{z-y^2}\mathrm{d}y\mathrm{d}z\\
&=\int_0^1 z^2\mathrm{d}z\int_0^1\sqrt{1-y^2}\mathrm{d}y-\int_0^1 z^2\mathrm{d}z\int_0^{\sqrt{z}}\sqrt{z-y^2}\mathrm{d}y=\frac{\pi}{48};\\
I_2 &= \iint\limits_{\substack{0\le z\le 1\\ 0\le x\le 1}} x^2\sqrt{1-x^2}\mathrm{d}z\mathrm{d}x-\iint\limits_{\substack{0\le z\le 1\\ 0\le x\le \sqrt{z}}} x^2\sqrt{z-x^2}\mathrm{d}z\mathrm{d}x\\
&=\int_0^1\mathrm{d}z\int_0^1 x\sqrt{1-y^2}\mathrm{d}x-\int_0^1\mathrm{d}z\int_0^{\sqrt{z}} x^2\sqrt{z-x^2}\mathrm{d}x=\frac{2\pi}{48};\\
I_3 &= \iint\limits_{\substack{x^2+y^2\le 1\\ x\ge 0,\, y\ge 0}} y^2(x^2+y^2)\mathrm{d}x\mathrm{d}y\\
&=\int_0^{\pi/2}\mathrm{d}\theta\int_0^1 r^2\sin^2\theta r^2\cdot r\mathrm{d}r=\frac{\pi}{24}.
\end{aligned}$$

因此 $I=\dfrac{5\pi}{48}$.

习 题 11.2 A

1. 设有向曲面 M 是以原点为中心的球面外侧，用参数化方法计算曲面积分

$$I=\iint\limits_{M} x\mathrm{d}y\mathrm{d}z+y\mathrm{d}z\mathrm{d}x+z\mathrm{d}x\mathrm{d}y.$$

2. 设有向曲面 M 是柱面

$$x^2+y^2=R^2,\quad 0\le z\le h$$

的外侧，用参数化方法计算曲面积分

$$I=\iint\limits_{M} yz\mathrm{d}y\mathrm{d}z+zx\mathrm{d}z\mathrm{d}x+xy\mathrm{d}x\mathrm{d}y.$$

3. 计算曲面积分

$$I=\iint\limits_{\Sigma} x^2z\mathrm{d}x\mathrm{d}y,$$

其中 Σ 分别是

(1) 球面 $x^2+y^2+z^2=1$ 的上半部上侧；

(2) 球面 $x^2+y^2+z^2=1$ 的下半部上侧；

(3) 球面 $x^2+y^2+z^2=1$ 的外侧.

4. 计算曲面积分

$$I=\iint\limits_{\Sigma} y^2\mathrm{d}y\mathrm{d}z+z^2\mathrm{d}z\mathrm{d}x+x^2\mathrm{d}x\mathrm{d}y,$$

其中 Σ 分别是

(1) 圆锥上底面 $\Sigma_1: x^2+y^2\le z^2,\ z=H>0$ 的上侧；

(2) 圆锥侧面 $\Sigma_2: x^2+y^2=z^2,\ 0\le z\le H$ 的上侧；

(3) 整个圆锥面 $\Sigma_1\cup\Sigma_2$ 的外侧.

5. 计算曲面积分

$$I=\iint\limits_{\Sigma}(x^3-yz)\mathrm{d}y\mathrm{d}z-2x^2y\mathrm{d}z\mathrm{d}x+z\mathrm{d}x\mathrm{d}y,$$

其中 Σ 是以棱长为 a 且每个棱都平行于坐标轴的正方体外侧.

6. 计算曲面积分

$$I=\iint\limits_{\Sigma}(z^2+x)\mathrm{d}y\mathrm{d}z-z\mathrm{d}x\mathrm{d}y,$$

其中 Σ 是旋转抛物面 $z=\dfrac{1}{2}(x^2+y^2)$ 介于平面 $z=0$ 与 $z=2$ 之间部分的下侧.

7. 计算曲面积分

$$I=\iint\limits_{\Sigma} xy\mathrm{d}y\mathrm{d}z+yz\mathrm{d}z\mathrm{d}x+xz\mathrm{d}x\mathrm{d}y,$$

其中 Σ 是由平面 $x+y+z=2$ 与坐标面围成的四面体的外表面.

8. 计算曲面积分

$$I=\iint\limits_{\Sigma} yz\mathrm{d}y\mathrm{d}z+zx\mathrm{d}z\mathrm{d}x+xy\mathrm{d}x\mathrm{d}y,$$

其中 Σ 是球面 $x^2+y^2+z^2=1$ 的外侧.

9. 计算曲面积分

$$I=\iint\limits_{\Sigma}(2x+z)\mathrm{d}y\mathrm{d}z+z\mathrm{d}x\mathrm{d}y,$$

其中 Σ 是曲面面 $z=x^2+y^2(0\leq z\leq 1)$ 的上侧.

习 题 11.2 B

1. 计算曲面积分

$$I=\iint\limits_{\Sigma}(x+y+z)\mathrm{d}x\mathrm{d}y,$$

其中 Σ 是 $z=\sqrt{1-\dfrac{x^2}{4}-\dfrac{y^2}{4}}$ 与平面 $z=0$ 围成的空间区域的表面外侧.

2. 计算曲面积分

$$I=\iint\limits_{\Sigma}(1+z)(x+y)^2\mathrm{d}x\mathrm{d}y,$$

其中 Σ 是半球面 $x^2+y^2+z^2=1\ (y\geq 0)$, 朝 y 轴正向的一侧.

3. 计算曲面积分

$$I=\iint\limits_{\Sigma} z\sqrt{x^2+y^2}\mathrm{d}x\mathrm{d}y,$$

其中 Σ 是球面 $x^2+y^2+z^2=1$ 在 $x\geq 0, y\geq 0$ 部分的外侧.

4. 计算曲面积分

$$I=\iint\limits_{\Sigma}\frac{ax\mathrm{d}y\mathrm{d}z+(z+a)^2\mathrm{d}x\mathrm{d}y}{\sqrt{x^2+y^2}},$$

其中 Σ 是下半球面 $z=-\sqrt{a^2-x^2-y^2}$ 的上侧， a 为大于零的常数.

5. 计算曲面积分

$$I=\iint\limits_{\Sigma}\frac{x\mathrm{d}y\mathrm{d}z+y^2\mathrm{d}z\mathrm{d}x}{\sqrt{x^2+y^2+z^2}},$$

其中 Σ 是由曲面 $x^2+z^2=R^2$ 及两平面 $y=R,\ y=-R\ (R>0)$ 所围立体表面的外侧.

6. 试求向量场 $\boldsymbol{v}=(yz,zx,xy)$ 穿过在第一卦限中球面 $x^2+y^2+z^2=1$ 外侧的流量.

7. 试计算曲面积分 $\iint_S x^3\mathrm{d}y\mathrm{d}z$, 其中 S 是椭球面 $\dfrac{x^2}{a^2}+\dfrac{y^2}{b^2}+\dfrac{z^2}{c^2}=1$ 的外侧.

8. 试求向量场 $\boldsymbol{v}=(yz,zx,xy)$ 的流量， (1) 穿过圆柱 $x^2+y^2\le a^2\ (0\le z\le h)$ 的侧表面外侧； (2) 穿过该圆柱的全表面外侧.

9. 设空间立体 Ω 由三个坐标面及平面 $x+y+z=1$ 所围成. 在 Ω 内有一水源，在点 $M(x,y,z)$ 处的流速为 $\boldsymbol{v}=(x,y,2z)$, 试求在单位时间内通过 Ω 的边界曲面向外流出的水流量.

10. 试将曲面积分 $\iint_S f(x,y,z)\mathrm{d}x\mathrm{d}y$ 与 $\iint_S f(y,z)\mathrm{d}z\mathrm{d}x$ 化为直角坐标系下的二重积分，其中 S 是由柱面 $x^2+y^2=1$, 平面 $z=0$ 及 $z=4$ 所围成立体表面外侧.

11. 设有空间流速场 $\boldsymbol{v}=(xy,0,0)$, 试求 $\boldsymbol{v}$ 通过曲面 $z=x^2+y^2$ 位于 $z=1$ 以下部分的下侧流量.

12. 试求向量场 $\boldsymbol{v}=(x-2y,x+3y+z,5x+y)$ 通过以 $A(1,0,0),B(0,1,0),C(0,0,1)$ 为顶点的三角形 ABC 上侧的流量.

13. 试求向量场 $\boldsymbol{v}=(1,-1,xyz)$ 通过由平面 $y=x$ 截球面 $x^2+y^2+z^2\le R^2$ 所得圆面 S 朝 x 轴正向一侧的流量.

§11.3 定向类积分关系

牛顿 – 莱布尼兹公式因刻划了定积分与不定积分的关系而被称为微积分基本定理. 作为推广, 先后出现了刻划曲线积分与二重积分关系的 Green 公式, 刻划曲面积分与三重积分关系的 Gauss 公式, 以及刻划曲线积分与曲面积分关系的 Stokes 公式. 后来, 人们用微分形式的积分与外微分又将这些公式统一在 Stokes 公式之下. 微分形式的外微分与积分同数量场的梯度、向量场的环量、流量、旋度和散度等有着密不可分的内在联系.

§11.3.1 微积分基本定理 *

定向类线面积分可以通过反交换性乘积运算统一为微分形式的积分, 定向类积分之间的关系可以通过反交换性微分运算表示为 Stokes 公式. 微分形式之间的相互依赖和相互转化关系, 揭示了许多积分问题和自然现象的内在联系和本质.

1. **微分形式的积分**

当 ω 表示一次微分形式, 即

$$\omega = P\mathrm{d}x + Q\mathrm{d}y + R\mathrm{d}z$$

时, ω 在定向曲线 Ω 上的积分可定义为

$$\int_\Omega \omega = \int_\Omega P\mathrm{d}x + Q\mathrm{d}y + R\mathrm{d}z;$$

当 ω 表示二次微分形式, 即

$$\omega = P\mathrm{d}y \wedge \mathrm{d}z + Q\mathrm{d}z \wedge \mathrm{d}x + R\mathrm{d}x \wedge \mathrm{d}y$$

时, ω 在定向曲面 Ω 上的积分可定义为

$$\int_\Omega \omega = \iint\limits_\Omega P\mathrm{d}y\mathrm{d}z + Q\mathrm{d}z\mathrm{d}x + R\mathrm{d}x\mathrm{d}y;$$

当 ω 表示三次微分形式, 即

$$\omega = f\mathrm{d}x \wedge \mathrm{d}y \wedge \mathrm{d}z$$

时，ω 在三维区域 Ω 上的积分可定义为

$$\int_{\Omega}\omega=\iiint_{\Omega}f\mathrm{d}x\mathrm{d}y\mathrm{d}z.$$

2. **微分形式的微分**

一元函数的牛顿 – 莱布尼兹公式为

$$\int_a^b \mathrm{d}\omega=\omega\Big|_a^b,$$

如果记 $\Omega=[a,b]$, $\omega\Big|_a^b=\int_{\partial\Omega}\omega$, 那么该公式可以表示成一种普遍形式，即

$$\int_{\Omega}\mathrm{d}\omega=\int_{\partial\Omega}\omega.$$

可以想象，对一般的微分形式 ω, 只要存在反交换性微分 $\mathrm{d}\omega$, 那么相应的牛顿 – 莱布尼兹公式也应该成立.

仿照全微分，即交换性微分，可定义反交换性微分为

$$\mathrm{d}(P\mathrm{d}x+Q\mathrm{d}y+R\mathrm{d}z)=\mathrm{d}P\wedge\mathrm{d}x+\mathrm{d}Q\wedge\mathrm{d}y+\mathrm{d}R\wedge\mathrm{d}z;$$

$$\begin{aligned}&\mathrm{d}(P\mathrm{d}y\wedge\mathrm{d}z+Q\mathrm{d}z\wedge\mathrm{d}x+R\mathrm{d}x\wedge\mathrm{d}y)\\&\qquad=\mathrm{d}P\wedge\mathrm{d}y\wedge\mathrm{d}z+\mathrm{d}Q\wedge\mathrm{d}z\wedge\mathrm{d}x+\mathrm{d}R\wedge\mathrm{d}x\wedge\mathrm{d}y.\end{aligned}$$

反交换性微分也称为外微分.

由于

$$\mathrm{d}P=\frac{\partial P}{\partial x}\mathrm{d}x+\frac{\partial P}{\partial y}\mathrm{d}y+\frac{\partial P}{\partial z}\mathrm{d}z,$$

所以按照反交换率，有

$$\mathrm{d}P\wedge\mathrm{d}x=-\frac{\partial P}{\partial y}\mathrm{d}x\wedge\mathrm{d}y+\frac{\partial P}{\partial z}\mathrm{d}z\wedge\mathrm{d}x.$$

同理，有

$$\mathrm{d}Q\wedge\mathrm{d}y=\frac{\partial Q}{\partial x}\mathrm{d}x\wedge\mathrm{d}y-\frac{\partial Q}{\partial z}\mathrm{d}y\wedge\mathrm{d}z.$$

$$dR \wedge dz = -\frac{\partial R}{\partial x}dz \wedge dx + \frac{\partial R}{\partial y}dy \wedge dz.$$

由此可知,

$$\begin{aligned}
d(Pdx + Qdy + Rdz) &= dP \wedge dx + dQ \wedge dy + dR \wedge dz \\
&= \Big(\frac{\partial R}{\partial y} - \frac{\partial Q}{\partial z}\Big)dy \wedge dz + \Big(\frac{\partial P}{\partial z} - \frac{\partial R}{\partial x}\Big)dz \wedge dx + \Big(\frac{\partial Q}{\partial x} - \frac{\partial P}{\partial y}\Big)dx \wedge dy \\
&= \begin{vmatrix} dy \wedge dz & dz \wedge dx & dx \wedge dy \\ \dfrac{\partial}{\partial x} & \dfrac{\partial}{\partial y} & \dfrac{\partial}{\partial z} \\ P & Q & R \end{vmatrix} \\
&= \mathrm{rot}(P,Q,R) \cdot (dy \wedge dz, dz \wedge dx, dx \wedge dy).
\end{aligned}$$

其中 $\mathrm{rot}(P,Q,R)$ 称为向量函数即向量场 $(x,y,z) \mapsto (P,Q,R)$ 的旋度, 亦即

$$\begin{aligned}
\mathrm{rot}(P,Q,R) &= \left(\frac{\partial}{\partial x}, \frac{\partial}{\partial y}, \frac{\partial}{\partial z}\right) \times (P,Q,R) = \nabla \times (P,Q,R) \\
&= \begin{vmatrix} \boldsymbol{i} & \boldsymbol{j} & \boldsymbol{k} \\ \dfrac{\partial}{\partial x} & \dfrac{\partial}{\partial y} & \dfrac{\partial}{\partial z} \\ P & Q & R \end{vmatrix} \\
&= \left(\frac{\partial R}{\partial y} - \frac{\partial Q}{\partial z}, \frac{\partial P}{\partial z} - \frac{\partial R}{\partial x}, \frac{\partial Q}{\partial x} - \frac{\partial P}{\partial y}\right)
\end{aligned}$$

反交换性微分公式

$$d(Pdx + Qdy + Rdz) = \mathrm{rot}(P,Q,R) \cdot (dy \wedge dz, dz \wedge dx, dx \wedge dy)$$

揭示了向量场的微环量与微流量或旋度之间的内在关系.

按照同样方法, 二次微分形式的反交换性微分为

$$\begin{aligned}
&d(Pdy \wedge dz + Qdz \wedge dx + Rdx \wedge dy) \\
&\qquad = dP \wedge dy \wedge dz + dQ \wedge dz \wedge dx + dR \wedge dx \wedge dy \\
&\qquad = \left(\frac{\partial P}{\partial x} + \frac{\partial Q}{\partial y} + \frac{\partial R}{\partial z}\right) dx \wedge dy \wedge dz
\end{aligned}$$

$$= \operatorname{div}(P, Q, R)\, \mathrm{d}x \wedge \mathrm{d}y \wedge \mathrm{d}z.$$

其中 $\operatorname{div}(P, Q, R)$ 称为向量场 $(x, y, z) \mapsto (P, Q, R)$ 的散度，即

$$\operatorname{div}(P, Q, R) = \nabla \cdot (P, Q, R) = \frac{\partial P}{\partial x} + \frac{\partial Q}{\partial y} + \frac{\partial R}{\partial z}$$

反交换性微分公式

$$\mathrm{d}(P\mathrm{d}y \wedge \mathrm{d}z + Q\mathrm{d}z \wedge \mathrm{d}x + R\mathrm{d}x \wedge \mathrm{d}y) = \operatorname{div}(P, Q, R)\, \mathrm{d}x \wedge \mathrm{d}y \wedge \mathrm{d}z$$

揭示了向量场的微流量与散度之间的内在关系.

3. **统一 Stokes 公式**

从数学上看，Stokes 公式揭示了微分形式在一个定向域的边界积分与其外微分在包围域积分的相互联系；从物理上看，Stokes 公式揭示了各种数量场或向量场之间相互依存和相互转化的内在结构. 不论是在数学上还是在物理学上，Stokes 公式都有着十分丰富的内涵和极其广泛的应用.

定理 3.1 (**统一 Stokes 公式**) *设 Ω 是一个简单的 k 维定向域 $(k = 1, 2, 3)$，如果 ω 是一个连续且分片光滑的 $(k-1)$ 次微分形式，则*

$$\int_{\Omega} \mathrm{d}\omega = \int_{\partial\Omega} \omega.$$

其中边界 $\partial\Omega$ 按右手法则自然定向.

证 由于简单域是有限个基本域的拼接，所以只需对 Ω 是基本域的情况予以证明.

(1) 对于按照参数递增定向的基本曲线 $\Omega : \boldsymbol{r} = \boldsymbol{r}(t)$, $(a \leq t \leq b)$, Stokes 公式的具体形式为

$$\int_{\Omega} \mathrm{d}f(x, y, z) = f(x(b), y(b), z(b)) - f(x(a), y(a), z(a)).$$

由于

$$\int_{\Omega} \mathrm{d}f(x, y, z) = \int_a^b \mathrm{d}f(x(t), y(t), z(t)),$$

所以由牛顿 – 莱布尼兹公式可知结论成立.

(2) 对于按照参数递增且按 (u,v) 次序定向的基本曲面

$$\Omega: \boldsymbol{r}=\boldsymbol{r}(u,v),\ (a\le u\le b,\ c\le v\le d),$$

Stokes 公式的具体形式为

$$\int_\Omega \mathrm{d}(\boldsymbol{f}\cdot\mathrm{d}\boldsymbol{r})=\int_{\partial\Omega}\boldsymbol{f}\cdot\mathrm{d}\boldsymbol{r}.$$

由于

$$\begin{aligned}
\int_\Omega \mathrm{d}(\boldsymbol{f}\cdot\mathrm{d}\boldsymbol{r}) &= \int_\Omega \mathrm{d}(\boldsymbol{f}\cdot\boldsymbol{r}'_u\mathrm{d}u+\boldsymbol{f}\cdot\boldsymbol{r}'_v\mathrm{d}v)\\
&= \int_\Omega \frac{\partial(\boldsymbol{f}\cdot\boldsymbol{r}'_u)}{\partial v}\mathrm{d}v\wedge\mathrm{d}u+\frac{\partial(\boldsymbol{f}\cdot\boldsymbol{r}'_v)}{\partial u}\mathrm{d}u\wedge\mathrm{d}v\\
&= \iint\limits_\Omega \frac{\partial(\boldsymbol{f}\cdot\boldsymbol{r}'_v)}{\partial u}\mathrm{d}u\mathrm{d}v-\iint\limits_\Omega \frac{\partial(\boldsymbol{f}\cdot\boldsymbol{r}'_u)}{\partial v}\mathrm{d}u\mathrm{d}v\\
&= \int_c^d \mathrm{d}v\int_a^b \frac{\partial(\boldsymbol{f}\cdot\boldsymbol{r}'_v)}{\partial u}\mathrm{d}u-\int_a^b \mathrm{d}u\int_c^d \frac{\partial(\boldsymbol{f}\cdot\boldsymbol{r}'_u)}{\partial v}\mathrm{d}v\\
&= \int_c^d [\boldsymbol{f}\cdot\boldsymbol{r}'_v)]_{u=a}^{u=b}\mathrm{d}v-\int_a^b [\boldsymbol{f}\cdot\boldsymbol{r}'_u)]_{v=c}^{v=d}\mathrm{d}u,\\
\int_{\partial\Omega}\boldsymbol{f}\cdot\mathrm{d}\boldsymbol{r} &= \int_{\partial\Omega}\boldsymbol{f}\cdot\boldsymbol{r}'_u\mathrm{d}u+\boldsymbol{f}\cdot\boldsymbol{r}'_v\mathrm{d}v\\
&= \int_c^d [\boldsymbol{f}\cdot\boldsymbol{r}'_v)]_{u=a}^{u=b}\mathrm{d}v-\int_a^b [\boldsymbol{f}\cdot\boldsymbol{r}'_u)]_{v=c}^{v=d}\mathrm{d}u,
\end{aligned}$$

所以结论成立.

(3) 当 Ω 为长方体 $V=[a,b;c,d;e,f]$ 时， Stokes 公式的具体形式为 Gauss 公式，即

$$\int_V\left(\frac{\partial P}{\partial x}+\frac{\partial Q}{\partial y}+\frac{\partial R}{\partial z}\right)\mathrm{d}x\wedge\mathrm{d}y\wedge\mathrm{d}z=\int_{\partial V}P\mathrm{d}y\wedge\mathrm{d}z+Q\mathrm{d}z\wedge\mathrm{d}x+R\mathrm{d}x\wedge\mathrm{d}y.$$

根据积分的线性性，只需对 P,Q 都为 0 的情况予以证明，此时 Gauss 公式为

$$\int_V\frac{\partial R}{\partial z}\mathrm{d}x\wedge\mathrm{d}y\wedge\mathrm{d}z=\int_{\partial V}R\mathrm{d}x\wedge\mathrm{d}y.$$

不妨设 V 的定向为外侧，将上式两端分别化为二重积分，有

$$\begin{aligned}\int_V \frac{\partial R}{\partial z}\mathrm{d}x\wedge\mathrm{d}y\wedge\mathrm{d}z &= \iiint\limits_V \frac{\partial R}{\partial z}\mathrm{d}x\mathrm{d}y\mathrm{d}z \\ &= \iint\limits_{[a,b;c,d]} \mathrm{d}x\mathrm{d}y\int_e^f \frac{\partial R}{\partial z}\mathrm{d}z \\ &= \iint\limits_{[a,b;c,d]} [R(x,y,f)-R(x,y,e)]\mathrm{d}x\mathrm{d}y.\end{aligned}$$

$$\begin{aligned}\int_{\partial V} R\mathrm{d}x\wedge\mathrm{d}y &= -\iint\limits_{[a,b;c,d]} R(x,y,e)\mathrm{d}x\mathrm{d}y + \iint\limits_{[a,b;c,d]} R(x,y,f)\mathrm{d}x\mathrm{d}y \\ &= \iint\limits_{[a,b;c,d]} [R(x,y,f)-R(x,y,e)]\mathrm{d}x\mathrm{d}y.\end{aligned}$$

由此可知，结论成立.

综上所述，原命题成立.

§11.3.2 定向类积分公式

统一 Stokes 公式是从 Green 公式、 Gauss 公式和原始 Stokes 公式发展而来的，考虑到这些公式的重要性，有必要分别讨论和了解每一个公式的具体形式和重要作用.

按照习惯， Green 公式、 Gauss 公式和 Stokes 公式可以叙述如下.

定理 3.2(Green **公式**) 设 D 是平面简单域，Γ 为其边界. 若 $P(x,y)$, $Q(x,y)$ 在 D 上有连续的偏导数，则按照 Γ 的逆时针定向，有

$$\int_\Gamma P(x,y)\mathrm{d}x+Q(x,y)\mathrm{d}y=\iint\limits_D\left(\frac{\partial Q}{\partial x}-\frac{\partial P}{\partial y}\right)\mathrm{d}x\mathrm{d}y$$

定理 3.3(Gauss **公式**) 设 Ω 是三维简单域. 若 $P(x,y,z)$, $Q(x,y,z)$, $R(x,y,z)$ 在 Ω 上有连续的偏导数，则按照边界 Σ 的外侧定向，有

$$\iint\limits_\Sigma P\mathrm{d}y\mathrm{d}z+Q\mathrm{d}z\mathrm{d}x+R\mathrm{d}x\mathrm{d}y=\iiint\limits_\Omega\left(\frac{\partial P}{\partial x}+\frac{\partial Q}{\partial y}+\frac{\partial R}{\partial z}\right)\mathrm{d}x\mathrm{d}y\mathrm{d}z.$$

定理 3.4(Stokes **公式**) 设 Σ 是定向的二维简单域且 Γ 为其按照右手法则定向的边界. 若 $P(x,y,z)$, $Q(x,y,z)$, $R(x,y,z)$ 在 Σ 上有连续的偏导数, 则有

$$\int_\Gamma P\mathrm{d}x+Q\mathrm{d}y+R\mathrm{d}z=\iint_\Sigma\begin{vmatrix}\mathrm{d}y\mathrm{d}z & \mathrm{d}z\mathrm{d}x & \mathrm{d}x\mathrm{d}y\\ \dfrac{\partial}{\partial x} & \dfrac{\partial}{\partial y} & \dfrac{\partial}{\partial z}\\ P & Q & R\end{vmatrix}.$$

1. Green **公式的证明**

由一条曲线围成的简单域称为单连通域, 由至少两条曲线围成的简单域称为多连通域. 如果多连通域的外边界按逆时针定向, 则它的内边界都按顺时针定向.

把曲线积分转化为二重积分时, 特别需要注意积分表达式的定义域. 曲线积分和二重积分的定义域一个是边界, 一个是包围域, 最容易忽视偏导函数处处连续性要求. 一旦破坏偏导连续性, 可能导致错误的计算结果.

(1) 假设 D 为 x 型区域, 即 D 可以用不等式

$$a\le x\le b,\ y_1(x)\le y\le y_2(x)$$

表示, 其中 $y_1(x),y_2(x)$ 具有连续的导数.

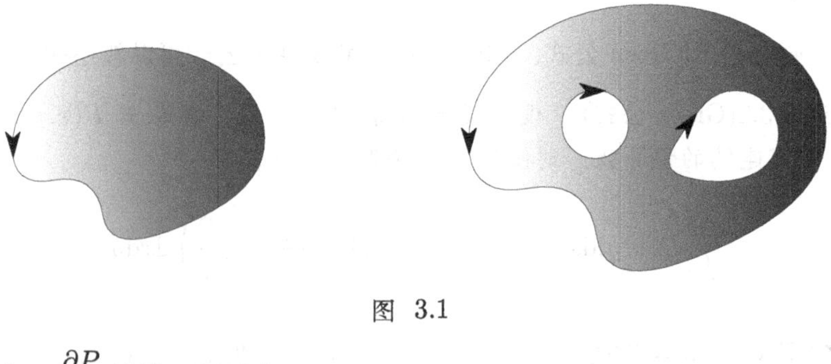

图 3.1

由于 $\dfrac{\partial P}{\partial y}$ 连续, 所以有

$$\iint_D\frac{\partial P}{\partial y}\mathrm{d}x\mathrm{d}y=\int_a^b\mathrm{d}x\int_{y_1(x)}^{y_2(x)}\frac{\partial P}{\partial y}\mathrm{d}y$$

$$= \int_a^b [P(x, y_2(x)) - P(x, y_1(x))] \mathrm{d}x.$$

另一方面，又有

$$\begin{aligned}\int_L P \mathrm{d}x &= \int_{L_1} P \mathrm{d}x + \int_{L_2} P \mathrm{d}x \\ &= \int_a^b P(x, y_1(x)) \mathrm{d}x + \int_b^a P(x, y_2(x)) \mathrm{d}x \\ &= -\int_a^b [P(x, y_2(x)) - P(x, y_1(x))] \mathrm{d}x.\end{aligned}$$

其中 L_1, L_2 是 D 的上、下边界且与 L 的定向相同.

因此，有

$$-\iint_D \frac{\partial P}{\partial y} \mathrm{d}x\mathrm{d}y = \int_L P \mathrm{d}x.$$

(2) 同理，如果 D 为 y 型区域，则有

$$\iint_D \frac{\partial Q}{\partial x} \mathrm{d}x\mathrm{d}y = \int_L Q \mathrm{d}y.$$

特别，当 D 既为 x 型区域又为 y 型区域时，有

$$\iint_D \left(\frac{\partial Q}{\partial x} - \frac{\partial P}{\partial y}\right) \mathrm{d}x\mathrm{d}y = \int_L P \mathrm{d}x + Q \mathrm{d}y.$$

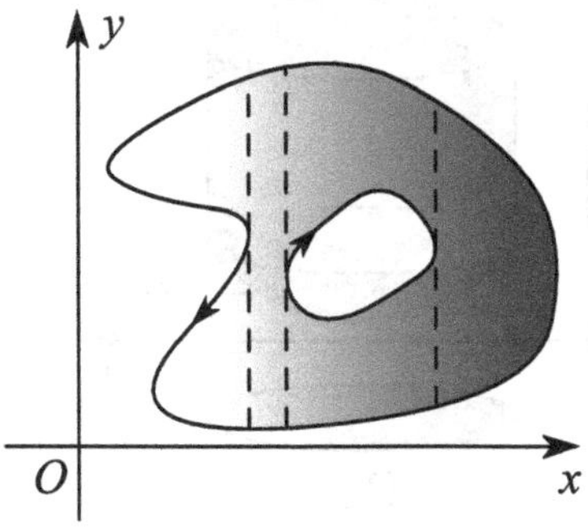

图 3.2

一般地，可以将简单域 D 分割成若干个既为 x 型又为 y 型的简单域，由此可知，Green 公式成立.

2. Gauss **公式的证明**

首先证明

$$\iiint\limits_{\Omega} \frac{\partial R}{\partial z}\mathrm{d}x\mathrm{d}y\mathrm{d}z = \iint\limits_{\Sigma} R\mathrm{d}x\mathrm{d}y.$$

假设 Ω 可以用不等式

$$z_1(x,y) \le z \le z_2(x,y),\ (x,y) \in D_{xy}$$

表示，并设曲面

$$\Sigma_1 : z = z_1(x,y)\ \ (x,y) \in D_{xy},$$

$$\Sigma_2 : z = z_2(x,y)\ \ (x,y) \in D_{xy}$$

分别按上侧和下侧定向.

于是，按照累次积分法有

$$\begin{aligned}\iiint\limits_{\Omega} \frac{\partial R}{\partial z}\mathrm{d}x\mathrm{d}y\mathrm{d}z &= \iint\limits_{D_{xy}} \mathrm{d}x\mathrm{d}y \int_{z_1(x,y)}^{z_2(x,y)} \frac{\partial R}{\partial z}\mathrm{d}z \\ &= \iint\limits_{D_{xy}} [R(x,y,z_2(x,y)) - R(x,y,z_1(x,y))]\mathrm{d}x\mathrm{d}y.\end{aligned}$$

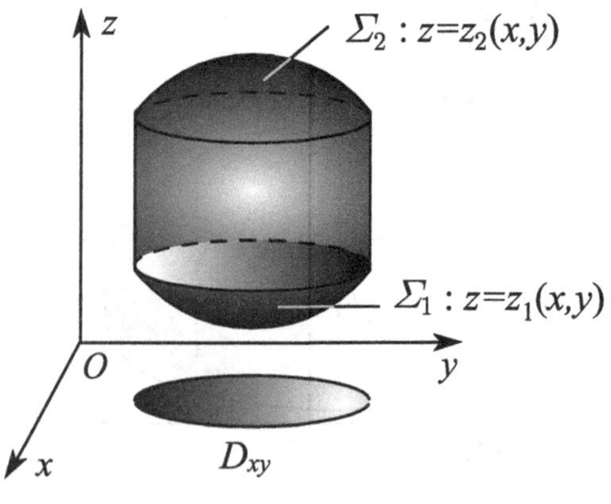

图 3.3

另一方面，按照投影法有

$$\begin{aligned}\iint\limits_{\Sigma} R\mathrm{d}x\mathrm{d}y &= \iint\limits_{\Sigma_2} R\mathrm{d}x\mathrm{d}y + \iint\limits_{\Sigma_1} R\mathrm{d}x\mathrm{d}y \\ &= \iint\limits_{D_{xy}} R(x,y,z_2(x,y))\mathrm{d}x\mathrm{d}y - \iint\limits_{D_{xy}} R(x,y,z_1(x,y))\mathrm{d}x\mathrm{d}y \\ &= \iint\limits_{D_{xy}} [R(x,y,z_2(x,y)) - R(x,y,z_1(x,y))]\mathrm{d}x\mathrm{d}y.\end{aligned}$$

同理，当 Ω 存在左右表示时，有

$$\iiint\limits_{\Omega} \frac{\partial Q}{\partial y}\mathrm{d}x\mathrm{d}y\mathrm{d}z = \iint\limits_{\Sigma} Q\mathrm{d}z\mathrm{d}x;$$

当 Ω 存在前后表示时，有

$$\iiint\limits_{\Omega} \frac{\partial P}{\partial x}\mathrm{d}x\mathrm{d}y\mathrm{d}z = \iint\limits_{\Sigma} P\mathrm{d}y\mathrm{d}z.$$

由此可知，当 Ω 为紧凸区域，即同时存在上下，左右和前后表示时，有

$$\iint\limits_{\Sigma} P\mathrm{d}y\mathrm{d}z + Q\mathrm{d}z\mathrm{d}x + R\mathrm{d}x\mathrm{d}y = \iiint\limits_{\Omega}\left(\frac{\partial P}{\partial x} + \frac{\partial Q}{\partial y} + \frac{\partial R}{\partial z}\right)\mathrm{d}x\mathrm{d}y\mathrm{d}z.$$

一般地，三维简单域 Ω 可以分割成有限个同时存在上下，左右和前后表示的简单域，由此可知结论成立.

3. Stokes **公式的证明**

首先证明

$$\int_{\Gamma} P\mathrm{d}x = \iint\limits_{\Sigma} \frac{\partial P}{\partial z}\mathrm{d}z\mathrm{d}x - \frac{\partial P}{\partial y}\mathrm{d}x\mathrm{d}y.$$

假设 Σ 可用显式方程

$$z = z(x,y),\ (x,y) \in D$$

表示，并设 Σ 为上侧定向，则由单向投影法及 Green 公式，有

$$\iint\limits_{\Sigma} \frac{\partial P}{\partial z}\mathrm{d}z\mathrm{d}x - \frac{\partial P}{\partial y}\mathrm{d}x\mathrm{d}y = \iint\limits_{D}\left(0, \frac{\partial P}{\partial z}, -\frac{\partial P}{\partial y}\right)\cdot(-z'_x, -z'_y, 1)\mathrm{d}x\mathrm{d}y$$

$$= -\iint_D \left[\frac{\partial P}{\partial z}\frac{\partial z}{\partial y} + \frac{\partial P}{\partial y}\right] \mathrm{d}x\mathrm{d}y$$

$$= -\iint_D \frac{\partial}{\partial y}\Big[P(x,y,z(x,y))\Big] \mathrm{d}x\mathrm{d}y$$

$$= \int_{\partial D} P(x,y,z(x,y))\mathrm{d}x = \int_\Gamma P(x,y,z)\mathrm{d}x.$$

同理，当 Σ 可用显式方程 $x = x(y,z)$ 表示时，有

$$\int_\Gamma Q\mathrm{d}y = \iint_\Sigma \frac{\partial Q}{\partial x}\mathrm{d}x\mathrm{d}y - \frac{\partial Q}{\partial z}\mathrm{d}y\mathrm{d}z;$$

当 Σ 可用显式方程 $y = y(z,x)$ 表示时，有

$$\int_\Gamma R\mathrm{d}z = \iint_\Sigma \frac{\partial R}{\partial y}\mathrm{d}y\mathrm{d}z - \frac{\partial R}{\partial x}\mathrm{d}z\mathrm{d}x.$$

故 Σ 存在三向表示时，上面三式同时成立，相加即可得 Stokes 公式.

一般地，二维简单域 Σ 可以分割成有限个可三向表示或柱面型简单域，由此可知 Stokes 公式成立.

习 题 11.3 A

1. 试用 Green 公式计算曲线积分

$$\int_L xy^2\mathrm{d}y - x^2y\mathrm{d}x,$$

其中 L 是圆周 $x^2 + y^2 = a^2$ 的边界正向.

2. 试用 Green 公式计算曲线积分

$$\int_L (1 + x\mathrm{e}^{2y})\mathrm{d}y + (x^2\mathrm{e}^{2y} - y)\mathrm{d}x,$$

其中 L 是椭圆 $2x^2 + 3y^2 = 6$ 且按逆时针定向.

3. 试用 Gauss 公式计算曲面积分

$$I=\iint_{\Sigma} x^3\mathrm{d}y\mathrm{d}z+y^3\mathrm{d}z\mathrm{d}x+z^3\mathrm{d}x\mathrm{d}y,$$

其中 Σ 是球面 $x^2+y^2+z^2=R^2$ 的外侧.

4. 试用 Gauss 公式计算曲面积分

$$I=\iint_{\Sigma} x\mathrm{d}y\mathrm{d}z+y\mathrm{d}z\mathrm{d}x+z\mathrm{d}x\mathrm{d}y,$$

其中 Σ 是圆柱体 $x^2+y^2\leq 9,\ 0\leq z\leq 3$ 的表面外侧.

5. 试用 Gauss 公式计算曲面积分

$$I=\iint_{\Sigma}(x^3-yz)\mathrm{d}y\mathrm{d}z-2x^2y\mathrm{d}z\mathrm{d}x+z\mathrm{d}x\mathrm{d}y,$$

其中 Σ 是边长为 a 的正方体的外表面.

6. 设几何体 V 的边界是光滑曲面 S. 证明 V 的体积为

$$V=\frac{1}{3}\oiint_{S}\boldsymbol{r}\cdot\mathrm{d}\boldsymbol{S}.$$

其中 $\boldsymbol{r}=(x,y,z)$. 又若曲面 S 在广义球坐标

$$x=ar\cos\varphi\sin\theta,\ y=br\sin\varphi\sin\theta,\ z=cr\cos\theta\ \ (a,b,c>0)$$

下可表示为 $r=r(\varphi,\theta),\ (\varphi,\theta)\in D$, 则

$$V=\frac{abc}{3}\iint_{D} r^3(\varphi,\theta)\sin\theta\mathrm{d}\theta\mathrm{d}\varphi.$$

习 题 11.3 B

1. 试用 Green 公式计算曲线积分

$$\int_{L}(x^2+1+\mathrm{e}^y\sin x)\mathrm{d}x-\mathrm{e}^y\cos x\mathrm{d}y,$$

其中 L 是半圆 $x=\sqrt{1-y^2}$ 上从点 $A(0,-1)$ 到点 $B(0,1)$ 的一段弧.

2. 试用 Green 公式计算曲线积分

$$\int_L (1+x\mathrm{e}^{2y})\mathrm{d}x+(x^2\mathrm{e}^{2y}-y)\mathrm{d}y,$$

其中 L 是 $(x-2)^2+y^2=4$ 的上半圆周且逆时针定向.

3. 试用 Gauss 公式计算曲面积分

$$I=\iint\limits_{\Sigma} xy\mathrm{d}y\mathrm{d}z,$$

其中 Σ 为 $z=x^2+y^2$ 位于平面 $z=1$ 以下部分的下侧.

4. 试用 Gauss 公式计算曲面积分

$$I=\iint\limits_{\Sigma} xz^2\mathrm{d}y\mathrm{d}z,$$

其中 Σ 是上半球面 $z=\sqrt{R^2-x^2-y^2}$ 的上侧.

5. 试用 Gauss 公式计算曲面积分

$$I=\iint\limits_{\Sigma}(y-z)x\mathrm{d}y\mathrm{d}z+(x-y)\mathrm{d}x\mathrm{d}y,$$

其中 Σ 是柱面 $x^2+y^2=1$ 介于平面 $z=0$, $z=1$ 之间的外侧.

§11.4 积分公式的应用

在许多情况下，有向曲线上的积分可以通过 Green 公式化为二重积分或通过 Stokes 公式化为平面问题，从而使较为复杂的计算问题得到简化. 特别是积分与路径无关问题，可以通过适当地修改或选取积分路径，使问题得到有效解决. 同样，有向曲面上的积分可以通过 Gauss 公式化为三重积分，从而得到问题的简便算法.

§11.4.1 Green 公式的应用

对于平面上的曲线积分 $\int_L P\mathrm{d}x+Q\mathrm{d}y$, 当偏导函数差 $\left(\dfrac{\partial Q}{\partial x}-\dfrac{\partial P}{\partial y}\right)$ 比较简单，特别是 0 或常数时，通常用 Green 公式来计算；当积分路径不具体或比较复杂时，通常需要用 Green 公式来修改积分路径.

1. **化二重积分为曲线积分**

在 Green 公式中，如果令 $P=-y$, $Q=x$, 则有

$$2\iint\limits_D \mathrm{d}x\mathrm{d}y=\int_\Gamma x\mathrm{d}y-y\mathrm{d}x.$$

由此可得平面区域 D 线积分面积公式

$$\iint\limits_D \mathrm{d}x\mathrm{d}y=\frac{1}{2}\int_\Gamma x\mathrm{d}y-y\mathrm{d}x.$$

如果 Γ 的方程为 $y=y(x), a\le x\le b$ 且按参数递增方向定向，则 D 的面积为

$$\iint\limits_D \mathrm{d}x\mathrm{d}y=\frac{1}{2}\int_a^b[xy'(x)-y(x)]\mathrm{d}x.$$

如果 Γ 的方程为 $x=x(t)$, $y=y(t)$, $a\le t\le b$ 且按参数递增方向定向，则 D 的面积为

$$\iint\limits_D \mathrm{d}x\mathrm{d}y=\frac{1}{2}\int_a^b[xy'(t)-y(t)x'(t)]\mathrm{d}t.$$

例 4.1 求平面图形 $\dfrac{x^2}{a^2}+\dfrac{y^2}{b^2}\le 1$ 的面积 A.

解 令 $x=a\cos\theta$, $y=b\sin\theta$, $(0\le\theta\le 2\pi)$, 则由线积分面积公式，有

$$\begin{aligned}A&=\frac{1}{2}\int_\Gamma x\mathrm{d}y-y\mathrm{d}x\\&=\frac{1}{2}\int_0^{2\pi}(ab\cos^2\theta+ab\sin^2\theta)\mathrm{d}\theta=\pi ab.\end{aligned}$$

例 4.2 求平面图形 $x^{\frac{2}{3}}+y^{\frac{2}{3}}\le a^{\frac{2}{3}}$ 的面积 A.

解 令 $x = a\cos^3 t,\ y = a\sin^3 t,\ (0 \le t \le 2\pi)$, 则由线积分面积公式, 有

$$\begin{aligned}A &= \frac{1}{2}\int_{\Gamma} x\mathrm{d}y - y\mathrm{d}x \\ &= \frac{1}{2}\int_0^{2\pi} [-a\sin^3 t\cdot 3a\cos^2 t\,(-\sin t) + a\cos^3 t\cdot 3a\sin^2 t\,\cos t]\mathrm{d}t \\ &= \frac{1}{2}\int_0^{2\pi} 3a^2\cos^2 t\sin^2 t\,\mathrm{d}t = \frac{3\pi a^2}{8}.\end{aligned}$$

对于一些比较特殊的二重积分, 也可以通过 Green 公式来构造一个曲线积分使问题得到解决.

例 4.3 计算 $\iint_D \mathrm{e}^{-y^2}\mathrm{d}x\mathrm{d}y$, 其中 D 是以 $O(0,0), A(1,1), B(0,1)$ 为顶点的三角形闭区域.

解 令 $P = 0,\ Q = x\mathrm{e}^{-y^2}$, 则

$$\frac{\partial Q}{\partial x} - \frac{\partial P}{\partial y} = \mathrm{e}^{-y^2}.$$

根据 Green 公式, 有

$$\begin{aligned}\iint_D \mathrm{e}^{-y^2}\mathrm{d}x\mathrm{d}y &= \int_{\partial D} x\mathrm{e}^{-y^2}\,\mathrm{d}y = \int_{OA} x\mathrm{e}^{-y^2}\,\mathrm{d}y \\ &= \int_0^1 y\mathrm{e}^{-y^2}\,\mathrm{d}y = \frac{1}{2}(1-\mathrm{e}^{-1}).\end{aligned}$$

2. **化曲线积分为二重积分**

对于积分表达式比较复杂或积分路径不容易参数化的平面曲线积分, 通常需要用 Green 公式来计算. 如果积分路径不是一条封闭曲线, 还需要补充一段使其变为封闭曲线. 补充部分的结构应尽可能地简单, 最好是直线段, 这样有利于参数化和参数化计算.

例 4.4 计算曲线积分

$$I = \int_L (x^2 - 2y)\mathrm{d}x + (3x + y\mathrm{e}^y)\mathrm{d}y,$$

其中 L 是从点 $A(2,0)$ 出发, 沿直线 $x+2y = 2$ 到点 $B(0,1)$, 再沿圆弧 $x^2+y^2 = 1$ 到达终点 $C(-1,0)$ 的曲线段.

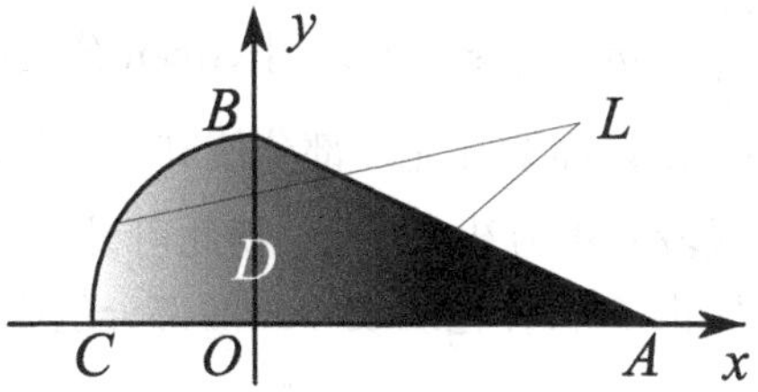

图 4.1

解 由于曲线 L 由直线段和圆弧构成，结构比较复杂，另一方面 L 可以通过添加一直线段 CA 变为封闭曲线，所以应考虑用 Green 公式计算.

令 D 是 L 与 CA 围成的闭区域，对函数 $P=x^2-2y$, $Q=3x+ye^y$ 计算偏导数，有

$$\frac{\partial Q}{\partial x}=\frac{\partial}{\partial x}(3x+ye^y)=3;$$

$$\frac{\partial P}{\partial y}=\frac{\partial}{\partial y}(x^2-2y)=-2.$$

于是，有

$$\begin{aligned}I&=\int_{\partial D}-\int_{CA}=\iint_D-\int_{CA}\\&=\iint_D[3-(-2)]\,dxdy-\int_{-1}^{2}x^2dx=\frac{5\pi}{4}+2.\end{aligned}$$

例 4.5 计算曲线积分

$$I=\int_L(e^x\sin y-my)dx+(e^x\cos y-m)dy,$$

其中 L 是由点 $(a,0)$ 到点 $(0,0)$ 的上半圆周 $x^2+y^2=ax$, $y\geq 0$.

解 考虑被积函数的复杂性和前后两部分的结构相似性,应尝试用 Green 公式计算. 求偏导数得

$$\frac{\partial Q}{\partial x}=\frac{\partial}{\partial x}(e^x\cos y-m)=e^x\cos y;$$

$$\frac{\partial P}{\partial y}=\frac{\partial}{\partial y}(e^x\sin y-my)=e^x\cos y-m.$$

由于 $\left(\dfrac{\partial Q}{\partial x}-\dfrac{\partial P}{\partial y}\right)=m$ 为常数，所以用 Green 公式计算是比较简单的. 由于 L 不是封闭曲线，所以需要补充一部分使其封闭化.

借助图 4.2, 可选线段 OA 为补充部分. 据此可设 L 与 x 轴围成的闭区域为 D, 则 D 的边界 ∂D 由 L 和补充线段 OA 两部分组成，因此有

$$I=\int_{\partial D}-\int_{OA}.$$

分别计算积分 $\displaystyle\int_{\partial D}$ 和 $\displaystyle\int_{OA}$, 前者可用 Green 公式，后者可用参数化方法.

$$\int_{\partial D}=\iint\limits_{D}\left(\frac{\partial Q}{\partial x}-\frac{\partial P}{\partial y}\right)\mathrm{d}x\mathrm{d}y=m\iint\limits_{D}\mathrm{d}x\mathrm{d}y=\frac{m}{8}\pi a^2,$$

$$\int_{OA}=\int_0^a 0\cdot dx+0=0.$$

故 $I=\dfrac{m}{8}\pi a^2$.

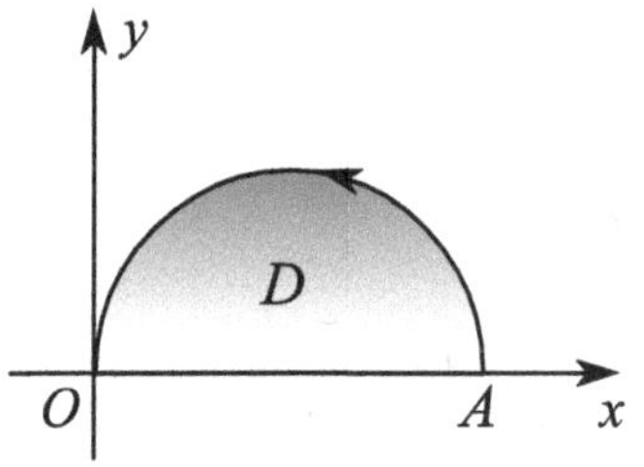

图 4.2

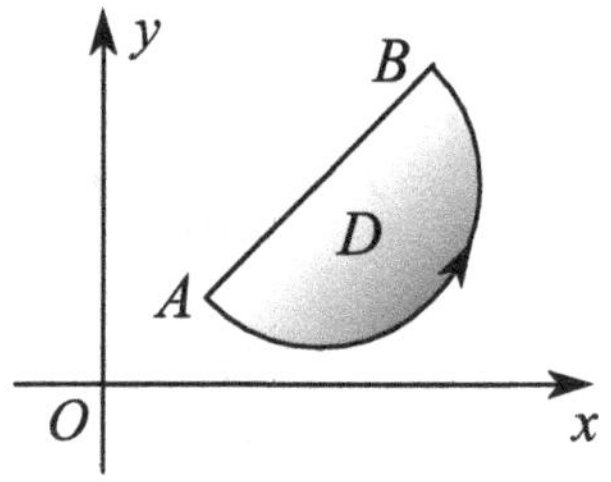

图 4.3

例 4.6　计算曲线积分

$$I=\int_L[\varphi(y)\cos x-\pi y]\mathrm{d}x+[\varphi'(y)\sin x-\pi]\mathrm{d}y,$$

其中 L 是从 $A(\pi,2)$ 到 $B(3\pi,4)$ 的位于线段 AB 下方的任意光滑曲线且 L 与线段 AB 所围图形的面积为 2.

解　由于 L 不是一个具体的可参数化曲线，所以必须用 Green 公式来计算. 求偏导数可得

$$\frac{\partial Q}{\partial x}=\frac{\partial}{\partial x}(\varphi'(y)\sin x-\pi)=\varphi'(y)\cos x;$$

$$\frac{\partial P}{\partial y}=\frac{\partial}{\partial y}(\varphi(y)\cos x-\pi y)=\varphi'(y)\cos x-\pi.$$

借助图 4.3, 可设 L 与线段 BA 围成的闭区域为 D, 则有

$$BA: y=\frac{x}{\pi}+1,$$

及

$$I=\int_{\partial D}-\int_{BA}.$$

分别按照 Green 公式和参数化方法计算积分 $\int_{\partial D}$ 和 $\int_{BA}$, 有

$$\int_{\partial D}=\iint\limits_{D}\left(\frac{\partial Q}{\partial x}-\frac{\partial P}{\partial y}\right)\mathrm{d}x\mathrm{d}y=\pi\iint\limits_{D}\mathrm{d}x\mathrm{d}y=2\pi,$$

$$\begin{aligned}\int_{BA}&=\int_{3\pi}^{\pi}[\varphi(\frac{x}{\pi}+1)\cos x-\pi(\frac{x}{\pi}+1)]\mathrm{d}x+[\varphi'(\frac{x}{\pi}+1)\sin x-\pi]\cdot\frac{1}{\pi}\mathrm{d}x\\&=\int_{3\pi}^{\pi}\varphi(\frac{x}{\pi}+1)\cos x\,\mathrm{d}x+\frac{1}{\pi}\int_{3\pi}^{\pi}\varphi'(\frac{x}{\pi}+1)\sin x\,\mathrm{d}x-\int_{3\pi}^{\pi}(\pi+1+x)\mathrm{d}x\\&=\left[\varphi(\frac{x}{\pi}+1)\sin x\right]_{3\pi}^{\pi}-\left[(\pi+1)x+\frac{1}{2}x^2\right]_{3\pi}^{\pi}=2\pi(1+3\pi).\end{aligned}$$

因此 $I=2\pi-2\pi(1+3\pi)=-6\pi^2$.

在使用 Green 公式计算曲线积分时，有时还会遇到奇点情况，即偏导函数 $\dfrac{\partial Q}{\partial x}$ 或 $\dfrac{\partial P}{\partial y}$ 在封闭曲线包围的区域 D 中的某个点没有意义，因此不能在 D 上应用 Green 公式.

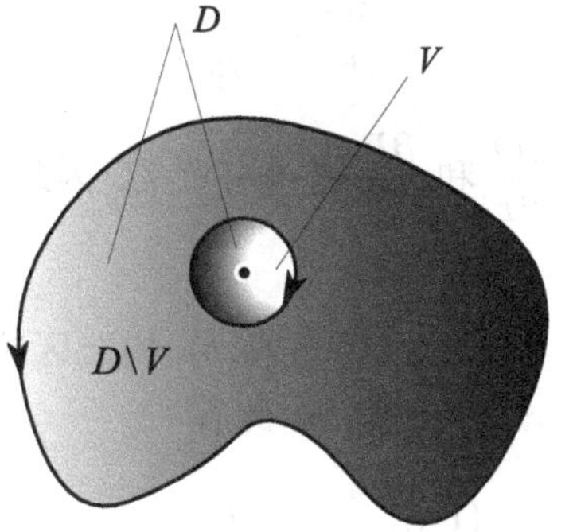

图 4.4

对于奇点情况，常用的办法是构造一个奇点的圆形小邻域 V, 然后在差集 $D\backslash V$ 构成的新区域上应用 Green 公式. 新区域 $D\backslash V$ 的边界由两部分组成，一部分是 ∂D, 一部分是 ∂V. 当 ∂D 按逆时针定向时， ∂V 按顺时针定向. 这类问题可形象地称为“有洞打洞”问题.

按照这种方法， Green 公式可表示为

$$\int_{\partial D}=\int_{\partial D+\partial V}-\int_{\partial V}=\iint\limits_{D\backslash V}-\int_{\partial V}.$$

例 4.7 计算曲线积分

$$I=\int_L\frac{x-y}{x^2+y^2}\mathrm{d}x+\frac{x+y}{x^2+y^2}\mathrm{d}y,$$

其中 L 是逆时针定向的椭圆 $\dfrac{x^2}{a^2}+\dfrac{y^2}{b^2}=1$.

解 注意到 $P=\dfrac{x-y}{x^2+y^2}$ 与 $Q=\dfrac{x+y}{x^2+y^2}$ 的结构相似性，用 Green 公式计算比较方便. 计算偏导数可得

$$\frac{\partial Q}{\partial x}=\frac{\partial}{\partial x}\left(\frac{x+y}{x^2+y^2}\right)=\frac{y^2-2xy-x^2}{(x^2+y^2)^2};$$

$$\frac{\partial P}{\partial y}=\frac{\partial}{\partial y}\left(\frac{x-y}{x^2+y^2}\right)=\frac{y^2-2xy-x^2}{(x^2+y^2)^2}.$$

令 D 为椭圆域 $\dfrac{x^2}{a^2}+\dfrac{y^2}{b^2}\leqslant 1$, 则当 $(x,y)\in D$ 且 $(x,y)\neq(0,0)$ 时，恒有

$$\frac{\partial Q}{\partial x}=\frac{\partial P}{\partial y},$$

但当 $(x,y)=(0,0)$ 时， $\dfrac{\partial Q}{\partial x}$ 和 $\dfrac{\partial P}{\partial y}$ 都没有意义，因此不能在 D 上应用 Green 公式.

对于充分小的 $\varepsilon>0$, 比如 $\varepsilon<\min(a,b)$, 构造区域 $V:x^2+y^2<\varepsilon^2$, 则可在闭区域 $D\backslash V$ 上应用 Green 公式，因此有

$$I=\int_{L+\partial V}-\int_{\partial V}=\iint\limits_{D\backslash V}0\,\mathrm{d}x\mathrm{d}y-\int_{\partial V}$$

$$= 0 + \int_0^{2\pi} \left[\frac{\varepsilon(\cos t - \sin t)}{\varepsilon^2} \cdot (-\varepsilon \sin t) + \frac{\varepsilon(\cos t + \sin t)}{\varepsilon^2} (\varepsilon \cos t) \right] \mathrm{d}t$$

$$= 2\pi.$$

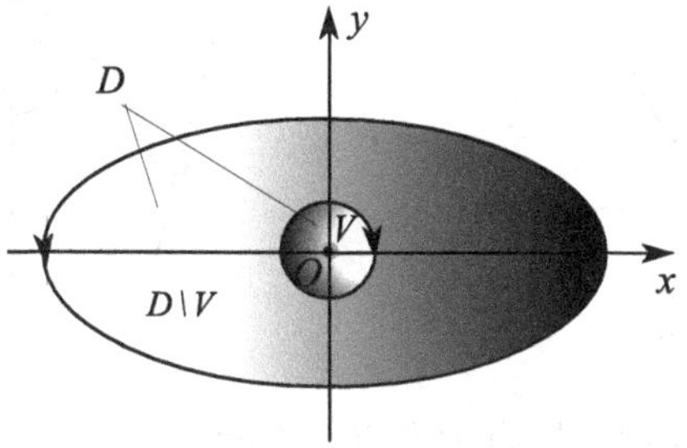

图 4.5

在上面的计算中, ∂V 是顺时针方向. 由于 $\dfrac{\partial Q}{\partial x} = \dfrac{\partial P}{\partial y}$ 在 $D\backslash V$ 上恒成立, 所以对积分 $\int_L$ 的计算等价于计算积分 $-\int_{\partial V} = \int_{\partial V-}$, 这相当于把椭圆型积分路径 L 修改为圆型积分路径 $\partial V-$, 并且保持逆时针方向不变. 同样, 一个抽象路径上的积分问题也可以用这种修改办法使之成为一个具体路径上的积分问题.

例 4.8 计算曲线积分

$$I = \int_L \frac{-y}{x^2+y^2}\mathrm{d}x + \frac{x}{x^2+y^2}\mathrm{d}y,$$

其中 L 是一个不过原点、分段光滑且按逆时针定向的简单封闭曲线.

解 这里 L 是一个抽象曲线, 不用说应该用 Green 公式. 设 L 的包围区域为 D, 可分两种情况讨论.

(1) 当 $(0,0) \notin D$ 时, 情况比较简单, 函数 $P = \dfrac{-y}{x^2+y^2}, Q = \dfrac{x}{x^2+y^2}$ 在 D 上有连续的偏导数

$$\frac{\partial Q}{\partial x} = \frac{\partial P}{\partial y} = \frac{y^2 - x^2}{(x^2+y^2)^2}.$$

所以, 有

$$I = \iint_D \left(\frac{\partial Q}{\partial x} - \frac{\partial P}{\partial y} \right) \mathrm{d}x\mathrm{d}y = \iint_D 0 \,\mathrm{d}x\mathrm{d}y = 0.$$

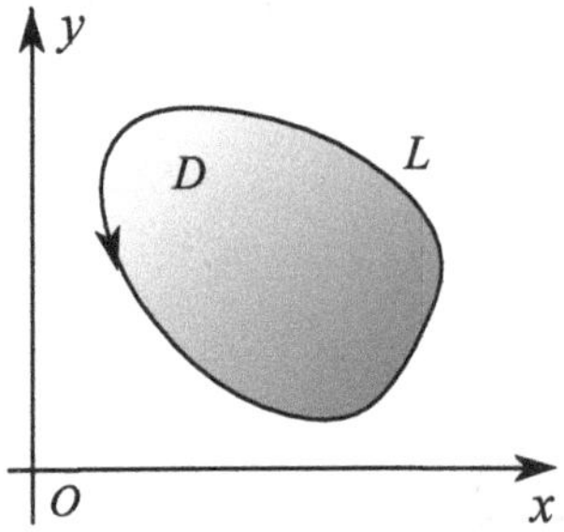

图 4.6

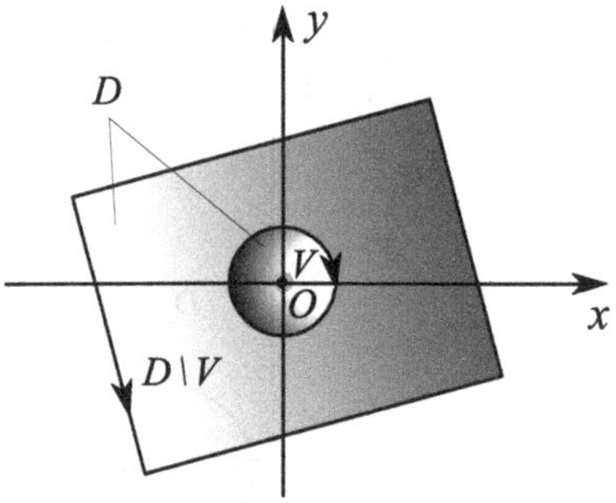

图 4.7

(2) 当 $(0,0)\in D$ 时，原点为奇点，不能在 D 上应用 Green 公式. 对于充分小的 $\varepsilon>0$, 取区域 $V: x^2+y^2<\varepsilon^2$, 则可在闭区域 $D\backslash V$ 上应用 Green 公式，因此有

$$\begin{aligned} I &= \int_{L+\partial V}-\int_{\partial V}=\iint\limits_{D\backslash V} 0\,\mathrm{d}x\mathrm{d}y-\int_{\partial V} \\ &=0+\int_0^{2\pi}\left[\frac{-\varepsilon\sin t(-\varepsilon\sin t)}{\varepsilon^2}+\frac{\varepsilon\cos t\,(\varepsilon\cos t)}{\varepsilon^2}\right]\mathrm{d}t=2\pi. \end{aligned}$$

对于积分表达式含有抽象函数的情况，通常是 $\mathrm{d}x$ 的系数函数 $P(x,y)$ 关于 x 是抽象的，关于 y 是具体的；相应地， $\mathrm{d}y$ 的系数函数 $Q(x,y)$ 关于 x 是具体的，关于 y 是抽象的. 这样的结构，用 Green 公式计算具有特别的优势，不会因为函数的不具体而影响积分的计算结果.

例 4.9　设曲线 L 是正向圆周 $(x-a)^2+(y-a)^2=1$, $\varphi(x)$ 是连续的正函数，证明：

$$I=\int_L \frac{x}{\varphi(y)}\mathrm{d}y-y\varphi(x)\mathrm{d}x\ge 2\pi.$$

解　设曲线 L 包围的闭区域为 D, 则由 Green 公式可得

$$I=\iint\limits_D\left[\frac{1}{\varphi(y)}+\varphi(x)\right]\mathrm{d}x\mathrm{d}y.$$

因为区域 D 关于直线 $y=x$ 对称，所以

$$\iint\limits_D \varphi(x)\mathrm{d}x\mathrm{d}y=\iint\limits_D \varphi(y)\mathrm{d}x\mathrm{d}y.$$

因此

$$I=\iint_D\left[\frac{1}{\varphi(y)}+\varphi(y)\right]\mathrm{d}x\mathrm{d}y\geq 2\iint_D\sqrt{\varphi(y)\cdot\frac{1}{\varphi(y)}}\,\mathrm{d}x\mathrm{d}y=2\pi.$$

§11.4.2 Gauss 公式的应用

对于定向类曲面积分，如果封闭曲面由多个光滑曲面构成，用参数化方法或投影方法可能会成倍地增加计算量. 遇到这种情况，一般可用 Gauss 公式将曲面积分转化为三重积分来计算.

例 4.10 计算曲面积分

$$I=\iint_\Sigma x\mathrm{d}y\mathrm{d}z+y\mathrm{d}z\mathrm{d}x+z\mathrm{d}x\mathrm{d}y,$$

其中 Σ 为平面 $x+y+z=1$ 与坐标面围成的四面体的表面外侧.

解 曲面 Σ 由四个平面构成，用三向投影方法计算比较费事，可用 Gauss 公式. 设曲面 Σ 的包围闭区域为 Ω, 则有

$$\begin{aligned}I&=\iiint_\Omega\left(\frac{\partial P}{\partial x}+\frac{\partial Q}{\partial y}+\frac{\partial R}{\partial z}\right)\mathrm{d}x\mathrm{d}y\mathrm{d}z\\&=\iiint_\Omega 3\mathrm{d}x\mathrm{d}y\mathrm{d}z=\frac{1}{2}.\end{aligned}$$

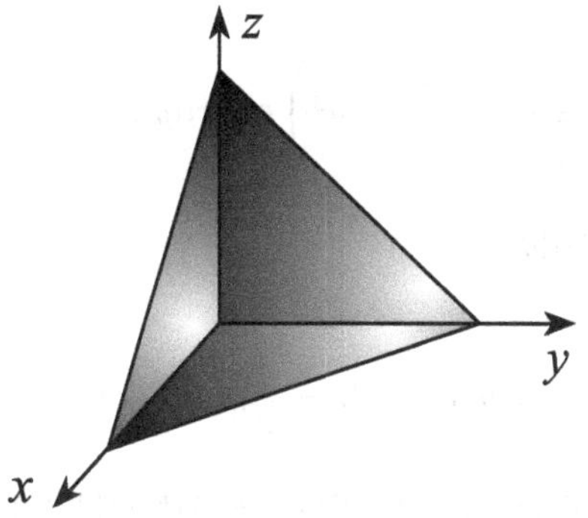

图 4.8

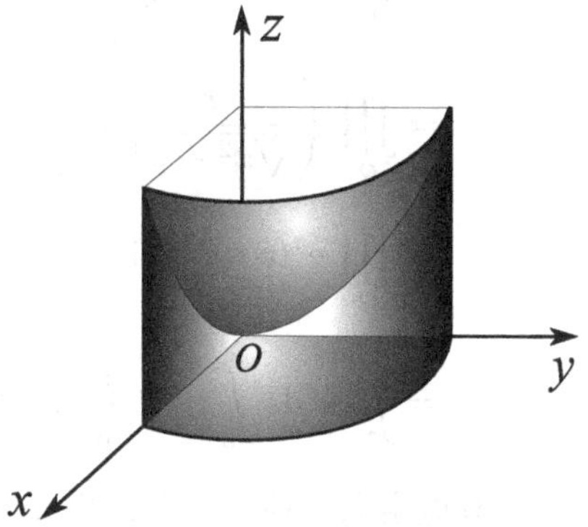

图 4.9

例 4.11　计算曲面积分

$$I=\iint_{\Sigma} z^2x\mathrm{d}y\mathrm{d}z+x^2y\mathrm{d}z\mathrm{d}x+y^2z\mathrm{d}x\mathrm{d}y,$$

其中 Σ 为柱面 $x^2+y^2=1$, 抛物面 $z=x^2+y^2$ 及坐标面在第一卦限所围立体的表面外侧.

解　曲面 Σ 由上、下两个面和三个侧面构成, 直接计算相当麻烦, 应首选 Gauss 公式. 设曲面 Σ 的包围闭区域为 Ω, 则有

$$\begin{aligned}I&=\iiint_{\Omega}\left(\frac{\partial P}{\partial x}+\frac{\partial Q}{\partial y}+\frac{\partial R}{\partial z}\right)\mathrm{d}x\mathrm{d}y\mathrm{d}z\\&=\iiint_{\Omega}(z^2+x^2+y^2)\mathrm{d}x\mathrm{d}y\mathrm{d}z\\&=\int_0^{\pi/2}\mathrm{d}\theta\int_0^1\mathrm{d}r\int_0^{r^2}(r^2+z^2)\,r\mathrm{d}z=\frac{5\pi}{48}.\end{aligned}$$

例 4.12　计算曲面积分

$$I=\iint_{\Sigma}\sqrt{x^2+y^2}\,\mathrm{e}^z(\mathrm{d}y\mathrm{d}z+\mathrm{d}z\mathrm{d}x+\mathrm{d}x\mathrm{d}y),$$

其中 Σ 为曲面 $z=\sqrt{x^2+y^2}$ 及平面 $z=1$, $z=2$ 所围立体的表面外侧.

解　用 Gauss 公式. 设曲面 Σ 的包围闭区域为 Ω, 则有

$$\begin{aligned}I&=\iiint_{\Omega}\left(\frac{\partial P}{\partial x}+\frac{\partial Q}{\partial y}+\frac{\partial R}{\partial z}\right)\mathrm{d}x\mathrm{d}y\mathrm{d}z\\&=\iiint_{\Omega}\left(\frac{x}{\sqrt{x^2+y^2}}+\frac{y}{\sqrt{x^2+y^2}}+\sqrt{x^2+y^2}\right)\mathrm{e}^z\mathrm{d}x\mathrm{d}y\mathrm{d}z\\&=\iiint_{\Omega}\mathrm{e}^z(\cos\theta+\sin\theta+r)r\mathrm{d}r\mathrm{d}\theta\mathrm{d}z\\&=\int_1^2\mathrm{e}^z\mathrm{d}z\int_0^{2\pi}\mathrm{d}\theta\int_0^z(\cos\theta+\sin\theta+r)\,r\mathrm{d}r=\frac{4}{3}\pi(\mathrm{e}^2-\mathrm{e}).\end{aligned}$$

对于有些定向类曲面积分, 积分域可能很简单, 但积分表达式过于复杂或具有某种对称性时, 用 Gauss 公式也会使问题得到简化.

例 4.13 计算曲面积分

$$I=\iint_{\Sigma} x^3\mathrm{d}y\mathrm{d}z+y^3\mathrm{d}z\mathrm{d}x+z^3\mathrm{d}x\mathrm{d}y,$$

其中 Σ 是球面 $x^2+y^2+z^2=R^2$ 的外侧.

解 (1) 用 Gauss 公式. 设曲面 Σ 的包围闭区域为 Ω, 则有

$$\begin{aligned}I&=\iiint_{\Omega}\left(\frac{\partial P}{\partial x}+\frac{\partial Q}{\partial y}+\frac{\partial R}{\partial z}\right)\mathrm{d}x\mathrm{d}y\mathrm{d}z\\&=\iiint_{\Omega}3(x^2+y^2+z^2)\mathrm{d}x\mathrm{d}y\mathrm{d}z\\&=3\int_0^{2\pi}\mathrm{d}\varphi\int_0^{\pi}\mathrm{d}\theta\int_0^R r^2\cdot r^2\sin\varphi\mathrm{d}r=\frac{12}{5}\pi R^5.\end{aligned}$$

(2) 单向投影算法. 根据对称性，有

$$\begin{aligned}I&=3\iint_{\Sigma}z^2\mathrm{d}x\mathrm{d}y=3\left(\iint_{\Sigma_{上}}+\iint_{\Sigma_{下}}\right)z^3\mathrm{d}x\mathrm{d}y\\&=6\iint_{x^2+y^2\le R^2}(\sqrt{R^2-x^2-y^2}\,)^3\mathrm{d}x\mathrm{d}y\\&=6\int_0^{2\pi}\int_0^R(\sqrt{R^2-r^2}\,)^3r\mathrm{d}r=\frac{12}{5}\pi R^5.\end{aligned}$$

(3) 参数化算法. 根据球面的参数方程

$$x=R\cos\varphi\sin\theta,\ y=R\sin\varphi\sin\theta,\ z=R\cos\theta,$$

$$(0\le\varphi\le 2\pi,\ 0\le\theta\le\pi)$$

有

$$\begin{aligned}I=&\iint_{\substack{0\le\varphi\le 2\pi\\0\le\theta\le\pi}}(R^3\sin^3\theta\cos^3\varphi R^2\sin^2\theta\cos\varphi+R^3\sin^3\theta\sin^3\varphi R^2\sin^2\theta\sin\varphi\\&+R^3\cos^3\theta R^2\sin\theta\cos\theta)\mathrm{d}\theta\mathrm{d}\varphi\end{aligned}$$

$$= R^5\Big(\int_0^{2\pi}\cos^4\varphi\mathrm{d}\varphi\int_0^{\pi}\sin^5\theta\mathrm{d}\theta + \int_0^{2\pi}\sin^4\varphi\mathrm{d}\varphi\int_0^{\pi}\sin^5\theta\mathrm{d}\theta$$

$$+ \int_0^{2\pi}\mathrm{d}\varphi\int_0^{\pi}\cos^4\theta\sin\theta\mathrm{d}\theta\Big) = \frac{12}{5}\pi R^5.$$

三种解法相比，还是用 Gauss 公式简便些．特别当 $\left(\dfrac{\partial P}{\partial x}+\dfrac{\partial Q}{\partial y}+\dfrac{\partial R}{\partial z}\right)$ 比较简单, 比如等于 0 或常数时，Gauss 公式具有明显优势．需要注意的是，不同的情况应选择不同的方法，对于有些问题，选择 Gauss 公式反而会使问题复杂化．

例 4.14　计算曲面积分

$$I = \iint\limits_{\Sigma} 2xz\mathrm{d}y\mathrm{d}z + yz\mathrm{d}z\mathrm{d}x - z^2\mathrm{d}x\mathrm{d}y,$$

其中 Σ 是 $z=\sqrt{x^2+y^2}$ 与 $z=\sqrt{2-x^2-y^2}$ 所围立体的表面外侧．

解　用 Gauss 公式．设曲面 Σ 的包围闭区域为 Ω, 则有

$$\begin{aligned} I &= \iiint\limits_{\Omega}\left(\frac{\partial P}{\partial x}+\frac{\partial Q}{\partial y}+\frac{\partial R}{\partial z}\right)\mathrm{d}x\mathrm{d}y\mathrm{d}z \\ &= \iiint\limits_{\Omega}(2z+z-2z)\mathrm{d}x\mathrm{d}y\mathrm{d}z = \iiint\limits_{\Omega} z\mathrm{d}x\mathrm{d}y\mathrm{d}z \\ &= \int_0^{2\pi}\mathrm{d}\varphi\int_0^{\pi/4}\mathrm{d}\theta\int_0^{\sqrt{2}} r\cos\theta\cdot r^2\sin\theta\mathrm{d}r = \frac{\pi}{2}. \end{aligned}$$

对于非封闭曲面也可以用 Gauss 公式，这类问题常常可以通过添加一些简单曲面，特别是平面变成封闭曲面问题．这类问题经常遇到，可形象地称为“缺盖补盖”问题．

例 4.15　计算曲面积分

$$I = \iint\limits_{\Sigma} 4zx\mathrm{d}y\mathrm{d}z - 2zy\mathrm{d}z\mathrm{d}x + (1-z^2)\mathrm{d}x\mathrm{d}y,$$

其中 Σ 是由曲线 $\begin{cases} z=\mathrm{e}^y \\ x=0 \end{cases}$ $(0\le y\le a)$ 绕 z 轴旋转一周所成的曲面的下侧．

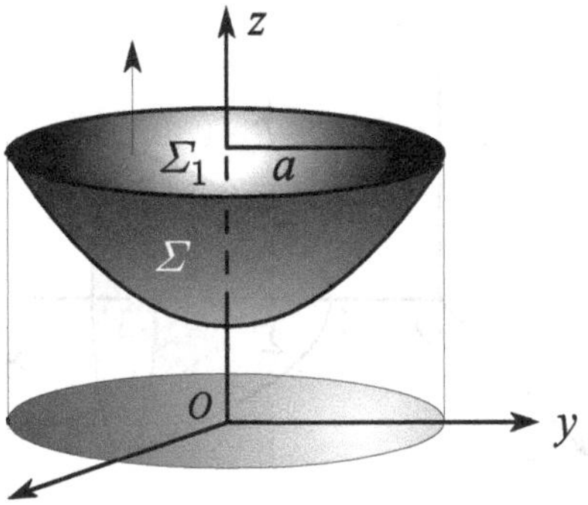

图 4.10

解 旋转面 Σ 的方程为

$$z = \mathrm{e}^{\sqrt{x^2+y^2}}, \quad x^2 + y^2 \le a^2.$$

由于 Σ 不封闭，所以不能直接应用 Gauss 公式. 通过添加平面圆片

$$\Sigma_1 : x^2 + y^2 \le a^2,\ z = \mathrm{e}^a$$

的上侧，可得到一个封闭曲面 $\Sigma + \Sigma_1$, 现在应用 Gauss 公式有

$$\begin{aligned}
I &= \left(\iint\limits_{\Sigma+\Sigma_1} - \iint\limits_{\Sigma_1}\right) 4zx\mathrm{d}y\mathrm{d}z - 2zy\mathrm{d}z\mathrm{d}x + (1-z^2)\mathrm{d}x\mathrm{d}y \\
&= \iiint\limits_{\Omega} \left(\frac{\partial P}{\partial x} + \frac{\partial Q}{\partial y} + \frac{\partial R}{\partial z}\right)\mathrm{d}x\mathrm{d}y\mathrm{d}z - \iint\limits_{\Sigma_1} \left(1-\mathrm{e}^{2a}\right)\mathrm{d}x\mathrm{d}y \\
&= \iiint\limits_{\Omega} (4z - 2z - 2z)\mathrm{d}x\mathrm{d}y\mathrm{d}z - \iint\limits_{x^2+y^2\le a^2} \left(1-\mathrm{e}^{2a}\right)\mathrm{d}x\mathrm{d}y \\
&= -(1-\mathrm{e}^{2a})\pi a^2.
\end{aligned}$$

例 4.16 计算曲面积分

$$I = \iint\limits_{\Sigma} (4y^2+1)x\mathrm{d}y\mathrm{d}z + \frac{2}{3}(1-y^3)\mathrm{d}z\mathrm{d}x - 2y^2z\mathrm{d}x\mathrm{d}y,$$

其中 Σ 是由曲线 $\begin{cases} z = \sqrt{y-1} \\ x = 0 \end{cases}$ $(1 \le y \le 3)$ 绕 y 轴旋转一周所成的曲面，它的法向量与 y 轴正向的夹角恒大于 $\frac{\pi}{2}$.

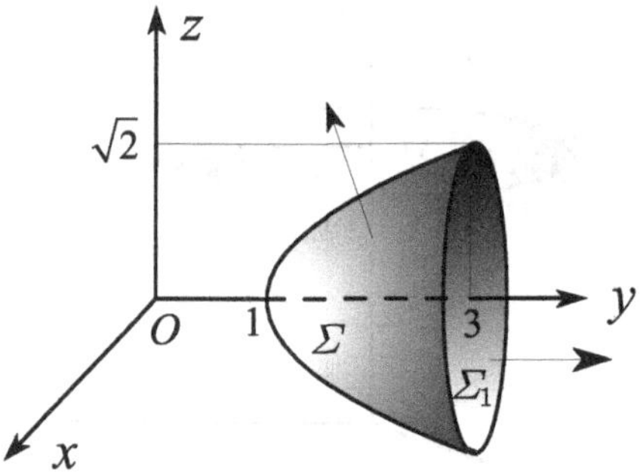

图 4.11

解 旋转面 Σ 的方程为 $y-1=x^2+z^2$. 添加平面圆片

$$\Sigma_1: x^2+z^2 \le 2,\ y=3$$

的上侧, 可使 Σ 变成封闭曲面 $\Sigma+\Sigma_1$, 于是有

$$I=\iint\limits_{\Sigma+\Sigma_1}-\iint\limits_{\Sigma_1}.$$

应用 Gauss 公式有

$$\begin{aligned}\iint\limits_{\Sigma+\Sigma_1}&=\iiint\limits_{\Omega}\left(\frac{\partial P}{\partial x}+\frac{\partial Q}{\partial y}+\frac{\partial R}{\partial z}\right)\mathrm{d}x\mathrm{d}y\mathrm{d}z\\&=\iiint\limits_{\Omega}(4y^2+1-2y^2-2y^2)\mathrm{d}x\mathrm{d}y\mathrm{d}z\\&=\iiint\limits_{\Omega}\mathrm{d}x\mathrm{d}y\mathrm{d}z=\int_0^{2\pi}\mathrm{d}\varphi\int_0^{\sqrt{2}}r\mathrm{d}r\int_{1+r^2}^{3}\mathrm{d}y=2\pi.\end{aligned}$$

又

$$\iint\limits_{\Sigma_1}=\frac{2}{3}\iint\limits_{\Sigma_1}(1-3^3)\mathrm{d}z\mathrm{d}x=-\frac{104\pi}{3},$$

所以

$$I=2\pi+\frac{104\pi}{3}=\frac{110\pi}{3}.$$

例 4.17 计算曲面积分

$$I=\iint\limits_{\Sigma}(x^3+az^2)\mathrm{d}y\mathrm{d}z+(y^3+ax^2)\mathrm{d}z\mathrm{d}x+(z^3+ay^2)\mathrm{d}x\mathrm{d}y,$$

其中 Σ 是上半球面 $z=\sqrt{a^2-x^2-y^2}$ 的上侧.

解 令 Σ_1 为圆片

$$z=0,\ x^2+y^2\leq a^2$$

的下侧，则有

$$I=\iint\limits_{\Sigma+\Sigma_1}-\iint\limits_{\Sigma_1}.$$

应用 Gauss 公式有

$$\begin{aligned}\iint\limits_{\Sigma+\Sigma_1}&=\iiint\limits_{\Omega}\left(\frac{\partial P}{\partial x}+\frac{\partial Q}{\partial y}+\frac{\partial R}{\partial z}\right)\mathrm{d}x\mathrm{d}y\mathrm{d}z\\&=\iiint\limits_{\Omega}(3x^2+3y^2+3z^2)\mathrm{d}x\mathrm{d}y\mathrm{d}z\\&=3\int_0^{2\pi}\mathrm{d}\varphi\int_0^{\pi/2}\mathrm{d}\theta\int_0^a r^2\cdot r^2\sin\theta\mathrm{d}r=\frac{6}{5}\pi a^5.\end{aligned}$$

又

$$\begin{aligned}\iint\limits_{\Sigma_1}&=\iint\limits_{\Sigma_1}ay^2\mathrm{d}x\mathrm{d}y\\&=-a\int_0^{2\pi}\mathrm{d}\varphi\int_0^a(r\sin\varphi)^2\cdot r\mathrm{d}r=-\frac{1}{4}\pi a^5,\end{aligned}$$

所以

$$I=\frac{6}{5}\pi a^5+\frac{1}{4}\pi a^5=\frac{29}{20}\pi a^5.$$

例 4.18 计算曲面积分

$$I=\iint\limits_{\Sigma}-2x\mathrm{d}y\mathrm{d}z+y\mathrm{d}z\mathrm{d}x+(z+1)\mathrm{d}x\mathrm{d}y,$$

其中 Σ 是由曲面 $x^2+y^2=4$ 被平面 $x+z=2$ 和 $z=0$ 所截部分的外侧.

解 令 Σ_1 为

$$x+z=2,\ x^2+y^2\leq 4$$

的上侧，Σ_2 为

$$z=0,\ x^2+y^2\leq 4$$

的下侧，则有

$$I = \iint\limits_{\Sigma+\Sigma_1+\Sigma_2} - \iint\limits_{\Sigma_1} - \iint\limits_{\Sigma_2}.$$

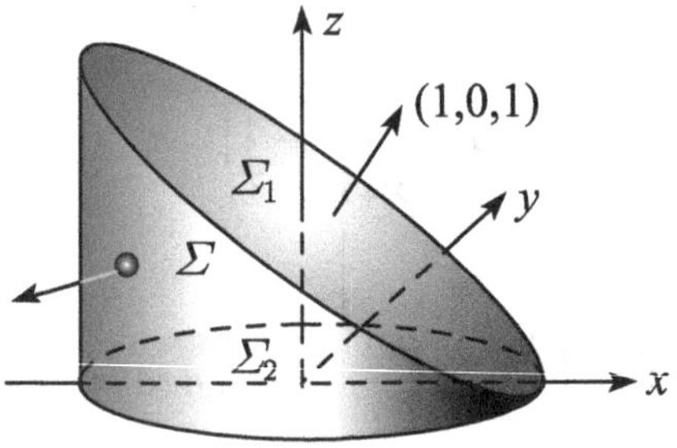

图 4.12

应用 Gauss 公式有

$$\begin{aligned}\iint\limits_{\Sigma+\Sigma_1+\Sigma_2} &= \iiint\limits_{\Omega}\left(\frac{\partial P}{\partial x}+\frac{\partial Q}{\partial y}+\frac{\partial R}{\partial z}\right)\mathrm{d}x\mathrm{d}y\mathrm{d}z \\ &= \iiint\limits_{\Omega}(-2+1+1)\mathrm{d}x\mathrm{d}y\mathrm{d}z = 0.\end{aligned}$$

又

$$\begin{aligned}\iint\limits_{\Sigma_1} &= \iint\limits_{x^2+y^2\le 4}(-2x, y, z+1)\cdot(1,0,1)\mathrm{d}x\mathrm{d}y \\ &= 3\iint\limits_{x^2+y^2\le 4}(1-x)\mathrm{d}x\mathrm{d}y \\ &= 3\int_0^{2\pi}\mathrm{d}\theta\int_0^2(1-r\cos\theta)r\mathrm{d}r = 12\pi,\end{aligned}$$

$$\iint\limits_{\Sigma_2} = \iint\limits_{\Sigma_2}\mathrm{d}x\mathrm{d}y = -4\pi,$$

所以 $I = 0 - 12\pi + 4\pi = -8\pi$.

例 4.19 计算向量场 $\boldsymbol{v} = \left(1, z, \dfrac{\mathrm{e}^z}{\sqrt{x^2+y^2}}\right)$ 穿过曲面 Σ 的流量，其中 Σ 为锥面 $z = \sqrt{x^2+y^2}$ 介于 $z=1$, $z=2$ 之间部分的外侧.

解 设 Σ_1 为

$$z=2,\ x^2+y^2\leq 4$$

的上侧， Σ_2 为

$$z=1,\ x^2+y^2\leq 1$$

的下侧，则所求流量为

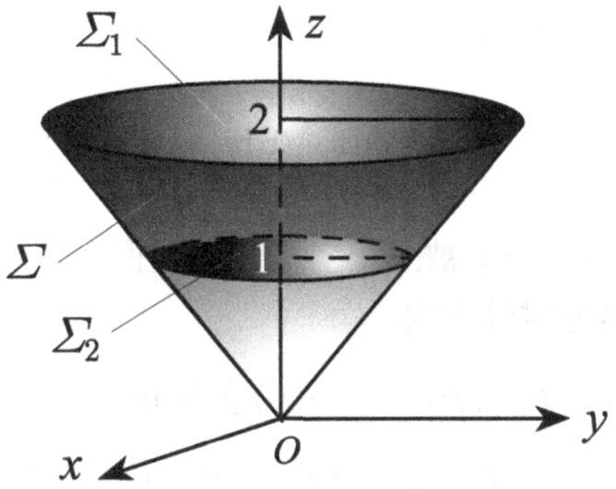

图 4.13

$$\begin{aligned}\iint\limits_{\Sigma}\boldsymbol{v}\cdot\mathrm{d}\boldsymbol{S} &=\iint\limits_{\Sigma}\mathrm{d}y\mathrm{d}z+z\mathrm{d}z\mathrm{d}x+\frac{\mathrm{e}^z}{\sqrt{x^2+y^2}}\mathrm{d}x\mathrm{d}y\\ &=\left(\iint\limits_{\Sigma+\Sigma_1+\Sigma_2}-\iint\limits_{\Sigma}-\iint\limits_{\Sigma}\right)\mathrm{d}y\mathrm{d}z+z\mathrm{d}z\mathrm{d}x+\frac{\mathrm{e}^z}{\sqrt{x^2+y^2}}\mathrm{d}x\mathrm{d}y.\end{aligned}$$

分别计算三个曲面积分，有

$$\begin{aligned}\iint\limits_{\Sigma+\Sigma_1+\Sigma_2} &=\iiint\limits_{\Omega}\frac{\mathrm{e}^z}{\sqrt{x^2+y^2}}\mathrm{d}x\mathrm{d}y\mathrm{d}z\\ &=\int_1^2\mathrm{e}^z\mathrm{d}z\int_0^{2\pi}\mathrm{d}\theta\int_0^z\frac{1}{r}\cdot r\mathrm{d}r=2\pi\mathrm{e}^2,\end{aligned}$$

$$\iint\limits_{\Sigma_1}=\iint\limits_{\Sigma_1}\frac{\mathrm{e}^2}{\sqrt{x^2+y^2}}\mathrm{d}x\mathrm{d}y=4\pi\mathrm{e}^2,$$

$$\iint\limits_{\Sigma_2}=\iint\limits_{\Sigma_2}\frac{\mathrm{e}}{\sqrt{x^2+y^2}}\mathrm{d}x\mathrm{d}y=2\pi\mathrm{e},$$

所以

$$\iint_{\Sigma} \boldsymbol{v} \cdot \mathrm{d}\boldsymbol{S} = 2\pi \mathrm{e}^2 - 4\pi \mathrm{e}^2 + 2\pi \mathrm{e} = 2\pi \mathrm{e}(1-\mathrm{e}).$$

§11.4.3　Stokes 公式的应用

利用 Stokes 公式可以将参数化比较困难或分段太多的曲线积分转化为积分域或积分表达式相对简单的曲面积分.

例 4.20　计算曲线积分

$$I = \int_L z\mathrm{d}x + x\mathrm{d}y + y\mathrm{d}z,$$

其中 L 是平面 $x+y+z=1$ 被三个坐标面所截得三角形 S 的边界，从 x 轴正向看去，曲线 L 是逆时针方向.

解　计算向量场 $(P,Q,R)=(z,x,y)$ 的旋度，有

$$\mathrm{rot}(P,Q,R) = \left(\frac{\partial R}{\partial y} - \frac{\partial Q}{\partial z}, \frac{\partial P}{\partial z} - \frac{\partial R}{\partial x}, \frac{\partial Q}{\partial x} - \frac{\partial P}{\partial y}\right) = (1,1,1).$$

按照 Stokes 公式，有

$$\begin{aligned} I &= \iint_S \mathrm{rot}(P,Q,R)\cdot(\mathrm{d}y\mathrm{d}z, \mathrm{d}z\mathrm{d}x, \mathrm{d}x\mathrm{d}y) \\ &= \iint_S \mathrm{d}y\mathrm{d}z + \mathrm{d}z\mathrm{d}x + \mathrm{d}x\mathrm{d}y. \end{aligned}$$

其中 S 的定向为上侧. 根据对称性，有

$$I = 3\iint_S \mathrm{d}x\mathrm{d}y = \frac{3}{2}.$$

例 4.21　计算曲线积分

$$I = \int_L (y-z)\mathrm{d}x + (z-x)\mathrm{d}y + (x-y)\mathrm{d}z,$$

其中 L 为圆柱面 $x^2+y^2=a^2$ 与平面 $\frac{x}{a}+\frac{z}{h}=1\ (a>0, h>0)$ 的交线，从 x 轴正向看去，曲线是逆时针方向.

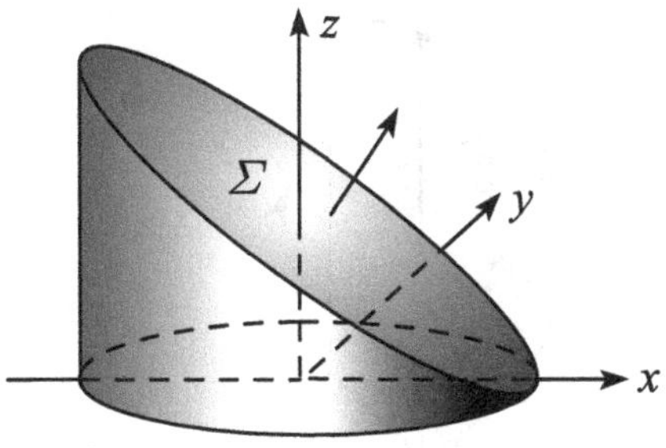

图 4.14

解 令 Σ 为椭圆片

$$x^2+y^2\le a^2,\ \frac{x}{a}+\frac{z}{h}=1$$

的上侧. 在积分域 $\sum$ 上利用 Stokes 公式, 有

$$\begin{aligned}I&=\iint\limits_{\Sigma}\begin{vmatrix}\mathrm{d}y\mathrm{d}z & \mathrm{d}z\mathrm{d}x & \mathrm{d}x\mathrm{d}y\\ \dfrac{\partial}{\partial x} & \dfrac{\partial}{\partial y} & \dfrac{\partial}{\partial z}\\ y-z & z-x & x-y\end{vmatrix}\\&=-2\iint\limits_{\Sigma}\mathrm{d}y\mathrm{d}z+\mathrm{d}z\mathrm{d}x+\mathrm{d}x\mathrm{d}y\\&=-2\iint\limits_{x^2+y^2\le a^2}(1,1,1)\cdot(\frac{h}{a},0,1)\mathrm{d}x\mathrm{d}y\\&=-2\pi a(h+a).\end{aligned}$$

其中 $(\frac{h}{a},0,1)$ 为平面 $\frac{x}{a}+\frac{z}{h}=1$ 的法向量 $(-z'_x,-z'_y,1)$.

例 4.22 计算曲线积分

$$I=\int_L(y^2-z^2)\mathrm{d}x+(2z^2-x^2)\mathrm{d}y+(3x^2-y^2)\mathrm{d}z,$$

其中 L 为柱面 $|x|+|y|=1$ 与平面 $x+y+z=2$ 的交线, 从 z 轴正向看去, 曲线是逆时针方向.

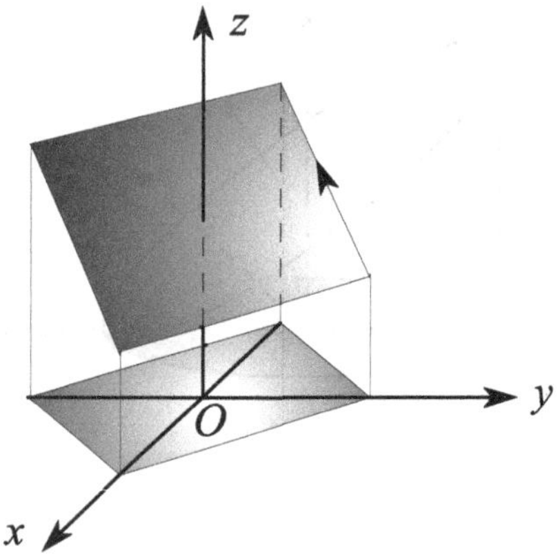

图 4.15

解 令 Σ 为平行四边形

$$|x|+|y|\leq 1,\ x+y+z=2$$

的上侧. 在积分域 Σ 上利用 Stokes 公式，有

$$\begin{aligned} I &= \iint_{\Sigma}\begin{vmatrix} \mathrm{d}y\mathrm{d}z & \mathrm{d}z\mathrm{d}x & \mathrm{d}x\mathrm{d}y \\ \dfrac{\partial}{\partial x} & \dfrac{\partial}{\partial y} & \dfrac{\partial}{\partial z} \\ y^2-z^2 & 2z^2-x^2 & 3x^2-y^2 \end{vmatrix} \\ &= \iint_{\Sigma}(-2y-4z)\mathrm{d}y\mathrm{d}z+(-2z-6x)\mathrm{d}z\mathrm{d}x+(-2x-2y)\mathrm{d}x\mathrm{d}y \\ &= \iint_{|x|+|y|\leq 1}(-2y-4z,-2z-6x,-2x-2y)\cdot(1,1,1)\mathrm{d}x\mathrm{d}y \\ &= \iint_{|x|+|y|\leq 1}[-8x-4y-6(2-x-y)]\mathrm{d}x\mathrm{d}y \\ &= -12\iint_{|x|+|y|\leq 1}\mathrm{d}x\mathrm{d}y=-24. \end{aligned}$$

由例 4.21 和例 4.22 可以看出，如果曲线 Γ 是显式曲面

$$z=f(x,y),\ (x,y)\in D$$

的边界，并且按上侧定向，则 Stokes 公式可以写成

$$\int_{\Gamma} P\mathrm{d}x + Q\mathrm{d}y + R\mathrm{d}z = \iint_D \begin{vmatrix} -z'_x & -z'_y & 1 \\ \dfrac{\partial}{\partial x} & \dfrac{\partial}{\partial y} & \dfrac{\partial}{\partial z} \\ P & Q & R \end{vmatrix} \mathrm{d}x\mathrm{d}y.$$

例 4.23　计算曲线积分

$$I = \int_L (y^2 - z^2)\mathrm{d}x + (z^2 - x^2)\mathrm{d}y + (x^2 - y^2)\mathrm{d}z,$$

其中 L 是平面 $x + y + z = \dfrac{3}{2}$ 截正方体 $[0,1;0,1;0,1]$ 所得多边形的边界，从 z 轴正向看去，曲线 L 是逆时针方向.

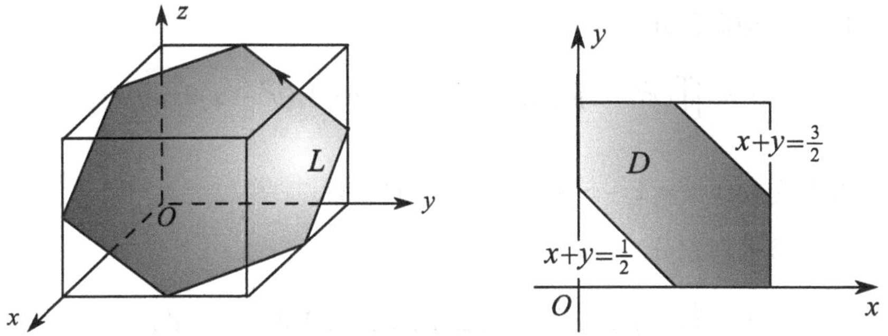

图 4.16

解　投影域

$$D = \{(x,y)\,|\, x + y + z = \frac{3}{2},\ x, y \in [0,1]\}$$

由方程 $x + y + z = \dfrac{3}{2}$, $z = 0$, $z = 1$ 消 z 确定. 根据 Stokes 公式，有

$$\begin{aligned} I &= \iint_D \begin{vmatrix} 1 & 1 & 1 \\ \dfrac{\partial}{\partial x} & \dfrac{\partial}{\partial y} & \dfrac{\partial}{\partial z} \\ y^2 - z^2 & z^2 - x^2 & x^2 - y^2 \end{vmatrix} \mathrm{d}x\mathrm{d}y \\ &= \iint_D (-6)\,\mathrm{d}x\mathrm{d}y = -\frac{9}{2}. \end{aligned}$$

习 题 11.4 A

1. 利用 Green 公式计算抛物线 $y=x^2-2x$ 与直线 $y=2x$ 所围图形的面积.

2. 计算曲面积分

$$I=\iint_{\Sigma}x^3\mathrm{d}y\mathrm{d}z+y^3\mathrm{d}z\mathrm{d}x+z^3\mathrm{d}x\mathrm{d}y,$$

其中 Σ 为锥面 $z=\sqrt{x^2+y^2}$ 与平面 $z=1, z=2$ 所围圆台表面的外侧.

3. 计算曲面积分

$$I=\iint_{\Sigma}(x^2-z)\mathrm{d}y\mathrm{d}z+(z^2-y)\mathrm{d}z\mathrm{d}x+(y^2-x)\mathrm{d}x\mathrm{d}y,$$

其中 Σ 是抛物面 $z=1-x^2-y^2\ (z\geq 0)$ 的上侧.

4. 计算曲面积分

$$I=\iint_{\Sigma}\frac{1}{\sqrt{(x^2+y^2+z^2)^3}}(x\mathrm{d}y\mathrm{d}z+y\mathrm{d}z\mathrm{d}x+z\mathrm{d}x\mathrm{d}y),$$

其中 Σ 是椭球面 $\dfrac{x^2}{a^2}+\dfrac{y^2}{b^2}+\dfrac{z^2}{c^2}=1$ 的外侧.

5. 计算曲面积分

$$I=\iint_{\Sigma}xz^2\mathrm{d}y\mathrm{d}z+x^2y\mathrm{d}z\mathrm{d}x+y^2z\mathrm{d}x\mathrm{d}y,$$

其中 Σ 是上半球面 $x^2+y^2+z^2=a^2\ (z\geq 0)$ 的上侧.

6. 计算曲面积分

$$I=\iint_{\Sigma}(y-z)\mathrm{d}y\mathrm{d}z+(z-x)\mathrm{d}z\mathrm{d}x+(x-y)\mathrm{d}x\mathrm{d}y,$$

其中 Σ 是锥面 $x^2+y^2=z^2$ 在 $0\leq z\leq 1$ 之间的上侧.

7. 计算曲面积分

$$I = \iint\limits_{\Sigma} xy\mathrm{d}y\mathrm{d}z + yz\mathrm{d}z\mathrm{d}x + zx\mathrm{d}x\mathrm{d}y,$$

其中 Σ 是三个坐标面与平面 $x + 2y + z = 1$ 所围立体的表面外侧.

8. 计算曲线积分

$$\int_L (z - y)\mathrm{d}x + (x - z)\mathrm{d}y + (x - y)\mathrm{d}z,$$

其中 L 是曲线 $\begin{cases} x^2 + y^2 = 1 \\ x - y + z = 2 \end{cases}$，从 z 轴正向往 z 轴负向看，L 为顺时针方向.

习 题 11.4 B

1. 计算曲线积分

$$\int_L yz\mathrm{d}x + 3zx\mathrm{d}y - xy\mathrm{d}z,$$

其中 L 是柱面 $x^2 + y^2 = 4y$ 和平面 $3y - z + 1 = 0$ 的交线，若从 z 轴的正向看去，交线 L 按逆时针定向.

2. 计算曲线积分

$$\int_L y^2\mathrm{d}x + z^2\mathrm{d}y + x^2\mathrm{d}z,$$

其中 L 是上半球面 $x^2 + y^2 + z^2 = a^2, z \geq 0$ 和柱面 $x^2 + y^2 = ax$ 的交线，若从 z 轴的正向看去，交线 L 按逆时针定向.

3. 计算曲线积分

$$\int_L (y + 1)\mathrm{d}x + (z + 2)\mathrm{d}y + (x + 3)\mathrm{d}z,$$

其中 L 是球面 $x^2 + y^2 + z^2 = R^2$ 和平面 $x + y + z = 0$ 的交线，若从 z 轴的正向看去，交线 L 按逆时针定向.

4. 计算曲线积分

$$\int_L x^2yz\mathrm{d}x + (x^2+y^2)\mathrm{d}y + (x+y+1)\mathrm{d}z,$$

其中 L 是曲面 $x^2+y^2+z^2=5$ 和 $z=x^2+y^2+1$ 的交线，若从 z 轴的正向看去，交线 L 按逆时针定向.

5. 计算曲线积分

$$I=\int_L (z^2-y^2)\mathrm{d}x + (x^2-z^2)\mathrm{d}y + (y^2-x^2)\mathrm{d}z,$$

其中 L 为平面 $x+y+z=2$ 与三个坐标面的交线，从原点看 L 为顺时针定向.

6. 计算曲面积分

$$I=\iint_{\Sigma} 2xz\mathrm{d}y\mathrm{d}z + yz\mathrm{d}z\mathrm{d}x - z^2\mathrm{d}x\mathrm{d}y,$$

其中 Σ 是由曲面 $z=\sqrt{x^2+y^2}$ 与 $z=\sqrt{2-x^2-y^2}$ 所围立体的表面外侧.

7. 计算曲面积分

$$I=\iint_{\Sigma} x^2\mathrm{d}y\mathrm{d}z + y^2\mathrm{d}z\mathrm{d}x + z^2\mathrm{d}x\mathrm{d}y,$$

其中 Σ 是由球面 $(x-a)^2+(y-b)^2+(z-c)^2=R^2$ 的上半部分的上侧.

8. 设对于半空间 $x>0$ 内任意的光滑有向封闭曲面 S, 都有

$$\iint_S xf(x)\mathrm{d}y\mathrm{d}z - xyf(x)\mathrm{d}z\mathrm{d}x - \mathrm{e}^{2x}z\mathrm{d}x\mathrm{d}y = 0,$$

其中函数 $f(x)$ 在 $(0,+\infty)$ 内具有连续的一阶导数，且 $\lim\limits_{x\to 0+} f(x)=1$. 求 $f(x)$.

9. 计算曲面积分

$$I=\iint_{\Sigma} xz\mathrm{d}y\mathrm{d}z + 2zy\mathrm{d}z\mathrm{d}x + 3xy\mathrm{d}x\mathrm{d}y,$$

其中 Σ 是曲面 $z=1-x^2-\dfrac{y^2}{4}(0\le z\le 1)$ 的上侧.

总 习 题 十 一

1. 计算曲线积分 $I=\int_L \frac{x\mathrm{d}y-y\mathrm{d}x}{4x^2+y^2}$, 其中 L 是以点 (1,0) 为中心， R 为半径的圆周 $(R>1)$ 取逆时针方向.

2. 计算曲线积分

$$I=\int_L (\mathrm{e}^x\sin y-b(x+y))\mathrm{d}x+(\mathrm{e}^x\cos y-ax)\mathrm{d}y,$$

其中 a,b 为正常数， L 为从点 $A(2a,0)$ 沿曲线 $y=\sqrt{2ax-x^2}$ 到点 $O(0,0)$ 的弧.

3. 质点 P 沿着以 AB 为直径的半圆周, 从点 $A(1,2)$ 运动到点 $B(3,4)$ 的过程中受变力 $\boldsymbol{f}$ 作用. $\boldsymbol{f}$ 的大小等于点 P 与原点 O 之间的距离, 其方向垂直于线段 OP 且与 y 轴正向的夹角小于 $\frac{\pi}{2}$. 求变力 $\boldsymbol{f}$ 对质点 P 所做的功.

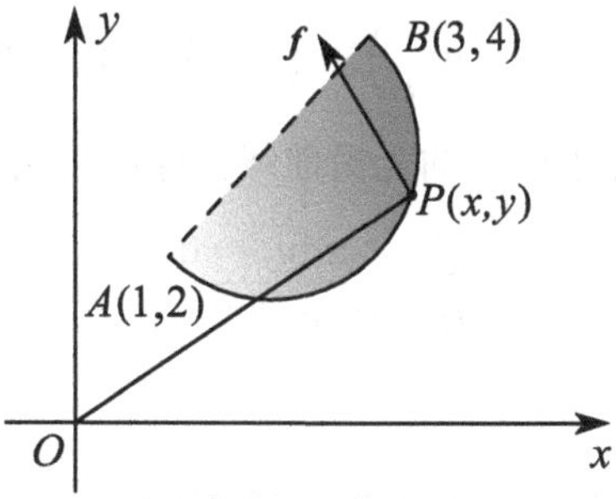

图 4.17

4. 计算曲面积分

$$I=\iint_{\Sigma} x^2z\cos\gamma\mathrm{d}S,$$

其中 Σ 是球面 $x^2+y^2+z^2=a^2$ 下半部的上侧， γ 为曲面 Σ 的法线正向与 Oz 轴正向的夹角.

5. 求锥面 $z=\sqrt{x^2+y^2}$ 被柱面 $z^2=2x$ 所切下部分的曲面面积.

6. 计算曲面积分 $I=\iint\limits_{\Sigma}\frac{\ln z}{\sqrt{x^2+y^2}}\mathrm{d}x\mathrm{d}y$, 其中 Σ 为锥面 $z=\sqrt{x^2+y^2}$ 介于 $z=1$, $z=2$ 之间部分的外侧.

7. 证明 Archimedes 定律，即浸没在液体中的物体所受浮力等于物体排开液体的重量且方向铅直向上.

8. 证明 Gauss 定律，即点电荷 q 在真空中产生静电场 $\boldsymbol{E}$ 时，通过任何包含 q 在内的光滑封闭曲面 S 的电通量为 $4\pi q$.

9. 计算曲线积分

$$I=\int_L\frac{y^2}{\sqrt{a^2+x^2}}\,\mathrm{d}x+2\big[2x+y\ln(x+\sqrt{a^2+x^2})\big]\,\mathrm{d}y,$$

其中 L 是圆周 $x^2+y^2=a^2$ 上由 $A(a,0)$ 点以反时针方向到 $B(-a,0)$ 点的圆弧， $a>0$ 为常数.

10. 计算曲线积分的极限

$$\lim_{a\to+\infty}\int_L\left[\mathrm{e}^{y^2-x^2}\cos(2xy)-3y\right]\mathrm{d}x+\left[\mathrm{e}^{y^2-x^2}\sin(2xy)-b^2\right]\mathrm{d}y,\ (b>0)$$

其中 L 是依次连接 $A(a,0),B\Big(a,\dfrac{\pi}{a}\Big),C\Big(0,\dfrac{\pi}{a}\Big),O(0,0)$ 的有向折线.

11. 设 C 是包围原点的正向光滑曲线，计算曲线积分

$$I=\oint_C\frac{x\mathrm{d}y-y\mathrm{d}x}{ax^2+2bxy+cy^2}.$$

其中 $b^2-ac<0,a>0$.

12. 设函数 $P(x,y),Q(x,y)$ 具有一阶连续偏导数，且对任意实数 x_0,y_0 和任意正数 R, 都有

$$\int_L P(x,y)\mathrm{d}x+Q(x,y)\mathrm{d}y=0,$$

其中 L 是半圆 $y=y_0+\sqrt{R^2-(x-x_0)^2}$, 则

$$P(x,y)=0,\quad \frac{\partial Q}{\partial x}=0.$$

第十二章　场的微分与积分

在物理学中，经常要研究各种各样的仅由空间和时间决定的物理量，这些物理量的分布形式称为场，如引力场、电磁场、温度场和速度场等；数学上，场与函数没有本质的区别，只是在一些特殊情况下称函数为场，如梯度场，切向量场等. 场的微分与积分主要内容涉及场的环量和流量、场的梯度、旋度和散度等. 研究场的微分与积分可以揭示出许多场的内在结构，以及场与场之间的相互依存和相互转化关系，正是这些客观结构和内在关系可能支配或影响着客观世界的变化.

按照方向相关性，场可以分为数量场和向量场；按照时间相关性，场可以分为稳定场和非稳定场. 现实中的场多是不稳定的，但在短时间内，不稳定场一般都可以视为稳定场.

场的许多运算都可以用 Nabla 算子

$$\nabla=\left(\frac{\partial}{\partial x},\frac{\partial}{\partial y},\frac{\partial}{\partial z}\right)$$

表示， Nabla 算子也称为 Hamilton 算子. 例如，数量场 $u=u(x,y,z)$ 的梯度为

$$\nabla u=\left(\frac{\partial u}{\partial x},\frac{\partial u}{\partial y},\frac{\partial u}{\partial z}\right)=\operatorname{grad}u,$$

向量场 $\boldsymbol{f}=(P(x,y,z),Q(x,y,z),R(x,y,z))$ 的散度和旋度分别为

$$\nabla\cdot\boldsymbol{f}=\frac{\partial P}{\partial x}+\frac{\partial Q}{\partial y}+\frac{\partial R}{\partial z}=\operatorname{div}\boldsymbol{f}$$

$$\begin{aligned}\nabla\times\boldsymbol{f}&=\left(\frac{\partial R}{\partial y}-\frac{\partial Q}{\partial z},\frac{\partial P}{\partial z}-\frac{\partial R}{\partial x},\frac{\partial Q}{\partial x}-\frac{\partial P}{\partial y}\right)\\&=\begin{vmatrix}\boldsymbol{i}&\boldsymbol{j}&\boldsymbol{k}\\\dfrac{\partial}{\partial x}&\dfrac{\partial}{\partial y}&\dfrac{\partial}{\partial z}\\P&Q&R\end{vmatrix}=\operatorname{rot}\boldsymbol{f}.\end{aligned}$$

Nabla 算子的点积 $\nabla\cdot\nabla$ 称为 Laplace 算子，记作

$$\Delta=\nabla^2=\nabla\cdot\nabla=\frac{\partial^2}{\partial x^2}+\frac{\partial^2}{\partial y^2}+\frac{\partial^2}{\partial z^2}.$$

§12.1 数量场与梯度场

数量场的的变化规律可用梯度场表示，由数量场的梯度构成的向量场称为梯度场．梯度场刻划了数量场的变化状态和发展趋势，常见的梯度场有重力场、引力场和静电场等．

§12.1.1 数量场的梯度场

梯度场是一种性质非常特殊的向量场，在实际问题中，这种向量场通常与物体的势能有关．

1. **梯度的运算性质**

为了研究数量场 $u(x,y,z)$ 的整体特征，常常需要考察场的等值面

$$u(x,y,z)=C.$$

例如电势场中的等势面、温度场中的等温面等都是等值面，通过分析等值面可以直观地了解场的整体分布情况．

为了研究数量场 $u(x,y,z)$ 的局部特征，常常需要分析场的方向导数．例如在温度场中，热的传导与各个方向的温度变化率有关．又如要预报某地区的风向和风力，就必须知道气压沿某些方向的变化率．

方向导数可以用梯度来表示，梯度的定向投影就是方向导数．梯度的方向是最大变化率方向，也是等值面的法线方向，梯度的大小是最大的方向导数，也是沿梯度方向的方向导数．

梯度运算是一种求导运算，利用函数的求导公式不难推出梯度的运算法则，例如

(1)(线性性) $\nabla(\lambda u+\mu v)=\lambda\nabla u+\mu\nabla v$;

(2)(乘积公式) $\nabla(u\,v)=v\nabla u+u\nabla v$;

(3)(除法公式) $\nabla\left(\dfrac{u}{v}\right)=\dfrac{v\nabla u-u\nabla v}{v^2}$.

除了这些基本公式外，常用的还有复合法则

(4)(复合公式) $\nabla F(u)=F'(u)\nabla u$.

(5)(复合公式) $\nabla F(u,v)=\dfrac{\partial F}{\partial u}\nabla u+\dfrac{\partial F}{\partial v}\nabla v$.

其中 u,v 是数量场， λ,μ 是常数.

例 1.1 设 $\boldsymbol{r}=(x,y,z)$, $r=|\boldsymbol{r}|$, 求 ∇r^2, $\nabla\left(\dfrac{1}{r}\right)$, $\nabla f(r)$, Δr.

解 由于 $r=\sqrt{x^2+y^2+z^2}$, $\nabla r=\dfrac{\boldsymbol{r}}{r}$, 所以

$$\begin{aligned}&\nabla r^2=2r\nabla r=2\boldsymbol{r};\\&\nabla\left(\frac{1}{r}\right)=-\frac{1}{r^2}\nabla r=-\frac{\boldsymbol{r}}{r^3};\\&\nabla f(r)=f'(r)\nabla r=\frac{f'(r)\boldsymbol{r}}{r}.\end{aligned}$$

由于 $\dfrac{\partial r}{\partial x}=\dfrac{x}{r}$, 所以

$$\frac{\partial^2 r}{\partial x^2}=\frac{1}{r}-\frac{x^2}{r^3}.$$

同理

$$\frac{\partial^2 r}{\partial y^2}=\frac{1}{r}-\frac{y^2}{r^3},\quad \frac{\partial^2 r}{\partial z^2}=\frac{1}{r}-\frac{z^2}{r^3}.$$

由此可知,

$$\Delta r=\frac{\partial^2 r}{\partial x^2}+\frac{\partial^2 r}{\partial y^2}+\frac{\partial^2 r}{\partial z^2}=\frac{2}{r}.$$

2. **梯度的柱坐标变换**

在物理学中, 梯度场常用活动标架表示. 对于柱坐标变换 $x=r\cos\theta$, $y=r\sin\theta$, $z=z$, 如果记

$$\boldsymbol{r}=(x,y,z),\ r=|\boldsymbol{r}|=\sqrt{x^2+y^2+z^2},$$

则 r–曲线， θ–曲线和 z–曲线的切向量

$$\frac{\partial\boldsymbol{r}}{\partial r}=(\cos\theta,\sin\theta,0),\quad \frac{1}{r}\frac{\partial\boldsymbol{r}}{\partial\theta}=(-\sin\theta,\cos\theta,0),\quad \frac{\partial\boldsymbol{r}}{\partial z}=(0,0,1)$$

是一组单位化正交向量，称为柱坐标基.

例 1.2 求数量场 $u(r,\theta,z)$ 在柱坐标基

$$\boldsymbol{e}_r=(\cos\theta,\sin\theta,0),\ \boldsymbol{e}_\theta=(-\sin\theta,\cos\theta,0),\ \boldsymbol{e}_z=(0,0,1)$$

下的梯度公式.

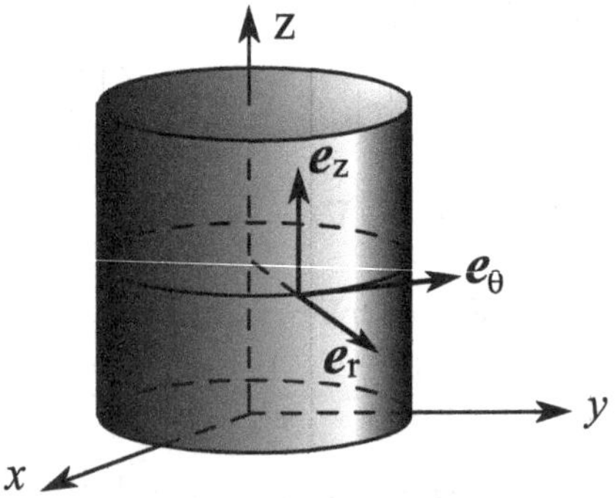

图 1.1

解 令 $\boldsymbol{r}=(r\cos\theta,r\sin\theta,z)$, 则有

$$\boldsymbol{e}_r=\frac{\partial\boldsymbol{r}}{\partial r}\Big/\left|\frac{\partial\boldsymbol{r}}{\partial r}\right|=\frac{\partial\boldsymbol{r}}{\partial r},$$

$$\boldsymbol{e}_\theta=\frac{\partial\boldsymbol{r}}{\partial\theta}\Big/\left|\frac{\partial\boldsymbol{r}}{\partial\theta}\right|=\frac{1}{r}\frac{\partial\boldsymbol{r}}{\partial\theta},$$

$$\boldsymbol{e}_z=\frac{\partial\boldsymbol{r}}{\partial z}\Big/\left|\frac{\partial\boldsymbol{r}}{\partial z}\right|=\frac{\partial\boldsymbol{r}}{\partial z}.$$

按照复合函数求导法则，有

$$\begin{aligned}\nabla u\cdot\frac{\partial\boldsymbol{r}}{\partial r}&=\left(\frac{\partial u}{\partial x},\frac{\partial u}{\partial y},\frac{\partial u}{\partial z}\right)\cdot\left(\frac{\partial x}{\partial r},\frac{\partial y}{\partial r},\frac{\partial z}{\partial r}\right)\\&=\frac{\partial u}{\partial x}\frac{\partial x}{\partial r}+\frac{\partial u}{\partial y}\frac{\partial y}{\partial r}+\frac{\partial u}{\partial z}\frac{\partial z}{\partial r}=\frac{\partial u}{\partial r},\end{aligned}$$

同理，有

$$\nabla u\cdot\frac{\partial\boldsymbol{r}}{\partial\theta}=\frac{\partial u}{\partial\theta},\quad \nabla u\cdot\frac{\partial\boldsymbol{r}}{\partial z}=\frac{\partial u}{\partial z}.$$

因此梯度 ∇u 可用柱坐标基 $\boldsymbol{e}_r,\boldsymbol{e}_\theta,\boldsymbol{e}_z$ 线性表示为

$$\nabla u=(\nabla u\cdot\boldsymbol{e}_r)\boldsymbol{e}_r+(\nabla u\cdot\boldsymbol{e}_\theta)\boldsymbol{e}_\theta+(\nabla u\cdot\boldsymbol{e}_z)\boldsymbol{e}_z$$

$$= \left(\nabla u \cdot \frac{\partial \boldsymbol{r}}{\partial r}\right) \boldsymbol{e}_r + \frac{1}{r}\left(\nabla u \cdot \frac{\partial \boldsymbol{r}}{\partial \theta}\right) \boldsymbol{e}_\theta + \left(\nabla u \cdot \frac{\partial \boldsymbol{r}}{\partial z}\right) \boldsymbol{e}_z$$

$$= \frac{\partial u}{\partial r}\boldsymbol{e}_r + \frac{1}{r}\frac{\partial u}{\partial \theta}\boldsymbol{e}_\theta + \frac{\partial u}{\partial z}\boldsymbol{e}_z.$$

这表明， Nabla 算子的柱坐标形式为

$$\nabla = \boldsymbol{e}_r \frac{\partial}{\partial r} + \boldsymbol{e}_\theta \frac{1}{r}\frac{\partial}{\partial \theta} + \boldsymbol{e}_z \frac{\partial}{\partial z}.$$

3. **梯度的球坐标变换**

对于球坐标变换

$$\begin{cases} x = r\cos\varphi\sin\theta, \\ y = r\sin\varphi\sin\theta, \\ z = r\cos\theta, \end{cases}$$

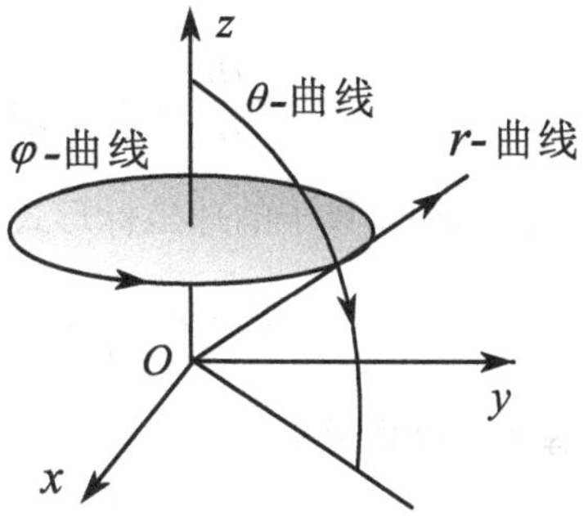

图 1.2

如果记

$$\boldsymbol{r} = (x, y, z),$$
$$r = |\boldsymbol{r}| = \sqrt{x^2 + y^2 + z^2},$$

则 r–曲线， θ–曲线和 φ–曲线的切向量

$$\frac{\partial \boldsymbol{r}}{\partial r} = (\cos\varphi\sin\theta, \sin\varphi\sin\theta, \cos\theta),$$

$$\frac{1}{r}\frac{\partial \boldsymbol{r}}{\partial \theta} = (\cos\varphi\cos\theta, \sin\varphi\cos\theta, -\sin\theta),$$

$$\frac{1}{r\sin\theta}\frac{\partial \boldsymbol{r}}{\partial \varphi} = (-\sin\varphi, \cos\varphi, 0)$$

是一组单位化正交向量，称为球坐标基.

例 1.3　求数量场 $u(r, \theta, \varphi)$ 在球坐标基

$$\boldsymbol{e}_r = (\cos\varphi\sin\theta, \sin\varphi\sin\theta, \cos\theta),$$

$$\boldsymbol{e}_\theta = (\cos\varphi\cos\theta, \sin\varphi\cos\theta, -\sin\theta),$$

$$\boldsymbol{e}_\varphi = (-\sin\varphi, \cos\varphi, 0)$$

下的梯度公式.

解 1 令 $\boldsymbol{r}=(r\cos\varphi\sin\theta, r\sin\varphi\sin\theta, r\cos\theta)$, 则有

$$\boldsymbol{e}_r=\frac{\partial\boldsymbol{r}}{\partial r},\quad \boldsymbol{e}_\theta=\frac{1}{r}\frac{\partial\boldsymbol{r}}{\partial\theta},\quad \boldsymbol{e}_\varphi=\frac{1}{r\sin\theta}\frac{\partial\boldsymbol{r}}{\partial\varphi}.$$

由于

$$\nabla u\cdot\frac{\partial\boldsymbol{r}}{\partial r}=\frac{\partial u}{\partial r},\quad \nabla u\cdot\frac{\partial\boldsymbol{r}}{\partial\theta}=\frac{\partial u}{\partial\theta},\quad \nabla u\cdot\frac{\partial\boldsymbol{r}}{\partial\varphi}=\frac{\partial u}{\partial\varphi},$$

所以梯度 ∇u 可用球坐标基 $\boldsymbol{e}_r,\boldsymbol{e}_\theta,\boldsymbol{e}_\varphi$ 线性表示为

$$\begin{aligned}\nabla u &=(\nabla u\cdot\boldsymbol{e}_r)\boldsymbol{e}_r+(\nabla u\cdot\boldsymbol{e}_\theta)\boldsymbol{e}_\theta+(\nabla u\cdot\boldsymbol{e}_\varphi)\boldsymbol{e}_\varphi\\ &=\frac{\partial u}{\partial r}\boldsymbol{e}_r+\frac{1}{r}\frac{\partial u}{\partial\theta}\boldsymbol{e}_\theta+\frac{1}{r\sin\theta}\frac{\partial u}{\partial\varphi}\boldsymbol{e}_\varphi.\end{aligned}$$

这表明, Nabla 算子的球坐标形式为

$$\nabla=\boldsymbol{e}_r\frac{\partial}{\partial r}+\boldsymbol{e}_\theta\frac{1}{r}\frac{\partial}{\partial\theta}+\boldsymbol{e}_\varphi\frac{1}{r\sin\theta}\frac{\partial}{\partial\varphi}.$$

解 2 用微元法.

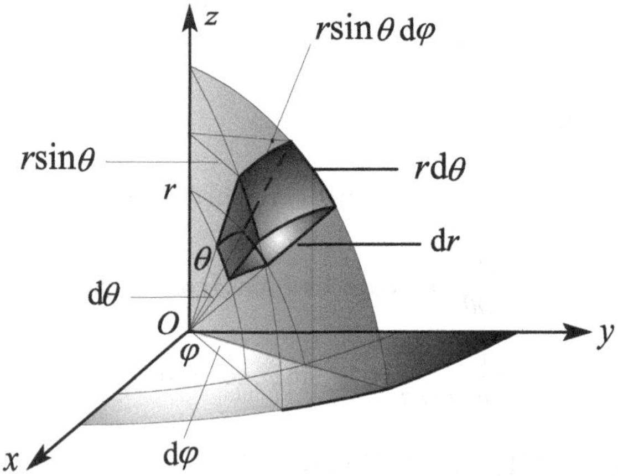

图 1.3

(1) 当 r 变为 $r+\mathrm{d}r$ 时, 曲线 $r\mapsto\boldsymbol{r}$ 的弧长微分是 $\mathrm{d}r$, 所以 u 在 $\boldsymbol{e}_r$ 方向的方向导数 $\nabla u\cdot\boldsymbol{e}_r$ 是微商 $\dfrac{\partial u}{\partial r}$, 即

$$\nabla u\cdot\boldsymbol{e}_r=\frac{\partial u}{\partial r};$$

(2) 当 $\boldsymbol{r}$ 变为 $\boldsymbol{r}+\mathrm{d}\boldsymbol{r}$ 时，曲线 $\theta \mapsto \boldsymbol{r}$ 的弧长微分是 $r\mathrm{d}\theta$, 所以 u 在 $\boldsymbol{e}_\theta$ 方向的方向导数 $\nabla u \cdot \boldsymbol{e}_\theta$ 是微商 $\dfrac{1}{r}\dfrac{\partial u}{\partial \theta}$, 即

$$\nabla u \cdot \boldsymbol{e}_\theta = \frac{1}{r}\frac{\partial u}{\partial \theta};$$

(3) 当 $\boldsymbol{r}$ 变为 $\boldsymbol{r}+\mathrm{d}\boldsymbol{r}$ 时，曲线 $\varphi \mapsto \boldsymbol{r}$ 的弧长微分是 $r\sin\theta\mathrm{d}\varphi$, 所以 u 在 $\boldsymbol{e}_\varphi$ 方向的方向导数 $\nabla u \cdot \boldsymbol{e}_\varphi$ 是微商 $\dfrac{1}{r\sin\theta}\dfrac{\partial u}{\partial \varphi}$, 即

$$\nabla u \cdot \boldsymbol{e}_\varphi = \frac{1}{r\sin\theta}\frac{\partial u}{\partial \varphi}.$$

因此，数量场 $u(r,\theta,\varphi)$ 的梯度场为

$$\begin{aligned}\nabla u &= (\nabla u \cdot \boldsymbol{e}_r)\boldsymbol{e}_r + (\nabla u \cdot \boldsymbol{e}_\theta)\boldsymbol{e}_\theta + (\nabla u \cdot \boldsymbol{e}_\varphi)\boldsymbol{e}_\varphi \\ &= \frac{\partial u}{\partial r}\boldsymbol{e}_r + \frac{1}{r}\frac{\partial u}{\partial \theta}\boldsymbol{e}_\theta + \frac{1}{r\sin\theta}\frac{\partial u}{\partial \varphi}\boldsymbol{e}_\varphi.\end{aligned}$$

例 1.4 已知 $u(r,\theta,\varphi) = \left(r^2 + \dfrac{1}{r^3}\right)\sin 2\theta\cos\varphi$, 求 ∇u.

解 在球坐标系中

$$\nabla u = \frac{\partial u}{\partial r}\boldsymbol{e}_r + \frac{1}{r}\frac{\partial u}{\partial \theta}\boldsymbol{e}_\theta + \frac{1}{r\sin\theta}\frac{\partial u}{\partial \varphi}\boldsymbol{e}_\varphi.$$

将 $u = \left(r^2 + \dfrac{1}{r^3}\right)\sin 2\theta\cos\varphi$ 代入，得

$$\begin{aligned}\nabla u = (2r - \frac{3}{r^4})\sin 2\theta\cos\varphi\boldsymbol{e}_r + 2\left(r + \frac{1}{r^4}\right)\cos 2\theta\cos\varphi\boldsymbol{e}_\theta \\ -2\left(r + \frac{1}{r^4}\right)\cos\theta\sin\varphi\boldsymbol{e}_\varphi.\end{aligned}$$

4. **梯度的积分表示**

在气体和流体问题中，常常需要用梯度的积分形式来建立运动方程. 数量场 $u(x,y,z)$ 的梯度场 $\nabla u(x,y,z)$ 可以用局部法向场来表示，即用包围 (x,y,z) 点的曲面法向场 $u\boldsymbol{n}_0$ 的积分平均来表示，亦即

定理 1.1 设 $u(x,y,z)$ 是一个二阶光滑的数量场, S_λ 是一个直径 $<\lambda$ 的包围 (x,y,z) 点的光滑曲面且外侧定向, 则有

$$\nabla u(x,y,z)=\lim_{\lambda\to 0}\frac{1}{V_\lambda}\iint_{S_\lambda}u\,\mathrm{d}\boldsymbol{S},$$

其中 $V_\lambda=\iiint_{\Omega_\lambda}\mathrm{d}\Omega$, Ω_λ 为 S_λ 的包围区域.

证 根据 Gauss 公式和积分中值定理, 有

$$\iint_{S_\lambda}u\,\mathrm{d}y\mathrm{d}z=\iiint_{\Omega_\lambda}\frac{\partial u}{\partial x}\mathrm{d}x\mathrm{d}y\mathrm{d}z=u_x(\xi_{1,\lambda})V_\lambda$$

$$\iint_{S_\lambda}u\,\mathrm{d}z\mathrm{d}x=\iiint_{\Omega_\lambda}\frac{\partial u}{\partial y}\mathrm{d}x\mathrm{d}y\mathrm{d}z=u_y(\xi_{2,\lambda})V_\lambda$$

$$\iint_{S_\lambda}u\,\mathrm{d}y\mathrm{d}z=\iiint_{\Omega_\lambda}\frac{\partial u}{\partial z}\mathrm{d}x\mathrm{d}y\mathrm{d}z=u_z(\xi_{3,\lambda})V_\lambda.$$

其中 $\xi_{1,\lambda}$, $\xi_{2,\lambda}$, $\xi_{3,\lambda}\in\Omega_\lambda$. 因此

$$\lim_{\lambda\to 0}\frac{1}{V_\lambda}\iint_{S_\lambda}u\,\mathrm{d}\boldsymbol{S}=\lim_{\lambda\to 0}(u_x(\xi_{1,\lambda}),u_y(\xi_{2,\lambda}),u_z(\xi_{3,\lambda}))=\nabla u(x,y,z).$$

§12.1.2 梯度场的线积分

由于梯度场的曲线积分具有特殊的几何和物理意义, 所以需要专门讨论.

1. 梯度场与积分路径

在重力场中, 当一个物体从一个位置运动到另一个位置时, 它的势能改变量只与它的始末位置有关, 而与运动方式和运动途径无关, 换句话说, 不管选择什么样的运动方式, 还是选择什么样的运动途径, 只要物体的始末位置相同, 物体的势能就相同.

从数学上看, 由于重力场是势能函数的梯度场, 而梯度场的曲线积分与路径无关, 所以重力势能只与始末位置有关. 如果不用数学方法分析这种自然现象, 恐怕很难有一个令人信服的简单解释.

梯度场的积分与积分域的单连通性相关. 直观上一个无洞无缝的平面区域可以看成是单连通区域. 在单连通区域内, 任意一条封闭曲线都可以在该

区域内连续地收缩为一个点. 比如全平面、半平面、凸多边形和简单闭曲线围成的区域等都是单连通区域.

定理 1.2 设 D 是一个单连通的平面区域, 若 $P(x,y), Q(x,y)$ 是 D 内的偏导连续函数, 则下列五个条件等价:

(1) (环量恒零性) 当 L 是 D 内的分段光滑的简单封闭曲线时, 恒有

$$\int_L P\mathrm{d}x + Q\mathrm{d}y = 0;$$

(2) (路径无关性) 当 L 是 D 内的分段光滑的简单曲线时, 恒有 (位势函数或势能) $\int_L P\mathrm{d}x + Q\mathrm{d}y$ 与积分路径无关;

(3) (场的有势性) 微分形式 $P\mathrm{d}x + Q\mathrm{d}y$ 是 D 内某个函数 $u(x,y)$ 的全微分, 即存在二元原函数 $u = u(x,y)$, 使得

$$\mathrm{d}u = P\mathrm{d}x + Q\mathrm{d}y;$$

(4) (场的梯度性) 向量场 $(x,y) \mapsto (P,Q)$ 是 D 内某一数量场 $u(x,y)$ 的梯度场, 即

$$(P,Q) = \nabla u = \left(\frac{\partial u}{\partial x}, \frac{\partial u}{\partial y}\right);$$

(5) (场的无旋性) $\mathrm{rot}(P,Q) = 0$ 即 $\dfrac{\partial Q}{\partial x} = \dfrac{\partial P}{\partial y}$ 在 D 内处处成立.

证 采用循环证法.

(1)⇒(2) 设 Γ 是 D 内的分段光滑的简单曲线, 且与 L 端点相同, 定向相同. 不妨设 $L-\Gamma$ 为简单封闭曲线, 则由 (1) 有

$$\int_{L-\Gamma} P\mathrm{d}x + Q\mathrm{d}y = 0.$$

于是根据积分的区域可加性, 有

$$\int_\Gamma P\mathrm{d}x + Q\mathrm{d}y = \int_L P\mathrm{d}x + Q\mathrm{d}y.$$

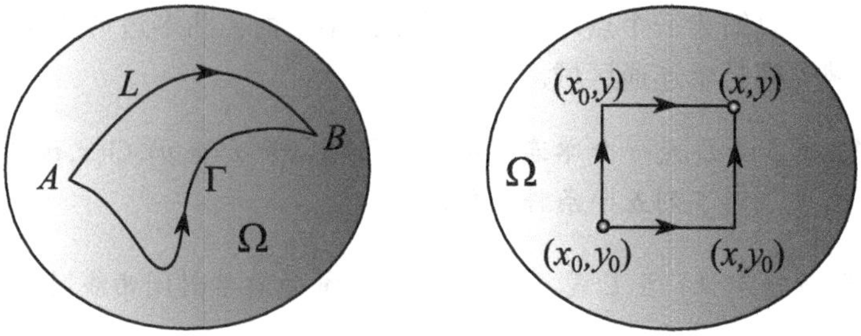

图 1.4

(2)⇒(3) 根据 (2), 微分形式 $P\mathrm{d}x+Q\mathrm{d}y$ 在 D 内的积分与路径无关, 因此连接 $(x_0,y_0),(x,y)$ 两点的曲线积分可简记为

$$u(x,y)=\int_{(x_0,y_0)}^{(x,y)}P\mathrm{d}x+Q\mathrm{d}y.$$

由于

$$\begin{aligned}u(x,y)&=\int_{(x_0,y_0)}^{(x_0,y)}+\int_{(x_0,y)}^{(x,y)}\\&=\int_{y_0}^{y}Q(x_0,y)\mathrm{d}y+\int_{x_0}^{x}P(x,y)\mathrm{d}x,\end{aligned}$$

所以 $\dfrac{\partial u}{\partial x}=P(x,y)$.

由于

$$\begin{aligned}u(x,y)&=\int_{(x_0,y_0)}^{(x,y_0)}+\int_{(x,y_0)}^{(x,y)}\\&=\int_{x_0}^{x}P(x,y_0)\mathrm{d}x+\int_{y_0}^{y}Q(x,y)\mathrm{d}y,\end{aligned}$$

所以 $\dfrac{\partial u}{\partial y}=Q(x,y)$. 因此有

$$\mathrm{d}u=P\mathrm{d}x+Q\mathrm{d}y.$$

(3)⇒(4) 按照微分的定义, 由 $\mathrm{d}u=P\mathrm{d}x+Q\mathrm{d}y$ 可知,

$$(P,Q)=\nabla u=\left(\frac{\partial u}{\partial x},\frac{\partial u}{\partial y}\right).$$

(4)⇒(5) 根据 (4) 及 $\dfrac{\partial P}{\partial y}, \dfrac{\partial Q}{\partial x}$ 的连续性，有

$$\frac{\partial P}{\partial y}=\frac{\partial^2 u}{\partial y\partial x}=\frac{\partial^2 u}{\partial x\partial y}=\frac{\partial Q}{\partial x}.$$

(5)⇒(1) 根据 (5) 及 Green 公式可知 (1) 成立.

对于空间曲线，也有类似的路径无关定理. 一个三维区域 Ω 称为一维单连通的，当且仅当 Ω 内任意简单曲线 Γ 为一曲面边界时，必有曲面 $S\subset\Omega$，使得 $\partial S=\Gamma$.

一维单连通的空间区域可以是有洞的，例如同心球的夹层

$$\{(x,y,z)\,|\,1<x^2+y^2+z^2<2\}$$

是一维单连通的. 但环面的内部

$$\{(x,y,z)\,|\,(\sqrt{x^2+z^2}\ -2)^2+y^2<1\}$$

不是一维单连通的.

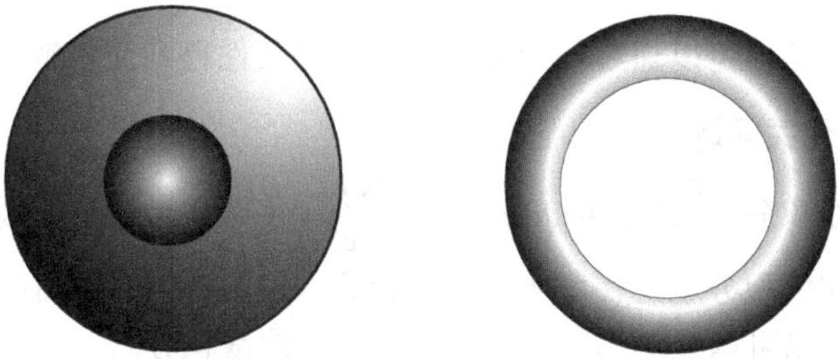

图 1.5

定理 1.3 设 Ω 是一维单连通的空间区域，若 $P(x,y,z),Q(x,y,z),R(x,y,z)$ 是 Ω 内的偏导连续函数，则下列五个条件等价：

(1) 当 L 是 Ω 中的分段光滑的简单封闭曲线时，恒有

$$\int_L P\mathrm{d}x+Q\mathrm{d}y+R\mathrm{d}z=0;$$

(2) 当 L 是 Ω 内的分段光滑的简单曲线时，恒有 $\displaystyle\int_L P\mathrm{d}x+Q\mathrm{d}y+R\mathrm{d}z$ 与积分路径无关；

(3) 微分形式 $P\mathrm{d}x+Q\mathrm{d}y+R\mathrm{d}z$ 是 Ω 内某个函数 $u(x,y,z)$ 的全微分，即

$$\mathrm{d}u=P\mathrm{d}x+Q\mathrm{d}y+R\mathrm{d}z;$$

(4) 向量场 $(x,y,z)\mapsto(P,Q,R)$ 是 Ω 内某一数量场 $u(x,y,z)$ 的梯度场，即

$$(P,Q,R)=\nabla u=\left(\frac{\partial u}{\partial x},\frac{\partial u}{\partial y},\frac{\partial u}{\partial z}\right);$$

(5) $\operatorname{rot}(P,Q,R)=\mathbf{0}$ 在 Ω 内处处成立，即

$$\frac{\partial Q}{\partial z}=\frac{\partial R}{\partial y},\ \frac{\partial R}{\partial x}=\frac{\partial P}{\partial z},\ \frac{\partial P}{\partial y}=\frac{\partial Q}{\partial x}.$$

判断一个向量场是不是梯度场可以通过计算旋度实现，例如引力场 $\boldsymbol{f}=GM\dfrac{\boldsymbol{r}}{r^3}$ 或静电场 $\boldsymbol{e}=q\dfrac{\boldsymbol{r}}{r^3}$ 都因 $\operatorname{rot}\dfrac{\boldsymbol{r}}{r^3}=0$ 而为梯度场. 计算梯度场的势能或位势函数可以通过端点积分实现

$$u(x,y,z)=\int_{(x_0,y_0,z_0)}^{(x,y,z)}P\mathrm{d}x+Q\mathrm{d}y+R\mathrm{d}z.$$

梯度场的宏观特性可以通过环量积分和路径无关性得到简单解释.

2. **路径无关问题**

对于曲线积分 $\displaystyle\int_L P\mathrm{d}x+Q\mathrm{d}y$, 如果 $\dfrac{\partial Q}{\partial x}=\dfrac{\partial P}{\partial y}$ 在目标范围内处处成立，那么这时的曲线积分就是梯度场的曲线积分，由于梯度场的曲线积分与积分路径无关，所以可以通过选择简单路径来计算曲线积分.

假设 L 是从 (x_0,y_0) 到 (x,y) 的弧段，则梯度场的位势函数

$$u(x,y)=\int_{(x_0,y_0)}^{(x,y)}P\mathrm{d}x+Q\mathrm{d}y$$

可以按照折线 $(x_0,y_0)\to(x,y_0)\to(x,y)$ 来计算，即

$$\begin{aligned}u(x,y)&=\int_{(x_0,y_0)}^{(x,y)}P\mathrm{d}x+Q\mathrm{d}y\\&=\left(\int_{(x_0,y_0)}^{(x,y_0)}+\int_{(x,y_0)}^{(x,y)}\right)P\mathrm{d}x+Q\mathrm{d}y\end{aligned}$$

$$= \int_{x_0}^{x} P(x, y_0)\mathrm{d}x + \int_{y_0}^{y} Q(x, y)\mathrm{d}y.$$

也可以按照折线 $(x_0, y_0) \to (x_0, y) \to (x, y)$ 来计算，即

$$\begin{aligned} u(x,y) &= \int_{(x_0,y_0)}^{(x,y)} P\mathrm{d}x + Q\mathrm{d}y \\ &= \left(\int_{(x_0,y_0)}^{(x_0,y)} + \int_{(x_0,y)}^{(x,y)} \right) P\mathrm{d}x + Q\mathrm{d}y \\ &= \int_{x_0}^{x} P(x,y)\mathrm{d}x + \int_{y_0}^{y} Q(x_0,y)\mathrm{d}y. \end{aligned}$$

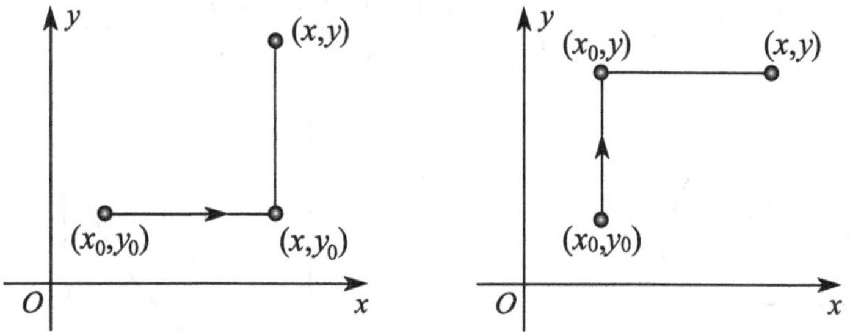

图 1.6

例 1.5 计算曲线积分

$$I = \int_L \frac{y\mathrm{d}x - (x-1)\mathrm{d}y}{(x-1)^2 + y^2},$$

其中

(1) L 是圆周 $x^2 + y^2 - 2y = 0$ 的正向;

(2) L 是椭圆 $4x^2 + y^2 - 8x = 0$ 的正向.

解 令 $P = \dfrac{y}{(x-1)^2 + y^2}$, $Q = \dfrac{-(x-1)}{(x-1)^2 + y^2}$, 则有

$$\frac{\partial Q}{\partial x} = \frac{\partial}{\partial x}\left(\frac{-(x-1)}{(x-1)^2 + y^2} \right) = \frac{(x-1)^2 - y^2}{[(x-1)^2 + y^2]^2},$$

$$\frac{\partial P}{\partial y} = \frac{\partial}{\partial y}\left(\frac{y}{(x-1)^2 + y^2} \right) = \frac{(x-1)^2 - y^2}{[(x-1)^2 + y^2]^2}.$$

(1) 由于 $\dfrac{\partial Q}{\partial x}=\dfrac{\partial P}{\partial y}$ 在 $x^2+(y-1)^2\leq 1$ 上处处成立，所以

$$I=\int_L P\mathrm{d}x+Q\mathrm{d}y=0.$$

(2) 由于 $\dfrac{\partial Q}{\partial x}=\dfrac{\partial P}{\partial y}$ 在椭圆 $4x^2+y^2-8x\leq 0$ 中除 $(x,y)\neq(1,0)$ 外处处成立，所以当 $\varGamma$ 为 $(x-1)^2+y^2=1$ 的正向时，有

$$I=\int_L P\mathrm{d}x+Q\mathrm{d}y=\int_\varGamma P\mathrm{d}x+Q\mathrm{d}y.$$

令 $x=1+\cos\theta,\ y=\sin\theta$, 则有

$$I=\int_\varGamma P\mathrm{d}x+Q\mathrm{d}y=\int_0^{2\pi}\frac{\sin\theta(-\sin\theta)-\cos\theta\cos\theta}{\cos^2\theta+\sin^2\theta}\mathrm{d}\theta=-2\pi.$$

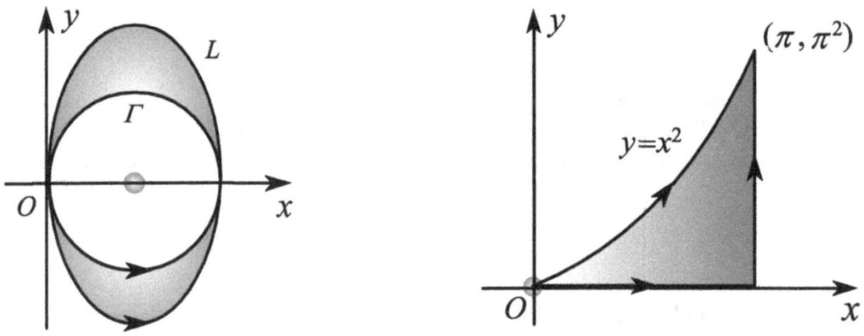

图 1.7

例 1.6 计算曲线积分

$$I=\int_L\left(1-\frac{y^2}{x^2}\cos\frac{y}{x}\right)\mathrm{d}x+\left(\sin\frac{y}{x}+\frac{y}{x}\cos\frac{y}{x}\right)\mathrm{d}y,$$

其中 L 分别为

(1) 圆 $(x-2)^2+(y-2)^2=2$ 的正向；

(2) 沿曲线 $y=x^2$ 从点 $O(0,0)$ 到点 $A(\pi,\pi^2)$ 的一段弧.

解 对 $P=1-\dfrac{y^2}{x^2}\cos\dfrac{y}{x}$, $Q=\sin\dfrac{y}{x}+\dfrac{y}{x}\cos\dfrac{y}{x}$, 计算偏导数

$$\frac{\partial Q}{\partial x}=\frac{\partial}{\partial x}\left(\sin\frac{y}{x}+\frac{y}{x}\cos\frac{y}{x}\right)=-\frac{2y}{x^2}\cos\frac{y}{x}+\frac{y^2}{x^3}\sin\frac{y}{x},$$

$$\frac{\partial P}{\partial y}=\frac{\partial}{\partial y}\left(1-\frac{y^2}{x^2}\cos\frac{y}{x}\right)=-\frac{2y}{x^2}\cos\frac{y}{x}+\frac{y^2}{x^3}\sin\frac{y}{x}.$$

(1) 由于 $\dfrac{\partial Q}{\partial x}=\dfrac{\partial P}{\partial y}$ 在 $(x-2)^2+(y-2)^2\leq 2$ 上处处成立，所以

$$I=\int_L P\mathrm{d}x+Q\mathrm{d}y=0.$$

(2) 由于 $\dfrac{\partial Q}{\partial x}=\dfrac{\partial P}{\partial y}$ 在 $x\neq 0$ 时处处成立，所以当 L 为 $y=x^2$ 上从点 $O(0,0)$ 到点 $A(\pi,\pi^2)$ 的一段弧时，有

$$\begin{aligned}I&=\int_L P\mathrm{d}x+Q\mathrm{d}y=\lim_{\varepsilon\to 0+}\int_{(\varepsilon,0)}^{(\pi,\pi^2)}P\mathrm{d}x+Q\mathrm{d}y\\&=\lim_{\varepsilon\to 0+}\left(\int_{(\varepsilon,0)}^{(\pi,0)}+\int_{(\pi,0)}^{(\pi,\pi^2)}\right)P\mathrm{d}x+Q\mathrm{d}y\\&=\lim_{\varepsilon\to 0+}\int_\varepsilon^\pi\mathrm{d}x+\int_0^{\pi^2}(\sin\frac{y}{\pi}+\frac{y}{\pi}\cos\frac{y}{\pi})\mathrm{d}y\\&=\lim_{\varepsilon\to 0+}(\pi-\varepsilon)=\pi.\end{aligned}$$

例 1.7 设函数 $f(x)$ 在 $(-\infty,+\infty)$ 内具有一阶连续导数，L 是上半平面 $(y>0)$ 内的有向分段光滑曲线，其起点为 (a,b)，终点为 (c,d). 记

$$I=\int_L\frac{1}{y}\left[1+y^2f(xy)\right]\mathrm{d}x+\frac{x}{y^2}\left[y^2f(xy)-1\right]\mathrm{d}y,$$

(1) 证明曲线积分 I 与路径 L 无关;

(2) 当 $ab=cd$ 时，求 I 的值.

解 令 $P=\dfrac{1}{y}[1+y^2f(xy)]$, $Q=\dfrac{x}{y^2}[y^2f(xy)-1]$.

(1) 对 P,Q 计算偏导数，有

$$\frac{\partial Q}{\partial x}=\frac{\partial}{\partial x}\left[\frac{x(y^2f(xy)-1)}{y^2}\right]=-\frac{1}{y^2}+f(xy)+xyf'(xy),$$

$$\frac{\partial P}{\partial y}=\frac{\partial}{\partial y}\left[\frac{1+y^2f(xy)}{y}\right]=-\frac{1}{y^2}+f(xy)+xyf'(xy).$$

由于 $\dfrac{\partial Q}{\partial x}=\dfrac{\partial P}{\partial y}$ 处处成立，所以曲线积分 I 与路径 L 无关.

(2)

$$\begin{aligned}
I &= \int_{(a,b)}^{(c,d)} P\mathrm{d}x+Q\mathrm{d}y=\left(\int_{(a,b)}^{(c,b)}+\int_{(c,b)}^{(c,d)}\right)P\mathrm{d}x+Q\mathrm{d}y\\
&=\int_a^c P(x,b)\mathrm{d}x+\int_b^d Q(c,y)\mathrm{d}y\\
&=\int_a^c \frac{1+b^2f(bx)}{b}\mathrm{d}x+\int_b^d \frac{c(y^2f(cy)-1)}{y^2}\mathrm{d}y\\
&=\frac{c-a}{b}+b\int_a^c f(bx)\mathrm{d}x+\frac{c}{d}-\frac{c}{b}+c\int_b^d f(cy)\mathrm{d}y\\
&=\frac{c}{d}-\frac{a}{b}+\int_{ab}^{bc} f(t)\mathrm{d}t+\int_{bc}^{cd} f(t)\mathrm{d}t=\frac{c}{d}-\frac{a}{b}.
\end{aligned}$$

例 1.8　设 $f(\pi)=1$, 试求 $f(x)$, 使曲线积分

$$I=\int_{\widehat{AB}}[\sin x-f(x)]\,\frac{y}{x}\,\mathrm{d}x+f(x)\mathrm{d}y,$$

与路径无关，并求当 A,B 两点坐标分别为 $(1,0),(\pi,\pi)$ 时曲线的积分值.

解　令 $P=[\sin x-f(x)]\,\dfrac{y}{x}$, $Q=f(x)$, 则

$$\begin{aligned}
\frac{\partial Q}{\partial x}&=\frac{\partial}{\partial x}[f(x)]=f'(x),\\
\frac{\partial P}{\partial y}&=\frac{\partial}{\partial y}\left[(\sin x-f(x))\,\frac{y}{x}\right]=[\sin x-f(x)]\cdot\frac{1}{x}.
\end{aligned}$$

根据 $\dfrac{\partial Q}{\partial x}=\dfrac{\partial P}{\partial y}$, 有

$$f'(x)=[\sin x-f(x)]\cdot\frac{1}{x},$$

即

$$f'(x)+\frac{1}{x}f(x)=\frac{1}{x}\sin x.$$

解得

$$f(x)=\frac{1}{x}(C-\cos x).$$

由 $f(\pi)=1$ 可得， $C=\pi-1$, 故

$$f(x)=\frac{1}{x}(\pi-1-\cos x).$$

于是

$$\begin{aligned}I &= \int_{(1,0)}^{(\pi,\pi)} P\mathrm{d}x+Q\mathrm{d}y=\int_1^{\pi} P(x,0)\mathrm{d}x+\int_0^{\pi} Q(\pi,y)\mathrm{d}y\\ &=\int_1^{\pi} 0\cdot\mathrm{d}x+\int_0^{\pi}\frac{1}{\pi}(\pi-1-\cos\pi)\mathrm{d}y=\pi.\end{aligned}$$

例 1.9 设 D 是由简单光滑曲线 Γ 围成的闭区域，如果函数 $V(x,y)$ 在 D 中满足条件

$$\frac{\partial^2 V}{\partial x^2}+\frac{\partial^2 V}{\partial y^2}=0,$$

试证

(1) $\displaystyle\int_{\Gamma}\frac{\partial V}{\partial n}\mathrm{d}s=0$;

(2) $\displaystyle\int_{\Gamma}V\frac{\partial V}{\partial n}\mathrm{d}s=\iint_D\left[\left(\frac{\partial V}{\partial x}\right)^2+\left(\frac{\partial V}{\partial y}\right)^2\right]\mathrm{d}x\mathrm{d}y.$

其中 $\dfrac{\partial V}{\partial n}$ 为 Γ 的外法向导数.

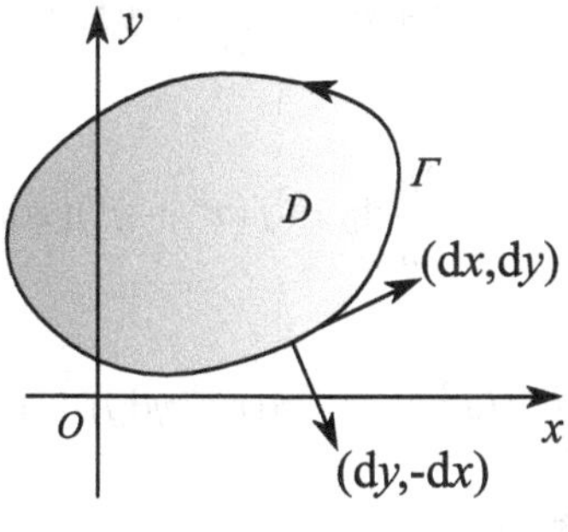

图 1.8

解 曲线 Γ 的切向微分为 $(\mathrm{d}x,\mathrm{d}y)$, 因此法向微分为 $(\mathrm{d}y,-\mathrm{d}x)$ 或 $(-\mathrm{d}y,\mathrm{d}x)$, 按照外法线，选择 $(\mathrm{d}y,-\mathrm{d}x)$. 于是有方向导数

$$\frac{\partial V}{\partial n}=\nabla V\cdot\frac{(\mathrm{d}y,-\mathrm{d}x)}{\mathrm{d}s}=\left(\frac{\partial V}{\partial x}\mathrm{d}y-\frac{\partial V}{\partial y}\mathrm{d}x\right)\frac{1}{\mathrm{d}s}.$$

因此，有

$$(1)\quad \int_\Gamma \frac{\partial V}{\partial n}\mathrm{d}s=\int_\Gamma \frac{\partial V}{\partial x}\mathrm{d}y-\frac{\partial V}{\partial y}\mathrm{d}x=\iint_D\left(\frac{\partial^2 V}{\partial x^2}+\frac{\partial^2 V}{\partial y^2}\right)\mathrm{d}x\mathrm{d}y=0.$$

$$(2)\quad \int_\Gamma V\frac{\partial V}{\partial n}\mathrm{d}s=\int_\Gamma V\frac{\partial V}{\partial x}\mathrm{d}y-V\frac{\partial V}{\partial y}\mathrm{d}x$$

$$=\iint_D\left[\frac{\partial}{\partial x}\left(V\frac{\partial V}{\partial x}\right)+\frac{\partial}{\partial y}\left(V\frac{\partial V}{\partial y}\right)\right]\mathrm{d}x\mathrm{d}y$$

$$=\iint_D\left[\left(\frac{\partial V}{\partial x}\right)^2+\left(\frac{\partial V}{\partial y}\right)^2\right]\mathrm{d}x\mathrm{d}y.$$

例 1.10 设 $f(x)$ 为连续函数， L 为平面上光滑的封闭曲线，证明

$$\int_L f(x^2+y^2)(x\mathrm{d}x+y\mathrm{d}y)=0.$$

证 令

$$F(x,y)=\frac{1}{2}\int_a^{x^2+y^2}f(t)\mathrm{d}t,$$

则有

$$\frac{\partial F}{\partial x}=xf(x^2+y^2),\quad \frac{\partial F}{\partial y}=yf(x^2+y^2).$$

于是

$$\mathrm{d}F=\frac{\partial F}{\partial x}\mathrm{d}x+\frac{\partial F}{\partial y}\mathrm{d}y=f(x^2+y^2)(x\mathrm{d}x+y\mathrm{d}y).$$

所以

$$\int_L f(x^2+y^2)(x\mathrm{d}x+y\mathrm{d}y)=0.$$

例 1.11 计算曲线积分

$$I=\int_L(x^2-2yz)\mathrm{d}x+(y^2-2zx)\mathrm{d}y+(z^2-2xy)\mathrm{d}z,$$

其中 L 为螺旋线 $x=a\cos t,\ y=a\sin t,\ z=bt\ (a>b>0,\ 0\leq t\leq 2\pi)$ 且按 t 递增定向.

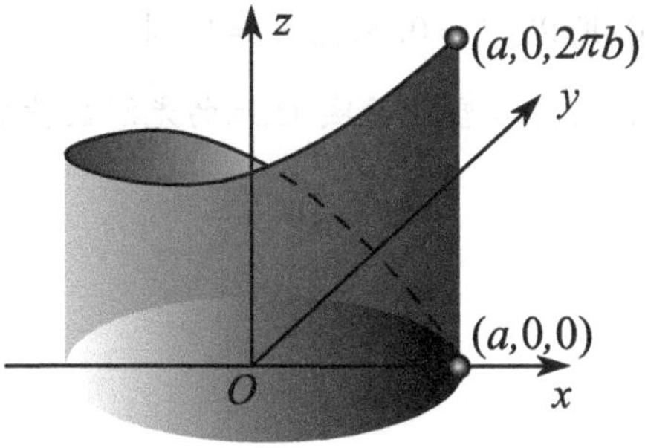

图 1.9

解 令 $P=x^2-2yz,\ Q=y^2-2zx,\ R=z^2-2xy$, 则有

$$\operatorname{rot}(P,Q,R)=\begin{vmatrix}\boldsymbol{i} & \boldsymbol{j} & \boldsymbol{k}\\ \dfrac{\partial}{\partial x} & \dfrac{\partial}{\partial y} & \dfrac{\partial}{\partial z}\\ x^2-2yz & y^2-2zx & z^2-2xy\end{vmatrix}=\mathbf{0}.$$

因此，曲线积分与路径无关，仅与曲线的始末位置有关. 故

$$I=\int_{(a,0,0)}^{(a,0,2\pi b)}P\mathrm{d}x+Q\mathrm{d}y+R\mathrm{d}z=\int_0^{2\pi b}z^2\mathrm{d}z=\frac{8}{3}\pi^3b^3.$$

3. **位势函数的计算**

梯度场的位势函数是不唯一的，但在一个区域上，梯度场的两个位势函数之间最多相差一个常数. 严格来说，有

定理 1.3 设 $u(x,y,z),v(x,y,z)$ 是空间区域 Ω 上具有相同梯度场的数量场，如果存在 $(x_0,y_0,z_0)\in\Omega$, 使得 $u(x_0,y_0,z_0)=v(x_0,y_0,z_0)$, 则 $u=v$.

证 令 $w(x,y,z)=u(x,y,z)-v(x,y,z)$, 则有

$$\nabla w=\nabla u-\nabla v=\mathbf{0}.$$

因此

$$\frac{\partial w}{\partial x}=\frac{\partial w}{\partial y}=\frac{\partial w}{\partial z}=0.$$

根据多元函数中值定理，有

$$w(x,y,z)\equiv C.$$

由于 $w(x_0,y_0,z_0)=0$, 所以 $C=0$, 从而 $w=0$, 即 $u=v$.

推论 1.1 设 $u(x,y,z)$ 是空间区域 Ω 上的光滑数量场, 若

$$\begin{cases}\nabla u=\mathbf{0},\\ u\big|_{\partial\Omega}=0,\end{cases}$$

则 $u=0$.

例 1.12 求梯度场 $(P,Q)=(4x^3+10xy^3-3y^4,15x^2y^2-12xy^3+5y^4)$ 的位势函数 $u(x,y)$.

解 由于

$$\frac{\partial Q}{\partial x}=\frac{\partial P}{\partial y}=30xy^2-12y^3,$$

所以 (P,Q) 确为梯度场, 故

$$\begin{aligned}u(x,y)&=\int_{(0,0)}^{(x,y)}P\mathrm{d}x+Q\mathrm{d}y+C\\&=\int_0^x P(x,0)\mathrm{d}x+\int_0^y Q(x,y)\mathrm{d}y+C\\&=\int_0^x 4x^3\mathrm{d}x+\int_0^y(15x^2y^2-12xy^3+5y^4)\mathrm{d}y+C\\&=x^4+5x^2y^3-3xy^4+y^5+C.\end{aligned}$$

例 1.13 选择 a,b, 使

$$\frac{(y^2+2xy+ax^2)\mathrm{d}x-(x^2+2xy+by^2)\mathrm{d}y}{(x^2+y^2)^2}$$

为某一函数 $u=u(x,y)$ 的全微分, 并求 $u(x,y)$.

解 令 $P=\dfrac{y^2+2xy+ax^2}{(x^2+y^2)^2}$, $Q=-\dfrac{(x^2+2xy+by^2)}{(x^2+y^2)^2}$, 则有

$$\frac{\partial Q}{\partial x}=\frac{\partial}{\partial x}\left[-\frac{(x^2+2xy+by^2)}{(x^2+y^2)^2}\right]=-\frac{2x+2y}{(x^2+y^2)^2}+\frac{4x(x^2+2xy+by^2)}{(x^2+y^2)^3},$$

$$\frac{\partial P}{\partial y}=\frac{\partial}{\partial y}\left[\frac{y^2+2xy+ax^2}{(x^2+y^2)^2}\right]=\frac{2y+2x}{(x^2+y^2)^2}-\frac{4y(y^2+2xy+ax^2)}{(x^2+y^2)^3}.$$

根据全微分条件 $\dfrac{\partial Q}{\partial x}=\dfrac{\partial P}{\partial y}$, 有

$$(a+1)x^2y+(b+1)xy^2=0.$$

由此可得， $a=-1$，$b=-1$. 于是

$$\mathrm{d}u=\frac{y^2+2xy-x^2}{(x^2+y^2)^2}\mathrm{d}x-\frac{(x^2+2xy-y^2)}{(x^2+y^2)^2}\mathrm{d}y.$$

选折线 $(1,1)\to(x,1)\to(x,y)$ 为积分路径，有

$$u=\int_1^x\frac{1+2x-x^2}{(1+x^2)^2}\mathrm{d}x-\int_1^y\frac{x^2+2xy-y^2}{(x^2+y^2)^2}\mathrm{d}y+C=\frac{x-y}{x^2+y^2}+C.$$

习 题 12.1 A

1. 设曲线积分 $\displaystyle\int_L xy^2\mathrm{d}x+y\varphi(x)\mathrm{d}y$ 与路径无关，其中 $\varphi(x)$ 具有连续的导数，且 $\varphi(0)=0$, 计算 $\displaystyle\int_{(0,0)}^{(1,1)}xy^2\mathrm{d}x+y\varphi(x)\mathrm{d}y$ 的值.

2. 已知曲线积分

$$I=\int_L y^3\mathrm{d}x+(3x-x^3)\mathrm{d}y,$$

其中 L 为 $x^2+y^2=R^2\ (R>0)$ 的正向，求：

(1) R 为何值时， $I=0$;

(2) 求 I 的最大值.

3. 设 u,v 为两个数量场， f 为可导函数，求

(1) $\nabla f(\dfrac{v}{u})$; (2) $\nabla f(uv)$;

(3) $\mathrm{grad}\, f(\sqrt{u^2+v^2})$; (4) $\mathrm{grad}\, f(\dfrac{v}{u},\, u^2+v^2)$.

4. 问函数 $u=\ln(xyz+\sqrt{1+x^2+y^2+z^2})$ 在 $(1,1,1)$ 点处沿哪个方向的方向导数最大？并求此最大值.

5. 已知数量场 $v(x,y,z)=\dfrac{x^2}{a^2}+\dfrac{y^2}{b^2}+\dfrac{z^2}{c^2}$, 求沿 $v(x,y,z)$ 的梯度方向的方向导数.

6. 设函数 $u(x,y,z)=\cos^2(xy)+\dfrac{y}{x^2}$, 直线 l 是直线

$$L:\begin{cases}\dfrac{1}{3}x-\dfrac{1}{2}z=1,\\ y-2z+4=0\end{cases}$$

在平面 $x+y-z=5$ 上的投影, 求函数 $u(x,y,z)$ 在 $M(1,0,0)$ 点沿直线 l 向上方向的方向导数.

7. 求函数 $u(x,y,z)=x^2+y^2-z^2$ 在 $(3,4,5)$ 点处沿曲线

$$\begin{cases}2x^2+2y^2-z^2=25,\\ x^2+y^2=z^2\end{cases}$$

在该点的切线方向的方向导数.

8. 确定常数 λ, 使在右半平面 $x>0$ 上的向量

$$\boldsymbol{A}(x,y)=2xy(x^4+y^2)^{\lambda}\boldsymbol{i}-x^2(x^4+y^2)^{\lambda}\boldsymbol{j}$$

为某二元函数 $u(x,y)$ 的梯度, 并求 $u(x,y)$.

9. 设函数 $f(x)$ 具有二阶连续导数, 且 $f(0)=f'(0)=0$, 试求 $f(x)$ 的表达式, 以使积分

$$\int_L f(x)y\mathrm{d}x+\left[\sin x+f'(x)\right]\mathrm{d}y$$

与路径无关.

10. 设函数 $\varphi(x)$ 连续可微, 且 $\varphi(0)=-2$, 试求 $\varphi(x)$ 的表达式, 以使积分

$$\int_L[y\sin 2x-y\varphi(x)\tan x]\mathrm{d}x+\varphi(x)\mathrm{d}y$$

在第一象限内与路径无关, 并计算

$$\int_{(0,0)}^{(\frac{\pi}{4},\frac{\pi}{4})}[y\sin 2x-y\varphi(x)\tan x]\mathrm{d}x+\varphi(x)\mathrm{d}y.$$

11. 设在上半平面 $D=\{(x,y)\,|\,y>0\}$ 内，函数 $f(x,y)$ 具有连续的偏导数，且对任意的 $t>0$, 都有 $f(tx,ty)=t^{-2}f(x,y)$, 证明对 D 内任意分段光滑的有向简单闭曲线 L, 都有

$$\oint_L yf(x,y)\,\mathrm{d}x-xf(x,y)\,\mathrm{d}y=0.$$

习 题 12.1 B

1. 设 $f(u),g'(v)$ 连续， $L:x^2+y^2=1$, D 为 L 所围的圆域，计算

$$I=\int_L[f(x^2+y^2)+g(x-y)](x\mathrm{d}x+y\mathrm{d}y),$$

并证明 $\iint_D(x+y)g'(x-y)\mathrm{d}x\mathrm{d}y=0$.

2. 确定可微函数 $\alpha(x)$ 与 $\beta(x)$, 使当

$$P(x,y)=[\alpha(x)+\beta(x)]y^2+3x^2y,\ Q(x,y)=y\alpha(x)+\beta(x)$$

时，曲线积分 $\int_L P\mathrm{d}x+Q\mathrm{d}y$ 对任何封闭曲线 L 都等于零，并写出 $\alpha(0)=-1$, $\beta(0)=0$ 时 $\int_L P\mathrm{d}x+Q\mathrm{d}y$ 的表达式.

3. 设函数 $Q(x,y)$ 在 xOy 平面上具有一阶连续偏导数，曲线积分

$$\int_L 2xy\mathrm{d}x+Q\mathrm{d}y$$

与路径无关，并对任意 t, 都有

$$\int_{(0,0)}^{(t,1)}2xy\mathrm{d}x+Q\mathrm{d}y=\int_{(0,0)}^{(1,t)}2xy\mathrm{d}x+Q\mathrm{d}y,$$

求 $Q(x,y)$.

4. 设曲线积分

$$\int_L 2[x\varphi(y)+\psi(y)]\mathrm{d}x+[x^2\psi(y)+2xy^2-2x\varphi(y)]\mathrm{d}y=0,$$

其中 L 是任意平面封闭曲线，求：

(1) 可微函数 $\varphi(y), \psi(y)$, 已知 $\varphi(0)=-2$, $\psi(0)=1$;

(2) 沿 L 从原点 (0,0) 到 $M\left(\pi, \dfrac{\pi}{2}\right)$ 的曲线积分.

5. 确定 $f(x)$, 使曲线积分

$$\int_{(0,0)}^{(x,y)} \left[(x+1)^n \sin x + \frac{n}{x+1} f(x)\right] y\,\mathrm{d}x + f(x)\mathrm{d}y$$

与路径无关，设 $f(0)=0$, 并计算此曲线积分.

6. 设 Σ 是由曲线

$$\begin{cases} 3x^2+2y^2=12, \\ z=0 \end{cases}$$

绕 y 轴旋转一周得到的旋转面，求函数 $u(x,y,z) = \sin(x^2+y^2+z^2)$ 在 $(0,\sqrt{3},\sqrt{2})$ 点处沿方向 $\boldsymbol{n}$ 的方向导数，其中 $\boldsymbol{n}$ 为曲面 Σ 在该点处的指向外侧的法向量.

7. 设 L 为平面上的光滑闭曲线， $\boldsymbol{e}$ 是单位向量，证明

$$\int_L \cos\langle \boldsymbol{e}, \boldsymbol{n}\rangle \mathrm{d}s = 0.$$

其中 $\boldsymbol{n}$ 为 L 的外法线单位向量.

8. 试证数量场 $u=u(x,y,z)$ 在 (x,y,z) 点处的梯度为

$$\mathrm{grad}\, u = \frac{\partial u}{\partial n}\boldsymbol{n}.$$

其中 $\boldsymbol{n}(x,y,z)$ 为数量场 u 在 (x,y,z) 点处的等值面的单位法向量， $\dfrac{\partial u}{\partial n}$ 为 u 在 (x,y,z) 点沿法向量 $\boldsymbol{n}$ 的方向导数.

9. 设函数 $u=u(x,y)$ 和 $v=v(x,y)$ 有二阶连续偏导数，证明：

(1) $\displaystyle\int_{\partial D} uv\mathrm{d}x + uv\mathrm{d}y = \iint_D \left[v\left(\frac{\partial u}{\partial x} - \frac{\partial u}{\partial y}\right) + u\left(\frac{\partial v}{\partial x} - \frac{\partial v}{\partial y}\right)\right]\mathrm{d}x\mathrm{d}y$;

(2) $\displaystyle\frac{1}{2}\int_{\partial D} \left(v\frac{\partial u}{\partial x} - u\frac{\partial v}{\partial x}\right)\mathrm{d}x + \left(u\frac{\partial v}{\partial y} - v\frac{\partial u}{\partial y}\right)\mathrm{d}y$

$$= \iint\limits_D \left(u\frac{\partial^2 v}{\partial x\partial y} - v\frac{\partial^2 u}{\partial x\partial y}\right)\mathrm{d}x\mathrm{d}y.$$

10. 设二元函数 $f_1(x,y), f_2(x,y)$ 及 $H(x,y)$ 在平面区域 D 上具有连续的一阶偏导数， C 是区域 D 的边界，证明

$$\iint\limits_D \left(f_1\frac{\partial H}{\partial y} + f_2\frac{\partial H}{\partial y}\right)\mathrm{d}x\mathrm{d}y$$
$$= \oint_C f_1 H\,\mathrm{d}y - f_2 H\,\mathrm{d}x - \iint\limits_D H\left(\frac{\partial f_1}{\partial x} + \frac{\partial f_2}{\partial y}\right)\mathrm{d}x\mathrm{d}y.$$

11. 设 $r = \sqrt{x^2+y^2}$. 问 a 取何值时，曲线积分

$$\int_L \frac{x}{y}\, r^a\,\mathrm{d}x - \frac{x^2}{y^2}\, r^a\,\mathrm{d}y$$

在上半平面与路径无关，并计算曲线积分

$$\int_{\left(\frac{1}{\sqrt{2}},\frac{1}{\sqrt{2}}\right)}^{(0,1)} \frac{x}{y}\, r^a\,\mathrm{d}x - \frac{x^2}{y^2}\, r^a\,\mathrm{d}y.$$

§12.2 场的通量与散度

§12.2.1 向量场的通量

流速为 $\boldsymbol{v}$ 的流体穿过定向曲面 S 的流量可以用曲面积分 $\iint_S \boldsymbol{v}\cdot\mathrm{d}\boldsymbol{S}$ 表示，类似地，电场强度为 $\boldsymbol{E}$ 的电场穿过定向曲面 S 的电通量可以用曲面积分 $\iint_S \boldsymbol{E}\cdot\mathrm{d}\boldsymbol{S}$ 表示，磁场强度为 $\boldsymbol{B}$ 的磁场穿过定向曲面 S 的磁通量可以用曲面积分 $\iint_S \boldsymbol{B}\cdot\mathrm{d}\boldsymbol{S}$ 表示. 一般地，向量场 $\boldsymbol{f}$ 关于定向曲面的曲面积分 $\iint_S \boldsymbol{f}\cdot\mathrm{d}\boldsymbol{S}$ 称为向量场的通量. 通量与散度通过 Gauss 公式建立对应

$$\oiint\limits_{S_{外}} \boldsymbol{f}\cdot\mathrm{d}\boldsymbol{S} = \iiint\limits_{\Omega} \mathrm{div}\,\boldsymbol{f}\,\mathrm{d}V.$$

在流体力学中，穿过封闭曲面 S 的流量 $\phi = \iint_S \boldsymbol{v}\cdot\mathrm{d}\boldsymbol{S}$ 表示流出量与流入量的差. 当流体不可压缩时，在每一时刻，曲面 S 包围的流体数量是不变

的. 如果流量 $\phi > 0$, 表示流出量大于流入量, 因此 S 的内部必有产生流体的"源泉", 它不断地释放流体; 如果流量 $\phi < 0$, 表示流入量大于流出量, 因此 S 的内部必有吸进流体的"渗洞", 它不断地吸收流体; 如果流量 $\phi = 0$, 表示流入量等于流出量, 因此可以认为 S 的内部既无源也无洞.

如果 $\phi = \iint_S \boldsymbol{E} \cdot \mathrm{d}\boldsymbol{S}$ 表示静电场中的电通量, 那么当封闭曲面 S 内包围的都是正电荷时, 电力线必从 S 内部向外穿出, 因此 $\phi > 0$; 当 S 内包围的都是负电荷时, 电力线必从 S 外部向内穿入, 因此 $\phi < 0$; 当 S 内没有静电荷时, $\phi = 0$.

在一向量场的定义域中, 如果一条曲线的每一点的切向量恰与场向量同向, 则称这一曲线为场的向量线. 例如, 流速场的流线, 电场的电力线, 磁场的磁力线等都是向量线.

如果向量场 $\boldsymbol{f} = (P, Q, R)$ 的向量线为 $\boldsymbol{r} = (x(t), y(t), z(t))$, 则向量线满足微分方程

$$\frac{x'(t)}{P} = \frac{y'(t)}{Q} = \frac{z'(t)}{R}$$

或

$$\frac{\mathrm{d}x}{P} = \frac{\mathrm{d}y}{Q} = \frac{\mathrm{d}z}{R}.$$

例 2.1 点电荷 q 在真空中产生静电场 $\boldsymbol{E} = q\,\dfrac{\boldsymbol{r}}{r^3}$, 证明通过任何包含 q 在内的光滑封闭曲面 S 的电通量为 $4\pi q$.

证 由 $\boldsymbol{E} = q\,\dfrac{\boldsymbol{r}}{r^3}$ 可知,

$$\operatorname{div}\boldsymbol{E} = \nabla \cdot \boldsymbol{E} = \frac{\partial}{\partial x}\Big(q\,\frac{x}{r^3}\Big) + \frac{\partial}{\partial y}\Big(q\,\frac{y}{r^3}\Big) + \frac{\partial}{\partial z}\Big(q\,\frac{z}{r^3}\Big) = 0.$$

设 $\varSigma$ 是球心位于点电荷 q 处, 半径为 ε 的外侧球面, 则当 $\varepsilon > 0$ 充分小时, 根据向量型 Gauss 公式有

$$\begin{aligned}\iint_S \boldsymbol{E} \cdot \mathrm{d}\boldsymbol{S} &= \iiint_V \nabla \cdot \boldsymbol{E}\,\mathrm{d}V + \iint_{\varSigma} \boldsymbol{E} \cdot \mathrm{d}\boldsymbol{S} \\ &= 0 + \iint_{\varSigma} q\,\frac{\boldsymbol{r}}{r^3} \cdot \frac{\boldsymbol{r}}{r}\,\mathrm{d}S = \frac{q}{\varepsilon^2}\iint_{\varSigma}\mathrm{d}S = 4\pi q.\end{aligned}$$

其中 V 是夹在 S 与 $\varSigma$ 之间的闭区域, $\mathrm{d}\boldsymbol{S} = \dfrac{\boldsymbol{r}}{r}\,\mathrm{d}S$.

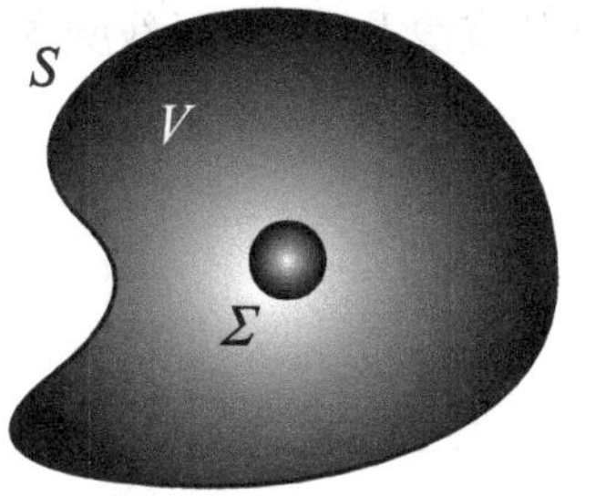

图 2.1

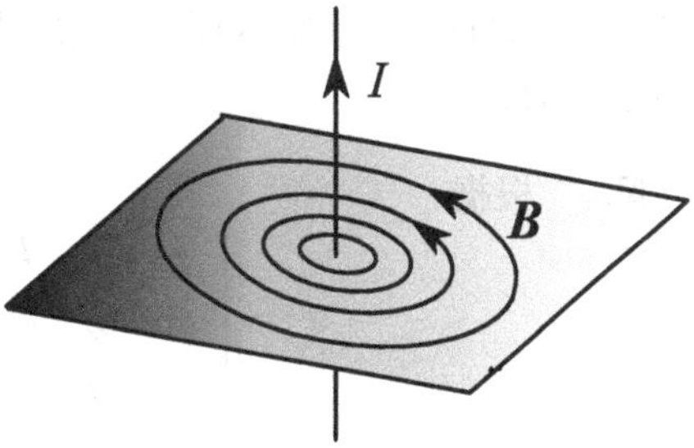

图 2.2

例 2.2　设一无穷长直导线有电流强度 I 通过，产生一强度为

$$\boldsymbol{B}=\frac{2I}{\rho^2}(-y\boldsymbol{i}+x\boldsymbol{j})$$

的磁场，式中 ρ 表示点 (x,y,z) 到导线的距离. 试证磁力线为圆圈.

证　由于磁场方向就是磁力线的切线方向，故有磁力线微分方程

$$\frac{\mathrm{d}x}{-y}=\frac{\mathrm{d}y}{x},$$

有 $\mathrm{d}(x^2+y^2)=0$, 由此可知磁力线为圆圈

$$x^2+y^2=C\ \ (C>0).$$

例 2.3　设电场强度为 $\boldsymbol{E}=\dfrac{q}{4\pi\varepsilon r^3}\boldsymbol{r}$, 其中 $\boldsymbol{r}=(x,y,z)$, $r=|\boldsymbol{r}|$, 试证电力线为过原点的射线.

证　解电力线微分方程

$$\frac{\mathrm{d}x}{x}=\frac{\mathrm{d}y}{y}=\frac{\mathrm{d}z}{z}$$

可得,

$$y=C_1x,\ \ z=C_2x.$$

由此可知电力线为过原点的射线.

例 2.4　设 $\boldsymbol{c}=(c_1,c_2,c_3)$, $\boldsymbol{r}=(x,y,z)$ 且 $\boldsymbol{c}$ 为常向量，证明

(1) 向量场 $\boldsymbol{a}=\boldsymbol{c}\times\boldsymbol{r}$ 的向量线为圆圈;

(2) 如果向量线的圆心在过原点以 $\boldsymbol{c}$ 为方向的直线上，则向量线所在平面与 $\boldsymbol{c}$ 垂直.

解 根据

$$\boldsymbol{a}=\begin{vmatrix}\boldsymbol{i} & \boldsymbol{j} & \boldsymbol{k}\\ c_1 & c_2 & c_3\\ x & y & z\end{vmatrix}$$

$$=(c_2z-c_3y,c_3x-c_1z,c_1y-c_2x)$$

可知，向量线微分方程为

$$\frac{\mathrm{d}x}{c_2z-c_3y}=\frac{\mathrm{d}y}{c_3x-c_1z}=\frac{\mathrm{d}z}{c_1y-c_2x}.$$

由此可知向量线为圆圈

$$\begin{cases}c_1x+c_2y+c_3z=k_1\\ x^2+y^2+z^2=k_2\end{cases}.$$

其中 k_1,k_2 为任意常数.

当圆心位于平面 $c_1x+c_2y+c_3z=k_1$ 时，必有 $k_1=0$. 由此可知 $c_1x+c_2y+c_3z=0$, 即 $\boldsymbol{c}\cdot\boldsymbol{r}=0$. 所以向量线所在平面与 $\boldsymbol{c}$ 垂直.

§12.2.2 向量场的散度

向量场的散度场刻划了向量场的扩散或收缩能力，亦即向量场的法向运动能力. 按照散度的定义， Gauss 公式的向量形式可以表示为

$$\iint\limits_{S_{外}}\boldsymbol{f}\cdot\mathrm{d}\boldsymbol{S}=\iiint\limits_{\Omega}\operatorname{div}\boldsymbol{f}\,\mathrm{d}V.$$

据此可以得到散度的积分形式.

1. **散度的积分表示**

散度是一种线性运算，如果 $\boldsymbol{f},\boldsymbol{g}$ 是光滑向量场， λ,μ 是实数，则有

$$\nabla\cdot(\lambda\boldsymbol{f}+\mu\boldsymbol{g})=\lambda\nabla\cdot\boldsymbol{f}+\mu\nabla\cdot\boldsymbol{g}.$$

根据导数的乘积公式和复合函数求导法则，可得散度的乘积公式

$$\nabla\cdot(u\boldsymbol{f})=\nabla u\cdot\boldsymbol{f}+u\nabla\cdot\boldsymbol{f}.$$

其中 u, $\boldsymbol{f}$ 分别为光滑函数和光滑向量场.

例 2.5　设 $\boldsymbol{r}=(x,y,z), r=|\boldsymbol{r}|$, 求下列各题的 $f(r)$:

(1) $\nabla\cdot[f(r)\boldsymbol{r}]=0$;　　　　(2) $\Delta f(r)=0$.

解　(1) 根据散度的乘积公式，有

$$\begin{aligned}\nabla\cdot[f(r)\boldsymbol{r}]&=f(r)\nabla\cdot\boldsymbol{r}+\boldsymbol{r}\cdot\nabla f(r)\\&=3f(r)+\boldsymbol{r}\cdot\left[f'(r)\cdot\frac{\boldsymbol{r}}{r}\right]=3f(r)+rf'(r).\end{aligned}$$

令 $3f(r)+rf'(r)=0$, 则有 $f(r)=\dfrac{C}{r^3}$.

(3) 由于 $\Delta=\nabla\cdot\nabla$, 所以

$$\begin{aligned}\Delta f(r)&=\nabla\cdot\nabla f(r)=\nabla\cdot\left[f'(r)\cdot\frac{\boldsymbol{r}}{r}\right]\\&=\frac{f'(r)}{r}\nabla\cdot\boldsymbol{r}+\boldsymbol{r}\cdot\nabla\frac{f'(r)}{r}\\&=\frac{3f'(r)}{r}+\boldsymbol{r}\cdot\left[\frac{rf''(r)-f'(r)}{r^2}\right]\frac{\boldsymbol{r}}{r}=f''(r)+\frac{2}{r}f'(r).\end{aligned}$$

令 $f''(r)+\dfrac{2}{r}f'(r)=0$, 则有 $f(r)=\dfrac{C_1}{r}+C_2$.

定理 2.1　设 $\boldsymbol{f}$ 是空间区域 Ω 内的光滑向量场，若 S_λ 是一个直径 $<\lambda$ 的包围 $(x,y,z)\in\Omega$ 点的光滑曲面且外侧定向，则

$$\nabla\cdot\boldsymbol{f}=\lim_{\lambda\to0}\frac{1}{V_\lambda}\iint\limits_{S_\lambda}\boldsymbol{f}\cdot\mathrm{d}\boldsymbol{S},$$

其中 V_λ 为 S_λ 所围紧致区域的体积.

证　设 Ω_λ 是 S_λ 包围的紧致区域，则根据积分中值定理，有

$$\iiint\limits_{\Omega_\lambda}\nabla\cdot\boldsymbol{f}\mathrm{d}\Omega=\nabla\cdot\boldsymbol{f}(x_\lambda,y_\lambda,z_\lambda)\iiint\limits_{\Omega_\lambda}\mathrm{d}\Omega=\nabla\cdot\boldsymbol{f}(x_\lambda,y_\lambda,z_\lambda)V_\lambda.$$

其中 $V_\lambda = \iiint_{\Omega_\lambda} \mathrm{d}\Omega$. 于是由 Gauss 公式，有

$$\nabla \cdot \boldsymbol{f} = \lim_{\lambda \to 0} \nabla \cdot \boldsymbol{f}(x_\lambda, y_\lambda, z_\lambda) = \lim_{\lambda \to 0} \frac{1}{V_\lambda} \iint_{S_\lambda} \boldsymbol{f} \cdot \mathrm{d}\boldsymbol{S}.$$

定理 2.1 表明，向量场的散度是平均通量的极限，即单位体积的流量. 通量是从宏观角度刻划场的整体或局部法向运动能力，散度则是从微观角度刻划场的内在法向运动能力. 按照通量的物理意义，向量场 $\boldsymbol{f}$ 的散度 $\nabla \cdot \boldsymbol{f}$ 也有类似通量的含义，即

(1) 当 $\nabla \cdot \boldsymbol{f}(x, y, z) > 0$ 时，向量场 $\boldsymbol{f}$ 存在以 (x, y, z) 为起始点的向量线，这时 (x, y, z) 是场的一个源点；

(2) 当 $\nabla \cdot \boldsymbol{f}(x, y, z) < 0$ 时，向量场 $\boldsymbol{f}$ 存在以 (x, y, z) 为终止点的向量线，这时 (x, y, z) 是场的一个汇点；

(3) 当 $\nabla \cdot \boldsymbol{f}(x, y, z) = 0$ 时，向量场 $\boldsymbol{f}$ 的向量线或者穿过 (x, y, z) 点或者远离 (x, y, z) 点，这时 (x, y, z) 是场的非源非汇点.

2. 无散场与向量管

考察积分曲面的变形问题. 假设积分曲面的边界保持不变，把积分曲面从 S_1 连续变形为 S_2，在变形过程中，曲面的定向保持为同侧，现在要问在什么条件下穿过两曲面的通量相等，即

$$\iint_{S_1} \boldsymbol{f} \cdot \mathrm{d}\boldsymbol{S} = \iint_{S_2} \boldsymbol{f} \cdot \mathrm{d}\boldsymbol{S}.$$

显然这一命题等价于穿过闭合曲面 $\partial\Omega$ 的流量为零，即

$$\iint_{\partial\Omega} \boldsymbol{f} \cdot \mathrm{d}\boldsymbol{S} = 0,$$

其中 Ω 是 S_1 与 S_2 的包围闭区域. 按照 Gauss 公式，这一命题等价于

$$\iiint_{\Omega} \nabla \cdot \boldsymbol{f} \mathrm{d}\Omega = 0.$$

注意到 Ω 的任意性，则可以得到下列等价条件，即

$$\nabla \cdot \boldsymbol{f} = 0.$$

概括起来，有

定理 2.2 *设 Ω 是一个二维单连通的空间区域，如果 $\boldsymbol{f}$ 是 Ω 内的光滑向量场，则通量*

$$\iint_{\Sigma} \boldsymbol{f} \cdot \mathrm{d}\boldsymbol{S}$$

在 Ω 内与所选曲面 Σ 无关而只取决于曲面 Σ 的边界的充要条件是该向量场为无散场，即

$$\nabla \cdot \boldsymbol{f} = 0$$

在 Ω 处处成立.

一个空间区域 Ω 是二维单连通的，是指 Ω 内的任意简单曲面 S 为一区域的边界时，必有区域 $V \subset \Omega$，使得 $\partial V = S$. 例如凸形域和管形域等都是二维单连通的.

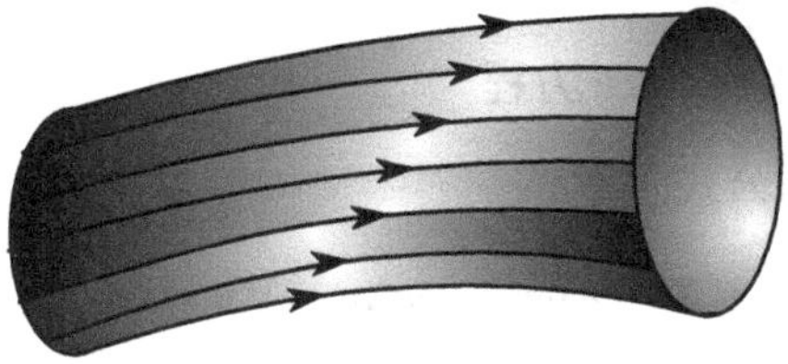

图 2.3

在一个向量场中，如果给定一条封闭曲线，那么通过这一曲线的向量线构成一个管形曲面，简称为向量管. 对于无散场，如果截取一段向量管，则因穿过向量管侧面的通量为零而有穿过两端横截面的通量相等，基于这一现象，无散场也称为管量场.

例 2.6 求 $I = \oiint\limits_{S} \mathrm{grad}\left(\dfrac{1}{r}\right) \cdot \mathrm{d}\boldsymbol{S}$，其中 S 是包围原点的光滑封闭曲面的外侧， $r = \sqrt{x^2+y^2+z^2}$.

解 对充分小的 $\varepsilon > 0$，取外侧球面 $S_\varepsilon : x^2+y^2+z^2=\varepsilon^2$，并用 V_ε 表示夹在 S, S_ε 之间的闭区域. 根据高斯公式，有

$$I = \oiint\limits_{S_\varepsilon} \mathrm{grad}\left(\frac{1}{r}\right) \mathrm{d}\boldsymbol{S} + \iiint\limits_{V_\varepsilon} \mathrm{div}\left[\mathrm{grad}\left(\frac{1}{r}\right)\right] \mathrm{d}x\mathrm{d}y\mathrm{d}z.$$

令 $\boldsymbol{r}=(x,y,z)$, 则有

$$\operatorname{grad}\Big(\frac{1}{r}\Big)=\Big(\frac{\partial}{\partial x}\frac{1}{r},\frac{\partial}{\partial y}\frac{1}{r},\frac{\partial}{\partial z}\frac{1}{r}\Big)=\Big(-\frac{x}{r^3},-\frac{y}{r^3},-\frac{z}{r^3}\Big)=-\frac{\boldsymbol{r}}{r^3}.$$

$$\begin{aligned}\operatorname{div}\Big[\operatorname{grad}\Big(\frac{1}{r}\Big)\Big]&=\operatorname{div}\Big(-\frac{x}{r^3},-\frac{y}{r^3},-\frac{z}{r^3}\Big)\\&=\frac{\partial}{\partial x}\Big(-\frac{x}{r^3}\Big)+\frac{\partial}{\partial y}\Big(-\frac{y}{r^3}\Big)+\frac{\partial}{\partial z}\Big(-\frac{z}{r^3}\Big)=0.\end{aligned}$$

于是 $\iiint\limits_{V_\varepsilon}\operatorname{div}\Big[\operatorname{grad}\Big(\frac{1}{r}\Big)\Big]\mathrm{d}x\mathrm{d}y\mathrm{d}z=0$. 由于在球面 S_ε 上，有 $\mathrm{d}\boldsymbol{S}=\frac{\boldsymbol{r}}{r}\,\mathrm{d}S$, 所以

$$\begin{aligned}I&=\oiint\limits_{S_\varepsilon}\operatorname{grad}\Big(\frac{1}{r}\Big)\,\mathrm{d}\boldsymbol{S}=\oiint\limits_{S_\varepsilon}\Big(-\frac{\boldsymbol{r}}{r^3}\Big)\cdot\frac{\boldsymbol{r}}{r}\,\mathrm{d}S\\&=-\oiint\limits_{S_\varepsilon}\frac{1}{r^2}\,\mathrm{d}S=-\oiint\limits_{S_\varepsilon}\frac{1}{\varepsilon^2}\,\mathrm{d}S=-\frac{1}{\varepsilon^2}4\pi\varepsilon^2=-4\pi.\end{aligned}$$

3. Green **公式与** Laplace **方程**

根据散度的乘积公式，有

$$\nabla\cdot(u\nabla v)=u\Delta v+\nabla u\cdot\nabla v,$$

将 $\nabla\cdot(\nabla v)$ 代入 Gauss 公式，有

$$\iiint\limits_{\Omega}(u\Delta v+\nabla u\cdot\nabla v)\mathrm{d}\Omega=\iint\limits_{S}(u\nabla v)\cdot\mathrm{d}\boldsymbol{S}.$$

这个等式称为第一 Green 公式. 如果将 u,v 对调，则有

$$\iiint\limits_{\Omega}(v\Delta u+\nabla v\cdot\nabla u)\mathrm{d}\Omega=\iint\limits_{S}(v\nabla u)\cdot\mathrm{d}\boldsymbol{S}.$$

上面两式相减可得第二 Green 公式

$$\iiint\limits_{\Omega}(u\Delta v-v\Delta u)\mathrm{d}\Omega=\iint\limits_{S}(u\nabla v-v\nabla u)\cdot\mathrm{d}\boldsymbol{S}.$$

根据梯度与方向导数的关系，第一 Green 公式还可以表示为

$$\iiint\limits_{\Omega}(u\Delta v+\nabla u\cdot\nabla v)\mathrm{d}\Omega=\iint\limits_{S}u\,\frac{\partial v}{\partial n}\,\mathrm{d}S.$$

第二 Green 公式还可以表示为

$$\iiint_{\Omega}(u\Delta v - v\Delta u)\mathrm{d}\Omega = \iint_{S}\left(u\frac{\partial v}{\partial n} - v\frac{\partial u}{\partial n}\right)\mathrm{d}S.$$

其中 n 表示 S 的外法线.

例 2.7 设 Ω 是边界光滑的紧致区域，u, v 是 Ω 及 $\partial\Omega$ 上的光滑函数，若

$$\Delta u = \Delta v = 0,\ u\big|_{\partial\Omega} = v\big|_{\partial\Omega},$$

证明在 Ω 上恒有 $u = v$.

证 令 $w = u - v$, 则有 $\Delta w = 0, w\big|_{\partial\Omega} = 0$. 根据第一 Green 公式，有

$$\iiint_{\Omega}(\nabla w)^2\mathrm{d}\Omega = \iint_{\partial\Omega}(w\nabla w)\cdot\mathrm{d}\boldsymbol{S} - \iiint_{\Omega} w\Delta w\mathrm{d}\Omega = 0.$$

于是根据 ∇w 的连续性可知，$\nabla w = \mathbf{0}$. 进一步由 $w\big|_{\partial\Omega} = 0$ 可知，$w = 0$. 故 $u = v$.

例 2.8 设 Ω 是边界光滑的紧致区域，φ, ψ 是 $\partial\Omega$ 上的光滑函数，若 u 是调和方程或 Laplace 方程

$$\begin{cases}\Delta u = 0\\ u\big|_{\partial\Omega} = \varphi,\ \dfrac{\partial u}{\partial n}\Big|_{\partial\Omega} = \psi\end{cases}$$

的解，证明当 (X, Y, Z) 为 Ω 的内点时，必有

$$u(X,Y,Z) = \frac{1}{4\pi}\iint_{\partial\Omega}\left[\frac{\psi}{r} - \varphi\frac{\partial}{\partial n}\left(\frac{1}{r}\right)\right]\mathrm{d}S,$$

其中 $r = \sqrt{(x-X)^2 + (y-Y)^2 + (z-Z)^2}$, n 为 $\partial\Omega$ 的外法线.

证 设 S 是以 (X, Y, Z) 为中心，$\varepsilon > 0$ 为半径的球面，则当 ε 充分小时，根据第二 Green 公式，有

$$\iint_{\partial\Omega}\left(u\nabla\frac{1}{r} - \frac{1}{r}\nabla u\right)\cdot\mathrm{d}\boldsymbol{S} = \iiint_{V}\left(u\Delta\frac{1}{r} - \frac{1}{r}\Delta u\right)\mathrm{d}V$$

$$+\iint\limits_{S}\left(u\nabla\frac{1}{r}-\frac{1}{r}\nabla u\right)\cdot\mathrm{d}\boldsymbol{S}$$

$$=0+\iint\limits_{S}\left(u\nabla\frac{1}{r}-\frac{1}{r}\nabla u\right)\cdot\mathrm{d}\boldsymbol{S}.$$

其中 V 是夹在 $\partial\Omega$ 与 S 之间的闭区域，$\Delta\frac{1}{r}=0$.

当 $\varepsilon\to 0$ 时，

$$\left|\iint\limits_{S}\frac{1}{r}\nabla u\cdot\mathrm{d}\boldsymbol{S}\right|\leq\frac{1}{\varepsilon}\max_{\Omega}|\nabla u|\iint\limits_{S}\mathrm{d}S=4\pi\varepsilon\max_{\Omega}|\nabla u|\to 0.$$

$$\iint\limits_{S}u\nabla\frac{1}{r}\cdot\mathrm{d}\boldsymbol{S}=-\frac{1}{\varepsilon^2}\iint\limits_{S}u\mathrm{d}S\to -4\pi u(X,Y,Z).$$

因此

$$u(X,Y,Z)=\frac{1}{4\pi}\iint\limits_{\partial\Omega}\left(\frac{1}{r}\nabla u-u\nabla\frac{1}{r}\right)\cdot\mathrm{d}\boldsymbol{S}$$

$$=\frac{1}{4\pi}\iint\limits_{\partial\Omega}\left[\frac{\psi}{r}-\varphi\frac{\partial}{\partial n}\left(\frac{1}{r}\right)\right]\mathrm{d}S.$$

§12.2.3　散度的坐标变换 *

向量场的结构通常用各种各样的微分方程来刻划，为了建立和求解这些微分方程不可避免地需要进行这样或那样的坐标变换，最常用的坐标变换有柱坐标变换和球坐标变换.

例 2.9　设 $\boldsymbol{e}_r,\boldsymbol{e}_\theta,\boldsymbol{e}_z$ 为柱坐标的基，则光滑向量场

$$\boldsymbol{F}=F_r\boldsymbol{e}_r+F_\theta\boldsymbol{e}_\theta+F_z\boldsymbol{e}_z$$

在柱坐标下的散度公式为

$$\nabla\cdot\boldsymbol{F}=\frac{1}{r}\frac{\partial(rF_r)}{\partial r}+\frac{1}{r}\frac{\partial F_\theta}{\partial\theta}+\frac{\partial F_z}{\partial z}.$$

证 1　由于

$$\frac{\partial\boldsymbol{e}_r}{\partial\theta}=\boldsymbol{e}_\theta,\ \frac{\partial\boldsymbol{e}_\theta}{\partial\theta}=-\boldsymbol{e}_r,$$

$$\frac{\partial \boldsymbol{e}_r}{\partial r}=\frac{\partial \boldsymbol{e}_\theta}{\partial r}=\frac{\partial \boldsymbol{e}_z}{\partial r}=\frac{\partial \boldsymbol{e}_r}{\partial z}=\frac{\partial \boldsymbol{e}_\theta}{\partial z}=\frac{\partial \boldsymbol{e}_z}{\partial z}=\frac{\partial \boldsymbol{e}_z}{\partial \theta}=\boldsymbol{0},$$

所以向量场 $\boldsymbol{F}$ 在柱坐标下的散度公式为

$$\begin{aligned}\nabla\cdot\boldsymbol{F} &= \left(\boldsymbol{e}_r\frac{\partial}{\partial r}+\boldsymbol{e}_\theta\frac{1}{r}\frac{\partial}{\partial \theta}+\boldsymbol{e}_z\frac{\partial}{\partial z}\right)\cdot(F_r\boldsymbol{e}_r+F_\theta\boldsymbol{e}_\theta+F_z\boldsymbol{e}_z)\\ &=\boldsymbol{e}_r\cdot\frac{\partial(F_r\boldsymbol{e}_r+F_\theta\boldsymbol{e}_\theta+F_z\boldsymbol{e}_z)}{\partial r}+\frac{1}{r}\boldsymbol{e}_\theta\cdot\frac{\partial(F_r\boldsymbol{e}_r+F_\theta\boldsymbol{e}_\theta+F_z\boldsymbol{e}_z)}{\partial \theta}\\ &\qquad+\boldsymbol{e}_z\cdot\frac{\partial(F_r\boldsymbol{e}_r+F_\theta\boldsymbol{e}_\theta+F_z\boldsymbol{e}_z)}{\partial z}\\ &=\frac{\partial F_r}{\partial r}+\frac{1}{r}F_r+\frac{1}{r}\frac{\partial F_\theta}{\partial \theta}+\frac{\partial F_z}{\partial z}\\ &=\frac{1}{r}\frac{\partial(rF_r)}{\partial r}+\frac{1}{r}\frac{\partial F_\theta}{\partial \theta}+\frac{\partial F_z}{\partial z}.\end{aligned}$$

进一步可知，

$$\Delta u=\frac{1}{r}\frac{\partial}{\partial r}\left(r\frac{\partial u}{\partial r}\right)+\frac{1}{r^2}\frac{\partial^2 u}{\partial \theta^2}+\frac{\partial^2 u}{\partial z^2}.$$

证 2 微元法. 由曲线

$$\begin{aligned}&r\mapsto \boldsymbol{r}(r,\theta,z), r\mapsto \boldsymbol{r}(r+\mathrm{d}r,\theta,z),\\ &\theta\mapsto \boldsymbol{r}(r,\theta,z), \theta\mapsto \boldsymbol{r}(r,\theta+\mathrm{d}\theta,z),\\ &z\mapsto \boldsymbol{r}(r,\theta,z), z\mapsto \boldsymbol{r}(r,\theta,z+\mathrm{d}z)\end{aligned}$$

构成的网格微元可视为由向量

$$\frac{\partial \boldsymbol{r}}{\partial r}\mathrm{d}r,\quad \frac{\partial \boldsymbol{r}}{\partial \theta}\mathrm{d}\theta,\quad \frac{\partial \boldsymbol{r}}{\partial z}\mathrm{d}z$$

张成的长方体 V.

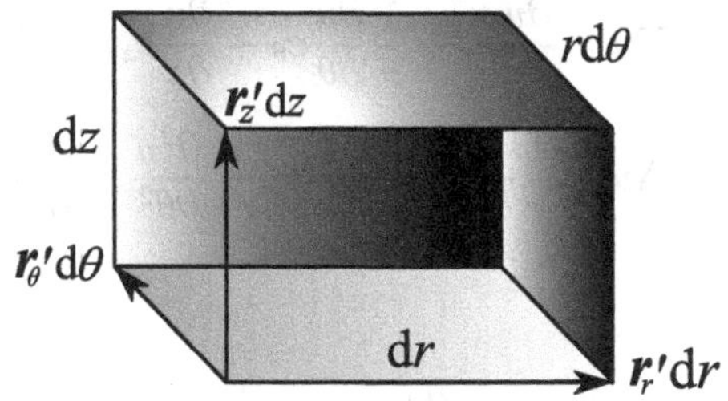

图 2.4

将 ∂V 按照左右，前后，上下分为三个部分，记为 S_1,S_2,S_3. 由于

$$\left|\frac{\partial \boldsymbol{r}}{\partial r}\mathrm{d}r\right| = \mathrm{d}r,\ \left|\frac{\partial \boldsymbol{r}}{\partial \theta}\mathrm{d}\theta\right| = r\mathrm{d}\theta,\ \left|\frac{\partial \boldsymbol{r}}{\partial z}\mathrm{d}z\right| = \mathrm{d}z,$$

所以 S_1,S_2,S_3 的面积分别为 $r\mathrm{d}\theta\mathrm{d}z, \mathrm{d}r\mathrm{d}z, r\mathrm{d}r\mathrm{d}\theta$.

由于向量场 $\boldsymbol{F}$ 穿过 S_1,S_2,S_3 的通量为

$$\iint\limits_{S_1} \boldsymbol{F}\cdot\mathrm{d}\boldsymbol{S} = F_r r\mathrm{d}\theta\mathrm{d}z\Big|_{r+\mathrm{d}r} - F_r r\mathrm{d}\theta\mathrm{d}z\Big|_{r} = \frac{\partial(rF_r)}{\partial r}\Big|_{\tilde{r}}\mathrm{d}r\mathrm{d}\theta\mathrm{d}z,$$

$$\iint\limits_{S_2} \boldsymbol{F}\cdot\mathrm{d}\boldsymbol{S} = F_\theta\mathrm{d}r\mathrm{d}z\Big|_{\theta+\mathrm{d}\theta} - F_\theta\mathrm{d}r\mathrm{d}z\Big|_{\theta} = \frac{\partial F_\theta}{\partial \theta}\Big|_{\tilde{\theta}}\mathrm{d}r\mathrm{d}\theta\mathrm{d}z,$$

$$\iint\limits_{S_3} \boldsymbol{F}\cdot\mathrm{d}\boldsymbol{S} = F_z r\mathrm{d}r\mathrm{d}\theta\Big|_{z+\mathrm{d}z} - F_z r\mathrm{d}r\mathrm{d}\theta\Big|_{z} = r\frac{\partial F_z}{\partial z}\Big|_{\tilde{z}}\mathrm{d}r\mathrm{d}\theta\mathrm{d}z,$$

所以

$$\begin{aligned}\nabla\cdot\boldsymbol{F} &= \lim_{V\to 0}\frac{1}{V}\iint\limits_{\partial V}\boldsymbol{F}\cdot\mathrm{d}\boldsymbol{S}\\ &= \lim_{V\to 0}\frac{1}{r\mathrm{d}r\mathrm{d}\theta\mathrm{d}z}\left[\frac{\partial(rF_r)}{\partial r}\mathrm{d}r\mathrm{d}\theta\mathrm{d}z + \frac{\partial F_\theta}{\partial\theta}\mathrm{d}r\mathrm{d}\theta\mathrm{d}z + r\frac{\partial F_z}{\partial z}\mathrm{d}r\mathrm{d}\theta\mathrm{d}z\right]\\ &= \frac{1}{r}\frac{\partial(rF_r)}{\partial r} + \frac{1}{r}\frac{\partial F_\theta}{\partial\theta} + \frac{\partial F_z}{\partial z}.\end{aligned}$$

例 2.10　已知 $u = \left(\dfrac{1}{r^2}-1\right)r\cos\theta$, 求 ∇u, Δu.

解　在柱坐标系中

$$\nabla u = \frac{\partial u}{\partial r}\boldsymbol{e}_r + \frac{1}{r}\frac{\partial u}{\partial\theta}\boldsymbol{e}_\theta + \frac{\partial u}{\partial z}\boldsymbol{e}_z,$$

$$\Delta u = \frac{1}{r}\frac{\partial}{\partial r}\left(r\frac{\partial u}{\partial r}\right) + \frac{1}{r^2}\frac{\partial^2 u}{\partial\theta^2} + \frac{\partial^2 u}{\partial z^2}.$$

由于

$$\frac{\partial u}{\partial r} = -\left(\frac{1}{r^2}+1\right)\cos\theta,\ \frac{\partial u}{\partial\theta} = -\left(\frac{1}{r^2}-1\right)r\sin\theta,\ \frac{\partial u}{\partial z} = 0,$$

所以

$$\nabla u = -\left(\frac{1}{r^2}+1\right)\cos\theta\, \boldsymbol{e}_r - \left(\frac{1}{r^2}-1\right)\sin\theta\, \boldsymbol{e}_\theta$$

$$\Delta u = \frac{2}{r^3}\cos\theta - \left(\frac{1}{r^3}+\frac{1}{r}\right)\cos\theta - \left(\frac{1}{r^3}-\frac{1}{r}\right)\cos\theta = 0.$$

例 2.11　设 $\boldsymbol{e}_r, \boldsymbol{e}_\theta, \boldsymbol{e}_\varphi$ 为球坐标的基，则光滑向量场

$$\boldsymbol{F} = F_r\boldsymbol{e}_r + F_\theta\boldsymbol{e}_\theta + F_\varphi\boldsymbol{e}_\varphi$$

在球坐标下的散度公式为

$$\nabla\cdot\boldsymbol{F} = \frac{1}{r^2}\frac{\partial(r^2F_r)}{\partial r} + \frac{1}{r\sin\theta}\frac{\partial(F_\theta\sin\theta)}{\partial\theta} + \frac{1}{r\sin\theta}\frac{\partial F_\varphi}{\partial\varphi}.$$

证 1　由于

$$\frac{\partial\boldsymbol{e}_r}{\partial r} = \frac{\partial\boldsymbol{e}_\theta}{\partial r} = \frac{\partial\boldsymbol{e}_\varphi}{\partial r} = \boldsymbol{0},$$

$$\frac{\partial\boldsymbol{e}_r}{\partial\theta} = \boldsymbol{e}_\theta, \frac{\partial\boldsymbol{e}_\theta}{\partial\theta} = -\boldsymbol{e}_r, \frac{\partial\boldsymbol{e}_\varphi}{\partial\theta} = \boldsymbol{0},$$

$$\frac{\partial\boldsymbol{e}_r}{\partial\varphi} = \sin\theta\boldsymbol{e}_\varphi, \frac{\partial\boldsymbol{e}_\theta}{\partial\varphi} = \cos\theta\boldsymbol{e}_\varphi, \frac{\partial\boldsymbol{e}_\varphi}{\partial\varphi} = -(\sin\theta\boldsymbol{e}_r + \cos\theta\boldsymbol{e}_\theta),$$

所以向量场 $\boldsymbol{F}$ 在球坐标下的散度公式为

$$\begin{aligned}\nabla\cdot\boldsymbol{F} &= \left(\boldsymbol{e}_r\frac{\partial}{\partial r} + \boldsymbol{e}_\theta\frac{1}{r}\frac{\partial}{\partial\theta} + \boldsymbol{e}_\varphi\frac{1}{r\sin\theta}\frac{\partial}{\partial\varphi}\right)\cdot(F_r\boldsymbol{e}_r + F_\theta\boldsymbol{e}_\theta + F_\varphi\boldsymbol{e}_\varphi)\\ &= \frac{1}{r^2}\frac{\partial(r^2F_r)}{\partial r} + \frac{1}{r\sin\theta}\frac{\partial(F_\theta\sin\theta)}{\partial\theta} + \frac{1}{r\sin\theta}\frac{\partial F_\varphi}{\partial\varphi}.\end{aligned}$$

进一步可知，

$$\Delta u = \frac{1}{r^2}\left[\frac{\partial}{\partial r}\left(r^2\frac{\partial u}{\partial r}\right)\right] + \frac{1}{r\sin\theta}\left[\frac{\partial}{\partial\theta}\left(\frac{\sin\theta}{r}\frac{\partial u}{\partial\theta}\right)\right] + \frac{1}{r^2\sin^2\theta}\frac{\partial^2 u}{\partial\varphi^2}.$$

证 2　(微元法) 由曲线

$$r\mapsto\boldsymbol{r}(r,\theta,\varphi), r\mapsto\boldsymbol{r}(r+\mathrm{d}r,\theta,\varphi),$$

$$\theta\mapsto\boldsymbol{r}(r,\theta,\varphi), \theta\mapsto\boldsymbol{r}(r,\theta+\mathrm{d}\theta.\varphi),$$

$$\varphi \mapsto \boldsymbol{r}(r,\theta,\varphi), \varphi \mapsto \boldsymbol{r}(r,\theta,\varphi+\mathrm{d}\varphi)$$

构成的网格微元可视为由向量

$$\frac{\partial \boldsymbol{r}}{\partial r}\mathrm{d}r,\ \ \frac{\partial \boldsymbol{r}}{\partial \theta}\mathrm{d}\theta,\ \ \frac{\partial \boldsymbol{r}}{\partial \varphi}\mathrm{d}\varphi$$

张成的长方体 V.

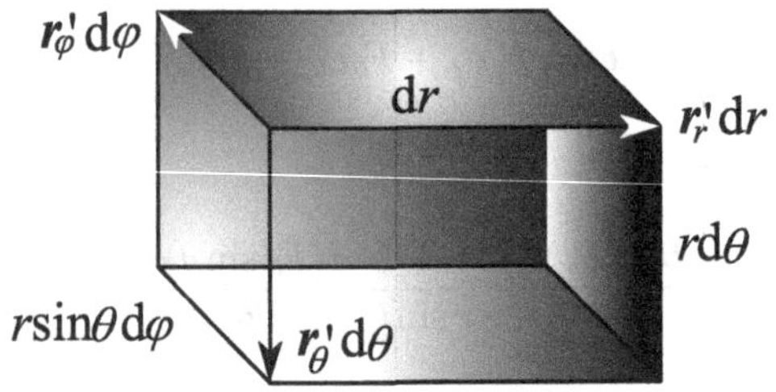

图 2.5

将 ∂V 按照上下, 前后, 左右分为三个部分, 记为 S_1,S_2,S_3. 由于

$$\left|\frac{\partial \boldsymbol{r}}{\partial r}\mathrm{d}r\right| = \mathrm{d}r, \left|\frac{\partial \boldsymbol{r}}{\partial \theta}\mathrm{d}\theta\right| = r\mathrm{d}\theta, \left|\frac{\partial \boldsymbol{r}}{\partial \varphi}\mathrm{d}\varphi\right| = r\sin\theta\mathrm{d}\varphi,$$

所以 S_1,S_2,S_3 的面积分别为

$$r\sin\theta\mathrm{d}r\mathrm{d}\varphi, r\mathrm{d}r\mathrm{d}\theta, r^2\sin\theta\mathrm{d}\theta\mathrm{d}\varphi.$$

由于向量场 $\boldsymbol{F}$ 穿过 S_1,S_2,S_3 的通量为

$$\begin{aligned}\iint\limits_{S_1} \boldsymbol{F}\cdot\mathrm{d}\boldsymbol{S} &= F_\theta r\sin\theta\mathrm{d}r\mathrm{d}\varphi\Big|_{\theta+\mathrm{d}\theta} - F_\theta r\sin\theta\mathrm{d}r\mathrm{d}\varphi\Big|_{\theta} \\ &= \frac{\partial(F_\theta\sin\theta)}{\partial\theta}\Big|_{\widetilde{\theta}} r\mathrm{d}r\mathrm{d}\theta\mathrm{d}\varphi,\end{aligned}$$

$$\begin{aligned}\iint\limits_{S_2} \boldsymbol{F}\cdot\mathrm{d}\boldsymbol{S} &= F_\varphi r\mathrm{d}r\mathrm{d}\theta\Big|_{\varphi+\mathrm{d}\varphi} - F_\varphi r\mathrm{d}r\mathrm{d}\theta\Big|_{\varphi} \\ &= \frac{\partial F_\varphi}{\partial\varphi}\Big|_{\widetilde{\varphi}} r\mathrm{d}r\mathrm{d}\theta\mathrm{d}\varphi,\end{aligned}$$

$$\iint\limits_{S_3} \boldsymbol{F}\cdot\mathrm{d}\boldsymbol{S} = F_r r^2\sin\theta\mathrm{d}\theta\mathrm{d}\varphi\Big|_{r+\mathrm{d}r} - F_r r^2\sin\theta\mathrm{d}\theta\mathrm{d}\varphi\Big|_{r}$$

$$= \left.\frac{\partial(r^2F_r)}{\partial r}\right|_{\tilde{r}} \sin\theta \mathrm{d}r\mathrm{d}\theta\mathrm{d}\varphi,$$

所以

$$\begin{aligned}\nabla\cdot\boldsymbol{F} &= \lim_{V\to 0}\frac{1}{V}\iint\limits_{\partial V}\boldsymbol{F}\cdot\mathrm{d}\boldsymbol{S}\\ &= \lim_{V\to 0}\frac{1}{r^2\sin\theta\mathrm{d}r\mathrm{d}\theta\mathrm{d}\varphi}\left[\sin\theta\frac{\partial(r^2F_r)}{\partial r}+r\frac{\partial(\sin\theta F_\theta)}{\partial\theta}+r\frac{\partial F_\varphi}{\partial\varphi}\right]\mathrm{d}r\mathrm{d}\theta\mathrm{d}\varphi\\ &= \frac{1}{r^2}\frac{\partial(r^2F_r)}{\partial r}+\frac{1}{r\sin\theta}\frac{\partial(F_\theta\sin\theta)}{\partial\theta}+\frac{1}{r\sin\theta}\frac{\partial F_\varphi}{\partial\varphi}.\end{aligned}$$

例 2.12 已知 $\boldsymbol{F}=\frac{2\cos\theta}{r^3}\boldsymbol{e}_r+\frac{\sin\theta}{r^3}\boldsymbol{e}_\theta$, 求 $\nabla\cdot\boldsymbol{F}$.

解 在球坐标系中

$$\nabla\cdot\boldsymbol{F}=\frac{1}{r^2}\frac{\partial(r^2F_r)}{\partial r}+\frac{1}{r\sin\theta}\frac{\partial(F_\theta\sin\theta)}{\partial\theta}+\frac{1}{r\sin\theta}\frac{\partial F_\varphi}{\partial\varphi}.$$

将 $F_r=\frac{2\cos\theta}{r^3}$, $F_\theta=\frac{\sin\theta}{r^3}$, $F_\varphi=0$ 代入上式，有

$$\begin{aligned}\nabla\cdot\boldsymbol{F} &= \frac{1}{r^2}\frac{\partial}{\partial r}\left(\frac{2\cos\theta}{r}\right)+\frac{1}{r\sin\theta}\frac{\partial}{\partial\theta}\left(\frac{\sin^2\theta}{r^3}\right)\\ &= \frac{-2\cos\theta}{r^4}+\frac{2\cos\theta}{r^4}=0.\end{aligned}$$

例 2.13 已知 $u(r,\theta,\varphi)=2r\sin\theta+r^2\cos\varphi$, 求 Δu.

解 在球坐标系中

$$\Delta u=\frac{1}{r^2}\left[\frac{\partial}{\partial r}\left(r^2\frac{\partial u}{\partial r}\right)\right]+\frac{1}{r\sin\theta}\left[\frac{\partial}{\partial\theta}\left(\frac{\sin\theta}{r}\frac{\partial u}{\partial\theta}\right)\right]+\frac{1}{r^2\sin^2\theta}\frac{\partial^2u}{\partial\varphi^2}.$$

将 $u=2r\sin\theta+r^2\cos\varphi$ 代入，得

$$\begin{aligned}\Delta u &= \frac{1}{r^2}\left[\frac{\partial}{\partial r}\left(2r^2\sin\theta+2r^3\cos\varphi\right)\right]+\frac{1}{r\sin\theta}\left[\frac{\partial}{\partial\theta}\left(2\sin\theta\cos\theta\right)\right]-\frac{\cos\varphi}{\sin^2\theta}\\ &= \frac{4\sin\theta}{r}+6\cos\varphi+\frac{2\cos2\theta}{r\sin\theta}-\frac{\cos\varphi}{\sin^2\theta}.\end{aligned}$$

习 题 12.2 A

1. 设 $\boldsymbol{n}$ 是曲面 $xyz+\sqrt{x^2+y^2+z^2}=0$ 在 $P(1,0,-1)$ 点处指向外侧的法向量，求 $u=\ln(x^2+y^2+z^2)$ 在 P 点处沿 $\boldsymbol{n}$ 方向的方向导数，并求 $\text{div}(\text{grad}u)$.

2. 设 $f(u)$ 有连续的二阶导数， $\boldsymbol{r}=(x,y,z), r=|\boldsymbol{r}|$,

(1) 计算 $\text{div}[\text{grad}f(r)]$ 并求 $\text{div}[\text{grad}f(r)]=0$ 的条件;

(2) 计算 $\text{div}[f(r)\boldsymbol{r}]$ 并求 $\text{div}[f(r)\boldsymbol{r}]=0$ 的条件.

3. 设 $u=u(x,y,z), v=v(x,y,z)$ 有连续的二阶偏导数，求 $\text{div}(u\text{grad}v)$.

4. 求向量场 $\boldsymbol{v}=(yz,zx,xy)$ 穿过圆柱体 $x^2+y^2\le a^2$ $(0\le z\le h)$ 的侧表面和全表面的外侧流量.

5. 求流量场 $\boldsymbol{v}=(x-y+z,y-z+x,z-x+y)$ 通过椭球面

$$S:\frac{x^2}{a^2}+\frac{y^2}{b^2}+\frac{z^2}{c^2}=1$$

的外表面的流量.

6. 有一磁场 $\boldsymbol{f}(x,y,z)=-\dfrac{m_0}{r^3}\boldsymbol{r}$, 求其穿过中心在原点，半径为 R 的球面的通量，其中 $\boldsymbol{r}=(x,y,z)$, $r=\sqrt{x^2+y^2+z^2}$. 进一步求穿过任一包含原点的封闭曲面 S 的通量以及穿过任一不包含原点的封闭曲面 S 的通量.

习 题 12.2 B

1. 函数 $u=u(x,y,z)$ 称为某区域的调和函数，如果它在该区域内有二阶连续偏导数且 $\Delta u=0$. 证明:

(1) 若 u 是被光滑曲面 S 包围的有界闭区域 V 内的调和函数，则

$$\iiint\limits_V(\nabla u)^2\mathrm{d}x\mathrm{d}y\mathrm{d}z=\iint\limits_S u\frac{\partial u}{\partial n}\mathrm{d}S,$$

其中 $\dfrac{\partial u}{\partial n}$ 为 u 沿 S 的外法线方向的方向导数；

(2) 若 u 为以 R 为半径以 (x_0, y_0, z_0) 为球心的球面 S 内的调和函数，则

$$u(x_0, y_0, z_0) = \frac{1}{4\pi R^2} \iint\limits_S u(x, y, z) \mathrm{d}S.$$

2. 设 $u(x, y, z)$ 为连续函数，且在 $M_0(x_0, y_0, z_0)$ 点附近有连续的二阶偏导数，又设

$$m(R) = \frac{1}{4\pi R^2} \iint_S u(x, y, z) \mathrm{d}S,$$

其中 S 为以 M_0 为球心以 R 为半径的球面. 证明 $\lim\limits_{R \to 0} m(R) = u(x_0, y_0, z_0)$.

3. 设 u, u_1, u_2 都是 Ω 上的调和函数，Ω 是光滑封闭曲面 S 的包围闭区域，证明：

(1) 若 u_1, u_2 在 S 上相等，则在 Ω 上恒等；

(2) 若 u 在 S 上是常数，则在 Ω 上是常数；

(3) $\displaystyle\iint_S \frac{\partial u}{\partial n} \mathrm{d}S = 0$;

(4) 若 $\dfrac{\partial u_1}{\partial n} = \dfrac{\partial u_2}{\partial n}$，则 $u_1 - u_2$ 在 Ω 上为常数.

其中 $\dfrac{\partial u}{\partial n}$ 为 u 沿 S 的外法线方向的方向导数.

4. 已知点电荷 q_1, q_2 分别位于 A_1, A_2 两点处，求从封闭曲面 S 内穿出的电通量 Φ，其中 S 为：

(1) 不包含 A_1, A_2 两点的任一封闭曲面；

(2) 仅包含 A_1 点的任一封闭曲面；

(3) 同时包含 A_1, A_2 两点的任一封闭曲面.

§12.3 场的环量与旋度

在流体的运动场中，经常会出现蜗旋现象，在这种情况下，向量场的向量线是闭合曲线，具有这种性质的场称为有旋场. 有旋场可以用环量和旋度来刻划.

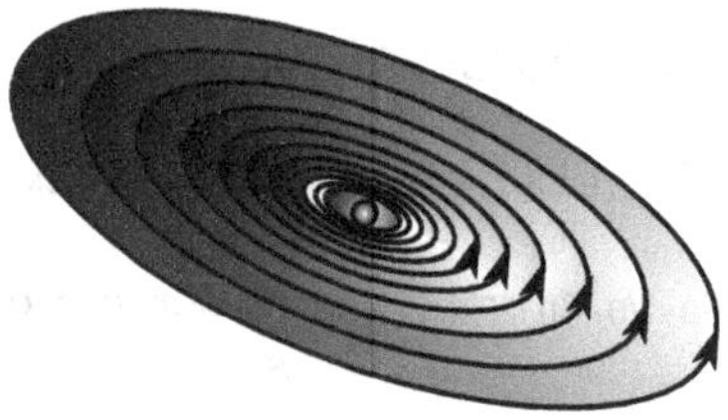

图 3.1

§12.3.1 旋度的环量表示

向量场沿有向封闭曲线的积分 $\int_\Gamma \boldsymbol{f}\cdot\mathrm{d}\boldsymbol{r}$ 称为环量. 当 $\boldsymbol{f}$ 为作用力时, 环量 $\int_\Gamma \boldsymbol{f}\cdot\mathrm{d}\boldsymbol{r}$ 表示切向力沿封闭曲线 Γ 所做的功, 环量可以视为转动能量. 利用旋度, Stokes 公式可表示为向量形式, 即

$$\oint_{\partial S} \boldsymbol{f}\cdot\mathrm{d}\boldsymbol{r} = \iint_S \mathrm{rot}\,\boldsymbol{f}\cdot\mathrm{d}\boldsymbol{S},$$

当 $\boldsymbol{f}$ 为速度场时, Stokes 公式揭示了速度场的环量与其旋度场的流量之间的关系, 进一步可用来讨论环流问题, 即环量、旋度和转动之间的相互关系.

考察力场 $\boldsymbol{f}$. 假设 (x_0,y_0,z_0) 是一个固定点, 并设单位向量 $\boldsymbol{n}$ 是一个固定方向. 在以 $\boldsymbol{n}$ 为法向量且过 (x_0,y_0,z_0) 点的平面上, 任取 (x_0,y_0,z_0) 点的半径为 r 的圆盘 D_r, 并设 D_r 的面积为 S_r. 如果平均环量的极限

$$\lim_{r\to 0}\frac{1}{S_r}\int_{\partial D_r}\boldsymbol{f}\cdot\mathrm{d}\boldsymbol{r}$$

存在, 则此极限为力场 $\boldsymbol{f}$ 在 (x_0,y_0,z_0) 点沿方向 $\boldsymbol{n}$ 的平面转动能力, 不妨称为平转强度, 记作 $\mathrm{rot}_n\boldsymbol{f}$.

根据 Stokes 公式和积分中值定理, 有

$$\begin{aligned}\mathrm{rot}_n\boldsymbol{f} &= \lim_{r\to 0}\frac{1}{S_r}\int_{\partial D_\lambda}\boldsymbol{f}\cdot\mathrm{d}\boldsymbol{r}\\ &= \lim_{r\to 0}\frac{1}{S_r}\iint_{D_r}\mathrm{rot}\,\boldsymbol{f}\cdot\boldsymbol{n}\,\mathrm{d}S = \mathrm{rot}\,\boldsymbol{f}\cdot\boldsymbol{n}.\end{aligned}$$

这表明力场 $\boldsymbol{f}$ 在 (x,y,z) 点的旋度方向是向量场 $\boldsymbol{f}$ 在 (x,y,z) 点具有最大平转强度的转轴方向, 而旋度大小是向量场 $\boldsymbol{f}$ 在 (x,y,z) 点具有的最大平转强度.

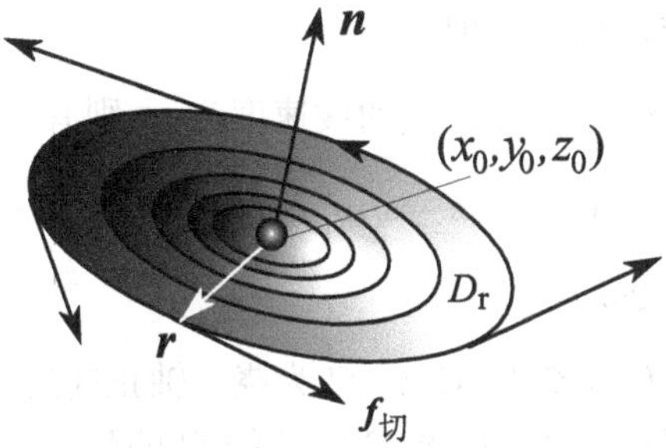

图 3.2

考察速度场 $\boldsymbol{v}$. 假设向量场 $\boldsymbol{\omega}$ 是按照关系式

$$\boldsymbol{v}(x,y,z)=\boldsymbol{\omega}(x,y,z)\times\boldsymbol{r}(x,y,z)$$

确定的相对角速度场，其中

$$\boldsymbol{r}(x,y,z)=(x-x_0,y-y_0,z-z_0).$$

如果 D_r 是以 (x_0,y_0,z_0) 为中心， r 为半径，法向量为 $\boldsymbol{n}$ 的圆盘，则根据积分中值定理有

$$\begin{aligned}\operatorname{rot}\boldsymbol{v}\cdot\boldsymbol{n}&=\lim_{r\to0}\frac{1}{S_r}\int_{\partial D_r}\boldsymbol{v}\cdot\mathrm{d}\boldsymbol{r}=\lim_{r\to0}\frac{1}{S_r}\int_{\partial D_r}(\boldsymbol{\omega}\times\boldsymbol{r})\cdot\frac{\mathrm{d}\boldsymbol{r}}{\mathrm{d}s}\,\mathrm{d}s\\&=\lim_{r\to0}\frac{1}{S_r}\int_{\partial D_r}\boldsymbol{\omega}\cdot(\boldsymbol{r}\times\frac{\mathrm{d}\boldsymbol{r}}{\mathrm{d}s})\,\mathrm{d}s\\&=\lim_{r\to0}\frac{1}{S_r}\int_{\partial D_r}\boldsymbol{\omega}\cdot r\boldsymbol{n}\,\mathrm{d}s=\lim_{r\to0}\frac{\overline{\boldsymbol{\omega}}\cdot r\boldsymbol{n}}{\pi r^2}\int_{\partial D_r}\mathrm{d}s\\&=\lim_{r\to0}\frac{\overline{\boldsymbol{\omega}}\cdot r\boldsymbol{n}}{\pi r^2}\,2\pi r=2\boldsymbol{\omega}\cdot\boldsymbol{n}.\end{aligned}$$

根据 $\boldsymbol{n}$ 的任意性有

$$\operatorname{rot}\boldsymbol{v}=2\boldsymbol{\omega}.$$

这表明速度场的旋度场是相对角速度场. 向量场的旋度场刻划了向量场的转动能力和切向运动. 变化的电场会产生变化的磁场，变化的磁场会产生变化的电场，其根本原因在于切向运动，即旋度场.

例 3.1　设一刚体绕过原点的某个轴作匀速转动，其角速度为

$$\boldsymbol{\omega}=(\omega_1,\omega_2,\omega_3),$$

求此刚体产生的线速度场的旋度.

解 设刚体在 $\boldsymbol{r}=(x,y,z)$ 点的线速度为 $\boldsymbol{v}$, 则有

$$\boldsymbol{v}=\boldsymbol{\omega}\times\boldsymbol{r}=(\omega_2 z-\omega_3 y,\omega_3 x-\omega_1 z,\omega_1 y-\omega_2 x).$$

由此可知, $\nabla\times\boldsymbol{v}=2\boldsymbol{\omega}$.

例 3.2 设 z 轴有电流 I 通过, C 为绕 z 轴正向逆时针旋转一周的闭曲线. 若 I 产生的磁场强度为 $\boldsymbol{B}$, 求 $\boldsymbol{B}$ 沿曲线 C 的环量 $\oint_C \boldsymbol{B}\cdot \mathrm{d}\boldsymbol{r}$.

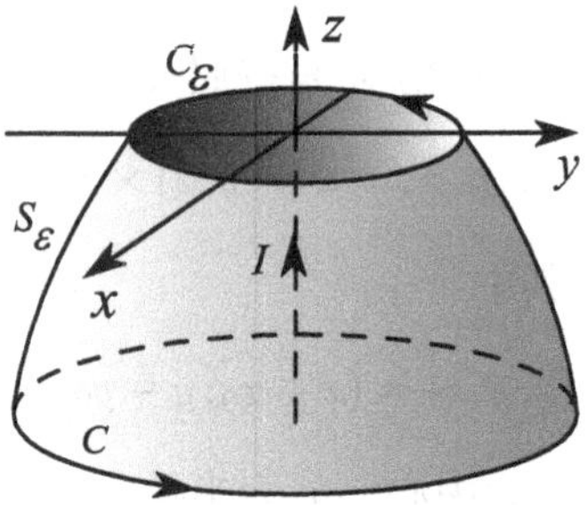

图 3.3

解 电流 I 在 (x,y,z) 点产生的磁场强度为

$$\boldsymbol{B}=\frac{2I}{x^2+y^2}(-y,x,0).$$

在 xOy 平面作逆时针小圆 C_ε : $x^2+y^2=\varepsilon^2$, 并设 S_ε 是以 C,C_ε 为边界的光滑曲面, 则根据 Stokes 公式, 有

$$\oint_C \boldsymbol{B}\cdot\mathrm{d}\boldsymbol{r}=\oint_{C_\varepsilon}\boldsymbol{B}\cdot\mathrm{d}\boldsymbol{r}+\iint_{S_\varepsilon}\operatorname{rot}\boldsymbol{B}\cdot\mathrm{d}\boldsymbol{S}.$$

由于

$$\operatorname{rot}\boldsymbol{B}=\begin{vmatrix}\boldsymbol{i} & \boldsymbol{j} & \boldsymbol{k}\\ \dfrac{\partial}{\partial x} & \dfrac{\partial}{\partial y} & \dfrac{\partial}{\partial z}\\ \dfrac{-2Iy}{x^2+y^2} & \dfrac{2Ix}{x^2+y^2} & 0\end{vmatrix}=0,$$

所以 $\iint_{S_\varepsilon}\operatorname{rot}\boldsymbol{B}\cdot\mathrm{d}\boldsymbol{S}=0$. 于是

$$\oint_C \boldsymbol{B}\cdot\mathrm{d}\boldsymbol{r}=\oint_{C_\varepsilon}\boldsymbol{B}\cdot\mathrm{d}\boldsymbol{r}=\oint_{C_\varepsilon}\frac{2I}{\varepsilon^2}(-y,x,0)\cdot(\mathrm{d}x,\mathrm{d}y,\mathrm{d}z)$$

$$= \frac{2I}{\varepsilon^2} \oint_{C_\varepsilon} -y\mathrm{d}x + x\mathrm{d}y = \frac{2I}{\varepsilon^2} \iint\limits_{x^2+y^2\le\varepsilon^2} \Big(-\frac{\partial(-y)}{\partial y} + \frac{\partial x}{\partial x}\Big)\mathrm{d}x\mathrm{d}y$$

$$= \frac{4I}{\varepsilon^2} \iint\limits_{x^2+y^2\le\varepsilon^2} \mathrm{d}x\mathrm{d}y = 4\pi I.$$

例 3.3 设 $\boldsymbol{v} = (xy^2 + x^2y - f(x)y, f(x)y + 2x, z)$ 为一光滑向量场，若 $\mathrm{rot}\,\boldsymbol{v} = \boldsymbol{0}$, 求 $f(x)$ 及 $\boldsymbol{v}$ 的位势函数.

解 根据

$$\boldsymbol{0} = \mathrm{rot}\,\boldsymbol{v} = \begin{vmatrix} \boldsymbol{i} & \boldsymbol{j} & \boldsymbol{k} \\ \dfrac{\partial}{\partial x} & \dfrac{\partial}{\partial y} & \dfrac{\partial}{\partial z} \\ xy^2 + x^2y - f(x)y & f(x)y + 2x & z \end{vmatrix}$$

$$= (0, 0, f'(x)y + 2 - 2xy - x^2 + f(x)),$$

有

$$f'(x)y + 2 - 2xy - x^2 + f(x) = 0.$$

由此可知,

$$f(x) = x^2 - 2,\ \ \boldsymbol{v} = (xy^2 + 2y, x^2y + 2x - 2y, z).$$

于是 $\boldsymbol{v}$ 的位势函数为

$$U(x,y,z) = \int_{(0,0,0)}^{(x,y,z)} \boldsymbol{v}\cdot\mathrm{d}\boldsymbol{r} + C = \frac{1}{2}x^2y^2 + 2xy - y^2 + \frac{1}{2}z^2 + C.$$

§12.3.2 旋度运算与特殊场

旋度具有线性性，即

$$\nabla\times(\lambda\boldsymbol{f} + \mu\boldsymbol{g}) = \lambda\nabla\times\boldsymbol{f} + \mu\nabla\times\boldsymbol{g}.$$

旋度的乘积公式为

$$\nabla\times(u\boldsymbol{f}) = \nabla u\times\boldsymbol{f} + u\nabla\times\boldsymbol{f}.$$

梯度场 $\Longleftrightarrow$ 无旋场 $\Longleftrightarrow$ 有势场 $\Longleftrightarrow$ 保守场，特别有

$$\nabla \times (\nabla u) = \mathbf{0} \text{ (梯度场为无旋场)}.$$

无散场 $\Longleftrightarrow$ 旋度场 $\Longleftrightarrow$ 管量场 $\Longleftrightarrow$ 无源场，特别有

$$\nabla \cdot (\nabla \times \boldsymbol{f}) = 0 \text{ (旋度场为无散场)}.$$

定理 3.1 *向量场 $\boldsymbol{f}$ 为无散场 $\Longleftrightarrow$ $\boldsymbol{f}$ 为旋度场.*

证 充分性 设 $\boldsymbol{f} = \mathrm{rot}\, \boldsymbol{g}$, 则有

$$\mathrm{div}\, \boldsymbol{f} = \mathrm{div}(\mathrm{rot}\, \boldsymbol{g}) = 0.$$

故 $\boldsymbol{f}$ 为无散场.

必要性 设 $\mathrm{div}\, \boldsymbol{f} = 0$, $\boldsymbol{f} = (P, Q, R)$, 并令

$$\begin{cases} u = \displaystyle\int_{z_0}^{z} Q(x, y, z)\mathrm{d}z - \int_{y_0}^{y} R(x, y, z_0)\mathrm{d}y, \\ v = -\displaystyle\int_{z_0}^{z} P(x, y, z)\mathrm{d}z, \\ w = C \text{ (常数)}. \end{cases}$$

则按照含参变量积分的求导法则 (参见附录四), 有

$$\begin{aligned} &\frac{\partial w}{\partial y} - \frac{\partial v}{\partial z} = P(x, y, z), \\ &\frac{\partial u}{\partial z} - \frac{\partial w}{\partial x} = Q(x, y, z), \\ &\frac{\partial v}{\partial x} - \frac{\partial u}{\partial y} = -\int_{z_0}^{z} \frac{\partial P}{\partial x}\mathrm{d}z - \int_{z_0}^{z} \frac{\partial Q}{\partial y}\mathrm{d}z + R(x, y, z_0) \\ &\qquad = -\int_{z_0}^{z} \frac{\partial P}{\partial x}\mathrm{d}z - \int_{z_0}^{z} \frac{\partial Q}{\partial y}\mathrm{d}z - \int_{z_0}^{z} \frac{\partial R}{\partial z}\mathrm{d}z + R(x, y, z) \\ &\qquad = -\int_{z_0}^{z} \mathrm{div}\, \boldsymbol{f}\, \mathrm{d}z + R(x, y, z) = R(x, y, z). \end{aligned}$$

因此，有

$$\mathrm{rot}(u, v, w) = (P, Q, R) = \boldsymbol{f}.$$

无旋无散场称为调和场，调和场可以通过求解调和方程

$$\Delta u = 0$$

来确定，调和方程在实际问题中有着十分广泛的应用.

定理 3.2 光滑向量场由其散度，旋度和边值条件唯一确定.

证 设 $\boldsymbol{f}_1, \boldsymbol{f}_2$ 是两个空间闭区域 Ω 上的向量场，如果 $\boldsymbol{f}_1, \boldsymbol{f}_2$ 在 Ω 的内部具有相同的旋度和散度，并且在 Ω 的边界 $\partial\Omega$ 上具有相同法向分量，则由

$$\operatorname{rot} \boldsymbol{f}_1 - \operatorname{rot} \boldsymbol{f}_2 = \mathbf{0}.$$

可知向量场 $\boldsymbol{f} = \boldsymbol{f}_1 - \boldsymbol{f}_2$ 是梯度场，故可设 u 是 $\boldsymbol{f}$ 的位势函数，即 $\boldsymbol{f} = \nabla u = \operatorname{grad} u$. 于是有

$$\begin{cases} \Delta u = 0, \\ \left.\dfrac{\partial u}{\partial n}\right|_{\partial\Omega} = 0. \end{cases}$$

这是因为在边界 $\partial\Omega$ 上，有方向导数

$$\frac{\partial u}{\partial n} = \nabla u \cdot \boldsymbol{n} = (\boldsymbol{f}_1 - \boldsymbol{f}_2) \cdot \boldsymbol{n} = 0.$$

其中 $\boldsymbol{n}$ 为 $\partial\Omega$ 的单位外法向量.

于是根据第一 Green 公式，有

$$\iiint\limits_{\Omega} (\nabla u)^2 \mathrm{d}V = \iint\limits_{\partial\Omega} u \frac{\partial u}{\partial n} \mathrm{d}S - \iiint\limits_{\Omega} u \Delta u \, \mathrm{d}V = 0.$$

因此在 Ω 上，恒有 $\nabla u = 0$, 根据推论 1.1, 有 $u = 0$, 从而 $\boldsymbol{f} = \mathbf{0}$, 即 $\boldsymbol{f}_1 = \boldsymbol{f}_2$.

推论 3.1 设 $u(x, y, z)$ 是空间区域 Ω 上的光滑数量场，若

$$\begin{cases} \Delta u = 0, \\ \left.\dfrac{\partial u}{\partial n}\right|_{\partial\Omega} = 0, \end{cases}$$

则 $u =$ 常数.

例 3.4 设 $\boldsymbol{r} = (x, y, z)$, $r = |\boldsymbol{r}|$, $\boldsymbol{c}$ 为常向量，求

(1) $\nabla\times\boldsymbol{r}$; (2) $\nabla\times[f(r)\boldsymbol{r}]$;

(3) $\nabla\times[f(r)\boldsymbol{c}]$; (4) $\nabla\cdot[\boldsymbol{r}\times f(r)\boldsymbol{c}]$.

解 (1) $\nabla\times\boldsymbol{r}=\left(\dfrac{\partial z}{\partial y}-\dfrac{\partial y}{\partial z},\dfrac{\partial x}{\partial z}-\dfrac{\partial z}{\partial x},\dfrac{\partial y}{\partial x}-\dfrac{\partial x}{\partial y}\right)=\boldsymbol{0}$.

(2) $\nabla\times[f(r)\boldsymbol{r}]=f(r)\nabla\times\boldsymbol{r}+\nabla f(r)\times\boldsymbol{r}=0+f'(r)\dfrac{\boldsymbol{r}}{r}\times\boldsymbol{r}=\boldsymbol{0}$.

(3) $\nabla\times[f(r)\boldsymbol{c}]=f(r)\nabla\times\boldsymbol{c}+\nabla f(r)\times\boldsymbol{c}=\dfrac{f'(r)}{r}(\boldsymbol{r}\times\boldsymbol{c})$.

(4) $\nabla\cdot[\boldsymbol{r}\times f(r)\boldsymbol{c}]=\nabla\cdot[f(r)\boldsymbol{r}\times\boldsymbol{c}]=\boldsymbol{c}\cdot[\nabla\times(f(r)\boldsymbol{r})]=0$.

例 3.5 设 $\boldsymbol{f},\boldsymbol{g}$ 为光滑向量场，证明

$$\nabla\cdot(\boldsymbol{f}\times\boldsymbol{g})=(\nabla\times\boldsymbol{f})\cdot\boldsymbol{g}-\boldsymbol{f}\cdot(\nabla\times\boldsymbol{g}).$$

证 在求导过程中，需要把一个变量，比如 $\boldsymbol{f}$ 看作常量时，记为 $\boldsymbol{f}_{常}$. 按照此约定，有

$$\begin{aligned}\nabla\cdot(\boldsymbol{f}\times\boldsymbol{g})&=\nabla\cdot(\boldsymbol{f}\times\boldsymbol{g}_{常})+\nabla\cdot(\boldsymbol{f}_{常}\times\boldsymbol{g})\\&=(\nabla\times\boldsymbol{f})\cdot\boldsymbol{g}-(\nabla\times\boldsymbol{g})\cdot\boldsymbol{f}.\end{aligned}$$

与旋度有关的基本公式可列表如下：

(1) $\operatorname{rot}(\boldsymbol{f}\pm\boldsymbol{g})=\operatorname{rot}\boldsymbol{f}\pm\operatorname{rot}\boldsymbol{g}$,

$\nabla\times(\boldsymbol{f}\pm\boldsymbol{g})=\nabla\times\boldsymbol{f}\pm\nabla\times\boldsymbol{g}$;

(2) $\operatorname{rot}(C\boldsymbol{f})=C\operatorname{rot}\boldsymbol{f}$, $\nabla\times(C\boldsymbol{f})=C(\nabla\times\boldsymbol{f})$;

(3) $\operatorname{rot}(u\boldsymbol{f})=u\operatorname{rot}\boldsymbol{f}+\operatorname{grad}u\times\boldsymbol{f}$,

$\nabla\times(u\boldsymbol{f})=u(\nabla\times\boldsymbol{f})+(\nabla u)\times\boldsymbol{f}$;

(4) $\operatorname{rot}(\operatorname{grad}u)=\boldsymbol{0}$, $\nabla\times(\nabla u)=\boldsymbol{0}$;

(5) $\operatorname{div}(\operatorname{rot}\boldsymbol{f})=0$, $\nabla\cdot(\nabla\times\boldsymbol{f})=0$;

(6) $\operatorname{div}(\boldsymbol{f}\times\boldsymbol{g})=\operatorname{rot}\boldsymbol{f}\cdot\boldsymbol{g}-\boldsymbol{f}\cdot\operatorname{rot}\boldsymbol{g}$,

$\nabla\cdot(\boldsymbol{f}\times\boldsymbol{g})=(\nabla\times\boldsymbol{f})\cdot\boldsymbol{g}-\boldsymbol{f}\cdot(\nabla\times\boldsymbol{g})$.

例 3.6 设 $\boldsymbol{f},\boldsymbol{g}$ 为光滑向量场，证明

$$\nabla(\boldsymbol{f}\cdot\boldsymbol{g})=(\boldsymbol{g}\cdot\nabla)\boldsymbol{f}+\boldsymbol{g}\times(\nabla\times\boldsymbol{f})+(\boldsymbol{f}\cdot\nabla)\boldsymbol{g}+\boldsymbol{f}\times(\nabla\times\boldsymbol{g}).$$

证 当 $\boldsymbol{C}$ 为常向量时，可以证明

$$\nabla(\boldsymbol{f}\cdot\boldsymbol{C})=(\boldsymbol{C}\cdot\nabla)\boldsymbol{f}+\boldsymbol{C}\times(\nabla\times\boldsymbol{f}).$$

于是，按照例 3.3 的常量约定法，有

$$\begin{aligned}\nabla(\boldsymbol{f}\cdot\boldsymbol{g})&=\nabla(\boldsymbol{f}\cdot\boldsymbol{g}_{常})+\nabla(\boldsymbol{f}_{常}\cdot\boldsymbol{g})\\&=(\boldsymbol{g}\cdot\nabla)\boldsymbol{f}+\boldsymbol{g}\times(\nabla\times\boldsymbol{f})+(\boldsymbol{f}\cdot\nabla)\boldsymbol{g}+\boldsymbol{f}\times(\nabla\times\boldsymbol{g}).\end{aligned}$$

例 3.7 设 $\boldsymbol{f}$ 为光滑向量场，证明

$$\nabla\times(\nabla\times\boldsymbol{f})=\nabla(\nabla\cdot\boldsymbol{f})-(\nabla\cdot\nabla)\boldsymbol{f}.$$

证 设 $\boldsymbol{f}=(P,Q,R)$, 则有

$$\begin{aligned}[\nabla\times(\nabla\times\boldsymbol{f})]\cdot\boldsymbol{i}&=\frac{\partial}{\partial y}\left(\frac{\partial Q}{\partial x}-\frac{\partial P}{\partial y}\right)-\frac{\partial}{\partial z}\left(\frac{\partial P}{\partial z}-\frac{\partial R}{\partial x}\right)\\&=\frac{\partial^2 Q}{\partial x\partial y}+\frac{\partial^2 R}{\partial x\partial z}-\frac{\partial^2 P}{\partial y^2}-\frac{\partial^2 P}{\partial z^2},\end{aligned}$$

$$\begin{aligned}[\nabla(\nabla\cdot\boldsymbol{f})-(\nabla\cdot\nabla)\boldsymbol{f}]\cdot\boldsymbol{i}&=\frac{\partial}{\partial x}(\nabla\cdot\boldsymbol{f})-\Delta P\\&=\frac{\partial^2 Q}{\partial x\partial y}+\frac{\partial^2 R}{\partial x\partial z}-\frac{\partial^2 P}{\partial y^2}-\frac{\partial^2 P}{\partial z^2},\end{aligned}$$

因此 $[\nabla\times(\nabla\times\boldsymbol{f})]\cdot\boldsymbol{i}=[\nabla(\nabla\cdot\boldsymbol{f})-(\nabla\cdot\nabla)\boldsymbol{f}]\cdot\boldsymbol{i}$. 同理

$$[\nabla\times(\nabla\times\boldsymbol{f})]\cdot\boldsymbol{j}=[\nabla(\nabla\cdot\boldsymbol{f})-(\nabla\cdot\nabla)\boldsymbol{f}]\cdot\boldsymbol{j},$$

$$[\nabla\times(\nabla\times\boldsymbol{f})]\cdot\boldsymbol{k}=[\nabla(\nabla\cdot\boldsymbol{f})-(\nabla\cdot\nabla)\boldsymbol{f}]\cdot\boldsymbol{k},$$

故

$$\nabla\times(\nabla\times\boldsymbol{f})=\nabla(\nabla\cdot\boldsymbol{f})-(\nabla\cdot\nabla)\boldsymbol{f}.$$

§12.3.3 旋度的坐标变换 *

例 3.8 设 $\boldsymbol{e}_r,\boldsymbol{e}_\theta,\boldsymbol{e}_z$ 为柱坐标的基，求光滑向量场

$$\boldsymbol{F}=F_r\boldsymbol{e}_r+F_\theta\boldsymbol{e}_\theta+F_z\boldsymbol{e}_z$$

在柱坐标下的旋度公式.

解 由于

$$\frac{\partial \boldsymbol{e}_r}{\partial \theta}=\boldsymbol{e}_\theta,\ \frac{\partial \boldsymbol{e}_\theta}{\partial \theta}=-\boldsymbol{e}_r,$$

$$\frac{\partial \boldsymbol{e}_r}{\partial r}=\frac{\partial \boldsymbol{e}_\theta}{\partial r}=\frac{\partial \boldsymbol{e}_z}{\partial r}=\frac{\partial \boldsymbol{e}_r}{\partial z}=\frac{\partial \boldsymbol{e}_\theta}{\partial z}=\frac{\partial \boldsymbol{e}_z}{\partial z}=\frac{\partial \boldsymbol{e}_z}{\partial \theta}=\mathbf{0},$$

所以向量场 $\boldsymbol{F}$ 在柱坐标下的旋度公式为

$$\begin{aligned}\nabla\times\boldsymbol{F} &=\left(\boldsymbol{e}_r\frac{\partial}{\partial r}+\boldsymbol{e}_\theta\frac{1}{r}\frac{\partial}{\partial \theta}+\boldsymbol{e}_z\frac{\partial}{\partial z}\right)\times(F_r\boldsymbol{e}_r+F_\theta\boldsymbol{e}_\theta+F_z\boldsymbol{e}_z)\\ &=\left(-\frac{\partial F_z}{\partial r}\boldsymbol{e}_\theta+\frac{\partial F_\theta}{\partial r}\boldsymbol{e}_z\right)+\left(\frac{1}{r}\frac{\partial F_z}{\partial \theta}\boldsymbol{e}_r+\left(\frac{1}{r}F_\theta-\frac{1}{r}\frac{\partial F_r}{\partial \theta}\boldsymbol{e}_z\right)\right)\\ &\qquad+\left(-\frac{\partial F_\theta}{\partial z}\boldsymbol{e}_r+\frac{\partial F_r}{\partial z}\boldsymbol{e}_\theta\right)\\ &=\left(\frac{1}{r}\frac{\partial F_z}{\partial \theta}-\frac{\partial F_\theta}{\partial z}\right)\boldsymbol{e}_r+\left(\frac{\partial F_r}{\partial z}-\frac{\partial F_z}{\partial r}\right)\boldsymbol{e}_\theta+\left(\frac{1}{r}\frac{\partial (rF_\theta)}{\partial r}-\frac{1}{r}\frac{\partial F_r}{\partial \theta}\right)\boldsymbol{e}_z.\end{aligned}$$

例 3.9 设 $\boldsymbol{e}_r,\boldsymbol{e}_\theta,\boldsymbol{e}_\varphi$ 为球坐标的基，求光滑向量场

$$\boldsymbol{F}=F_r\boldsymbol{e}_r+F_\theta\boldsymbol{e}_\theta+F_\varphi\boldsymbol{e}_\varphi$$

在球坐标下的旋度公式.

解 由于

$$\frac{\partial \boldsymbol{e}_r}{\partial r}=\frac{\partial \boldsymbol{e}_\theta}{\partial r}=\frac{\partial \boldsymbol{e}_\varphi}{\partial r}=\mathbf{0},$$

$$\frac{\partial \boldsymbol{e}_r}{\partial \theta}=\boldsymbol{e}_\theta,\frac{\partial \boldsymbol{e}_\theta}{\partial \theta}=-\boldsymbol{e}_r,\frac{\partial \boldsymbol{e}_\varphi}{\partial \theta}=\mathbf{0},$$

$$\frac{\partial \boldsymbol{e}_r}{\partial \varphi}=\sin\theta\boldsymbol{e}_\varphi,\frac{\partial \boldsymbol{e}_\theta}{\partial \varphi}=\cos\theta\boldsymbol{e}_\varphi,\frac{\partial \boldsymbol{e}_\varphi}{\partial \varphi}=-(\sin\theta\boldsymbol{e}_r+\cos\theta\boldsymbol{e}_\theta),$$

所以向量场 $\boldsymbol{F}$ 在球坐标下的旋度公式为

$$\nabla\times\boldsymbol{F} =\left(\boldsymbol{e}_r\frac{\partial}{\partial r}+\boldsymbol{e}_\theta\frac{1}{r}\frac{\partial}{\partial \theta}+\boldsymbol{e}_\varphi\frac{1}{r\sin\theta}\frac{\partial}{\partial \varphi}\right)\times(F_r\boldsymbol{e}_r+F_\theta\boldsymbol{e}_\theta+F_\varphi\boldsymbol{e}_\varphi)$$

$$= \left[\frac{1}{r\sin\theta}\left(\frac{\partial}{\partial\theta}(\sin\theta F_\varphi)\right)\right]\boldsymbol{e}_r + \frac{1}{\sin\theta}\left[\frac{1}{r}\frac{\partial F_r}{\partial\varphi} - \frac{1}{r}\left(\frac{\partial}{\partial r}(rF_\theta)\right)\right]\boldsymbol{e}_\theta$$

$$+\left[\frac{1}{r}\frac{\partial(rF_\varphi)}{\partial r} - \frac{1}{r}\frac{\partial F_r}{\partial\theta}\right]\boldsymbol{e}_\varphi.$$

例 3.10 已知 $\boldsymbol{F}(r,\theta,z) = r\cos^2\theta\boldsymbol{e}_r + r\sin\theta\boldsymbol{e}_\theta$, 求 $\nabla\times\boldsymbol{F}$.

解 在柱坐标系中,

$$\nabla\times\boldsymbol{F} = \left(\frac{1}{r}\frac{\partial F_z}{\partial\theta} - \frac{\partial F_\theta}{\partial z}\right)\boldsymbol{e}_r + \left(\frac{\partial F_r}{\partial z} - \frac{\partial F_z}{\partial r}\right)\boldsymbol{e}_\theta + \left(\frac{1}{r}\frac{\partial(rF_\theta)}{\partial r} - \frac{1}{r}\frac{\partial F_r}{\partial\theta}\right)\boldsymbol{e}_z.$$

将 $F_r = r\cos^2\theta$, $F_\theta = r\sin\theta$, $F_z = 0$ 代入可得,

$$\begin{aligned}\nabla\times\boldsymbol{F} &= 0\boldsymbol{e}_r + 0\boldsymbol{e}_\theta + \frac{1}{r}(2r\sin\theta + 2r\sin\theta\cos\theta)\boldsymbol{e}_z \\ &= 2\sin\theta(1+\cos\theta)\boldsymbol{e}_z.\end{aligned}$$

习 题 12.3 A

1. 设函数 $u = \mathrm{e}^{xyz} + \int_0^{xy} t\sin t\mathrm{d}t + \int_0^{yz} t^2\mathrm{d}t$, 求 $\mathrm{rot}(\mathrm{grad}u)$.

2. 求向量场 $\boldsymbol{A} = \mathrm{grad}(\arctan\frac{y}{x})$ 沿围线 L 的环量.

3. 设 $f(r)$ 有连续的二阶导数, $\boldsymbol{r} = (x,y,z), r = |\boldsymbol{r}|$ 且 $\boldsymbol{a}$ 为常向量, 求

(1) $\mathrm{rot}[f(r)\boldsymbol{r}]$; (2) $\mathrm{rot}[f(r)\boldsymbol{a}]$;

(3) $\mathrm{div}[\boldsymbol{r}\times(f(r)\boldsymbol{a})]$; (4) $\mathrm{div}[\boldsymbol{r}\times\mathrm{grad}\,f(r)]$

(5) $\mathrm{div}[(\boldsymbol{a}\cdot\boldsymbol{r})\boldsymbol{a}]$; (6) $\mathrm{div}[\boldsymbol{a}\times(\boldsymbol{r}\times\boldsymbol{a})]$.

4. 设 $\boldsymbol{f},\boldsymbol{g}$ 为无旋场, 证明 $\boldsymbol{f}\times\boldsymbol{g}$ 为无散场.

5. 求下列向量场的旋度:

(1) $\boldsymbol{a} = (x,y,z)$; (2) $\boldsymbol{b} = (xyz,xyz,xyz)$; (3) $\boldsymbol{c} = (x^2,y^2,z^2)$.

6. 设 $F(r)$ 为可微函数, $\boldsymbol{r} = (x,y,z), r = |\boldsymbol{r}|$, 证明:

(1) $\mathrm{rot}\,\boldsymbol{r} = \boldsymbol{0}$; (2) $\mathrm{rot}\,\frac{\boldsymbol{r}}{r} = \boldsymbol{0}$; (3) $\mathrm{rot}[F(r)\boldsymbol{r}] = \boldsymbol{0}$.

7. 求向量场 $\boldsymbol{f}=-y\boldsymbol{i}+x\boldsymbol{j}+c\boldsymbol{k}$ 沿下列曲线的环量：

(1) 沿着圆周 $x^2+y^2=1, z=0$;

(2) 沿着圆周 $(x+2)^2+y^2=1, z=0$.

8. 有一质量为 M 的固定质点位于椭圆 $\dfrac{x^2}{a^2}+\dfrac{y^2}{b^2}=1$ 的焦点，另一质点 m 沿该椭圆正向运动一圈，试求引力对质点 m 所作的功.

习 题 12.3 B

1. 证明下列向量场为有势场，并求其势函数：

(1) $\boldsymbol{f}(x,y,z)=(y\cos xy)\,\boldsymbol{i}+(x\cos xy)\,\boldsymbol{j}+\sin z\,\boldsymbol{k}$;

(2) $\boldsymbol{f}(x,y,z)=(2x\cos y-y^2\sin x)\,\boldsymbol{i}+(2y\cos x-x^2\sin y)\,\boldsymbol{j}$.

2. 证明不论 C 为何种简单闭曲线都有

$$\oint_C 2xz\,\mathrm{d}x+2yz^2\,\mathrm{d}y+(x^2+2y^2z-1)\,\mathrm{d}z=0.$$

3. 证明无源场

$$\boldsymbol{B}=P(x,y,z)\,\boldsymbol{i}+Q(x,y,z)\,\boldsymbol{j}+R(x,y,z)\,\boldsymbol{k}$$

为向量场

$$\boldsymbol{A}=U(x,y,z)\,\boldsymbol{i}+V(x,y,z)\,\boldsymbol{j}+W(x,y,z)\,\boldsymbol{k}$$

的旋度场，其中

$$U(x,y,z)=\int_{z_0}^{z}Q(x,y,z)\,\mathrm{d}z-\int_{y_0}^{y}R(x,y,z_0)\,\mathrm{d}y,$$

$$V(x,y,z)=-\int_{z_0}^{z}P(x,y,z)\,\mathrm{d}z,$$

$$W(x,y,z)=C\ (C\text{为任意常数}).$$

并用此公式计算旋度场为 $\boldsymbol{B}=y^2\,\boldsymbol{i}+z^2\,\boldsymbol{j}+x^2\,\boldsymbol{k}$ 的向量场 $\boldsymbol{A}$.

4. 求下列全微分的位势函数 $u(x,y,z)$:

(1) $\mathrm{d}u=(x^2-2yz)\,\mathrm{d}x+(y^2-2xz)\,\mathrm{d}y+(z^2-2xy)\,\mathrm{d}z$;

(2) $\mathrm{d}u=(3x^2+6xy^2)\,\mathrm{d}x+(6x^2y+4y^3)\,\mathrm{d}y$.

5. 证明向量场

$$\boldsymbol{f}(x,y,z)=(2x+y)\,\boldsymbol{i}+(x+4y+2z)\,\boldsymbol{j}+(2y-6z)\,\boldsymbol{k}$$

为调和场, 并求其调和函数.

6. 已知磁场 $\boldsymbol{H}=((z-y)^2,z,y)$,, 求磁力线方程.

7. 求流体流速场 $\boldsymbol{v}=xy^2\,\boldsymbol{i}+x^2y\,\boldsymbol{j}+zy^2\,\boldsymbol{k}$ 的流线方程.

8. 求引力场 $\boldsymbol{f}=-y\,\boldsymbol{i}+x\,\boldsymbol{j}+z\,\boldsymbol{k}$ 沿曲线

$$x=a\cos^2\theta,\ y=a\sin^3\theta,\ z=a\sin^3\theta$$

按 θ 增加方向运动一周所做的功.

9. 设 $\boldsymbol{f},\boldsymbol{g}$ 是两个向量场, 证明

$$\mathrm{rot}(\boldsymbol{f}\times\boldsymbol{g})=(\boldsymbol{g}\cdot\nabla)\boldsymbol{f}-(\boldsymbol{f}\cdot\nabla)\boldsymbol{g}+(\mathrm{div}\boldsymbol{g})\boldsymbol{f}-(\mathrm{div}\boldsymbol{f})\boldsymbol{g}.$$

10. 已知数量场的球坐标表示为

$$u(r,\theta,\varphi)=\sin\theta+r^2\cos 2\varphi,$$

求 Δu.

11. 已知向量场的柱坐标表示为

$$\boldsymbol{A}(r,\theta,z)=r^2\cos\theta\,\boldsymbol{e}_r+r^2\sin\theta\,\boldsymbol{e}_\theta,$$

求 $\mathrm{rot}\,\boldsymbol{A}$.

12. 证明:

(1) $\mathrm{div}(u\,\mathrm{grad}\,v)=u\,\mathrm{div}\,\mathrm{grad}\,v+\mathrm{grad}\,u\cdot\mathrm{grad}\,v$;

(2) $\mathrm{div}(u\,\mathrm{grad}\,v)-\mathrm{div}(v\,\mathrm{grad}\,u)=u\,\mathrm{div}\,\mathrm{grad}\,v-v\,\mathrm{div}\,\mathrm{grad}\,u$.

13. 证明：

(1) $\displaystyle\iint\limits_{\partial\Omega}(\boldsymbol{a}\times\boldsymbol{b})\cdot\mathrm{d}\boldsymbol{S}=\iiint\limits_{\Omega}(\boldsymbol{b}\cdot\operatorname{rot}\boldsymbol{a}-\boldsymbol{a}\cdot\operatorname{rot}\boldsymbol{b})\,\mathrm{d}x\mathrm{d}y\mathrm{d}z$;

(2) $$\iint\limits_{\partial\Omega}u\,v\operatorname{grad}w\cdot\mathrm{d}\boldsymbol{S}$$

$$=\iiint\limits_{\Omega}\left[u\operatorname{div}(v\operatorname{grad}w)+v\operatorname{grad}u\cdot\operatorname{grad}w\right]\mathrm{d}x\mathrm{d}y\mathrm{d}z.$$

14. 已知柱坐标数量场为

$$u(r,\theta,z)=\Big(\frac{a^2}{r^2}-1\Big)r\cos\theta,\ (r\neq 0).$$

求 $\operatorname{grad}u$ 和 $\operatorname{div}\operatorname{grad}u$ 的柱坐标表达式.

15. 已知球坐标向量场为

$$\boldsymbol{f}(r,\theta,\varphi)=\frac{\cos\theta}{r^2}\boldsymbol{e}_r+\frac{\sin\theta}{r^2}\boldsymbol{e}_\theta.$$

求 $\operatorname{div}\boldsymbol{f}$ 的球坐标表达式.

16. 证明 Laplace 方程 $\Delta u=0$ 只依赖于 $\rho=\sqrt{x^2+y^2}$ 的解是

$$u=C_1\ln\rho+C_2.$$

其中 C_1,C_2 是任意常数.

17. 已知球坐标数量场为

$$u(r,\theta,\varphi)=2r\sin\varphi+r^2\cos\theta.$$

求 Δu 的球坐标表达式.

18. 已知柱坐标向量场为

$$\boldsymbol{f}(r,\theta,z)=r\cos^2\theta\,\boldsymbol{e}_r+r\sin\theta\,\boldsymbol{e}_\theta.$$

求 $\nabla\times\boldsymbol{f}$ 的柱坐标表达式.

19. 对于给定的向量场 $\boldsymbol{f}$, 如果方程 $\operatorname{rot}\boldsymbol{X}=\boldsymbol{f}$ 有解, 则必有无穷多解.

20. 计算梯度场 $\boldsymbol{f}=\operatorname{grad}(\arctan\dfrac{y}{x})$ 沿封闭曲线 C 的环量, 并由此证明代数基本定理.

总 习 题 十 二

1. 填空：

(1) 设 $\boldsymbol{n}$ 是曲面 $2x^2+3y^2+z^2=6$ 在 $P(1,0,-1)$ 点处指向外侧的法向量，则 $u=\dfrac{6x^2+8y^2}{z}$ 在 P 点处沿 $\boldsymbol{n}$ 方向的方向导数 = ________.

(2) 设 $r=\sqrt{x^2+y^2+z^2}$, 则 $\operatorname{div}(\operatorname{grad} r)\big|_{(1,-2,2)}=$ ________.

(3) 设 $r=\ln(x^2+y^2+z^2)$, 则 $\operatorname{div}(\operatorname{grad} r)\big|_{(1,2,-2)}=$ ________.

(4) 设 $r=\ln(1+\sqrt{x^2+y^2+z^2})$, 则 $\operatorname{div}(\operatorname{grad} r)=$ ________________.

(5) 设 $\boldsymbol{r}=(xy^2, y\mathrm{e}^z, x\ln(1+z^2))$, 则 $\operatorname{div}\boldsymbol{r}=$ ________________.

(6) 函数 $u=\ln(x+\sqrt{y^2+z^2})$ 在 $A(1,0,1)$ 点处沿 A 点指向 $B(3,-2,2)$ 点方向的方向导数为 ________.

2. 求速度场 $\boldsymbol{v}=x\boldsymbol{i}+y\boldsymbol{j}+z\boldsymbol{k}$ 穿过封闭锥面 $z^2=x^2+y^2$, $0\le z\le h$ 的流量.

3. 求速度场 $\boldsymbol{v}=x^2\boldsymbol{i}+y^2\boldsymbol{j}+z^2\boldsymbol{k}$ 穿过由 $x=0, y=0, z=0, x+y+z=1$ 围成四面体的外表面的流量.

4. 求由位于坐标原点的质量为 m 的质点所产生的引力场的位势函数.

5. 有一磁场 $\boldsymbol{f}=-\dfrac{m_0}{r^3}\boldsymbol{r}$, 求其通过中心在原点，半径为 R 的球面的通量. 其中 $r=|\boldsymbol{r}|$.

6. 已知数量场 $v(x,y,z)=\dfrac{x^2}{a^2}+\dfrac{y^2}{b^2}+\dfrac{z^2}{c^2}$, 求沿 $v(x,y,z)$ 的梯度方向的方向导数.

7. 求向量场 $\boldsymbol{A}=-y\,\boldsymbol{i}+x\,\boldsymbol{j}+z^2\,\boldsymbol{k}$ 沿圆周

$$\begin{cases}(x-2)^2+y^2+z^2=R^2\\ x+y+z=0\end{cases}$$

的环量.

8. 已知 $\boldsymbol{f}=(axz+x^2, by+xy^2, z-z^2+cxz-2xyz)$, 试确定常数 a,b,c, 使得 $\boldsymbol{f}$ 为一无散场.

9. 设 S 是光滑的封闭曲面, $\boldsymbol{v}$ 是一个固定的向量, 证明

$$\iint_S \cos\langle \boldsymbol{v}, \boldsymbol{n}\rangle \,\mathrm{d}S = 0.$$

其中 $\boldsymbol{n}$ 是 S 的外法向.

10. 设 V 是光滑封闭曲面 S 的包围区域, $\dfrac{\partial u}{\partial n}$ 是调和函数 $u=u(x,y,z)$ 在曲面 S 上的外法线方向的方向导数, 证明

$$\iiint\limits_V (\nabla u)^2 \,\mathrm{d}V = \oiint\limits_S \frac{\partial u}{\partial n}\,\mathrm{d}S.$$

11. 设 V 是光滑封闭曲面 S 的包围区域, $\boldsymbol{n}$ 是曲面 S 的单位外法线向量, 若 $\boldsymbol{f},\boldsymbol{g}$ 是 S 上的光滑向量场, 证明

$$\oiint\limits_S (\boldsymbol{f},\boldsymbol{g},\boldsymbol{n})\,\mathrm{d}S = \iiint\limits_V [\boldsymbol{g}\cdot(\nabla\times\boldsymbol{f}) - \boldsymbol{f}\cdot(\nabla\times\boldsymbol{g})]\,\mathrm{d}V.$$

12. 设 V 是光滑封闭曲面 S 的包围区域, 若 $\boldsymbol{f},g$ 是 S 上的光滑场, 证明

$$\oiint\limits_S (\boldsymbol{f}\times\nabla g)\cdot\,\mathrm{d}\boldsymbol{S} = \iiint\limits_V \nabla g\cdot(\nabla\times\boldsymbol{f})\,\mathrm{d}V.$$

第十三章　常微分方程 II

将微分方程分为两部分只是为了满足其它课程的需要，常微分方程 II 是常微分方程 I 的继续，主要内容包括一阶微分方程的其它可积类型的解法、常微分方程组的简单理论和解法.

§13.1　一阶微分方程

对于一阶微分方程，前面已经学习了分离变量法和一阶线性方程. 现在考虑全微分类方程和一阶隐式方程.

§13.1.1　全微分类方程

全微分类方程指全微分方程及可用积分因子方法化为全微分形式的一阶微分方程.

1. **全微分方程**

对于一阶微分方程

$$M(x,y)\mathrm{d}x+N(x,y)\mathrm{d}y=0, \tag{1}$$

如果 M,N 是光滑函数且

$$\frac{\partial M}{\partial y}=\frac{\partial N}{\partial x}, \tag{2}$$

则微分形式 $M(x,y)\mathrm{d}x+N(x,y)\mathrm{d}y$ 是位势函数

$$u(x,y)=\int_{(x_0,y_0)}^{(x,y)} M(x,y)\mathrm{d}x+N(x,y)\mathrm{d}y \tag{3}$$

的全微分，由此可知

$$u(x,y)=C$$

是方程 (1) 的通解.

如果条件 (2) 成立，则称 (1) 为全微分方程.

例 1.1 解方程 $\frac{2xy+1}{y}\mathrm{d}x+\frac{y-x}{y^2}\mathrm{d}y=0$.

解 由于

$$\frac{\partial M}{\partial y}=\frac{\partial}{\partial y}\left(\frac{2xy+1}{y}\right)=-\frac{1}{y^2}=\frac{\partial}{\partial x}\left(\frac{y-x}{y^2}\right)=\frac{\partial N}{\partial x},$$

所以原方程为全微分方程.

选择折线路径 $(0,1)\to(x,1)\to(x,y)$ 积分得

$$\begin{aligned}u(x,y)&=\int_0^x(2x+1)\mathrm{d}x+\int_1^y\frac{y-x}{y^2}\mathrm{d}y\\&=x^2+\ln|y|+\frac{x}{y}.\end{aligned}$$

故原方程的通解为

$$x^2+\ln|y|+\frac{x}{y}=C.$$

例 1.2 求方程 $[\cos(x+y^2)+3y]\mathrm{d}x+[2y\cos(x+y^2)+3x]\mathrm{d}y=0$ 的通解.

解 令 $M=\cos(x+y^2)+3y$, $N=2y\cos(x+y^2)+3x$, 则有

$$\frac{\partial M}{\partial y}=-2y\sin(x+y^2)+3=\frac{\partial N}{\partial x},$$

所以原方程为全微分方程.

选择折线路径 $(0,0)\to(x,0)\to(x,y)$ 积分得

$$\begin{aligned}u(x,y)&=\int_0^x\cos x\mathrm{d}x+\int_0^y[2y\cos(x+y^2)+3x]\mathrm{d}y\\&=\sin(x+y^2)+3xy.\end{aligned}$$

故原方程的通解为

$$\sin(x+y^2)+3xy=C.$$

对于简单情况，常常可以直接凑成全微分，例如

$$y\mathrm{d}x+x\mathrm{d}y=\mathrm{d}(xy),\qquad \frac{x\mathrm{d}x+y\mathrm{d}y}{x^2+y^2}=\frac{1}{2}\mathrm{d}\ln(x^2+y^2),$$

$$\frac{y\mathrm{d}x - x\mathrm{d}y}{y^2} = \mathrm{d}\left(\frac{x}{y}\right), \qquad \frac{y\mathrm{d}x - x\mathrm{d}y}{x^2} = -\mathrm{d}\left(\frac{y}{x}\right),$$

$$\frac{y\mathrm{d}x - x\mathrm{d}y}{xy} = \mathrm{d}\ln\frac{x}{y}, \qquad \frac{y\mathrm{d}x - x\mathrm{d}y}{x^2+y^2} = \mathrm{d}\arctan\frac{x}{y},$$

$$\frac{y\mathrm{d}x - x\mathrm{d}y}{x^2-y^2} = \frac{1}{2}\mathrm{d}\ln\frac{x-y}{x+y}.$$

例 1.3 解方程 $y\mathrm{d}x + (x^2y - x)\mathrm{d}y = 0$.

解 原方程可等价地变为

$$\frac{y\mathrm{d}x - x\mathrm{d}y}{x^2} + y\mathrm{d}y = 0.$$

不难将其凑成全微分形式

$$-\mathrm{d}\left(\frac{y}{x}\right) + \frac{1}{2}\mathrm{d}(y^2) = 0.$$

此即

$$\mathrm{d}\left(\frac{1}{2}y^2 - \frac{y}{x}\right) = 0.$$

于是原方程的通解为

$$\frac{1}{2}y^2 - \frac{y}{x} = C.$$

例 1.4 求方程 $(x-y)\mathrm{d}x + (x+y)\mathrm{d}y = 0$ 的通解.

解 原方程在非原点可等价地变为

$$\frac{x\mathrm{d}x + y\mathrm{d}y}{x^2+y^2} + \frac{x\mathrm{d}y - y\mathrm{d}x}{x^2+y^2} = 0.$$

凑成全微分方程可得

$$\mathrm{d}\left[\ln\sqrt{x^2+y^2} + \arctan\frac{y}{x}\right] = 0.$$

于是原方程的通解为

$$\ln\sqrt{x^2+y^2} + \arctan\frac{y}{x} = C.$$

2. **积分因子法**

对于微分方程 (1), 如果存在非零函数 $\mu=\mu(x,y)$, 使得

$$\mu M(x,y)\mathrm{d}x+\mu N(x,y)\mathrm{d}y=0 \tag{4}$$

成为全微分方程, 则称 $\mu=\mu(x,y)$ 为方程 (1) 的积分因子.

积分因子的存在性等价于条件

$$\frac{\partial(\mu M)}{\partial y}=\frac{\partial(\mu N)}{\partial x}$$

成立, 亦即

$$M\frac{\partial\mu}{\partial y}+\mu\frac{\partial M}{\partial y}=N\frac{\partial\mu}{\partial x}+\mu\frac{\partial N}{\partial x}.$$

整理可得

$$N\frac{\partial\ln\mu}{\partial x}-M\frac{\partial\ln\mu}{\partial y}=\frac{\partial M}{\partial y}-\frac{\partial N}{\partial x}. \tag{5}$$

这是一个一阶线性偏微分方程.

尽管理论上可以证明满足 (5) 的 μ 存在, 但要从方程 (5) 中得到精确解或初等解一般是不可能的. 如果 M 和 N 为某些特殊函数时, 积分因子 μ 可以是 x,y 或 x^2+y^2 等的一元函数, 此时则不难从 (5) 中解出积分因子.

假如积分因子具有形式 $\mu=\mu(x)$, 则方程 (5) 可简化为常微分方程

$$N\frac{\mathrm{d}\ln\mu}{\mathrm{d}x}=\frac{\partial M}{\partial y}-\frac{\partial N}{\partial x}.$$

因此, 只要 $\frac{1}{N}\left(\frac{\partial M}{\partial y}-\frac{\partial N}{\partial x}\right)$ 仅是 x 的一元函数, 即

$$\frac{1}{N}\left(\frac{\partial M}{\partial y}-\frac{\partial N}{\partial x}\right)=\varphi(x),$$

则积分因子 $\mu=\mu(x)$ 存在并且可由微分方程

$$\mu'=\varphi(x)\mu$$

确定, 解此方程可得

$$\ln\mu=\int\varphi(x)\mathrm{d}x=\int\frac{1}{N}\left(\frac{\partial M}{\partial y}-\frac{\partial N}{\partial x}\right)\mathrm{d}x,$$

或

$$\mu = \mathrm{e}^{\int \varphi(x)\mathrm{d}x}.$$

类似的讨论，可以得出下列结果，其中 $\varphi(y)$ 等表示判别函数的形式结构，$\mu(y)$ 等表示积分因子的形式结构.

(1) $\dfrac{M'_y - N'_x}{-M} = \varphi(y) \Rightarrow \mu = \mu(y) = \mathrm{e}^{\int \varphi(y)\mathrm{d}y}$;

(2) $\dfrac{M'_y - N'_x}{N \mp M} = \varphi(x \pm y) \Rightarrow \mu = \mu(x \pm y)$;

(3) $\dfrac{M'_y - N'_x}{yN - xM} = \varphi(xy) \Rightarrow \mu = \mu(xy)$;

(4) $\dfrac{M'_y - N'_x}{\frac{M}{x} - \frac{N}{y}} = \varphi(\dfrac{y}{x}) \Rightarrow \mu = \mu(\dfrac{y}{x})$;

(5) $\dfrac{M'_y - N'_x}{xN \mp yM} = \varphi(x^2 \pm y^2) \Rightarrow \mu = \mu(x^2 \pm y^2)$.

例 1.5　求方程 $y\mathrm{d}x + (x^2y - x)\mathrm{d}y = 0$ 的通解.

解　由于

$$\frac{1}{N}\left(\frac{\partial M}{\partial y} - \frac{\partial N}{\partial x}\right) = \frac{1-(2xy-1)}{x^2y - x} = -\frac{2}{x}$$

只是 x 的函数，所以

$$\mu = \mathrm{e}^{-\int \frac{2}{x}\mathrm{d}x} = x^{-2}$$

为原方程的一个积分因子，于是

$$\frac{y}{x^2}\mathrm{d}x + (y - \frac{1}{x})\mathrm{d}y = 0$$

为全微分方程. 利用凑微分方法可得通解为

$$\frac{1}{2}y^2 - \frac{y}{x} = C.$$

例 1.6　求方程 $(2xy + x^2y + \dfrac{y^3}{3})\mathrm{d}x + (x^2 + y^2)\mathrm{d}y = 0$ 的通解.

解　由于

$$\frac{1}{N}\left(\frac{\partial M}{\partial y} - \frac{\partial N}{\partial x}\right) = 1$$

所以

$$\mu = \mathrm{e}^{\int \mathrm{d}x} = \mathrm{e}^x$$

为原方程的一个积分因子，于是

$$\mathrm{e}^x(2xy + x^2y + \mathrm{e}^x\frac{y^3}{3})\mathrm{d}x + \mathrm{e}^x(x^2 + y^2)\mathrm{d}y = 0$$

为全微分方程. 按照折线路径 $(0,0) \to (x,0) \to (x,y)$ 计算位势函数，有

$$\begin{aligned} u(x,y) &= \int_0^x \mathrm{e}^x(2x\cdot 0 + x^2\cdot 0 + \frac{0^3}{3})\mathrm{d}x + \int_0^y \mathrm{e}^x(x^2+y^2)\mathrm{d}y \\ &= \mathrm{e}^x(x^2y + \frac{1}{3}y^2). \end{aligned}$$

于是原方程的通解为

$$\mathrm{e}^x(x^2y + \frac{1}{3}y^2) = C.$$

例 1.7 求方程 $2xy\ln y\mathrm{d}x + (x^2 + y^2\sqrt{y^2+1})\mathrm{d}y = 0$ 的通解.

解 令 $M = 2xy\ln y$, $N = x^2 + y^2\sqrt{y^2+1}$. 由于

$$\frac{1}{M}\left(\frac{\partial N}{\partial x} - \frac{\partial M}{\partial y}\right) = \frac{2x - 2x(\ln y + 1)}{2xy\ln y} = -\frac{1}{y},$$

所以

$$\frac{\mathrm{d}\ln\mu}{\mathrm{d}y} = -\frac{1}{y},\ \mu = \frac{1}{y}.$$

于是

$$\frac{2xy\ln y}{y}\mathrm{d}x + \frac{x^2 + y^2\sqrt{y^2+1}}{y}\mathrm{d}y = 0$$

是全微分方程. 按照折线 $(0,1) \to (x,1) \to (x,y)$ 积分得

$$\begin{aligned} u(x,y) &= \int_0^x 0\mathrm{d}x + \int_1^y \frac{x^2 + y^2\sqrt{y^2+1}}{y}\mathrm{d}y \\ &= x^2\ln y + \frac{1}{3}(y^2+1)^{3/2}. \end{aligned}$$

故原方程的通解为

$$x^2\ln y + \frac{1}{3}(y^2+1)^{3/2} = C.$$

例 1.8 求方程 $(3x+2y+y^2)\mathrm{d}x+(x+4xy+5y^2)\mathrm{d}y=0$ 的通解，假设积分因子形如 $\mu=\mu(x+y^2)$.

解 令 $z=x+y^2$, 则 $\mu=\mu(z)$, 因而

$$\frac{\partial \ln\mu}{\partial x}=\frac{\mathrm{d}\ln\mu}{\mathrm{d}z}\cdot\frac{\partial z}{\partial x}=\frac{\mathrm{d}\ln\mu}{\mathrm{d}z},$$

$$\frac{\partial \ln\mu}{\partial y}=\frac{\mathrm{d}\ln\mu}{\mathrm{d}z}\cdot\frac{\partial z}{\partial y}=\frac{\mathrm{d}\ln\mu}{\mathrm{d}z}\cdot 2y.$$

代入方程 (5) 得

$$\frac{\mathrm{d}\ln\mu}{\mathrm{d}z}=\frac{1}{N-2My}\left(\frac{\partial M}{\partial y}-\frac{\partial N}{\partial x}\right).$$

因为 $M=3x+2y+y^2$, $N=x+4xy+5y^2$, 所以

$$\frac{\mathrm{d}\ln\mu}{\mathrm{d}z}=\frac{1}{z},\quad \mu=z.$$

故 $\mu=x+y^2$ 是积分因子. 原方程两端同乘以 $\mu=x+y^2$ 可得全微分方程

$$(3x^2+2xy+4xy^2+2y^3+y^4)\mathrm{d}x+(x^2+4x^2y+6xy^2+4xy^3+5y^4)\mathrm{d}y=0.$$

于是原方程的通解为

$$\int_0^x(3x^2+2xy+4xy^2+2y^3+y^4)\mathrm{d}x+\int_0^y 5y^4\mathrm{d}y=C,$$

即

$$(x+y)(x+y^2)^2=C.$$

§13.1.2 一阶隐式方程

对于一阶隐式方程

$$F(x,y,y')=0, \tag{6}$$

如果不能简单地化为显式方程 $y'=f(x,y)$, 则可以考虑用参数化方法求解.

在区间 I 上，如果存在可微函数 $x=x(t)$, $y=y(t)$, 使得

$$F(x(t),y(t),y'(t)/x'(t))=0$$

对所有 $t\in I$ 成立，则称 $x=x(t)$, $y=y(t)$ 是方程 (6) 在 I 上的参数解或参数形式解.

1. **缺 y 型方程**

对于不显含 y 的隐式方程

$$F(x,y')=0, \tag{7}$$

如果可以从方程 $F(x,p)=0$ 中解出 x, 即有 $x=\varphi(p)$, 则有

$$\mathrm{d}y=p\mathrm{d}x=p\,\varphi'(p)\mathrm{d}p.$$

积分可得

$$y=\int p\,\varphi'(p)\mathrm{d}p.$$

于是可得方程 (7) 的参数解

$$\begin{cases}x=\varphi(p),\\ y=\displaystyle\int p\,\varphi'(p)\mathrm{d}p.\end{cases}$$

如果可以得到方程 $F(x,p)=0$ 的参数方程, 即有

$$x=x(t),\ p=p(t),$$

则由 $\mathrm{d}y=p\mathrm{d}x=p(t)x'(t)\mathrm{d}t$ 可以得到 (7) 的参数解

$$\begin{cases}x=x(t),\\ y=\displaystyle\int p(t)x'(t)\mathrm{d}t.\end{cases}$$

例 1.9 求方程 $\mathrm{e}^{y'}+y'=x$ 的通解.

解 由 $x=\mathrm{e}^p+p$ 可得,

$$\mathrm{d}y=p\mathrm{d}x=p(\mathrm{e}^p+1)\mathrm{d}p.$$

积分得

$$y=\int p(\mathrm{e}^p+1)\mathrm{d}p=\mathrm{e}^p(p-1)+\frac{1}{2}p^2+C.$$

故原方程的通解为

$$\begin{cases} x = \mathrm{e}^p + p, \\ y = \mathrm{e}^p(p-1) + \dfrac{1}{2}p^2 + C. \end{cases}$$

例 1.10 求方程 $x\sqrt{1+y'^2} = y'$ 的通解.

解 由于 $x\sqrt{1+p^2} = p$ 可表示为参数方程

$$p = \tan t,\ x = \sin t,\ (|t| < \pi/2),$$

所以有

$$\mathrm{d}y = \tan t\mathrm{d}x = \sin t\mathrm{d}t$$

因此

$$y = \int \sin t\mathrm{d}t = -\cos t + C.$$

故原方程的通解为

$$\begin{cases} x = \sin t, \\ y = -\cos t + C, \end{cases}$$

或 $y = C \pm \sqrt{1-x^2}$.

2. **缺 x 型方程**

对于不显含 x 的方程

$$F(y, y') = 0, \tag{8}$$

如果可以从方程 $F(y,p) = 0$ 中解出 y, 即有 $y = \varphi(p)$, 则有 $\mathrm{d}y = \varphi'(p)\mathrm{d}p$, 又因 $\mathrm{d}y = p\mathrm{d}x$, 所以有

$$\mathrm{d}x = \frac{\varphi'(p)}{p}\mathrm{d}p.$$

积分可得

$$x = \int \frac{\varphi'(p)}{p}\mathrm{d}p.$$

于是可得方程 (8) 的参数解

$$\begin{cases} x = \displaystyle\int \frac{\varphi'(p)}{p}\mathrm{d}p, \\ y = \varphi(p). \end{cases}$$

如果可以得到方程 $F(y,p)=0$ 的参数方程，即有

$$y=y(t),\ p=p(t),$$

则由 $\mathrm{d}x=\dfrac{1}{p}\mathrm{d}y=\dfrac{y'(t)}{p(t)}\mathrm{d}t$ 可以得到 (8) 的参数解

$$\begin{cases} x=\displaystyle\int\frac{y'(t)}{p(t)}\mathrm{d}t, \\ y=y(t). \end{cases}$$

例 1.11 求方程 $y=y'+\ln y'$ 的通解.

解 由 $y=p+\ln p$ 及 $\mathrm{d}y=p\mathrm{d}x$ 可得

$$\mathrm{d}x=\frac{(p+\ln p)'}{p}\mathrm{d}p=\left(\frac{1}{p}+\frac{1}{p^2}\right)\mathrm{d}p.$$

积分可得

$$x=\ln p-\frac{1}{p}+C.$$

故原方程的通解为

$$\begin{cases} x=\ln p-\dfrac{1}{p}+C, \\ y=p+\ln p. \end{cases}$$

例 1.12 求方程 $3y'^2+\dfrac{1}{y'}-y=0$ 的通解.

解 令 $y'=p$, 则 $y=3p^2+\dfrac{1}{p}$ 且

$$\mathrm{d}x=\frac{\mathrm{d}y}{y'}=\frac{1}{p}(6p-\frac{1}{p^2})\mathrm{d}p.$$

因此

$$x=\int(6-\frac{1}{p^3})\mathrm{d}p=6p+\frac{1}{2p^2}+C.$$

故原方程的通解为

$$\begin{cases} x=6p+\dfrac{1}{2p^2}+C, \\ y=3p^2+\dfrac{1}{p}. \end{cases}$$

例 1.13 求方程 $y^2(y'-1)=(2-y')^2$ 的通解.

解 在 $y^2(p-1)=(2-p)^2$ 中令 $2-p=yt$, 则可得参数方程

$$y=\frac{1}{t}-t,\ p=1+t^2.$$

由 $\mathrm{d}x=\dfrac{\mathrm{d}y}{p}=-\dfrac{1}{t^2}\mathrm{d}t$ 积分得

$$x=\frac{1}{t}+C.$$

故原方程的通解为

$$\begin{cases}x=\dfrac{1}{t}+C,\\ y=\dfrac{1}{t}-t.\end{cases}$$

例 1.14 求方程 $y^{2/3}+(y')^{2/3}=1$ 的通解.

解 令 $y=\cos^3 t, y'=p=\sin^3 t$, 则

$$\mathrm{d}x=\frac{\mathrm{d}y}{p}=\frac{-3\cos^2 t\sin t}{\sin^3 t}\mathrm{d}t=-\frac{3\cos^2 t}{\sin^2 t}\mathrm{d}t.$$

积分得

$$x=3t+3\cot t+C.$$

故原方程的通解为

$$\begin{cases}x=3t+3\cot t+C,\\ y=\cos^3 t.\end{cases}$$

3. 易解出 y 的方程

对于方程

$$y=f(x,y'),\tag{9}$$

令 $y'=p$, 则有 $y=f(x,p)$, 两端关于 x 求导可得

$$p=f'_x+f'_p\,\frac{\mathrm{d}p}{\mathrm{d}x}.\tag{10}$$

这是一个 p 关于 x 的一阶显式方程. 如果能求出其通解 $p=\varphi(x,C)$, 则原方程的通解为

$$y=f(x,\varphi(x,C)).$$

如果方程 (10) 的通解为 $x=\psi(p,C)$, 则原方程的通解为

$$\begin{cases} x=\psi(p,C), \\ y=f(x,p). \end{cases}$$

如果方程 (10) 的通解为 $\psi(x,p,C)=0$, 则原方程的通解为

$$\begin{cases} \psi(x,p,C)=0, \\ y=f(x,p). \end{cases}$$

例 1.15　求解方程 $2y'^2-2xy'-2y+x^2=0$.

解　解出 y 得

$$y=y'^2-xy'+\frac{1}{2}x^2,$$

令 $y'=p$, 则有

$$y=p^2-px+\frac{1}{2}x^2. \tag{11}$$

两端微分并用 $p\mathrm{d}x$ 代 $\mathrm{d}y$ 得

$$p\mathrm{d}x=2p\mathrm{d}p-p\mathrm{d}x-x\mathrm{d}p+x\mathrm{d}x$$

或

$$(2p-x)(\mathrm{d}p-\mathrm{d}x)=0.$$

分两种情况讨论：

(1) 当 $\mathrm{d}p-\mathrm{d}x=0$ 时，有 $p=x+C$, 代入 (11) 式可得原方程的通解

$$y=Cx+C^2+\frac{1}{2}x^2.$$

(2) 当 $2p-x=0$ 时，有 $p=\frac{1}{2}x$, 代入 (11) 式可得原方程的另一个解

$$y=\frac{1}{4}x^2.$$

这一解称为奇解.

例 1.16　求解方程 $3y'^3-yy'+1=0$.

解　解出 y 得

$$y = 3y'^2 + \frac{1}{y'}.$$

令 $y' = p$, 则有

$$y = 3p^2 + \frac{1}{p},$$

两端对 x 求导得

$$p = 6pp' - \frac{1}{p^2}p',$$

整理得

$$p' = \frac{p^3}{6p^3 - 1}$$

或

$$\frac{\mathrm{d}x}{\mathrm{d}p} = 6 - \frac{1}{p^3}.$$

积分得

$$x = 6p + \frac{1}{2p^2} + C.$$

故原方程的通解为

$$\begin{cases} x = 6p + \dfrac{1}{2p^2} + C, \\ y = 3p^2 + \dfrac{1}{p}. \end{cases}$$

形如

$$y = x\varphi(y') + \psi(y')$$

的方程称为拉格朗日方程. 令 $y' = p$, 对 x 求导并以 $p\mathrm{d}x$ 代 $\mathrm{d}y$, 则可得 p 关于 x 的一阶线性微分方程. 如果该方程有通解 $x = x(p, C)$, 则原方程的通解为

$$\begin{cases} x = x(p, C), \\ y = x(p, C)\varphi(p) + \psi(p). \end{cases}$$

拉格朗日方程可能有一个奇解

$$\begin{cases} y = \varphi(C)x + \psi(C), \\ C = \varphi(C). \end{cases}$$

形如

$$y = xy' + \psi(y')$$

的方程称为克来洛方程，解法与拉格朗日方程相同．克来洛方程的通解为

$$y = Cx + \psi(C).$$

克来洛方程的可能奇解为

$$\begin{cases} y = xp + \psi(p), \\ x + \psi'(p) = 0. \end{cases}$$

例 1.17 求一曲线，使它的任一条切线在两坐标轴之间的线段之长为一常数 a.

解 可设所求曲线在 (x,y) 点的切线方程为

$$Y - y = y'(X - x),$$

由此可得该直线与坐标轴的交点为

$$(0, y - xy'), (x - \frac{y}{y'}, 0).$$

按照题意，有

$$(y - xy')^2 + (x - \frac{y}{y'})^2 = a^2,$$

即

$$y = xy' \pm \frac{ay'}{\sqrt{1 + y'^2}}.$$

这是克来洛方程，它的通解为

$$y = Cx \pm \frac{aC}{\sqrt{1 + C^2}},$$

并有奇解

$$x = \mp \frac{a}{(1 + p^2)^{3/2}},\ y = \pm \frac{ap^3}{(1 + p^2)^{3/2}}.$$

消去 p 可得

$$x^{\frac{2}{3}} + y^{\frac{2}{3}} = a^{\frac{2}{3}},$$

此为星形线.

4. **易解出 x 的方程**

对于方程

$$x = f(y, y'), \tag{12}$$

令 $y' = p$ 可得 $x = f(y,p)$, 两端关于 y 求导，并将 $\dfrac{\mathrm{d}x}{\mathrm{d}y} = \dfrac{1}{p}$ 代入可得

$$\frac{1}{p} = \frac{\partial f}{\partial y} + \frac{\partial f}{\partial p} \cdot \frac{\mathrm{d}p}{\mathrm{d}y}.$$

这是一个 p 关于 y 的一阶显式方程，如果可解出通解 $\Psi(y,p,C) = 0$, 则原方程的通解为

$$\begin{cases} x = f(y,p), \\ \Psi(y,p,C) = 0. \end{cases}$$

例 1.18 求解方程 $y'^3 - 4xyy' + 8y^2 = 0$.

解 令 $y' = p$ 并解出 x 得

$$x = \frac{p^2}{4y} + \frac{2y}{p}. \tag{13}$$

两端关于 y 求导，并将 $\dfrac{\mathrm{d}x}{\mathrm{d}y} = \dfrac{1}{p}$ 代入可得

$$\frac{1}{p} = \left(\frac{p}{2y} - \frac{2y}{p^2}\right)\frac{\mathrm{d}p}{\mathrm{d}y} - \frac{p^2}{4y^2} + \frac{2}{p}.$$

整理得

$$\frac{p^3 - 4y^2}{2yp^2} \cdot \frac{\mathrm{d}p}{\mathrm{d}y} = \frac{p^3 - 4y^2}{4y^2 p}.$$

由此可得

$$\frac{\mathrm{d}p}{\mathrm{d}y} = \frac{p}{2y} \tag{14}$$

或

$$p^3 - 4y^2 = 0. \tag{15}$$

解 (14) 得 $p = C\sqrt{y}$, 代入 (13) 得通解

$$x = \frac{C^2}{4} + \frac{2\sqrt{y}}{C}$$

或 $y=C(x-C)^2$.

解 (15) 得 $p=\sqrt[3]{4y^2}$, 代入 (13) 得奇解

$$x=3\sqrt[3]{y/4}$$

或 $y=\dfrac{4}{27}x^3$.

习 题 13.1 A

1. 判断下列方程是否为全微分方程，若是则求其解：

(1) $\left(x+\dfrac{2}{y}\right)\mathrm{d}y+y\mathrm{d}x=0$;

(2) $(1+y)\mathrm{d}x+(1-x)\mathrm{d}y=0$;

(3) $(y-x^3)\mathrm{d}x+(x+y^3)\mathrm{d}y=0$;

(4) $(x^2+y^2)\mathrm{d}x+(x-2y)\mathrm{d}y=0$;

(5) $(2y^2-4x+5)\mathrm{d}x=(4-2y+4xy)\mathrm{d}y$;

(6) $(\sin x\sin y-x\mathrm{e}^y)\mathrm{d}y=(\mathrm{e}^y+\cos x\cos y)\mathrm{d}x$.

2. 验证下列方程是全微分方程，并求出其解：

(1) $(x^2+y)\mathrm{d}x+(x-2y)\mathrm{d}y=0$;

(2) $x\sqrt{1+y'^2}=y'$;

(3) $(y-3x^2)\mathrm{d}x-(4y-x)\mathrm{d}y=0$;

(4) $2(3xy^2+2x^3)\mathrm{d}x+3(2x^2y+y^2)\mathrm{d}y=0$;

(5) $\left(\dfrac{1}{y}\sin\dfrac{x}{y}-\dfrac{y}{x^2}\cos\dfrac{y}{x}\right)\mathrm{d}x+\left(\dfrac{1}{x}\cos\dfrac{y}{x}-\dfrac{x}{y^2}\sin\dfrac{x}{y}\right)\mathrm{d}y=0$;

(6) $\left[\dfrac{1}{x}-\dfrac{y^2}{(x-y)^2}\right]\mathrm{d}x+\left[\dfrac{x^2}{(x-y)^2}-\dfrac{1}{y}\right]\mathrm{d}y=0$.

3. 求下列隐式方程的通解：

(1) $xy'^3=1+y'$;　　(2) $16x^2+2yy'^2-xy'^3=0$;

(3) $\sin y' = x$;　　(4) $y = y'^2 e^{y'}$;

(5) $x^2 + y'^2 = 1$;　　(6) $\dfrac{y}{\sqrt{1+y'^2}} = 1$.

习 题 13.1 B

1. 用积分因子法求解下列方程:

(1) $(3x^2 - y^2)\mathrm{d}y - 2xy\mathrm{d}x = 0$;

(2) $(xy - 1)\mathrm{d}x + (x^2 - xy)\mathrm{d}y = 0$;

(3) $x\mathrm{d}y + y\mathrm{d}x + 3x^5y^4\mathrm{d}y = 0$;

(4) $y' + P(x)y = Q(x)$;

(5) $(y - xy^2)\mathrm{d}x + (x + x^2y^2)\mathrm{d}y = 0$;

(6) $(y + x^4y^4)\mathrm{d}x + x\mathrm{d}y = 0$;

(7) $(2y^2 + \dfrac{1}{y^2})\mathrm{d}x + 4xy\mathrm{d}y = 0$;

(8) $(x - y^2)\mathrm{d}x + 2xy\mathrm{d}y = 0$;

(9) $y\mathrm{d}x + (y - x)\mathrm{d}y = 0$;

(10) $\big[x\cos(x+y) + \sin(x+y)\big]\mathrm{d}x + x\cos(x+y)\mathrm{d}y = 0$;

(11) $(y\cos x - x\sin x)\mathrm{d}x + (y\sin x + x\cos x)\mathrm{d}y = 0$;

(12) $\dfrac{\mathrm{d}y}{\mathrm{d}x} = -\dfrac{x}{y} + \sqrt{1 + \left(\dfrac{x}{y}\right)^2}$.

2. 用引入参数法求解下列方程的通解:

(1) $x^3 + y'^3 - 3xy' = 0$;

(2) $y'^3 - y^2(a - y') = 0$;

(3) $y = \left(\dfrac{\mathrm{d}y}{\mathrm{d}x}\right)^2 - x\dfrac{\mathrm{d}y}{\mathrm{d}x} + \dfrac{x^2}{2}$;

(4) $y = xy' + y' - y'^2$;

(5) $y = 2xy' + y'^2$;

(6) $x = \dfrac{y}{y'} + \dfrac{1}{y'^2}$;

(7) $y'^4 = 4y(xy' - 2y)^2$;

(8) $\left(\dfrac{\mathrm{d}y}{\mathrm{d}x}\right)^3 + 2x\dfrac{\mathrm{d}y}{\mathrm{d}x} - y = 0$;

(9) $y^2(x\mathrm{d}x + y\mathrm{d}y) + x(y\mathrm{d}x - x\mathrm{d}y) = 0$;

(10) $xy' - y = 2x^2y(y^2 - x^2)$.

3. 试导出微分方程 $M(x,y)\mathrm{d}x + N(x,y)\mathrm{d}y = 0$ 分别具有形为 $\mu(x+y)$ 和 $\mu(xy)$ 的积分因子的等价条件.

4. 试证齐次方程 $M(x,y)\mathrm{d}x + N(x,y)\mathrm{d}y = 0$ 在 $xM + yN \neq 0$ 时有积分因子 $\mu = \dfrac{xy}{xM + yN}$.

5. 设函数 $f(z), g(z)$ 连续、可微且 $f(z) \neq g(z)$，试证微分方程

$$yf(xy)\mathrm{d}x + xg(xy)\mathrm{d}y = 0$$

有积分因子

$$\mu = \frac{1}{xy\big[f(xy) - g(xy)\big]}.$$

6. 设函数 $M(x,y), N(x,y)$ 满足

$$\frac{\partial M}{\partial y} - \frac{\partial N}{\partial x} = Nf(x) - Mg(y),$$

试证微分方程 $M(x,y)\mathrm{d}x + N(x,y)\mathrm{d}y = 0$ 有积分因子

$$\mu = \exp\Big(\int f(x)\mathrm{d}x + \int g(y)\mathrm{d}y\Big).$$

其中 $f(x), g(y)$ 分别是 x, y 的连续函数.

§13.2 常微分方程组

在实际问题中，经常会遇到许多微分方程组. 例如一个质量为 m 的质点，在外力 $\boldsymbol{F}$ 的作用下的运动方程

$$m\boldsymbol{r}''(t)=\boldsymbol{F}(t,\boldsymbol{r}(t),\boldsymbol{r}'(t))$$

写成分量形式便是一个微分方程组. 通过引入一些新变量，常微分方程组可以化为标准形式

$$\frac{\mathrm{d}Y}{\mathrm{d}x}=F(x,Y),\tag{1}$$

其中 $Y=(y_1,\cdots,y_n),F(x,Y)=(f_1(x,Y),\cdots,f_n(x,Y))$. 微分方程组的向量形式简称为方程.

方程 (1) 的通解形式为 $Y=Y(x,C)$, 这里 C 是 n 维常向量. 方程 (1) 的初值问题可表示为

$$\begin{cases}\dfrac{\mathrm{d}Y}{\mathrm{d}x}=F(x,Y),\\ Y(x_0)=Y_0.\end{cases}\tag{2}$$

§13.2.1 初等积分法

对于简单的常微分方程组，可以通过消去未知变量的方法将方程组化为一元高阶方程来求解，这一方法称为消元法；也可以通过成员方程重组或运算的方法将方程组化为全微分方程来求解，这一方法称为首次积分法.

1. 消元法

对于有些常微分方程组, 可以通过消元法将其化为高阶微分方程来求解.

例 2.1 解方程组

$$\begin{cases}\dfrac{\mathrm{d}x}{\mathrm{d}t}=x+2y,\\ \dfrac{\mathrm{d}y}{\mathrm{d}t}=3x+2y.\end{cases}$$

解 对第一个方程两端关于 t 求导可得

$$\frac{\mathrm{d}^2x}{\mathrm{d}t^2}=\frac{\mathrm{d}x}{\mathrm{d}t}+2\frac{\mathrm{d}y}{\mathrm{d}t}.$$

将第二个方程代入上式可得

$$\frac{\mathrm{d}^2x}{\mathrm{d}t^2}-3\frac{\mathrm{d}x}{\mathrm{d}t}-4x=0.$$

解得

$$x=C_1\mathrm{e}^{4t}+C_2\mathrm{e}^{-t}.$$

将解出的 x 代入第一个方程可得

$$y=\frac{3}{2}C_1\mathrm{e}^{4t}-C_2\mathrm{e}^{-t}.$$

于是所求方程的通解为

$$\begin{cases}x=C_1\mathrm{e}^{4t}+C_2\mathrm{e}^{-t},\\ y=\dfrac{3}{2}C_1\mathrm{e}^{4t}-C_2\mathrm{e}^{-t}.\end{cases}$$

例 2.2 解方程组

$$\begin{cases}\dfrac{\mathrm{d}x}{\mathrm{d}t}=1-\dfrac{1}{y},\\ \dfrac{\mathrm{d}y}{\mathrm{d}t}=\dfrac{1}{x-t}.\end{cases}$$

解 将第二个方程两端对 t 求导，并将第一个方程代入可得

$$\frac{\mathrm{d}^2y}{\mathrm{d}t^2}=-\frac{1}{(x-t)^2}(x'-1)=\frac{y'^2}{y}=\frac{y'}{y}\frac{\mathrm{d}y}{\mathrm{d}t},$$

即

$$\frac{\mathrm{d}y'}{\mathrm{d}t}=\frac{y'}{y}\frac{\mathrm{d}y}{\mathrm{d}t}.$$

因此，有

$$\frac{\mathrm{d}y'}{y'}=\frac{\mathrm{d}y}{y}.$$

解得 $y'=C_1y$, 从而

$$y=C_2\mathrm{e}^{C_1t}.$$

由第二个方程可得

$$x=t+\frac{1}{y'}=t+\frac{1}{C_1C_2}\mathrm{e}^{-C_1t}.$$

于是所求方程的通解为

$$\begin{cases}x=t+\dfrac{1}{C_1C_2}\mathrm{e}^{-C_1t},\\ y=C_2\mathrm{e}^{C_1t}.\end{cases}$$

2. 首次积分法

对于较为复杂的方程组，通常可用首次积分法.

例 2.3 解方程组

$$\begin{cases}\dfrac{\mathrm{d}x}{\mathrm{d}t}=y,\\ \dfrac{\mathrm{d}y}{\mathrm{d}t}=-x.\end{cases}$$

解 对原方程组重组可得

$$\begin{cases}x\dfrac{\mathrm{d}x}{\mathrm{d}t}+y\dfrac{\mathrm{d}y}{\mathrm{d}t}=0,\\ y\dfrac{\mathrm{d}x}{\mathrm{d}t}-x\dfrac{\mathrm{d}y}{\mathrm{d}t}=x^2+y^2.\end{cases}$$

由此可得

$$\begin{cases}\dfrac{\mathrm{d}}{\mathrm{d}t}(x^2+y^2)=0,\\ \dfrac{\mathrm{d}}{\mathrm{d}t}\left(\arctan\dfrac{x}{y}\right)=1.\end{cases}$$

于是所求方程的通解为

$$\begin{cases}x^2+y^2=C_1,\\ \arctan\dfrac{x}{y}=t+C_2.\end{cases}$$

一般地，对于方程 (1), 如果经过重组可以得到一个非平凡微分方程

$$\mathrm{d}\Phi(x,Y)=0,$$

则称

$$\Phi(x,Y)=C$$

为方程 (1) 的一个首次积分，即

定义 2.1 称函数方程 $\Phi(x,Y)=C$ 为微分方程 (1) 的首次积分，如果 $Y=Y(x)$ 为方程 (1) 的任意解时，恒有 $\Phi(x,Y(x))$ 为常数.

利用重组方法寻找首次积分时，为了方便观察和变换比例，通常将方程 (1) 写成对称形式

$$\frac{\mathrm{d}y_1}{f_1(x,Y)}=\cdots=\frac{\mathrm{d}y_n}{f_n(x,Y)}.$$

例 2.4 求方程组

$$\begin{cases}\dfrac{\mathrm{d}y}{\mathrm{d}x}=\dfrac{az-cx}{cy-bz},\\[2mm]\dfrac{\mathrm{d}z}{\mathrm{d}x}=\dfrac{bx-ay}{cy-bz}.\end{cases}$$

的通解.

解 将原方程组写成对称形式，有

$$\frac{\mathrm{d}x}{cy-bz}=\frac{\mathrm{d}y}{az-cx}=\frac{\mathrm{d}z}{bx-ay}.$$

按照比例性质，上式等于

$$\frac{x\mathrm{d}x+y\mathrm{d}y+z\mathrm{d}z}{0}=\frac{a\mathrm{d}x+b\mathrm{d}y+c\mathrm{d}z}{0}.$$

由此可得两个全微分方程

$$\mathrm{d}(x^2+y^2+z^2)=0,$$

$$\mathrm{d}(ax+by+cz)=0.$$

从而可得两个首次积分，亦即原方程的通解

$$\begin{cases}x^2+y^2+z^2=C_1,\\ ax+by+cz=C_2.\end{cases}$$

例 2.5　求方程组

$$\frac{\mathrm{d}x}{\mathrm{e}^x+z}=\frac{\mathrm{d}y}{\mathrm{e}^y+z}=\frac{\mathrm{d}z}{z^2-\mathrm{e}^{x+y}}$$

的通解.

解　按照比例性质，有

$$\frac{\mathrm{d}y}{\mathrm{e}^y+z}=\frac{\mathrm{e}^y\mathrm{d}x+\mathrm{d}z}{z(\mathrm{e}^y+z)}.$$

由此可得

$$z\mathrm{d}y=\mathrm{e}^y\mathrm{d}x+\mathrm{d}z.$$

解之可得首次积分

$$x+z\mathrm{e}^{-y}=C_1.$$

根据方程关于 x,y 的对称性，有

$$y+z\mathrm{e}^{-x}=C_2.$$

故原方程的通解为

$$\begin{cases}x+z\mathrm{e}^{-y}=C_1,\\ y+z\mathrm{e}^{-x}=C_2.\end{cases}$$

§13.2.2　线性方程组 *

线性微分方程组的一般形式为

$$y_i'=\sum_{j=1}^{n}a_{ij}(x)y_j+b_i(x)\quad(i=1,2,\cdots,n).$$

由于 $n>2$ 的情况与 $n=2$ 的情况类似，所以本节只限于 $n=2$ 的线性方程组，即

$$\begin{cases}\dfrac{\mathrm{d}x}{\mathrm{d}t}=a_1(t)x+b_1(t)y+f_1(t),\\[2mm] \dfrac{\mathrm{d}y}{\mathrm{d}t}=a_2(t)x+b_2(t)y+f_2(t).\end{cases}\tag{3}$$

方程 (3) 对应的齐次方程为

$$\begin{cases}\dfrac{\mathrm{d}x}{\mathrm{d}t}=a_1(t)x+b_1(t)y,\\ \dfrac{\mathrm{d}y}{\mathrm{d}t}=a_2(t)x+b_2(t)y.\end{cases}\tag{4}$$

定理 3.1 （解的结构定理） 若 $(x_1,y_1),(x_2,y_2)$ 是齐次方程 (4) 的线性无关解， (x^*,y^*) 是非齐次方程 (3) 的特解，则

$$(x,y)=C_1(x_1,y_1)+C_2(x_2,y_2)$$

是齐次方程 (4) 的通解,

$$(x,y)=C_1(x_1,y_1)+C_2(x_2,y_2)+(x^*,y^*)$$

是非齐次方程 (3) 的通解.

如果 $(x_1,y_1),(x_2,y_2)$ 是齐次方程 (4) 的线性无关解, 则非齐次方程 (3) 的特解 $(u(t),v(t))$ 可以通过下列方程

$$\begin{cases}u'x_1+v'x_2=f_1\\ u'y_1+v'y_2=f_2\end{cases}$$

解出，这一方法称为常数变易法.

对于常系数齐次线性方程组

$$\begin{cases}\dfrac{\mathrm{d}x}{\mathrm{d}t}=a_1x+b_1y,\\ \dfrac{\mathrm{d}y}{\mathrm{d}t}=a_2x+b_2y,\end{cases}\tag{5}$$

按照特征方程

$$\begin{vmatrix}a_1-\lambda & b_1\\ a_2 & b_2-\lambda\end{vmatrix}=0\tag{6}$$

的特征根 λ_1,λ_2 和特征向量方程

$$\begin{cases}(a_1-\lambda)X+b_1Y=0,\\ a_2X+(b_2-\lambda)Y=0\end{cases}\tag{7}$$

的特征向量 (X,Y) 可以构造出通解.

(1) 若 λ_1,λ_2 是两个不同实根，则方程 (5) 的通解为

$$(x,y)=(X,Y)_{\lambda_1}\mathrm{e}^{\lambda_1 t}+(X,Y)_{\lambda_2}\mathrm{e}^{\lambda_2 t}.$$

其中 $(X,Y)_{\lambda_1},(X,Y)_{\lambda_2}$ 分别是 λ_1,λ_2 对应的特征向量. 由此可得，原方程的形式通解为

$$\begin{cases}x=C_{11}\mathrm{e}^{\lambda_1 t}+C_{12}\mathrm{e}^{\lambda_2 t},\\ y=C_{21}\mathrm{e}^{\lambda_1 t}+C_{22}\mathrm{e}^{\lambda_2 t},\end{cases}$$

其中 $C_{11},C_{12},C_{21},C_{22}$ 之间的关系可以按照待定系数法确定，即由下列方程组化简确定：

$$\begin{cases}\lambda_1 C_{11}=a_1C_{11}+b_1C_{21},\\ \lambda_2 C_{12}=a_1C_{12}+b_1C_{22},\\ \lambda_1 C_{21}=a_2C_{11}+b_2C_{21},\\ \lambda_2 C_{22}=a_2C_{12}+b_2C_{22}.\end{cases}$$

(2) 若 λ_1,λ_2 是两个相同实根，即 $\lambda_1=\lambda_2=\lambda$, 则方程 (5) 的通解为

$$(x,y)=(X^*,Y^*)\mathrm{e}^{\lambda_1 t}+(X,Y)t\mathrm{e}^{\lambda_2 t}.$$

其中 (X^*,Y^*) 是特征向量 (X,Y) 的循环向量，即

$$\begin{cases}(a_1-\lambda)X^*+b_1Y^*=X,\\ a_2X^*+(b_2-\lambda)Y^*=Y.\end{cases}\tag{7}$$

由此可得，原方程的形式通解为

$$\begin{cases}x=C_{11}\mathrm{e}^{\lambda t}+C_{12}t\mathrm{e}^{\lambda t},\\ y=C_{21}\mathrm{e}^{\lambda t}+C_{22}t\mathrm{e}^{\lambda t},\end{cases}$$

其中 $C_{11},C_{12},C_{21},C_{22}$ 之间的关系可以按照待定系数法确定，即由下列方程组化简确定：

$$\begin{cases}\lambda C_{11}+C_{12}=a_1C_{11}+b_1C_{21},\\ \lambda C_{12}=a_1C_{12}+b_1C_{22},\\ \lambda C_{21}+C_{22}=a_2C_{11}+b_2C_{21},\\ \lambda C_{22}=a_2C_{12}+b_2C_{22}.\end{cases}$$

(3) 若 λ_1,λ_2 是一对共轭复根，即 $\lambda_{1,2}=\alpha\pm\beta i$，则方程 (5) 的通解为

$$(x,y)=(X,Y)_{实}\,\mathrm{e}^{\alpha t}\cos\beta t-(X,Y)_{虚}\,\mathrm{e}^{\alpha t}\sin\beta t.$$

其中 $(X,Y)_{实},(X,Y)_{虚}$ 为特征向量 (X,Y) 的实部和虚部. 由此可得，原方程的形式通解为

$$\begin{cases}x=\mathrm{e}^{\alpha t}(C_{11}\cos\beta t+C_{12}\sin\beta t),\\ y=\mathrm{e}^{\alpha t}(C_{21}\cos\beta t+C_{22}\sin\beta t),\end{cases}$$

其中 $C_{11},C_{12},C_{21},C_{22}$ 之间的关系可以按照待定系数法确定，即由下列方程组化简确定：

$$\begin{cases}\alpha C_{11}+\beta C_{12}=a_1C_{11}+b_1C_{21},\\ -\beta C_{11}+\alpha C_{12}=a_1C_{12}+b_1C_{22},\\ \alpha C_{21}+\beta C_{22}=a_2C_{11}+b_2C_{21},\\ -\beta C_{21}+\alpha C_{22}=a_2C_{12}+b_2C_{22}.\end{cases}$$

例 2.6 求齐次线性方程组

$$\begin{cases}\dfrac{\mathrm{d}x}{\mathrm{d}t}=x+y,\\ \dfrac{\mathrm{d}y}{\mathrm{d}t}=4x-2y\end{cases}$$

的通解.

解 按照特征方程 (6) 有

$$\begin{vmatrix}1-\lambda & 1\\ 4 & -2-\lambda\end{vmatrix}=(\lambda+3)(\lambda-2)=0.$$

解之可得特征根 $\lambda_1=-3,\lambda_2=2$.

将 $\lambda_1=-3$ 代入特征向量方程 (7) 可得

$$\begin{cases}4X+Y=0,\\ 4X+Y=0,\end{cases}$$

取一非零解 $(X,Y)=(1,-4)$，由此可得原方程一特解

$$(x,y)=(1,-4)\mathrm{e}^{-3t}.$$

将 $\lambda_1 = 2$ 代入特征向量方程 (7) 可得

$$\begin{cases} -X + Y = 0, \\ 4X - 4Y = 0, \end{cases}$$

取一非零解 $(X, Y) = (1, 1)$, 由此可得原方程另一特解

$$(x, y) = (1, 1)\mathrm{e}^{2t}.$$

于是原方程的通解为

$$(x, y) = C_1(1, -4)\mathrm{e}^{-3t} + C_2(1, 1)\mathrm{e}^{2t}.$$

例 2.7 求齐次线性方程组

$$\begin{cases} \dfrac{\mathrm{d}x}{\mathrm{d}t} = 3x - 4y, \\ \dfrac{\mathrm{d}y}{\mathrm{d}t} = x - y \end{cases}$$

的通解.

解 按照特征方程 (6) 有

$$\begin{vmatrix} 3-\lambda & -4 \\ 1 & -1-\lambda \end{vmatrix} = (\lambda - 1)^2 = 0.$$

解之可得特征根 $\lambda_1 = \lambda_2 = 1$.

将形式解

$$\begin{cases} x = C_{11}\mathrm{e}^t + C_{12}t\mathrm{e}^t, \\ y = C_{21}\mathrm{e}^t + C_{22}t\mathrm{e}^t \end{cases}$$

代入原方程比较系数可得

$$\begin{cases} C_{11} + C_{12} = 3C_{11} - 4C_{21}, \\ C_{12} = 3C_{12} - 4C_{22}, \\ C_{21} + C_{22} = C_{11} - C_{21}, \\ C_{22} = C_{12} - C_{22}. \end{cases}$$

上述方程组可以化简为

$$\begin{cases} C_{12} = 2C_{22}, \\ C_{11} = 2C_{21} + C_{22}. \end{cases}$$

于是所求通解为

$$\begin{cases} x = (2C_{21} + C_{22})\mathrm{e}^t + 2C_{22}t\mathrm{e}^t, \\ y = C_{21}\mathrm{e}^t + C_{22}t\mathrm{e}^t. \end{cases}$$

例 2.8 求齐次线性方程组

$$\begin{cases} \dfrac{\mathrm{d}x}{\mathrm{d}t} = 4x - 2y, \\ \dfrac{\mathrm{d}y}{\mathrm{d}t} = 5x + 2y \end{cases}$$

的通解.

解 按照特征方程 (6) 有

$$\begin{vmatrix} 4-\lambda & -2 \\ 5 & 2-\lambda \end{vmatrix} = \lambda^2 - 6\lambda + 18 = 0.$$

解之可得特征根 $\lambda_{1,2} = 3 \pm 3i$.

将形式解

$$\begin{cases} x = \mathrm{e}^{3t}(C_{11}\cos 3t + C_{12}\sin 3t), \\ y = \mathrm{e}^{3t}(C_{21}\cos 3t + C_{22}\sin 3t), \end{cases}$$

代入原方程比较系数可得

$$\begin{cases} 3C_{11} + 3C_{12} = 4C_{11} - 2C_{21}, \\ -3C_{11} + 3C_{12} = 4C_{12} - 2C_{22}, \\ 3C_{21} + 3C_{22} = 5C_{11} + 2C_{21}, \\ -3C_{21} + 3C_{22} = 5C_{12} + 2C_{22}. \end{cases}$$

化简可得

$$\begin{cases} C_{11} = 3C_{12} - 2C_{21}, \\ C_{22} = 5C_{12} + 3C_{21}. \end{cases}$$

于是所求通解为

$$\begin{cases} x = \mathrm{e}^{3t}[(3C_{12} - 2C_{21})\cos 3t + C_{12}\sin 3t], \\ y == \mathrm{e}^{3t}[C_{21}\cos 3t + (5C_{12} + 3C_{21})\sin 3t]. \end{cases}$$

例 2.9　求非齐次线性方程组

$$\begin{cases} \dfrac{\mathrm{d}x}{\mathrm{d}t} = x + y - 5t + 2, \\ \dfrac{\mathrm{d}y}{\mathrm{d}t} = 4x - 2y - 8t - 8 \end{cases}$$

的通解.

解　根据例 (2.6), 对应齐次方程组的通解为

$$\begin{cases} x = C_1\mathrm{e}^{-3t} + C_2\mathrm{e}^{2t}, \\ y = -4C_1\mathrm{e}^{-3t} + C_2\mathrm{e}^{2t}. \end{cases}$$

解法 1　常数变易法

按照常数变易法，构造方程组:

$$\begin{cases} u'\mathrm{e}^{-3t} + v'\mathrm{e}^{2t} = -5t + 2, \\ -4u'\mathrm{e}^{-3t} + v'\mathrm{e}^{2t} = -8t - 8. \end{cases}$$

解之得

$$u' = \frac{3}{5}\,t\,\mathrm{e}^{3t} + 2\,\mathrm{e}^{3t},$$

$$v' = -\frac{28}{5}\,t\,\mathrm{e}^{-2t}.$$

积分得

$$u = \frac{1}{5}\,t\,\mathrm{e}^{3t} + \frac{3}{5}\,\mathrm{e}^{3t} + C_1,$$

$$v = \frac{14}{5}\,t\,\mathrm{e}^{-2t} + \frac{7}{5}\,\mathrm{e}^{-2t} + C_2.$$

于是所求通解为

$$\begin{cases} x = \left(\dfrac{1}{5}\,t\,\mathrm{e}^{3t} + \dfrac{3}{5}\,\mathrm{e}^{3t} + C_1\right)\mathrm{e}^{-3t} + \left(\dfrac{14}{5}\,t\,\mathrm{e}^{-2t} + \dfrac{7}{5}\,\mathrm{e}^{-2t} + C_2\right)\mathrm{e}^{2t} \\ \quad = C_1\mathrm{e}^{-3t} + C_2\mathrm{e}^{2t} + 3t + 2, \\ y = -4\left(\dfrac{1}{5}\,t\,\mathrm{e}^{3t} + \dfrac{3}{5}\,\mathrm{e}^{3t} + C_1\right)\mathrm{e}^{-3t} + \left(\dfrac{14}{5}\,t\,\mathrm{e}^{-2t} + \dfrac{7}{5}\,\mathrm{e}^{-2t} + C_2\right)\mathrm{e}^{2t} \\ \quad = -4C_1\mathrm{e}^{-3t} + C_2\mathrm{e}^{2t} + 2t - 1. \end{cases}$$

解法 2 待定系数法

注意到 $f_1(t) = -5t + 2$, $f_2(t) = -8t - 8$ 均为 t 的一次多项式，可设非齐次方程的形式特解为

$$\begin{cases} x = A_1 t + A_2, \\ y = B_1 t + B_2. \end{cases}$$

代入原方程比较系数可得

$$\begin{cases} A_1 + B_1 = 5, \\ 2B_1 - 4A_1 = -8, \\ A_1 - A_2 - B_2 = 2, \\ B_1 + 2B_2 - 4A_2 = -8. \end{cases}$$

解之可得

$$A_1 = 3,\ B_1 = 2,\ A_2 = 2,\ B_2 = -1.$$

故 $x = 3t + 2$, $y = 2t - 1$ 为原方程的一组特解，于是所求通解为

$$\begin{cases} x = C_1\mathrm{e}^{-3t} + C_2\mathrm{e}^{2t} + 3t + 2, \\ y = -4C_1\mathrm{e}^{-3t} + C_2\mathrm{e}^{2t} + 2t - 1. \end{cases}$$

例 2.10 求初值问题

$$\begin{cases} \dfrac{\mathrm{d}x}{\mathrm{d}t} = y + \sin t, \qquad x(0) = 2, \\ \dfrac{\mathrm{d}y}{\mathrm{d}t} = x + 2\cos t, \quad y(0) = 0 \end{cases}$$

的解.

解法 按照前面的方法可以求出对应齐次方程通解为

$$\begin{cases}x=C_1\mathrm{e}^t+C_2\mathrm{e}^{-t},\\ y=C_1\mathrm{e}^t-C_2\mathrm{e}^{-t}.\end{cases}$$

仿照单一方程的情形，非齐次方程的形式特解可设为

$$\begin{cases}x=A_1\cos t+A_2\sin t,\\ y=B_1\cos t+B_2\sin t.\end{cases}$$

代入原方程比较系数可得

$$\begin{cases}-A_1=B_2+1,\\ -B_1=A_2,\\ A_2=B_1,\\ B_2=A_1+2.\end{cases}$$

解之可得

$$A_1=-\frac{3}{2},\ B_1=0,\ A_2=0,\ B_2=\frac{1}{2}.$$

故 $x=-\frac{3}{2}\cos t,\ y=\frac{1}{2}\sin t$ 为原方程的一组特解，于是所求通解为

$$\begin{cases}x=C_1\mathrm{e}^t+C_2\mathrm{e}^{-t}-\dfrac{3}{2}\cos t,\\ y=C_1\mathrm{e}^t-C_2\mathrm{e}^{-t}+\dfrac{1}{2}\sin t.\end{cases}$$

代入初值 $x(0)=2,\ y(0)=0$ 可得

$$\begin{cases}C_1+C_2-\dfrac{3}{2}=2,\\ C_1-C_2=0.\end{cases}$$

解得 $C_1=C_2=\frac{7}{4}$，于是所求特解为

$$\begin{cases}x=\dfrac{7}{4}\mathrm{e}^t+\dfrac{7}{4}\mathrm{e}^{-t}-\dfrac{3}{2}\cos t,\\ y=\dfrac{7}{4}\mathrm{e}^t-\dfrac{7}{4}\mathrm{e}^{-t}+\dfrac{1}{2}\sin t.\end{cases}$$

习　题　13.2 A

1. 用初等积分法求解下列方程组：

(1) $\begin{cases} \dfrac{\mathrm{d}x}{\mathrm{d}t} = x, \\ \dfrac{\mathrm{d}y}{\mathrm{d}t} = y; \end{cases}$　　(2) $\begin{cases} \dfrac{\mathrm{d}x}{\mathrm{d}t} = x + y, \\ \dfrac{\mathrm{d}y}{\mathrm{d}t} = y; \end{cases}$

(3) $\begin{cases} \dfrac{\mathrm{d}x}{\mathrm{d}t} = x + 3y, \\ \dfrac{\mathrm{d}y}{\mathrm{d}t} = 3x + y; \end{cases}$　　(4) $\begin{cases} \dfrac{\mathrm{d}x}{\mathrm{d}t} = \dfrac{y}{x-y}, \\ \dfrac{\mathrm{d}y}{\mathrm{d}t} = \dfrac{x}{x-y}; \end{cases}$

(5) $\dfrac{\mathrm{d}x}{x^2+y} = \dfrac{\mathrm{d}y}{x} = \dfrac{y\mathrm{d}z}{x(y+z)}$;

(6) $\dfrac{\mathrm{d}x}{x(y^2-z^2)} = \dfrac{\mathrm{d}y}{y(z^2-x^2)} = \dfrac{\mathrm{d}z}{z(x^2-y^2)}$;

(7) $\begin{cases} \dfrac{\mathrm{d}x}{\mathrm{d}t} = \dfrac{x(y-t)}{t(x-y)}, \\ \dfrac{\mathrm{d}y}{\mathrm{d}t} = \dfrac{y(t-x)}{t(x-y)}. \end{cases}$

习　题　13.2 B

1. 求下列方程组的通解：

(1) $\begin{cases} \dfrac{\mathrm{d}x}{\mathrm{d}t} = -3x + 4y, \\ \dfrac{\mathrm{d}y}{\mathrm{d}t} = -2x + 3y; \end{cases}$　　(2) $\begin{cases} \dfrac{\mathrm{d}x}{\mathrm{d}t} = 5x + 4y, \\ \dfrac{\mathrm{d}y}{\mathrm{d}t} = -x + y; \end{cases}$

(3) $\begin{cases} \dfrac{\mathrm{d}x}{\mathrm{d}t} = x - 2y, \\ \dfrac{\mathrm{d}y}{\mathrm{d}t} = 4x + 5y; \end{cases}$　　(4) $\begin{cases} \dfrac{\mathrm{d}x}{\mathrm{d}t} = x + 2y + t - 1, \\ \dfrac{\mathrm{d}y}{\mathrm{d}t} = 3x + 2y - 5t - 2. \end{cases}$

(5) $\begin{cases} \dfrac{\mathrm{d}x}{\mathrm{d}t} = -5x - 2y, \\ \dfrac{\mathrm{d}y}{\mathrm{d}t} = x - 7y; \end{cases}$
(6) $\begin{cases} \dfrac{\mathrm{d}x}{\mathrm{d}t} = 5x + 4y + \mathrm{e}^t, \\ \dfrac{\mathrm{d}y}{\mathrm{d}t} = 4x + 5y + 1; \end{cases}$

(7) $\begin{cases} \dfrac{\mathrm{d}x}{\mathrm{d}t} + y = t^2 + 6t + 1, \\ \dfrac{\mathrm{d}y}{\mathrm{d}t} - x = -3t^2 + 3t + 1; \end{cases}$
(8) $\begin{cases} \dfrac{\mathrm{d}x}{\mathrm{d}t} = y, \\ \dfrac{\mathrm{d}y}{\mathrm{d}t} = -x + \dfrac{1}{\cos t}. \end{cases}$

2. 求解下列初值问题：

(1) $\begin{cases} y' = z, \\ z' = -y - x^2, \end{cases}$ $\begin{cases} y(0) = 1, \\ z(0) = 0; \end{cases}$

(2) $\begin{cases} \dfrac{\mathrm{d}x}{\mathrm{d}t} = 5x + 4y + \mathrm{e}^t, \\ \dfrac{\mathrm{d}y}{\mathrm{d}t} = 4x + 5y - 1, \end{cases}$ $\begin{cases} x(0) = 0, \\ y(0) = 0; \end{cases}$

(3) $\begin{cases} \dfrac{\mathrm{d}^2x}{\mathrm{d}t^2} = 2\dfrac{\mathrm{d}x}{\mathrm{d}t} + 5y + 3, \\ \dfrac{\mathrm{d}y}{\mathrm{d}t} = -\dfrac{\mathrm{d}x}{\mathrm{d}t} - 2y, \end{cases}$ $\begin{cases} x(0) = x'(0) = 0, \\ y(0) = 1. \end{cases}$

附录四　含参变量积分

二元函数关于单变量的定积分习惯上称为含参变量积分，需要讨论的是极限与积分号的次序交换问题，包括积分号下求导和积分交换次序等问题.

定理 1　设函数 $f(x,y)$ 在矩形 $[a,b;c,d]$ 上连续，则含参变量积分

$$J(y)=\int_a^b f(x,y)\mathrm{d}x$$

满足：

(1) (连续守恒性) $J(y)$ 在 $[c,d]$ 上连续；

(2) (积分交换性)

$$\int_c^d \mathrm{d}y\int_a^b f(x,y)\mathrm{d}x=\int_a^b \mathrm{d}x\int_c^d f(x,y)\mathrm{d}y;$$

(3) (导数交换性) 如果 $f'_y(x,y)$ 在 $[a,b;c,d]$ 上连续，则有

$$\frac{\mathrm{d}}{\mathrm{d}y}\int_a^b f(x,y)\mathrm{d}x=\int_a^b \frac{\partial f}{\partial y}(x,y)\mathrm{d}x.$$

证　(1) 设 $y, y+\Delta y\in[c,d]$, 则有

$$J(y+\Delta y)-J(y)=\int_a^b[f(x,y+\Delta y)-f(x,y)]\mathrm{d}x.$$

由于 $f(x,y)$ 在 $[a,b;c,d]$ 上连续，所以 $\forall\varepsilon>0,\exists\delta>0$, 使当 $|\Delta y|<\delta, x\in[a,b]$ 时，恒有 $|f(x,y+\Delta y)-f(x,y)|<\varepsilon$. 于是有 $|J(y+\Delta y)-J(y)|<(b-a)\varepsilon$. 因此 $J(y)$ 在 $[c,d]$ 上连续.

(2) 由于

$$\int_c^d \mathrm{d}y\int_a^b f(x,y)\mathrm{d}x=\iint\limits_{[a,b;c,d]} f(x,y)\mathrm{d}x\mathrm{d}y,$$

所以结论成立.

(3) 设 $y, y+\Delta y\in[c,d]$, 则有

$$\lim_{\Delta y\to 0}\frac{J(y+\Delta y)-J(y)}{\Delta y}=\lim_{\Delta y\to 0}\int_a^b \frac{f(x,y+\Delta y)-f(x,y)}{\Delta y}\mathrm{d}x$$

$$
\begin{aligned}
&= \lim_{\Delta y \to 0} \int_a^b f_y'(x, y+\theta\Delta y)\mathrm{d}x \\
&= \int_a^b \lim_{\Delta y \to 0} f_y'(x, y+\theta\Delta y)\mathrm{d}x = \int_a^b f_y'(x,y)\mathrm{d}x.
\end{aligned}
$$

其中 $0<\theta<1$.

利用复合函数求导法则，定理 1 不难推广到变动限积分.

定理 2 设函数 $f(x,y), f_y'(x,y)$ 在矩形 $[a,b;c,d]$ 上连续，若 $\alpha(y),\beta(y)$ 是从 $[c,d]$ 到 $[a,b]$ 的连续函数，则含参变量积分

$$
J(y) = \int_{\alpha(y)}^{\beta(y)} f(x,y)dx
$$

的求导法则是"上代上导 − 下代下导 + 放进偏导"，即

$$
J'(y) = J(\beta(y))\beta'(y) - J(\alpha(y))\alpha'(y) + \int_{\alpha(y)}^{\beta(y)} f_y'(x,y)\mathrm{d}x.
$$

定理 1 还可以推广到广义定积分和广义重积分，广义重积分类似于广义定积分.

例 1 设 $0<\alpha<\beta$, 求 $I = \int_0^1 \frac{x^\beta - x^\alpha}{\ln x}\,\mathrm{d}x$.

解 设 $h(x) = \frac{x^\beta - x^\alpha}{\ln x}$, 则 $h(x) = \int_\alpha^\beta x^y\,\mathrm{d}y$, 于是

$$
I = \int_0^1 h(x)\,\mathrm{d}x = \int_0^1 \mathrm{d}x \int_\alpha^\beta x^y\,\mathrm{d}y = \int_\alpha^\beta \mathrm{d}y \int_0^1 x^y\,\mathrm{d}x = \ln\frac{\beta+1}{\alpha+1}.
$$

例 2 计算 $I(\theta) = \int_0^\pi \ln(1+\theta\cos x)\,\mathrm{d}x\ (|\theta|<1)$.

解 $I'(\theta) = \int_0^\pi \frac{\cos x}{1+\theta\cos x}\,\mathrm{d}x = \frac{\pi}{\theta} - \frac{1}{\theta}\int_0^\pi \frac{1}{1+\theta\cos x}\,\mathrm{d}x$

$$
= \frac{\pi}{\theta} - \frac{\pi}{\theta\sqrt{1-\theta^2}}.
$$

于是 $I(\theta) = \pi\ln\frac{1+\sqrt{1-\theta^2}}{2}$.

附录五　解的存在定理

建立微分方程的目的是为了利用微分方程的解来解释客观现象，揭示和预测事物的运动、发展、变化规律和变化趋势．如何求解微分方程，自然不能完全依赖于初等方法，毕竟可以用初等方法求解的微分方程是极少数，大量的微分方程则需要通过数值方法求解．要对方程进行数值求解，不可避免地需要知道解的存在性、唯一性和稳定性等基本理论．

定理 1　设函数 $f(x,y)$ 在矩形 $R=[x_0-a,x_0+a;y_0-b,y_0+b]$ 上连续且关于 y 满足 Lipschitz 条件, 即存在常数 $L>0$, 使得对任意的 $x\in[a,b], y_1,y_2\in[c,d]$, 都有

$$|f(x,y_1)-f(x,y_2)|\leq L|y_1-y_2|,$$

则一阶微分方程

$$\begin{cases}\dfrac{\mathrm{d}y}{\mathrm{d}x}=f(x,y),\\ y(x_0)=y_0\end{cases}$$

在区间 $|x-x_0|\leq h$ 上存在唯一的连续解 $y=y(x)$, 其中

$$h=\min(a,b/M),\ M=\max_{x,y\in R}|f(x,y)|.$$

证　用逐次逼近法．原方程等价于积分方程

$$y=y_0+\int_{x_0}^{x}f(x,y)\mathrm{d}x.$$

任取 $|x-x_0|\leq h$ 上的连续函数 $y_0(x)$, 则可以得到 $|x-x_0|\leq h$ 上的连续函数 $y_1(x)$, 使得

$$y_1(x)=y_0+\int_{x_0}^{x}f(x,y_0(x))\mathrm{d}x.$$

根据 Lipschitz 条件，有

$$|y_1(x)-y_0|\leq b.$$

利用归纳法，则可以得到 $|x-x_0|\leq h$ 上的连续函数列

$$y_1(x),y_2(x),\cdots,y_n(x),\cdots,$$

使得

$$y_{n+1}(x) = y_0 + \int_{x_0}^{x} f(x, y_n(x))\mathrm{d}x.$$

根据 Lipschitz 条件，有

$$|y_n(x) - y_0| \leq b.$$

由于

$$\left|y_1(x) - y_0(x)\right| \leq \int_{x_0}^{x} |f(x, y(x))|\mathrm{d}x \leq M(x - x_0),$$

所以可假设

$$\left|y_n(x) - y_{n-1}(x)\right| \leq \frac{ML^{n-1}}{n!}(x - x_0)^n.$$

据此有

$$\begin{aligned}\left|y_{n+1}(x) - y_n(x)\right| &\leq \int_{x_0}^{x} \Big|f(x, y_n(x)) - f(x, y_{n-1}(x))\Big|\mathrm{d}x \\ &\leq L\int_{x_0}^{x} \Big|y_n(x) - y_{n-1}\Big|\mathrm{d}x \\ &\leq \frac{ML^n}{n!}\int_{x_0}^{x} (x - x_0)^n\mathrm{d}x \leq \frac{ML^n}{(n+1)!}(x - x_0)^{n+1}.\end{aligned}$$

因此

$$\left|y_n(x) - y_{n-1}(x)\right| \leq \frac{ML^{n-1}}{n!}h^n.$$

由于级数

$$\sum_{n=1}^{\infty} \frac{ML^{n-1}}{n!}h^n$$

收敛，所以函数项级数

$$y_0 + \sum_{n=1}^{\infty}[y_{n+1}(x) - y_n(x)]$$

在 $|x - x_0| \leq h$ 上一致收敛，从而函数列 $\{y_n(x)\}$ 在 $|x - x_0| \leq h$ 上一致收敛，故可设

$$\lim_{n\to\infty} y_n(x) = y(x),$$

则 $y(x)$ 在 $|x-x_0|\leq h$ 上连续且 $|y(x)-y_0|\leq b$. 于是有

$$\begin{aligned} y(x) &= \lim_{n\to\infty} y_{n+1}(x) = y_0 + \lim_{n\to\infty}\int_{x_0}^{x} f(x, y_n(x))\mathrm{d}x \\ &= y_0 + \int_{x_0}^{x}\lim_{n\to\infty} f(x, y_n(x))\mathrm{d}x = y_0 + \int_{x_0}^{x} f(x, y(x))\mathrm{d}x. \end{aligned}$$

这表明 $y(x)$ 是原方程的连续解.

如果 $z(x)$ 也是原方程的解，则必有

$$\begin{aligned} \Big|z(x)-y_n(x)\Big| &\leq \left|\int_{x_0}^{x}\Big[f(x,z(x))-f(x,y_{n-1}(x))\Big]\mathrm{d}x\right| \\ &\leq L\Big|z(x)-y_{n-1}(x)\Big|h \leq \frac{ML^n}{(n+1)!}h^{n+1}. \end{aligned}$$

由此可知，函数列 $\{y_n(x)\}$ 在 $|x-x_0|\leq h$ 上一致收敛于 $z(x)$. 由极限唯一性可知， $z(x)\equiv y(x)$. 因此 $y(x)$ 是原方程的唯一连续解.

例 1　在区域 $R: |x|\leq 1, |y|\leq 1$ 上确定初值问题

$$y'=x^2+y^2,\ y(0)=0$$

的近似解，使得绝对误差不超过 0.05.

解　按照逐次逼近法,

$$M=\max_{|x|\leq 1,\ |y|\leq 1}|x^2+y^2|=2,\ h=\min(a,b/M)=\frac{1}{2}.$$

由于在 R 上恒有 $\left|\dfrac{\partial(x^2+y^2)}{\partial y}\right|\leq 2$, 所以可取 $L=2$. 根据

$$|y_n(x)-y(x)|\leq\frac{ML^n}{(n+1)!}h^{n+1},$$

要 $|y_n(x)-y(x)|<0.05$, 只要 $\dfrac{ML^n}{(n+1)!}h^{n+1}<0.05$. 由此可知，只要取 $n=3$, 则所求近似解可构造如下：

$$y_0(x)=0,$$

$$y_1(x)=\int_0^x (x^2+y_0^2)\mathrm{d}x=\frac{1}{3}x^3,$$

$$y_2(x)=\int_0^x (x^2+y_1^2)\mathrm{d}x=\frac{1}{3}x^3+\frac{1}{63}x^7,$$

$$y_3(x)=\int_0^x (x^2+y_2^2)\mathrm{d}x=\frac{1}{3}x^3+\frac{1}{63}x^7+\frac{2}{2079}x^{11}+\frac{1}{59535}x^{15}.$$

例 2 用幂级数法求解方程 $y'=x+y^2$ 满足 $y(0)=0$ 的特解.

解 令

$$y=a_1x+a_2x+a_3x^3+\cdots$$

将 y,y' 代入原方程可得

$$\begin{aligned}a_1 & +2a_2x+3a_3x^2+\cdots\\ &=x+(a_1x+a_2x^2+a_3x^3+\cdots)^2\\ &=x+a_1^2x^2+2a_1a_2x^3+\cdots\end{aligned}$$

比较系数可得

$$a_1=0,\ a_2=\frac{1}{2},\ a_3=0,\ a_4=0,\ a_5=\frac{1}{20},\cdots$$

于是所求特解为

$$y=\frac{1}{2}x^2+\frac{1}{20}x^5+\cdots.$$

附录六　场与微分方程

考虑到物理类专业的特殊要求，有必要对坐标变换和场的微分方程作一点简介.

1. Euler **坐标变换**

在理论力学中，经常要用到 Euler 角和 Euler 变换. 假设 $\boldsymbol{a},\boldsymbol{b},\boldsymbol{c}$ 是正交单位向量且为右手系，则称 $\boldsymbol{c}$ 与 $\boldsymbol{k}$ 的夹角为 θ 角；如果 $\boldsymbol{i},\boldsymbol{j}$ 与 $\boldsymbol{a},\boldsymbol{b}$ 平面的交线方向为 $\boldsymbol{e}$ 且 $\boldsymbol{e},\boldsymbol{k},\boldsymbol{c}$ 为右手系，则称 $\boldsymbol{e}$ 与 $\boldsymbol{i}$ 的夹角为 φ 角， $\boldsymbol{e}$ 与 $\boldsymbol{a}$ 的夹角为 ψ 角.

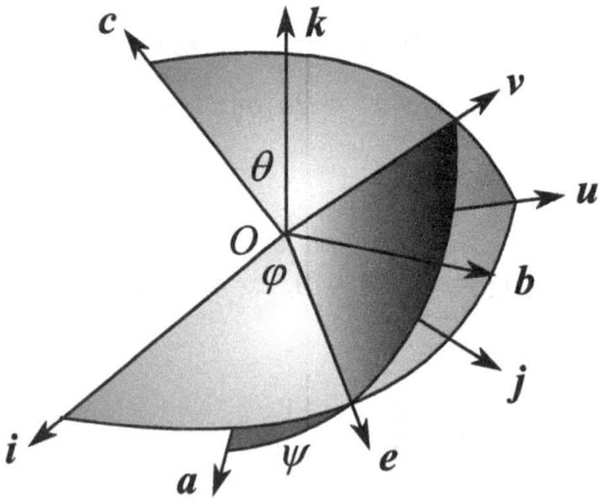

图 1.4

引入单位向量 $\boldsymbol{u}$, 使得 $\boldsymbol{e},\boldsymbol{u},\boldsymbol{k}$ 为右手正交系，则有

$$
\begin{aligned}
&\boldsymbol{e}=\boldsymbol{i}\cos\varphi+\boldsymbol{j}\sin\varphi,\ \boldsymbol{u}=-\boldsymbol{i}\sin\varphi+\boldsymbol{j}\cos\varphi,\\
&\boldsymbol{c}=-\boldsymbol{u}\sin\theta+\boldsymbol{k}\cos\theta\\
&\quad=\boldsymbol{i}\sin\varphi\sin\theta-\boldsymbol{j}\cos\varphi\sin\theta+\boldsymbol{k}\cos\theta.
\end{aligned}
$$

引入单位向量 $\boldsymbol{v}$, 使得 $\boldsymbol{e},\boldsymbol{v},\boldsymbol{c}$ 为右手正交系，则有 $\boldsymbol{a},\boldsymbol{e},\boldsymbol{v}$ 共面，法向量为 $\boldsymbol{c}$, 因此

$$\boldsymbol{a}\ =\boldsymbol{e}\cos\psi-\boldsymbol{v}\sin\psi=\boldsymbol{e}\cos\psi-(\boldsymbol{c}\times\boldsymbol{e})\sin\psi$$

$$= \boldsymbol{i}(\cos\varphi\cos\psi + \sin\varphi\sin\psi\cos\theta)$$
$$+\boldsymbol{j}(\sin\varphi\cos\psi - \cos\varphi\sin\psi\cos\theta) - \boldsymbol{k}\sin\psi\sin\theta.$$

再由 $\boldsymbol{b} = \boldsymbol{c} \times \boldsymbol{a}$ 可得

$$\boldsymbol{b} = \boldsymbol{i}(\cos\varphi\sin\psi - \sin\varphi\cos\psi\cos\theta)$$
$$+\boldsymbol{j}(\cos\varphi\cos\psi\cos\theta - \sin\varphi\sin\psi) + \boldsymbol{k}\cos\psi\sin\theta.$$

于是得到了 $\boldsymbol{i}, \boldsymbol{j}, \boldsymbol{k}$ 到 $\boldsymbol{a}, \boldsymbol{b}, \boldsymbol{c}$ 的坐标变换公式. 这一公式可用平面转动来解释：

(1) 绕 $\boldsymbol{k}$ 轴转动 φ 角， $\boldsymbol{i}, \boldsymbol{j}, \boldsymbol{k}$ 变为 $\boldsymbol{e}, \boldsymbol{u}, \boldsymbol{k}$;

(2) 绕 $\boldsymbol{e}$ 轴转动 θ 角， $\boldsymbol{e}, \boldsymbol{u}, \boldsymbol{k}$ 变为 $\boldsymbol{e}, \boldsymbol{v}, \boldsymbol{c}$;

(2) 绕 $\boldsymbol{c}$ 轴转动 ψ 角， $\boldsymbol{e}, \boldsymbol{v}, \boldsymbol{c}$ 变为 $\boldsymbol{a}, \boldsymbol{b}, \boldsymbol{c}$.

2. 场的正交变换

对于坐标变换

$$\begin{cases} x = x(\xi, \eta, \zeta), \\ y = y(\xi, \eta, \zeta), \\ z = z(\xi, \eta, \zeta), \end{cases}$$

如果

$$\boldsymbol{r} = (x(\xi, \eta, \zeta), y(\xi, \eta, \zeta), z(\xi, \eta, \zeta))$$

并且活动标架

$$\frac{\partial \boldsymbol{r}}{\partial \xi}, \ \frac{\partial \boldsymbol{r}}{\partial \eta}, \ \frac{\partial \boldsymbol{r}}{\partial \zeta}$$

为正交系，则称 ξ, η, ζ 为正交曲线坐标系，并称切向量的模

$$h_\xi = \left|\frac{\partial \boldsymbol{r}}{\partial \xi}\right|, \ h_\eta = \left|\frac{\partial \boldsymbol{r}}{\partial \eta}\right|, \ h_\zeta = \left|\frac{\partial \boldsymbol{r}}{\partial \zeta}\right|$$

为 *Lamè* 系数，切向量的单位化

$$\boldsymbol{e}_\xi = \frac{1}{h_\xi}\frac{\partial \boldsymbol{r}}{\partial \xi}, \ \boldsymbol{e}_\eta = \frac{1}{h_\eta}\frac{\partial \boldsymbol{r}}{\partial \eta}, \ \boldsymbol{e}_\zeta = \frac{1}{h_\zeta}\frac{\partial \boldsymbol{r}}{\partial \zeta}$$

为切向基.

定理 1 设 $u(\xi, \eta, \zeta)$ 和 $\boldsymbol{F}(\xi, \eta, \zeta) = P\boldsymbol{e}_\xi + Q\boldsymbol{e}_\eta + R\boldsymbol{e}_\zeta$ 分别是正交曲线坐标系 ξ, η, ζ 下的数量场和梯度场，则有

(1) $\nabla u = \dfrac{1}{h_\xi}\dfrac{\partial u}{\partial \xi}\boldsymbol{e}_\xi + \dfrac{1}{h_\eta}\dfrac{\partial u}{\partial \eta}\boldsymbol{e}_\eta + \dfrac{1}{h_\zeta}\dfrac{\partial u}{\partial \zeta}\boldsymbol{e}_\zeta$;

(2) $\nabla \cdot \boldsymbol{F} = \dfrac{1}{h_\xi h_\eta h_\zeta}\left[\dfrac{\partial}{\partial \xi}(h_\eta h_\zeta P) + \dfrac{\partial}{\partial \eta}(h_\zeta h_\xi Q) + \dfrac{\partial}{\partial \zeta}(h_\xi h_\eta R)\right]$;

(3) $\nabla \times \boldsymbol{F} = \dfrac{1}{h_\xi h_\eta h_\zeta}\begin{vmatrix} h_\xi \boldsymbol{e}_\xi & h_\eta \boldsymbol{e}_\eta & h_\zeta \boldsymbol{e}_\zeta \\ \dfrac{\partial}{\partial \xi} & \dfrac{\partial}{\partial \eta} & \dfrac{\partial}{\partial \zeta} \\ h_\xi P & h_\eta Q & h_\zeta R \end{vmatrix}$;

(4) $\Delta u = \dfrac{1}{h_\xi h_\eta h_\zeta}\left[\dfrac{\partial}{\partial \xi}\left(\dfrac{h_\eta h_\zeta}{h_\xi}\dfrac{\partial u}{\partial \xi}\right) + \dfrac{\partial}{\partial \eta}\left(\dfrac{h_\zeta h_\xi}{h_\eta}\dfrac{\partial u}{\partial \eta}\right) + \dfrac{\partial}{\partial \zeta}\left(\dfrac{h_\xi h_\eta}{h_\zeta}\dfrac{\partial u}{\partial \zeta}\right)\right]$.

证 (1) 由于

$$\nabla u \cdot \boldsymbol{e}_\xi = \frac{1}{h_\xi}\left(\frac{\partial u}{\partial x}\frac{\partial x}{\partial \xi} + \frac{\partial u}{\partial y}\frac{\partial y}{\partial \xi} + \frac{\partial u}{\partial z}\frac{\partial z}{\partial \xi}\right) = \frac{1}{h_\xi}\frac{\partial u}{\partial \xi},$$

所以 (1) 成立.

(2) 不妨设 $\boldsymbol{e}_\xi, \boldsymbol{e}_\eta, \boldsymbol{e}_\zeta$ 为右手系. 根据 (1), 有 $\nabla \xi = \dfrac{1}{h_\xi}\boldsymbol{e}_\xi$, 即 $\boldsymbol{e}_\xi = h_\xi \nabla \xi$. 同理有 $\boldsymbol{e}_\eta = h_\eta \nabla \eta, \boldsymbol{e}_\zeta = h_\zeta \nabla \zeta$. 于是

$$\boldsymbol{e}_\xi = \boldsymbol{e}_\eta \times \boldsymbol{e}_\zeta = h_\eta h_\zeta (\nabla \eta \times \nabla \zeta).$$

根据散度的运算法则，有

$$\begin{aligned} \nabla \cdot (P\boldsymbol{e}_\xi) &= \nabla \cdot [P h_\eta h_\zeta (\nabla \eta \times \nabla \zeta)] \\ &= P h_\eta h_\zeta \nabla \cdot (\nabla \eta \times \nabla \zeta) + \nabla (P h_\eta h_\zeta) \cdot (\nabla \eta \times \nabla \zeta). \end{aligned}$$

由于

$$\nabla \cdot (\nabla \eta \times \nabla \zeta) = (\nabla \times \nabla \eta) \cdot \nabla \zeta - \nabla \eta \cdot (\nabla \times \nabla \zeta) = 0,$$

所以

$$\begin{aligned} &\nabla \cdot (P\boldsymbol{e}_\xi) = \nabla (P h_\eta h_\zeta) \cdot (\nabla \eta \times \nabla \zeta) \\ &= \left[\frac{1}{h_\xi}\frac{\partial (P h_\eta h_\zeta)}{\partial \xi}\boldsymbol{e}_\xi + \frac{1}{h_\eta}\frac{\partial (P h_\eta h_\zeta)}{\partial \eta}\boldsymbol{e}_\eta + \frac{1}{h_\zeta}\frac{\partial (P h_\eta h_\zeta)}{\partial \zeta}\boldsymbol{e}_\zeta\right] \cdot \frac{1}{h_\eta h_\zeta}(\boldsymbol{e}_\eta \times \boldsymbol{e}_\zeta) \\ &= \frac{1}{h_\xi h_\eta h_\zeta}\frac{\partial (P h_\eta h_\zeta)}{\partial \xi}. \end{aligned}$$

因此 (2) 式成立.

(3) 由于

$$\begin{aligned}\nabla\times(P\boldsymbol{e}_\xi)&=\nabla\times(Ph_\xi\nabla\xi)\\&=\nabla(Ph_\xi)\times\nabla\xi+Ph_\xi\nabla\times\nabla\xi\\&=\left[\frac{1}{h_\xi}\frac{\partial(Ph_\xi)}{\partial\xi}\boldsymbol{e}_\xi+\frac{1}{h_\eta}\frac{\partial(Ph_\xi)}{\partial\eta}\boldsymbol{e}_\eta+\frac{1}{h_\zeta}\frac{\partial(Ph_\xi)}{\partial\zeta}\boldsymbol{e}_\zeta\right]\times\frac{1}{h_\xi}\boldsymbol{e}_\xi\\&=\frac{1}{h_\zeta h_\xi}\frac{\partial(Ph_\xi)}{\partial\zeta}\boldsymbol{e}_\eta-\frac{1}{h_\eta h_\xi}\frac{\partial(Ph_\xi)}{\partial\eta}\boldsymbol{e}_\zeta.\end{aligned}$$

所以 (3) 成立.

(4) 根据 $\Delta u=\nabla\cdot\nabla u$ 及 (1),(2) 可知 (4) 成立.

3. 场的微分方程

在流体力学中，需要用各种各样的场来研究流体的运动，例如密度场，速度场和加速度场等，场的变化规律和场与场之间的关系可以通过微分方程来表示.

假设空间区域 V 中有一连续流体，即流体的密度是时间和位置的连续函数，下面来分析和建立流体的数学模型.

假定曲面 S 是 V 的边界面，则在单位时间内向外流出的流量等于

$$Q=\iint_S\rho\boldsymbol{v}\cdot\boldsymbol{n}\,\mathrm{d}S,$$

其中 $\rho=\rho(x,y,z,t)$ 为流体的密度， $\boldsymbol{v}=\boldsymbol{v}(x,y,z,t)$ 为流体的速度， $\boldsymbol{n}=\boldsymbol{n}(x,y,z)$ 为曲面 S 在 (x,y,z) 点单位外法向量.

另一方面，从 V 内流体的总质量来考虑. 在时间 $\mathrm{d}t$ 内，密度的改变量是 $\dfrac{\partial\rho}{\partial t}\mathrm{d}t$, 体积为 $\mathrm{d}V$ 的微元上的质量改变量为

$$\frac{\partial\rho}{\partial t}\mathrm{d}t\mathrm{d}V$$

因而整个 V 的质量改变量为

$$\iiint_V\frac{\partial\rho}{\partial t}\mathrm{d}t\mathrm{d}V=\mathrm{d}t\iiint_V\frac{\partial\rho}{\partial t}\mathrm{d}V.$$

如果该流体在 V 中既无源泉也无渗洞，则单位时间内 V 中流体流出的流量 Q 等于 V 中流体的质量减少量，即

$$Q=-\iiint\limits_V \frac{\partial\rho}{\partial t}\mathrm{d}V,$$

亦即

$$\iint\limits_S \rho\boldsymbol{v}\cdot\boldsymbol{n}\,\mathrm{d}S+\iiint\limits_V \frac{\partial\rho}{\partial t}\mathrm{d}V=0.$$

应用 Gauss 公式可得

$$\iiint\limits_V \left(\mathrm{div}\rho\boldsymbol{v}+\frac{\partial\rho}{\partial t}\right)\mathrm{d}V=0.$$

如果将 V 换成 V 的任意子区域，则上式也成立，由此即可推出流体的连续性方程：

$$\mathrm{div}\rho\boldsymbol{v}+\frac{\partial\rho}{\partial t}=0,$$

或

$$\frac{\partial\rho}{\partial t}+\boldsymbol{v}\cdot\mathrm{grad}\rho+\rho\,\mathrm{div}\,\boldsymbol{v}=0.$$

由于 $\dfrac{\mathrm{d}\rho}{\mathrm{d}t}=\dfrac{\partial\rho}{\partial t}+\boldsymbol{v}\cdot\mathrm{grad}\rho$, 所以上式也可以写成

$$\frac{\mathrm{d}\rho}{\mathrm{d}t}=-\rho\,\mathrm{div}\,\boldsymbol{v}.$$

由此可知，无源场等价于无散场；无源无散场等价于梯度场.

如果该流体在 V 中有源泉或渗洞，并且源泉或渗洞影响质量的增长速度为 $k\rho$, 则单位时间内 V 中流体的质量变化方程为

$$Q=-\iiint\limits_V \frac{\partial\rho}{\partial t}\mathrm{d}V+\iiint\limits_V k\rho\,\mathrm{d}V.$$

由此可得，流体的连续性方程为

$$\mathrm{div}\rho\boldsymbol{v}+\frac{\partial\rho}{\partial t}=k\rho.$$

比例系数 k 称为增长因子.

现在讨论理想流体，即不考虑粘性的流体的运动方程．假设 V 上的外力分布函数为 $\boldsymbol{F}(x,y,z,t)$，则体积为 $\mathrm{d}V$ 的微元受到的外力为 $\rho\mathrm{d}V\boldsymbol{F}$．

由于不考虑粘性，所以 S 上面积为 $\mathrm{d}S$ 的微元受到的内力为 $-p\boldsymbol{n}\,\mathrm{d}S$，其中 $p(x,y,z,t)$ 为压力函数．利用 Gauss 公式，有

$$-\iint\limits_S p\,\boldsymbol{n}\,\mathrm{d}S=-\iiint\limits_V \mathrm{grad}\,p\,\mathrm{d}V.$$

因此体积微元上受到的内力为

$$-\mathrm{grad}\,p\,\mathrm{d}V.$$

对体积微元应用 Newton 定律，有

$$\rho\mathrm{d}V\,\frac{\mathrm{d}\boldsymbol{v}}{\mathrm{d}t}=\rho\mathrm{d}V\boldsymbol{F}-\mathrm{grad}\,p\,\mathrm{d}V,$$

或

$$\frac{\mathrm{d}\boldsymbol{v}}{\mathrm{d}t}=\boldsymbol{F}-\frac{1}{\rho}\,\mathrm{grad}\,p.$$

注意到 $\dfrac{\mathrm{d}\boldsymbol{v}}{\mathrm{d}t}=\dfrac{\partial\boldsymbol{v}}{\partial t}+(\boldsymbol{v}\cdot\nabla)\boldsymbol{v}$，可得流体的运动方程为

$$\frac{\partial\boldsymbol{v}}{\partial t}+(\boldsymbol{v}\cdot\nabla)\boldsymbol{v}=\boldsymbol{F}-\frac{1}{\rho}\,\mathrm{grad}\,p.$$

连续性方程，运动方程再加上一个描述压力与密度关系的物态方程便构成了流体动力学的完全方程组．流体动力学方程也可以应用到声的传播和热的传导等物理过程．

参考文献

[1] 翟忠信，刘耀，陈知先．新编高等数学教程 (上册，下册)．兰州：兰州大学出版社， 1999 年 9 月

[2] 杨凤翔．新编高等数学 (下册), 兰州：兰州大学出版社， 1989 年 9 月

[3] 牛亚轩，段炎伏，杨凤翔．高等数学 (第二册), 兰州：兰州大学出版社， 1996 年 6 月

[4] 陈文灯，黄先开．数学复习指南．北京：世界图书出版公司， 2002 年 3 月

[5] 华罗庚．高等数学引论 (第一卷，第二分册)．北京：科学出版社， 1979 年 4 月

[6] 同济大学数学教研室主编．高等数学 (上册，下册)．北京：高等教育出版社， 1999 年 6 月

[7] 《大学数学》系列教材编委会．微积分 (上册，中册，下册)．长春：吉林大学出版社， 2003 年 8 月

[8] 强文久，李元章，黄文荣．数学分析的基本概念与方法．北京：高等教育出版社， 1989 年 4 月

[9] 欧阳光中，姚允龙，周渊．数学分析 (上册，下册)．上海：复旦大学出版社， 2003 年 10 月

[10] 王高维等．常微分方程．北京：高等教育出版社， 1983 年 9 月